财政部规划教材

中央财经大学“双一流”建设精品教材

调查与数据分析

付红妍　编著

中国财经出版传媒集团

中国财政经济出版社

图书在版编目（CIP）数据

调查与数据分析 / 付红妍编著．--北京：中国财政经济出版社，2023.8

财政部规划教材 中央财经大学“双一流”建设精品教材

ISBN 978-7-5223-2509-5

Ⅰ．①调… Ⅱ．①付… Ⅲ．①统计调查-数据处理-高等学校-教材 Ⅳ．①C812

中国国家版本馆 CIP 数据核字（2023）第 172140 号

责任编辑：苏小珺　　　责任校对：徐艳丽
封面设计：北京兰卡绘世　　　责任印制：党　辉

调查与数据分析
DIAOCHA YU SHUJU FENXI

中国财政经济出版社 出版

URL：http：//www.cfeph.cn
E-mail：cfeph@cfeph.cn

社址：北京市海淀区阜成路甲 28 号　邮政编码：100142
营销中心电话：010-88191522
天猫网店：中国财政经济出版社旗舰店
网址：https：//zgczjjcbs.tmall.com
北京中兴印刷有限公司印刷　各地新华书店经销
成品尺寸：185mm×260mm　16 开　29.75 印张　585 000 字
2023 年 9 月第 1 版　2023 年 9 月北京第 1 次印刷
定价：88.00 元
ISBN 978-7-5223-2509-5
（图书出现印装问题，本社负责调换，电话：010-88190548）
本社质量投诉电话：010-88190744
打击盗版举报热线：010-88191661　QQ：2242791300

前　言

没有调查就没有发言权，没有调查就没有决策权；正确的决策离不开调查研究，正确的贯彻落实同样也离不开调查研究。搞好调查研究需要科学的理论和方法，《调查与数据分析》即是研究如何采用科学的方法搜集相关的数据与信息，并通过适当的统计、分析方法对搜集得到的大量数据与信息加以详细研究，进行概括总结，帮助人们作出正确的判断和决策，最大化地开发数据的功能、发挥数据作用的一系列理论和方法。研究内容涵盖从调查选题、调查方案设计、抽样设计、调查方式方法、调查问卷设计、调查实施、调查数据整理、调查数据分析到调查分析报告撰写的完整过程中多个环节与步骤，既有理论的阐述，又有实践的操作，理论与实践有效结合，真正实现了理论与实践的统一。

本书主要特色体现在：

第一，理论与实践相统一。本书依照实践过程展开，在理论层面培养学生系统性思维和完整的知识体系，在实践层面强化了实际应用与实践操作，在学习中实践，在实践中学习。不仅夯实了理论基础知识，而且提升了实践能力。

第二，内容通俗易懂，操作详细，更注重实用性。本书对基本理论、概念、方法、技术讲解清楚、过程清晰，通过案例与示例，采用 SPSS25，以问卷常见类型题的数据为起点，逐渐扩展，从单变量、双变量到多变量分析，说明操作过程、结果解读、应用注意问题，更具实用性。

第三，逻辑路径清晰，系统性强。本书按照调查与数据分析的实际流程与环节编写，从选题、调查方案设计、调查实施、调查数据整理、调查数据分析到调查分析报告撰写依次展开，内容全面，步骤清晰，系统性强，且与实际应用相吻合。

第四，拓展了相关知识。本书在每一章最后一节专门增加了“拓展·实验”或“实践·探究”，补充、拓展、探究相关知识，特别是对调查与数据分析新技术、新方法进行了提示、引导、建议，使读者更深入地扩充知识、探索新知识，培养创新意识，提升能力素质。调查与数据分析实际应用中，会涉及更多专业的知识，如经济学、市场营销学、心理学、计量经济学及分析技术等，也需要对不同来源的知识和信息进行整合及有效的融汇贯通，促进知识面扩大和应用的广泛性，培养读者全面、系统思维能力和知识运用能力，提升整体认知能力。

第五，强化了把调查研究、求真务实作为基本功。不脱离实际、实事求是是完成调查与数据分析基本功。通过学习，增强问题意识，敢于正视问题，善于发现问题，以解决问题为根本目的，不断提出能真正解决问题的新思路、新办法，在大数据和数字经济时代，有助于提高个人综合素质，帮助个人在创业、工作研究、咨询决策等方面打下良好的专业性基础。

本书研究内容契合了时代要求，在大兴调查研究之际，为调查与数据分析实际工作提供了具体的参考。

本书共分为九章。第一章介绍调查与数据分析基本问题，包括分类、功能、特点、基本过程和步骤；第二章介绍选题与调查方案设计，选题是调查与数据分析的开始，调查方案设计是整个调查与数据分析的全盘考虑和安排；第三章介绍调查方式方法，重点介绍常用的调查方式方法；第四章介绍抽样设计，包括常用抽样方法及设计内容；第五章介绍调查问卷设计，包括问卷的基本问题、具体设计内容、编码设计等；第六章介绍调查组织与实施，包括调查实施的准备、基本过程及要求；第七章介绍调查数据整理，包括常用的数据整理、识别与处理方法等；第八章介绍调查数据分析，包括一些具体方法，如定性数据、定量数据分析，以及单变量、双变量和多变量关系等常用分析方法；第九章介绍调查分析报告的撰写，包括写作原则、要求、特点、基本结构与内容等。

本书在我讲授多年的《调查与数据分析》课程的基础上，参考了众多专家和学者的著作，经过多次修改而成。本书适合作为大学本科生和研究生的教材，也可以作为调查与数据分析相关从业人员的参考书。基于课时的限制，对于本科生，每一章的最后一节可作为选讲内容，根据实际情况灵活安排。

本书在编写过程中得到了多方面的支持和帮助。

王会娟老师提供了一些案例；王文静老师编写了第五章第六节中信度和效度检验、第八章第四节聚类分析案例的初稿；毛炳寰老师编写了第七章第一、二节的数据整理的步骤和问卷的审核、数据编码和录入初稿；关蓉老师编写了第八章第四节因子分析、对应分析、Logistic 回归的初稿；陈晓天、曹业奇、代家薇参与资料收集与整理；经济统计系课程组老师提供了很多的建议。

本书的出版得到中央财经大学统计与数学学院的资助，中国财政经济出版社的编辑同志对本书的出版付出了辛勤劳动，在此一并感谢。

由于本人水平有限，书中错误和不当之处在所难免，敬请各位专家学者和读者批评指正。

付红妍

2023 年 6 月

目录

Contents

第一章　调查与数据分析基本问题

【学习目标和要求】

1. 了解调查与数据分析的含义、作用、道德问题、发展状况与趋势；
2. 熟悉调查与数据分析的分类；
3. 掌握调查与数据分析的功能、特点；
4. 熟练掌握调查与数据分析的基本过程和步骤。

2023 年 3 月，中共中央办公厅印发的《关于在全党大兴调查研究的工作方案》指出："党的十八大以来，以习近平同志为核心的党中央高度重视调查研究工作，习近平总书记强调指出，调查研究是谋事之基、成事之道，没有调查就没有发言权，没有调查就没有决策权；正确的决策离不开调查研究，正确的贯彻落实同样也离不开调查研究；调查研究是获得真知灼见的源头活水，是做好工作的基本功；要在全党大兴调查研究之风。"

练好调查研究基本功，必须掌握调查研究的正确方法，提高调查研究的效率和科学性。本章系统介绍调查与数据分析的有关内容，为在调查研究中提高工作本领提供一定的理论支持和实践指导。

第一节　调查与数据分析研究内容及作用

一、调查与数据分析研究内容及相关概念的了解和使用

（一）研究内容

调查与数据分析，是研究如何科学地进行调查，并对调查获得的数据和信息进行分析与解读，撰写调查报告，是为决策服务的完整、系统的理论、方法与技术。由于涉及调查及数据分析的相关理论、方法与技术内容众多，且研究目的、重点甚至概念等都各有不同，本书的研究内容侧重于从实践操作的角度，即从调查选题出发，经由方案设计、调查方式方法选择、问卷设计、抽样设计、调查实施、数据分析，到形成调查结果报告的完整实践过程中，对涉及的基本理论、方法和实施办法进行介绍，增强调查与数据分析内容的连贯性、系统性和可操作性。从课程学习角度看，《调查与数据分析》不同于完全的理论研究或单纯的个别项目实践，它是将理论方法运用于实际，即理论与实践相结合，同时，它呈现出理论内容和实践过程的完整性、系统性和统一性，即从调查选题开始，到最后提交调查报告，是一个紧密联系、环环相扣的完整过程。如何从保证完整过程的角度全面规划，又如何科学、合理、具体地对每个步骤进行设计、实施等，是本书阐述的重点。本书的目的是培养与提高读者组织、策划、调查实施和数据处理与分析的能力，同时提高研究新情况、解决新问题、总结新经验、探索新规律以及解决实际问题的能力，以更好地为管理者管理决策提供依据，为提高管理水平打下坚实的基础。

具体来讲，本书研究内容主要包括：调查与数据分析基本问题，选题与调查方案设计，调查方式方法，抽样设计，调查问卷设计，调查组织与实施，调查数据的整理，调查数据分析，调查分析报告等。即：

（1）在明确基本问题的基础上，如何确定选题；

（2）选题确定后，如何根据调查目的、委托方要求及相关条件等制定出科学合理的调查方案，调查方案中应明确调查目的、调查对象、调查单位等具体内容；

（3）如何进行抽样设计、确定样本量，并按照一定的方法抽选样本；

（4）如何选择适合的调查方式方法，即结合调查目的、调查对象、调查单位、经费等各种情况，并对调查方法作出合理选择；

（5）如何根据调查目的、调查对象、调查内容等做好问卷设计；

（6）如何实地搜集调查数据，即调查实施；

（7）实施后，如何对数据进行回收、审核和整理；

（8）如何根据调查目的对整理后的数据进行分析；

（9）如何根据分析结果撰写报告；

（10）提交报告、发布或反馈等。

（二）相关概念的了解和使用

通过梳理相关文献中调查、市场调查、数据分析等相关概念，概括本书调查与数据分析的含义。

1. 调查与市场调查

由于研究目的及侧重点不同，学者对于调查概念的理解各有不同，总的来说有狭义、广义之分。广义上，调查包括市场调查、社会调查等所有调查。社会调查是指人们为达到一定目的，有意识地通过对社会现象的考察、了解和分析、研究，来了解社会真实情况的一种自觉认识活动。狭义上，调查通常指市场调查。常见的市场调查指搜集整理有关商品和商业服务在市场中的表现和前景信息的活动；一般是指按照一定的程序，采用科学的方法，对与决策相关的数据进行系统地设计、搜集、分析和报告的过程。即使同样采用市场调查概念，不同国家和地区的学者也有不同的侧重，概念的内涵也不尽相同，如市场调研、市场研究、营销调研、市场营销调研等，同时也会有广义和狭义的不同理解和应用。例如，狭义的市场调研是指对消费者及其行为的研究，而广义的市场调研除了包括对消费者及其行为的调查外，还包括对市场其他主体及其行为以及与市场有关的其他方面的调查研究。市场营销调研则主要是对企业在市场营销决策中遇到的各种问题的调研，是为解决企业面临的市场营销问题服务的。

全球市场研究者协会将“市场研究”定义为：“是指为实现信息目的而进行研究的过程，包括将相应问题所需的信息具体化、设计信息搜集的方法、管理并实施数据搜集过程、分析研究结果、得出结论并确定其含义等。在分类中，包括定量研究、定性研究、零售研究、媒介和广告研究、商业和工业研究、对少数民族和特殊群体的研究、民意调查以及桌面研究等。”近年来，随着互联网的发展和新技术的应用，市场研究往往借助专业在线调查搜集信息及处理数据。一些调查，如市场调查和社会调查，虽然所研究的对象不同，但两者在关注的焦点、研究方法的运用和研究所遇到的问题上都有很多的共同点。基于此，本书对调查的概念不做限定，统一称为“调查”，即使用明确的概念、方法和程序，以有组织、有条理的方式，从一个总体的部分或所有单元中搜集感兴趣的数据与信息，并综合分析这些数据与信息进而获得结果的所有活动。书中完整、系统地介绍了从选题到报告结果提交过程中，如何科学地进行调查，并根据调查的数据进行分析，最后综合生成报告的所有主要活动，包括理论、方法、程序、组织等。从应用角度看，更偏重市场调查，通过调查获取相关的信息，更清楚地了解现状，从而科学地进行管理决策，探索未来发展。

2. 数据分析

对于调查直接获取的大量个体或调查对象定性和定量的信息，需要描述、探索、分析和挖掘，才能获得研究结论。而数据和信息的提炼、挖掘需要一定的分析方法，即需要采用适合的分析方法对调查获得的定性和定量数据及相关信息进行科学、有效分析，才能得到准确的调查结论，这就是数据分析。概括地说，数据分析是为了提取有用信息和形成结论而对数据加以详细研究和概括总结的过程。通过分析数据以洞察系统或现象的重要特征，进而进行科学的预测和决策。数据分析的基本流程首先是厘清问题，确定研究目的；其次是对用不同的方式方法获取的数据进行清洗整理；最后，要根据研究目的进行各种分析，例如，进行探索性分析、描述性分析，提取数据的相关特征；建立模型分析变量之间的影响关系，检验和评估模型，并进行预测和决策。数据分析使用统计分析方法从结构化和非结构化数据中找到关键因素或模式，发现有关问题的新信息或开发新的解决方案，之后提出建议，用于改进决策。数据分析涵盖了许多技术，包括应用机器学习和预测分析等现代数字化技术，还有很多应用方法，如定性方法、定量方法等。

我们所处的时代是用数据“说话”的时代，也是依靠数据竞争的时代。大数据，尤其是数字经济的快速发展，使数据的分析和处理能力正在成为人们日益倚重的技术手段，人们更多依赖现代科技和 IT 技术进行扩展和深入分析。通过统计建模、多元统计方法、机器学习方法等，不仅可以对研究对象的现状进行描述，而且能深入挖掘目标变量的影响因素及复杂的多变量相关关系，寻找规律和发现其中的问题，提取有用信息和形成结论，并预测未来发展趋势，进而提出有针对性的建议，为决策提供参考，给业界和社会创造更多的价值。例如，我国居民人均可支配收入指标数据，是通过国家统计局开展的全国住户收支与生活状况调查，采用分层、多阶段、与人口规模大小成比例概率抽样方法（PPS）和随机等距抽样相结合的方法，在全国 31 个省（自治区、直辖市）的 1800 个县（市、区）随机抽选 16 万个居民家庭户，对抽中住宅内的住户采用“日记账”（或电子记账）得到的。居民可支配收入数据是我国国民经济核算体系中重要的基础数据之一，它不仅是衡量国家和各地区居民生活水平的基本指标，对国家宏观经济政策的制定也有着重要的作用。

数据的变动和与其他指标的关联分析结果，反映政策执行效果，关系着“国”与“家”。通过对指标及增加量变动、相对指标的对比、平均指标、中位数、图表、分组等进行分析，从不同角度和层面描述社会经济现象及变化，为了解民生和中国经济发展过程、制定与执行相关政策、推动经济社会发展打下坚实的基础。

3. 调查与数据分析

前文通过对调查、数据分析含义的梳理，简明扼要地说明了调查与数据分析的过程与应用，综上所述，调查与数据分析就是根据研究目的，采用科学的方法搜集相关的数据与信息，并通过适当的统计、分析方法对搜集得到的大量数据与信息加以详细研究，进行概括总结的过程，帮助人们作出正确的判断和决策。采用科学的方法搜集数据和信息，就是确保数据的准确、及时和有效，在这个基础上，通过适当的统计、分析方法进行整合、展示、关系等分析，提取有用信息并形成结论，最大化地开发数据的功能，发挥数据的作用。

二、调查与数据分析的作用

毛泽东在《反对本本主义》一文中提出“没有调查，没有发言权”的著名论断。习近平总书记在2017年12月中共中央政治局民主生活会上指出：“调查研究是我们党的传家宝，是做好各项工作的基本功。要在全党大兴调查研究之风，推动全党崇尚实干、力戒空谈、精准发力，让改革发展稳定各项任务落下去，让惠及百姓的各项工作实起来，推动党中央大政方针和决策部署在基层落地生根。”

调查与数据分析的任务就是科学地反映客观情况，准确获取信息，为解决问题、制定政策或策略提供依据，为决策服务。各国政府和越来越多的企业意识到数据和信息已经成为企业的智力资产和资源。其目的在于寻求符合客观实际的结论，用以指导和纠正具体工作中出现的问题和偏差。这种指导作用就是调查与数据分析成果转化后所产生的价值和效用。

（一）宏观角度

一方面，政府管理部门通过市场信息的反馈，可以检验宏观政策的效果，不断地提高管理水平。政府管理部门根据客观经济规律，制定不同时期的发展目标，实施过程中发现的问题、结果等需要及时进行反馈。例如，我国政府统计由国家统计、部门统计和地方统计构成，承担着事关国计民生的重要统计调查任务。国家统计局及各调查总队进行的各项调查，包括组织实施城乡住户、国民经济主要行业生产价格、投资价格、居民消费价格、农产量、农业中间消耗、服务业、规模以下工业、规模以下固定资产投资和资质以外建筑业企业等国家抽样调查制度，以及国家统计局布置的有关企业景气、企业集团、现代企业制度跟踪监测、农村贫困监测、城乡社会经济基本情况等专项调查制度，等等。此外，还需参与组织实施国家有关普查项目，组织实施国家统计快速反应制度，组织开展经济社会重大问题专项调查，及时报告本地区的突发性经济事件和重大社会经济问题等方面信息。在此过程中管理部门不断加强统计调查业务全流程管理，提高基础数据质量，更有利于为推动经济提质增效升级、结合市场情况，制定相应的宏观经济政策，提高宏观调控和科学决策水平等提供支撑。

另一方面，可以更好地发挥调查工作服务社会的职能。例如，各调查总队通过其门户网站服务社会公众，各栏目信息内容及时加载和更新，向社会提供撰写的调查分析、调查资料、调查研究等分析解读文章和调查统计改革创新重点工作的动态信息，及时发布、科学解读，积极回应公众关切，更好地服务社会各界对调查数据和信息的需求。

（二）中观角度

全面了解和把握行业的发展状况、问题及行业发展趋势，提高管理和运营能力。通过对特定行业的长期跟踪监测，和对大量一手市场调研数据的深入分析，全面客观地剖析当前行业发展的总体市场容量、市场规模、竞争格局、进出口情况、市场需求特征、经营特性、获利能力、产业链和价值链等多方面的内容，以及行业重点企业的产销运营分析，整合行业、市场、企业、用户等多层面数据和信息资源，并根据各行业的发展轨迹及实践经验，对各产业未来的发展趋势作出准确分析与预测，作出正确投资决策。行业研究通常以行业（市场）分析报告形式展现。例如，毕马威发布了“2021 年中国银行业调查报告”，是第十五次发布面向中国银行业的年度调查报告，对行业在新冠疫情冲击下持续复苏、稳健发展的行业趋势从“战略”和“实务”两大方面就热点话题进行了梳理与分析，同时整理了 200 家上市及非上市商业银行 2020 年度的财务业绩表现，帮助管理者发掘数字时代银行转型的新引擎，从容应对未来的变革和挑战。

（三）微观角度

帮助企业了解各行业当前最新发展动向，把握市场机会，有利于企业制定正确的营销战略决策。通过相关市场调研、企业发展报告、可行性分析报告、尽职调查等，分析和正确解释数据，有利于企业发现市场营销机会、投资机会、发现投资价值、规避经营风险，构建出可用于预测未来事件、行动或行为的信息和知识，明确企业发展方向，助力企业成长，提高企业的竞争能力。

对营销管理来讲，调查与数据分析的重要性不言而喻。针对具体决策问题，采用科学的方法，有目的地搜集数据、进行数据分析得到的调查结果，可以作为决策基础的信息。第一，调查与数据分析的结果提供了当前市场信息和营销活动现状；第二，可以通过定性和定量的数据分析寻找当前市场状况形成的原因、影响因素和影响程度等；第三，了解外部信息、市场环境变化，可以推测可能的市场发展变化或趋势，可以提前对企业的应变作出计划和安排，充分地利用市场的变化，从中谋求企业的利益；第四，能够让该产品生产或提供服务的企业了解消费者对产品或服务质量的评价、期望和想法，以及消费者潜在购买动机和需求，弥补信息不足的缺陷，有助于营销者识别最为有利的市场机会，为企业提供发展新契机。

只有及时、准确了解市场情况才能有针对性地制定市场营销策略和企业经营发展策略。企业管理部门和有关人员要针对某些问题进行决策时，例如，进行产品策略、价格策略、分销策略、广告和促销策略的制定，要了解的情况和考虑的问题是多方面的，如何扩大企业产品的销售量？如何确定或调整产品的价格保证销售和利润两方面稳步上升？怎样组织产品推销？销售费用又将是多少？这些问题只有通过及时准确的市场调查与数据分析才能得到具体的答案，而且只有通过调查，尽可能多获取第一手材料，经过分析研究，才能做到心中有数，得来的具体答案才能作为企业决策的依据。盲目和脱离实际的决策往往意味着失败和损失。

与时俱进，才能体现时代性，把握规律性，富于创造性。我们所处的时代，科技发展迅速，新发明、新创造、新技术和新产品层出不穷，这种技术的进步自然会在商品市场上以产品的形式反映出来。通过调查与数据分析，可以及时地了解市场经济动态和相关的科技信息，掌握市场供求状况和发展趋势，促进企业改进生产技术，提升人员的技术水平，提高企业的管理水平，从而提高产品的质量，加速产品的更新换代，增强产品和企业的竞争力。在高速变化的环境下，信息实时更新，市场宣传更需要了解各种信息的传播渠道和传播机制，以寻找合适的宣传推广载体、推广方式及详细的营销计划，提升企业和品牌的形象，促进产品的销售，提高市场占有率，保障企业的生存和发展，为制定营销战略和企业决策提供正确的信息依据，这些都离不开调查与数据分析。

无论国家、行业、企业、个人，也无论身处国内市场还是国际市场，都处在竞争中，都需要及时、准确、有效地获取或提供信息，正所谓“知己知彼，百战不殆”。而实事求是地获取信息反映和分析客观事实，都离不开客观、科学、专业的调查与数据分析。因此，及时科学地反映客观情况，为解决问题、制定政策或策略、进行管理决策和预测提供依据，为决策服务是调查与数据分析的主要任务。

第二节 调查与数据分析常见分类

由于调查与数据分析主要是研究如何科学地进行调查，并根据调查数据进行分析，最后综合生成报告的一系列主要活动，整个活动过程中涉及内容较多，因此，本节从两个层面进行分类。

一、调查层面

调查可以从不同角度进行分类。

（一）按调查主体分类

按调查主体分类，可分为政府的调查、社会组织的调查、企业的调查和个人的调查。

1. 政府的调查

政府的调查即政府的统计调查，指各级人民政府和有关部门依法组织实施的统计调查，主要是由具有国家行政管理职权的职能部门按照《中华人民共和国统计法》（以下简称《统计法》）和《中华人民共和国统计法实施条例》的相关规定对我国的国民经济和社会发展情况进行统计调查。目前，我国的统计调查制度以周期性普查为基础，以经常性抽样调查为主体，综合运用全面调查、重点调查等方法，并充分利用行政记录等资料。统计调查制度对调查目的、调查内容、调查方法、调查对象、调查组织方式、调查表式、统计资料的报送和公布等作出规定。2010 年 1 月 1 日起施行的《统计法》第十一条规定了统计调查项目，包括国家统计调查项目、部门统计调查项目和地方统计调查项目。从法律层面规范设立统计调查项目，科学组织统计调查。例如，确定统计调查项目，应当同时制定该项目的统计调查制度，并依照《统计法》第十二条的规定一并报经审批或者备案。统计资料能够通过行政记录取得的，不得组织实施调查。通过抽样调查、重点调查能够满足统计需要的，不得组织实施全面调查。

2. 社会组织的调查

社会组织通常也称民间性组织、非营利性组织，在我国指政党、政府之外的各类民间性组织，主要包括社会团体、民办非企业单位、慈善组织（基金会）、外国商会等，其中，中央编办管理机构编制的群众团体机关、经授权代主管部门行使统计职能的国家级集团公司和工商领域联合会或者协会等开展的统计调查项目，参照 2017 年 10 月 1 日起施行的《部门统计调查项目管理办法》第四十六条规定执行。各种社会组织机构为了学术研究、提供咨询以及本身业务发展等需要也会开展调查。

3. 企业的调查

企业一般是指以盈利为目的，运用各种生产要素（土地、劳动力、资本、技术和企业家才能等），向市场提供商品或服务，实行自主经营、自负盈亏、独立核算的法人或其他社会经济组织。在经营管理过程中，面对激烈的市场竞争，要及时了解新情况、新问题，企业经常需要通过市场调查了解企业内部、外部各种市场信息作为决策的依据。调查必须遵循一定的程序，并根据不同的调查内容选择不同的方法，使管理决策建立在最新可靠信息基础之上。

4. 个人的调查

个人由于某种需求有时也会进行一些调查，如搜集某项课题研究所需信息。

2017 年 4 月 12 日，国务院第 168 次常务会议通过的《中华人民共和国统计法实施条例》，自 2017 年 8 月 1 日起施行，其中第五十二条规定，中华人民共和国境外的组织、个人需要在中华人民共和国境内进行统计调查活动的，应当委托中华人民共和国境内具有涉外统计调查资格的机构进行。涉外统计调查资格应当依法报经批准。统计调查范围限于省、自治区、直辖市行政区域内的，由省级人民政府统计机构审批；统计调查范围跨省、自治区、直辖市行政区域的，由国家统计局审批。

（二）按调查内容和性质分类

按调查内容和性质分类，可分为专项调查、市场调查和科学研究调查等。

1. 专项调查

专项调查是为了某一特定目的专门组织的一种搜集特定资料的统计调查。我国现行国家统计调查制度包括周期性普查制度、常规统计调查制度和专项调查制度。周期性普查包括人口普查、农业普查和经济普查三项。常规统计调查制度是指年度和定期调查制度，涵盖经济、社会、人口、环境与资源各个方面。从资料搜集方法来看，既有采用抽样调查、全面调查和重点调查等方法直接从统计调查对象采集数据的统计调查制度，又有利用现有行政记录和部门统计资料整理形成的统计调查制度。专项调查制度是指在一定时期内持续实施或一次性实施的专门调查、试点调查等临时性统计调查制度，例如，就业失业状况专项调查、营商环境专项调查等。专项调查不是单纯对信息资料的搜集，而是包括了专项调查设计、专项调查资料搜集和整理、专项分析研究和撰写专项调查报告等完整的过程。

2. 市场调查

市场调查是按照一定的程序，采用科学的方法，对决策相关的数据系统地进行设计、搜集、分析和报告的过程。市场研究是市场信息领域中的一个关键元素，它把消费者、顾客、公众与商家通过信息的形式联系在一起。这些信息用于判断市场营销中的机会和问题，制定、改进和评估营销活动，加深对营销过程的理解及对达成更有效的营销活动途径的理解，包括将相应问题所需的信息具体化、设计信息搜集的方法、管理并实施数据搜集过程、分析研究结果、得出结论并确定其含义。简单来说，市场调查与市场研究是为实现信息目的而进行研究的过程，在营销中被广泛使用。

3. 科学研究调查

科学研究调查一般是指在发现问题后，经过分析找到可能解决问题的方案，并利用科研实验和分析，对相关问题的内在本质和规律进行的调查研究、实验、分析等一系列活动，为创造发明新产品和新技术提供理论依据，或获得新发明、新技术、新产品。科学研究的基本任务就是探索、认识未知和创新。我国教育部对科学研究的定义是："科学研究是指为了增进知识包括关于人类文化和社会的知识以及利用这些知识去发明新的技术而进行的系统的创造性工作。"按研究目的划分，科学研究可分为探索性研究、描述性研究、解释性研究。不管是专项调查、市场调查还是调查研究，获取一手数据都需要选择采用问卷调查、电话调查、媒介调查、走访调查、座谈法、观察法、实验法等一种方法或几种方法的组合。

（三）按调查对象的范围分类

按调查对象的范围分类，可分为全面调查和非全面调查。

全面调查是对调查对象中的所有单位进行调查的方式，所得资料较为全面可靠，一般应用于必须掌握的反映国情国力的全社会基本情况的指标，如普查。全面调查也具有局限性，一方面由于全面调查要耗费大量的人力、物力和时间；另一方面，有些现象只适合采用非全面调查，如对产品质量的检验。根据《中华人民共和国统计法实施条例》，通过抽样调查、重点调查能够满足统计需要的，不得组织实施全面调查。非全面调查是对调查对象的一部分单位进行调查的方式，如抽样调查、重点调查、典型调查等。

（四）按登记时间是否连续分类

按登记时间是否连续分类，可分为经常性调查和一次性调查。

经常性调查是根据调查对象的发展变化，随时对变化的情况进行连续不断的登记，获得事物全部发展过程及结果的资料，结果一般表现为时期数。

一次性调查是不连续登记的调查，对事物每隔一段时期后在一定时点上的状态进行登记，获得事物在某一时点上的水平、状况的资料。若每隔一段固定时期进行一次调查，即为定期调查；若时间间隔不完全相同，则为不定期调查。结果一般表现为时点数。

（五）按调查功能分类

按调查功能分类，可分为探索性调查、描述性调查、因果性调查和预测性调查。

探索性调查是为获取反映事物本质的定性信息在正式调查开展之前进行的初步的、具有试探性的小规模调研活动，具有高度灵活性。例如，当调研专题的内容与性质不太明确，为了解问题的性质，确定调研的方向与范围而进行的搜集初步资料的调查。探索性调查特别有助于把一个大而模糊的问题表达为小而精确的子问题，如某些概念含义、假设、分类等，倾向于依靠二手资料收集、方便抽样、小规模调研或简单实验调研等技术从而使问题更明确。探索性调查能够了解情况、发现问题、理解问题的环境、界定问题的性质，从而得到关于调研项目的某些假定或新设想，为进一步调查奠定基础。

描述性调查是对所研究问题的特征和功能进行如实记录的调查研究方法。大多数调查属于此类，一般以有代表性的大样本为基础，通过完整的调查计划、精确的问卷设计以及对调查过程的有效控制来对所研究的问题作尽可能准确的描述，采集和记录着重于描述客观事实。描述性调查的目的更加明确，研究的问题更加具体。例如，市场占有率、态度研究、产品的消费群结构、定价研究等，通过描述分析也可发现其中的关联因素，但并不能说明其涉及的变量哪个是因、哪个是果。

因果性调查是为了确定有关事物的因果联系而进行的调查研究方法。常用于识别两个或多个变量之间或查明项目不同要素之间的关系，及导致产生一定现象的原因、变化影响程度、决策变动等。例如，价格变动与销售量之间的关系及其变化程度研究、广告费用变动与广告效果影响研究等。

预测性调查是利用已有的市场经验和科学的预测技术对市场未来的发展趋势进行估计和判断的调查研究方法。常用于估计未来一定时期内市场对某种产品的需求量及其变化趋势的调查，或根据不同目的、资料信息选择不同预测方法或模型，如德尔菲法实验法、趋势预测等。

（六）按资料来源分类

按资料来源分类，可分为一手资料调查和二手资料调查。

从数据本身的来源看，最初都是来源于直接的调查或实验，而从使用者的角度看，数据主要来源于两个渠道：一是直接调查和科学实验；二是别人的调查或实验。

一手数据的来源一方面来自调查或观察，另一方面来自实验。调查是取得社会经济数据的重要手段，其中有统计部门进行的调查，也有其他部门或调查机构为特定目的而进行的调查，如普查、统计报表、市场调查、民意调查等。实验是取得自然科学数据的主要手段。

二手数据是指现有的、由别人直接调查得到的数据。对于大多数数据使用者来说，亲自去做调查、搜集一手数据往往是不可能或不必要的。二手数据主要是公开出版或公开报道的数据，有些是尚未公开出版的数据。在我国，公开出版或报道的商务与社会经济统计数据主要来自国家和地方的统计部门以及各种报刊媒介。常常通过以下渠道获得：①国家统计资料；②行业协会信息资料；③图书资料；④计算机信息网络；⑤国际组织。

需要注意的是，如果二手数据能够满足分析的需要，就不用进行一手数据的调查。《中华人民共和国统计法实施条例》中规定："统计资料能够通过行政记录取得的，不得组织实施"调查。即使进行一手数据的搜集，在探索性调查和数据分析等实施过程中，也都可以选择使用二手资料进行相关的分析研究。

使用二手数据时需要先对二手数据进行评价，包括数据的含义、计算口径和计算方法是否满足调查研究的需要，是否满足时效性要求，数据来源是否可靠等，引用时应注明数据的出处。

（七）其他分类

根据空间不同，可以分为地方性调查、地区性调查、全国性调查和国际性调查。根据调查对象法定义务不同，可以分为义务性调查和自愿性调查。根据研究目标不同，可以分为定性调查和定量调查。定性调查着重研究事物"质"的方面，定量调查着重研究事物"量"的方面，二者研究所需的资料数据、调查手段等皆不相同。如调研者利用定性调查来研究定义问题或寻找处理问题的途径、作出假设或是确定研究中应包括的变量，是探索性研究的一种主要方法；而定量调查是主要研究如何获得现实定量数据及进行定量分析。在进行一项调研项目时，由于定性与定量都是各自反映同一事物的不同侧面，而事物具有统一性，因此定性分析和定量分析要相结合。定量调查研究之前常常都要以适当的定性研究开始，有时定性调查研究也用于解释由定量分析所得的结果，定量调查研究是为了更准确地进行定性。

二、数据分析层面

数据分析可以根据调查的不同结果，采用不同的分析方法，因此也有不同的分类。

（一）按数据类型分类

从数据类型看，可分为定性数据和定量数据。

定性数据，一般用文字、符号、语言等对研究现象进行描述，具体可分为定类数据和定序数据，如问卷中开放式问题、答案选项为文字、一些座谈、访谈记录等。对定性数据主要采用图表、结构分析、交叉分析法、总量及对比指标、优劣性评定等获得相关的结论。定量数据也称为数值型数据，是对研究现象某种特征的具体数量描述，即以数量形式对其进行测量，记录其观察结果。定量数据可选择的分析方法很多，有描述分析、推断分析、模型分析、多元统计分析等各种方法，需要根据调查目的、获得的数据进行分析和选择。分析时一般要区分是总体数据还是样本数据，截面数据还是时间序列数据，问卷调查的结果还是实验结果；在探索性分析基础上，做描述性分析还是研究关系或模型分析，因果性分析还是预测性分析，方差分析还是回归分析等。

（二）按数据与时间状况关系分类

从数据与时间状况关系看，可分为截面数据、时序数据、面板数据。

对多个事物在同一时期或时点上进行测量得到的数据，反映事物在相同时间或时点上的表现，称为截面数据。如前所述，调查按登记时间是否连续，可分为经常性调查和一次性调查。经常性调查，是随着被研究现象的发展变化连续地进行的登记调查，调查或观测的结果反映现象在一段时期内的发展过程的总量，一般称为时期数（或时期数据）。不同时期的观测值可以相加，相加结果表明现象在更长一段时间内的活动总量。例如，企业的某种产品的产量、个人日常生活费用、学习时间等。而一次性调查，是对事物在某一时点上的状况进行登记的调查方式，调查或观测的结果反映现象在某一时刻或瞬间上所达到的水平，一般称为时点数（或时点数据）。不同时点上的观测值不能相加，即直接相加结果没有实际意义。例如，企业月末库存量、调查时点或期初期末的人口数等。由于获得的数据时间状况不同，分析时采用的方法也不完全相同。对某个事物在不同时期或时点上进行测量得到的数据，反映该事物随时间变化的情况，称为时序数据；对多个事物在不同时期或时点上进行测量的数据，反映多个事物随时间变化的情况，称为面板数据。

（三）按变量个数分类

从变量个数看，可分为单变量、双变量和多变量。

单变量，指的是一个变量。对一个变量分析要区分变量属性，即定性变量还是定量变量（形成的数据是定性数据还是定量数据）。一个变量可以进行图、表、分组、相关指标的计算分析，如条形图、直方图、箱线图、频数分布表、描述统计等；双变量指的是两个变量，分析时同样要区分其属性是两个定性变量、两个定量变量还是一个定性变量和一个定量变量。其分析图、表选择与两者关系的分析要根据目的和数据类型决定，如可以考虑列联表、复式对比图、分组箱线图、散点图等。多变量指的是两个以上的变量，分析时也要考虑变量属性（即数据类型），如图形选择可以考虑雷达图、树图等。文本数据可以考虑常用的词云图，多变量的分析的方法与工具则更多，可以采用更为复杂的模型，如聚类分析、因子分析、判别分析、数据挖掘相关技术等。

（四）按分析方法分类

从分析方法看，类别众多。

从统计分析方法看，主要有描述统计、推断分析、多元统计分析。常用的分析包括对比分析法、分组分析法、指数体系与因素分析、综合评价分析、漏斗分析法、AARRR 模型、关联分析法等。很多因素之间的变动是相互影响或者互为因果的，如果只是单纯了解某一事物，而不去考察这一事物如何对另一事物产生作用，就不能把握这一事物的本质，也就难以对影响经营的关键因素作出正确的结论。

第三节 调查与数据分析功能与特点

一、调查与数据分析的功能

功能指事物或方法所发挥的有利作用或效能。调查与数据分析最重要的目的就是通过获取的一手数据信息，分析研究对象的现状，寻找原因和影响因素与规律等，从而进行决策并指导未来实践。因此，调查与数据分析具有以下功能。

（一）信息功能

信息功能是基本功能。研究者或管理者为了进行科学分析和决策，必须充分占有各种市场信息。市场调查中，这些信息通常用于判断市场营销中的机会和问题，制定、改进和评估营销活动，而调查与数据分析是研究者获取信息的重要手段和主要途径。

（二）认识功能

研究者或管理者通过获得的不同信息，对研究现象进行科学分析和判断，进行科学的决策。调查与数据分析所提供的信息能有效消除研究者对市场的不确定性，使其正确认识自己所面临的内外部条件。尤其是认识和运用现代信息技术大大地提升了人们的认识能力。

（三）沟通功能

调查与数据分析过程中，研究者需与决策者进行沟通，又需要向受访者传输及获取相关信息。因此，调查与数据分析具备了交互式信息沟通功能。它能够把消费者、顾客、公众与商家通过信息的形式联系在一起。

（四）监督与管理功能

调查与数据分析获得的信息是监督、调节的依据，是管理者规划、决策的基础，而整个管理过程即信息的输入输出和反馈的过程。

二、调查与数据分析的特点

（一）目的性

目的性是指要通过特定调查主题解决的问题，即“为什么”要进行调查。应该明确和解决具体的问题以及调查与数据分析的结果。目的应该明确而具体。根据不同的目的，调查对象、调查内容及调查方法等都会有所不同。

（二）系统性

系统性即以系统的思维、普遍联系且具有整体性的观点分析和解决问题。坚持系统观念，对于调查与数据分析，就是要围绕目的，把握好全局和局部、当前和长远、宏观和微观、主要矛盾和次要矛盾、特殊和一般的关系，做前瞻性思考、全局性谋划，制定调查与数据分析的全盘考虑和安排，并有效实施和完成。

（三）科学性

科学性是指进行调查与数据分析时，必须始终客观，并依据业已建立的科学原则来进行。在方案设计、方法选择与实施、数据分析等各个方面和各个环节都需要保持科学性，同时必须始终遵守研究项目所涉及的国家以及国际立法。尊重客观实际，切忌以主观臆造来代替科学分析。

（四）及时性

及时性也称时效性，现代市场经营与管理中时间就是机遇。调查与数据分析的及时性表现为及时捕捉并把握市场上任何有用的情报、信息，及时分析、及时反馈，为管理者适时地制定和调整策略进行决策创造条件。

（五）客观性

客观性是指调查与数据分析中要坚持实事求是原则，调查是必要的而且是客观需要，要保证调查方式、调查结果的准确性和客观性。只有这样，经过搜集、筛选、整理和数据分析后，才能得出供管理者决策之用的调查结论。

（六）保密性

保密性包括研究者要为客户保密，许多调查是由客户委托调查公司进行的。因此，调查公司以及从事调查的人员必须对调查获得的信息保密；同时为受访者提供的信息保密，调查不同于其他形式的信息搜集——信息的提供者的身份是匿名的。信息是非常重要的，不管是有意或是无意，都不能私自将信息泄露。

第四节　调查与数据分析基本过程

一、调查与数据分析基本过程

（一）基本过程

调查与数据分析基本过程是相互联系并相互制约的，是一个完整且具有系统性的活动过程。首先从调查选题开始，选题确定之后进行全盘考虑和计划安排，即调查方案设计。调查方案设计包括了整个活动过程中各主要方面和步骤，包括确定调查目的、调查对象、调查单位、调查内容，也包括调查方式方法设计、抽样设计、问卷设计、一手数据（也包含必要的二手数据）的搜集与整理、调查实施、数据回收、审核、整理、数据分析、报告撰写与结果展示等。按照设计好的调查方案一步一步具体实施，实施中涉及的调查方案设计的具体内容也随之详细展开。可见从开始选题到报告提交结束，调查与数据分析的过程就是相互联系和制约的，是一个完整的系统性过程。

（二）基本步骤

从实际操作角度看，调查与数据分析的过程主要按照以下基本步骤展开：

选题—调查方案设计—调查方式方法选择—抽样设计—问卷设计（及编码）—调查实施—数据回收审核与整理—数据分析—调查报告，如表 1－1 所示。

表 1－1　调查与数据分析基本步骤

选题	调查方案设计（全盘计划安排） 调查目的（核心） 调查对象 调查单位 调查方式方法 调查内容 问卷设计（包括调查表、编码等，详细内容可单列） 抽样设计（详细内容可单列） 调查时间与地点 组织管理计划等	调查实施	数据回收审核与整理	数据分析	调查报告

需要注意的是，选题是调查的开始，要结合实际选择需要研究的问题；选题一旦确定，要根据选题，进行探索性研究，设计、规划和撰写调查与数据分析的方案。调查方案设计是对整个调查与数据分析活动的全盘计划与安排，其中包括了调查目的、调查对象、调查单位、调查方式方法、调查内容、抽样设计、调查时间与地点、组织管理计划等。在调查方案中，调查目的是核心问题，是统领性和导向性的，必须清楚、明确和具体。调查目的决定了调查对象、调查单位、调查方式方法、调查内容、样本量、调查时间与地点及数据分析等相关内容，因此，是关键中的关键。对于调查方式方法，应根据调查目的和调查对象特点选择适合的方式方法；调查内容，应根据调查目的和调查对象特点进行确定，可采用调查问卷、调查表或访谈等不同的形式；抽样设计，同样需要根据调查目的和调查对象特点进行，包括调查时间与地点等，并根据组织管理计划等合理安排。调查实施应根

据调查方案的计划安排，组织人员实施，调查人员要想获得丰富的材料，就要有饱满的热情、艰苦深入的作风和实事求是的态度，并做好质量控制和管理。数据回收审核与整理是一项必不可少的基础性重要性工作，决定了后续数据分析的质量。数据分析要选择适合的分析方法，除利用描述分析外，也要利用推断分析进行深层次的数据关联分析和数据挖掘，从而获得更深入的调查信息。调查报告是调查与数据分析整个成果的展现，在一定程度上说明了调查的质量，是供管理者处理问题、制定政策的依据或参考。整个调查与数据分析的活动过程，要秉承实事求是、求真务实的态度，并且要与时俱进、开拓创新。

二、调查与数据分析中的道德问题

法律和道德对社会成员都具有约束作用，法律规范和道德规范也都具有必须遵守的性质。法律以国家强制力为后盾发挥作用，主要依靠制定和实施法律规范的形式来推进和实施；道德是内心的法律，以价值、精神和理念等形式表现出来，主要依靠培育和弘扬道德等途径来推进和实施，引导人们自觉地在行动上遵循“符合道德才可为，违反道德不可为”的准则。针对不同行为主体在调查研究中可能遇到的道德问题，各国相关的行业组织都制定了相应的行为准则与规范。

（一）相关的准则

1.《市场研究与社会调查国际准则》

该国际准则由国际商会（ICC）与欧洲民意与市场调查协会（ESOMAR）联合制定，自 2007 年颁布实施以来，已成为调研行业普遍遵循的专业规则，国际市场研究标准及道德规范对于规范执行研究起着指导作用。第一部准则由 ESOMAR（EUROPEAN SOCIETY FOR OPINION AND MARKETING RESEARCH）在 1948 年制定，经过不断发展，各国市场研究协会和国际商会（ICC）等机构也拟定了许多相关的准则，之后 ESOMAR 和国际商会决定共同起草一部国际准则以替代以前各自的准则，并多次修订，尽可能简明地阐述从事市场和社会研究的基本职业道德和行业运作原则。国际准则主要包括了市场研究的一些基本概念，明确规定了市场研究必须尊重科学，遵守法律，市场研究必须保护被访者的权利，恪守研究者的基本职责，如保守秘密、不做有损行业声誉的事情等；国际准则同时也阐明了研究者与客户之间的相互权利与义务，研究过程中研究人员同各方面人士（如公众和商业机构，包括客户和其他类型的业内人士）接触时应该遵循的规则。国际准则已为所有的 ESOMAR 会员及所在地单位认可，同时也为 ICC 会员和世界各地的市场研究组织认可。国际准则对实施或使用市场研究的行为均具有约束力，任何有关的组织或个人必须遵循该准则及其所倡导的精神。

2.《市场、观点、社会调查和数据分析国际准则》

该准则是一套完整、翔实、可信的社会调查和数据分析准则。该准则对于监督市场调查活动的有效性、真实性起着不可替代的监督作用。“调查数据是用来定量认识问题的基础，数据的来源，数据是怎么取得的，按什么标准得到的，这个非常重要。此外，调查技术、调查人的道德准则问题也很重要，《国际准则》的公布为市场调查行业发展奠定了重要的基石。”

随着社会发展与技术进步，市场调查数据源、调查方式、道德和法律等发生了较大变化。为了适应这些变化，2016 年版《市场、观点、社会调查和数据分析国际准则》（以下简称《国际准则》）应运而生。《国际准则》包括两大部分，第一部分为文件基础，包括前言、介绍、目的和范围、解释、定义、基本原则等六方面内容；第二部分为条例，即新版准则的法律规范，共计 12 条，是新版文件的核心。

《国际准则》使我们再次认识到国际商会在国际市场体系中的重要地位，而中国能够参与到国际商务规则制定当中，发出中国的声音，意义重大。当下的中国正与世界深度接轨，深入学习和掌握国际市场规则，需要了解掌握更多、更完整的国际商会规则。因此，加强《国际准则》的学习、推广和实践，有利于提高从业人员的伦理素养和道德水平，提升民众对市场调查行业重要作用的认知度。

“长久以来，小到个人，大到整个社会，各种商品和服务提供商及政府为了更好地服务大众，经常从市场调查、社会调查中得到的大众的观点和反馈并以此改变自身的运行方式。”随着市场调研实践活动的发展，市场调研活动的公益性越来越需要对市场调研行为进行规范性约束，也包括遵守国际准则的自律性和自觉性。

互联网的发展，包括大数据技术在内的数据化革命推动市场研究行业开创了新的局面，“使市场研究所需要的数据收集可在深度和广度上极大地展开。再加上互联网链接技术，使得海量数据的整理、分析更加方便、快捷，研究者的视野空前拓展，研究成果的质量和效率大幅提高。由于数据增长导致了调研工作中出现了全新的局面。调研员渐渐从以前的采访者转变成已知资料的整理分析者，研究的范围远比以前大得多，即调研人员可以将大量的数据库重组分析、借此发掘出在过去无法察觉到的规律和新的见解。数据分析的用途很多，但如果是用在调查研究方面上，便需要遵守《市场、观点、社会调查和数据分析国际准则》了”。

（二）调查与数据分析中的道德问题

信息提供者、使用者、受访者应遵守的基本职业道德和行业运作原则：

1. 信息提供者的道德规范

信息提供者应遵守信守合同、实事求是、如实提供调查与数据分析的信息、公平交易与竞争、为客户保密等道德规范。提供者或调研公司的不道德行为，包括不道德的定价策略、欺骗受访者、未经许可使用隐藏的录音机，或出卖受访者个人资料、“摇椅”访问、伪造“已观测”受访者的行为、复制答复或创建“幽灵”受访者等。

2. 信息使用者的道德规范

信息使用者除遵守提供者的道德规范外，还应当做到不能以市场调查为由误导公众，应该恰当地使用调查提供的信息资料，尊重提供者的劳动，应与提供者保持一种开诚布公的关系，有权从提供者处获得相应的信息资料、调查报告及建议等。

使用者的不道德行为，包括以低价开展调研，许诺长期的合作，但完成一项后不再履行承诺等。

3. 受访者的道德规范

受访者对是否接受调查有自主权、隐私权；受访者应诚实地提供有关信息，并对所回答的问题和所提供的信息的真实性承担道德责任；对在接受调查过程中涉及的使用者的商业秘密加以保密，对所花费的时间和精力有补偿权。如提供不真实的回答就属于受访者的不道德行为。道德是社会对个人行为的制裁力，使他们合于规定下的形式行事，道德底线会受到利益关系冲击，要建立行业公约、提高法律维权意识、完善行业相关法律规范，加强道德约束。

第五节　拓展·实验或实践·探究

一、拓展

（一）关于调查的定义

1. 调查的定义

调查可以从多种角度定义，例如，从需求、环境、营销等角度进行。从需求的角度出发，即从消费者在“何时”“何地”“需要什么”和“需要多少”等需求角度进行调查，包括商品需求量调查、需求结构调查和需求时间调查；从企业市场环境调查角度进行，企业经营活动受企业本身条件和外部环境的制约，对企业市场环境调查是企业有效开展经营活动的基本前提，如××地区经济发展报告等；可围绕营销活动而进行调查，产品调查、销售渠道调查、促销和服务调查、竞争对手调查等营销调查就是围绕营销活动展开的，网络消费现状、汽车保有量与制约因素分析等也属于其范畴。

2.《市场调查术语》

2022 年 3 月 3 日，由中国商业统计学会组织的《市场调查术语》团体标准线上审定会顺利召开。相信不久的未来，《市场调查术语》团体标准作为基础通用标准，从一般概念、调查启动、调查设计、数据搜集、数据处理、调查报告等界定了市场调查中常用的术语及定义，为推动我国市场调查行业的健康发展，促进高校市场调查领域的深度研究，规范市场调查领域的通用术语，提高调查服务质量水平提供了基础性参考。

（二）发展现状与趋势

为了对调查与数据分析，特别是市场调查行业、发展情况有更深入的认识，需要了解市场调查的发展历程与现状。

1. 西方市场调查的发展

西方市场调查的产生和发展从局部、零星并带有较大随意性的萌芽期，逐步发展到对收集的受访者信息分类和比较及运用简单相关分析的成长期，再到科学技术迅猛发展、企业开始重视市场调查的成熟期。

2. 中国市场调查的发展

中国市场调查业，从 20 世纪 80 年代中期起步，经历了 20 世纪 90 年代中期的快速发展后，在 21 世纪步入了平稳发展的成熟期。比较具有代表性的有：1984 年，中国第一家商业性的市场调查机构广州市场研究公司在广州成立；1998 年 9 月，设立在中国信息协会之下的市场调查分会筹备委员会成立；2001 年 4 月，全国市场研究行业协会在广州正式成立。此外，一些调查公司纷纷成立，例如，1992 年，零点有数创办中国前沿的数据分析与决策支持服务机构；2019 年 2 月 12 日，益普索（中国）咨询有限公司发起申请成立中国市场信息调查业协会数据智能委员会等。

3. 市场调查业的发展趋势

根据目前行业发展状况及预测前景，如建立战略联盟、行业整合、共享数据和能力国际化等，业务范围进一步扩大，市场研究服务由数据化向咨询化扩展，服务方向不仅仅局限于向客户提供最基本的调查数据，而是通过科学分析这些调查数据，挖掘数据背后所蕴含的商业价值，为客户提出优质的建议与方案，帮助客户创造价值。一些各级行政机构和各政府职能部门也在向市场调查公司购买服务，为市场调查提供了更广阔的舞台。市场调查行业发展更加有利于最具活力的民营机构的成长和发展。一些行业研究报告对该行业的发展和未来进行了系统的研究，展示了未来的发展趋势，如市场调查行业发展现状研究报告、中国市场调研行业分析报告——市场运营态势与投资前景预测等。

4. 在线调查及网络调查

随着科学技术的发展，人们处在大数据和智能时代，在线调查及网络调查发展迅速，如互联网调查、网络营销、网络媒体研究等，涌现了很多企业或调查平台，也产生了新的调查技术，如见数平台、问卷星、问卷网、腾讯问卷、金数据等。在线研究也更需要联合，主要基于样本库覆盖和运营管理需求、满足客户多城市、多配额的项目需求等。例如，成立于2012年的重庆库源网络科技有限公司是中国首家整合线上线下数据采集资源，致力于建立行业内最大的可访问样本库的在线研究公共服务平台，其旗下在线调查和样本库管理平台“调研吧”已联合多家数据采集公司，各地优势调查公司覆盖多个省市，各成员公司可利用在各地域的线上线下资源优势，以“调研吧”为基础，发展和维护可访问样本库。向各行业提供高质量在线调研数据采集服务。在线联合、在线调查、网络调查、广泛使用数字技术成为普遍存在，为调查和研究提供了便利。伴随着这场革命而来的便是对信息的搜集、存储以及处理方面的大量强化。国际互联网、社交媒体、智能手机等彻底改变了人们生活和工作的方式。随着人们对数字形式的数据越发重视，研究的方式也随之改变。除了越来越重视二手数据的搜集方式，还将重点转向基于技术的数据管理，如数据库技术、客户关系管理、数据分析转向信息管理等。

（三）关于市场和社会研究的国际准则

关于ICC/ESOMAR欧洲民意与市场调查协会的国际准则和《市场、观点、社会调查和数据分析国际准则》，请读者自行查询。

二、实验或实践

（1）关注公众号“中国商业统计学会”，了解“全国大学生市场调查大赛”相关内容。

（2）选读一篇国家统计局网站“统计知识”《调研世界》中的调查分析报告，或国家统计局网站、国家调查总队网站的调查项目与相关报告。

（3）实践：利用暑期或平时的社会实践，进行一次调研。

三、探究

（1）学习《中华人民共和国统计法实施条例》。

（2）调查与数据分析的新方法新技术。科学技术发展日新月异，新技术新方法不断涌现。新方法可以帮助利用相关的数据并从中获得有价值的见解。如在线调查的相关技术与分析，又如利用大数据构建全面的数据分析和可视化系统、进行诊断性分析，快速识别数据的模式和异常值，找到数据点之间的联系，以了解不同因素之间的关系。此外，还包括可能性、概率或分布式结果，如主成分分析、敏感性分析等技术；预测建模、贝叶斯分析、规范性分析等。从目前社会发展看，数据分析的出现使得在信息技术所包含的范围和业务部门的职责之间的传统界限开始变得模糊，很多科技公司通过如 Spark、HAWQ 和 Geode 等新兴的大数据技术为用户提供简单的获得数据的访问方式，可以更好地管理大规模数据并实现预先分析的功能。

（3）新闻媒体相关调查，如网易数说等。

（4）专业公司相关调查，如零点有数；专业会计公司，如毕马威的银行业调查报告等。

【本章总结】

本章主要介绍调查与数据分析一些基本内容，分别从调查与数据分析研究内容与作用、常见分类、功能与特点、基本过程及拓展·实验或实践·探究等方面展开。学习中需要概括把握调查与数据分析主要研究内容，了解调查与数据分析相关的概念，掌握调查与数据分析的作用；熟悉调查与数据分析常见分类，把握其功能与特点；掌握调查与数据分析基本过程和步骤。熟知调查与数据分析实施中相关的准则、应遵守的基本职业道德，在此基础上，进行相关内容的拓展、实践操作及进一步探究。

【关键术语】

调查　数据分析　调查与数据分析　专项调查　市场调查　全面调查　非全面调查
探索性调查　描述性调查　因果性调查　预测性调查　一手数据　二手数据　定性数据
定量数据　截面数据　时序数据

【思考与讨论】

1. 调查与数据分析主要研究的内容是什么？
2. 调查与数据分析的作用有哪些？
3. 请简要说明调查与数据分析的常见分类。
4. 调查与数据分析有哪些主要功能？
5. 简要说明调查与数据分析的主要特点。
6. 简述调查与数据分析基本过程和主要步骤。
7. 信息提供者、使用者、受访者应遵守的基本职业道德有哪些？
8. 谈谈你对关于市场和社会研究的国际准则的理解。
9. 谈谈你对《市场调查术语》的学习感受。
10. 谈谈你对调查与数据分析未来发展的看法。

第二章　选题与调查方案设计

【学习目标和要求】

1. 了解选题的基本要求、原则、题目来源；
2. 熟悉确定调查问题的相关事项；
3. 掌握调查方案设计作用、内容、可行性研究方法；
4. 熟练掌握调查方案设计的撰写。

爱因斯坦曾说过："提出一个问题，往往比解决一个问题更重要。"2023 年 3 月，中共中央办公厅印发的《关于在全党大兴调查研究的工作方案》指出："必须坚持问题导向，增强问题意识，敢于正视问题、善于发现问题，以解决问题为根本目的，真正把情况摸清、把问题找准、把对策提实，不断提出真正解决问题的新思路新办法。"

要围绕调研内容，结合实际，研究制定调查研究的具体方案，统筹安排，确保调查研究顺利完成，更好为科学决策服务。如何确定选题和制定具体方案？本章主要围绕调查选题与调查方案设计的有关内容展开。

第一节　选题的基本要求与原则

大海航行靠舵手，找准问题就等于成功了一半。本节介绍调查与数据分析中，选题基本要求与原则及需要注意的一些问题。

一、选题基本要求

选题就是选择研究的题目，明确研究的方向和目标，它是调查与数据分析的起点，是整个工作任务的第一步。选什么题目，不仅要考虑选择题目，更要考虑题目选得准不准，角度新不新，对实际工作的指导作用大不大。选题基本要求是：

（一）选题准确

准确就是明确管理者与决策者需要，真研究问题、研究真问题，把问题找准。

1. 站在政府管理部门角度，围绕政府重大战略决策选题，注重选题的全局性、宏观性和综合性

可以围绕贯彻落实党和国家重大政策选题，加强对现有政策的分析研究，搜集理论、政策、历史经验、各地实践等资料，深入研究、充分论证，运用科学的分析方法或模型进行评估，为决策机构提供全面的信息和科学建议，使党和政府的各项政策更能反映民情、符合民意。

可以围绕决策执行情况的跟踪研究、改革发展前瞻性问题选题，密切关注上级政策的动向，比如新业态、垃圾分类、结构改革等，研究者应该把反馈的信息及时提供给决策者，以便对决策进行修订或采取补救、完善措施。

可以围绕解决重点、难点、热点问题或围绕基层群众呼声选题，听民声、察民情，如医疗卫生体制改革问题、老龄化问题、新冠疫情对经济的影响等，研究者应该清楚当前信息就是机遇，使用信息就是抓机遇，提前谋划制定应对之策。

特别重大的题目，可以把题目分成若干有内在联系的子题目或小题目，从不同侧面，不同层次开展调查与数据分析，最后形成一个有机的整体。

2. 站在业务部门角度，准确捕捉体现其专业性的具体问题

可以围绕管理者年度重点关注的问题，所在地区、部门、系统内事关改革发展稳定大局的重大问题，或就工作中发现的某个问题进行调查与相关分析研究，推动工作顺利开展。

3. 研究者感兴趣的现象或问题

概括讲，就是要善于发现问题。应关注经济发展中的热点、焦点、难点、疑点问题，例如，经济、社会、科技、资源和环境问题、具有普遍性和制度性的问题、涉及改革发展稳定的深层次关键性问题以及难题积案等问题；再如，推进互联网、大数据、云计算等现代信息技术在实际工作中的应用等相关问题，调查研究要做到与时俱进，满足经济社会发展需要，不能脱离实际。实际工作中，可从全局工作的新情况、新问题中去选题；从管理者和民众普遍关心而又亟待解决的问题中去选题；从各个时期带倾向性和关键性的问题中去选题，或者从企业运营社会关注、区域特色等方面考虑选题，并尽可能将个人的研究兴趣与研究的选题内容相结合，作出更有分量的调查与数据分析的结果报告。2023 年 3 月，中共中央办公厅印发的《关于在全党大兴调查研究的工作方案》中共涵盖 12 个方面的问题。这些问题是世界百年未有之大变局加速演进，不确定、难预料因素增多，国内改革发展稳定面临不少深层次矛盾躲不开、绕不过的问题，迫切需要通过调查研究把握事物的本质和规律，找到破解难题的办法和路径。因此，调查研究要紧扣人民群众生产生活，紧扣经济社会发展实际，紧扣全面从严治党面临的现实问题，紧扣贯彻落实党的二十大精神需要解决的问题。既要到工作局面好和先进的地方去总结经验，又要到困难较多、情况复杂、矛盾尖锐的地方去研究问题，特别是要多到群众意见多的地方去，多到工作做得差的地方去；既要听群众的顺耳话，也要听群众的逆耳言，这样才能听到实话、察到实情、收到实效。

（二）明确含义

明确含义即具体明确选题的目的、研究的对象、研究的内容，即研究什么、为什么研究、主要解决什么问题、期望获得的结果等。坚持问题导向，增强问题意识，以解决问题为根本目的。要到群众中去、到实践中去，倾听群众所想所急所盼，了解和掌握真实情况，才能分析原因，找到症结，找准问题。

（三）分清类别

分清类别即分清调查研究的类别，以便更好地确定选题和开展调查研究，可从以下不同方面考虑。

1. 考虑主动性与被动性选题

主动选题或自主选题，就是按照选题基本要求，结合自己的研究领域或实际工作中遇到的问题，选出值得研究的课题；被动选题是在某些规定的范围内，按照相关的要求，结合研究者本身的研究特点、能力等去选题，如政府部门、部委研究机构的研究课题、企业命题等。此外，合作公司、××企业也会提供题目或一些数据。

2. 考虑理论性还是应用性选题

根据目的，分清是揭示事物的本质和发展的客观规律的理论性研究，还是以解决某一问题为目的的提出解决问题对策的应用性的研究。

3. 考虑选题的角度或研究范围

例如，宏观角度，如全面建成小康社会问题、和谐社会、食品安全、低碳生活、高质量发展问题等；中观角度，如就地区性发展或行业发展问题；微观角度，如基层单位经营管理的具体问题。研究时应宏观研究与微观研究相结合，以微观研究为主，切忌大而空。

4. 考虑选题分析研究的内容

例如，分析研究市场营销环境、市场需求与供给、市场行情、市场营销活动等不同方面，或选择侧重某一方面的具体角度，如就市场占有率、满意度等进行调查与数据分析。有时，突发事件发生，也需要迅速实施调查，及时获得调查分析结果。

5. 考虑选题研究的深度

分析对选题进行调查与数据分析是属于探测性研究、描述性研究、因果性研究还是预测性研究。探测性研究，主要是在对研究对象缺乏了解的情况下，即要回答“有没有”“是不是”等问题时常用；描述性研究，是在对研究对象有一定了解的情况下，在回答“怎么样”“是什么”等问题时常用，主要对研究现象进行具体描述和叙述，如人口普查、农业普查；因果性研究，是在对研究对象有相当程度了解的情况下，要回答“为什么”、相互关系如何等问题时常使用，如探讨研究两种或多种现象之间的关系及影响；预测性研究则是在说明现象现状及因果关系基础上研究其发展趋势时使用。

二、选题应把握的原则

选题是整个调查与数据分析的开始，要做到精准选题，应把握几个重要的原则或标准。

（一）价值性

价值性即选题所具有的理论价值、实践价值。选题要符合经济社会发展的基本规律和发展方向，紧扣经济社会发展实际，有利于发现研究对象的变化规律、有利于促进经济的良性发展；选题应是政府关心的、企业关心的、百姓关心的社会发展中遇到的问题。要回答清楚选题是否值得做，做完了能不能产生价值，有没有解决问题的能力，是否有利于促进生产力水平不断提高，是否使前人或他人的研究成果更为丰富和完善，研究成果是否具有推广价值。推广范围越大，题目的社会价值和经济价值就愈高。特别是要把调查研究成果转化为推进工作、战胜困难的实际成效。2023 年 3 月，中共中央办公厅印发的《关于在全党大兴调查研究的工作方案》中指出："要立足职能职责，围绕做好事关全局的战略性调研、破解复杂难题的对策性调研、新时代新情况的前瞻性调研、重大工作项目的跟踪性调研、典型案例的解剖式调研、推动落实的督察式调研，突出重点、直击要害，结合实际确定调研内容。"2021 年 9 月，习近平总书记在中央党校（国家行政学院）中青年干部培训班开班式上发表重要讲话，指出"既要'身入'基层，更要'心到'基层，听真话、察真情，真研究问题、研究真问题，不能搞作秀式调研、盆景式调研、蜻蜓点水式调研，防止走过场、不深入。要在调查的基础上深化研究，防止调查多研究少、情况多分析少，提出的对策建议不解决实际问题。"评估选题的应用价值，体现了选题的价值性、实效性。

（二）创新性

创新可以体现在不同的方面或角度。如问题创新、观点创新、材料创新、方法创新、领域创新、知识创新、思想创新等。进行调查与数据分析，它不是简单的"复制"，要在文献研究的基础上，寻找前人或他人没有认识或没有完全认识的发展规律，解决前人或他人没有解决或没有完全解决的问题，因此需要清楚选题是否有人做过？从哪些角度或使用什么分析方法等进行分析研究的？从而明确本次选题的创新性体现在哪些方面，依据的理论、采用的分析方法等与前人或他人有什么不同，要以新的视野去探索，尽可能聚焦于所研究问题的前沿，这体现了选题的新颖性。

（三）可行性

可行性指对过程、设计、程序或计划能否在所要求的时间范围内成功完成的确定。包含环境可行、经济可行、时间可行、政策可行、技术可行、道德可行等。研究者分析是否具备进行或完成选题的条件。充分估计作为研究者或团队的知识积累和数据分析能力，如知识结构、专业特长、研究经验与科研能力、数据分析能力、操作技术、兴趣爱好、文化素养、综合实力等，尽量在专业或与其紧密联系的范围内选题；研究过程中是否能得到专家帮助；相关文献查找是否可行；时间、经费、法律、道德伦理等其他主客观条件有无限制，毕竟需要与可能、理想与现实还是有一定差距的。综合研判选题是否能够进行下去，是否能获取相关的数据并做深入的分析，切实从实际情况出发，充分考虑作为研究者或团队的能力与研究题目的难易程度是否相称。

需要提示的是，可行性并不完全等同于可操作性。可操作性，又称操作定义，是根据可观察、可测量、可操作的特征来界定变量含义的方法，即从具体的行为、特征、指标上对变量的操作进行描述，将抽象的概念转换成可观测、可检验的项目，从本质上说，可操作性就是详细描述研究变量的操作程序和测量指标。操作定义在实证研究非常重要，在调查与数据分析中也尤为重要。

（四）时效性

时效性是指信息仅在一定时间段内对决策具有价值的属性。信息的时效性很大程度上制约着决策的客观效果。同一信息在不同的时间具有很大的性质上的差异，这个差异性就是信息的时效性。调查与数据分析提供的信息应满足数据采集的准确性、时效性的要求，过时的选题和分析结果的提供，如雨后送伞，毫无意义。

三、题目来源

（一）现实工作与生活的自主或被动选题

一是关注社会经济发展中的前沿、热点、难点问题，如生育率问题、养老问题、垃圾分类、大学生就业问题、网络社会中一些现象等，社会发展中需要解决的各种问题是最主要、最丰富、最经常的选题来源，需要持续关注。

二是自己所从事的工作、个人经历和经验、所感兴趣的领域，从业务中捕捉，充分依据自己掌握的实际数据资料、案例、方法来解决实际问题。

三是学习总结前人对相关知识的成果，如学术著作、报纸杂志、谈话记录等，产生新的研究问题的想法、灵感和火花，进一步开展研究。

四是申请或承接如政府部门、部委研究机构等来自社会实际部门的纵向课题或横向课题，学校教师承接的科研课题等选题应重视社会实践，强化应用研究、历史研究、超前研究与现实研究相结合，以现实研究为主，寻找有利于解决当前经济生活矛盾的具体问题。

（二）他方委托

需要根据委托方的要求，进行沟通后确定题目。

四、选题注意问题

（一）目的明确

必须坚持问题导向，增强问题意识，敢于正视问题、以解决问题为根本目的。明确“为什么”要做，具体解决什么问题，真正把情况摸清、把问题找准，为后续抽样设计、问卷设计、数据分析等任务的开展奠定基础。

（二）选题大小适中、难易适度

若范围过大，整个调查和后续分析等目标不够清晰，有可能造成主次不分，达不到预期的研究目的；若范围过小，其普遍性不强，缺乏实用价值。难度不宜太大，否则或超出能力范围而无力完成，或完成的结果达不到预期。选题要适合自己或团队的研究方向，密切联系自身工作实际，扬长避短，才能便于组织调查和进行数据分析，纵深挖掘，找到问题的根本、产生的原因或现象间的关联，才能达到预期目的。

（三）切合实际

选题要紧扣经济社会发展实际，紧扣贯彻落实党的方针、政策中需要解决的问题、重大改革问题，经营管理、现实中薄弱环节、突出矛盾等与经济发展紧密相关并亟须解决的问题，如经济发展不平衡问题、环境污染、乡村振兴、环境整治问题等。坚持到群众中去、到实践中去，倾听群众所想所急所盼，了解和掌握真实情况。通过调查与数据分析提出切实可行的对策建议；或从稳定的状态中发现局部甚至某些点上变动的状况，把握变动的走势和结果，抓住社会发展中存在的苗头性、倾向性问题，及早研判，为管理者科学决策抢占先机。选题要进行探索，意在创新、拓进但不宜过于超前，应权衡在现有条件下是否能完成。

人们常说兴趣是最好的老师，因此，选题也要考虑是否有兴趣，如有兴趣或相应的积累效果会更好。

（四）审视、筛选，考虑需要与可能

选题时，一是充分利用二手资料。例如，相关网站、专业期刊、二手资料浏览或会议学术报告等储存、积聚的若干信息，通过内在的联系消化和融合，捕捉到感兴趣的题目。二是向同行专家或有经验的专家请教。三是要对题目审视、筛选。可采用头脑风暴法，在

多个选题中，从目的性、价值性、实用性、可操作性等方面进行评估，围绕管理者意图，各抒己见，充分考虑对选题了解程度，如调查区域、调查对象、选择方法、数据分析能力、对调查结果预判等。四是充分评估研究者或团队能力。是否可以深入进行研究，查找任务过程中存在的差距与不足，考虑需要与可能，选定所研究的问题。

最后提示的是，所有的调查与数据分析的研究必须遵守中华人民共和国宪法和法律。

第二节 确定调查问题

题目选得准，调研基本上就成功了一半。但事实上，与选题有关的一些问题也必须随之明确，包括从管理者的决策问题转化为调查问题，如何将调查问题具体化等。例如，选择大学毕业生就业问题进行调查研究，对于这个选题，需要了解目前大学毕业生数量、最近几年毕业生就业现状，对就业情况进行比较或趋势分析，找出影响就业的原因等，因此，需把大学毕业生就业问题细化，从不同的方面进行研究；再比如，管理者对是否投资开发新产品要进行决策，需要掌握目前生产经营的现状、条件、竞争者、消费者群体等相关的信息，获得一手数据。具体获得哪些指标的数据及如何获得这些数据，这就需要转化为具体的调查问题，只有明确调查问题接下来的调查方案设计和实施过程才能顺利开展。如何确定调查问题及与之相关的内容，应注意以下几个方面。

一、目的明确、目标具体

调查与数据分析，其目的是为管理和决策者提供决策的信息，不管是管理中亟须解决的问题还是预测问题、研究性问题或是应用性问题，都必须做到目的明确、目标具体。目的是行为的原因和方向，目标是具体行为的结果。如果目的比较宽泛，则需要围绕目的分解为几个具体的目标，目标要具体化、数字化、量化，正确定义调查目标并有清晰的时间限制。例如，调查目标明确获得什么时间、什么空间、哪些调查对象、哪种指标的结果，是描述性调查还是因果性调查等，调查目标不要定得太大或太窄。调查目的的实现有赖于许多隶属的具体行为活动目标的实现。有时为了使问题更明确进行的小规模调查活动，有助于把一个大而模糊的问题表达为小而准确的子问题，并识别出需要进一步调研的信息。只有目的明确、目标具体，调查与分析的对象、内容、方法等才能准确确定和选择。

二、厘清调查问题与决策问题

（一）调查问题不一定完全等同于决策问题

研究者进行探索性分析或与委托方沟通之后，应厘清管理决策问题，并将其转化为调查问题。管理决策问题回答决策者需要做什么，它是以行动为中心的（按行动定位），关心的是决策者可能采取的行动，是行动导向型的，例如，企业是否投资开发新产品？如何提高市场占有率？促销的预算是否要增加？等等；而调查研究问题回答需要什么信息和怎样高效率得到这些信息，它是以信息为中心的（按信息定位），是信息导向型的，例如，如何提高市场占有率？决策者的决策问题是如何提高，备选的行动方案可能包括改进现有的产品、增加广告预算、改变市场营销体系中的其他因素以及细分市场等。假定决策者和研究者经过初步分析都认为是由于不适当的市场细分引起的，并希望通过调查以获取对这个问题的信息，那么调查问题就转变成评价和重新划分细分市场问题。在“厘清”调查问题之前，人们或许对某个问题或现象没有分辨得很清楚，“厘清”之后，使得某问题或现象的性质等明显地区分开来。

（二）将决策问题转化为调查问题

一是要充分了解调查项目背景，掌握相关资料和发展变化趋势；二是要分析决策者目的及要达成的目标；三是要分析企业的各种资源和面临的制约因素。可以通过二手资料查询、开展定性研究、与决策者沟通、访问行业专家、了解相关问题背景等途径进行。例如，对管理者和主管人员（客户委托）的座谈会、深入访谈、充分沟通，了解需求。假如营销问题中某种产品市场占有率降低了，决策者可能需要弄清楚内在的原因，包括竞争对手、促销手段、产品质量、广告相关问题、新产品等因素，研究者应清楚了解决策者希望从调查与数据分析中获得什么信息，将根据哪些信息进行决策，调查研究需要搜集与之相关的这些信息。如果企业委托调查，可对委托单位可能导致营销问题的行为和因素进行问题稽查，找准方向，以保证调查与分析结果有效。调查与数据分析就是要为决策者进行决策提供依据，决策者的需求至关重要。对决策问题有了清晰的认识，综合考虑时间、成本及委托方诉求，全面分析和研判，达成本次调查的目标。

（三）准确定位调查问题

准确确定调查问题也需经过一定的流程。首先，要分析问题的背景；其次，确定问题过程中需要进行一些调研活动，如探索性调查、与决策者交流、向专家咨询等，其中与专家的交流有助于对问题的了解和认识；再次，充分利用二手资料，二手资料可以为确定问题提供有价值的信息；最后，利用小样本进行探索性定性调查，了解有关信息。调查问题的确定是调查与数据分析整个工作的关键，决定了该项工作的目标和方向，体现出整个工作的水平和质量。需要注意的是，调查与数据分析可以提供管理者实施决策所需要的信息，比如调查分析报告中提出的一些建议等，但建议不是实施方案，最后的实施方案需要决策者综合判断才能最终形成。

（四）调查问题应明确化

问题明确化是把问题进行某种界定，给予明确的陈述，将比较含糊的想法变成比较清楚的明确的调查问题；或将比较笼统的、宽泛的调查范围转变为特定的范围。怎样把问题明确化，需要从较广泛的相关文献查阅开始，初步确定研究问题的范围；之后，进一步查阅更为专业的相关文献，明确调查的具体问题。可以形成不同的调查分析主题，即对调查目标细化，进一步明确调查与数据分析需要搜集和分析的主要数据信息。例如，如果目标是获取某项业务服务的满意度及与竞争对手的比较，那么获取的主要数据信息是某项业务服务的客户满意度水平及与竞争对手比较结果，并可以进一步挖掘对满意度有显著影响的因素，有针对性地帮助企业或商家改进产品，提高效益，有助于管理者进行合理决策，降低风险。

（五）调查问题的目标应具有统一性

调查问题、问卷中询问的问题与决策问题的目标要统一，最终都是为决策提供数据信息。调查问题是要达到的具体目标，调查之前必须明确；为达到目标需要通过问卷调查获得调查结果，根据调查结果进行数据分析，为决策提供依据。如果调查问题、问卷中询问的问题与决策问题不统一，没有系统观念和统一性，最终的决策可能失败。下面的案例说明了这一点。

专栏 2－1　美国可口可乐公司调查问卷问题不清导致决策失败

20 世纪 80 年代，美国可口可乐公司耗资 500 万美元，进行了历时 2 年的市场调查，调查了近 20 万名消费者。

（1）出动 2000 名调查员，在 10 个主要城市调查消费者的口味。问卷的主要问题是："如果在可口可乐配方中增加一种新的成分，使它喝起来更柔和，您愿意吗?"结果有一多半的人表示接受，只有11%的人表示不安。

(2) 公司投资400万美元进行大规模的口味尝试活动。13个大城市的19.1万消费者参与口味尝试活动。在众多口味饮料中，消费者对新口味可乐青睐有加。55%的品尝者认为新口味超过传统配方。

(3) 经过与全世界瓶装厂商量，并进行财务预算，公司决定：用新可乐代替传统可乐，停止传统可乐的生产与销售。即决策是：放弃老饮料。

新饮料上市4个小时，可口可乐公司接到650个抗议电话。10天后，每天接到5000多个抗议电话。有人甚至说要改喝茶水来代替可乐。公司不得不开辟83个热线，雇用大量的公关人员来处理这些抱怨和抗议。

3个月后，市场调研表明，只有不到30%的消费者说新可乐的好话了，愤怒的情绪在美国蔓延。罗伯特·戈伊朱埃塔不得不率领公司全体高层管理者站在可口可乐的标志下，向公众道歉，并宣布立即恢复传统配方生产。此时全国一片沸腾。有议员在参议会上发表演说："这是美国历史上一个非常有意义的时刻，它表明有些民族精神是不可更改的。"

该案例中，问卷的主要问题是："如果在可口可乐配方中增加一种新的成分，使它喝起来更柔和，您愿意吗?"事后调查表明：几乎所有被调查的人都认为，公司是在保留老可乐的情况下，询问对多一种口味的可乐的态度。在调查生产新饮料的同时，忘记询问："如果是在老饮料停产的情况下，您是否会选择新的饮料?"可以看到，调查问题、问卷中询问的问题、决策问题及人们对于问题的理解等，需要综合考虑，保持目标统一性与一致性。

三、考虑其他相关的问题

与调查问题或选题相关的内容较多，有些则需要在调查方案设计时给予考虑。常涉及也需要考虑的问题主要有：是否需要假设？相关的概念如何确定？概念是否可操作化？概念与变量及关系是什么？具体调查标志/变量是什么？指标是否分级？形成的数据及类型有哪些？等等。

(一) 考虑是否提出假设

调查与数据分析中的假设指的是针对所研究的问题做出的尝试性的理论解释，它由概念构成，以一种可检验性的形式加以陈述，并对两个或两个以上变量之间的特定关系进行预测的命题。例如，“客户满意度提升会增加产品使用量”，“积极的学习态度对学习效率有促进作用”，“工作满意程度、身心健康状况、社会地位感知、价值观念会对主观幸福度产生正向影响”，假设可用语言文字、数学语言、表达式等表达。两个以上变量的关系分析，需要区分因果关系、相关关系、共变关系及虚无关系等；假设不能与已知的和验证过的事实发生矛盾。

调查分析研究是否一定要有研究的假设？并非所有的调查与数据分析都必须预先设立研究假设。通常，对于理论性的调查与数据分析，一般要有研究假设，如以探寻现象间的因果关系为目的的解释性研究；对于以摸清情况和描述目标的解释性调查与数据分析，如全国人口普查、全国农业普查等，就不一定有假设。

（二）概念界定与操作定义

确定调查问题时应明确化，即明确达到的目标和获取的数据信息。同时需要将具体目标和数据信息给予明确的陈述，也就是进行概念界定。概念是人们通过对具体现象的大量观察，从同类事物或现象中归纳、抽象出的他们的共同属性。例如，获取某项业务服务的客户满意度水平及与竞争对手比较结果，老年人健康情况的调查等，那么什么是“客户满意度”，什么是“老年人”需要进行定义或界定，对概念明确界定是用精练的语句来概括说明一个概念的内涵与外延，从而将概念所指的某类现象与其他现象区分开来。可见概念是用较为抽象的、高度概括的方法来下定义，着重于揭示某类事物的内涵和本质。

概念明确界定后，还需要对概念下操作定义而实现概念的操作化。操作定义是指用可感知、可量度的事物对抽象概念作出的界定或说明，即用更具体而明确的变量或指标来反映抽象概念。也就是对调查与数据分析中使用的主要概念给予明确的定义，并确定其边界和测量指标的一种设计工作。例如，对职工的“月收入”这一概念及所涉及的范围，不同的人可能有不同的理解，这就需要对这一概念的外延进行明确的、可操作的定义，如把“月收入”定义为包括工资、津贴、奖金在内的收入之和或月平均收入，或者从数量上明确界定什么是高收入、中等收入、低收入等，概念的操作化能够进一步明确调查对象和调查范围，使不同的研究者对同一个调查与数据分析内容有统一而明确的理解，避免人们对概念的不同理解或在检验结果时发生误解。更为重要的是使研究者对调查对象的具体观察和测量成为可能。例如，中国第一次农业普查的对象与范围是：中华人民共和国境内的各种类型的农业生产经营单位、农村住户、乡镇企业、行政村和乡镇。其中，农村住户的普查范围限于农村领域。从当时的情况和条件来看，这一范围和对象的确定是在其他普查还不太规范以及全面统计基础弱化的背景下产生的，普查范围既有农村范围，也有全社会口径；登记原则不够具体明确，难以把握。农业普查范围上看，如 A601、A603、A605 表为农村范围，而 A602、A606 表则为全社会口径。对“农村范围”笼统地解释为“城市以外的所有区域”，显得模糊抽象，而“城市”的标准又定义为“县市政府所在地及工矿企业镇”。这种划分给实际操作带来了歧义，导致不同的地方不同的理解和解释。从普查表的登记原则看，既有按在地原则登记的，也有按属地原则登记的，甚至同一张普查表（如 A603、A604 表）中不同指标登记的原则也不尽相同。再比如，国家统计局“非公有制企业（单位）人才资源状况抽样调查方案”有专门指标解释，其中对“经营管理人员”，“指在单位中行使管理职能、指挥或协调他人完成具体任务的人员。如在企业及其职能部门中担任领导职务并具有决策、管理权的人员，包括：企业董事、企业经理、企业综合职能部门经理或主管。在建筑业中行政管理人员、工程项目管理人员和工程技术管理人员。管理人员一般为单位中层及以上人员。分为：高级经营管理人员 ：指企业（单位）的董事、监事、经理班子成员。中级经营管理人员：指企业（单位）内部的中层管理部门负责人。初级经营管理人员：指企业（单位）内高级、中级之外的管理人员”。只有对“经营管理人员”进行定义，分类规定范围，具体包括哪些，不包括哪些等，有操作性定义，实际观察和测量才能获得准确的数据。可见，操作定义是用具体的测量指标来下定义，使用可直接感知或量度的方法，着重于界定某类事物的外延。

抽象定义决定着操作定义的本质内容，操作定义则是抽象定义在调查分析过程中的进一步具体化。概括来讲，根据调查目的确定具体目标，具体目标明确后确定具体调查内容，具体调查内容需通过指标/变量来表现，对调查指标/变量要明确地定义，即操作性定义，才能通过具体观察和测量获得准确的数据信息。

（三）变量类别与数据类型

1. 变量及变量类别

变量是说明现象某种特征的概念，反映从一次观察到下一次观察出现不同结果的某种特征，即概念在具体形态上的变动性。例如，对个体而言，“性别”“身高”“满意度”等就是变量，其结果如“男”“女”“175 公分”“满意”“一般”“不满意”等是变量具体的表现，反映了取值的变动。

变量可以分为分类变量、顺序变量、数值型变量。

分类变量，说明事物类别的名称，如“性别”“企业所属的行业”“学生所在的学院”等；顺序变量或有序分类变量，说明事物有序类别的名称，如“质量等级”；分类变量和顺序变量统称为定性变量；数值型变量或定量变量，说明事物数字特征的名称，如“生活费支出金额”等。

2. 变量与数据类型

变量的具体表现称为变量值，即数据，是观察到的变量的结果。根据变量的不同类别，形成的数据类型也不同。

分类变量的观察结果形成分类数据；顺序变量的观察结果形成顺序数据或有序分类数据；定量变量的观察结果形成定量数据或数值型数据。通过操作化或指标/变量分级，经过调查、观察或实验，对现象进行测量的结果就得到了数据。数据可以是数字的，也可以是文字的，或是由多个数据构成的数据集。

（四）调查标志与指标定义及分级

实际统计工作中，常使用指标和标志的概念。标志说明个体/单位属性特征的名称，例如，对个体而言“性别”“身高”这些名称就是标志，根据说明个体/单位性质不同，有品质标志和数量标志之分，分别说明事物的质的特性或量的特性；统计指标，简称“指标”，是反映社会经济总体现象数量特征的概念和数值，具有数量性、综合性、具体性的特征。例如，根据调查总体计算的人口“性别比”“平均身高”等就是指标。具体使用场合不同，使用的概念可能不同。在一般数据分析中则常使用变量、变量值或观测值的概念。本书中不再进行详细区分。指标（或变量）是在调查与数据分析过程中用来反映社会经济现象的类别、状态、规模、水平等特性的项目及测量标准。如“性别”“身高”“满意度”等，其具体的结果称为变量值、观测值或数据。

指标/变量分级。根据分析研究目的，在对研究问题进行指标（或变量）具体设计时只用一个层次的指标有时是不够的，需要两个甚至两个以上层次（层级）的指标及指标体系来说明。例如，反映“社区生活环境质量”，一级指标可能包括：交通设施、通信设施、教育设施、文化娱乐设施、医疗设施等；而仅在“教育设施”这个一级指标下，可以设计二级指标，如社区拥有的幼儿园数、小学数、中学数、学龄儿童入学率等。而幼儿园数、小学数等是可以通过调查或观察得到具体的结果。并且可以根据相关的要求及数据的重要性进一步确定指标的权重。

设计指标/变量时，应遵循科学、完整、准确、可能、简明的原则。例如，完整性，设计时变量要有明确的定义和统一的计算方法，变量的表现应该涵盖所有的情况，如中国科学院心理研究所的中国人亚健康的城市发展水平分布，研究中采用“城市综合实力”指标，来定义各地区现代化的程度。“城市综合实力”是指一个城市在一定时期内经济、社会、基础设施、环境、科技、文教等各个领域所具备的现实实力和发展能力的集合，其指标体系包含城市的人口和劳动力、经济发展、社会发展、环境和基础设施等四个方面。

综合来说，概念的形成，需要弄清概念的定义范围、准确的界定、明确的测量指标或者分级（维度），可借鉴前人的研究成果，在探索性研究基础上形成本次调查的指标及指标体系。

（五）指标与变量、数据之间的关系

指标与变量、数据之间的关系用一个简单的例子来说明。例如，研究目的想获得全体大学生的英语总成绩、平均成绩、及格率、性别比等相关情况，这些目标变量说明总体的数量特征，用数值表示，都称为指标；具体实施过程是调查获得每一位大学生的英语成绩、性别等具体结果，每一位大学生（个体）的“英语成绩”“性别”称为变量或标志，“英语成绩”“性别”的结果称为变量值、观测值或标志值。表 2－1 所示反映了变量、标志、变量值、观测值或标志值及数据的关系。

表 2－1　　变量、标志、变量值或标志值及数据的关系

<table>
<tr><td colspan="3">成绩</td><td>性别</td><td>变量/标志（名称）</td><td rowspan="8">数据</td></tr>
<tr><td>通过</td><td>优</td><td>95</td><td>男</td><td>变量值/观测值/标志值</td></tr>
<tr><td rowspan="4">不通过</td><td>良</td><td>88</td><td>女</td><td>变量值/观测值/标志值</td></tr>
<tr><td>中</td><td>73</td><td>1（代码）</td><td>变量值/观测值/标志值</td></tr>
<tr><td>及格</td><td>60</td><td>2（代码）</td><td>变量值/观测值/标志值</td></tr>
<tr><td>不及格</td><td>55</td><td>1（代码）</td><td>变量值/观测值/标志值</td></tr>
<tr><td>定类</td><td>定序</td><td rowspan="2">定量/数值</td><td rowspan="2">定性</td><td rowspan="2"></td></tr>
<tr><td colspan="2">定性</td></tr>
</table>

表 2－1 中，“成绩”这个变量可以用“通过”“不通过”表现，其结果形成的就是定类数据；“成绩”这个变量也可以用“优”“良”“中”“及格”“不及格”表现，其结果形成的就是定序数据，计量层次高于定类数据；“成绩”这个变量还可以用“95”“88”……表现，其结果形成的就是定量数据，计量层次级别最高，高级别层次的数据可以转化为低级别层次的数据，并能使用低级别层次的数据分析方法。例如，“95”“88”可以转化为“优”“良”等，“优”“良”“中”“及格”“不及格”也可以转化为“通过”“不通过”，但低级别层次的数据不能转化为高级别层次的数据。需要注意的是，变量是说明现象某种特征的概念或名称，其具体的表现才是变量值，即数据。进行调查与数据分析，希望获得研究现象的定性和定量的数据，也就是定类、定序、数值型等不同类型的数据需要提示的是，定量数据越多，可选择的分析方法也就越多。目前这些数据都属于结构化的数据，在现代社会和智能时代，还有大量的非结构化数据，如图像、声音等，需要采用大数据的分析技术进行分析。

从以上内容中可以看到，调查选题不是孤立的，选题确定后，需要考虑如调查方案设

计、是否假设、概念定义、概念的操作化、指标是否分级，以及概念与变量及数据关系；需要分清数据及类型，而数据及类型又和调查问卷或调查表相关联。问卷是调查内容的具体表现形式之一，是为搜集数据信息而设计，为决策提供原始数据，也是进行数据分析的基础。数据分析是为了掌握所研究问题的现状、原因，找到事物的本质和规律，为决策提供建议和决策依据，所有这些形成一个完整的系统。

四、把握调查的时机

调查与数据分析的目的是发现问题并及时解决问题，任何偏离主题的调研都不可能成为有效的调研。因此需要把握调查的时机。进行市场营销，通常决定推出某种产品之前，需要了解潜在市场需求，这样才能有的放矢地制定生产计划；产品推向市场之后，需要了解消费者对产品品种、数量、质量、价格、规格等方面的要求，有利于制定产品的经营方法和策略，及时发现市场营销机会或问题等；以及根据市场需求决定以新产品代替老产品的生产计划，最大限度地保证新产品开发的成功率等，都是进行市场调查不错的时机。但也存在着如产品被“山寨”、竞争对手快速反应的风险。如果错过市场调查的时机，或者缺乏资金、调查成本过高，或者没有足够的资金去实施由调查所产生的任何决策，这时都不宜开展调查。

第三节 调查方案设计

选题确定后，为了能更好地开展接下来的工作，顺利完成调查与数据分析的任务，需要对本次调查与数据分析的一系列活动进行整体规划和设计，制定调查与数据分析的具体方案。

一、调查方案设计的含义与作用

（一）调查方案设计的含义

调查方案设计也称方案策划，是对整个项目的活动与过程进行统筹规划，有效地组织各种策略方法来实现目标的系统工作。它是根据研究目的和实际情况，对调查与数据分析各个阶段和各个方面所作的通盘的、清晰的考虑和安排，包括调查对象、调查方法、抽样设计、问卷设计、人员安排、调查时间、地点、后期的执行、数据分析、工作要求等。调查方案设计以目标为起点，制定出策略以及内部详细作业计划，最终达成目标。当然也包括成效的评估及反馈、跟踪问效、督查回访等，若需对调查对象和解决的问题等相关事项重新搜集数据信息，则返回起点，重新选题，开始做下一次的调查与数据分析。如此循环，因此调查研究要经常化。

（二）调查方案设计的作用

（1）调查方案设计是调研项目委托人与承担者之间的合同或协议。使得各方有了一致的看法，有利于避免或减少后期出现的误解。

（2）调查方案设计是研究者对研究问题从大量定性认识到定量认识的连接点。例如，对调查问题相关背景的了解，调查什么，怎样调查，获得什么信息，解决什么问题，这些都是研究者的定性考虑，在此基础上，要根据目的设计出相应的指标/变量，确定调查对象、调查时间与地点、设计问卷或调查表、搜集、整理、数据分析，具体实施后，过渡到数据分析和定量认识。

（3）调查方案设计在调查与数据分析中起着统筹兼顾、统一协调的作用。调查方案设计的优劣直接影响到调查与数据分析质量的高低。由于影响调查与数据分析质量的因素很多，如概率保证程度大小、样本数目多少、抽样方式方法、问卷设计、调查实施、分析方法选择、质量控制办法、调查费用多少等，调查在方案设计中应作出权衡，保证调查与数据分析工作的效率和实际成效。

调查方案设计既是整个工作的指导大纲，又是研究计划的说明书，是对工作过程、方法的详细规定，也是申请研究经费的文本依据。

二、调查方案设计的内容

方案是指导整个调查与数据分析过程的纲领性文件。调查方案设计要保证所搜集数据和分析获得的信息必须与决策有关，即明确需要搜集什么信息，采用怎样的搜集方法和测量手段，调查对象是谁，数据如何分析，报告提交方式等。例如，根据《中共中央 国务院关于打赢脱贫攻坚战三年行动的指导意见》和《国务院办公厅关于开展国家脱贫攻坚普查的通知》（国办发〔2020〕7 号）要求，我国于 2020 年至 2021 年年初分两批在中西部 22 个省（自治区、直辖市）开展了国家脱贫攻坚普查。国家脱贫攻坚普查是新中国成立以来首次为解决贫困问题而开展的大型专项普查，为提高普查的科学性、规范性，制定

《国家脱贫攻坚普查方案》及10项业务流程，组织开展5省普查专项试点、17省（自治区、直辖市）普查综合试点，充分检验普查方案设计的科学性和可操作性。任何涉及调查的项目都应科学设计调查方案。以案例：北京市“疏解整治促提升”效果民意调查为例梳理说明调查方案设计主要构成内容。

专栏2－2　　北京市“疏解整治促提升”效果民意调查

一、调查目的

2021年是北京市新一轮“疏整促”专项行动开局之年，为客观了解居民对“疏解整治促提升”工作的满意程度，发现具体工作中存在的短板、弱项，征集居民对“疏解整治促提升”专项行动的实际需求以及环境整治、城市治理、空间腾退利用、便民服务提升等方面的意见建议，为深入推进“疏解整治促提升”工作提供依据和参考，北京市统计局拟在全市内范围组织开展2021年北京市“疏解整治促提升”效果民意调查。

二、调查内容

北京市居民对新一轮“疏解整治促提升”专项行动实施效果的评价，包括违法建设治理、群租房整治、施工建设治理、环境秩序整治、桥下空间治理、便民服务提升等内容，并收集居民对专项行动的需求以及后续规划的意见建议等。

三、调查对象及范围

北京市16个区居住一年以上，18—74周岁的城乡居民。

四、调查方法

通过面访调查方式组织实施调查。

五、组织方式

北京市统计局负责调查方案设计、组织实施、调查质量控制、数据整理汇总、调查报告撰写等工作；以购买服务的方式由第三方调查机构实施调查。

六、数据发布

本调查数据供内部使用并仅限用于统计相关目的，不对外发布。

从该案例中可以清楚看到，方案中包括了六项基本内容。不同选题的调查方案设计在具体内容和形式上有一定的差别，但基本内容及结构大体是一致的。调查方案设计一般包括以下内容。

（1）调查目的

（2）调查对象和调查单位

（3）调查项目（调查内容）

（4）调查方式和方法

（5）调查提纲或调查表

（6）抽样方式方法

（7）调查时间、地点和调查期限

（8）调查数据资料整理和分析方法

（9）调查报告内容和报告的提交方式

（10）调查的经费预算

（11）调查的组织计划

下面对以上11个项的主要构成内容做重点说明和提示。

（一）确定调查目的

目的是调查与数据分析所要达到的具体目标，具体回答“为什么”进行本次调查与分析研究的主要思路是什么？设想中的概念及定义是什么？目的一定要十分明确而具体。为进一步明确调查与数据分析目的，还要了解谁是数据的使用者，获得的数据信息主要用在什么地方等。复杂调查研究项目或课题中，不仅要说明调查研究目的，还要说明理论意义及应用价值，即说明该项调查研究结果在理论上的重大价值，阐述该领域已有的研究成果及本次调查研究起点及突破（在申请专项课题时常用），及能给企业/公司带来的决策价值、经济效益、社会效益等。2019年5月，习近平总书记在“不忘初心、牢记使命”主题教育工作会议上的讲话指出，“调查研究要注重实效，使调研的过程成为加深对党的创新理论领悟的过程，成为保持同人民群众血肉联系的过程，成为推动事业发展的过程。要防止为调研而调研，防止搞‘出发一车子、开会一屋子、发言念稿子’式的调研，防止扎堆调研、‘作秀式’调研”。

目的是调查方案设计的核心，只有目的明确，才能确定调查与分析的对象、调查内容、调查方法、数据分析方法，才能保证调查与数据分析的结果具有针对性。

在明确目的基础上，要确定调查与数据分析的内容，明确数据信息需求，梳理形成调查与数据分析的信息清单，包括问题清单、任务清单、责任清单等，具体要得到什么信息，获得哪些新的数据，期望得到的结果。例如，2021年北京市就业失业状况专项调查方案中调查目的是：为进一步做好“稳就业”“保居民就业”工作，更为准确把握北京市居民就业失业情况，了解居民就业需求、就业满意度和相关政策实施效果，根据北京市人民政府关于进一步加强月度劳动力调查工作要求，国家统计局北京调查总队拟在全市开展2021年北京市就业失业状况专项调查，作为月度劳动力调查的必要补充。

（二）确定调查对象和调查单位

我们知道，调查是获得社会经济现象数据的主要来源。所谓调查对象就是调查研究的总体或调查范围，它是根据调查研究目的决定的，主要回答“向哪些人或事物”进行调查。要注意区分目标总体与调查总体。目标总体是希望从中获取数据信息的总体，是研究对象的全体。调查总体即实际调查所覆盖的总体，在抽样调查中称为抽样总体，它是指从中抽取样本的总体，一般通过抽样框来体现。当目标总体 = 抽样总体时，二者一致；但实际情况也会出现目标总体 ≠ 抽样总体，这时二者不一致，应注意区分，调查研究中应尽量使调查总体与目标总体尽可能一致。

调查单位是需要对其进行调查的基本单位，是调查对象（总体）中的每一个具体单位，它是调查项目（变量）的承担者或载体，是要调查登记的各个调查项目的直接承担者，是搜集数据、分析数据的基本单位，主要回答“由谁来回答”具体的调查问题。调查单位可以是调查对象的全部单位（全面调查），也可以是调查对象中的一部分单位（非全面调查）。调查单位有时也称个体。确定调查单位就是明确向谁（个人或单位）去调查？对个体还是群体？调查范围有多大？在什么区域？基本特征如何？等等。例如，2021 年北京市就业失业状况专项调查方案中的调查对象为：北京市全部居（村）委会中抽中的调查户中年龄在 16—70 周岁、调查前一周（13—19 日）居住在该户的人口，包括该户中因临时出差、旅游、探亲、加班、住院等原因未居住在该户的人口以及本户中已外出但不满半年的户籍人口。

（三）确定调查项目

调查项目是方案的主体，也就是调查的具体内容，主要回答“调查什么”，一般通过问卷、量表、调查表、统计报表、调查提纲等表现出来。它是根据调查研究目的确定的，其结果也是后续数据分析的对象。调查项目应包括调查对象的基本特征，含义必须明确、肯定，必要时可附加调查项目解释。例如，2021 年北京市就业失业状况专项调查方案调查内容主要包括：居民就业失业现状、问题和诉求等。从以上可以看到，调查目的、调查对象、调查单位紧密相连，调查研究目的是根本，不同的调查研究目的决定了调查对象、调查单位和调查项目也就不同。例如，对比以下 2 个调查研究目的。

目的 1：获取全国所有工业企业的职工人数、产值、利润等方面的情况；

目的 2：获取全国所有工业企业职工的工种、年龄、文化程度方面的情况；

目的 1 的调查对象、调查单位和调查项目分别为：

调查对象：全国所有工业企业

调查单位：每一个工业企业

调查项目：职工人数、产值、利润等

目的 2 的调查对象、调查单位和调查项目分别为：

调查对象：全国所有工业企业职工

调查单位：每一个工业企业职工

调查项目：工种、年龄、文化程度等

可见，由于调查研究目的不同，调查对象、调查单位和调查项目等也不同。

需要提示的是，统计工作调查中，还涉及“填报单位”，即负责向上级报告调查内容的基本单位。调查单位与填报单位有时一致，有时是不一致的。另外，不同的调查方式也会对应不同的调查单位。如简单随机抽样与整群抽样的调查单位就不一定相同。

（四）确定调查方式和方法

调查数据搜集方式和方法的选择取决于调查分析的目的和调查对象的特点，也直接影响着调查与数据分析的准确性、及时性和完备性。调查数据搜集方式是指组织搜集原始资料的形式，如普查、统计报表、抽样调查等方式。调查方法指调查者向受访者搜集调查问题答案的方法，主要包括访问调查、邮寄调查、电话调查、电脑辅助调查等。例如，我国第一次经济普查规定对法人单位、产业活动单位采用普查的方式，对个体经营户采用普查辅助与典型调查等方式；具体搜集数据一律采取访问调查方法。在一次调查中，采用全面调查、抽样调查还是统计报表？探索性调查还是描述性调查？实地调查还是二手资料分析或是二者结合？数据搜集方法采用访谈法、实验法还是网上调查？哪一种采集数据方法比较适合？这些都要根据调查分析目的不同，所需数据信息类型的不同综合考虑，选择一种或者多种方法结合使用。例如，2021 年北京市就业失业状况专项调查方案，采用简单随机抽样方法，全市每个居（村）委会随机抽取 5 户，每半年调查 36190 户，约 8.3 万人，全年共调查 72380 户，约 16.6 万人。由国家统计局北京调查总队通过问卷星进行样本管理、数据收集，推送问卷到调查员手机。调查员入户进行数据采集。

需要注意的是，调查与数据分析方式和方法的设计，同时也要考虑抽样设计，比如用分层抽样还是整群抽样，误差的控制范围、样本量确定、抽样的具体对象、地点等，这些可以单独作为附件详细说明。

（五）确定调查数据资料整理和分析方法

调查搜集的主要是一手数据资料，对获得的数据资料需要进行审核、整理、清洗等，数据资料整理是对获得的数据资料进行加工整理、系统开发的过程，其目的为分析研究提供系统化、条理化的综合数据资料。方案中应对数据资料整理和分析方法进行计划、设计和安排，以满足数据分析的需要。为此，应制定数据资料整理方案，对数据资料的审核、订正、编码、分类、汇总等作出具体详细的安排。大型调查研究还应对计算机自动汇总软件开发和购买等制定计划。目前，采用实地调查搜集的原始资料的处理工作一般由计算机完成，通过网上调查也可直接完成。

同时，应根据调查与分析目的、调查项目等，对获得的数据设计分析方法，问卷中每个询问问题获得的数据都应设计出相应的分析方法，如采用定性分析还是定量分析，或二者结合；单变量分析还是多变量分析；使用图、表还是描述指标。在此基础上，选择进一步分析的具体方法。例如，2021 年北京市就业失业状况专项调查方案，北京总队牵头负责制定调查方案、审核汇总调查数据、撰写调查报告等。调查数据及调查报告仅提供给政府及相关委办局，不对外发布。

（六）确定调查时间、地点和调查期限

调查时间通常指调查数据资料本身所属的时间，如果调查的是时期现象，就要明确规定数据资料所反映的调查对象从何年何月何日至何年何月何日止的数据资料；如果调查的是时点现象，就要规定统一的标准时点。调查期限，有时也称工作期限，指从此项调查工作开始到全部结束所需工作时间。应根据规定的调查期限，对调查研究过程的每一阶段需要完成的工作任务和所需的时间、人员安排等作出详细规定，确定工作进度计划表，以便督促或检查各个阶段的工作，控制调查与分析成本，保证按时优质完成各项调查与分析工作。

调查地点与调查单位所在地点，二者通常一致，若不一致，则要规定调查地点。

（七）确定调查的经费预算

经费预算，广义上包括调查与数据分析和报告撰写等整个工作过程中经费的计划与安排。相关经费通常包括差旅费、资料费、印刷费、劳务费、文具费、咨询费等，调查与分析中需要使用如录音机、照相机、计算机、智能终端设备等，也需要考虑和安排预算。应根据调查与数据分析目的、难易程度、工作量等合理计划与分配经费。项目预算总额多少？税前还是税后？付款方式怎样？分几次结清？都需要清楚明确，且符合相关财务规定。

（八）确定调查报告内容和报告的提交方式

按照调查方案设计，经过深入细致的调查，将调查中搜集到的数据资料系统整理、清洗，进行数据分析，撰写调查分析报告。常见的提交分析报告的方式包括书面报告和口头报告。调查方案中应明确仅提供书面报告，或者二者都需要提供？确定提交分析报告份

数，是否要求阶段性报告等。另外，还需要明确调查问卷是否提供？座谈会的录像是否提供？版权归属问题及数据的使用等。

（九）制定调查的组织计划

制定调查的组织计划主要指调查的组织与实施细则，为了确保调查与数据分析工作的实施而制订的具体的人力资源配置计划。包括组织领导、人员安排、人员培训与管理、机构设置、工作的分工、经费来源、组织措施、质量控制等，确保整个调查过程合理有序进行。还需说明本次调查采用什么标准，例如，采用哪个国家或市场研究协会的标准执行，是否独立完成整个组织和实施工作。如果有其他人员，如委托单位人员参与，应对双方的责任人在报告或附注中加以说明。例如，2021 年北京市就业失业状况专项调查方案，由国家统计局北京调查总队负责组织实施。其中，北京调查总队牵头负责制定调查方案、审核汇总调查数据、撰写调查报告等；北京市统计局配合提供居（村）委会相关信息，协助抽取调查户工作。设立国家调查队的区，由国家调查队牵头负责组织实施所辖居（村）委会的专项调查工作，区统计局和经济社会调查队协同配合；未设立国家调查队的区，由区统计局和经济社会调查队负责所辖居（村）委会的专项调查工作。街道（乡镇）统计所负责组织辖区内的居（村）委会开展专项调查工作。居（村）委会负责明确一名调查人员，按调查方案要求承担所在居（村）委会的调查工作。

调查与数据分析程序的完整性和过程中质量控制不能忽视。调查与数据分析的各个阶段一般都会存在误差，如抽样误差、问卷设计、访问员产生的误差、测量误差、实施中的误差等，应分别加以控制并评估误差对结论的影响，方案设计目的与实施的结果应该在一个明确的预算水平上尽可能使潜在的误差更小。

做好调查方案设计，加强调研统筹，要全面考虑、统筹安排，保证方案设计的科学性、完整性、合理性和可行性，方案要符合实际情况，不好高骛远，不脱离实际。力戒形式主义、防止走过场、不深入。

三、调查方案的撰写

调查方案是否科学、可行，直接影响整个调查与数据分析结果的好坏。因此，在调查方案设计时，研究者一般都会按照工作的各个阶段整体考虑。由于调查方案设计涉及整个过程的方方面面，为保证方案按计划顺利进行，通常需要拟订方案计划书，即方案的撰写。较为详细的计划书还要增加调查分析报告的架构、二手资料的名称与出处等项目。技术性较强的如抽样设计等应单列附件。方案计划书的格式也不一定完全相同，一般包括的内容如下：

（1）引言，介绍该项调查与数据分析工作的背景、原因及意义等；

（2）调查与数据分析目的（目标）和内容，阐明为什么调查、调查意义、调查的项目、调查分析结果用处等相关内容；

（3）明确调查对象、调查范围、抽样方式、样本量等；

（4）调查实施说明，访问方式、采集数据方法、访问员数量安排、访问实施的操作过程、监督办法、数据处理与分析方法等；

（5）提交结果的方式，包括形式和数量；

（6）工作进度安排等；

（7）说明费用与预算情况；

（8）人员组织安排，包括人员整体结构，如知识、能力、区域、年龄，人员的素质要求等；

（9）附录，通常为负责人和主要参加者的名单，专业特长及主要分工等。

复杂的方案案例见国家统计局网站各种普查及抽样调查方案，如“国家脱贫攻坚普查方案”等。

四、调查方案的可行性研究

设计出的调查方案是否能够顺利执行，需要进行可行性研究。

（一）调查方案可行性研究的方法

调查方案可行性研究的方法包括逻辑分析法、经验判断法、试点调查法等。

逻辑分析法是在明确目标基础上，以抽象的、理论上前后一贯的形式和通过概念、判断、推理等思维形式进行概括研究；经验判断法是指相关专家、管理者、研究者根据长期积累的知识和经验作出判断；试点调查法是为了取得实行某一政策或方案的经验，固守一个有代表性的基点，进行一个时期的持续调查，系统地搜集和积累第一手资料，有目的有意识地通过改变某些社会环境的实践活动来认识试点对象的本质及其发展规律，借以指导全面工作的调查方法。对于规模较大、难度较高或以前无经验的调查分析项目，为获取相关数据并验证该方案的可行性，在正式进行调查之前，有必要进行试点调查。也可以采用小组座谈的方式进行探讨和评价。例如，国家脱贫攻坚普查领导小组办公室（国家脱贫普查办）紧扣脱贫攻坚工作实际，聚焦“两不愁三保障”政策目标，切实加强顶层设计，着力提高普查的科学性、规范性。组织开展5省普查专项试点、17省（自治区、直辖市）普查综合试点，充分检验普查方案设计的科学性和可操作性。制定《国家脱贫攻坚普查方案》及 10 项业务流程，印发组织实施、人员选调管理、清查摸底、现场登记和审核验收等工作细则，为普查工作有序开展提供制度保障。

（二）调查方案的总体评价

对调查方案的总体评价，主要从以下方面进行。

（1）方案设计是否体现调查与数据分析目的和要求；

（2）方案设计是否科学、完整和适用；

（3）操作性是否强；

（4）方案设计能否使调查质量有所提高等。

科学设计调查方案，并根据调查与数据分析目的，对调查对象、调查内容、指标口径、数据处理与分析、调查的组织等进行全面评估，确保方案顺利实施，取得成效。

五、调查方案设计注意问题

由于调查方案设计是根据研究目的和实际情况，对调查与数据分析工作各个阶段、各个方面所做的通盘的、清晰的考虑和安排，设计时需要注意以下几点：

（1）考虑需要与可能。不可能指望一次调查与数据分析解决所有问题，因此调查分析的目的要明确，目标要具体，对调查与数据分析的内容、项目和指标进行合理的增删，保证调查与数据分析的可行性、可操作性。

（2）考虑精度与费用。精度与费用是一对矛盾，也并不一定成比例变化。精度是由抽样误差决定的，它随样本容量变化。设计时需要考虑的是：如何以最小的费用达到要求的精度或者在给定费用的情况下达到最大的精度。

（3）大型调查时要考虑方案设计的原则，在原则的框架下完成。例如，第二次全国农业普查方案设计考虑的原则主要有：坚持国际一般标准与中国实际相结合；坚持普查与常规统计调查相结合；兼顾需求与可能，要有可操作性；兼顾历史与现实，要有连续性。不同的调查研究目的，制定的原则也不一定相同。再如，全国第七次全国人口普查，按照“科学与可行、需要与可能、继承与创新”的原则，国务院第七次全国人口普查领导小组办公室借鉴历次普查经验，广泛征求多方意见，切实加强顶层设计。在全国组织开展了 6 项专项试点和 1 项综合试点，着力提高普查的科学性、规范性和可操作性。研究制定了《第七次全国人口普查方案》和 7 项工作实施细则，对普查内容、普查方法以及普查各个环节的工作流程、工作任务和工作要求作了明确规定，为人口普查工作有序开展提供了制度性保障。涵盖了总说明、普查表式、普查表填写说明、指标解释、普查业务流程、普查主要工作时间安排六个部分及附录，在总说明中，明确了普查目的、普查时点、普查对象、普查内容和普查表、普查方法、普查数据处理、普查组织实施、普查质量和普查宣传、法规与纪律要求、主要工作阶段、其他等。

调查方案经过设计、评估，人员到位、经费到位、措施到位，精心组织实施，各个过程的参与人员履职尽责、密切协作配合，才能圆满完成。

第四节 拓展·实验或实践·探究

一、拓展

1. 中共中央办公厅印发《关于在全党大兴调查研究的工作方案》

2. 政府调查项目相关规定

例如，《中华人民共和国统计法实施条例》规定：

第六条　部门统计调查项目、地方统计调查项目的主要内容不得与国家统计调查项目的内容重复、矛盾。

第七条　统计调查项目的制定机关（以下简称制定机关）应当就项目的必要性、可行性、科学性进行论证，征求有关地方、部门、统计调查对象和专家的意见，并由制定机关按照会议制度集体讨论决定。

重要统计调查项目应当进行试点。

统计调查项目符合下列条件的，审批机关应当作出予以批准的书面决定：

具有法定依据或者确为公共管理和服务所必需；

与已批准或者备案的统计调查项目的主要内容不重复、不矛盾；

主要统计指标无法通过行政记录或者已有统计调查资料加工整理取得；

统计调查制度符合统计法律法规规定，科学、合理、可行；

采用的统计标准符合国家有关规定；

制定机关具备项目执行能力。

3. 假设、概念、指标或变量的关联

研究假设、概念形成、指标/变量实际上是紧密相关的，如根据前期的分析，发现的问题是：为什么近来亲戚关系越来越淡漠？经过归纳分析，从不同的角度探讨，例如，“工业化越发展，亲戚关系越淡漠”；“居住条件越好，亲戚关系越淡漠”；“人们越注重隐私权，亲戚关系越淡漠”等。假如从工业化和现代关系方面作出研究假设：“现代化发展程度越高，亲戚关系越淡漠”。而“现代化发展程度”“亲戚关系淡漠”是抽象的概念，需要具体化，形成可操作化的指标/变量，如“现代化发展程度”用“工业化发展”表示，具体指标可用“工业产值比重”代表。同样，“亲戚关系淡漠”可用“亲戚每年见面次数”多少度量，从而进一步得到“工业产值比重越高，亲戚每年见面次数越少”的具体假设，该假设可具体测度、搜集和进行数据分析，使我们对研究对象的具体观察和测量成为可能。

再如，构建指标体系对调查对象进行研究，如中国人亚健康的城市发展水平分布，此项研究采用“城市综合实力”指标来定义各地区现代化的程度。“城市综合实力”是指一个城市在一定时期内经济、社会、基础设施、环境、科技、文教等各个领域所具备的现实实力和发展能力的集合，其指标体系包含城市的人口和劳动力、经济发展、社会发展、环境和基础设施等四个方面。研究根据城市综合实力将样本所在的城市分为大型城市、中型城市、小城镇三类①。再如，根据相关的理论、概念和建立的 9 个假设基础上，构建的结构分析模型如图 2－1 所示。

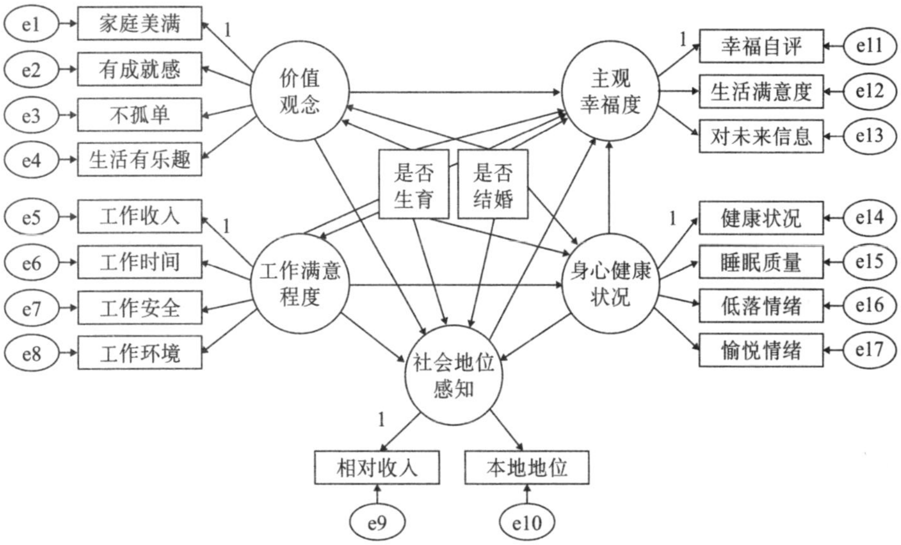

图 2－1　结构分析模型图

资料来源：刘邺桢：《婚姻与生育对于职业女性主观幸福度的影响研究》，硕士学位论文，中央财经大学，2022。

更复杂的需要构建模型，如华莱士模型的理论—假说—观察—经验概括等。

① 博思数据：《2013—2018 年中国健康服务市场现状分析及投资前景研究报告》。

二、实验或实践

（一）调查方案的投标

市场信息的需求方（客户）根据需要，通过各种途径得到招标信息，根据需要及相关标准参与投标活动。

投标书的撰写主要取决于招标方的要求。一般而言，内容除了投标方单位情况（如单位名称、地址、法人、注册资金等）外，还包括以下内容①：

调研目的：由此表现投标方对项目的理解程度；

研究内容：说明调查研究的主要内容；

研究方法：可以展现投标方的专业水平；

进度安排和经费预算：实事求是完成，报价最低的未必是最好的；

投标书中要充分展示自身的能力，与其他竞争对手相比的特点和优势。

（二）阅读调查方案设计相关案例

（1）第七次全国人口普查方案与工作细则；

（2）全国70个大中城市房地产价格统计调查方案；

（3）非公有制企业（单位）人才资源状况抽样调查方案；

（4）2021年北京市就业失业状况专项调查方案；

（5）全国大学生市场调查大赛优秀作品。

从提高学生实际调查能力的角度出发，大赛提倡学生走出校园，直接面对社会中实际存在的各种问题，运用所学的知识进行调查、服务社会。

三、探究

（一）华莱士模型（理论—假说—观察—经验概括）

它是科学研究过程的推理模型或学术研究的完整过程。类似于管理咨询中的PDCA循环（计划—实施—检查—调整）。管理研究中的THEO循环，就是华莱士模型或华莱士循

① 金勇进：《市场调查方法与技术》，中国人民大学出版社，2009。

环（W. L. Wallace），它指在学术研究中有一个理论—假说—观察—经验概括的循环，即T→H→E→O，任何研究都是从提出问题开始，并尝试进行理论解释，提出假设，然后进行观察，并根据观察的结果进行概括，对理论解释进行验证，在过程中也会发现进一步研究或无法证实的理论解释，从而开始新的研究，学术思想在无限的研究循环中得到提升。例如，该循环在论文写作中，即：提出假说模型、推出检验指标、搜集检验数据、对假说进行评价，进行取舍。大多数情况下人们重点做循环中的一部分工作，大致分两种类型：一是理论研究，目的是解释当前的现实，包括从现有的经验数据开始归纳上升成为理论，并发展出有创新性的假说；二是实证研究，目的是检验现有的假说，包括从假说推出检验性的指标，搜集实证数据对假说作出归纳判断，在此基础上决定假说的取舍。

（二）满意度模型

满意是一种心理状态，是一种主观评价。通常指客户/对象对产品或服务的事前期望与实际使用产品或服务后所得到实际感受的相对关系。如果用数字来衡量这种心理状态，就是满意度，它是对客户接受服务心情是否愉快的量化反映。满意度模型只是一种用户体验的监测工具，一种了解用户感受的方法，很多市场调查研究中需要测评出各个对象的满意度，方法有多种。

1. AHP层次分析法

AHP层次分析法是一种辅助顾客满意度评价的研究模型，可以帮助企业找出提高企业顾客满意度的切入点。

2. 四象限图

四象限图是一种简单实用的满意度评价模型。通过四象限图能够帮助研究者快速找出问题关键，区分出各需求指标的轻重缓急，从而制定出有针对性的执行方案。

3. 卡诺（KANO）模型

多用于新产品的卡诺（KANO）模型是一种辅助顾客满意度评价的理论模型。卡诺（KANO）模型是根据客户满意度和功能具备程度两个方面对功能进行分类，找出各类需求的排名偏好情况。

4. 结构方程模型

结构方程模型是一种借助于既有理论进行假设检验的统计建模技术，在满意度的应用中需要通过现有的理论或经验构建满意度模型，并利用统计检验方法对模型进行检验，以此构建具体满意度模型，并获得满意度各指标的权重。结构方程模型在满意度研究中最典型的是顾客满意度指数模型CSI，是度量和认识客户对企业的认同、对产品和服务的满意程度，以及再次购买倾向的指标。在顾客满意度指数模型中，最有影响的有瑞典顾客满意度指数模型（SCSB）、美国顾客满意度指数模型（ACSI）、欧洲顾客满意度模型（ECSI）等。以美国顾客满意度指数模型（ACSI）为例，该模型反映出消费者对服务质量的评价，综合反映出顾客的满意程度，模型由 6 个结构变量组成：感知质量、用户期望、感知价值、用户满意、用户忠诚、用户抱怨，如图 2－2 所示。

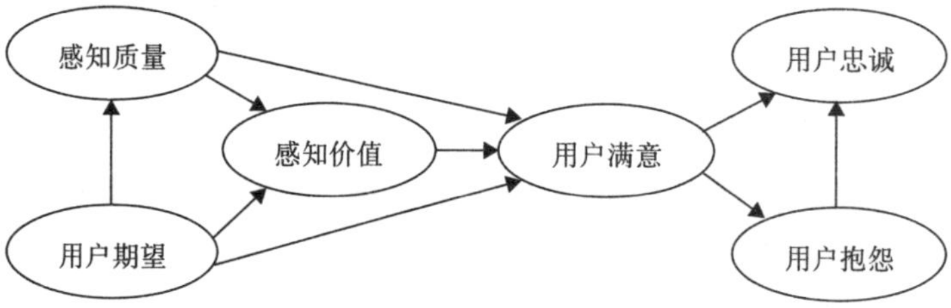

图 2－2　美国顾客满意度指数模型

在图 2－2 中，用户期望代表顾客在购买和使用某种产品或服务之前对其质量的估计；感知质量代表顾客在使用产品或服务后对其质量的实际感受；感知价值代表相对于价格的产品质量的感知水平。

还可通过路径分析研究满意度关键影响因素路径和关系，这时问卷设计采用较多的是李克特 5 级量表、7 级量表和 10 级量表。

5. 中国顾客满意度指数模型（CCSI）

中国目前正在使用的顾客满意度指数模型（CCSI）是基于 ACSI 并结合中国国情加以调整而得到，如图 2－3 所示。

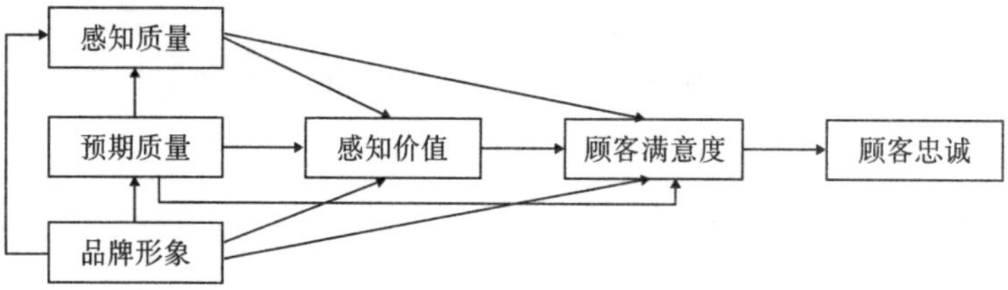

图 2－3　中国顾客满意度指数模型（CCSI）

（1）感知质量，着重表现客户的主观层面感受，服务质量是客户接受服务之前的服务预期与真实感受到服务间的差别，其评估要包含服务效果与服务时交互行为与顾客在这个过程中的感受体验。一般情况下，感知服务质量可以分解出 n 个观察变量，观测变量的设置取决行业的特点和企业运营特点。

（2）感知价值，就顾客满意度而言，顾客感知价值是构成其测量模型的重要部分，也属内生潜在变量。通常情况下，感知价值可以分解出 2 个观察变量，即“给定价格条件下对质量的感受”和“给定质量条件下对价格的感受”。

(3) 预期质量，就顾客满意度而言，预期质量也是构成其测量模型的重要部分，也属内生潜在变量，影响预期质量的因素通常包含商品消费预期、商品可靠性预期以及商品质量的综合预期。而在 CCSI 模型中的服务业顾客满意度模型中，预期质量对应的观测变量仅保留了总体预期质量一个观察变量。

(4) 顾客满意度，使用公式表达成：CSD = 实际感知/期望值，是消费者满意程度的定量表示，即顾客满意度是消费者事后的感知效果跟事前的预期之间对比的差异情况。

(5) 顾客忠诚，一般情况下，顾客忠诚可以分解出“重复购买、推荐程度、价格变动”3 个观测变量。

另外，还有中国服务型企业顾客满意度测评模型（基于 CCSI）、服务质量模型等。

此外，还有加权法、主成分分析法都可用来测量顾客满意度。

【本章总结】

本章主要介绍选题与调查方案设计一些基本内容。分别从选题的基本要求与原则、确定调查问题、调查方案设计，以及拓展·实验或实践·探究等方面展开。学习中需要概括把握选题的基本要求、原则、题目来源，熟悉确定调查问题的内容及相关事项，掌握调查方案设计作用、内容、可行性研究方法；掌握调查方案的撰写和对方案进行总体评价。在此基础上，进行相关内容的拓展，实践操作及进一步探究。

【关键术语】

变量　分类数据　顺序数据　定量数据　标志　指标　调查方案设计　调查对象
调查单位　调查时间　逻辑分析法　试点调查法　满意度模型

【思考与讨论】

1. 选题基本要求有哪些？
2. 简述选题应把握的主要原则。
3. 选题时，如何把问题找准？
4. 选题时，应注意哪些问题？
5. 明确调查问题应注意哪些方面？
6. 为什么要对概念下操作定义？

7. 为什么要对指标或变量进行分级？

8. 什么是调查方案设计？有什么作用？

9. 调查方案设计包含哪些基本内容？

10. 调查方案可行性研究的常用方法有哪些？

11. 调查方案设计应注意哪些问题？

12. 投标书主要包括哪些内容？

13. 结合本课程的学习和实际，考虑选题，进行调查方案的设计，做一次社会实践调查。

第三章　调查方式方法

【学习目标和要求】

1. 了解数据来源的渠道，调查方法的选择；
2. 熟悉调查的分类，各种常用的调查方式方法及优缺点；
3. 掌握询问调查法的类别，熟练掌握询问调查各种具体方法及操作、技巧；
4. 掌握观察法特点、注意问题，熟练掌握观察法实施基本步骤；
5. 掌握实验法基本程序、分类、优缺点。

2003 年 2 月 25 日，时任浙江省委书记的习近平总书记在《浙江日报》“之江新语”专栏发表了一篇题为《调研工作务求“深、实、细、准、效”》的短文，文章提出在调研工作中，“一定要保持求真务实的作风，努力在求深、求实、求细、求准、求效上下功夫。”

调查时既要善于运用长期实践中积累的有效方法，又要适应新形势，采用新办法、新手段，进一步拓展调研渠道、丰富调研手段、创新调研方式，提高调查研究的效率和科学性。如何科学、合理、有效搜集数据资料？需选择适合的调查方式和方法。本章围绕该问题展开。

第一节　调查方式方法类别概述

调查，就是根据研究目的与要求，运用科学的方式或方法，有计划、有组织地从总体或部分个体中搜集数据资料的过程。通过对数据资料的分析，得到相应结论，为决策提供参考，其中如何搜集数据资料或信息至关重要。

通常从使用者的角度看，数据主要来源于两种渠道：一是直接调查、观察和科学实验，称为一手数据、原始数据或直接来源数据；二是他人的调查、观察和实验，称为二手数据或间接来源数据。

从数据本身的来源看，最初都是来自于直接的调查、观察和实验。因此，数据可分为调查数据和实验数据。调查数据是通过调查、观察方法获得的数据，通常是对社会现象而言，一般取自有限总体；实验数据是通过实验方法得到的数据，通常是对自然现象而言，也被广泛运用到社会科学中，如心理学、教育学、社会学、经济学、管理学等。调查是取得社会经济数据的重要手段，也是获得直接统计数据的重要手段，有统计部门进行的调查，也有其他部门或调查机构为特定的目的而进行的调查，如市场调查、民意调查等；实验是取得自然科学数据的主要手段。

从数据的计量尺度看，数据可分为定性数据和定量数据等。对于获取数据的调查方式和方法，一般来说，调查方式指调查的组织方式，通常有普查、重点调查、典型调查、抽样调查、统计报表等，调查方式的选择应根据调查的目的和任务、调查对象的特点、调查费用的多少、调查的精度要求综合考虑作出选择。调查方法一般指在调查方式既定的情况下搜集数据资料的具体方法，通常有询问法、观察法、实验法、二手资料调查法等，调查方法的选择应根据调查的内容、调查对象的特点、数据的质量要求等作出选择。实际工作中进行某项调查，组织者不只使用一种调查方法，而是依据调查对象的特点和调查机构的条件，灵活地选用两种以上不同调查方式方法搜集数据资料。

调查可以从不同角度进行分类，常见分类方式如下。

一、按调查方式分类

调查方式即调查的组织方式，实际中调查的组织方式主要有普查、抽样调查、统计报表、重点调查、典型调查等。例如，我国目前现行的统计调查体系是建立在以必要的周期性普查为基础，以经常性的抽样调查为主体，同时辅之以重点调查、典型调查、科学推算和全面报表综合应用的统计调查体系。

（一）普查

普查是指一个国家或地区为详细地了解某项重要的国情、国力而专门组织的一次性、大规模的全面调查，主要用来搜集某些不能够或不适宜用定期的全面调查报表收集的信息资料，如人口普查、农业普查、经济普查等。世界各国一般都定期地进行各项普查，以便掌握有关国情、国力的基本数据。

相对于其他调查方式，普查具有以下显著特点。

（1）普查通常是一次性或周期性的。由于普查涉及面广、调查单位多，需要耗费大量的人力、物力、财力和时间，通常需要间隔较长的时间进行一次。目前，我国的人口普查已规范化、制度化，国务院规定，人口普查和农业普查每 10 年进行一次，经济普查每 5 年进行一次。

（2）普查一般需要规定统一的标准时点。标准时点是对被调查对象登记时所依据的统一时点。调查数据应反映被调查对象在这一时点的状况，避免调查数据的重复或遗漏。如人口普查为尾数逢 0 的年份进行，标准时点为普查年度的 11 月 1 日 0 时；农业普查尾数逢 6 的年份进行，标准时点为普查年度的 12 月 31 日 24 时；经济普查每 5 年进行一次，分别在尾数逢 3 和 8 的年份进行，标准时点为普查年份的 12 月 31 日。

（3）普查数据的准确性、标准化程度均较高，可以进行统计汇总、分类比较，反映社会总体的一般特征，它可以为抽样调查或其他调查提供基本依据。为保证数据准确性，实际普查中，经过培训的普查员要根据自己掌握的情况和普查对象的申报内容反复进行推理，判断申报内容是否真实，通过一定的询问技巧进行引导，并努力创造一个和谐、互信、宽松的调查环境；农业普查中有经验的普查员，在入户前要广泛收集资料，如通过村组干部或其他途径事前有所掌握，尽可能掌握户籍记录、土地承包合同等与普查有关的行政登记资料，以防漏登人口或错填有关指标，运用多种有效的、综合的方式获取真实的数据。

（4）普查适用范围相对较狭窄，主要适用国情国力的基本情况的调查。实际中常采用以下两种普查组织方式：一是组织专门的普查机构，即配备大量普查人员，对调查单位进行直接的登记，如人口普查；二是利用调查单位的原始记录和核算资料，颁发调查表，由登记单位填报，如物资库存普查等。第二种方式比第一种组织方式简便，适用于内容比较单一、涉及范围较小的情况。特别是为了满足某种紧迫需要而进行“快速普查”，可以采用这种方式。

（二）抽样调查

抽样调查是一种非全面调查。它是按照一定的方法选择或抽取总体中一部分单元/单位，搜集这些单元/单位的数据资料，进行分析或推断的过程。根据抽选样本方法不同，有两种类型的抽样：概率抽样和非概率抽样。

概率抽样是指严格按随机原则①从总体中抽取部分单位构成样本，根据样本调查结果推断总体数字特征的数据搜集方法，常用的概率抽样包括简单随机抽样、分层抽样、系统抽样、整群抽样、多阶段抽样等。非概率抽样，又称非随机抽样，是调查者根据主观判断或方便原则抽取样本的方法，它不是严格按随机原则进行抽样，常用的非随机抽样包括方便抽样、判断抽样、配额抽样和滚雪球抽样（详细内容见抽样设计）。

抽样调查是现代推断统计的核心，在各个领域得到了广泛的应用。例如，全国人口普查条例明确规定，在两次人口普查之间进行全国1%人口抽样调查。因为人口普查每十年进行一次，人口情况又不断变化，为及时掌握这些变化情况，有必要在两次普查之间进行一次较大规模的人口调查，俗称“人口小普查”。

抽样调查是实际中应用最广泛的一种调查方式。与其他调查方式相比，它具有以下明显的特点。

（1）经济性。这是抽样调查的一个最显著优点。由于调查的样本单位通常是总体单位中的很小一部分，调查的工作量小，因此，可以节省大量的人力、物力、财力和时间，降低调查的费用。

（2）时效性强。抽样调查可以迅速、及时地获得所需要的信息。如时效性要求较高的新闻舆论调查，由于工作量、调查的准备时间、调查时间、数据处理时间等都可以大大缩减，从而提高数据的时效性。与普查等全面调查相比，抽样调查周期短，可以频繁地进行，可以弥补普查等全面调查的不足。

（3）适应面广。它适用于对各个领域、各种问题的调查。从适用范围和问题来看，抽样调查不仅适用于全面调查的现象，也适用于全面调查所不能调查的现象，特别适合对一些特殊现象进行调查，如破坏性调查、产品质量检验、农产品实验、医药的临床试验等。有时研究的一些现象，全面调查是无法进行的，只能采用抽样调查，如对大气污染程度这类无限总体的调查等；还适用于大规模的社会经济调查和民意测验，如居民收入或消费情况调查、收视率调查等。从调查的项目和指标来看，抽样调查的内容和指标可以更详细、更深入，能获得更全面、更广泛和更深入的数据。

---

① 随机原则是指在抽取样本时，总体中每个单位都有一个已知的、非零的被抽取的概率。

(4) 数据质量较高。只要抽样调查的方法运用得当，无论调查对象是什么，可以得到具有代表性的精确的估计值。由于任何调查都会有误差，即调查数据与总体客观真值之间存在一定的差异。同普查相比，抽样调查调查单位相对少，所需调查人员少，工作误差比全面调查要小，可以通过调查员培训，采取一些质量控制办法，获取更加准确的数据。相对而言抽样调查得到的数据质量更高。抽样调查与普查互相补充，相辅相成。

（三）统计报表制度

统计报表制度是我国搜集统计资料的一种重要方式，是一种统计调查的方式，也是我国政府统计工作的一项基本内容。统计报表制度是国家对统计报表按照《统计法》的要求制定并实施的一套管理办法，是要求以报表形式上报统计资料的严格制度规定。统计报表制度中，对统计范围、统计指标、统计目录、计算方法、计算价格、报送期限等均有明确规定。具体包括报表表式设计、报表中指标体系的确定、报表的实施范围、报送程序、报送时间的确定以及报表管理办法等。调查项目中的报表表式和文字说明必须规范；指标解释和计算方法必须科学；调查内容要简明扼要，不能与其他调查重复、交叉、矛盾。

统计报表制度分为国家统计报表制度、部门统计报表制度和地方统计报表制度。

国家统计报表制度包括周期性普查制度、经常性调查制度和非经常性调查制度。国家统计报表制度由国家统计局制定，或由国家统计局与国务院其他部门共同制定，如周期性普查制度、年度和定期（半年、季度、月度等）经常性统计的统计调查制度、在一定时期内持续实施或一次性实施的专项调查、试点调查等临时性统计调查制度。部门统计报表制度是国务院有关部门实施部门统计调查项目的工作业务方案。地方统计报表制度是指县及县以上地方人民政府及其部门实施地方统计调查项目的工作业务方案。

统计报表是指各级企事业、行政单位按照国家有关法规规定，按规定的表格形式、内容、时间要求报送程序，自上而下统一布置，提供统计资料的一种统计调查方式。统计报表的内容和报送的时间是由国家强制规定的，指标含义、计算方法、口径是全国统一的，以保证调查资料的统一性。统计报表可以经常地、定期地搜集反映国民经济和社会发展基本情况，是我国取得国民经济和社会发展情况基本统计资料的一种重要手段，为各级政府和有关部门制定国民经济和社会发展计划以及监督执行情况服务。

统计报表按内容和实施范围，分为国民经济基本统计报表、专业统计报表和地方统计报表；按其填报的调查单位，分为全面统计报表和非全面统计报表；按报送周期长短，分为日报、旬报、月报、季报、半年报和年报；按报送方式，分为邮寄报表和电讯报表；按填报单位，分为基本统计报表和综合统计报表。

统计报表来源可靠，它是根据国民经济和社会发展宏观管理的需要周密设计的统计信息系统，来源基层单位日常业务的原始记录和台账（即原始记录分门别类的系统积累和总结），按照相关的统计报表制度登记项目和指标，使调查资料具有可靠的基础，保证资料的统一性，便于在全国范围内汇总、综合。统计报表不仅定期、连续地搜集数据资料，而且统计报表中的调查项目相对稳定，有利于系统积累数据资料并进行动态对比分析研究，基层单位也可利用数据资料对生产、经营活动进行监督管理。国家统计局为推进中国统计工作现代化，变革统计数据生产方式，推进统计工作的规范统一、改革创新和公开透明而采取的重要措施和重点推进的四项重要工作，即统计“四大工程”：一是建立真实完整、及时更新的调查单位名录库；二是建立统一规范、方便填报的企业一套表制度；三是建立功能完善、统一兼容的数据采集处理软件系统；四是建设安全畅通、便捷高效的联网直报系统。“四大工程”建设成为夯实数据质量体系的基础，推进了统计数据的采集、传输、汇总、加工等环节的科学化和规范化，提高了统计数据的质量。

二、按调查对象分类

按调查对象包括的范围不同，分为全面调查和非全面调查。

（一）全面调查

全面调查是对被调查对象中所有的单位逐一进行调查的一种调查方法，其主要目的是要取得总体的全面、系统、完整的基本数据资料，如普查、全面统计报表等。全面调查涉及面广、工作量大，通常要耗费大量的人力、物力、财力和时间，由于中间环节多，数据资料易受干扰。

（二）非全面调查

非全面调查是指对被调查对象中一部分单位进行的调查。常见的如抽样调查、重点调查、典型调查和非全面统计报表等。全面调查和非全面调查是以调查对象所包括的单位范围不同来区分的，而不是以最后取得的结果是否反映总体全面特征而言的。

1. 重点调查

重点调查是在调查对象中选择一部分重点单位进行调查以取得数据资料的一种非全面调查方法。进行重点调查，选取重点单位非常重要。重点单位是指在总体中具有举足轻重的地位的单位，重点单位数目不多但其某项调查标志值总量占全部单位标志值总量的比重很大。重点单位选取应遵循两个原则：一是要根据调查任务的要求和调查对象的基本情况而确定选取的重点单位及数量，一般要求选取的重点单位数量尽可能少，但其某项标志值

（变量值）在所研究现象的总体中所占比重却尽可能大，以保证足够的代表性；二是要注意选取那些管理比较健全、业务力量较强、统计与数据工作基础较好的单位作为重点单位，以保证调查数据质量。例如，国家统计局组织开展的网上零售交易平台调查，预先确定了 40 多家重点网上零售交易平台名单，针对这 40 多家重点网上零售交易平台开展调查，从而掌握网上零售交易的基本情况。再如，对全国铁路枢纽的货运量的调查和对全国 70 个大中城市房地产价格的调查也属于重点调查。重点调查适用于调查目的是掌握所研究现象总体的基本情况或基本趋势，而部分单位又能比较集中地反映所需结果的场合。根据研究问题的不同需要，重点调查可以采取一次性调查，也可以进行定期调查。重点调查的结果不能用来推断总体数量特征。

2. 典型调查

典型调查是在对总体情况全面分析的基础上有意识地抽选一个或几个有代表性的对象进行系统、周密的调查研究的一种非全面调查方法，目的是研究现象总体出现的新情况、新问题而进行的深入细致的调查。典型可以是单个的，也可以是整群的；需要根据目的和调查研究对象的情况决定选择先进典型、中间典型和后进典型等。例如，如果调查目的是了解总体的一般情况，可选择中等的单位作为典型；如果调查目的是总结经验教训，可以选最先进的单位和最落后的单位作为典型；如果调查目的是研究新情况、新问题，可以选出现这些苗头的单位作为典型；如果调查目的是要研究事物发展的过程和规律，就要选择发展形态完整的单位作为典型；如果调查目的是近似地估计推算总体的数值，就要把总体划分为若干类型，然后在每一类中选择有代表性的单位作为典型进行调查。

典型调查一般用于调查样本较大，而调查者又对总体情况比较了解，同时又能比较准确地选择有代表性对象的情况。

典型调查的方法是多种多样的，如开调查会、个别访问、直接到现场观察、制发调查表填报等。典型调查比较灵活，可以通过“解剖麻雀”研究个别典型或“划类选点”等部分典型，可以侧重质的方面研究，又可侧重量的方面研究。

3. 抽样调查

抽样调查通常是指从总体中随机抽取一部分单位作为样本进行调查，并根据样本调查结果来推断总体特征的数据搜集方法，属于非全面调查。抽样调查具有经济性、时效性、适应面广、准确性高等特点（详细内容见抽样设计）。

三、按数据的搜集方法分类

按数据的搜集方法，分为询问调查法、观察法与实验法。

询问调查法是调查人员以询问为手段，从调查对象的回答中获得数据资料的一种方法，又称直接调查法，包括访问调查、邮寄调查、电话调查、电脑辅助、座谈会、个别探访等。

观察法就调查对象的行动和意识，调查人员边观察边记录以搜集所需数据信息的方法。

实验法指在设定的特殊实验场所、特殊状态下，对调查对象进行实验以获得所需数据资料的方法。

四、按数据主要来源分类

按数据主要来源（使用者的角度），分为数据间接来源和数据直接来源。

数据间接来源称为文案调查、文献研究、第二手数据或间接的统计数据。从企业经营角度，数据间接来源是指利用企业内部和外部（包括营销数据、顾客数据、数据库、相关的市场调查报告和总体环境、社会环境、市场环境等）现有的各种数据信息、情报资料对调查内容进行分析研究的一种调查方法，也称桌面研究。可以通过统计部门和政府部门公布的有关资料，如各类统计年鉴；各类经济信息中心、信息咨询机构、专业调查机构等提供的数据；各类专业期刊、报纸、书籍所提供的资料；各种会议，如博览会、展销会、交易会及专业性、学术性研讨会上交流的有关资料、从互联网或图书馆查阅到的相关资料、辛迪加数据等进行搜集。

二手数据具有容易搜集、采集成本低、不受时空条件限制等特点，能够帮助研究者分析研究问题的背景，帮助研究者更好地定义问题，检验和回答某些疑问和假设，寻找研究问题的思路和途径，但也有局限性，无法搜集市场的新情况、新问题。

搜集二手数据在研究中应优先考虑，且很多情况下都需要使用。如正式调查前的预备调查、探索性研究、为调查方案设计提供帮助、检验实地调查结果、配合一手资料更好地研究问题等。

使用二手数据时要进行审核、评估及加工。例如，审核和评估可信度、目的性、准确性、时效性，以及是否符合使用的要求。目的不同，调查的结果不同。过时的数据不能说明当前形势下的问题，使用不同时期数据，指标的含义、计算方法、计算口径是否可比，当时（调查期间）的环境因素及其他因素是否影响数据结果等，都需考虑和评估，以避免错误的判断。

数据直接来源，称为第一手数据或直接的统计数据，通过调查、观察和科学实验搜集静态或动态数据资料的一种调查方法。主要包括询问、观察和实验等方法，也包括一些特殊的调查，如固定样本调查等。

五、按数据的计量层次分类

按数据的计量层次分类，分为定性调查与定量调查。定性调查与定量调查的结果分别形成定性数据和定量数据。

定性调查着重于问题的性质和对未来趋势的把握。目的是考察受访者的态度、感觉、动机、反应等，主要应用于探索性调查。定性调查中，调查员/访问员一般根据讨论提纲或讨论指南进行调查，所搜集的数据大多是定性数据。定性调查一般选择小样本进行调查，这在很大程度上降低了调查的成本、更好地了解被调查者内心深处的态度、动机。但是，由于样本量一般较小，样本的代表性较低，对总体的代表性较差，定性调查对调查员的要求较高，需具备心理学、社会学等多方面的知识。

定量调查着重对研究总体数量特征的推断，其目的是对总体的数量特征进行描述和推断。定量调查是从总体中按随机原则抽取样本，并根据样本的调查结果推断总体特征的方法，主要应用于描述性调查、因果性调查和预测性调查。定量调查中，调查员一般根据调查问卷或调查表进行调查，所获得的数据大多是定量数据，因此数据分析中主要使用统计的一些分析方法，如频数分析、相关分析、因子分析、聚类分析等。

六、其他分类

从调查地域的空间角度出发，调查可分为国际性、全国性、地区性调查；按通过一定媒介的方法获取资料的方式，分为纸质媒介与电子媒介。纸质媒介以纸张为载体，电子媒介使用计算机及电子传输，如网络调查、微信小程序调查、扫码调查等，电子媒介与纸质媒介一样，都起到传输信息的作用，但电子媒介要比纸质媒介更加快捷、方便、经济和省时；按企业营销角度，可分为消费者调查、产品调查、价格调查、广告研究，等等。

第二节　询问调查法

如前所述，调查方法指在调查方式既定的情况下搜集资料的具体方法。例如，选择了抽样调查的方式，随机选择了1000个个体组成样本，要获得这1000个个体的相关信息，需要对具体采集方法进行选择。即不论采取普查、抽样调查、重点调查、典型调查、统计报表等哪种方式，都要选择采集数据资料的具体方法。实际中常用的有询问调查法、观察法和实验法等。

询问调查法，是调查者与受访者直接或间接接触以获得数据资料的一种方法，是获得原始数据（直接来源）经常使用的一种方法。根据询问调查法结果表现，可分为定性数据资料和定量数据资料。询问调查法获得定性数据资料常用的有小组座谈法、个别深度访问、投射法及德尔菲法等方法；询问调查法获得定量数据资料常用的有访问调查法、邮寄调查法、电话调查法、电脑辅助电话调查等方法，下面分别予以介绍。

一、小组座谈法

（一）小组座谈法概念

小组座谈法也称焦点小组访谈法、集体访谈、座谈法或小组讨论法，是挑选一组具有代表性的被调查者集中在调查现场，在一个装有单向镜或录音、录像设备的房间中，采用小型会议的形式，由主持人引导对研究主题进行讨论，发表意见，获得信息的一种调查方法，是最普及的定性调查方法。

（二）小组座谈法特点

小组座谈法可同时访问若干个被调查者（一对多），“群体动力”在访谈过程中起关键作用但不适合敏感性问题的讨论和搜集。

（三）小组座谈法的实施要点

1. 明确座谈目的

也就是确定好座谈的主题。可以把主题演绎成若干个问题，通过这些问题拟定座谈讨论提纲。

2. 甄别参与者

参与者可通过广告海报或当面征求、在线招募等方式召集。参加座谈会的人数不宜过多，一般为6—10人，且参与者层次应相近。由于参加焦点小组访谈的动因不同，如报酬、对调研内容的兴趣、是否有时间、对调研课题比较了解、好奇心理、有发表观点的机会等。可对候选人分类并分别进行焦点讨论，或按配额条件提前招募几类典型的消费者，获取不同类型的消费者的信息使数据更加丰富。

需要强调的是，目标人选的参与对研究十分重要，应尽量安排在周末等适合时间举行座谈。座谈时间一般为 2 个小时左右，根据研究目的不同，参会人数和讨论时长可以灵活调整。

3. 确定主持人

小组座谈法对主持人素质要求很高，其中最重要的素质要求包括：亲切友善，迅速与参与者建立良好的沟通关系；认真投入；既要根据讨论指南行事，也要保持灵活性，适时改变讨论提纲，主题的变化、问题顺序的变化、发言者的状态、发言程度的把握，追问、鼓励都要靠主持人的敏感和引导；主持人要保持客观，不要主宰讨论过程，要倾听受访者观点，最大限度地允许受访者发言和互动，通常主持人讲话不应该超过整个座谈时间的 20%。

4. 准备座谈讨论提纲

座谈讨论提纲是小组座谈的问题纲要，是半结构化的讨论大纲，应包括小组要讨论的所有主题，且对主题的顺序作合理安排，提供一种有条理的方法或按一定逻辑去引导各项活动和讨论。讨论提纲应确保重要问题不被忽视，应多追问动机和原因，并使参与者都参加讨论。必要时可事先准备合适的视觉辅助材料，如视频、画册、图片等。

5. 场地与布置

总的来讲，参与者/受访者应处于放松、无压力的环境。可以专门提供场地研讨房间（客户可以在单面镜后观察消费者）、自备场地、租借会议室、餐馆包房等；或选择环境好、有必要的会议设备，如有录音、录像设备等的场地。布置场地时可把参与者的名牌预先放置妥当，这样可使参与者能够按设定的次序就座，方便记录和数据分析处理，同时主持人在座谈过程中能够直接称呼参与者，沟通关系更融洽，也方便主持人的工作。

6. 实施座谈

座谈讨论的过程是主持人与多个受访者相互影响、相互作用的过程，通过彼此间交流，各个受访者之间相互影响、相互启发、互相补充，获得更多“火花”和创意及更丰富的信息，并在座谈讨论过程中不断修正自己的观点，从而有利于取得较为广泛、深入的相似性或不同想法和意见。需要注意的是，座谈过程中，可能存在“主导型/意见领袖型”、互不相同或意见跟从的现象，甚至可能有“表演”的成分，数据资料可能会有偏差或不准确。

7. 分析数据资料

对座谈讨论的记录、录音录像等数据资料进行整理分析。鉴于座谈会属于半结构化的讨论流程，且受访者回答缺乏结构性，使数据资料整理和分析难度增大。

8. 总结和撰写报告

概括总结小组座谈的结果，对座谈的内容进行加工分析，撰写座谈会分析报告，给客户或管理者提供切实可行的结论和建议。

（四）小组座谈的发展

小组座谈法侧重于定性研究，特别适合初期的调查研究。集体讨论可以引导出更多的想法，有利于取得较为深入的想法和意见，这是任何个人无法做到的。对消费者的洞察研究、收集消费者意见、对产品/品牌的创意提供发展和改进建议、收集消费者对测试对象的反馈等，也为后期大样本验证等定量研究提供素材，如问卷选项内容设计等，但小组座谈法不适合敏感性问题的讨论。

随着科技逐步发展，有不同形式的小组座谈，具体实例如下。

（1）电话焦点小组访谈法。由于某些人员不能汇集到一起，小组访谈通过使用电话会议设施进行，相关材料需要提前寄给受访者。电话焦点小组访谈法的缺点是缺乏互动作用，无法观察身体语言。

（2）双向焦点小组访谈法。由美国一家广告公司发明，通过让目标小组观察另一相关小组进行。如让关节炎病人和相关的内科医生进行焦点小组访谈调查，先让医生组观察病人组的座谈，然后让病人组观察医生组（单面镜）的座谈。

（3）电视会议焦点小组访谈法。该访谈法为异地进行的小组访谈，在会议室中通过电视监控器来观察各地的小组的访谈，可省去住宿等很多费用。这种焦点小组访谈法允许大量的观察人员对访谈过程进行观察。在特定的情况下，使用名义编组会议取代小组访谈法。名义编组会议是根据目标受访者认为的重点问题进行研究（每个人都写出意见，集中讨论），而不是让受访者讲述调查研究者所认为的重点。

（4）在线焦点小组访谈法。在线焦点小组访谈法减少了调查的成本，便于甄选到合适的受访者，委托方和主持人可以实现充分的双向沟通。但也存在缺乏群体动力、受访者的注意力容易受到干扰等缺点，数据资料的可靠性受到影响。目前，普遍使用的腾讯会议等可以完成在线访谈。

（5）组织儿童焦点访谈。该访谈法适用于儿童产品很多、金额较大的场景，组织儿童访谈可以得到受访儿童的真实想法。

（6）其他形式。商业调查中还有工作坊、民族志及网络论坛或微信群讨论、日记剪贴簿、移动屏幕追踪等不同方法。

商业调查中的工作坊通常邀请数位（6—20 人）意见领袖型受访者，选取咖啡馆或开放式的会议室等空间，与主持人一起在轻松的氛围下进行头脑风暴，并允许“观察员”旁听，主要用于对创意征集和方向性探索的研究。

民族志通常指的是在自然状态下消费者行为研究，包括观察消费者的行为和物理环境，是一种沉浸式的研究方法。例如，家访或陪同购物或消费场景还原体验等。民族志常用于需要沉浸、深度理解的研究，如生活形态和价值观研究、购买行为研究、产品使用和需求研究等。

网络论坛或微信群讨论，也是目前常见的形式。受访者以参与网络论坛的形式，在指定的时间段内，以文字、图片、视频以及投票等多种方式进行在线讨论，主持人可随时与受访者进行互动，自由、开放地进行交流，不受空间和地域的限制，时间和运作成本较低。

此外，还有移动屏幕追踪、日记剪贴簿等形式。

二、深层访谈法

（一）深层访谈法的概念

深层访谈法，也称个别深度访问，简称深访，指主持人与受访者直接地以一对一的形式进行深入访问的特殊定性调查方法。深层访谈是一种无结构的个人访问，调查人员运用访问技巧，尽可能让受访者自由发挥，充分表达自己的观点、想法和感受，并努力发掘其行为的真实动机。

（二）深层访谈的特点

深层访谈是一种无结构的、直接的、一对一的访问，能够消除群体压力，更容易搜集到真实数据资料；通过一对一的鼓励、追问，受访者可能吐露更多的信息，充分表达自己的态度和内心想法，使洞察更深入或具启发性。

（三）深层访谈法的实施步骤及要点

1. 准备阶段

选择受访者、访谈员，预约访谈时间，拟定访谈提纲，准备访谈用品等。访问地点应合适，不应有第三者在场。访谈时间通常为 2 小时左右。

访谈可以采用自由式访谈，即对交谈内容没有控制。一般适用于平级关系或工作时间弹性大（机动时间多）的受访者。受访者可以自由发表意见和看法，其目的在于更深层次发掘主题内涵，捕捉深度信息。

访谈也可以采用半控制式访谈，这就需对每个问题的访谈时间和讨论内容加以控制，一般适用于工作很忙的受访者，如经理人员、工程专家等。对主持人或访问员的沟通能力和公关能力要求很高，但访问一旦成功，往往获得一些意想不到的事实和数据资料，如基本的市场行情、经济法规、竞争行为等。

2. 访问阶段

首先，和受访者建立融洽的关系；其次，主持人或访问员应详细介绍此次访谈的目的、重要性等；再次，从受访者感兴趣的一般性问题开始，访问员应采取中立的立场，恰当使用访问技巧，做必要的引导和追问，鼓励受访者多说话，但应避免一问一答。访问技巧，如沉默的技巧，可以使受访者有时间组织自己的思考，认为访问员希望他说下去；又如"重播"技巧，重复受访者答复的最后几个字，促使受访者继续发表意见。访问员提出的问题必须是开放式的，可使用提纲，问题的顺序依实际情况而定，也可按一定的方式如阶梯（一定线索）或隐蔽方式（放在某一方面）等，用语应准确、明了、贴切。不可有任何的提示或暗示。

3. 结束阶段

首先，主持人或访问员必须迅速回顾一下访谈结果，或迅速检查一遍访谈提纲，避免遗漏重要的项目。其次，主持人或访问员应征求受访者的意见，了解他们还有什么想法和要求等。最后，向受访者赠送准备好的礼品并表示感谢。

深层访谈虽然主持人或访问员在访问前会准备一个粗略的访谈提纲，但提问时的具体措辞和顺序可以根据访谈进行的具体情况进行必要的调整。

（四）深层访谈法实施应注意问题

深层访谈法实施应注意如下问题：

（1）开始访问之前，应和受访者建立融洽的关系；主持人或访问员提出的问题必须是开放式的；不可有任何的提示或暗示。

（2）访问技巧很重要，决不可把深层访问变成一问一答的访问过程。可使用提纲，问题的顺序依实际情况而定，但不使用问卷。

（3）访问过程中，鼓励受访者多说话，以暴露出他们内心深处的动机。

（4）善于用沉默的技巧。沉默可以使受访者有时间积极思考，或认为访问员希望他/她说下去，受访者会继续发表意见。

个别深度访问可针对特殊问题调查，常用于对受访者的动机研究，不断深入发掘其行为的真实动机。该方法适用于研究较隐秘的问题，如个人隐私问题；或难以通过常规调研方式接触到的受访者，如某高档产品使用者；以及某一专业领域的调查内容等。个别深度访问侧重于定性研究。

与小组座谈法相比，个别深度访问由于是一对一的访问，失去了群体动力，无法产生受访者之间观点的相互激发和碰撞，执行和分析的时间更长，成本较高，访谈的人数有限。但讨论更强调深度，能深入细致理解受访者的过程和想法、行为和态度。

三、德尔菲法

（一）德尔菲法含义

德尔菲法在我国也被称为专家预测法或专家调查法、专家小组法，指按规定的程序，采用函件询问的方式，参与的专家背对背地作出判断分析，并充分发表不同意见，经过客观分析和几次征询及反馈，各种不同意见趋向一致，最后由调查研究人员进行综合分析，得出调查结论的方法。

（二）德尔菲法实施步骤及要点

1. 制定意见征询表

征询表的设计根据目的决定。例如，预测事件实现时间可能性的主观推测、预测事件发生某种结果的可能性大小的主观估计、对某种经济现象中各相关因素构成比重未来变化的主观判断、对实现同一任务的各种可行性方案以打分形式进行优先分析的主观估测等，也可以对参与调查的专家在理论方面、实践方面及国内国外领域的熟悉程度给予不同的权重。调查表/征询表并没有统一的格式，可根据预测所研究的问题及所要调查的内容灵活设计。一般是开放形式的调查表，让专家充分发表自己的看法和意见。

2. 选定要征询的专家

包括调查研究领域的理论研究专家、领域内从事工作多年的实战经验方面的专家、管理人员等。专家可以由本企业专家推荐，可以通过上级部门介绍、查询专家档案等方法选取本次研究合适的专家。专家人数一般在 20 人左右，并应征得专家的同意。

3. 轮回反复征询专家的意见

一般经过 3—4 轮意见征询。经典的德尔菲法一般包括以下四轮征询调查：

第一轮，组织者发给专家关于预测问题的开放式的调查表，请专家给出预测事件或概率，组织者将回收的结果经过归并、汇总或排除等整理，用准确的术语设计一个预测事件一览表，作为第二轮调查表发给专家。

第二轮，专家对第二轮调查表作出预测，并说明发生的理由等，组织者将回收的调查表汇总整理，统计出专家的意见分布。

第三轮，组织者将第二轮的统计结果及修订的第三张调查表，可包含中位数等相关信息，再发给专家，作出预测并陈述理由；组织者将回收的调查表汇总整理，形成第四张表。

第四轮，组织者将第三轮的统计结果及修订的第四张调查表再发给专家，由专家进行判断，作出新的预测，必要时需要作出说明。组织者将回收的调查表进行汇总整理、统计分析，如计算算术平均数或中位数、对主观概率的加权处理等，寻找集中程度较高的专家意见，作出本次调查的结论。

（三）德尔菲法优缺点

德尔菲法是专家们采用书面的形式，背靠背地回答调查人员提出的问题，并经过信息反馈，多次修改各自的意见，具有匿名性、轮回反馈性、具有对调查结果定量处理的特性。该方法有利于专家独立思考和判断，充分发挥各位专家的作用，发表自己的见解，集思广益，通过反馈了解各种不同的意见，相互启发，修正个人意见；以专家的理论水平和经验为判断基础，得到比较符合市场发展规律的预测结果。作为一种主观、定性的方法，不仅可以用于预测领域，而且可以广泛应用于各种评价指标体系的建立和具体指标的确定过程。主要适用于历史资料缺乏或未来不确定因素较多时的预测，具有较高的准确性。德尔菲法缺点是过程比较复杂，花费时间较长，经验判断有局限性，专家可能会作出趋近中位数的结论，或者有专家中途会退出调查。

四、投射法

（一）投射法及相关定义

投射法也称投射技术法、投影技法，是一种无结构、非直接的调查方法，运用投射法，调查人员可以挖掘出受访者潜在的动机、态度和情感。

投射指一个人将其本身动机、感觉、情绪和意向，通过某种媒介附加到某人或外界其他事物上，而自己却不觉得有什么特别之处。

投射技术是以间接方式搜集关于个人的动机、态度、价值观、人格等方面数据资料进行分析的方法，它穿透人的心理防御机制，使真正的情感和态度浮现出来。一般对受访者给出一种无限制的并且模糊的情景，要求受访者作出反应。由于受访者并不是在谈论自己，故绕过了防御机制，透露了受访者自己的内在情感。投射法属于间接动机调查，适用于不能用直接询问和访谈法的场合，如对敏感问题的调查等。

投射法源于心理学家对心理疾病患者的治疗，目的在于探究患者隐蔽在表面下的真实心理，以获知其真实情感、意图和动机。心理学认为个人会把自己的思想、态度、愿望、情绪或特征等不自觉地反应于外界的事物。例如，心理学上的投射实验像罗夏克墨渍测验（墨渍图片，看到或想起什么）、主题统觉测验（看图讲故事）、语句完成法（补充完整句子）、绘画测试法、逆境对话法（一个人说足以引起另一个人生气或陷于受挫折情境的话，测试其在遭遇挫折时的倾向）等，工作原理就是通过观察、挖掘受访者对测试的反应揭示其真实的情感、意图和动机。投射法一般使用结构松散、刺激模糊的材料测试受访者，然后根据受访者的反应作出调查结论。

（二）实际中常用的投射方法

1. 联想技法

联想技法是在受访者面前设置某一刺激物，然后询问受访者最初联想到的事物。最常用的是词语联想法，即向受访者提供一些刺激词，让其说出或写出所联想的事物或词语，具体分为：自由联想法、控制联想法、引导联想法、连续联想等。

自由联想法对受访者回答不做任何联想限制，回答者可充分发挥其想象力。例如，说到“面包”联想到什么？快速说出或写出 10 个词，动词、形容词等不限。

控制联想法是对联想进行一定的控制。例如，说到“面包”联想到什么食品？

引导联想法在给出刺激词语时，也提供相关联想词语的一种方法。如说到“面包”联想到下面的哪些词，“早餐、方便、户外、种类”，等等。当然，提供的联想词语可能带有引导性，具体操作中需要合理设计，也需一些中性词语或者进行排序、限选几项等。

连续联想，例如，从“面包”联想到“麦子”，从“麦子”想到“土地”，再想到“农民”，想到“辛苦”等。

调查员通过对所有受访者的回答、反应时间、词频统计、人数等分析他们的态度和想法，获得相关的结论。

联想技法多用于对商品名称、企业名称等命名调查或名称测试。

2. 完成技法

完成技法，即给出一种不完整的刺激情景，要求受访者完成这一情景。常用的完成技法有句子完成法和故事完成法。

句子完成法，有足够的引导性使回答者产生联想。例如，拥有一辆汽车，______。在横线处受访者写出他们的回答。若回答：是很好的事（女性答案）/是必需的（男性答案），则说明可能女性认为拥有一辆汽车是一件体面的事，男性认为拥有一辆汽车是一件必需的事，这对汽车的设计、广告、推销有重要参考意义。

故事完成法，通过回答或讲故事，挖掘受访者对测试的反应，揭示受访者真实的情感、意图和动机。假如有两辆汽车，一辆标价 15 万元，一辆 50 万元，请各编一段故事。

3. 结构技法

结构技法要求受访者以故事、对话或绘图的形式构造一种情景，经常使用主题统觉测验法、叙述故事法、漫画测试法、图画回答法、卡通试验法、消费者绘图法等形式。

主题统觉测验法，即让受访者看一些内容模糊、意义模棱两可的图画，然后根据图画编一段故事并加以解释。如将一幅有购买情况的图片（一位妇女手推购物筐，面对货架），展示给该受访者。要求受访者将妇女的内心想法说出。图上并无任何资料，受访者说出图上该妇女的想法，无疑就是他本人的想法，据此了解受访者内心活动及潜在需求。

叙述故事法通过讲故事反映受访者的真实的意图和动机。如让消费者/受访者讲述自己的经历，从中洞察一些微妙的消费行为，企业或生产者可以根据有关信息进行调整。

漫画测试法通常是画中的一个对话框中有对话，另一个对话框中空白（没有对话）。要求被测试者/受访者完成空白的对话框。可用于测试对于某种品牌和产品态度的强度，或确定特定的态度。当然所要表达的情况必须是受访者所熟悉的或易于了解的，否则，受访者可能会不回答。

消费者绘图法，请消费者/受访者画出他们的感受、过程或对一个事物的感知，揭示出消费动机，表达消费者的理解情况。如美国一家广告公司，通过消费者绘图法搞清为什么杀蟑螂的喷雾型杀虫剂比非喷雾型杀虫剂好卖的真实原因。

4. 表现技法

表现技法是给受访者提供一种文字的或形象化的情景，请受访者将其他人的感情和态度与该情景联系起来。具体的方法有角色扮演法和第三者技法。

角色扮演法是请受访者以他人的角色来处理某件事，间接反映受访者真实动机和态度。比较经典的例子有速溶咖啡、一次性尿布销售推广等。早期速溶咖啡滞销，通过问卷调查没有找出真实的原因，心理学家梅森·海尔（Mason Haire）编写了 2 张购物清单，购物内容几乎完全相同，但一个条目不同，一张上是速溶咖啡，另一张是新鲜咖啡，分别让两组妇女（调查对象/受访者）描述购物单的“主妇”的特点，受访者普遍认为购买速溶咖啡的家庭主妇，是懒惰、不会理财、不称职的家庭主妇。这一结果反映出当时主妇的心理和不愿购买速溶咖啡的真实原因，后来公司改变了广告主题，逐渐消除主妇偏见，销路逐渐打开。

第三者技法不直接问受访者个人的感受，而是以第三人称表述问题，即通过第三人称，如“您的邻居”“您的朋友”“大多数人”等，来提问的一种方法。例如，将“您在购买电冰箱时考虑因素有哪些”？改为“您的朋友购买电冰箱时考虑因素有哪些”？研究者可以判断受访者如何把自己投影到这个第三者身上，从而揭示出受访者的真实想法。

5. 照片归类法

照片归类法是通过一种特殊的照片来表达受访者对品牌的感受，例如，研究者根据研究要求准备一些人的照片，请受访者将已准备好的照片中的人与他们应该使用的品牌放在一起，可以总结出该产品品牌的使用群体。美国一家调查公司对100名目标消费者（男性21—49岁，每周至少喝6瓶啤酒）进行了面谈，向每一位出示了98张照片，要求他们将每一张照片的人与可能选择的啤酒对应起来，获得了啤酒品牌的消费群体特征。此外，还有暗喻调查。暗喻是用一种事物来描述另一种事物，用暗喻来表达暗含的不可言传的想法。如为连裤袜厂商提供原料的某公司营销经理认为，在焦点小组访谈中，女士们总是说讨厌连裤袜，只是不得不穿，并没有真正了解女士们的感受。于是，公司进行暗喻测试。一些受访者带来了溢出的冰淇淋的图片、美丽女子照片、几篮水果的照片、女王照片，等等，深入探究选择这些图片后的动机，认为连裤袜使她们变得年轻富有吸引力，生产商根据这一信息调整了广告和产品包装，增加了销售量。

（三）投射法应用中注意的问题

直接询问调查，受访者常常会有意地出现错误理解、错误解释等现象。在这些情况下，投射法可以绕过人们的心理防御机制来获取真实的信息。使用投射法是假定人们对外界反应都是有原因且可以预测的；人们是主动地、有选择地对外界刺激赋予某些意义并作出反应；心底深处不轻易外露的部分，在某种刺激媒介下，往往会下意识流露出来；人们对外界反应各有其独特方式等。

投射法尤其适用于涉及隐私或敏感性问题。当受访者对自己的动机缺乏自觉时，如对自己的动机不十分清楚，不能对访问者讲出真正的动机；或当人们的动机受到非理性因素影响的时候，人们可能隐藏某种动机，若采用问卷可能先考虑理性的一面，调查会出现误差；当受访者认为自己的行为可能是社会上的非认可性行为（如当时购买速溶咖啡对主妇的描述），或认为自己的回答可能丢面子，或出于礼貌原因不愿讲出真情时，都适合采用投射法。

投射法需要专门的、训练有素的调查/访问员，有时还需要心理学专家参与答案的分析工作，调查成本比较高。投射法分析解释也比较困难，具有较强的主观性，可能会存在较大的解释偏差。

五、访问调查法

访问调查法是搜集原始数据/一手数据资料最基本、最常用的调查方法，一般利用问卷（标准式访问）的方式，访问员根据问卷向受访者提出问题，通过受访者的口头回答或填写调查问卷等形式来搜集事实、意见和态度等数据信息。按照问卷询问方式有问答式和自填式，常见有入户访问、街头拦截访问、计算机辅助个人面访调查、电话访问法、邮寄调查法、网络调查法等具体方法。访问调查法应用范围广泛，可靠程度较高，可对结果进行定量分析。

（一）入户访问

1. 入户访问概念及优缺点

入户访问调查法就是调查员/访问员按抽样方案中的要求，到抽中的家庭或单位，采用事先规定的方法选取适当的受访者，依照问卷或调查提纲进行面对面直接的访问。入户访问曾被认为是最佳的访谈方式，也是一种私下的、面对面的访谈方式，能够确保受访者在熟悉、安全的环境中接受访问或访谈。

入户访问调查具有直接性、可观察性、灵活性、准确性的优点，面对面访谈，双方可以互动，可使用图片，可以观察受访者的态度，可使用相关的访谈技巧，进行追问、解释并补充内容等，减少误差。入户访问调查适合比较长的问卷、调查较为复杂的项目和需要访问员演示/操作的访问等情形，行政区、街道、小区和门牌号也为概率抽样提供了抽样框的基础信息。入户访问调查易于进行质量控制，问卷的回答率比较高，从而获取较多的数据资料和较高质量的数据。相对来讲，入户访问调查成本较高，调查的人力、经费消耗较多，时间较长。访问员的素质、受访者的配合等都会影响调查质量，即会产生来自访谈员方面和来自受访者的误差。拒访率也比较高，有时入户访问较难接触到目标受访者。

2. 入户访问的实施要点及注意问题

（1）做好入户访问准备工作。做好事前培训，问卷、相关证件、访问工具如录音机等的准备；基本情况方面准备，包括生活环境、当地风俗习惯等。

（2）掌握入户技巧。入户技巧方面，例如，持介绍信或证明取得居委会或物业管理有关人员的支持、帮助、引见、介绍等；递上有关证件，作必要的开场白和寒暄，说明访问的目的。

访问员应具备处理特殊情况的应变能力，如面对拒访、不想接待、有事情外出等情况，需弄清原因，想出对策。

访问员：“您好！我是××公司的访问员，我们正在进行一项关于××的访问，而您家正好被抽中。我不会占用您太长时间，希望您给予配合。”

受访者：“你找别的住户吧，我没有空；我不想陌生人了解我家情况。”访问员：“如果您不相信我，可以打这个电话给公司以证实这次访问的真实性。而且您所提供的答案仅仅供统计分析用，绝对不会透露给任何组织和个人，请您相信。我们是用科学抽样方法抽到您家的，并非每家都可以被访问，所以希望得到您的合作。如果您现在没空，什么时间有空我再来，我不会耽误您太长时间，谢谢。”

（3）掌握访问过程中技巧。访问过程中的提问，严格按要求和问卷中问题的顺序，不要遗漏问题；适时进行追问、澄清沟通等；认真做好记录。

（4）结束访问。快速全面检查问卷，可以给受访者提问的机会，最后表示感谢。

3. 办公室访问

实践中，还有一种相当于入户访谈的形式，即办公室访问，又称经理访谈/访问。主要是在商务人士的办公室进行与业务工作有关的访谈。如某大型专业公司了解新型打印机性能要求的数据信息，对未来使用者、购买者的访谈，在办公室进行是最为恰当的。

这类访谈寻找访谈对象费时且费用很高。要了解谁对购买行为或决策起决定作用，是经理还是更高级别管理者，确认之后如何使其接受访谈更为关键。办公室访问需要相当出色的访问员。一旦访问成功也会得到更为专业和有效的调查数据信息。

（二）街头拦截访问

1. 街头拦截访问概念及优缺点

街头拦截访问又称为不定点访问、街头/商城拦截式面访调查，一般是选择在超市、商贸中心等繁华地段或者人流量较大的场所展开。调查过程中访谈员按照规定的程序和要求选取受访者，征得其同意以后，在现场或者在附近的访谈室展开访谈。

街头拦截访问调查可节省费用，与入户访问调查相比，可省去路途时间和车旅等费用。同时避免入户困难，也便于对访问员的监控。街头拦截访问具有入户访问的优点，可以直接面对受访者，能运用问卷等技术，但在样本代表性、回答率上不如入户访问调查，并且由于街头的访谈环境一般在商业街、娱乐场所、生活小区等，环境舒适度不如入户访问调查，受访者可能会表现出不安、急躁情绪，因此调查的时间不宜太长，不适合内容较长、较复杂或不能公开的问题的调查，调查的精确度会受到影响。还应注意的是，在某一地点（如超市）很难得到能够代表大部分地区消费者/受访者的样本。例如，可能存在一家超市或商城只能吸引某一特定类型的顾客，或有些人购物频率高，接受访问的可能性就大。因此，无法判断样本代表性，即便是做配额控制，对市场的推估也会存在无法计算抽样误差等方面的问题。搜集的数据资料对总体代表性较低，这是拦截式访问的最大缺陷。

2. 街头拦截访问常见方式

街头拦截访问曾是十分流行的访谈方式。操作相对简单。常见有两种方式：

（1）由经过培训的访问员在事先选定的地点，按照一定程序和要求，选取访问对象，在现场按照问卷进行简单的面访调查。

（2）中心地调查（厅堂测试），即访问员拦截访问对象，将其带到专用的测试房间或厅堂，进行面访调查。一个完整的样本需在若干个地点，如城市（镇）进行。一般适用于实物显示、特别要求有现场控制的探索性研究，或进行实验的因果关系研究。

3. 街头拦截访问的实施要点

（1）准备工作。准备工作包括问卷准备和对问卷内容全面了解；预先观察调查地点，作相关知识的准备、调查所需的物品准备等。

（2）拦截受访者。根据调查要求，准确寻找受访者；礼貌上前询问、介绍、简要说明目的及保密等情况，邀请其配合调查。事先想好应对如没时间、不感兴趣、不太了解等常见的拒访情况的对策。

（3）访问。按照问卷的顺序进行提问，并做好记录和沟通。如准确判断不同文化背景的受访者的回答的真正含义。

（4）结束访问。快速全面检查问卷，不要遗漏题目。最后表示感谢，整理和保存好问卷。

（三）计算机辅助个人面访调查（CAPI）

1. 计算机辅助个人面访调查概念及优缺点

CAPI是指计算机辅助个人访问（computer assisted personal interviewing，CAPI），访问员需借助手提或轻型电脑或掌上电脑进行入户或街访。可由访问员或者受访者自己将回答通过鼠标、键盘、手写笔或触摸屏输入电脑中。访问完成后，数据以有线或无线的方式传回到服务器或传回调查公司的计算机中。

计算机辅助个人面访调查可以减少访问误差。问题由计算机控制跳转逻辑并进行输入校验等，既提高了效率，又保证了数据的合法性、完整性；无须印刷、邮寄纸面问卷、准备卡片等，节省了成本；支持逻辑更复杂的问卷和更多题型，支持多媒体图片、音频、视频等多媒体的播放；可以在移动环境下进行访问。但前期设置费用高，如购买电脑、维护、软硬件环境、专门的技术人员、访员培训等，同时更新迭代较快，且可能存在受访者对电脑不熟悉等情况。计算机辅助个人面访调查常用于产品使用和态度研究、品牌价值监测、广告效果研究、广告测试、固定居民收支调查、其他面访和街访等。

2. 计算机辅助个人面访调查注意问题

与面访调查相似，访问员需要与受访者建立和谐、融洽的关系；访问中要保持中立，不能提示答案；不要向受访者解释问题或者答案；不要提前猜答案；即使被请求，也不要给出意见；不发表同意或者反对意见；坚持保密原则。

六、电话访问法

电话访问法，也称电话调查法，是由调查人员通过电话，依据调查提纲或问卷，向受访者询问以获得数据信息的一种调查方法，包括传统的电话调查和计算机辅助电话调查（CATI）。

（一）传统的电话调查

1. 基本概念

传统的电话调查是经过培训的调查员使用电话，按照调查设计所规定的随机拨号方法拨打电话号码，当电话接通时按照准备好的问卷和培训的要求，筛选受访者，然后对照问卷向合格受访者逐题提问，并及时迅速地将其回答的答案记录下来，从而获得数据资料的一种调查方法。

电话调查的问题要简单而明确、问题数量不宜过多，时间不宜过长，内容不宜过于专业，通常用于社会热点、特定总体专项调查以及其他调查方式补充等。

2. 传统的电话调查的基本程序

（1）准备工作。包括：访问员的选择及培训，相关知识的准备，熟悉过程和内容，实训，如自我介绍、目的、拒访等的处理。

（2）访问中。努力提高倾听、提问、记录和沟通能力。

（3）快速检查问卷记录，向受访者致谢。

（4）对完成的问卷进行整理，分析数据并撰写调查报告。

3. 传统的电话调查优缺点

传统的电话调查最显著的优点是时效快、费用低，可以覆盖任何有电话的地区、单位和个人以及不易见面的受访者，心理压力影响较小，因而能畅所欲言，回答率高。但传统的电话调查也有缺点，主要是受访者只限于有电话和能通电话的人，询问时间不能太长，内容不能复杂，难以进行深入调查；更无法出示调查说明、照片、图片等视觉背景资料，常有挂断电话的现象，因此，应用范围受到了一定的限制，常用于某特定问题的消费者或特定群体的调查，热点问题、突发性问题的快速调查等。

4. 传统的电话调查需注意问题

（1）要注意确定抽样方案和电话号码的选取方法。例如，可利用现有的电话号码簿作为抽样框，借助随机数字表，随机拨打号码；将随机抽取号码加 1；按照等距抽样方法，从电话号码簿中抽取号码拨打等。同时需要有替代样本的预案，当号码由于各种原因需要放弃时，必须有替代样本。如抽取的号码采取分组排列，电话拨打不通时转入下一个，或者将拨打号码尾号加/减 1 或 2 等替代。抽取号码数量要数倍于样本数等，事先规定和设计好替代方式。

（2）打通电话后要注意选择受访者。如任意成人法，只要是成人即可；或者或事先排列样本户中所有可能的组合，每种情况下的家庭成员构成，事先准备过滤问题，通过过滤问题寻找出合格的电话受访者；又或者，可按拨打电话号码尾号处理，如尾号单号请成年男性回答，尾号双号请成年女性回答等，事先做出统一规定。

（二）计算机辅助电话调查（CATI）

目前，电脑辅助电话调查已得到广泛应用，并已开发出了各种计算机辅助电话访问调查技术（computer assisted telephone interview，CATI）。电脑辅助电话调查在一个装备有 CATI 设备的场所进行，访问员首先通过计算机拨打电话，接通后读出屏幕上显示的问题，并直接将访问的结果输入电脑。整个调查的过程包括电话拨号、调查记录、数据处理等也都借助计算机来完成。CATI 设备包括自动随机拨号系统，问卷设计系统，自动访问管理系统，自动数据录入和简单统计系统。问卷的使用和管理以及整个抽样过程都在计算机工作站的控制中。

计算机辅助电话调查中，每一位访问员都坐在一台计算机终端或个人电脑面前，当受访者电话接通以后，问题和选项立即出现在屏幕上。访问员根据屏幕提示进行提问，并将受访者的选择直接录入计算机中。计算机辅助电话调查最大的优点是质量的监控保证及操作的规范化，也便于随机抽样，降低访问员误差，节省时间和费用，做到管理集中，反馈及时。随着技术发展，电脑辅助电话调查使用越来越广泛。例如，县级的民意调查都使用了电脑辅助电话调查，能够快速得到调查和分析的结果，及时了解民情和民意。

采用电话调查法，不仅访问员要有访问技巧，也要考虑合适的访问时间和访问时长；考虑问卷中是否有容易被拒访的问题；问卷的长度、难度、每题的选项多少及是否容易回答；样本选择考虑先分区域再系统抽样等。

七、邮寄调查法

通过邮寄或其他方式将问卷传递给受访者，由受访者填写，完成后再寄回给调查人员或指定地点的一种调查方法。它是标准化的、自填问卷式调查。

（一）邮寄调查法基本步骤

（1）设计标准化的调查问卷，最好进行预调查；

（2）确定调查的名录或总体；

（3）选择一定的方式寄出问卷；

（4）按预定的方式和时间回收（可能的话要催收问卷）；

（5）对问卷进行处理和数据分析。

（二）邮寄调查的问卷发放方式

邮寄调查的问卷发放方式主要有普通邮寄、宣传媒介传送、网络发布、留置问卷调查法、固定样本邮寄调查法、专门场所分发等。

1. 普通邮寄

普通邮寄是将问卷通过邮局寄给选定的受访者，并要求受访者按规定的要求和时间填写问卷，完成后再寄回指定的地点。这种方式调查区域广泛，可以用于问题多需较长时间考虑的情况；但其回收率低。随着科技发展，社会节奏越来越快，普通邮寄调查正逐渐被其他快速调查方式取代。

2. 宣传媒介传送

传统宣传媒介主要通过媒体发布问卷，由受访者自行填写的调查方式。传统媒体途径主要是报纸、期刊，如随报纸或杂志等平面媒体发行进行的一些精度要求不高的面向特殊群体的调查，大多属于自愿回答型，可作为其他调查的辅助手段或补充。现代媒体途径主要是通过互联网进行。

3. 网络发布

网络发布即网络调查，利用计算机网络搜集原始信息的方法。互联网时代，科技发展下新的途径和方法不断涌现，例如，对网站的访问者进行在线问卷调查；利用新闻组与客户或潜在客户进行交流和讨论以获得数据资料的新闻组讨论调查；以较为完整的 E－mail 地址清单作为样本框，使用随机抽样的方法发放 E－mail 问卷，然后再对受访者使用电子邮件催请回答的电子邮件问卷调查；目前微信、QQ、短信及 App、小程序等直接将问卷推送给受访者，受访者接收后自行填写再提交的方式；专门的问卷调查平台网站，如问卷星、见数平台等。

网络发布问卷不受时间、地域限制，调查区域更广泛，样本量较大；速度快、费用低；能够实现问卷的多样化设计，可以采用多媒体技术增强问卷吸引性，回答时间充裕灵活，避免访问员误导。但其调查对象有局限性，只限于上网且愿意回答调查问题的人群

(特殊规定除外)，且无法避免替代作答，回答的真实性不能保证，调查质量难以控制，详见本章第五节。

4. 留置问卷调查法

留置问卷调查法是一种自我管理调查的形式。是将调查问卷放置于调查对象相对集中的某个地方，或者访问员找到受访者，说明目的和填写方法后，将问卷留置在受访者处，由受访者自行填写，之后由访问员定期收回。问卷收回方法可以是访问员与受访者预定好时间收回；或者采取让受访者将问卷带回填写，完成后邮寄给访问员的方式；集体组织问卷调查可由组织单位集体收回。例如，一些旅游业连锁店调查服务质量情况，将问卷留置在客人房间，填完后交到结账的前台；购物中心对消费者消费意愿调查，在下次购物时带来，可赠送小礼物或一些打折优惠等。留置问卷调查特别适合于那些交通不便利的地区性调查，受访者心理压力小，也避免访问员误导。不足之处是问卷可以留置的地方并不多，必须是调查对象相对集中或调查对象经常光顾之处，且愿意填写问卷，否则回收率比较低，调查质量也难以把握。

5. 固定样本邮寄调查法

固定样本邮寄调查法是事先抽取一个地区性或全国的样本，样本中的单位或个人同意参加定期的邮寄调查。访问员对这个样本中的成员定期地发送调查问卷，受访者按问卷要求填写问卷并寄回调查机构。

与普通邮寄调查相比，固定样本邮寄调查的样本相对来说是固定的，在一定时期内，定期地参加邮寄调查。与留置问卷相比，固定样本是提前联系的，有关事宜必须介绍、说明，受访者同意在一段时期内按要求参与调查。受访者一般都有一定的报酬或奖励。与固定样本相关的还有一种日记调查法，是对固定样本连续调查的单位成员发放登记簿，受访者逐日逐项记录，收回后由访问员汇总整理，如我国家计调查采用的就是这种方法。

实际工作中，还有一些方法，如销售人员意见集合法、顾客意见法、专家集体判断法等定性数据资料搜集方法。

不管使用哪一种询问调查方法，都会存在一定的调查误差，如来自调查设计的误差、抽样框误差、受访者范围误差、替代信息误差、测量工具误差、来自访问员的误差等，对误差需要进行控制，尽量降低或减少误差。

第三节 观察法

一、观察法含义与特点

（一）观察法含义

观察法是搜集原始数据的常用方法，有不同的定义及不同角度的分类。其基本含义是指在受访者（被观察者）不察觉的情况下对其行为、状态和过程，调查员/观察者边观察边记录以搜集数据资料的方法。市场调查中，一般是由调查员直接或通过仪器在现场观察调查对象/受访者的行为动态并加以记录而获取信息。如通过观察消费者的购物过程，为合理改善超市的产品摆放位置提供参考依据。

观察法是定量调查的一种重要方法，使用时需要满足以下基本条件：

（1）采用观察法需要符合相关的法律法规。

（2）所需信息必须是能够观察到的，即行为性、事实性的现象，或者说只有事实性行为、状态和过程才适合观察。

（3）所要观察的行为必须是重复、频繁发生的，且存在某种规律。

（4）在费用和时间上要优于其他方法。

（二）观察法的特点

从定义和使用条件可以看出，观察法的主要特点是观察时受访者（被观察者）并不感觉正在被调查或观察，即调查员不必与受访者交谈，只做客观观察。观察法简单易操作、直观可靠，不受语言交流的影响，观察结果基本接近事实。特别适用于人潮或车潮（流量和方向）、商品标价、型号、规格观察等。观察法虽然相对省时、省力、节省费用，但需要合格的调查员才能完成。

（三）观察法的优点与局限性

1. 观察法的优点

（1）观察法能直接记录调查的事实和受访者（被观察者）在现场的行为，比较客观地搜集第一手资料，调查结果直观、可靠。

（2）由于不依赖语言交流，可以避免由于调查员及询问法中的问题结构所产生的误差的影响。

（3）操作方便、易行，可随时随地进行观察。

2. 观察法的局限性

（1）只有事实性行为、状态和过程才适合观察；原因、动机、情感和内在的心理变动和因素等不适合观察。例如，可以观察人们购买了洗衣机，但不能观察其购买的原因、态度和意见等。

（2）只有公开场合的行为才适合观察，私下的行为超出了观察的范围。

（3）只有重复、频繁发生的，而且存在某种规律现象才适合观察。

（4）所要观察的行为必须在相对短的时间内完成，当前的行为不等于未来尤其是较远未来的行为，即被观察到的公开的行为并不能代表未来的行为。人们的行为习惯是逐渐改变的。此外，观察法需要大量调查员到现场作长时间观察，对调查员的素质要求高，调查费用支出较大，更适合小范围的调查。

二、观察法常用分类

观察法有不同的定义，并从不同角度有不同分类。

（一）自然观察法和设计观察法

自然观察法是指调查员在一个自然环境中，如常去的超市、展示地点、服务中心等，观察受访者（被观察者）的行为和举止。设计观察法是指调查机构事先设计模拟一种场景，调查员在一个已经设计好的并接近自然的环境中观察受访者（被观察者）的行为和举止。所设置的场景越接近自然，受访者（被观察者）的行为就越接近真实。

（二）人员观察与仪器观察

人员观察是指调查员/观察者通过自己的感觉器官或借助简易设备（如单面镜、望远镜）实现的观察。

其中，观察者通过人的感官直接观察被观察的对象并进行记录获得信息为直接观察方法。一般研究机构派人到现场对被观察的对象进行观察。直接观察容易受到人的感官疲劳、观察的范围、观察时间等限制，观察的精确性也受到一定的影响。例如，为了及时了解农作物的产量，调查员亲自到田间进行实割实测、脱粒、晾晒、过秤等工作搜集数据；

又如，为了了解工业企业年末的产品结存量，调查员深入车间进行观察、计数、测量等工作。或者调查员到某个商场，并不访问任何人，只是观察现场的基本情况，如家庭主妇的购买路线、时间、费用以及购买的商品类型，某段时间的客流量、顾客在各柜台的停留时间、各组的销售状况、顾客的基本特征、售货员的服务态度等，记录备案后续进一步分析。

调查员/观察者借助观察仪器观察被观察对象并进行记录获得信息的方法称为间接观察，如借助望远镜观察。间接观察弥补了直接观察的不足，扩大了观察的范围、可延长一定的观察时间，提高了观察的速度，提高了观察的精确性。

仪器观察是指只利用设备仪器或主要借助设备仪器（如摄像机、录音机、信用卡等）实现的观察。某些情况或一些特定的环境中，设备仪器可能比人员更便宜、更精确和更容易完成工作，如电子眼。随着科学技术、互联网、物联网的发展，各种先进的仪器、仪表等手段被逐渐地应用到调查中。调查员可以只利用设备仪器或借助如摄像机、收视计数器、交通计数器、监测器、闭路电视、计算机等设备来观察或记录被观察对象的行为，大大提高调查的准确性。

（三）参与观察法与非参与观察法

按照调查员是否参与被观察者的活动，可分为参与观察法与非参与观察法。

参与观察法也叫亲身经历法，是指调查员亲自参与某种活动，以便搜集相关数据资料的方法。主要方式为伪装购物法或神秘购物法，即让接受过专门训练的“神秘顾客”（调查员）作为普通消费者进入特定的调查环境（如商场、超市）进行直接观察。该方法主要应用于观察购物环境、了解服务质量、观察消费者购买行为、了解同类产品的市场情况等。

非参与观察法是指调查人员以局外人的身份深入调查现场，从侧面观察、记录所发生的市场行为或状况以获取所需的数据资料，主要应用于供货现场调查、销售现场观察、使用现场观察等。

（四）结构型观察法与非结构型观察法

按照观察提纲的详细程度，可分为结构型观察法和非结构型观察法。

结构型观察法是一种计划严密、操作标准化、可控制的观察方法。在实施观察前规定观察对象和记录标准，拟定有一定分类体系的观察提纲，实施观察时记录预先设置的分类行为。

非结构型观察法则结构松散，观察前没有严格的观察计划，也不必拟定观察提纲，观察的实施比较灵活。

（五）其他分类

1. 公开观察和掩饰观察

公开观察是直接观察法中的一种。调查员在调查地点公开调查，即被观察对象意识到有人在观察自己的言行。隐蔽观察是指被观察对象没有意识到自己的行为已被观察和记录。大多情况下，这两种方法直接搜集第一手数据资料。例如，超市的经营者可以通过公开观察来记录顾客流量，统计客流规律和商店购买人次，重新设计商品的陈列和布局。但如果被观察对象知道自己被观察，其行为可能会有所不同，观察的结果也就不同，调查所获得的数据也会出现偏差。

掩饰观察是在被观察对象不知被观察的情况下观察他们的行为过程。例如，搜集竞争对手资料，可采用派遣市场调查员作为顾客到竞争对手的商店进行直接观察，可获取竞争对手的商品的品种和价格、商店的陈设和布局、促销活动、销售人员的服务质量等方面的资料。

2. 横向观察、纵向观察和纵横结合观察

横向观察可以使人们观察同一类事物现象之间的关系，了解同一类事物的规模、数量以及利弊，它们之间的差异和影响，在更大的范围内揭示出更普遍的规律，从而对决策起到参考作用。例如，事件取样观察法，以活动作为选择标准，对特定的行为或事件进行观察记录，可用于观察和记录消费者购买某商品时的语言、行为、时间等。纵向观察则通过对某些事物在不同时期的形式、不同历史阶段的比较，了解事物的发展变化过程、运动的规律和趋势，更好地了解过去和把握未来。为了观察客观事物的发展变化过程，进行动态对比研究就需要作长期反复的观察。例如，时间取样观察法，以时间作为选择标准，观察记录预先确定的行为是否呈现以及呈现次数或规律的一种调查方法，可用于观察和记录单位时间内消费者购买某商品的次数。在取得被观察者同意之后，可用一定装置记录被观察者的某一行为，即行为记录法。一些现象则可采用实际痕迹测量法，调查员不亲自观察购买者的行为，而是观察行为发生后的痕迹。纵横结合观察，将纵横观察两种形式结合使用，即对调查对象的纵横两个侧面进行观察，这样可取得更多的调查数据资料，如广告对消费者影响力调查，就可采用这种方法进行。

3. 定性观察和定量观察

定性观察和定量观察是按照性质和内容不同进行的划分。定性观察是指考察事物之间是否具有某种特征以及事物对象之间是否具有某种联系，侧重用语言描述。定量观察是指对事物对象量的规定性进行观察方法，侧重具体的数据来描述。不管采用哪一种观察方法，都应尽量减少观察数据的误差。

三、观察法实施基本步骤及注意问题

（一）观察法实施的基本步骤

采用观察法搜集第一手资料，常按下面的基本步骤进行。

（1）明确观察目的。根据调查目的，制订观察计划或实施方案，特别要明确观察对象与调查目标。同时根据目的考虑选择观察类别与方法，如采用自然观察法还是设计观察法，参与观察法还是非参与观察法，横向观察、纵向观察还是两者结合，结构型观察法还是非结构型观察法。

（2）选择调查员/观察员和观察时间、地点进行观察和记录。选择训练有素的调查员/观察员，可以依靠调查员根据观察时间，在现场直接观看、跟踪和记录，也可以利用照相、摄像、录音等辅助或一些电子科技手段间接地观察、跟踪和记录；或采用痕迹观察、行为记录法等。同时要选择观察地点，如选择商场，对消费者的消费倾向、客流量购物行为、购物形态观察情况；选择车站或马路，进行交通流量观察等。

（3）其他物品准备，如观察仪器、观察记录表、观察卡片等。

（4）汇集数据资料并进行分析。

（二）使用观察法应注意的问题

使用观察法，应在目的性、客观性、全面性基础上进行，应注意以下问题。

（1）应设计好观察的实施方案，包括目的、观察对象、观察时间，使观察结果具有较好的代表性。

（2）实际观察时只能做客观观察，被观察者不被察觉；必须实事求是、客观公正，不得带有主观偏见。

（3）观察时尽可能详细地记录调查内容的有关事项，并做好整理与分析。

四、观察法在实际中应用

观察法在市场调查中的应用广泛。常见如消费者购物形态、行为等的观察。消费需求调查中，对消费者购物时商品品种、规格、包装、价格等要求进行观察；商场经营环境调查中，对商品陈列、橱窗布置、所临街道的车流、客流量情况进行观察。如前面所述，可对实际行为或迹象进行观察，如通过观察消费者的行为来测定品牌偏好和促销的效果；可做对顾客谈话时的面部表情等身体语言的表现行为观察、顾客与售货员的谈话的语言行为的观察；观察人们对广告文字内容的反应；观察顾客进出商店以及在商店逗留的时间；利用交通计数器对来往车流量的记录及对空间和地点的观察；消费者对某品牌产品的需要强度以及其他品牌同类产品的替代强度的品牌观察；城乡集贸市场调查中，对集贸市场上农副产品的上市量、成交量和成交价格等进行观察，对库存商品直接盘点，观察库存商品情况的库存调查等。

不管是人工观察还是非人工观察，用观察法观察消费者真实行为特征，只是其外部现象，无法观察到被观察对象的动机、意向及态度等内在因素。为了尽可能地避免调查偏差，调查员在采用观察法搜集数据资料时应注意选择具有代表性的观察对象和最合适的观察时间和地点，尽量使观察环境保持平常自然的状态，不带有任何主观看法或偏见，尽量作较详细的记录。要注意保护被观察对象的隐私权。

例如，应用比较普遍的神秘顾客暗访，也称神秘人购物，指接受过相关培训或指导的个人（访问员）以潜在消费者或真实消费者的身份对任意一种服务过程进行体验与评价，然后通过某种方式详细、客观地反馈其消费体验。主要用于搜集有关服务机构的观察数据及顾客与雇员间的交互数据。由于被观察对象事先无法识别或确认神秘顾客的身份，故神秘顾客暗访在购买商品和消费服务时，观察到的是服务人员无意识的表现，能真实、准确地反映服务过程中存在的实际问题，反映真实的服务水平，被广泛应用于通信、银行、零售、餐饮和医院等服务性窗口行业。神秘顾客可以从顾客的角度，及时发现商品和服务中的不足之处，进行改进，提高顾客满意度。当然，也可通过打神秘电话、直接观察或沉浸式等不同方式获得商品和服务的相关数据信息。

又如，我国的一些省份，采用“六法”做好农业普查现场调查工作，其中之一就是观察法。普查员/调查员在入户的过程中，要用心观察普查对象周围环境，对于农业普查表中居住住房结构、居住住房类型、畜禽存栏数量等指标，做到心中有数，根据掌握的情况，判断申报是否属实，当调查对象不能如实申报时，普查员要做耐心细致的思想动员工作，让其彻底解除顾虑，积极配合调查。现场调查工作在遵循“实地摸底，入户访问，当场填报”原则的前提下进行，讲求调查技巧对获取客观、真实、可靠的第一手登记资料将起到事半功倍的效果，并结合推理法、引导法、旁证法、外围法、预填法等，搞好现场调查，保障农业普查数据质量。

第四节　实验法

实验法是搜集一手数据资料的方法，本节简要介绍市场实验中常用的方法。

一、实验法的相关概念与程序

（一）实验法的相关概念

实验法是在控制条件下对某种行为或者心理现象进行观察的方法，即在所设定的特殊实验场所、特殊状态下，对调查对象进行实验以取得所需资料的一种调查方法。市场调查中，常常用于观察分析市场现象中某些变量之间的因果关系及其发展变化过程。通常从影响调查对象的若干因素中选出一个或几个因素（自变量）作为试验因素，在其余诸因素均不发生变化的条件下，了解试验因素的变化对调查对象（因变量）的影响程度，也就是根据一定研究目的选择一组研究对象，改变和控制某些因素，然后观察其结果，并考察这些对所关注现象的影响。其目的是查明原因和结果之间的关系，获取第一手数据资料。从某种意义上说，实验法是把事物放在某一特定的条件下进行观察，因而也可以认为是一种特殊的观察法。例如，某种饮料要进入某地市场，欲通过改变广告、陈列、推销手段等因素做市场推广，应先作一个小规模的实验，然后再决定是否需要大规模的推广。

实验法中，常常涉及一些概念，如实验者和实验变数。实验者即研究者，实验变数是指实验过程中变动的因素。在实验过程中施行的措施称自变量（自变数）；由自变量决定其变化的因素称为因变量（因变数，倚变数）。有时，表述也采用不同名称，如自变量也称因素/因子，自变量的不同表现，即自变量的不同取值称为水平/处理（水平通常在两个以上）。例如，在包装实验研究中，有三种不同包装设计，“包装设计”这个变量有三个水平，每一个水平就是一种实验处理。因变量是由自变量引起变化的量，是实际测量的、作为结果的变量。如包装设计与销售量关系中，销售量就是因变量。

干扰变量，指自变量和因变量以外的影响因素，是市场实验中应努力加以控制的变量，一般分为两种：一种是研究者可以加以控制的各个实验对象间的差别，如商场规模、地理位置等；另一种是难以控制的，如季节、气候等。

实验设计，指调查者控制实验环境和实验对象的规划和方法。常用实验设计方法有两类：正规设计和非正规设计。非正规设计，并非随机选择实验组或实验方法。非正规设计又可分为事前事后无控制对比实验、事前事后有控制对比实验、事后有控制实验等。正规设计也称随机对比实验，指研究者按照随机抽样法选定实验单位进行实验。正规设计通常分为单因素完全随机设计、单因素分组随机设计、多因素分组随机设计等，可参见方差分析及实验设计的相关内容。

实验对象或实验单位指实验中涉及的群体或个人，如企业、市场等。接受自变量作用的实验对象构成实验组；不接受自变量作用的实验对象构成控制组或对照组。控制组或对照组用于与实验组作对照比较，是非实验单位。

实验检测是指实验过程中对实验对象的观察与测定，分为事前观测和事后观测。事前观测是指自变量未发生作用之前对因变量的观察；事后观测是指自变量发生作用后对因变量及其变化的观测。

可靠性指实验结果的稳定性，如多次实验，结果相似程度大小；有效性指是否测量准确等。内部有效性说明了自变量是否是因变量变化的唯一原因；外部有效性说明了实验结果适用于真实世界的程度。

（二）实验法基本程序

实验法基本程序包括：

（1）建立假设。明确研究目的与要求，提出假设，确定实验变量。

（2）进行实验设计。选择实验对象，确定实验方法。

（3）进行实验。包括选择自变量与因变量，建立实验组与控制组。

（4）做好实验观察和记录。如事前检测，实验前对实验组与控制组的度量；事后检测，实验后对实验组与控制组的度量。

（5）数据处理与数据分析。得出实验结果并写出实验分析报告。

假设工人在优美的音乐中工作会提高劳动生产率。某制造公司为了测量音乐是否对本企业工人劳动生产率产生影响，进行了实验。前提条件为气候及工人技巧等保持不变。此时，音乐就是自变量，实验设计是测量在没有引入音乐前工人的劳动生产率（月生产件数）与引入音乐后工人的劳动生产率（月生产件数）。实验对象为随机抽取本企业生产工人中的50名工人。实验结果为引入音乐前，工人月平均产出535件/人；引入音乐后月平均产出为580件/人。实验前后对比，工人月平均产出增加了580－535＝45件/人，平均产出增长了45/535＝8.4%。因此，得出结论：引入音乐能提高劳动生产率。

在同一个市场内，正常的情况下进行事前事后对比实验，通过对比观察，了解实验变量的效果，这种方法是最简便的一种实验调查形式，可用于测量包装、价格调整后的效果实验观察。

二、实验法的常见分类

实验法可从不同的角度进行分类。

（一）实验的环境

根据实验的环境不同，实验法可分为在室内进行的室内实验法和在市场上或外部进行的市场实验法。

室内实验法，是在实验室情境下，借助专门的实验设备，通过有计划地控制实验条件以检验因变量变化情况的实验类型。实验者对实验环境可进行严格有效的控制。而市场实验法是在市场或外部进行的实验，实验者只能部分地控制实验环境的变化。市场实验法是调查员有目的、有意识地通过改变或控制一个或几个市场影响因素，来观察分析市场现象在这些因素影响下的变动情况，认识市场现象的本质和发展变化规律的调查方法。通过实验对比来取得市场情况第一手资料。例如，在一个特定市场内，以商品经营的某个因素为基准，改变其他因素，如商品包装、广告、价格、陈列等，通过实验的方法来测定消费者的反应，再根据实验的结果进行相应的决策。在预测一种新产品的销售情况、现有产品在新的地区或通过新的分销渠道的销售情况时，常使用这种方法。市场实验法还有一种形式就是现场实验，它是在真实的社会环境中对实验条件进行适当控制，检验因变量变化情况的实验类型。解决社会和经济问题的实验常采用现场实验，如制定某项政策时采用的试点城市或试点项目就属于这种。实验法的最大特点是把调查对象置于非自然的状态下开展调查。虽然市场上不能控制的因素很多，如消费者的偏好、政府的政策等，但探索因果关系是访问法和观察法所不具备的。

（二）实验对象、实验手段、实验者之间的关系

根据实验对象、实验手段、实验者之间的关系，可分为直接实验、模拟实验和理想实验三类。

进行科学实验，其基本要素包括实验者、实验对象和实验手段。直接实验是在实际环境中，在研究对象上直接完成的实验。有时由于客观条件的限制，不允许或不能对研究对象进行直接实验，为了取得对研究对象的认识，人们可以通过模拟的方法，选定研究对象的代替物（即模型），模拟研究对象（即原型）的实际情况，对代替物进行实验，就是模

拟实验。模拟实验常常依靠数学模型和计算机进行模拟分析，在进行模拟实验之前要先对实验对象进行信息采集和数据整理，然后在理论和假设条件下运用计算机和数学模型进行模拟分析。理想实验又被称为假想实验，是根据观察实时和生活经验，再依靠实验人员自身丰富的科学知识，在头脑中进行逻辑推理和理论猜想，提出理论。爱因斯坦的相对论研究就是理想实验的经典案例。此外，在环境科学和理化科学中常见的还有控制实验，即在一个人为控制的非自然环境下，通过控制一些环境因素和条件对实验对象进行分析和观测，测试其变化的规律和相互关系。在生物学、地质学、地理学中常用的观察实验，如地质学家需要实地观察地质剖面才能论证构造等，通过观察并记录每次的数据，最后把所有的数据进行通过丰富的理论知识进行总结后，提出自己的观点理论。

（三）实验的组织方式

按照实验的组织方式不同，可分为单一实验组实验、控制组同实验组对比实验和有控制组的事前事后对比实验。

1. 单一实验组实验

单一实验组实验即事前事后无控制组对比实验，只有实验组而没有控制组，同一对象在某种措施实施前后的一种观察比较，是一种简单实验方法。适用于其他因素很少变化的情况下。例如，同一市场内，实验前对实验对象进行测量、现场实验，事后进行测量和对比。具体如表 3－1 所示。

表 3－1　　事前事后无控制组对比实验简表

项目	实验组	控制组（无）
事前测量	Z_1	—
实验处理	有	—
事后测量	Z_2	—

表 3－1 中，实验结果为 Z_2-Z_1。该种方法可用于测量包装、价格调整后的效果。如某企业生产 5 种饮料产品，企业打算提高其中 2 种产品的价格，希望不会影响企业在市场上的销售额。在某一个区域较大型超市内实验两周，事前事后均有 5 种产品价格、销售额的记录：其中 2 种涨价，其他 3 种价格不变；通过销售额实验前后的结果及涨跌对比，能够分析出哪一种产品销售额上升或下降，同时得到调整产品价格是否起到了调节商品供求的作用。假如价格不变的 3 种商品是滞销商品，那么提高另外 2 种两种商品价格是否会有利于这 3 种商品的销售额。需要注意的是，这种实验方法没有考虑干扰因素的影响，难以肯定测量差异是实验结果所致。

2. 控制组同实验组对比实验

控制组同实验组对比实验，就是以实验单位的实验结果同非实验单位的情况进行比较而获取市场数据信息的一种实验调查方法。例如，实验组与控制组在同一时间内进行现场某种产品销售对比，不需要按时间顺序分为事前事后，消除了由于实验时间不同而可能出现的外来变数的影响。

3. 有控制组的事前事后对比实验

有控制组的事前事后对比实验结果是同实验组事前事后实验结果之间进行对比的一种实验调查方法。不同于前面两种实验调查方法，它是在同一时间周期内，选择两组条件相似的企事业单位，一组作为实验组，另一组作为控制组，并且对实验结果分别进行事前（实验前）测量和事后（实验后）测量，再进行事前事后对比分析。有控制组的事前事后对比实验有利于消除实验期间外来因素即自变量因素以外的其他控制因素的影响，可以大大提高实验变量的准确性，但费用要比无控制因素实验法要高些。具体如表 3－2 所示。

表 3－2　　有控制组的事前事后对比实验简表

项目	实验组	控制组
事前测量	Z_1	Y_1
实验处理（引入变量）	有	—
事后测量	Z_2	Y_2

表 3－2 中，最终的实验效果为：$(Z_2-Z_1)-(Y_2-Y_1)$。

例如，某食品企业为测定某饮料改变包装后消费者的反映，随机抽取两个相似的商店，一个为实验组，一个为控制组，进行一个月的实验，实验前后各组的销售量（箱）数据：实验组（Z）实验前、实验后销售量分别为 1500（Z_1）、2000（Z_2）；控制组（Y）实验前、实验后销售量分别为 1500（Y_1）、1600（Y_2）。

实验效果为：$(Z_2-Z_1)-(Y_2-Y_1)=(2000-1500)-(1600-1500)=400$，相对提高了 400/1500＝26.7%。说明了控制组没有改变包装，但销售量增加了，分析原因可能由于天气、节日、经济发展等。而实验组销售量增加应包括包装改变、天气等，对控制组的影响因素也影响实验组。

当然，也可设计事后有控制实验，指在事后设计的基础上增加一个控制组进行对比来测量效果。选择两组条件相当的市场研究对象，一组为实验组，另一组为控制组，改变实验组的自变量，控制组保持原样。实验后，对实验组的结果和控制组的结果进行比较，没有事前的测量。可以交换实验组和控制组，再次进行实验，但无法排除实验前后其他因素的影响。例如，某公司想测量给消费者赠免费样品对该公司的洗发水的销售量的影响程度。在某地区选两组家庭进行实验，另一组家庭（若干），先给他们分别寄去一袋小包装的洗发水（实验组），另一组家庭不邮寄（控制组）。过一段时间，给两组家庭分别邮寄免费10元购买该公司的同样品种的大瓶洗发水优惠券，并分别做上记号。可以根据实验组、控制组购买产品优惠券数量，分析赠免费样品是否能起较大的促销作用。

4. 随机对比实验

随机对比实验，指调查人员按照随机抽样法选定实验单位进行实验调查。当实验单位很多，市场情况十分复杂时，按主观的判断分析选定实验单位比较困难。这时可以采用随机抽样法选定实验单位，如采用分层随机抽样、分群随机抽样等。采用何种形式选定实验单位进行对比实验，必须从实际出发，根据具体条件、具体情况而定，并以能够获得准确的实验效果为原则，从而保证实验结果的准确性。尤其注重外部有效性，即从现实的角度来考察实验结果是否有效，能否应用于现实世界。控制外来变量对实验有效性的影响，除了稳定环境、反复度量等控制外，随机选择也是有效的一种手段。

随机对比实验，实验单位的选择是按随机抽样法进行的，这区别于按照判断分析的方法选出的实验单位的事前事后无控制组对比实验、控制组同实验组对比实验、有控制组的事前事后对比实验等方法，在对调查研究对象比较熟悉、实验单位数目不多的情况下，采取判断分析法选定实验单位不仅简便易行，也能够获得较好的调查实验效果。应用中，随机对比实验常采用单因素完全随机设计、单因素分组随机设计、多因素分组随机设计等。例如，某新产品要设计新包装，现公司想实验A、B、C三种包装，并记录每种包装下的销售量。研究人员将3种包装随机配给要进行实验的9个商店，每3家商店用一种包装。一个月后分析不同包装下的销售量情况，并决定新产品投放市场的最后包装形式。或者将实验单位之间的差异按某些标准加以分组，如按照规模划分为大、中、小三类，保证每组规模下有3家商店，则3种包装共27家商店，分组使得各组之间的差异明显，各组内的差异减少。对实验结果可采用方差分析，进行“包装”对“销售量”是否有显著影响的判断和显著性检验，也可对两种包装之间销售量是否存在显著差异再进行t检验。如果考虑的因素不止一个，如销售量受包装（A）和价格（B）两个因素影响，可以研究价格、包装两个因素对销售量影响是否显著，或分别研究包装、价格对产品销售量的影响等，详细理论及做法可查阅相关分析或实验设计的相关内容。

此外，开发新产品，选定产品的规格、款式、型号时，可进行小规模市场实验。即选定一个小规模的实验市场，将新产品或新设计的产品规格、款式、型号，在这个小规模市场上试验销售，在销售客户和使用对象中听取意见，了解需求，收集市场数据资料信息，并对销售结果分析，为决策提供参考意见。在企业是扩大原有生产规模、放弃开发新产品，或是选定某一种款式等选择中，可帮助决策者明确企业生产经营方向。要注意的是选定的实验市场的条件、特性要与准备进入的市场有较强的相似性。

（四）其他分类

其他分类也可从不同的角度进行。例如，按照实验的目的不同，实验法可分为研究性实验和应用性实验；按照调查的内容不同，实验法还可分为心理实验调查、教育实验调查、经济实验调查、法律实验调查、军事实验调查等；被广泛应用于临床医学、药理学、心理学、社会科学等学科中的盲实验法，是一种为避免由于人为主观性而对实验观测结果产生偏差的实验设计方法。在实/试验中使一个人"盲"就是不告知他实/试验过程的信息。按照使参与者盲的程度，分为单盲、双盲、三盲实/试验。单盲实/试验中，实验对象不知道他们是属于实/试验组还是属于控制组；双盲实/试验中，实/试验者和实验对象都不知道哪些实验对象属于对照组、哪些属于试验组；三盲实/试验中，实/试验者、实验对象、数据分析者均不知道实验对象的分组和处理情况；等等。

三、实验法的优缺点

（一）实验法的优点

（1）结果的客观性和实用性。实验法取得的数据比较客观，具有一定的可信度。由于研究现象的影响因素很多，也可能由于非实验因素不可控制，而在一定程度上会影响实验效果。

（2）实验过程的可控性和主动性。实验过程可以主动进行控制，可以有控制地分析、观察某些市场现象之间是否存在着因果关系以及相互影响程度，探索不明确的市场因果关系或行动方案。

（3）实验结果精确度较高，实验结论具有较强的说服力。

（二）实验法的缺点

（1）调查结论存在一定的局限性，只能识别实验变量间的关系，可变因素难以掌握。

（2）实验法只适用于对当前市场现象的影响分析，对历史情况和未来变化则影响较小。

（3）所需的时间较长，市场实验中可能要实际销售并使用商品，因此费用较高。实验结果往往会有误差。

实验调查法应用范围较广，对市场经济活动的某些内容及其变化加以实际验证和数据分析，如改变商品品质、商品包装、设计、调整商品价格、推出新产品、陈列方法、推销方法、广告形式内容变动、广告策略变化等，都可以采用实验调查法测试其效果，获得第一手数据资料。采用实验调查法，必须遵循客观规律，在科学性基础上进行。例如，要具备科学的实验场所，其实验条件与实验结果应尽可能符合市场总体的特征。市场上的实验对象，会受到多种不可控制因素的影响，实验期间，社会再生产过程中生产、分配、交换、消费等任何因素的变化，都会在不同程度上反映到市场上来，从而影响实验的效果和准确性。因此，实验中要努力控制无关因素的影响，尽量减少干扰，使实验接近真实状态，保证结果的可信度。

第五节　网络及其他调查方法

一、网络调查法

（一）网络调查法及主要方式

网络调查法，就是通过互联网、计算机通信和数字交互式媒体，即以网络为载体搜集有关数据资料的一种调查方法，是传统调查方法在网络上的应用和发展。网络调查法充分利用了互联网的互动性、实时性、方便性等特点，可以在网上直接用问卷进行调查，也可以通过网络来搜集二手资料。目前，其主要方式可概括为网络直接调研方法和网络间接调研方法。

1. 网络直接调研方法

网络直接调研方法主要用于搜集一些关键性质的一手资料，可通过电子邮件或网页进行调查。其主要形式有以下三种：

（1）网络问卷调研。研究者将调查问题设计成网络问卷，并将问卷放在相关的网站上，由用户访问时填写问卷；或以链接、小程序、电子邮件（E - mail）的形式将问卷发给顾客，向互联网上的个人主页、新闻组或邮件列表发出请求，由顾客（受访者）填写后以邮件的形式回复，以便查询获得一手资料。

（2）专题讨论法调研。研究者根据其调查的内容，准备一系列相关话题，并通过新闻组、网络论坛（电子公告板/BBS）、聊天室或邮件列表讨论组等进行发布和讨论，用户（受访者）登录参与讨论，研究者从讨论过程及结果分析中发现有价值的信息。

（3）在线会议调研。研究者可采取主持召开网络在线会议形式，选择相关问题，或相关领域的专家学者，对一些关键问题定性分析，组织分散在不同地域的受访者发表意见，经整理分析获得有价值的信息。

2. 网络间接调研方法

网络间接调研方法用于大量搜集具有参考决策价值的二手资料，其主要方法有以下四种：

（1）搜索引擎调查。通过输入行业及市场相关的关键字，在搜索引擎上获得包含大量相关信息的链接，这些链接和其指向的网页可能包含大量有价值的信息。

（2）网站调查。网站调查是市场调研的一种常用形式。政府机构、行业组织、研发机构、大型企业等均建有自身网站，这些企业或机构会定期或不定期地在其网站上发布行业及市场相关的统计信息、行业研究报告、技术研发及产品发展等方面的动态信息。门户站或者大型网站而言，网站调研是网站市场预测和网站经营决策过程中不可缺少的一部分工作内容，例如，对于手机游戏网站而言，想从众多的游戏网站中凸显自己的特点，就必须对同行业的竞争者的优势和不足有着非常清醒的认识。因此不论网站大小，想要得到一个满意的网站，网站调研都是不可或缺的。

（3）网上信息资料库调查。一些著名的政府机构、国际组织、图书馆、行业协会的网站上，提供海量包含有关贸易、统计、技术等方面的标准化信息库，并提供标准化的信息资料检索服务，这些信息服务有些收费高昂，有些是免费的。

（4）网络新闻、网络论坛、电子邮件等。通过浏览一些行业及市场重要网络新闻，查看网络论坛（BBS）热点讨论文章及相关评论，以及同业内及相关人士进行电子邮件交流（E－mail）等途径，也可获得一些有价值的市场调研资料。

（二）网络调查法的优势与局限

1. 网络调查法的优势

一是快速。首先是问卷回收快，传统发放问卷需要耗费大量人力和时间。网络调查通过互联网可快速完成。其次是数据计算速度快，传统的问卷回收之后还需要进行录入，录入过程中也难免出错，而网络调查的数据是直接存入数据库的，回收数据实时在线统计，图表化直观呈现数据分析结果，调查效率高。

二是满足复杂的、个性化的设计需求，具备更多样化的展现形式。例如，除了使用文字、数字，还可通过图片、音频、视频的方式向受访者传达更丰富的信息，并赋予受访者更多样化的答题体验，客观性较好。同时有强大的模板库，不管是哪一种场景类型的调查，或是不同的行业领域，都可以找到相应的模板，为问卷设计提供了重要参考。

三是低成本。相比纸笔形式的面访调查和电话访问，网络调查省去了访问员，可能还有督导、质量核查员等招聘、培训、差旅、劳务等费用；相比计算机辅助个人面访调查（CAPI）和电脑辅助电话调查（CATI），网络调查还省去了购买计算机和上网设备的费用，费用低廉。

四是调查范围广。有互联网的地方，都有可能有用户（受访者）参与调查，不受时空与地域限制，还可通过微信、或微信建群或社区等方式，长期追踪同一批受访者，获得不同时间的比较数据信息，对于相关问题的跟踪研究则更具明显的优势。

2. 网络调查法的局限性

网络调查法的局限性主要表现在用户（受访者）的代表性存在不准确性，调查对象范围受到一定的限制，样本局限于网民，受访对象难以限制，对总体的代表性相对不足，这是网络调查的主要缺点，也是网络调查面临的一大难题。例如，通过微信在朋友圈转发问卷，每个问卷发放者的朋友圈可能都是和自己相似或相近的一群人，最终搜集到的数据很可能只能代表这一群人的认知、行为和态度，分析时要考虑样本是否可以推断到更广泛的群体，在多大程度上可以用来推断总体，因此需谨慎对待网络调查中样本对总体的代表性问题。同时网络调查的回答率不高，认真完成问卷的用户（受访者）往往是对调查问题感兴趣的个体，但目标群体的积极性难以调动，且真实性无法保证。还有，网络的安全性亦不容忽视。

网络调查法是对传统调查方法的一个补充。由于网络调查具有自愿性、定向性、及时性、互动性、经济性与匿名性等多个优势，随着我国互联网事业的进一步发展，网上调查将会被更广泛地应用。

二、其他调查方法

除前面介绍的常用调查方法外，也会采用其他调查方法。常见的有以下几种：

垃圾箱法，即通过对垃圾中所涉及食品的名称、数量、重量、质量、包装等角度详细观察分类，获得相关群体的食品、饮品、保健品、休闲食品和日用品等方面的相关信息，且这些包装垃圾不能作假和说谎。

拾纸条法，在大型超市和购物中心常见。将购物纸条上的信息分类和处理后，得到相关的数据，而这些数据是进货、库存等营销战略的量化依据。目前，大型超市或购物场所电子结算系统提供大量详细的和市场销售有关的数据，可作为一种资源出售给客户，或者作为服务提供给会员式的厂商。

侦探卧底法，以消费者身份的厂家经济侦探通过打电话、逛商场等手段窥测竞争对手的信息，甚至以“假招聘”手段对竞争方雇员进行询问、答卷等获得信息。例如，社会学关于恋爱双方亲昵程度和方式的调查，采用角落里望远、散步中斜视、漫不经心偷听等是该方法的具体运用。需要强调的是调查及采用的方法、手段必须符合中国的法律法规。

展示会法，它是让用户（受访者）亲身参与体验，并要求受访者回答有关问题。常见展示会法有产品测试会、商展、新产品发布会等，特别适用于产品属性资料的搜集，如口味测试、超市摆摊试吃、包装测试、新产品发布会、房地产工地现场展示等，展示会法的优点是参与者亲身体验，提出的意见比较具体，可探讨如口感、触觉、视觉等属性问题，缺点是样本易产生偏差，成本相对昂贵。

三、调查方法的选择

每一种方法各有优缺点，应根据调查的具体情况选择适合的调查方法。选择时应考虑所选方法与所研究问题性质是否吻合。例如，考虑定性研究还是定量研究；所选方法是否适合所研究的问题；所选方法是否宜于操作和控制；其结果是否能达到精度最高；在满足基本要求条件下是否最省费用、最省时间等。应根据目的和要求、经费和时间等方面综合考虑，选择适合的调查方法或方法的组合。常用调查方法的简要比较如表 3－3 所示。

表 3－3　　常用调查方法的简要比较

指标	计算机辅助电话调查（CATI）	计算机辅助个人面访调查（CAPI）	街头拦截访问调查	邮寄调查	微信、QQ调查	电子邮件调查	媒体（互联网）调查	留置问卷调查
调查费用	中	高	中→高	低→高	低	低	低	低
项目周期	中	长	中→长	中→长	短	短	短	短→中
概率抽样	能	能	否	能	能	能	否	否
允许问卷长度	中	长	中	中	短	中	中	中
允许问卷复杂度	中	高	高	低	低	低	低	低
访员控制	易	易	易	—	—	—	—	—
数据质量	高	高	高	低	低	低	低	低

资料来源：《调查方法与技术》。

例如，从所花费的费用看，面访调查高于电话访问和自填问卷调查；从所占用时间看，电话访问及电子邮件法等网络调查所需时间较短，自填问卷则所需时间较长，但面访调查回答率远高于电话访问和自填问卷调查；从回答率看，面访调查的回答率较高，自填问卷调查回答率较低。也有一些其他要求或条件，如电话访问受访者必须有电话，就像网络调查受访者必须有网且会上网一样，而一些自填方法对受访者文化程度要求较高。总之，要根据费用、时间、回答率等各种因素综合考虑选择数据采集的方法，或者说调查方法的选择应综合考虑调查的内容、调查对象的特点、数据的质量要求、费用、时间等，权衡后作出选择。

第六节　拓展·实验或实践·探究

一、拓展

（一）焦点小组座谈对主持人的要求

1. 焦点小组座谈中主持人的工作职责

焦点小组座谈中的主持人选择是焦点小组座谈是否成功的一个重要因素，主持人主要的职责包括：

（1）与参与者（受访者）建立友好的关系；

（2）说明座谈会的沟通规则；

（3）告知调研的目的并根据讨论的发展灵活变通；

（4）探寻参与者的意见，激励他们围绕主题热烈讨论；

（5）总结参与者的意见，评判各种分歧。

需要提示的是，建立关系主要通过预热话题和自我介绍来完成。主持人在座谈开始时就应该亲切热情地感谢大家的参与，并向大家解释焦点小组座谈的具体情况，使参与者尽量轻松。真实坦诚地介绍自己，并请参与者都进行自我介绍一下。

2. 焦点小组座谈中的沟通规则

小组座谈中的沟通规则一般应该告诉参与者（受访者），一般规则如下：

（1）不存在不正确的意见，你怎么认为就怎么说，只要你说出真心话；

（2）你的意见代表着其他很多像你一样的消费者的意见，所以很重要；

（3）应该认真听取别人意见，不允许嘲笑贬低；

（4）不要互相议论，应该依次大声说出；

（5）不要关心主持人的观点，主持人对这个调研课题跟大家一样，主持人不是专家；

（6）如果你对某个话题不了解，或没有见解，不必担心，也不必勉强地临时编撰；

（7）为了能在预定时间内完成所有问题，请原谅主持人可能会打断你的发言，等等。

（二）定性调查分析报告的撰写

如果调查方法、过程以及所获得的资料和分析调查结果主要采用定性分析的方法，则撰写此类型的调查分析报告一般称为定性调查分析报告。定性调查分析报告侧重用文字来描述分析结果，而不像定量调查报告那样用数字、指标或模型等来描述分析结果。需要说明的是，实际调查研究中，绝对的、纯粹的定性或定量的调查分析研究是不多的，更为常见的是，综合运用定性与定量两种分析研究方法，但以其中一种方法为主。相应地，纯粹的定性调查分析报告或定量调查分析报告也是不多见的，一般是综合运用文字和数据及指标等来进行描述和分析，但以其中一种方法为主。实际上定性分析与定量分析二者是相互支持的。

二、实验或实践

（一）访问过程中的一些技巧

1. 入户技巧

为成功进行入户访问，可选择使用的技巧主要有：①持介绍信或证明取得居委会或物业管理有关人员的支持或帮助；②熟人引见；③礼貌敲门；④清晰良好的自我介绍；⑤约访；⑥示意礼品表示感谢等。

2. 询问技巧

访问中要做到：按照问卷中问题的顺序提问；问题的用词不能随意改变；严格按要求询问；调查问卷上的每个问题都应问到；提问时的音量应控制在受访者能清晰听清为宜，语速应不快不慢；提问过程应随时根据受访者的情绪来加以调节和控制；有时受访者不能很全面回答提问，或问卷本身设定了追问问题，这时都需要运用追问技巧来达到预期访问的目的。

3. 追问技巧

追问时，常常使用："您是说……"（表示不太理解，让受访者更详细地描述）。通过"请多告诉我一些，我以前从来没听说过!""您最想获取什么?""跟您现在的方式有什么不同?”“您从哪里感觉到的?”或者“您是怎么有这种想法的?”“您会怎么跟别人讲这个产品好的地方?”“您同意她的观点吗?”“昨天我听人说……”等想法促使对方说下去，以获得更多更深入的信息。

4. 结束访问技巧

结束访问也需要一定的技巧，包括：感谢受访者；迅速检查问卷；在准备结束调查时，给受访者一个最后提问的机会，以示对他的尊重；离开现场时，要表现得彬彬有礼，为受访者关好门并对受访者及其家人说再见。

（二）如何有效降低拒访率和提高回收率

面访调查中如何有效降低拒访率？常用技巧包括：衣着得体，整齐、干净；精神饱满，平和友好，这也关系到调查公司或研究机构的形象；言语诚恳有礼貌，尊重别人；访问员访问前充分准备并进行培训；材证齐全；自信且细心，察言观色，正确处理出现的特殊情况。

面对常见的拒访情况，需要掌握一些对策或技巧如表 3－4 所示。

表 3－4　常见的拒访原因及回答技巧

受访者拒访原因	访问员回答技巧
太忙	完成调查只需几分钟，或××时候再来访问可以吗?
身体不舒服	对不起，打搅了，××时候再来访问可以吗?
年龄大	我们正需要听听您的意见。
不好答、不会答	问题一点也不难，答案无所谓对或错，很多人都做过，而且都做得很好。
不感兴趣	我们是抽样调查，每一个被抽到的人的意见都很重要，否则结果就会产生偏差，请您协助一下。
不便说	能理解，这也是为什么调查都是保密的原因。我们不要求您填上姓名，调查结果也不是一个人的意见。
我不太了解情况，访问别人更合适	没关系，您把您知道的说出来就可以了。
您的问题太多	对不起，问题看起来是多一点，但都很简单。
不懂得填写	没关系，很简单，我给您讲一讲，您就会了。
不识字、不会做	没关系，我们不要您填写，只要您回答问题就行了。

邮寄调查中如何提高邮寄调查的回收率？邮寄调查回收率的提高，也可以从技巧方面入手。例如，提前通知；跟踪调查，如借助明信片、电话、明信片提醒；物质上的奖励，如优惠券、小礼物、抽奖等；附空白信封并贴上邮票，信封上最好是手写笔迹；表明本次调查与某知名机构、大学、研究院联办；问题设计简单有趣，易于回答，避免书写过多；

保障匿名，即不记名，不使用身份证号码；呼吁或倡议有利于社会公益事件等。

（三）如何设计小组座谈提纲

以下为摘录的“大学生信用卡观念访谈指南”座谈提纲。

专栏3－1　　大学生信用卡观念访谈指南

一、解释小组座谈法及其规则（10—12分钟）

（1）解释小组座谈法。

（2）没有正确答案，只要说出自己观点。

（3）要倾听别人发言。

（4）一些同事在后面观察，对您的观点很感兴趣。

（5）自动录音。因要全神贯注听发言，无法记录。

（6）请一个一个发言，否则可能会漏掉一些重要观点。

（7）不要向我提问，我的想法并不重要，你们的想法才是最重要的，为此我们才聚集在一起。

（8）如果您对我们的话题了解不多，也不要觉得为难，这对我们来说是重要的。我们并不是要求所有人都持同样观点。

（9）我们要讨论一系列话题，我会不时地将讨论推进到下一个话题，请不要把这当成冒犯。

（10）还有问题吗？

二、信用卡历史

我对你们对信用卡的态度和使用信用卡的情况很感兴趣（15分钟）

（1）您有多少种？您使用什么卡？什么时候开始？

（2）为什么得到这些卡？如何得到？

（3）常用什么卡？为什么？使用目的是什么？

（4）大学生申请信用卡是否很难？是否有些比较容易得到？若有，什么卡？是否很难得到一张好的或合意的信用卡？

（5）您目前对信用卡及其使用的态度如何？当您拥有一张信用卡后，您的态度是否改变？如何改变的？

三、桌面广告设计（25分钟）

我将出示几种信用卡桌面广告设计，分别代表不同产品和服务的若干展示广告中的一种。我想知道你们对不同展示广告的反应，每出示一种广告，希望你们写下对他的第一反应，是第一反应。之后我们详细讨论每一种设计。

（1）出示第一种广告。

让他们记下自己的第一反应。

讨论。您的第一反应是什么？您喜欢该设计的什么地方？不喜欢什么？您会停下来仔细阅读吗？被他吸引吗？为什么会？为什么不会？它有什么吸引人的地方？

（2）重复第二种广告设计。

（3）重复第三种广告设计。

出示所有广告设计。在这些广告中，哪一种最可能吸引您的注意，使您停下来仔细阅读。为什么？

哪一种最不可能吸引您的注意？为什么？

四、宣传册与随赠品（25 分钟）

现在看信用卡赠品。它与展示广告相配套。首先展示宣传册和赠品的样品，之后记下你们的第一反应，后对每一种赠品进行讨论。

（1）出示第一种宣传册和赠品。

记录自己的第一反应。

讨论：您的第一反应是什么？您特别喜欢赠品的什么地方？不喜欢什么地方？您理解赠品的含义吗？您认为这是一种重要的利益吗？您会为这种赠品而申请信用卡吗？为什么？这种信用卡会取代您现在使用的信用卡吗？您会考虑使用这种卡吗？毕业后您会继续使用这种卡吗？考虑到赠品，这种卡与您常用的卡相比如何？在多大程度上，您会使用这种卡？为什么会？为什么不会？您打算真的使用这种卡，还是拥有它？打算毕业后还保留它吗？

（2）出示第二种宣传册和赠品，进行讨论。

（3）出示第三种宣传册和赠品，进行讨论。

最佳赠品是什么？为什么？考虑到赠品，您会选哪一种卡？为什么？

五、信用卡设计（10 分钟）

最后想让你们看看附带环保赠品的信用卡的 3 种设计式样。先出示每一种设计，记下你们的第一反应，然后讨论，请用事先发的表格记录你的反应。

（1）出示第一种设计。

记下你们的第一反应。

> 讨论：您的第一反应是什么？设计中您特别喜欢什么？不喜欢什么？在设计中有什么东西使您在使用它时感到不舒服？毕业后又如何？
>
> （2）出示第二种设计，进行讨论。
>
> （3）出示第三种设计，进行讨论。
>
> （4）出示所有设计，进行讨论。
>
> 如果使用信用卡，这些卡中您会用哪一种？喜欢哪一种？您不会使用哪一种卡？为什么？
>
> 感谢您的参与。

（四）如何设计市场实验

以下为某公司准备改进咖啡杯的设计市场实验：

美国某公司准备改进咖啡杯的设计，为此进行了市场实验。首先，他们进行咖啡杯选型调查，调查研究人员设计了不同形状的多种咖啡杯子，让 500 个家庭主妇进行观摩评选，研究主妇们用干手拿杯子时，哪种形状好；用湿手拿杯子时，哪一种不易滑落，并选择她们喜爱的样式。咖啡杯选型调查结果表明，主妇们大多选用方形杯子。接着调查研究人员利用各种颜色会使人产生不同感觉的特点，对咖啡杯的颜色进行实验调查。通过调查实验，选择颜色最合适的咖啡杯子。方法是，首先请了 30 多个人，然后将相同浓度的咖啡倒入四种不同颜色的咖啡杯（分别为咖啡色、青色、黄色和红色）里，让 30 多个受访者每人各喝 4 杯，试饮的结果表明，2/3 使用咖啡色杯子的人都认为“太浓了”；使用青色杯子的人都异口同声地说“太淡了”；使用黄色杯子的人都说“不浓也不淡，正好”；而使用红色杯子的 10 人中，竟有 9 个说“太浓了”。根据这一调查结果，公司咖啡店里的杯子一律改用方形红色咖啡杯。公司借助于颜色，既可以节约咖啡原料，又能使绝大多数顾客感到满意。这种咖啡杯投入市场后，与市场上的通用公司的产品开展激烈竞争，以销售量比对方多两倍的优势取得了胜利。

三、探求

（一）网络调查的样本、质量等相关问题

网络调查法从抽取样本的方法上看，也有多种，包括基于概率抽样的网络调查方法与基于非概率抽样的网络调查方法。Couper 于 2000 年提出了三种基于非概率抽样的网络调

查：娱乐性网络调查、自选式网络调查和候选者数据库网络调查。

娱乐性网络调查，主要由一些专门发布和完成民意调查的网站构成，并不控制发布什么问题或者由谁来回答，任何访客都可以回答调查问题。该调查对调查内容无限制、无要求，是询问一些有关当前话题的问题，并不是真正意义上的调查，通常不能由回答者的观点来反映普通大众的观点，其价值较为有限。

自选式网络调查，主要在各大门户网站、网上讨论区或专门的调查网站上公开，调查问卷只是简单地放在网上，回答者为正好上网访问了这个网址并选择去参与这个调查的人群，调查研究者并不控制选择的过程，选择概率是未知的。该调查更容易访问难以接触的人群。通过网络与自愿性选择可能接触到这些人群，并有可能比概率抽样调查搜集到更多的数据，有助于确定未来概率抽样调查的有关问题。调查结果一般不能直接推广到更大的总体，因为研究者并没有对选择机制进行任何控制。

网络调查的候选者数据库，简称网络候选者数据库，指的是愿意完成网络调查的网络访问（上网）人群，这就意味着在未来的数据搜集中，如果他们被选择为调查对象，他们将愿意配合完成调查，在国外的一些文献上也称其为网络访问固定样本（web access panel）、非概率在线固定样本（non - probability online panels）、志愿者在线固定样本（volunteer online panels）、志愿者网络固定样本（volunteer web panels）、选择固定样本（opt - in panels）等。候选者数据库网络调查从网络候选者数据库中抽取样本进行网络调查（其获得的样本为网络候选者数据库的调查样本或候选者数据库的网络调查样本），能快速获取大量且多样的样本，比传统的抽样调查方法花费的时间更少，并且其数据的搜集的规范化程度更高。该调查最关键的是构建网络候选者数据库。通常候选者数据库网络调查得到的是一个方便样本而不是概率样本。目前，候选者数据库网络调查在媒体和调查行业内受到了最多的关注，似乎已经成为网络调查行业中发展最快的一部分。

对所有的数据搜集模式，数据的质量都与调查误差有关。基于非概率抽样网络调查也存在一些主要问题，基于非概率抽样的网络调查样本常常存在较大的偏差，其偏差主要有三个来源：覆盖误差、抽样误差与无回答误差。这些都使得非概率抽样的网络调查样本有偏，不具有总体的代表性，无法进行统计推断。

（二）一些大型全国性学术性调查

首先，应知悉目前大型全国性学术性调查，例如，中国综合社会调查（CGSS）、中国教育追踪调查（CEPS）、中国社会状况综合调查（CSS）、中国家庭动态跟踪调查（CFPS）、中国家庭金融调查（CHFS）、中国家庭收入调查（CHIP、）中国健康与养老追踪调查（CHARLS）、中国劳动力动态调查（CLDS）、中国健康与营养调查（CHNS），等等。

其次，通过了解全国性学术性调查，可在方案设计、问卷设计、抽样设计、样本选择、调查方式方法、时间与周期、不同的组织模式、数据整理与清洗、调查报告等方面，进行学习和借鉴。

再次，利用大型调查的数据库资料，例如，中国学术调查数据资料库（原中国国家调查数据库，CNSDA）、东亚社会调查数据等，进行查找，整理、发掘、利用相关的数据进行研究。

最后，进一步学习探索大型调查相关的知识与方法，如对搜集到数据与资料按国际标准进行清洗、处理、档案化、标准化和国际化，掌握数据管理、存储、开发的新技术等。

【本章总结】

本章主要介绍调查方式方法的基本内容。分别从调查方式方法类别、询问调查法、观察法、实验法、网络及其他调查方法，以及拓展·实验或实践·探究等方面展开。学习中需要了解数据来源的渠道，常用的调查方式，把握调查的分类，掌握常用的调查方法、优缺点及实施要点，掌握观察法特点、实施基本步骤及应用，掌握实验法基本程序、分类、优缺点，了解网络调查法及主要方式和调查实施中的一些技巧。在此基础上，进行相关内容的拓展，实践操作及进一步探究。

【关键术语】

普查　抽样调查　统计报表制度　询问调查　定性调查　定量调查　小组座谈法
深层访谈法　德尔菲法　投射法　访问调查法　电话调查法　邮寄调查法　观察法
实验法　网络调查法

【思考与讨论】

1. 简述数据主要来源。
2. 简述调查的常见分类。
3. 简述普查、抽样调查的特点。
4. 简述重点调查、典型调查含义及适用场合。
5. 简述小组座谈法的实施要点。
6. 深层访谈法的实施要点及应注意问题。

7. 简述德尔菲法实施步骤要点。

8. 说明投射法适用场合。

9. 简述入户访问的实施要点及注意问题。

10. 说明电话调查法适用场合。

11. 简述邮寄调查法问卷发放方式和基本步骤。

12. 观察法的特点有哪些?

13. 简述观察法基本步骤和注意问题。

14. 简述实验法的基本程序和优缺点。

15. 简述实验法的常见分类。

16. 简述网络调查法的优势与局限性。

17. 焦点小组座谈中的沟通规则有哪些。

18. 谈谈你所了解的网络调查。

19. 结合第二章思考的社会实践选题，说明你所选择的方式方法及理由。

第四章　抽样设计

【学习目标和要求】

1. 了解抽样设计的内容；理解抽样常用术语；

2. 熟悉概率抽样常用抽样方法的优缺点及适用；

3. 熟练掌握概率抽样与非概率抽样常用抽样方法及选择抽样方法时应注意的问题；

4. 熟悉误差的分类、测量方法；掌握控制和降低误差的办法；

5. 掌握影响样本容量因素；熟练掌握确定样本量的过程与方法；

6. 熟悉抽样设计应注意问题；

7. 熟悉系统抽样估计、分层抽样估计、整群抽样估计；掌握简单随机样本的估计。

频率学派认为抽样是无限的。在无限次抽样当中，对于决策的规则可以很精确。2018年1月5日，习近平总书记在新进中央委员会的委员、候补委员和省部级主要领导干部学习贯彻习近平新时代中国特色社会主义思想和党的十九大精神研讨班上指出："调查研究千万不能搞形式主义，不能搞浮光掠影、人到心不到的'蜻蜓点水'式调研，不能搞做指示多、虚心求教少的'钦差'式调研，不能搞调研自主性差、丧失主动权的'被调研'，不能搞到工作成绩突出的地方调研多、到情况复杂和矛盾突出的地方调研少的'嫌贫爱富'式调研，而是要拜人民为师、向人民学习，放下架子、扑下身子，接地气、通下情，既到工作局面好和先进的地方去总结经验，又到群众意见多的地方去，到工作做得差的地方去，到困难较多、情况复杂、矛盾尖锐的地方去调查研究，真正把功夫下到察实情、出实招、办实事、求实效上。”可见，样本的代表性、均匀性、时效性对研究问题和决策至关重要。只有采用科学抽样方式方法获得的样本，才能保证样本与总体的相似性、对总体具有代表性；才能降低误差与决策风险；它也是客观评价检验对象的需要，使研究的可普及性得到有效评估。

针对如何科学进行抽样，本章在方案设计和方式方法设计基础上，主要围绕抽样设计（主要是概率抽样）的有关内容展开。

第一节 抽样基本问题

一、常用术语

（一）总体、抽样单元与个体

1. 总体、抽样单元与个体

抽样（一般指概率抽样）是通过抽取总体中的部分单元，搜集这些单元的数据信息，用来对总体特征进行推断的一种方法。或者说，抽样调查是从由全部调查对象构成的抽样总体中，随机抽取一部分调查对象作为样本进行调查、观测，并对所关心的总体指标或特征作出统计推断。一般将研究对象的全体称为总体（目标总体，全域），它是全部抽样研究目标个体对象的集合，由研究对象中所有性质相同的个体所组成，是希望从中获取数据信息的总体。组成总体的每个个体称为总体单元（总体单位、元素、单位、个体）。

相应地，抽样单元也称抽样单位，即组成抽样总体的各个基本单元（或个体），也是构成抽样框的基本要素。抽样单元可以是个体，也可以是包括若干个个体的群体，有时抽样单元还可以分级。在抽样单元分级的情况下，总体由若干个较大规模的抽样单元组成，这些较大规模的抽样单元称为初级单元，每个初级单元中又可以包含若干个规模较小的单元，称为二级单元。通常把接受调查的最小一级的抽样单元/单位称为基本抽样单元/单位。从初级单元→二级单元→三级单元→四级单元→……→基本抽样单元，依此类推。基本抽样单元可以是人或某种事物，如某个机构、企业、商场、土地、厂房、船只等。例如，想了解某地区居民家庭消费状况，该地区的所有居民户构成研究的总体，每一个居民户就是个体，也就是基本抽样单元。又如，调查在校大学生生活费支出情况，全部在校大学生为总体，每一位学生就是基本单元。再如，进行某种产品消费调查，抽中一栋居民楼，则居民楼是抽样单元，楼中的每个居民是基本抽样单元。无论抽样单元如何划分，抽样单元必须是已知和有限的，并且最终要找到作为抽样的基本单元。因为基本单元身上承载了所要搜集的数据信息，它是抽样估计的基础。

2. 有限总体和无限总体

根据总体中包含个体的数目是否有限，可将总体分为有限总体和无限总体两类。若总体范围可以明确界定，个体数目有限的总体称为有限总体，个体数目无限的总体称为无限总体。如想了解连续生产的某电子器件的质量，由于生产可以一直进行，个体（产品）数量是无限的，则可以认为该产品总体是一个无限总体。区分有限总体和无限总体的意义在于不同类型的总体可以采取不同的数据获取和数据分析方法。现实中大多数总体都是有限总体。

需注意的是，抽样中，常根据调查研究的目的，确定目标总体与调查总体。目标总体可简称为总体，是希望从中获取数据信息的总体；而调查总体，是实际抽样调查所覆盖的总体，是从中抽取样本的总体，也称抽样总体，其具体表现就是抽样框。实施抽样要尽量使目标总体与调查总体一致。抽样调查研究的目标，可通过具体指标描述，这些指标可以是单一指标，如人口数、住户可支配收入、住户消费支出、某品种农作物的播种面积、某个产品的产量等；也可以是多个指标，如同时考虑住户的可支配收入与消费支出、多个主要品种农作物的播种面积等；还可以是复合指标，如人口数和与之相关的性别、年龄、就业类别等交叉分组的指标。

（二）样本与样本量

1. 样本

样本是指按照抽样的规则所抽中的那部分单元所组成的集合，是总体的一部分。通常样本是随机的。

2. 样本量

样本量也称样本容量，是样本中所包含个体的数目。比如，从某地区的所有居民户构成的总体中随机抽出 100 户居民，这 100 个居民户构成的集合体称为样本，样本容量为 100。实际抽样中应根据研究目的、相关条件及限制等因素，事先计算出必要的样本量，再进行调整，得到最终的调查样本量。

（三）参数与统计量

参数与统计量是分别对应总体和样本的两个概念。

参数是描述总体数量特征的一种概括性数字度量，是研究者想要了解的总体的某种特征。

由于总体数据通常是不知道的，反映总体某方面数量特征的参数就是一个未知的常数，需要从总体中抽取样本，利用样本的信息对总体参数进行估计和推断。

统计量是根据样本数据计算出来的描述样本某方面数量特征的一种概括性数字度量。统计量是样本的函数，是随机变量。例如，从某地区抽取100个居民户调查消费状况，而由100户调查得到的消费额就可以计算出平均消费额及感兴趣的某种消费比例，即统计量，所以统计量是已知的，这样就可以根据样本统计量去估计总体参数。

分析计算中为了区别和叙述方便，习惯上总体参数通常用希腊字母表示，常用的如总体均值 μ，总体标准差 σ，总体比例 π；样本统计量通常用英文字母表示，如样本均值 $\bar{x}$ 或 $\bar{y}$，样本标准差 s，样本比例 p 等。

（四）抽样框

抽样框是包括全部/抽样总体单元的一个框架，是一份目录性清单，可以是包含所有单元的名单或清册，也可以是一张地图或其他适当的形式，主要用来进行抽样或方便抽样的实施。街道居委名录、企业名录、电话本、选民花名册、俱乐部名录、手册、地图、数据包等都是常用的抽样框。抽样框的形式多样，例如，常用的有名录抽样框、概念名录框、区域抽样框等。其中名录抽样框（目录框）是包括总体单元实际的或概念的名录清单。概念名录框是基于调查进行时才存在的总体，如某天上午9点到11点进入某超市的顾客；区域抽样框是其单元由地理区域构成的名录框，也可以用地图的形式出现。操作时抽样框每个抽样单元都被编上号，由此可以按一定的随机化程序进行抽样。抽样完成后，抽样实施人员可以根据抽样框找到具体的抽样单元，从而实施调查。不管使用哪种抽样框，抽样框中的抽样单元必须是有序的，便于编号；原则上抽样框中的抽样单元既不能重复也不能有遗漏。

构成抽样框的单元称为抽样单元。抽样框应包括识别资料，如姓名、企业名称等；联系资料，用来与总体单元进行联系，如地址或电话号码等；辅助资料，一些有助于改进抽样设计等部分或全部内容。理想的抽样框是其中每一个单元与目标总体的单元一一对应，没有遗漏或重复，并具有辅助信息可以利用。抽样框是否理想，可参考一些标准，如是否具有关联性、准确性、时效性、低费用及使用标准的概念、定义和方法等。

抽样框的基本要求：抽样框必须是有序的，即抽样单元必须编号，且根据某种顺序进行了排列。抽样框中包含的抽样单元务必“不重不漏”，否则将出现抽样框误差。

但实际上抽样框不一定完美，可能存在以下缺陷：

（1）不完全涵盖或不完全覆盖。即目标总体中的某些单元被排除在抽样框之外，抽样框遗漏了一些总体单元。

（2）过涵盖或过覆盖。抽样框中包含了不属于目标总体的单元或空白单元。

（3）重复。抽样框中有重复单元，即某些单元不止出现一次。

（4）分类错误。如把男性归类到女性中，等等，实际中往往可能同时存在，从而产生抽样框误差。

对有缺陷的抽样框可通过以下方式进行补救：若问题不严重，可以忽略不计；重新定义总体，使其与抽样框一致；改正抽样框，视具体情况采取相应的补救方法。

（五）抽样比、入样概率与设计权数

抽样比，指样本量 n 与总体单位总数 N 的比例。

入样概率，是指某个总体单元被选入样本的概率。

设计权数，由抽样设计所规定的每个样本单元所代表研究总体的单元数，也就是样本单元入样概率的倒数。即设计权数 = 1/入样概率。如果一个样本的入样概率 = 1/100，那么该样本的设计权数 = 100，即每个样本单元代表了总体中的 100 个单位。抽样设计中，每个单元的设计权数相同，称为等概率抽样；每个单元的设计权数不同，称为不等概率抽样；多阶段抽样时设计权数通常由每个单元在不同阶段的入样概率相乘而得。

如果每个样本单元的设计权数是相同的，也就是每个单元最终入样的概率是相等的，那么这样的抽样设计是自加权的，即总体中的每个单元被抽中的可能性相等，或具有等可能性、相等的入样概率。自加权抽样设计，在对总体均值、比例估计时不用考虑设计权数，对总量的估计只需考虑扩大样本。单阶段抽样条件下经常使用的等概率抽样、简单随机抽样、系统抽样、各层大小成比例且每层内简单随机抽样的分层抽样、多阶段抽样中最后阶段等概率，其他阶段与单位大小规模成比例概率抽样等基本都满足自加权的抽样设计，不等概率抽样往往不满足自加权，需要正确使用设计权数，进行加权处理。

（六）抽样误差与非抽样误差

抽样误差是由于抽取样本的随机性造成的样本值与总体值之间的差异，即由样本结果估计总体特征所产生的误差。只要采用抽样（概率抽样）调查，抽样误差就不可避免。抽样误差是一个一般的概念，它可以用不同的量值来表示，如估计量方差或估计量标准差。

非抽样误差，是相对于抽样误差而言的，由各种原因引起的与样本抽取无关的误差。

非抽样误差不仅出现在概率抽样、非概率抽样中，也出现在全面调查和非全面调查中。非抽样误差主要有抽样框误差、计量误差、无回答误差等。

二、抽样设计的任务与内容

（一）抽样设计的必要性

抽样调查在社会经济生活和科学研究中有着广泛应用，也是各国政府统计部门经常采用的一种调查方式。相对普查，抽样调查节省费用、调查周期短、时效强、准确性高，有助于提高原始数据质量。但要科学进行抽样调查，必须进行抽样设计。狭义的抽样设计一般指抽样方案的设计，包括确定目标总体、选择抽样方式和估计方法、计算必要的样本容量、提出精度和可靠性要求等。由于抽样涉及内容较多、过程较复杂、技术性又较强，因此进行抽样设计十分必要。

1. 调查对象的复杂性

调查的对象是由许许多多的个人、群体和组织、数据等所构成的复杂总体，一般无法进行次数很多的重复性测量或调查，有些现象也无法进行全面的测量或调查。如对具有一定破坏程度的试验或产品检验，必须采用抽样的方法取得调查对象第一手资料。例如，监管部门对某乳品企业生产的一批盒装鲜奶产品，采用简单随机抽样方法抽取一部分鲜奶产品样本（样本的数量必须满足预设的抽样估计精度），抽选出样本后，用特定仪器和方法对鲜奶产品样本中的脂肪、蛋白质、总固体、菌落总数、大肠菌群等进行检验，从样本中得到的各指标的平均水平就代表了该批次整体水平的估计值。如果估计结果符合国家相关标准，说明该批次的鲜奶产品检验合格，可以进入市场销售。准确的调查结果是建立在科学的抽样及实施基础上，当然这都离不开抽样设计。

2. 确保样本的代表性、调查结果的可靠性

一个好的抽样设计方案能够确保样本具有代表性，从而保证调查结果的可靠性。足够的样本数量、较好的样本代表性，是决定调查结果准确性的重要条件。

3. 避免或降低偏差

当抽样为非随机或抽样方法不正确，可能会导致样本偏差，从而影响到结果的准确性。一个好的抽样设计方案可以避免或降低这种偏差，使得样本与总体更相似。

4. 节省时间和成本

调查的主体所具备的人、财、物资源有限，对于大规模的调查，如果采用全面调查的方式，将会耗费大量资源、时间和金钱，而科学的抽样则可以在保证数据质量的前提下，

显著减少调查所需的成本和时间。

5. 为数据分析提供良好的基础

合理的抽样设计，可以得到质量良好的样本数据，为后续的数据分析打下良好的、坚实的基础，从而得到真实有效的结论。

无论是等概率抽样还是不等概率抽样，抽样设计都决定着调查数据的质量和可靠性。

（二）抽样设计任务与内容

作为调查与数据分析整体设计的有机组成部分，抽样设计的任务实际上就是给出一个科学可行的抽样方案，一套执行抽样调查的方法论层面的综合方案，确定从目标总体中获取样本的机制、方法及由样本预测总体的路径。抽样方案应包括确定抽样研究的目标总体、确定调查总体（调查对象）、建立或选择抽样框、确定抽样方式方法、样本容量的确定、进行抽样、估计方法及评价的精度要求、制订具体的抽样计划/方案并明确操作程序方法等，抽样方案基本内容如下。

1. 确定抽样研究的目标总体

确定抽样研究的目标总体即明确具体任务和要求，如目标是单一目标、多个目标、是否分层等，根据具体目标，进一步确定调查总体、调查单元或个体及调查方法等。

2. 确定调查总体（调查对象）

确定（或定义）调查总体，有助于保证抽样的规范和样本的合格。只有确定调查总体（调查对象），才能分清抽样的单位（个体）与调查中实际访问的单位（个体）是否一致。如果调查总体不明确，调查容易产生混乱，导致样本丧失代表性。定义的总体要清晰、具体、明确，如共享单车小组座谈调查方案的调研对象是“6 个月以来，每周至少使用一次共享单车的 16 岁以上人员”。调查总体确定后，确定抽样单位（样本单位）。抽样单位指的是抽样的基本单元/单位，有时是个人，有时是居民户，有时是公司或企业等。例如，电话访问的样本单元是电话号码，若电话接通有两人一起听电话，应该如何选择？又如，入户访问时，开门的人是家政服务人员，或者一家中有多个家庭成员，实际应该访问哪位家庭成员？这些都要给出明确规定。抽样设计方案中也要确定调查地点及空间范围，如市、县或农村，或者人为指定，可以选择较受关注的地区，通过行政区划、城市农村区分或根据研究人员判断，选择几类地区。调查时间的确定，即明确获取的数据信息属于哪一段时间或某个时点，同调查方案设计的要求类似，抽样设计不仅要明确考虑调查目的，同时考虑抽样方式方法和搜集数据资料的可能性。

3. 建立或选择抽样框

抽样框是能够清晰划定抽样总体范围的名录，如户籍信息、工商登记、电话号码、人力资源部门等，抽样框要求完整而不重复。概率抽样必须有抽样框支持；非概率抽样，有时需要一些近似的抽样框作为抽样依据。若无法构建抽样框，必须划定调查总体的范围和特征。编制抽样框需考虑到采集辅助信息的需求。例如，入户访问，需要有居住地址信息，邮寄调查需要有通信地址，电话调查需要有电话号码，发邮件需要有邮箱，小程序推送需要有微信等，若把地点名单作为抽样框，可从中选择一部分作为最终的调查地点。抽样框来源可通过机构合作、购买等方式获取，如果无法获得完整的抽样框，只能用其他来源代替，如工商企业电话号码簿、工商局企业登记库、行业年鉴等。不完整的抽样框，会导致抽样框误差的产生。如果有相当完整的抽样框，计算机可完成简单随机抽样。

4. 确定抽样方式方法

一是确定调查包括几个抽样阶段及每个阶段采用的抽样方式与数据采集方法。例如，限额以下批发零售贸易业、餐饮业抽样调查，采取两阶段抽样调查。以省为总体，第一阶段采用以企业规模（零售额）累计等距抽样（PPS）方法抽取县。第二阶段有两种可供选择的方法，其一为分层整群抽样；其二为多种方法混合使用的分层抽样。对于选中的样本单位，还需进一步选择采集数据的方法，如入户调查、电话调查等。而根据抽样单元是否按照一定的概率入样，抽样分为概率抽样和非概率抽样两类。常用的概率抽样有简单随机抽样（SRS）、系统抽样（等距抽样）、分层抽样、整群抽样、多阶段抽样、与规模成比例的概率抽样（PPS），常用的非概率抽样有方便抽样、判断抽样、配额抽样、滚雪球抽样等。依照研究目的选择使用概率抽样还是非概率抽样，尽量创造条件实现概率抽样设计。非概率抽样在设计中要控制好样本结构。

二是需要考虑：调查数据的质量要求；对误差的要求；数据的汇总要求，如按省汇总，还是按县汇总；推断或估计方法（估计方法会影响到抽样方法）的要求；调查成本和周期约束（概率抽样比非概率成本高，周期长）；采集数据的方法等。例如，街头拦截式访问，只能采用非概率方式；电话调查、入户面访调查则可采用概率抽样方式，这些都需要综合考虑。此外，还需灵活运用辅助变量，尽可能使用更多的信息对样本代表性进行补充。抽样设计要根据调查方法的不同而采取不同的抽样技术。抽样具体方法详细内容见本章第二节。

5. 样本容量的确定

在抽样方式确定的情况下，样本量越大，调查的精度越高。根据影响样本量的因素及相关的要求，通过相应的样本量估算公式及精度要求计算出基础样本量，并根据相关的信息进行调整。详细内容见本章第四节。

6. 进行抽样

按指定方法抽取样本单元（个体，受访者）进行调查。

7. 估计方法及评价的精度要求

对主要抽样指标的精度提出要求，确定总体目标量的估计方法，并进行估计。对于来自概率抽样的样本，由于样本抽选过程具有随机性，按照概率抽样的原理，可以计算样本被抽中的入样概率，对总体的总量或均值指标作出统计推断，并且能够得到对应的统计估计量的方差，衡量估计结果的精度。估计方法常见的是简单线性估计，可以借助辅助变量。对于非概率抽样的样本，由于未遵循随机原则，样本不能直接用于统计推断。虽然根据样本调查结果在一定程度上也能说明总体的统计特征，但由于无法确定抽样误差，因此难以衡量对总体总量或均值的估计精度。关于精度与误差，见本章第三节内容。

8. 制订具体的抽样计划/方案并明确操作程序方法

抽样计划/方案一般包括总体目标、调查单位、抽样具体设计、调查内容、组织形式、方法、质量评估等。例如，中国综合社会调查（CGSS）（2010—2019）抽样方案包括以下内容：调查背景；调查目标总体；抽样设计原则；抽样设计中的几个问题（关于分层，各阶段抽样单元，样本量的界定及分配）；具体设计（必选层的样本抽取，抽选层的样本抽取）；最终样本的构成；样本权数的确定（设计权数，实际执行情况调整，最终权数的确定）；主要估计量（各小层内部目标量的估计，全国目标量的估计）；估计量的方差估计；附录。

在实施抽样计划/方案前，应对其进行讨论研究，包括检查、确定是否要根据拟好的详细程序来实施计划。

第二节　常用抽样方法

抽样设计中，不管是单阶段抽样还是多阶段抽样，都应该有各阶段抽样方式和方法的选择。根据不同的抽选样本方法，即抽样单元（单位）是否按照一定的概率入样，分为概率抽样和非概率抽样。

一、概率抽样

概率抽样是指严格按随机原则从总体中抽取部分单位构成样本，以此推断总体数量特征。概率抽样中，单元是随机抽取的，完全不带有调查人员主观意识，调查总体中的每个单元都有一个非零的入样概率，并且这些概率可由计算得出；同时依据概率理论计算抽样误差。若总体中每一个单位被抽中的概率相等，则称为等概率抽样；若总体中至少有一个单位被抽中的概率与其他单位不相等，则称为不等概率抽样。

概率抽样常用的主要方法包括简单随机抽样、分层抽样、系统抽样、整群抽样、多阶段抽样等。

（一）简单随机抽样

1. 基本含义

简单随机抽样，也叫纯随机抽样，是抽样中最基本的随机抽样方法。是从总体中不加任何分组、划类、排队等，完全随机地从含有 N 个单元的总体中直接抽取 n 个单元组成样本。

2. 简单随机抽样特点

简单随机抽样中，每个样本单位被抽中的概率相等，样本的每个单位完全独立，彼此间无一定的关联性和排斥性，所得到的样本称为简单随机样本（SRS）。

简单随机抽样方法是最基本的抽样方法，也是其他各种抽样形式的基础。其数学性质简单，理论也最为成熟。由于编制抽样框及抽取样本可能过于分散等原因，简单随机抽样在实际中具体实施起来有一定困难。例如，样本在总体中的地理分布范围广泛，如果采用面访，则费用较高。简单随机抽样无法利用其他辅助信息以提高估计的效率，通常在总体单位之间差异程度较小和数目较少时采用。在大规模调查中，很少直接采用简单随机抽样，一般是将这种方法与其他抽样方法结合使用。

3. 简单随机抽样分类

简单随机抽样依据抽选时取样方法分为重复（放回）抽样和不重复（不放回）抽样。假设要从 N 个总体单位中抽取容量为 n 的样本，重复抽样中，每次从总体抽取一个单位，登记其相关信息后仍放回总体重新参加下一轮的抽取，总体中的单位可能不止一次被抽中。不重复抽样中，每次从总体抽取一个单位，登记其相关信息后，抽中的单位不再放回总体，总体中的单位只能抽中一次。社会经济调查通常采用不重复抽样。

4. 实施操作

使用简单随机抽样，首先需要将总体中每个单位编成从 1—N（N 是总体单位总数）的编号，然后根据总体大小选择抽签法或者随机数表法、RAND 函数等抽取所需的样本单位。具体抽样时，通常是逐个抽取样本单位，直到抽满 n 个单位为止。

当总体单位数不大时可以利用抽签法进行简单随机抽样，即用均匀同质的材料制作 N 个签并将其充分混合，然后一次抽取 n 个签，或一次抽取一个签但不放回，直至抽够 n 个签为止，这 n 个签上所示的号码便是入样的单元号。也可以使用随机数表或者计算机软件

RAND 函数来获得随机数以完成样本单位的抽选。例如，某大学欲了解该校本科生中打算报考研究生的比例，假如全校在读本科生共有 10000 人，根据 10000 的名单抽样框，随机抽取了 100 人，其中有 45 人打算报考研究生，以 95% 的把握程度对该校本科生中欲报考研究生的比例作出估计。

简单随机抽样关于样本量的确定、总体估计与方差估计都有较为成熟的理论、性质、推论及公式可以使用，并对总体特征作出推断。详细内容见本章第六节。

（二）分层抽样

1. 基本含义

分层抽样也叫类型抽样，它先根据辅助信息将总体所有单位按某些重要标志进行分类（层），然后在各类（层）中采用简单随机抽样或系统抽样方式抽取样本单位的一种抽样方式。即将总体划分若干个子总体，或称为层，然后分别从每层中随机抽选样本。例如，某大学欲了解该校本科生中打算报考研究生的比例，假如全校本科生共有 10000 人，可以先按照学生的性别、就读年级等分类，再在每类中抽取一定数量的本科生组成样本。再如，为了研究某个城市职工收入水平，可将该市全体职工分为机关、企业、事业三个类型，然后再从各种类型的职工中按随机原则抽取一定数量的职工组成样本。

2. 分层抽样特点

分层抽样是通过划类分层，增大了各类型中单位间的共同性，使各类型内部的差异必定小于总体的差异，从各层（类）中抽取的样本单位，其代表性较强，即容易抽出具有代表性的调查样本。同时，各类型都有一定的单位入选，使样本的结构更近似于总体的结构，从而提高估计的精度。

分层原则就是尽量减小层内变异，通过获得总体相关辅助信息，确定分层标准和层数，确定各层样本量，最后在各层中独立抽样。分层要求必须有清楚的划层界限，必须知道各层中的单位数目和比例，且分层的数目不宜太多。分层抽样不仅对总体参数进行估计，还能对每层的参数进行估计，不仅研究总体，还了解总体内部某些信息。因此该方法适用于总体情况复杂，各单位之间差异较大，单位较多的情况。实施分层抽样，一是组织管理方便，便于操作；二是有辅助信息表明总体的某些个体有明显的差异，将相近的个体划为一层，有利于提高对总体推断的精度。

3. 分层抽样样本容量的确定

参照简单随机抽样的样本容量确定总样本容量，在经费紧张时，取值可比比简单随机抽样略小些。

各层中的样本量是由抽样人员控制，不是由抽样过程随机决定的。可分为按比例分层抽样和不按比例分层抽样两种：

（1）按比例分层抽样是根据各种类型或层次中的单位数目占总体单位数目的比重来抽取子（层）样本的方法。

（2）不按比例分层抽样是指在对各层抽取样本单位时，不根据各层单位数占总体单位数的比重来确定各层的样本单位数目，而是根据具体研究的需要和相关的信息来确定。在不按比例的分层抽样中如果要用样本资料推断总体，需要对各层的数据资料进行加权处理。实际抽样中，有的层单位数占总体单位数的比重太小，其样本量就会非常少，此时采用该方法，主要是便于对不同层次的子总体进行专门研究或进行相互比较。

假设要从1000亩农田中抽取100亩调查小麦的平均亩产。1000亩农田中有600亩为平原，400亩为丘陵；平原地区的亩产量相差不大（方差很小），而丘陵地区亩产量的差别很大（方差大）。如果按比例抽样，平原和丘陵各抽60亩和40亩。如果不按比例抽样，为更准确地估计丘陵地区的平均亩产，在丘陵地区可多抽一些（例如70亩），从平原地区抽取30亩。这时总体平均亩产的估计值为：

$$\hat{Y}=\frac{600}{1000}\times 平原地区平均亩产+\frac{400}{1000}\times 丘陵地区平均亩产$$

（三）系统抽样

1. 基本含义

系统抽样也称机械抽样，将 N 个总体单元/单位按某种标志（变量或顺序）排列起来，在规定的范围内随机抽取一个单元/单位作为样本的第一个单元/单位，即起始单元/单位，然后按确定的规则抽取其他样本单元/单位，最终构成样本的一种抽样方法。其中最简单也是最常用的规则是等间隔抽取，所以系统抽样又称等距抽样。它是将总体中 N 个单元按一定顺序排列后，按简单随机抽样的方式抽取一个起始单元/单位 r，然后按照确定的间隔（k）依次逐个抽取样本单元/单位，直到抽满所需的样本量（n）为止。其中，k 称为抽样间隔，$k=N/n$。系统抽样在实际工作中应用广泛，特别是在大规模抽样调查，如城乡居民住户抽样调查、人口抽样调查、农业产量的抽样调查、产品质量抽样检查等都普遍采用。

2. 基本操作步骤

系统抽样的基本操作步骤如下：

（1）首先将 N 个总体单位按一定标志顺序排列，排列时，各单位的排队顺序若与所研究的内容无关，称为按无关标志排队；各单位的排队顺序若与所研究的内容有关系，称为按有关标志排队。

（2）根据总体单位数 N 和样本量 n 计算抽样间隔 k（必须是整数，如果不是整数，可以近似取整）。

（3）在第一个抽样间隔（1 和 k 之间）随机选一个数字（用 r 表示），称为随机起点 r（随机起点法）。

（4）根据随机起点 r 和抽样间隔 k 依次从总体中抽取 n 个样本单位，即总体中选中的 n 个单位号码依次为：r，$r+k$，$r+2k$，$r+3k$，…，$r+ik$，…，$r+(n-1)k$。

例如，对全校本科生 10000 人抽取 100 人，首先利用学校现有名册按顺序编号排序，从第 00001 号编至 10000 号；计算抽样间隔 $=N/n=10000/100=100$（人）；确定起始位置 r，如从第一个 100 人中用简单随机抽样方式，抽取第一个样本单位，如抽到的是 5 号，即 $r=5$；然后依次按抽样间隔（$k=100$）抽取样本单位，抽出的单位分别是 105 号、205 号、305 号……

3. 不同标志排队的抽样方法

（1）按无关标志排队时，如果单位的排列存在周期性，而抽样间隔又恰好与周期的长度一致时，样本的代表性可能很差。具体如图 4 -1 所示。

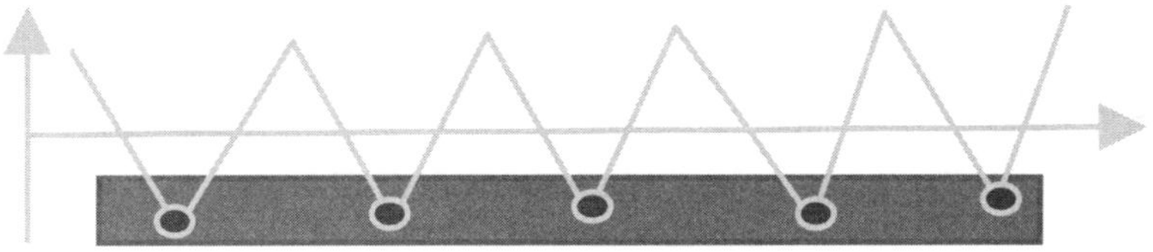

图 4 -1　无关标志排队抽样示意图

（2）按有关标志排队时，如果相应的指标数值有线性趋势，按照普通的等距抽样方法会导致样本指标的偏大或偏小。例如，研究职工的收入时，职工按受教育程度升序排队，则在总体中职工的收入会呈现出由低到高的整体趋势。为了避免这一问题，需要采取不同的抽样方法来降低误差。如采用中点起点法，即在第一个抽样间距选择中点，然后按照相等间隔依次抽选其他样本单位；如对称等距抽样，即相邻两个抽样间隔抽选的样本单位两两对称，具体如图 4 -2 所示。

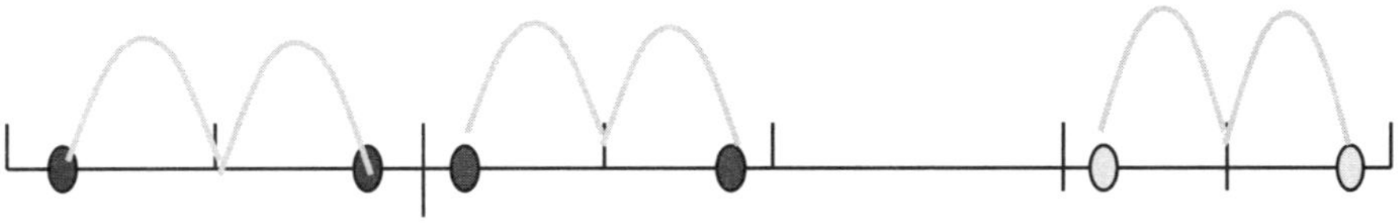

图 4 -2　对称等距抽样（两两对称）示意图

再如第一个抽样间隔与最后一个抽样间隔抽选的样本单位对称，第二个抽样间隔与倒数第二个抽样间隔抽选的样本单位对称，依此类推，具体如图 4 -3 所示。

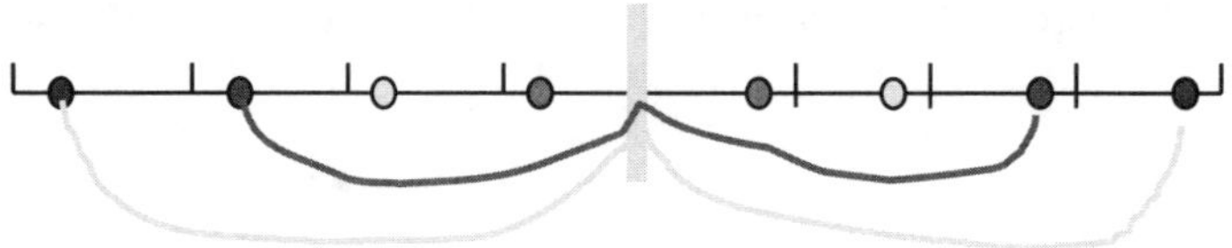

图 4－3　称等距抽样（最前和最后样本单位对称）示意图

还可采用圆形等距抽样，假设总体单位数 $N \neq nk$，总体中的 N 个单位已按某种确定顺序编号为 1，2，…，N，将这些编号看成首尾相接的一个环（编号不是直线排列而是环状（圆形）排列，随机起点的选择范围由 1 到 k 扩展到 1 到 N），从 1 到 N 中按简单随机抽样方式抽取一个单位编号作为随机起点，然后每隔 k 抽取一个单位编号，直到抽满 n 个单位为止，等等，这时样本单位在总体中分布比较均匀，有利于提高估计的精度。

4. 系统抽样优缺点

系统抽样应用广泛，其优点是抽取样本简便易懂，适宜在现场抽样。如在生产线上抽取产品检验，在校学生的调查等；样本单位在总体中分布比较均匀，有利于提高估计的精度。但系统抽样若单位的排列存在周期性的变化，样本的代表性可能很差；同时抽样误差计算较为复杂；当 N 不能被 n 整除时会得到样本量不同的样本。

（四）整群抽样

1. 基本含义

整群抽样先将总体划分成许多不相重合的子总体或群，然后以群为抽样单位，按某种随机方式从中抽取若干个群，对抽中的群内所有单位都进行调查的抽样方法。假如全校本科生共有 10000 人，学生分布在不同的 195 个班中，从 195 个班（群）中随机抽选 3 个班，对选中的 3 个班中的每一位学生都进行调查，这种方法就是整群抽样。整群抽样从总体中成群成组地抽取样本单位（如抽选班），而不是抽取基本样本单位（如抽选每个学生/个体）。

2. 整群抽样优缺点

整群抽样的特点是调查单位比较集中，方法简单，抽样框编制简便，调查工作的组织和进行比较方便。但样本单位在总体中的分布不均匀，抽样误差较大，准确性要差些，且方差估计比简单随机抽样更为复杂，样本量比其他方法大。由于影响整群抽样误差的主要是群间方差，因此，当群内单元差异大而不同群之间的差异小，或者不适宜单个抽选样本单位的情况，以及总体名单不易获得时，可采用这种方法提高效率。如对一批产品合格检验，产品每 24 盒装一箱，可从中抽取若干箱，之后对选中的每箱 24 盒产品都进行检验。

3. 整群抽样注意问题

采用整群抽样需要注意以下问题：

（1）如何进行分群。通常根据行政或地域形成的群体；也可以调查人员人为确定。从方便调查的角度当然以自然单位划分群，如一个寝室、一箱产品、一个班级、一栋居民楼、一个企业，等等。从精度角度看，要求群的代表性好。分群原则就是尽量扩大群内变异，即使群内差异大、群间差异小，这与分层抽样原则正好相反。单位之间同质性高，影响估计效率。同时，群的规模要适中，群的大小最好相等，过大虽费用少但精度差。对于规模很大的群，通常需要采用多阶段抽样。

（2）整群抽样时，若第二步从中选的群集里抽取的不是个体（基本单元），而是一些次群体，则需要再进行下一步，从这些抽出的次群集里抽取个体，反复进行三次以上的，则称为多阶段抽样法。上例中学生分布在 195 个班，班（群）称为初级单元，学生（个体）称为次级单元，此时为单阶整群抽样。若每个初级单元还可以分割为若干个较小的次级单元，每个次级单元包含若干个个体（三级单元），则要先抽初级单元，在抽中的初级单元中抽取若干个次级单元，对抽中的次级单元作全面调查。这种抽样方法称为二阶整群抽样。

（五）多阶段抽样

1. 基本含义

多阶段抽样是指抽取样本单位时分几个阶段进行。根据实际情况将整个抽样程序分成若干个阶段，分不同阶段进行抽样，以完成整个抽样过程，这种抽样称为多阶段抽样。首先在总体中按随机原则抽取若干初级（一级）单位，然后再从被抽中的初级单位中抽取若干次级（二级）单位，这种抽样称为二阶段抽样。如果每个次级单位又可以进一步分为更小的三级单位，那么在每个被抽中的二级单位中再抽取三级单位，这称为三阶段抽样。依此类推，可以定义更多阶段的抽样。例如，全国职工收入抽样调查，可以先抽省，再抽选市或县，之后抽选街道、镇或乡，等等。

大规模的抽样调查，特别是当抽样单位为各级行政单位时，通常都采用多阶段抽样。有时在第一次抽取样本后，需要对其进行调查获取总体的辅助信息，然后分层排序抽取第二重样本进行详细调查，称为二重抽样。

2. 多阶段抽样优缺点

多阶段抽样的样本单位相对集中，便于组织实施；抽样方式灵活，有利于提高抽样的估计效率，应用广泛。如何抽到一个“好”样本，需要选择适合的抽样方法，充分利用相关辅助信息（变量），选取准确的估计方法等。例如，为全面评估新冠病毒感染情况，了解社区人群血清抗体水平，北京市开展了人群血清抗体调查；该调查计划于 2023 年 2 月至 3 月完成，采取多阶段分层随机抽样调查方法，从 16 个辖区和经开区中选取约 5000 名社区人群，进行问卷调查和血清学标本采集。调查表的内容包括调查对象基本信息、核酸和抗原检测情况、发病就诊转归情况、疫苗接种情况等信息，该研究将为优化资源配置和新冠疫情防控提供参考。

3. 常用抽样方法的简要比较

为了更好地理解常用抽样方法，便于抽样时更好选择，简要对几种抽样方法进行比较，如表 4－1 所示。

表 4－1　　常用抽样方法的简要比较

	简单随机抽样	系统抽样	整群抽样	分层抽样
优点	简单直观，其他抽样基础，计算简便	易理解，简便易行；易得到按照比率分配的样本	便于组织，节省经费，容易控制调查质量	可独立分析层参数；灵活，信息利用好
缺点	总体大时一般不使用，变异大时代表性差	周期性影响大	抽样误差大	需要层变量选择
适用范围	总体不大的情况	按抽样顺序个体随机分布（不应有周期性）情况	群间差异小	层间差异大
抽样误差	大	较小	最大	小

（六）与单元大小成比例的概率抽样

1. 基本含义及类别

与等概率抽样对应的另一类方法就是不等概率抽样，即总体中至少有一个单位被抽中的概率与其他单位不相等。等概率抽样的特点是总体中每个单元地位相同，在抽样时对每个单元采取“不偏不倚”的态度。如简单随机抽样，总体中的每个单元具有同样的入样概率；分层随机抽样，层内单元是按简单随机抽样抽取的，因此都是等概率抽样。

不等概率抽样具体可分为有放回与不放回两种情况。有放回的不等概率抽样，最常用的是按总体单元的规模大小来确定抽选的概率（PPS 抽样），而不放回的不等概率抽样（πPS），是指在抽样的过程中被抽中的单元不能再被抽中，因此在抽取了第一个单元之后，余下的 $N-1$ 个单元中再以什么样的概率抽选就比较复杂。接着抽取第三和第四个单元时就面临更复杂的问题，因此抽样的实施比较困难，本部分仅简要介绍有放回的不等概率的基本操作（相关的理论推导请参考相关的专业书籍）。

有放回的不等概率即根据单元的大小不同，入样概率不同的不等概率抽样（probability proportionate to size sampling，简称为 PPS 抽样），如农场的大小不同，其抽选概率可以根据面积大小成比例，也可以按人数多少成比例。又如，对船舶运输量进行调查时，以船舶为抽样单元，则有的是从事远洋运输的万吨巨轮，更多的是从事内河河网运输的上百吨乃至几十吨小船，简单随机抽样的效果不太好。当总体单元之间差异非常大，样本单元在总体中所占的地位不一致时，一种做法是可以将总体单元按规模（大小）分层，对较大单元的层抽样比定得高些，抽样比甚至是 100%，而较小单元的层抽样比定得低一些。另一种做法就是赋予每个单元与其规模（或辅助变量）成比例的入样概率，这样，大单元入样概率大，小单元入样概率小，从而减少抽样误差，提高估计精度。

2. PPS 抽样的基本步骤与抽取的具体方法

（1）PPS 抽样的基本步骤如下：

①对总体单元中每一个单元的规模大小进行累计；

②确定总体每个单元与其相对应的代码范围；

③在 1 至总的累计大小（总体所有单元规模大小的总和）范围内，抽取一个随机数，该随机数相应的代码范围中的单元即为入样单元；

④重复上述步骤，直到抽取 n 个单元为止。

（2）PPS 抽样具体方法。常用的有代码法和拉希里（Lahiri）法等。代码法它适用于总体单元数 N 不太大的情形。假定所有的单元大小 M_i 为整数，倘若在实际中存在 M_i 不是整数，则可以乘一个倍数使一切 M_i 为整数。对于具有整数的 M_i 的第 i 个单元赋予一个与 M_i 相等的代码数，具体如表 4－2 所示。

表 4－2　　PPS 抽样时各单元的代码数过程表

单元 i	单元大小 M_i	代码数（累计）
1	M_1	$1,2,\cdots\cdots,M_1$
2	M_2	$M_1+1,M_1+2,\cdots\cdots,M_1+M_2$
……	……	……
N	M_N	$\sum_{i=1}^{N-1}M_i+1,\sum_{i=1}^{N-1}M_i+2,\cdots\cdots,\sum_{i=1}^{N-1}M_i+M_N=M_0$

每次抽样前，先在整数 $1,2,\cdots\cdots,M_0$ 里面随机等可能地选取一个整数，设为 m，若代码 m 属于第 i 个单元拥有的代码数，则第 i 个单元入样。整个过程重复 n 次，得到 n 个单元入样（当然存在重复的可能性）构成 PPS 样本。

例如，来自中国互联网的调查中对高校大学生的抽样方案，拟在全国范围内抽取 200 所高校，每校抽取 30 间宿舍，每间宿舍调查 1 人，全国共计 6000 人。抽样框为当年搜集到的上一年全国高校大全的数据。抽样方法为分层抽样，三阶段、PPS 抽样。达到近似自加权样本。每个省为一层，每个省又划分为本科和专科，共有 64 层。每层抽取的学校数与学生总数成比例，如某自治区当年本科大学生为 127486 人，占全国总人数的 1.18%，按照此比例应该抽取本科层次的大学2所（取最近整数），而全区本科层次的大学共10所，采用按照学生人数成比例的PPS抽样，方式是按照学生人数的比例进行累计，每个大学形成一个由比例构成的代码区间，然后产生随机数确定哪个学校被选中。过程如表4-3所示。

表4-3　　某自治区本科PPS抽样代码法过程

学校名称	学生人数	所占比例	累计区间	随机数
Nmgdx	14203	0.1114	0—0.111	
Nmgkjdx	24861	0.1950	0.112—0.306	
Nmgmzdx	13299	0.1043	0.307—0.411	0.3792
Nmggydx	16275	0.1277	0.412—0.538	
Nmgnydx	17320	0.1359	0.539—0.674	
Nmgsfdx	16675	0.1308	0.675—0.805	0.7686
Nmgyxy	4673	0.0367	0.806—0.842	
Cfuxey	4915	0.0386	0.843—0.880	
Hlbexy	7716	0.0605	0.881—0.941	
Nmgcjxy	7549	0.0592	0.942—1.00	
	127486	1.0000		

随机数落在了哪个区间内，哪个区间对应的大学就为中选单位。假如产生的随机数位为0.7686和0.3792，根据随机数落入的区间，抽中的学校为Nmgmzdx和Nmgsfdx。然后利用抽中学校的学生宿舍电话为抽样框，进行随机拨打，直到调查30间宿舍为止，只要接听的是本学校的学生就作为调查对象。

不等概率抽样必须具有能够说明单元规模大小的辅助变量来确定各个单元的入样概率或包含概率，适用于总体单元之间的差异较大的情况。

从表4-2可以看出，当N相当大时，累计的M_0将很大，给代码法的实施带来不方便。拉希里（Lahiri）提出不需要累计的方法，通过两次随机数决定抽中的单位。

第一次：1—N之间的随机数i，i所对应的M_i具体值为m_i；

第二次：1—max $M_i(1 \leqslant i \leqslant N)$ 之间选择一个随机数m；

比较m_i和m的值，如果$m_i > m$，则第i个单位被抽中。否则重新按照上面步骤重新再选。

（七）其他抽样方法

1. 多重抽样

多重抽样也叫多相抽样或多次抽样，在从总体中已抽取的样本中进行再抽样的抽样组织形式。在同一个抽样框内，先抽一个大样本，这一重抽样的目的是获取关于总体的某些辅助信息，为第二重抽样估计提供条件，然后在这个大样本中再抽一个子样本，搜集调查的详细信息，第二重抽样是要进行的主调查，二重抽样信息结合起来对总体有关标志值（变量值）作出估计。有时第二个样本也可以从总体中独立地抽取。由于样本是分两次抽取的，称为二重抽样。这种方法也可以推广到多次抽取样本，多次抽样信息结合起来对总体有关标志值作出估计，这就是多重抽样或多相抽样。其示意图如图 4－4 所示。

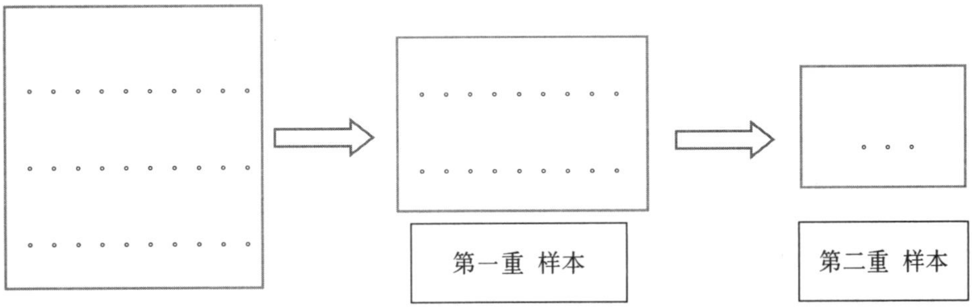

图 4－4　多重抽样示意图

例如，森林资源调查时，先在森林总体中抽取一个大样本作为第一重样本，再从第一重样本中抽取一个较小的样本作为第二重样本。对第一重样本简易地测定，目测或相片判读获取每个单元值，测算某种数据指标。而对第二重样本要进行准确的测定，其实质是利用第二重样本修正粗放测定的第一重样本，进而对森林总体资源作出较准确的估计。多重抽样利用了第一相样本的信息，能显著提高估计值的精度，有效地降低调查成本，也减少受访者的回答量。多重抽样方法适用于大规模的多项目调查。不同调查项目其调查单位之间的差异不同或精度要求不同，所需样本量大小也不一样。对离散程度较小的项目，需要的样本量就多，而离散程度较小的项目，需要的样本量就少，这时可以采用多重抽样，根据不同项目或不同调查精度要求，多次抽选适量的样本，进行几个大小不同样本的调查。

多重抽样与多阶段抽样的区别在于两者的目的不同。总体范围较大且不便于直接抽取最终调查单位时，采用多阶段抽样；为适应不同调查项目的不同要求，达到节省人力、物力、财力的目的时，采用多重抽样。多阶段抽样的每个阶段，抽样单位的大小不同，从大单位中抽取小单位，从小单位中抽取更小的单位，如学校→学院→班→学生；多重抽样每次抽取的单位大小是相同的，后一次抽取的单位是上一次抽取的单位中的一部分，即第二重样本往往是第一重样本的子样本，而且要对第一重（相）样本进行调查以获取总体的某些辅助信息。

2. 区域抽样

区域抽样也称为面积抽样，这种方法主要用于以下的情形：区域或面积本身就是抽样单元，或者抽样单元的名单抽样框无法获得，但每个抽样单元只隶属于某个区域。例如，某县进行小麦产量调查时，将全县农田土地按易于划分的规则划分成地块（如利用沟渠、水渠、道路等地理特征自然隔离）。然后对地块进行抽样，对被抽中地块的小麦产量进行实割实测，从而推算全县的产量。由于地块的面积通常不相等，因此对地块的抽样可以是简单随机抽样，也可以按地块的面积进行不等概率抽样。

实际调查中采用哪种概率抽样，要进行抽样设计，“相机而行”，对不同的调查项目，根据具体情况灵活掌握，采用合理的抽样方法或组合起来使用。需要注意的是抽样方案和参数估计是一致的，在抽样设计时要考虑到后续的数据处理。详细内容见本章第六节。

二、非概率抽样

不满足概率抽样要求的抽样都被归为非概率抽样。抽取样本时不是依据随机原则，而是根据研究目的对数据的要求，采用某种方式从总体中抽出部分单位对其实施调查。非概率抽样中单个单位被选中的概率是不可知的，无法根据样本计算抽样误差。由于受客观条件限制，无法进行严格的随机抽样，或在调查对象不确定或无法确定的情况下，为了快速获得调查结果，通常用一种主观的方法从总体中抽选样本单位。总体离散程度越小效果越好。调查人员应具有丰富的调查经验。非概率抽样主要包括方便抽样、配额抽样、滚雪球抽样、判断抽样、自愿调查等。

（一）方便抽样

方便抽样也称为便利抽样、偶遇抽样或自然抽样，调查过程中由调查员依据方便的原则，自行确定抽选样本单位。方便抽样纯粹以方便为基本着眼点，事先不预定样本，访问员碰到认为符合调查要求的人就进行询问，有时也会有主动参与的受访者。如在街头的拦截式访问，厂家在出售产品柜台前对路过顾客进行的调查，登在报刊、网上的问卷等。这种方法容易实施，调查的成本低，但样本单位的确定带有随意性，样本无法代表有明确定义的总体，调查结果不宜推断总体。

（二）配额抽样

1. 基本含义和步骤

配额抽样是非随机抽样方法中最常用的一种抽样方法。调查人员将调查总体单位按一定标志（变量）分类或分层，确定各类（层）单位的样本数额，在配额内任意抽选样本的抽样方法。

配额抽样通常分为两个步骤：首先研究人员根据认为较重要的一些变量把总体单位分类，并指定每一类中的定额；其次在每一类中使用方便抽样或判断抽样的方法抽选指定数量的样本单位。配额抽样操作相对简单，可以保证总体中不同类别的单位都能包括在所抽选的样本中，使得样本的结构和总体的结构类似。

2. 配额分配

由于配额抽样第一步需根据一些变量把总体单位分类，并指定每一类中的定额，分类变量需考虑研究目的和掌握的资料信息进行选择。

（1）可以按单一变量分类并控制配额。例如，选择500人的样本，假如按年龄分类和分配，各个年龄段分配人数如表4－4所示。

表4－4　　按单一变量（年龄）控制配额

年龄	人数
20—30岁	150
30—40岁	150
40—50岁	100
50岁以上	100
合计	500

假如按照性别分类和分配，则分配人数如表4－5所示。

表4－5　　按单一变量（性别）分类并控制配额

性别	人数
男	250
女	250
合计	500

从表4－4、表4－5看到，选择的分类标准不同，具体类别表现不同，最终调查结果也不同。

（2）按两个变量交叉分类并控制配额，如按性别和年龄交叉分类，具体如表4－6所示。

表4－6　　按交叉变量（性别和年龄）控制配额分配

性别 年龄	男	女	合计
20—30岁	70	80	150
30—40岁	75	75	150
40—50岁	55	45	100
50岁以上	50	50	100
合计	250	250	500

从表4－6可以明确看到，交叉变量配额控制保证样本分布更均匀，更具有代表性，但操作的难度更大。

配额抽样与概率抽样中的分层抽样不同，分层抽样是按随机原则在层内抽选样本，而配额抽样抽取具体样本单位时，不是依据随机原则，而是由调查人员在配额内主观判断选定样本，注重的是样本与总体在结构比例上的表面一致性。

（三）雪球抽样

雪球抽样也称滚雪球抽样，其原理是先找到最初的样本单位，对其实施调查之后，再请他们提供另外一些属于研究总体的调查对象，调查人员根据所提供的线索，进行此后的调查。这种过程不断继续，形成滚雪球效应，直到完成规定的样本容量为止。其主要用于对稀少群体的调查和特定群体研究。例如，某研究部门在调查家政服务人员问题时，先访问了5名家政服务人员，然后再请她们提供其他家政服务人员名单，不断继续，逐步扩大到调查所需样本量。雪球抽样的优点是容易找到那些属于特定群体的受访者，调查的成本也比较低。

（四）自愿调查

自愿调查是指受访者自愿参加，成为样本中的一分子，向调查人员提供有关信息的方法。例如，自愿参与填写报刊上和互联网上刊登的调查问卷活动，向某类节目拨打热线电话等，自愿参加的受访者构成自愿样本。自愿调查的优点是实施方便，调查成本低。但自愿样本与抽样的随机性无关，是有偏的样本，容易形成被调查者集中于某类特定群体，可以反映特定群体的信息，但对总体缺乏代表性，难以对总体进行推断。

（五）判断抽样

判断抽样是凭研究人员的主观意愿、经验和知识和对研究对象的了解，有目的地选择一些单位作为样本进行调查的方法。从总体中可选择具有典型代表性、重点，或符合某种标准的单位，主观选取样本，如选取“平均型”或“多数型”等。

判断抽样是主观的，样本选择的好坏取决于研究人员的判断、经验、专业程度和创造性。样本是人为确定的，没有依据随机的原则，调查结果不能用于推断总体。但相对来讲抽样成本比较低，容易操作。

三、选择抽样方法注意问题

不同抽样方法得到的样本是不同的。在选择时需要注意以下问题。

（1）区分概率抽样还是非概率抽样。概率抽样依据随机原则抽选样本，能够保证样本的代表性，可根据调查的结果推断总体特征；非概率抽样不是依据随机原则抽选样本，难以评价样本的代表性，无法使用样本的结果推断总体特征。

（2）对调查数据的质量要求。如果需要进行精确的误差计算及控制，要使用概率抽样，否则可以采用非概率抽样。

（3）数据分析要求的详细程度。如全国调查，是按省汇总，还是按县汇总，需要考虑哪种方法可以做到。如果分层的话，需要拥有合适的分层变量资料。

（4）数据的估计方法，选用的估计方法影响着抽样方法。如涉及重复抽样、不重复抽样、估计量方差和精度等。

（5）调查成本和周期约束。一般概率抽样比非概率抽样成本高、周期长；如果是低成本的快速调查，通常选择非概率抽样。

（6）询问方式的选择。不同的询问方式也影响着抽样方法。如街头拦截访问只能采用非概率抽样。电话调查一般为简单随机抽样，选择时都需要考虑。此外，不要忽略抽样框的拥有情况。

抽样调查的组织方式与抽选方法都取决于调查研究的目的要求、调查对象的特点和客观的条件。凡是能够最经济、最省时而又能够满足预期精确度和可靠性，便是一种好的组织方式和方法，也是抽样设计的最根本的原则。

第三节　误差及其测量与控制

一、误差及分类

误差一般是指估计值与真实值之间的差异。实际统计工作中，数据误差，是实际获取数据结果与相应客观真值之间的差距。误差是反映数据质量的重要指标。误差越大，准确性越低，数据质量越差；反之误差越小，准确性越高，数据质量越好。误差是评判一项调查结果是否准确可靠的重要依据。当误差被控制在可接受范围内时，表示抽样方案设计科学、合理，样本具有良好的代表性，统计推断的结果才有意义。

（一）误差的基本分类

误差的产生原因多种多样，既有技术性因素引起的误差，例如，方法不科学、指标设计不合理造成的误差；也有非技术性因素导致的误差，例如，调查对象故意谎报，人为干扰调查工作造成的误差。根据数据生产的主要过程，误差可分为设计误差、调查误差和整理误差。其中调查误差是误差的主要来源，实际工作中如果不加特别说明，误差通常指的是调查误差。数据的调查误差可以来自许多不同方面，归纳之可分为两大类：抽样误差和非抽样误差。

（二）抽样误差

1. 基本含义

抽样误差是采用随机原则从总体中抽取部分个体组成样本研究总体特征时，由于抽样的随机性造成的样本值（估计值）与总体真实数值（真值）之间的差异，即由样本结果估计总体特征所产生的误差，也称为代表性误差。

抽样误差是一个一般的概念，它可以用不同的量值来表示，常用估计量的方差或者标准差表示。

由于样本只是总体的一部分，它对总体的代表性存在局限性，从而造成误差。只要采用抽样调查（概率抽样），抽样误差就不可避免。但抽样误差是能够计量且可以得到控制的。一般全国大型抽样调查的抽样误差一般应控制5%以内，才能保证调查结果的可靠性。我国最近几年的“公众生态环境满意度”抽样调查的抽样绝对误差的控制目标在3%以内。

2. 抽样误差影响因素

从影响抽样误差的因素看，主要包括总体内部的差异程度、样本容量的大小、抽样的方式方法等。三个因素中除第一个因素外，其余两个因素都是人为决定的，如使用分层抽样的精度高于使用简单随机抽样的精度。因此，抽样误差可以创造条件加以控制，这就大大提高了抽样调查的应用价值，使它能够适应不同条件和不同精确度要求的调查研究。影响因素之间的关系表现为：在其他条件固定时，总体内部差异越大，抽样误差就越大；反之，抽样误差就越小；在其他条件固定时，通常样本量越大，抽样误差越小。抽样调查的精度就越高。但并不是一直如此，抽样误差在开始时随样本量增加而缩小，但在样本量达到一定量后便稳定了下来，如图4－5所示。换句话说，当样本量超过一定数量后，努力减少抽样误差已不符合经济效益。所以，过了这一阶段，只要稍微降低一点精度，就可以省下可观的调查成本。

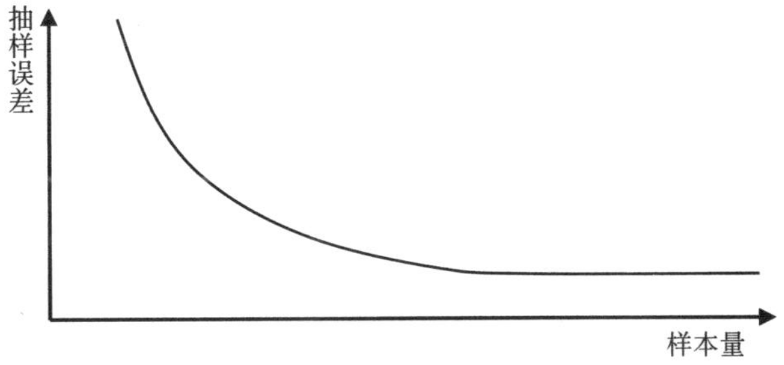

图 4－5　抽样误差与样本量大小的关系示意图

（三）非抽样误差

1. 基本含义

非抽样误差相对于抽样误差而言，除了抽样随机性以外，还存在由于其他多种原因或调查活动过程中引起的样本值与总体真值之间的差异。非抽样误差不仅出现在概率抽样、非概率抽样中，也出现在全面调查和非全面调查中。

非抽样误差产生于抽样调查的各个环节，即调查方案设计、抽样设计、数据搜集、数据处理及分析等阶段。如全面调查中由于统计指标、统计分组、调查方法设计不周、调查对象范围界定不清而产生的涵盖误差；或者抽样调查构造抽样框时，目标总体与抽样总体不一致所导致的抽样框误差；也可能是由于受访者无回答造成的无回答误差；调查人员填写调查表错误，以及数据录入、整理、处理等环节中存在错误所产生的计量误差。实践中，非抽样误差通常是上述全部或部分原因综合作用结果。非抽样误差的成因比较复杂，难以识别和测定，容易造成估计量的有偏。

2. 非抽样误差的分类

非抽样误差一般包括抽样框误差、无回答误差、计量误差等。在国内有时也称“工作误差”或“调查误差”。使用“调查误差”这一概念时要注意，“调查误差”的另外一种含义是指调查中的全部误差，包括抽样误差和非抽样误差。

（1）抽样框误差。前面内容中提到区分目标总体和抽样总体。目标总体是作为调查研究对象的全体；抽样总体是从中抽选样本的总体。抽样框误差指目标总体和抽样总体不一致时产生的误差。理想的抽样框需要满足的是所有的抽样单位必须覆盖目标总体，对于较为简单的单阶段抽样，抽样框要求每个目标总体单位都应该对应一个抽样单位，抽样单位必须相互独立、互不重叠，并且唯一地与目标总体相连接。

如果存在以下情形，可能产生抽样框误差。第一，丢失目标总体单元，抽样框（抽样总体）没能覆盖全部总体单元，它使总体总量估计偏低，同时也会造成均值（或比例）

估计的偏倚。第二，包含非目标总体单元，抽样框包含了一些不属于研究对象的非目标总体单元。常造成总体总量估计的偏高。第三，复合连接，抽样框中的单元与目标总体单元不完全一一对应，而是存在一对多或多对多的现象，这种情况称为抽样框（抽样总体）与目标总体存在着复合连接。第四，不正确的辅助信息，有些复杂抽样框还包含辅助信息，如果这些辅助信息不完全或不正确，会降低估计的准确性，从而导致误差。

（2）无回答误差。无回答误差是指在调查中由于各种原因没有能够对被抽取的样本单位进行计量，没有获得有关样本单位的数据信息，而造成的偏误。如：地址有误；受访者不在；无法与受访者取得联系；受访者拒访；调查人员的失误；等等。无回答误差具体可以表现为：单位无回答和项目无回答。单位无回答是指受访者没有参与或拒绝接受调查。项目无回答是指受访者虽然接受调查，但对其中的一些调查项目没有回答。

（3）计量误差。计量误差是指由于多种原因所造成的调查中获得的数据与其真值不一致的误差。并非所有记录在问卷上的数据都精确地测量了研究者感兴趣的问题。这些数据不精确性可能是由问卷设计阶段产生的误差，如问卷中研究目标及概念不清晰、某些问题措辞不当或问题编排顺序不当导致受访者答案有偏，以及量表设计、问卷设计过长导致访问人员疲劳而产生数据失真的现象、问卷效度差等；由调查阶段产生的误差，如访问员有意或无意导致数据失真、受访者有意或无意甚至是心情的变化导致数据失真、数据搜集方式相关的误差等；由其他计量产生误差，如仪器失准，随机数字表的编制和使用，数据处理过程中的编码、录入发生的误差等。

与抽样误差不同的是，非抽样误差不能通过增大样本量加以控制，且它对调查结果的影响很大。在某些情形，如无回答、计量错误等，正是由于非抽样误差没有得到有效的控制而使调查误差变大。控制非抽样误差，需要从方案设计、问卷设计、抽样框、调查人员、调查过程、数据整理等不同方面采取措施。

二、抽样误差的测量

根据前面抽样误差的定义，只要采用抽样调查（概率抽样），由抽样的随机性造成的误差就不可避免，但抽样误差是能够计量且可以得到控制。如何描述及测量抽样误差？描述及测量指标一般包括实际抽样误差、抽样平均误差、最大允许误差。描述及测量误差时，需要梳理明确以下几个相关的概念。

总体参数（用 θ 表示）：描述总体特征的概括性数字度量，是总体某个特征或属性的数量表现，是研究者想要了解的总体的某种特征值，也称总体真实值（真值）。常用如总体均值（μ，有时也用 $\overline{X}$ 或 $\overline{Y}$）、标准差（σ）、总体比例（π）等。

统计量（用 $\hat{\theta}$ 表示）：用来描述样本特征的概括性数字度量，是根据样本数据（观测值）计算出来的一些量，用于对总体参数的估计，也叫估计量。常用如样本均值（$\bar{x}$ 或 $\bar{y}$），样本比例（p 或 $\hat{p}$），样本方差（s^2）等，统计量是样本的函数。

估计值：计算出来的统计量的具体数值（样本值），用来估计总体参数。例如，如果样本均值 $\bar{x}=3000$，则 3000 就是 θ（总体均值 μ）的一个点估计值。

（一）实际抽样误差

一般地，把样本估计值与总体真实值之间的绝对离差称为实际抽样误差，用抽象公式 $\hat{\theta}-\theta$ 或 $|\hat{\theta}-\theta|$ 表示。由于在实践中总体参数的真实值是未知的，因此实际抽样误差是不可知的；又由于样本估计值随样本而变化，因此实际抽样误差是一个随机变量。

（二）抽样平均误差

抽样平均误差反映了所有可能样本的估计值（$\hat{\theta}$）与相应总体参数（θ）的平均误差程度。一般计算公式为：

$$\sigma_{\hat{\theta}} = \sqrt{E(\hat{\theta}-\theta)^2}$$

实际上抽样平均误差就是统计量（估计量）$\hat{\theta}$ 抽样分布的标准差，即标准误（standard error）。它是所有样本可能的结果与总体真值之间的平均差异。也可用估计量方差、系统性误差、均方误差（模型）等来描述。若估计值的数学期望为 $E(\hat{\theta})$，估计量方差则为

$$V(\hat{\theta}) = E[\hat{\theta}-E(\hat{\theta})]^2$$

估计量方差是估计量分布的方差，用来测量多种误差因素对调查结果产生的方差总和，从平均的意义上说明估计值与待估参数的差异状况，也是我们对抽样方案进行评价的标准之一。估计量方差越大，样本统计量之间的差异越大，用统计量估计总体参数时的精度就越低。

除估计量方差，还可用反映估计量的系统性误差（偏差）描述，表示为：

$$Bias(\hat{\theta}) = E(\hat{\theta}) - \theta$$

系统性误差是指按照某一抽样方案反复进行抽样，估计值的数学期望与待估参数之间的离差，用来测量多种误差因素对调查结果产生的偏差总和，当有偏差时，无论怎样增大样本量，用统计量估计总体参数时的精度不可能有效地提高。对于无偏估计量，偏差为零。

更综合地反映估计误差的指标是均方误差，指所有可能的估计值与待估参数之间离差平方的均值，它等于估计量方差加偏差的平方，即：

$$MSE(\hat{\theta}) = V(\hat{\theta}) + Bias(\hat{\theta})^2$$

均方误差（模型）包含了估计量方差和偏差，从理论上描述了调查误差的数量关系。

实践中误差的测量具体表现为对抽样误差及非抽样误差的测量。如前所述，抽样误差是一个一般的概念，它可以用不同的量值来表示，最常用的是抽样方差和抽样标准误，也就是估计量的方差和标准差，它表示某个抽样方案抽样结果的离差大小，估计量方差和标准差越小，表明估计值越接近总体参数。估计量方差的平方根就是估计量的标准误差/标准误，表示为$\sigma_{\hat{\theta}} = \sqrt{E(\hat{\theta} - \theta)^2}$或$\sqrt{V(\hat{\theta})}$，即抽样平均误差，反映统计量（估计量）的离散程度，通常说“抽样调查中可以对抽样误差进行控制”，指的就是抽样平均误差。

抽样应用中，计算标准误时如果涉及的总体参数（如总体的标准差）未知，可用相应的样本统计量代替进行计算，其结果称为估计的标准误，也称估计标准误差。事实上总体的标准差通常是未知的，所计算的标准误通常都是估计的标准误（简称标准误）。根据中心极限定理，以样本均值（样本比例类似）抽样分布为例，在简单重复抽样条件下，样本均值的标准误具体计算为：

$$\sigma_{\bar{x}} = \frac{\sigma}{\sqrt{n}}（重复抽样）$$

$$\sigma_{\bar{x}} = \frac{\sigma}{\sqrt{n}}\sqrt{\frac{N-n}{N-1}}（不重复抽样）$$

样本均值的标准误计算公式，反映了样本均值与总体均值的平均差异程度。在其他条件不变情况下，抽样平均误差与总体的差异程度成正比，总体方差越大，抽样误差越大；与样本容量的大小成反比，样本量越大，抽样误差越小。样本均值的标准误也受抽样方式和估计方式影响。例如，不重复抽样的抽样平均误差小于重复抽样的抽样平均误差，分层抽样的精度高于简单随机抽样，即不同的抽样方式方法和估计方式产生的抽样误差也有差异。在样本容量相同的情况下，抽样方差越小表明抽样效率越高。抽样误差可以计算，也可以控制，但不可以完全避免。

以简单重复随机抽样为例，随机抽取 100 名学生调查其每月生活费用支出情况，计算得到其标准差（样本标准差）为 150 元，则样本均值的标准误差为$\sigma_{\bar{x}} = \frac{\sigma}{\sqrt{n}} = \frac{150}{\sqrt{100}} = 15$元。其他抽样方法误差的测量与计算见本章第六节，或参考相关书籍。

（三）最大允许误差

参数估计中，一方面希望估计误差小一些，估计误差越小，估计的精确程度就越高；

另一方面估计误差也不是越小越好，估计误差越小需要的样本量就越大，费用就越高。因此，需要确定一个允许的误差范围，这种在一定概率下抽样误差的允许范围，即为最大允许误差，也称为抽样极限误差。若用 E（也可用 Δ 或 d）来表示最大允许误差，当对总体参数（均值）估计时，则有 $|\bar{x}-\mu|\leqslant E$，从而有 $\bar{x}-E\leqslant\mu\leqslant\bar{x}+E$。可见，最大允许误差就是计算置信区间时以样本均值（或样本比例）为中心加减的量。置信区间和最大允许误差之间的关系是：置信区间 $=\bar{x}\pm E$。最大允许误差是人为确定的，是调查可以容忍的误差水平。

抽样调查可以通过抽样设计，计算并采用一系列科学的方法，把代表性误差控制在允许的范围之内；另外，由于调查单位相对少，所需调查人员少，工作误差比全面调查要小。特别是在总体包括的调查单位较多的情况下，抽样调查结果的准确性一般高于全面调查。因此，科学的抽样调查结果是可靠的、值得信赖的。

三、非抽样误差的测量

除抽样误差以外由其他原因引起的误差。如抽样框误差、无回答误差、调查人员误差、受访者误差等。当总体参数真值为 θ，估计值为 $\hat{\theta}$ 时，调查数据的绝对误差是 $\hat{\theta}-\theta$，相对误差是 $\left(\frac{\hat{\theta}-\theta}{\theta}\right)$。

在实际工作中，可将数据质量相对较高的事后重复调查数据作为推算误差的标准。例如，人口普查中某普查小区居民楼调查登记的人口是 1005 人，在事后质量抽查中被抽中为复查点，经过重新调查登记核对，最终确定该普查小区人口为 1000 人。那么，该小区普查登记的人口统计数据的绝对误差是 5 人，相对误差是 5‰。对于全面调查（普查）而言，非抽样误差是各种误差因素综合作用的结果，一般可通过事后重复调查进行推算，以绝对误差或相对误差的形式表示。又如，在第六次全国人口普查事后质量抽查估计的普查人口漏登率为 0.12%，即根据事后抽查测算结果，全国人口普查少登记了 1646620 人。第七次全国人口普查，全面采用电子化数据采集方式，实时直接上报数据，首次实现普查对象通过扫描二维码进行自主填报，强化部门行政记录和电力、手机等大数据应用，并充分利用互联网、云技术、云服务和云应用，完成数据处理工作。对 700 多万名普查人员实行线上集中统一管理，加强对普查员选聘培训和管理，全程实行质量控制，提高了普查工作质量和效率。普查过程严谨规范，坚持依法进行，认真落实普查方案的各项要求，实行严格的质量控制制度，建立健全普查数据追溯和问责机制，在 31 个省（自治区、直辖市）

中随机抽取141个县的3.2万户进行了事后质量抽查，结果显示普查漏登率为0.05%，低于国际上一般认可的3%的标准，表明了第七次全国人口普查数据真实可信，是一次高质量的人口普查。可见，对于非抽样误差，也可以进行测量，参照有关的评判标准评价效果。

四、如何控制误差

抽样误差不可避免，应控制和降低误差。有些误差是可以估算的，例如，随机样本的抽样方差；有些误差的测量很难，如回答的准确性、无回答偏差等。如何控制和降低误差呢？

（一）实行全过程的质量控制

在设计、实施等各个阶段和各个步骤进行全过程的质量控制。如对于全面调查，要提高调查设计的科学性；调查实施过程加强质量控制，提高调查人员素质，进行学习培训；降低受访者的不回答率和回答误差；提升督导员的调查专业水平；制定现场调查人员进行奖惩的制度，调查结果进行检验、评估；采用先进的信息处理技术，降低数据汇总整理过程中的误差，充分利用辅助信息，等等。

（二）提高设计的科学性

在调查方案设计、问卷设计、抽样设计、抽样方法设计等多个方面保证其科学性，通过设计控制和降低抽样误差。例如，第七次人口普查科学设计普查方案，按照科学与可行、需要与可能、继承与创新的原则，研究制定了《第七次全国人口普查方案》和七项工作的实施细则，确保普查方案的科学性和可操作性。对于抽样调查，重点是控制抽样误差，包括设计科学合理的抽样方法。全国大型抽样调查的抽样方法通常是简单随机抽样、分层抽样、整群抽样、系统抽样、多阶段抽样等多种方法的组合，确保从总体中抽取出有代表性的样本。同时应适当增加样本量，在其他条件相同的情况下，样本量越大，抽样误差越小，当然在确定样本量时还要考虑可承担的调查成本。

（三）提高调查员素质

强化岗前培训和学习。例如，第七次全国人口普查坚持依法普查，做好摸底调查等各项前期准备工作；广泛开展宣传动员，普查人员实行线上集中统一管理，建立普查数据的追溯问责机制，社会监督全程监督抽查等。

（四）注重运用新方法、新手段，精心组织现场调查

充分运用信息化手段，电子化数据采集、实时直接上报数据、互联网进行自主填报、利用行政记录和大数据对普查数据进行比对核查；利用互联网云技术、云服务和云应用完成数据处理、提高了普查效率和质量，全程实行质量控制和监督。

减少误差，把误差控制在科学合理范围，不仅是相关理论研究，也是工作实践的重要内容。全过程的质量控制和监督，减少数据在各个环节如方案设计、调查方法选择、抽样框、抽样设计、问卷设计、调查员的选择与培训、搜集、录入、整理及数据分析和报告等产生误差，避免或减少计量误差、抽样框误差、抽样误差、无回答误差、调整误差，对保证数据真实准确、提高数据质量至关重要。

第四节　样本容量的确定

样本容量也称样本量，是样本中所包含个体（单元/单位）的数目。样本量直接影响调查的费用、完成调查所需要的时间、所需调查人员的数量等，也是影响抽样误差的主要原因之一。本节重点介绍样本容量的确定。

一、确定样本容量考虑的因素

基于调查成本及时间等方面的考虑，研究人员总是希望抽取满足误差要求的最小的样本容量，即必要的样本容量，样本量一般用 n 表示。

概率抽样时确定必要样本量要考虑的因素包括：

（1）总体变异程度。也就是总体标准差，其他条件不变情况下，总体的变异程度越大，必要样本容量也就越大。

（2）调查精度的要求，精度由误差来表现。调查的精度是指用样本数据对总体进行估计时可以接受的误差水平，即最大允许误差。要求的调查精度越高，误差水平越小，所需的样本量就越大；反之，允许误差越大，需要的样本容量越小。通常需要在抽样前根据调查目的或决策的重要性确定一个适宜的精度，一般要考虑用户对调查结果的使用及数据汇总分析对估计的要求，再根据这个精度要求及其他因素确定抽取的样本量。

(3) 总体规模。对于大规模的总体，总体规模对样本量几乎没有什么影响。但对小规模的总体，为保证相同的估计精度，样本量也要随之增大，但不是同比例的。

(4) 抽样方式方法。如，选择概率抽样与非概率抽样，其确定样本量方法不同。非概率抽样确定样本量主要依据主观判断和实践经验，如根据经验样本量400左右基本能满足一般性调查需要。由于调研的时效性要求越来越高，调研的频度也不断增强，实践中常采用非随机抽样技术如配额抽样技术，可以控制不同性别、不同年龄段和不同收入等受访者的比例，可大大降低访问的难度，节省费用，但缺少了随机性。而概率抽样按随机原则抽取样本，总体中每个单位都有机会被抽中，样本统计量遵循一定的概率分布，可以用样本统计量对总体参数进行估计，可以构造置信区间；可以根据希望达到的估计误差及一些影响因素计算出必要的样本量，如其他条件相同，不重复抽样比重复抽样需要的样本量相对要少；简单随机抽样与分层抽样等不同抽样方式下要求的必要样本容量也不同；相对而言，分层抽样和等距抽样比简单随机抽样的样本量要少。

(5) 概率保证程度或置信度 $1-\alpha$。要求的置信度越高，需要的样本容量越大。

(6) 回答率。是回收的有效问卷数占计划样本量的百分比，反映有多少无回答情况。无回答减少了有效样本量。在无回答率较高或回答率较低的调查项目中，样本量要大一些，以减少无回答带来的影响。一般需要根据预期的回答率来调整样本量的大小。

(7) 经费的制约。调查经费是影响样本量的一个十分重要的因素。调查的费用与样本量可用最简单的线性费用函数 $C=c_0+c_1n$ 表示，即总费用 = 固定费用 + 可变费用 × n。事实上，样本量是调查经费与调查精度之间的某种折中和平衡。

(8) 总体参数的估计方法。如比率估计法和回归估计法比简单估计法样本量要小一些。

(9) 调查目的和性质。一般探索性调查，多采用定性调查方式，所需样本量较少；而描述性调查，所需样本量较多。有无分组需要、调查的限定时间、实施调查的人力资源、其他设施、工具等限制也是影响样本量的客观因素。

影响样本量的因素很多，需要对这些因素综合考虑，确定出最优的样本量。

二、确定样本量的过程与方法

如上所述，样本量的确定受很多因素的影响，且与估计的参数有关，如对总体均值的估计还是比例的估计等。通常按照下面过程对样本量进行计算及调整。

(一) 明确采用概率抽样

概率抽样中，需由委托方或研究者确定所要求的精度和置信度 $(1-\alpha)$。精度是用样本数据估计总体时可以接受的误差水平。由于对精度要求的表示方法不同，样本量与精度之间的关系表达也就不同，确定样本量 n 的公式就不相同。

（1）假设总体服从正态分布。当对精度要求是绝对误差（误差限）为 d，即：

$$P(|\hat{\theta}-\theta|\leqslant d)=1-\alpha$$

经过变换处理，有：

$$P(|\hat{\theta}-\theta|\leqslant d)=1-\alpha\Rightarrow P\left(\frac{|\hat{\theta}-\theta|}{\sqrt{v(\hat{\theta})}}\leqslant\frac{d}{\sqrt{v(\hat{\theta})}}\right)=1-\alpha$$

其中，$\left(\frac{d}{\sqrt{v(\hat{\theta})}}\right)$为临界值。

则 $d=Z_{\alpha/2}\times\sqrt{V(\hat{\theta})}$，实际上 d 为构建的置信区间的允许误差（极限抽样误差/边际误差）。$Z_{\alpha/2}$是标准正态分布右侧面积为$\alpha/2$ 时的 z 值（临界值）。

（2）当对精度要求是相对误差为 r 时，则有：

$$P=\left(\frac{|\hat{\theta}-\theta|}{\theta}\leqslant r\right)=1-\alpha$$

即有

$$r=\frac{d}{\theta}=Z_{\alpha/2}\times\frac{\sqrt{v(\hat{\theta})}}{\theta}=Z_{\alpha/2}\times Cv(\hat{\theta})$$

其中，$Cv(\hat{\theta})$为变异系数。

（二）根据估计参数性质、总体变异大小和调查精度和抽样方法计算出基础样本量

（1）根据给定或规定的绝对误差 d（也可用 E 或 Δ 表示），在简单随机重复抽样下，估计总体均值 μ（$\overline{Y}$或$\overline{X}$）时，其基础样本量 n 的计算公式为：

$$d=Z_{\alpha/2}\frac{\sigma}{\sqrt{n}}\rightarrow n=\frac{Z_{\alpha/2}^2\sigma^2}{d^2}$$

计算或调整时 n 依顺序可用n_0、n_1等表示。

由于总体方差通常未知，可以通过以下方式估计得到：根据历史资料确定；以前同类的、相似的或有关二手数据调查结果；利用某些理论上的结论；通过试验性调查用样本方差估计；有经验的专家的判断等。

从样本量计算公式可以看出，样本量 n 与总体方差σ^2、边际误差 d、可靠性系数 Z

（或 t）之间的关系。样本量与总体方差成正比；样本量与边际误差的平方成反比；样本量与可靠性系数的平方成正比。

（2）根据给定的相对误差 r：

$$r=\frac{d}{\theta}=Z_{\alpha/2}\times\frac{\sqrt{v(\hat{\theta})}}{\theta}$$

估计总体均值（$\bar{Y}$）时，则 $r=\dfrac{d}{\bar{Y}}=Z_{\alpha/2}\times\dfrac{\sqrt{v(\hat{\theta})}}{\theta}$

进一步有：$d=Z_{\alpha/2}\dfrac{\sigma}{\sqrt{n}}$→样本量计算公式为：$n=\dfrac{Z_{\alpha/2}^2\sigma^2}{(r\times\bar{Y})^2}$

（3）根据给定变异系数 Cv：

在 $r=\dfrac{d}{\theta}=Z_{\alpha/2}\times\dfrac{\sqrt{v\ (\hat{\theta})}}{\theta}$ 中，$\dfrac{\sqrt{v\ (\hat{\theta})}}{\theta}$ 就是估计量的变异系数 Cv。

$$Cv=\frac{\sqrt{v(\hat{\theta})}}{\theta}$$

估计总体均值（$\bar{Y}$ 或 $\bar{X}$）时，

$$Cv=\frac{\frac{\sigma}{\sqrt{n}}}{\bar{Y}}\text{→样本量计算公式为：}n=\frac{1}{Cv^2}\times\frac{\sigma}{\bar{Y}^2}$$

可见，在给定抽样方法和置信度情况下，抽样设计所允许的估计量的绝对误差限或变异系数（Cv）越小，则所需抽选的样本量越大。

（三）对总体比例 π 的估计时需要的样本量

总体比例 π（或用 P 表示）为总体中某种感兴趣的单位数占总体单位总数的比例，此时将总体分为感兴趣和不感兴趣两个类别，即常说的 0—1 分布的总体。其总体方差为 $\sigma^2=\pi\ (1-\pi)$。在简单随机重复抽样条件下绝对误差 d 为：

$$d=Z_{\alpha/2}\sqrt{\frac{\pi\ (1-\pi)}{n}}\text{→样本量计算公式为：}n=\frac{Z_{\alpha/2}^2\pi\ (1-\pi)}{d^2}$$

其中，$\sigma=\sqrt{\pi(1-\pi)}$ 为总体标准差。当总体方差 $\pi(1-\pi)$ 未知时，根据历史资料确定或通过试验性调查估计，用样本方差估计总体的方差，即用 $s=\sqrt{p(1-p)}$ 代替 $\sigma=\sqrt{\pi(1-\pi)}$。p（或 $\hat{p}$）是样本中某种感兴趣的单位数占样本量的比例。此时估计总体比例时的样本量为：

$$d = Z_{\alpha/2}\sqrt{\frac{p(1-p)}{n}} \rightarrow \text{样本量计算公式为：} n = \frac{Z_{\alpha/2}^2 p(1-p)}{d^2}$$

当然还可以取为 $\pi = 0.5$，此时方差最大，计算出基础的样本量。

例如，一家市场调研公司想估计某地区有轿车的家庭所占的比例。该公司希望对比例 π 的估计误差不超过 0.05，要求的为置信度 95%，应抽多大容量的样本（没有可利用的 π 估计值）？

已知 $d = 0.05$，$\alpha = 0.05$，$Z_{\alpha/2} = 1.96$，当 π 未知时取为 0.5。

$$n = \frac{1.96^2 \times 0.5\ (1-0.5)}{0.05^2} \approx 385 \text{（注意：计算结果向上取整）}$$

（四）根据总体规模对基础样本量进行调整

这是通过有限总体修正系数 $[fpc = (N-n)/N]$ 对样本容量产生影响。调整的公式为：

$$n_1 = n_0 \times fpc = n_0 \times \frac{N}{N + n_0}$$

采用不重复抽样时使用该公式计算基础样本量。n_0 为（二）或（三）中根据相关公式计算的基础样本量。

（五）根据抽样方式的设计效应调整样本量

设计效应 *deff* 是指任意抽样方式下的抽样方差除以简单随机抽样方式下抽样方差的商。不同抽样方式的设计效应如下：

简单随机抽样的 $deff = 1$

分层随机抽样的 $deff \leqslant 1$

整群随机抽样的 $deff \geqslant 1$

等距随机抽样的 $deff \approx 1$

根据设计效应 *deff*，其样本量调整的计算公式为：

$$n_2 = n_1 \times deff$$

通常，应根据保守原则，等距抽样、分层抽样的 *deff* 设定为 1，而整群抽样的 *deff* 一般取 2.5 或 3。

（六）根据预期回答率调整样本量

其调整的计算公式为：

$$n_3 = \frac{n_2}{r}$$

调查回答率 r 是指实际回收的有效问卷数与计划回收的有效问卷数之比。

（七）根据客户及调查计划确定是否需要分组进行样本量计算

调查结果需要一些细分的数据，就要对不同的子总体单独计算样本量；总样本量=单独计算的子样本量之和；如果仅需要总体数据，则计算总样本量，然后按照某种方法分配到不同的层中。

（八）根据时间、经费等各种限制调整样本量，确定最终的样本量

如超出预算，调整精度值重新计算。应注意样本量的圆整法则，即当计算出的样本量不是整数时，将小数点后面的数值一律进位成整数，样本量结果向上取整。如 50.02 取值为 51。

同时，还应考虑抽样设计是否为自加权抽样设计，如果不满足自加权，样本量的确定需要进行加权处理。

从以上可以看出，概率抽样，需要考虑因素和相关规定要求，在计算的基础上调整确定。非概率抽样，样本量确定主要根据经验判断。

第五节 抽样设计的相关提示

一、抽样设计应注意问题

抽样设计科学合理，才能最大限度保证样本代表性。抽样设计需要注意：

（1）应明确使用概率抽样还是非概率抽样。

（2）采用概率抽样时，要考虑选择哪种抽样方法，如简单随机或分层抽样或是几种方法的结合；同时应充分考虑样本量与精度、费用之间的关系，精度通过误差表现，抽样误差与样本量有关，样本量越大，在其他条件相同情况下，抽样误差就越小，抽样调查的精度就越高。即提高精度往往需要增加样本量，样本量的增加会导致费用增加。因此，要根据获得抽样框的情况、是否具有丰富的辅助信息、总体单元的特征和分布情况、是否要进行“域”估计等综合考虑，在精度与预算之间求得权衡，实际上最优抽样设计是指以最小的费用达到要求的精度或者在给定费用的情况下达到最大的精度。

（3）必须与本次调查中的其他相关设计相呼应。例如，抽样设计应与问卷甄别部分相呼应。问卷甄别目的在于确保调查的对象都是符合本次调查要求的合格受访者，抽样调查对象也应该和问卷的调查对象一致；抽样设计应与数据处理方案相呼应，通过抽样获得样本的数据信息，并对这些数据信息进行数据分析，在概率抽样下，估计总体的一些特征；另外，对重复性抽样调查，需要考虑固定样本及样本的轮换等问题。可见抽样设计直接与数据分析相关联，总的来说，在调查方案框架下，问卷设计、抽样设计、数据分析等应相互关联，增强调查与数据分析的系统性、统一性。

（4）抽样设计通常需要取得委托客户的认可。经过不断沟通后，调查目的、调查对象、调查方式方法，最终样本量、精度、费用和时间等才能最终确定下来。样本代表性反映了样本能否对总体进行合理科学的推断，提高样本代表性本质上是通过科学的抽样设计控制抽样误差。概率抽样能有效控制系统误差的产生，想要获得代表性足够好的样本，还需要深入研究总体特征，借助统计信息控制随机误差。

二、抽样设计进一步需要考虑的问题

（一）考虑参数估计中的问题

考虑是对均值估计、比例估计，或总体总值的估计；是否对各层的参数进行估计；点估计还是区间估计等。例如，总体均值估计时，点估计是把样本平均值作为总体平均数的估计值，区间估计是在点估计的基础上，给出总体参数估计的一个估计区间，该区间由样本统计量加减估计误差而得到。使用何种估计量也是要考虑的。例如，简单估计量、比率估计量、回归估计量等。比率估计量当使用其中的辅助变量信息时，辅助变量必须与主要变量高度相关，相关关系整体上相当稳定，辅助变量的总体信息必须是容易获得的或是已知的，质量要好。

（二）样本量分配

总样本量确定后，有些需要进一步进行分配。如分层抽样，在总样本量确定后，需按照某种方法分配到不同的层中。样本量在各层中的分配方式会对估计量的精度产生一定的影响。如何分配到各层中，需要有不同的方法。在实际中，有常数分配、按比例分配、不等比例分配、最优分配、奈曼分配等。

例如，按比例分配：

（1）可以是与 N 成比例分配，即分配系数是该层单位数与 N 成比例分配。第 h 层的

分配系数为a_h，$0 \leqslant a_h \leqslant 1$，则

$$a_h = \frac{N_h}{N}$$

N_h第 h 层的单元（单位）总数。该层的规模越大，分配到的样本单元也越多；

（2）可以是与总体总值 Y 成比例分配，即分配系数是该层（h）总值与总体总值 Y 之间的比例大小来分配，则

$$a_h = \frac{Y_h}{Y}$$

（3）可以是与 N 的平方根成比例分配，即分配系数等于该层总体规模大小的平方根与所有层（L）总体规模大小平方根的总和之比，则

$$a_h = \frac{\sqrt{N_h}}{\sum_{h=1}^{L} \sqrt{N_h}}$$

（4）可以是与 Y 的平方根成比例分配，即分配系数等于该层 Y 的平方根与所有层总体 Y 平方根的总和之比，则

$$a_h = \frac{\sqrt{Y_h}}{\sum_{h=1}^{L} \sqrt{Y_h}}$$

而最优分配，要考虑各层的费用大小和层内方差大小。给定费用时，估计量方差最小；给定方差时，费用最小。奈曼分配，是当最优分配中假定各层费用相同，使抽样方差达到最小的一种分配方法。当然，也可考虑多重分层、事后分层等。还可用常数分配，即每一层的样本量都一样。

从以上可以看出，样本量分配的多种方法，如考虑与各层总体总量成比例（也就是和层权成比例）；与各层方差成比例；与层权和层标准差成比例，考虑费用等。由于常数分配到每一层的样本量都一样，人们自然想要在总量大的层中多抽取，这就是与层权成比例；而有时尽管一层的总量很大，但个体间差异不大，这时也没必要多抽取，此时就可以与各层方差成比例抽取。例如，在比例分配下，分层抽样样本量按照比例分配，那么计算样本均值时就直接把所有的数据求平均，无须先求每层平均再进行加权。这样的样本称为自加权样本，总体中每个个体无论在哪个层，入样的概率都相同。最优分配则使估计量方差达到最小，各层样本量与层权成正比，与各层标准差成正比，与该层费用系数的平方成反比。每层的样本量与层权与层标准差的乘积成正比。一般地，如果各层均值差异大，则按比例分配；如果各层标准差差异大，则按最优分配；当调查多个目标变量时，按比例分配相对好些。如果要用到各层方差的信息，就需要进行预调查获取。样本量确定后，根据抽样设计方案，按指定方法和相关的要求抽取受访者，即抽选样本。

（三）复杂样本及权数问题

复杂样本就是通过复杂的抽样所得到的样本。复杂的抽样表现在：一是抽样设计复杂，包括分层、多阶段抽样、不等概率抽样、二重抽样及多个抽样框抽样等；二是估计量复杂，包括比率估计或回归估计等非线性估计量，有时对于数据进行调整，如对于无回答的加权调整或插补处理等，这些调整会增加统计量的复杂程度；三是复杂样本调查可能涉及多变量、多个指标，调查范围广泛。对于复杂样本，不能直接采用放回或不放回的简单随机抽样计算方差方法，其方差估计需采用复杂样本设计的方差估计方法，如泰勒级数法、重复方法如简单复制、平衡重复复制、刀切重复复制等。

通常来讲，将样本单元入样概率的倒数称为该样本的设计权数或基础权数。如果一项抽样调查不存在无回答或涵盖不全的情况，基础权数可以直接用于估计。但如果一项抽样调查存在无回答或涵盖不全的情况，则需要进行调整。对于等概率抽样，调查中每个样本单元的设计权数是相同的，也就是说每个单元最终入样的概率是相等的，称作自加权设计。估计均值时只需用样本均值估计总体均值，估计总值时仅仅需要将样本总值乘一个倍数即可。采用不等概率抽样时，各层权数是单元入样概率的倒数。如对单元无回答的权数调整，无回答的设计权数需在回答单元之间重新分配，通常的做法是乘一个无回答调整因子，最后再确定最终权数。对于不同阶段、没有代表性的离群值、调查单位合并与分开等不同情况，都需要考虑权数及调整。

权数调整是用样本数据对总体参数进行推断前的一项重要工作，权数调整既是一种重要的技术方法，也是数据整理过程中的重要内容，其最终目的是使样本到更好代表总体。使得样本结构与总体结构吻合，如果用结构反映“质”，权数调整就是要实现样本与总体“质”的一致。权数调整有一定的技术要求，更是一项细致的系统性工作，有关内容见本章第六节或参考相关的资料。

第六节　拓展·实验或实践·探究

一、拓展

常用抽样估计方法简介。

（一）简单随机样本的估计

1. 总体均值的区间估计

总体均值的估计区间为：$\bar{y} \pm Z_{\alpha/2} \times \frac{\sigma}{\sqrt{n}}$，当总体方差$\sigma^2$未知，用样本方差$s^2$代替总体方差，则有：

$$\bar{y} \pm t_{\alpha/2} \times \frac{s}{\sqrt{n}}$$

实际中总体方差σ^2总是未知的，通常用样本方差s^2代替，这时统计量服从 t 分布。在大样本时可以用正态分布来近似。

注意：简单随机重复抽样时，样本均值抽样分布的标准差等于$\frac{\sigma}{\sqrt{n}}$这个指标在统计上称为标准误。不重复抽样时，样本均值抽样分布的方差为：

$$\frac{\sigma^2}{n} \times \frac{N-n}{N-1}$$

$\frac{N-n}{N-1}$为有限总体校正系数，抽样比$f = \frac{n}{N} < 0.05$时可以忽略。

2. 总体比例的估计

当 $n\hat{p} \geqslant 5$，$n(1-\hat{p}) \geqslant 5$ 时，总体比例的置信区间可以使用正态分布进行区间估计（样本比例记为 $\hat{p}$ 或 p，总体比例记为 π）。有限总体不重复抽样时，有：

$$\sigma_{\hat{p}} = \sqrt{\frac{\hat{p}\ (1-\hat{p})}{n}} \times \sqrt{\frac{N-n}{N-1}}$$

总体比例 π 估计区间为：$\hat{p} \pm Z_{\alpha/2} \times \sqrt{\frac{\hat{p}(1-\hat{p})}{n}}$

（二）系统抽样的估计

采用系统抽样方法，可以对总体的均值、比例和总值进行估计。由于系统抽样平均误差的大小，与个体是否按照有关标志排队有关，而实际情况复杂，计算上十分麻烦。实际上，按无关标志排队的系统抽样与简单随机抽样类似，为简单起见，实际中常常采用简单随机抽样误差来反映。按有关标志排队的系统抽样与分层随机抽样近似，可以借助分层随机抽样误差公式近似计算。但分层抽样每层抽取 2 个样本单位，才能计算层内方差，但系统抽样只是在每个部分抽取一个，无法计算组内方差，如果按分层随机抽样误差计算系统抽样误差，可以把邻近的两部分合并，看作每个部分包含两个样本单位的$\frac{n}{2}$层的分层抽样，这样可以计算部分内部方差，满足计算抽样误差的要求。

（三）分层抽样的估计

分层抽样中利用样本均值估计总体均值时，在放回抽样条件下基本公式为：

$$\bar{y} \pm Z_{\alpha/2} \times \sqrt{\frac{\overline{S_i^2}}{n}}$$

（满足正态分布；当总体σ_i^2未知时用样本的方差S_i^2代替各层内总体方差σ_i^2）

在无放回抽样条件下：

$$\bar{y} \pm Z_{\frac{\alpha}{2}} \times \sqrt{\frac{\overline{S_i^2}}{n}(1-f)}$$

例如，某乡粮食播种面积20000亩，其中，平原14000亩，山区6000亩。根据小规模抽查得知，平原亩产标准差为30千克，山区为50千克，平原亩产在500千克以上的占平原播种面积的70%，山区亩产在500千克以上的占山区播种面积40%，若要求估计平均亩产误差不超过6千克，估计亩产500千克以上比例误差不超过10%，可靠性为95.45%，采用最优分配法，得到各层样本量，经过实地调查后计算得到各层平均亩产和标准差，相关数据如表4－7所示。估计该乡20000亩粮食的平均亩产。

表4－7　粮食播种面积的相关数据

	全部面积（亩）N_i	样本面积（亩）n_i	样本平均亩产（千克）y_i	亩产标准差（千克）S_i
平原	14000	65	560	32
山区	6000	78	400	55
合计	20000	143	473	45

根据抽样方法、相关的数据、结合前面的公式，计算得到：

$$\bar{y} = \frac{\sum \bar{y}_i n_i}{n} = \frac{560 \times 65 + 400 \times 78}{143} = 473（千克）$$

$$\overline{S_i^2} = \frac{\sum s_i^2 n_i}{n} = \frac{(32)^2 \times 65 + (55)^2 \times 78}{143}$$

$$= 2115.45$$

在有放回抽样条件下粮食平均亩产估计的区间为：

$$473 \pm 2 \times \sqrt{\frac{2115.45}{143}} = 473 \pm 7.6（千克）$$

在无放回抽样条件下粮食平均亩产估计的区间为：

$$473 \pm 2 \times \sqrt{\frac{2115.45}{143}\left(1-\frac{143}{20000}\right)}=473 \pm 7.64 \text{（千克）}$$

则该乡 20000 亩粮食平均亩产在 456.36—480.64 千克，估计的把握程度为 95.45%。

总体总值的估计，在均值区间估计的基础上，乘 N 即可。本例中可以在平均亩产基础上乘亩数，得到总产量。

（四）整群抽样的估计

整群抽样的估计采用整群抽样对总体的均值及总量进行估计。

设 R 为总体被划分群的个数，r 为以群为单位随机抽取的群的个数，由于整群抽样一般为无放回抽样，r 可以参照无放回简单随机抽样的方式取得。整群抽样其群间方差为：

$$\sigma_{\bar{y}}^{2}=\frac{\sum(\mu_{i}-\mu)^{2}}{R}$$

其中，$\sigma_{\bar{y}}^{2}$ 为总体平均数的群间方差，μ_i 各群的均值。

由于在具体调查前总体均值 μ 是未知的，因此，群间方差 $\sigma_{\bar{y}}^{2}$ 公式只是一种理论公式。实际中的处理方法参照简单随机抽样、分层抽样、系统抽样等抽样方式，或是通过以前有关资料取得 $\sigma_{\bar{y}}^{2}$，或是通过小规模试验得出 $\sigma_{\bar{y}}^{2}$ 的粗略估计值。而当一次抽样完成时，可用样本平均数的群间方差 $s_{\bar{y}}^{2}$ 代替总体平均数群间方差 $\sigma_{\bar{y}}^{2}$，以确定总体均值的置信区间。因此有：

$$s_{\bar{y}}^{2}=\frac{\sum(\bar{y}_{i}-\bar{y})^{2}}{r}$$

相应地，总体比例（成数）的群间方差 σ_{P}^{2} 为：

$$\sigma_{P}^{2}=\frac{\sum(\pi_{i}-\pi)^{2}}{R} \text{ 或 } S_{P}^{2}=\frac{\sum(P_{i}-\bar{p})^{2}}{r}$$

对于 σ_{P}^{2} 的处理方法与 $\sigma_{\bar{y}}^{2}$ 相同，在此不再赘述。

（1）在整群抽样条件下，用样本均值估计总体均值的计算公式是：

$$\bar{y} \pm Z_{\alpha/2} \times \sqrt{\frac{\sigma_{\bar{y}}^{2}}{r}\left(1-\frac{r}{R}\right)}$$

其中 $\bar{y}$ 为样本平均数，即

$$\bar{y}=\frac{\sum \bar{y}_{i}}{r}$$

根据前述分层抽样中某乡粮食播种面积的例子，假如选中 4 个群进行调查，获得结果

如表 4－8 所示。

表 4－8　　整群抽样粮食播种面积的相关数据

样本群序号	样本村序号	亩产量（千克）	群平均数（千克）
Ⅰ	1	450	542
	2	559	
	3	483	
	4	598	
	5	620	
Ⅱ	6	635	470.6
	7	507	
	8	319	
	9	432	
	10	460	
Ⅲ	11	592	519
	12	524	
	13	678	
	14	432	
	15	369	
Ⅳ	16	486	536.8
	17	448	
	18	575	
	19	645	
	20	530	
合计	—	—	2068.4

根据抽样方法、相关的数据结合前面的公式，计算得到样本粮食平均亩产量为：

$$\bar{y} = \frac{\sum \bar{y}_i}{r} = \frac{2068.4}{4} = 517.1\text{（千克）}$$

群间方差为：

$$s_{\bar{y}}^2 = \frac{\sum(\bar{y}_i - \bar{y})^2}{r} = \frac{3173.96}{4} = 793.49\text{（千克）}$$

以 95% 概率保证程度，计算出的允许误差为：

$$Z_{\alpha/2} \times \sqrt{\frac{\sigma_{\bar{y}}^2}{r}\left(1 - \frac{r}{R}\right)} = 1.96 \times \sqrt{\frac{793.49}{4}\left(1 - \frac{4}{40}\right)} = 26.19\text{（千克）}$$

则平均亩产估计的区间为（571.1 ± 26.19），即 544.91—597.29 千克。

（2）在整群抽样条件下，用样本比例估计总体比例。

若设样本群平均比例（成数）为 $\bar{P}$，即有：

$$\bar{P} = \frac{\sum P_i}{r}$$

则用样本比例估计总体比例的置信区间计算公式为：

$$\bar{P} \pm Z_{\alpha/2} \times \sqrt{\frac{\sigma_p^2}{r}\left(1 - \frac{r}{R}\right)}$$

$$S_P^2 = \frac{\sum (P_i - \bar{P})^2}{r}$$

若根据整群抽样调查数据的结果如表 4－9 所示，推算全乡粮食播种面积的良种面积所占比重。

表 4－9　　整群抽样粮食播种面积的良种面积比重

样本群序号	样本村序号	优良品种占播种面积（%）	群比重数（%）	样本群序号	样本村序号	优良品种占播种面积（%）	群比重数（%）
Ⅰ	1	40	40.4	Ⅲ	11	25	37.4
	2	42			12	38	
	3	38			13	42	
	4	36			14	22	
	5	46			15	60	
Ⅱ	6	32	35.6	Ⅳ	16	35	40.0
	7	50			17	40	
	8	21			18	30	
	9	30			19	46	
	10	45			20	49	
合计	—	—	—	合计	—	—	153.4

根据相关的数据，经计算得到样本群中良种面积所占比重：

$$\bar{P} = \frac{\sum P_i}{r} = \frac{153.4\%}{4} = 38.35\%$$

$$S_p^2 = \frac{\sum (p_i - \bar{P})^2}{r} = \frac{0.001539}{4} = 0.00038 \text{ 或 } 0.038\%$$

$$Z_{\alpha/2} \times \sqrt{\frac{S_p^2}{r}\left(1 - \frac{r}{R}\right)} = 1.96 \times \sqrt{\frac{0.00038}{4}\left(1 - \frac{4}{40}\right)} = 0.0181 \text{ 或 } 1.81\%$$

在估计的区间为（38.35% ±1.81%）。

即该县 40 个村播种的面积中，良种面积所占比重在 36.54%—40.16%，估计的把握程度为 95%。

总体总值的估计，在比重区间估计的基础上乘 N。例中可以在良种面积所占比重基础上乘亩数，得到良种总面积。

二、实验或实践

（一）随机数表的抽样方法

随机数表（table of random numbers），是一张由 0—9 的随机数字组成的表，这些表经过精心编制和验证，以保证每一位数、每一对数以及由此类推的更多位数最终以同样的频率出现在表中。在每次抽取时，每个数字都有相等的机会被抽中。较大的随机数字表是兰德公司编制的一百万数字的表，表 4－10 为这个随机数表中的一部分。

例如，假定从 2000 名调查对象中随机抽取 30 名作样本，利用随机数表进行抽样，抽样的步骤如下。

先将 2000 名调查对象，由 0001—2000 连续编号；然后确定与调查对象编号位数相同选取号码的位数，本例为 4 位数；确定随机数表中选取号码的开始点（从哪个数字开始），开始点可以任意设定。为便于说明，以表 4－10 中第一行的前 4 位数开始；按行从左至右选取 30 个 4 位数的号码构成所需样本。从表 4－10 第一行中读取的四位数字依次为：1116，4363（舍去），1875，0613，7674（舍去），2632（舍去），0751，……，直到取足 30 个数。注意：由于总体中总共只有 2000 个单位，选号过程中凡遇到大于 2000 的号码（2001—9999）都要跳过不选（舍去），而继续后面的选取，不重复抽样时遇到重复的号码也舍去。

表 4－10　　兰德公司的随机数表（部分）

11164	36318	75061	37674	26320	75100	10431	20418	19228	91792
21215	91791	76831	58678	87054	31687	93205	43685	19732	08468
10438	44482	66558	37649	08882	90870	12462	41810	01806	02977
36792	26236	33266	66583	60881	97395	20461	36742	02852	50564
73944	04773	12032	51414	82384	38370	00249	80709	72605	67497
49563	12872	14063	93104	78483	72717	68714	18048	25005	04151
64208	48237	41701	73117	33242	42314	83049	21933	92813	04763
51486	72875	38605	29341	80749	80151	33835	52602	79147	08868

续表

99756	26360	64516	17971	48478	09610	04638	17141	09227	10606
71325	55217	13015	72907	00431	45117	33827	92873	02953	85474
65285	97198	12138	53010	94601	15838	16805	61004	43516	17020
17264	57327	38224	29301	31381	38109	34976	65692	98566	29550
95639	99754	31199	92558	68368	04985	51092	37780	40261	14479
61555	76404	86210	11808	12841	45147	97438	60022	12645	62000
78137	98768	04689	87130	79225	08153	84967	64539	79493	74917
62490	99215	84987	28759	19177	14733	24550	28067	68894	38490
24216	63444	21283	07044	92729	37284	13211	37485	10415	36457
16975	95428	33226	55903	31605	43817	22250	03918	46999	98501
59138	39542	71168	57609	91510	77904	74244	50940	31553	62562
29478	59652	50414	31966	87912	87154	12944	49862	96566	48825
96155	95009	27429	72918	08457	78134	48407	26061	58754	05326
29621	66583	62966	12468	20245	14015	04014	35713	03980	03024
12639	75291	71020	17265	41598	64074	64629	63293	53307	48766
14544	37134	54714	02401	63228	26831	19386	15457	17999	18306
83403	88827	09834	11333	68431	31706	26652	04711	34593	22561

数据来源：Rand Corporation，A Million Random Digits with 100000 Normal Deviates，1955，The Free Press.

（二）入户调查如何从家中随机抽取个人

经典的入户后抽样是用事先编制好的随机数表。常用的有根据合格成员的年龄或年龄与性别的组合。

合格成员年龄执行方法一般是：先查清该户有几个合格成员，然后根据这些成员的年龄大小而确定受访者。若该户有 2 个合格成员，访问最年轻者（2nd oldest），而在也只有 2 个合格成员的下一户中，则访问最年长者（1st oldest），如此循环。

（1）最近生日法（last birthday）。从家庭随机抽取个人的一种方法是最近生日法（last birthday）。即先问清楚全家合格成员中，谁的生日离调查日最近（往前算或者往后算），然后抽取生日最近者为受访者。无论往前算还是往后算，在所有家庭中必须统一。

（2）身份证尾数法（last digit of ID card）。可根据身份证尾数的最小（或最大）号码来抽取个人。

（三）现行农产量抽样调查

我国政府统计工作中，广泛采用了抽样调查的方法，国家统计局在人口变动、劳动力、城乡居民收支、农产量、畜禽监测、居民消费价格等调查，以及规模以下的工业、限额以下批发和零售业、规模以下服务业等调查中都采用了抽样调查方法。此外，人口普查、经济普查和农业普查中也都采用事后质量抽样调查的方式进行数据质量评估。实际调查工作中，通常要先对抽样调查的总体单元进行分析，掌握总体单元中目标变量的分布情况，将目标变量特别大的那部分作为“规模以上”单独拿出来进行普查，然后再对余下的总体单元构建抽样框，进行有效的抽样设计。

以国家统计局现行农产量抽样调查为例，整个抽样调查的工作流程如下：

（1）构建地域抽样框。通常抽样框的构建以建制村为样本单元，依据第三次全国农业普查农作物遥感测量取得的农作物种植区的地块面积及主要品种农作物种植面积等辅助信息得到村一级数据，用于初级抽样单元（建制村）抽样框的构建。

（2）抽选调查样本。农产量调查常采用分层两阶段抽样方法抽选农作物播种面积调查样本及单产调查样本。其中，农作物播种面积调查样本，通常按照农作物种植的区域特点或种植强度对抽样框中的建制村按地域（如各县）进行分层，第一阶段采用与耕地面积的规模成比例的概率抽样方法抽选样本村，第二阶段在抽选出的样本村中采用简单随机抽样方法抽取耕地单位区（按一定面积组合的耕地地块）。而主要农作物品种的单产调查，则是在播种面积调查样本中再通过二相抽样方法，在已确定有种植某种作物的耕地单位区中抽取部分的耕地单位区及自然地块，布放若干实割实测的小样本，用于单产的实割实测调查。既满足了抽样设计的要求，又适当减少了调查样本量。

（3）实地调查取得样本调查数据。农作物播种面积实地调查在已抽选出的样本耕地单位区内进行分品种播种面积的数据采集；主要品种的单产调查则是在抽选出的单产调查样本中开展实割实测调查，取得样本地块的单产数据及测定含水率和杂质率，并测算割、拉、打过程的损失量。

（4）播种面积和单产推算。在取得对抽中耕地单位区分品种农作物面积的基础上，原则上按照每个样本对应的总权数（两阶段入样概率倒数的乘积）进行加权求和，对总体分品种的农作物播种面积作出估计。实际统计调查过程中，往往会遇到无法取得调查数据，即调查对象无回答的情况，这就需要对无回答情况做出权数调整，然后再用于推算总体的农作物播种面积。另外，在有可靠外部信息的情况下，如具有抽样总体的农业普查数据，这时可以用外部辅助信息进一步校准权数，进而采用校准权数对农作物播种面积作出估计。对主要品种农作物单产的计算，由于实割实测用的样本通常采用自加权的抽样设计，因而单产采用对所有实测样本进行简单平均的方式进行计算。

（5）给出估计量的方差估计。对于统计推断的估计结果，还需要给出估计量即农作物播种面积和单产的方差估计用于衡量估计结果的精度。

（6）数据综合评估和结果发布。

三、探究

（一）进一步探讨研究关于抽样调查的相关内容及应用

例如，国家统计局中国经济景气监测中心组织开展“公众生态环境满意度”抽样调查，对抽样调查的整个过程，特别是样本量测算、抽样方式、权数调整、抽样误差计算，以及调查实施过程中的质量控制等如何应用进一步探索和研究。2017 年的调查是以省为总体，全国结果是各省结果的加权综合。样本量测算也是以省为基础，在 95% 的置信度下、实现抽样误差控制在 3% 以内。在样本量测算阶段，设计者是将 31 个省（自治区、直辖市）按规模分为三类，先测算规模小的省所需要的样本量，然后以此为基数，采用按指数开方，对中等规模和大规模的省进行样本量追加，最后得到全国样本量约 7 万，这个样本量可以保证把抽样误差控制在预定目标之内。抽样方法属于二阶段抽样。第一步，由地级市局号构造一阶段抽样框，在每个地级市内按照固定电话（座机）和移动电话分别进行抽样，先抽取局号，由此实现样本在地域上的随机均匀分布；第二步，一是在抽中的局号中，由计算机生成随机数，抽取一定数量的尾号。依据我国固定电话和移动电话数量比例在两类电话用户中分配样本量，力图实现电话使用工具上样本结构与总体结构的一致；二是进行城乡分层。就常住人口看，城乡比例近似 5:5，但城市个体单元之间的差异大于农村个体单元之间的差异，即城市的方差更大些。依据抽样原理，方差大的域样本量应多抽，所以设计时将样本城乡比定为 6:4。从最终调查结果看，69295 有效样本单元中，移动电话受访者占 70.0%，固定电话受访者占 30.0%；分城乡看，城镇受访者占 61.1%，农村受访者占 38.9%，应该说，调查结果实现了样本结构的目标设定要求。调查权数调整是在省级层面进行城镇和农村权数调整，使得样本城乡比与该省总体城乡比一致。调查有分层，如固定电话、移动电话的分层，城乡分层；二阶段抽样，一阶抽局号，二阶抽电话号码尾数，属于复杂样本。计算复杂样本方差有多种方法，调查采用“刀切法”（Jack-knife）计算抽样误差。刀切法属于一种“重抽样方法”，即在原先“母样本”基础上，采用循环剔除样本单元，构造出多个“子样本”，利用子样本之间的差异，实现对抽样误差的估计。误差计算结果表明，在省级层面，公众生态环境满意度的方差和绝对误差均低于抽样设计方案中的设计方差 0.4 和绝对误差 3%，实现了抽样方案中对抽样误差的目标控制，表明抽样方案设计科学、合理，样本具有良好的代表性，估计精度可以满足数据使用的需要。

调查的实施过程精心准备，科学规范开展工作，制定相关调查质量控制办法，开展预调查，采取异地调查方式，实施了质量抽查，无论在抽样方案设计阶段，在调查实施的数据采集阶段，在进行权数调整的数据整理阶段，在进行抽样误差计算的数据分析阶段，各个环节工作都做得比较到位，最终的结果才具有可靠性和说服力。

（二）进一步探讨研究加权处理相关问题

如前所述，抽样设计中，涉及权数处理。加权就是通过对总体中的各个样本设置不同的数值系数或权重，使样本呈现希望的相对重要性程度。当抽样调查得到的样本结构与总体（通常为人口）结构状况不相符，或者在调查样本的某些变量或指标上样本的代表性相对总体的实际状况过高或过低，都需要权重进行调整。通过加权来消除或还原这种结构差异，达到纠偏的目的。例如，城市和农村人口比例，地区的划分（东部、中部、西部的样本结构）等。有时采用配额抽样，设置了能反映总体的配额比例，但实际操作却出现了比例偏高或偏低，如设置配额要求某类受访者对某产品的使用必须达到一定比例，但实际情况是市场中实际使用者并没有达到或超过设定比例；有些配额实验设计，进行不同子总体对比检验，也会通过加权来调整不同组间的样本属性不匹配的问题；或当测试样本出现了较多的缺失值，也需通过加权来纠正结果。

加权方法也不同。理论上，权重的计算有两种思路：一是从抽样过程直接计算权重。在抽样设计中，若有意增加或减少了某类人群的样本规模，需要给予适当权重纠正这部分群体对总体的影响。二是从样本数据和总体数据的差异推算权重。根据总体和样本关键属性的分布差异，给予不同样本以适当的权重，使得样本数据能够充分代表总体。实际中，由于出现偏差的原因不一定仅来自地区人口分布差异，还可能来自性别、年龄、教育、民族等其他属性，也可能来自多重抽样造成的样本人口分布问题等，因此加权方法不同。如采用因子加权，对满足特定变量或指标的所有样本赋予一个权重，常用于提高样本中具有某种特性的受访者的重要性；采用目标加权，对某一特定样本组赋权，以达到预期的特定目标；对调查样本相互关系不明确的多个属性加权，面对多个需要赋权的属性实行多因素加权等。无论加权的原因是什么，但操作的基本过程都需要根据不同属性变量/指标将样本分为多个组（加权组），通常以人口结构变量、地域变量作为分类指标，然后根据希望的各个组代表的个体规模赋予不同的权重，明确各个样本组中个体的代表性强弱（权重），进行加权调整。举例来说，1000 个受访者，男性 400 人，女性 600 人，如果希望达到男女比例相同，即 1:1，也就是各 500 人，其权数设置分别为 1.25（$500 \div 400$）和 0.83（$500 \div 600$），即加权后的数据分别为：男性 $400 \times 1.25 = 500$，女性 $600 \times 0.83 = 500$。SPSS 软件也有进行加权处理的选项功能，即选择或指定某个变量为权重。更复杂的加权，如分层分类别加权，采用标准差加权、正态分布得分加权以及其他复杂数据变换后的处理加权等。

需要注意的是，加权是在数据搜集结束后采取的数据“纠偏”或事后调整行为，最好在方案设计时提前避免一些错误或失误。例如，在调查设计阶段充分查阅文献，获得足够的资料；设置合理的分层或配额、减少抽样中的误差等要保证原始数据搜集完整、准确，以符合设计的要求。否则，有些情况即使加权也不一定有效。另外，需要对加权的数据给予说明，即为什么加权，加权方案的实施过程及加权对数据的影响等，在专业的数据报告中，在图表上最好同时标明“未加权”和“加权”的基数，便于对比，分析报告也应有清晰、一致的标注，或有附加说明。

【本章总结】

本章主要介绍抽样设计基本内容。分别从抽样基本问题、常用抽样方法、误差及其测量与控制、样本容量的确定、抽样设计的相关提示及拓展·实验或实践·探究等方面展开。学习中需要理解掌握抽样常用术语，把握概率抽样、非概率抽样常用抽样方法，选择抽样方法应注意问题，熟悉抽样误差的测量方法，掌握影响样本容量因素和确定方法，及抽样设计应注意问题。在此基础上，进行相关内容的拓展，实践操作及进一步探究。

【关键术语】

总体　抽样单元　样本　样本容量　参数　统计量　抽样比　入样概率　设计权数
概率抽样　简单随机抽样　分层抽样　系统抽样　整群抽样　配额抽样　抽样误差
抽样平均误差　估计量方差　允许误差　设计效应有限总体校正系数

【思考与讨论】

1. 简述抽样设计包括的主要内容。
2. 简述抽样框的基本要求。说明不完美抽样框常见表现。
3. 简述简单随机抽样特点及适用范围。
4. 简述分层抽样特点及适用范围。
5. 简述系统抽样的基本操作步骤。
6. 简述整群抽样优缺点。
7. 简述 PPS 抽样的基本步骤。

8. 简述多重抽样与多阶段抽样区别。

9. 简述常见的非概率抽样方法。

10. 简述选择抽样方法应注意的问题。

11. 简述抽样误差影响因素。

12. 常见非抽样误差有哪些?

13. 如何控制和降低误差?

14. 确定必要样本量要考虑哪些因素?

15. 以均值估计为例，说明简单抽样下样本量计算及调整步骤。

16. 抽样设计应注意哪些问题?

17. 以我国农产量抽样调查为例，谈谈抽样设计的内容。

18. 结合第二章思考的社会实践选题，进行抽样设计，写出设计方案。

第五章　调查问卷设计

【学习目标和要求】

1. 了解调查问卷的基本作用，熟悉调查问卷的分类；

2. 掌握调查问卷设计的原则与要求、基本程序；

3. 熟练掌握调查问卷基本结构、具体内容设计；

4. 掌握调查问卷中常用的度量方法；

5. 了解编码及作用，熟悉编码设计原则及应注意的问题；

6. 掌握编码设计的一般方法，熟练掌握事前编码设计、事后编码设计；

7. 熟悉调查问卷设计应注意问题，敏感性问题处理、信度和效度检验。

有专家曾这样比喻：“问卷开发跟房地产开发很像，你的调查问卷寸土寸金，只有与你的构念和假设有关的问题才能列入。”问卷设计直接影响调查数据的真实性、适用性、回收率和调查结果。随意的调查询问不仅缺少系统性，而且会增加数据资料处理的难度。不科学、不合理的问卷设计将导致计量误差增加，降低调查与数据分析结果的有效性，同时增加调查的成本。

问卷设计科学得当，研究者才能搜集到有效的数据信息，达成预期目标。因此问卷设计是调查与数据分析中十分重要的环节，是询问调查的关键。本章将围绕问卷设计的相关内容展开。

第一节　调查问卷的基本问题

一、调查问卷作用与局限

（一）调查问卷

调查问卷在调查中广泛使用。它是系统地搜集调查数据的一种工具，是调查研究人员根据调查目的和要求所设计的，由一系列问题、备选答案、说明和代码表组成的文件。调查问卷内容包含问题、备选答案、说明、代码（编码）等要素，调查问卷也可以是表格式（调查表）、卡片式或簿记式。调查问卷设计是根据调查目的和要求，将研究目标转化为具体的问题，采用与调查对象、调查内容、调查方式方法相适应的提问方式和回答形式，并按照一定的逻辑顺序将询问问题及备选答案系统地排列，印制成书面文件的一系列活动过程。使调查研究人员能顺利地获取真实、准确、必要的数据资料，为进行数据分析奠定基础。

（二）调查问卷的作用与局限

1. 调查问卷的作用

问卷是规范调查访问内容和行动的一种工具。调查研究人员借助这一工具对研究现象进行准确、具体的测定，规范访问员的行为，减少由访问员引起的计量误差，获取所需要的调查数据信息。其主要作用表现为以下五个方面：

（1）提供了统一、规范的数据搜集程序和标准，使整个数据搜集工作与研究目标相吻合。问卷将研究者所需信息转化为受访者可以回答并愿意回答的一系列具体问题。借助问卷，记录和反映受访者回答的事实，获得第一手数据资料。搜集数据并非问卷调查的最终目的，最终目的是根据获得的数据资料进行数据分析，进一步获取研究现象变化的原因和关系的有关信息，最终为管理者决策提供可靠的依据。

（2）实施方便，提高精度。通过标准化（结构化）的问卷，避免了不同调查人员随意询问而导致所搜集数据的杂乱无章。不仅减少由调查人员引起的计量误差，也减少由受访者引起的计量误差，提高了精度。

(3) 具有匿名性，有利于受访者回答真实情况、想法和感受。

(4) 调查问卷可进行编码，易于对数据资料进行处理和数据分析。

(5) 突破时空限制，提高调查效率。采用标准化问卷，可对众多的调查对象同时进行调查，简单易操作，节省调查时间。时间上也具有灵活性。

调查问卷应用于多种调查方式，适用于多项调研主题的调查，被广泛用于各个领域，如企业获取所需的客户特征数据等。

2. 调查问卷的局限

调查问卷有优势也有不足之处，一是，结构化问卷中题目缺乏弹性，受访者对问题的回答可能受问卷设计的影响，使得受访者作答比较受限。问卷设计中用一个问题代表一个观点、意见或态度，可能会比较片面。二是，只能获得书面信息，缺乏生动具体的信息。三是，难以进行有效指导，回复率和有效率可能比较低。如邮寄调查时，调查问卷的回收率一般会偏低，对于不识字或教育水平较低者，实施问卷调查也很困难。四是，评估受访者填答问卷的真实性很困难。问卷由受访者自由填答，具有匿名性，同时问卷调查往往样本比较大，因此核对和评估填答结果的真实性很难完成。

设计一份高质量的调查问卷并非一件轻而易举的事情，为真实、准确、完整、及时获得一手调查数据，必须要科学设计问卷。问卷设计人员不仅要具备统计学、社会学、经济学、心理学、计算机软件等多方面的知识外，而且要掌握一定的技术。可以说，调查问卷设计是科学与艺术的结合。

二、调查问卷的分类

调查问卷可以从不同的角度进行分类，需要在调查问卷设计时予以考虑。

(1) 根据调查方法的不同，分为访问调查问卷、座谈会调查问卷、邮寄调查问卷和电话调查问卷等。

(2) 根据调查问卷的填写方式，分为自填式问卷和代填式（问答式）问卷。自填式问卷主要适合于邮寄调查、宣传媒介发放等调查方式，代填式问卷主要适合于访问调查、座谈会调查以及电话调查等调查方式。

(3) 根据回答问题的形式，可以把调查问卷分为“开放式问卷”和“封闭式问卷”。

(4) 根据调查问卷结构，可分为“无结构型问卷”和“结构型问卷”，通常调查问卷为结构型问卷。

(5) 根据调查问卷发放方式的不同，可分为送发式问卷、邮寄式问卷、报刊式问卷、人员访问式问卷、电话访问式问卷和网上访问式问卷等。

对调查问卷类别的划分有助于调查问卷的设计，使问卷及调查的结果满足调查目的。不同的访问方法对调查问卷设计有很大影响。如果是人员访问，访问员与受访者面对面地交谈，调查问卷内容和时间可以比较长，询问也可以复杂些，询问形式也可以多种多样。如果是电话访问，调查问卷时长只能短一些，内容简单一点。如果是邮寄调查问卷，包括在报纸杂志上登载的问卷，不仅要简单容易，而且还要有详细的答题说明，因为此时受访者没有访问员的指导，而电脑辅助电话访问，询问效率更高。因此，问卷设计应综合调查目标、调查内容、调查方式与方法、调查对象等进行全面考虑。

三、调查问卷设计的原则与要求

（一）调查问卷设计的基本原则

一份合格的调查问卷，调研人员必须明确调查的目标，询问的方法，即用什么方法从谁那里获取什么信息，一个错误的询问所获取的信息是廉价的，同样，不完整的询问所搜集的信息价值也不高。搜集不需要的信息只能徒增调查项目的费用，因此研究人员必须确定解决当前的问题需要什么数据信息。问卷问题与受访者的社会地位、经济地位有着不可分割的关系。关于调查问卷设计，专家和学者有很多的研究与贡献，保罗·海格等曾提出调查问卷设计的 10 条基本原则：

（1）考虑调查的目标，目的需明确具体。

（2）考虑怎样完成访问，选择适合的方法。

（3）考虑“公式化（boiler plate）”的信息和说明，即在不同调查中通用的内容，如被调查者（受访者）的背景资料及问卷说明。

（4）考虑调查问卷设计，调查问卷应清晰易读。调查问卷和回答的选择应按标准格式设计且便于阅读，在适当位置留出足够的空白以便填写未指定的注释。

（5）考虑被调查者（受访者），调查问题应以与被调查者友好的交流方式设计。不要设计出长得使被调查者喘不过气来的问题或提出一些使人不可能回答的问题。

（6）考虑问题的顺序，应该容易地从一个问题转到另一个问题，并且按逻辑顺序编排各个主题。

（7）考虑问题的类型，调研人员可以选择开放型问题或封闭型问题。

（8）考虑问题的同时要考虑可能的答案，提出一个问题的全部目的在于获得答案，因此对此提前思考非常重要，同时，反过来它们又影响问题的形成。

(9) 考虑怎样处理数据，应该使用一套适当的编码系统或调查软件，在一次超过 30 个被调查者的访问中，分析开放式回答是较辛苦的，应尽量考虑使用预先编码的答案。

(10) 考虑对调查者的指导，调查问卷通常由调查者去实施，所以，需要明白地指导他们在每一步做什么。

以上原则体现了目的性、可行性、功能性、效率性、可靠性（信度）、一致性、完整性、准确性（效度）、可维护性。

(二) 调查问卷设计基本要求

根据以上基本原则，问卷设计中应满足相关的基本要求。

(1) 调查的目的和主题要明确。

(2) 问题数量要适当。

(3) 问卷结构要合理，逻辑性强。

(4) 问题要通俗易懂，易于回答。

(5) 编码统一，便于资料的校验和整理。

第二节 调查问卷设计的程序

调查问卷设计的质量关系到其获取数据的质量，因为在短短的数个问题中想了解受访者的真实想法是不容易的，若提问的方式不妥、用词不当、顺序不对等都会影响数据资料搜集的准确性和可靠性，因此设计调查问卷时研究人员要仔细研究，避免因问卷设计不当而影响整个调查结果。通常，调查问卷设计需按照一定的程序进行。

一、前期准备

(一) 明确调查目的和所需获取的数据信息，准确界定调查问题

设计问卷前要明确目的，清晰定义调查问题。问卷中设置的问题都要跟调查研究的问题相对应。应清楚为什么要搜集这些数据，调查对象是哪些人或事物，调查具体内容是什么，采用什么方式方法，要怎么进行数据分析等。可采用探索性研究，使调查问卷内容与

研究人员或委托者的需求相一致。要做到：把握主题，深入研究具体需要哪些信息，及提出正确的理论假设；参考以前相同主题的问卷，对已有资料进行分类整理；咨询相关的专家，向用户及调查对象咨询了解，反复检查或预调查，列出本次调查所要了解的问题，确定问卷调查的范围。注意不要忽略获取数据信息的可行性或可操作性，考虑需要与可能，精简问题并能准确反映所需数据信息。

（二）确定调查方式和方法及问卷类型

例如，问卷是自填还是代填？电话调查还是面访调查或邮寄调查？观察法还是实验法？根据搜集数据资料的不同，所采用的调查方式和方法就不同，调查问卷的格式和要求也就有所差别。若要获得定性数据，可选择德尔菲等方法；若要获得定量数据，可选择面访调查、邮寄调查、观察法等方法。如果采用电话调查，调查问题不宜过多，用词要简单、口语化；如果采用邮寄调查，措辞要谨慎，标准化要求高，以防止词意的可能偏差；如果采用面访调查，调查的问题可相对多些，问题可复杂些；如果采用网上调查，效率高，但注意样本的代表性，及回答真实性等。

（三）确定数据整理与分析方法

调查后的数据整理和分析方法，也涉及对问卷设计的不同要求。如果选择定性调查，一般不做统计推断，分析是主观性的、解释性的，所以量的题目可少些。如果采用定量调查，要做数据分析和推断，分析是统计性的、汇总性的，定量的问题应多些，这样数据分析时选择的分析方法会更多些。

二、编制调查问卷

编制调查问卷要完成问卷初稿。首先在明确调查主题、调查目标和前期准备基础上，确立调查与数据分析总体框架，讨论问卷的内容、概念构建、草拟题目和答案、进行初步的问卷编制。编制过程中主要处理与完成如下的设计：一是问卷中问题的设计，如确定问卷中各问题的内容、问题是否有效地获取所需数据信息、是否具有可行性和有效性；问题的形式、问题的类型，如是开放式还是封闭式问题；问题的措辞等；二是问题答案的设计，如答案选项的设计原则、选项的类型与内容；三是所有调查问题的排列；四是编码设计，如编码原则、方法等；五是版面格式等。之后，对初步形成的问卷进行梳理、讨论，完成问卷初稿。详细编制内容与方法见本章第三节。

三、问卷检查与评估

对于初步编制完成的调查问卷，需要进行审议、检查与评估。一般经过预调查、评估、修改、定稿和印刷问卷等流程。

对问卷检查，其方法可采用研究者集体检查、座谈会方式、专家咨询、预调查、模拟试验对问卷测试等，预调查或模拟试验即按照正式调查的要求来进行小规模检验。其目的是检查调查问卷中的具体内容，如提问的项目、问题的措辞、问题的答案、提问顺序等逐一进行检查；从整体上检查问卷，问题的数量是否合适，受访者回答所需的时间，问卷的总体编排是否恰当等。

对问卷评估，常通过模拟调查，对问卷中发现的问题进行修改和完善。例如，调查问卷中的问题是否必要？调查问卷是否过长？是否会引起受访者反感？调查问卷能否满足研究要求？邮寄与自填问卷的外观是否吸引人？开放问题是否留有足够的空间？调查问卷的字体是否醒目？调查问卷的着色编码风格是否对题？调查问卷的版面格式是否合适？调查问卷是否能准确反映并能有效地获取所需数据信息，有无遗漏信息？要逐一检查评估，确保各问题内容的可行性与可靠性，调查问卷的题量要把握好“度”，注意符合效率原则。

评估后对调查问卷进行修改，并与项目委托单位代表或项目负责人做最后沟通讨论，最终定稿。同时设计调查问卷的封面，选择印刷问卷的纸张规格、质量、排版，印刷。

第三节 调查问卷设计内容

第二节调查问卷设计的程序中，在前期准备基础上，编制调查问卷，具体怎么设计与编制，即是本节调查问卷设计介绍的内容。设计与编制调查问卷的内容一般包括：问卷的基本结构，问卷中问题的设计，问卷中答案（选项）的设计，问卷中问题的排列顺序，编码的设计等。

一、调查问卷的基本结构

由于调查目的不同，设计的调查问卷在具体结构、题型、措辞、版式等设计内容上有所不同。但从结构上看，一般调查问卷都由开头部分、甄别部分、主体部分和背景部分组成。开头部分主要包括开头语、问卷填写说明、问卷的编码及过程记录等；开头部分之后，进入到甄别部分，该部分通过询问问题，对受访者进行筛选；然后是问卷的主体部分，是根据调查目的和目标确定的需要调查的具体内容，通过问题及答案反映；最后部分通常是受访者的一些背景信息。调查问卷的基本结构如图 5－1 所示。

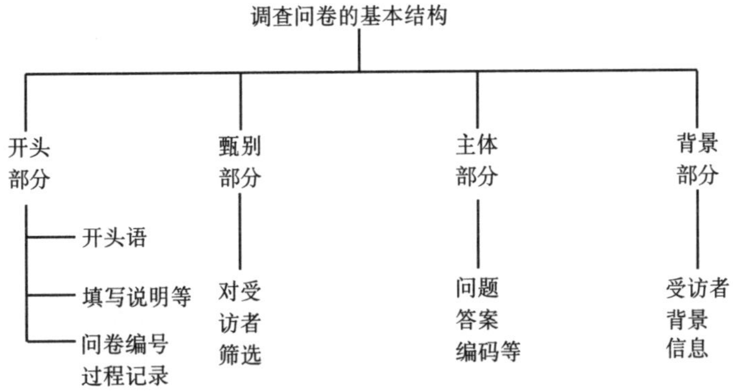

图 5－1 调查问卷的基本结构

二、调查问卷设计具体内容

（一）开头部分的设计

开头部分具体包括标题、开头语、填表说明、问卷的编号及过程记录等。

1. 调查问卷的标题

概括说明调查的主题，使受访者对所要回答什么方面的问题有大致的了解。确定标题应简明扼要，易于引起受访者的兴趣。

2. 开头语

也称说明信，主要作用是对本次调查作一些简要的介绍和说明，可引起受访者对调查的重视，消除顾虑，激发参与意识，以争取受访者的积极合作。

开头语内容一般应包括：称呼、问候、自我介绍、调查内容、责任交代、保密承诺、配合请求、致谢。主要对组织者的身份、研究目的、说明受访者回答问题的重要性进行交代，并说明回答不存在对错之分，只要真实客观地反映本人的行为与态度即可，对受访者的回答保密，不会将受访者的个人资料泄露给任何第三方，结果反馈事宜和对受访者的合作表示感谢。示例如下。

××女士/先生：

您好！我是××市场调查公司的访问员，我们正在进行一项有关本市居民就业情况的调查，目的是想了解居民就业需求、就业满意度和相关政策实施效果。您的回答没有对错之分，只要是您真实的情况和看法即可。我们对您的回答将完全保密。可能要占用您 15 分钟左右，请您配合，谢谢您的支持！

3. 填表说明

填表说明即填写的指导语，使访问员或受访者准确掌握填表规则，注意细节上的要求，以保证操作规范。例如，答题符号的统一规定，画钩还是画圈；各种题型的答题规则，如“请您在所选择答案的题号上画圈”“请在画线的地方填上您的答案”“请按重要程度排列”；限定回答的范围，如“请从下列各选项中选出您认为最合适的 1 至 3 项”；或者指导回答过程，如“若回答为‘否’，请从第 6 题答起”，等等。对于有些问题，需要规定或解释概念和问题的含义。例如，家庭人口数，应明确是指家庭常住成员还是户籍人口，并明确其他限制条件等。对有关记录工具进行统一规定，如笔的种类、颜色，问卷的回收时间、问卷的回收方式等。

4. 问卷的编号及过程记录

由于调查涉及不同的地区、城市等，应对问卷按一定的规则进行编号或编码，包括问卷的编号、地域编号等；同时应有主要过程记录项目，对调查作业有关的人员和事项记载，如访员姓名或编号、访问日期、访问开始时间、结束时间、核访时间等。对问卷处理相关记录，如现场指导、汇总、回访、编码、数据录入等，应明确各环节的责任者，为核查预留线索，并为问卷的分类管理和数据处理提供基础，也是质量保证的重要一环。如果需要且可行，过程记录中也可对受访者信息，如姓名、地址、联系方式等进行记录，但一般对受访者信息记录常常会放在背景部分。

（二）甄别部分的设计

甄别也称为过滤或筛选，是指通过设计一些询问问题先对受访者进行过滤，筛选掉不符合条件的受访者，得到满足条件的调查对象和调查单位。一方面，可以筛选掉与调查事项有直接关系的人，达到避嫌的目的；另一方面，可以确定哪些人是合格的受访者，确保受访者能够作为该市场调查项目的代表，符合调查研究的需要。筛选的对象一般分为常规禁止访问者和特定禁止访问者。

常规禁止访问者主要是广告、公关机构从业者、市场调查、研究、咨询机构从业者、电视、广播、报纸等机构从业者等。通常通过如下问题进行区分：

S1 请问您或您的家人有没有在下列行业工作的呢？

(1) 广告、公关机构……………………终止访问

(2) 市场研究、咨询、调查机构…………终止访问

(3) 电视、广播、报纸等媒介机构………终止访问

(4) 以上皆无……………………………继续访问

特定禁止访问者即与本次调查内容利害相关的单位机构从业者，通过某些特征变量，如户籍、年龄、职业、收入、教育程度、家庭类型、民族等进行筛选。例如，对20—50岁居民进行调查，设计筛选的问题如下。

S2 请问您的年龄是：

(1) 20岁以下………………………………终止访问

(2) 20—30岁………………………………继续访问

(3) 30—40岁………………………………继续访问

(4) 40—50岁………………………………继续访问

(5) 50岁以上………………………………终止访问

通过筛选确定了哪些人是合格的受访者。

(三) 主体部分的设计

主体部分是调查问卷的核心内容，包括所要调查的全部主要问题，以及这些问题的所有可供选择的答案和编码（事前编码）等。

1. 问题的设计

调查问卷问题的设计，必须把控好以下几个方面。

(1) 明确问题的形式。调查问卷中问题的形式主要有开放式问题、封闭式问题及混合式问题。

第一类：开放式问题

开放式问题是不向受访者提供答案选项，由受访者自由回答问题，受访者有机会发挥自己的主动性和创造性。开放式问题如果用于调查问卷的开发测试，从回答中可以发现受访者是否误解了原问题，对决定调查问卷措辞和答案选项都很重要，同时也为封闭式的问题提供了补充。

开放式问题优点：使受访者有机会自我表达或详细描述，防止固定选项对受访者的诱导，可用于回答各种类型的问题。

开放式问题缺点：资料的标准化程度低。对一些较复杂的问题，对受访者的要求更高，思考和回答要占用较多的时间，容易引起受访者的不快，以至拒绝回答，降低调查问卷的回收率，也不太适用于文化水平较低的受访者。对调查机构来说，在面访中记录回答

过程也比较困难。在归纳编码中容易出错，从而产生误差。调查结果不易处理，无法深入定量分析。

第二类：封闭式问题

调查问卷中在询问的问题后列出若干个可能的答案选项供受访者进行选择。每个答案称为一个选项，要求受访者在这些选项中，选择一个（或几个）答案或根据要求作出回答。

封闭式问题的优点：标准化程度高，受访者能更快更容易地理解和回答问题；答案选项是按研究人员的意图制定，能集中反映问题的核心所在；受访者仅需选择备选项，可以节省问卷回答时间，回收率和效率较高；可事先编码、也便于录入，归类整理和定量分析。

封闭式问题的缺点：确定答案选项有时比较难，很难把答案选项设计周全，可能使研究的问题过于简单化。答案选项可能不能准确表达受访者的意见和看法；有可能会出现受访者猜答案选项或随便选择答案选项的情况，从而降低回答的真实性和可靠性。给出的答案选项有可能对受访者产生诱导；受访者也可能误解了问题或圈错了答案选项，但答案选项难以反映。答案选项不适合某些受访者时会降低回答的可靠性。

第三类：混合式问题

调查问卷中列出若干个可能的答案选项供受访者进行选择，同时增加一个受访者自我表达或详细描述的选项。例如：

与飘柔洗发水相比，您觉得蜂花洗发水如何（可以复选)?

1 价格较便宜　2 闻起来更香　3 泡沫比较多　4 洗得更干净

5 其他__________

使用何种问题形式，要视具体情况而定。

（2）确定问题的内容。需要根据调查目的与数据信息需求，考虑所提出的问题有无必要；考虑需要与可能，受访者是否有能力回答及是否愿意回答所提出的问题；同时考虑问题的类型，事实性问题、意见性问题、困窘性问题等，所提的问题是否具有引导性。

（3）问题的提问与措辞。问题设计时，最主要明确这个问题考量的目的或目标，即提出这个问题研究者想达到的目标是什么，目标越具体，问题提法越明确。具体编制时，要考虑语境或措辞的影响。这就需要有非常准确的概念和术语的规范与界定。例如，对于“你经常看电影吗?”这个问题，“经常”是一个比较模糊的概念。受访者对于“经常”的理解因人而异，有人觉得一个月以内，有人则认为是半个月。因此，对于提出的问题，研究者一定要给出明确的时间范围，这个时间范围的界定，要依据调研的目标来决定。一些抽象的概念，需要经过概念操作化，转化成可以量化的指标，才能得到具体的调查结果。如果问题涉及的概念/定义非常复杂，可拆成若干个子问题，用若干子问题来搜集数据，经过后期数据分析，得到希望的结果。

对问题的提问与措辞，应注意以下问题。

①决定每个问题的修辞。

②措辞要简单明确。例如，“您经常看电影吗?”“经常”的概念不明确，应给出明确的时间范围，如“您最近半年平均每月是否看一次电影?”。

③用词要确切、通俗，容易被人理解，避免使用过于专业的术语。

例如，“您最近半年平均一个月在文化消费上花多少元钱?”中，“文化消费”这一用词会导致人们在理解上产生差异，不够确切；“请问您是否使用过基于地理位置的服务?”“基于地理位置的服务”不够通俗易懂。还应注意，设计的问题要适合所有受访者。如对独身者或未婚的人，询问“您结婚几年了?”就不合适。

应避免使用一般、经常、常常、很多、偶尔、许多、任何、相当、接近等词，这些词一般很难界定其程度。

Q1 请问您使用什么品牌的防晒霜?

Q2 请问您目前使用什么品牌的防晒霜?

Q3 您最近一段时间使用什么品牌的防晒霜?

Q4 您最近一个月使用什么品牌的防晒霜?

从这四个问题的比较中可以看出，Q4 问题更清楚和具体。具体设计时，可以按 6w（who 谁、where 何处、when 何时、why 为什么、what 什么事、how 如何）仔细推敲。再如，入户调查时，询问“您的收入是多少?”看起来似乎很简单，但存在以下问题：一是“您”的含义不清楚，是指受访者个人还是家庭；二是要调查时间段不清楚；三是“收入”的含义不清楚，还有这个问题是否比较敏感，因此要仔细推敲。

④提问目的要明确，避免模棱两可或笼统提问。

Q1 您对本餐厅是否满意?

Q11 您对本餐厅的饭菜质量是否满意?

Q12 您对本餐厅的环境设施是否满意?

Q13 您对本餐厅的服务态度是否满意?

Q11、Q12、Q13 相对于 Q1，更为具体和明确。

又如，“您觉得您家里的房子是什么样的?”这个问题可能涵盖内容较多，如样式、环境、装修、建筑材料、造价等，受访者可能无法准确理解提问者的目的，所得答案不够准确。如果表述为如“您觉得您家房子所处的地段交通便利吗?”就更为具体。

⑤提问的内容尽可能短。问题中应该坚决摒弃多余的修饰词，提问的内容尽可能短，这样可以节省调查时间，若问题比较复杂，最好将其分为几个问题来问。

例如，将问题“我国越来越多的人去国外旅游。您曾经去别的国家旅游过吗？如果去过，您也许是为了欣赏风光才去的。那么，别国的风光对您决定出国旅游有多重要？”改为：“您出国旅游过吗？如果去过，那里的风光对您决定去旅游有多重要？”

⑥一项提问只包含一项内容。一个提问只问一个要点。一个问句中如果包含过多询问内容，会使受访者无从答起，给后续的数据处理也带来困难。例如，“您抽烟喝酒吗？”“您觉得北京的绿化环境和污水治理怎么样？”“您本月看电影和电视了吗？”一个问题中都含有2个以上的内容，需要拆开询问。

⑦避免诱导性提问。问题设计应避免诱导性、暗示性的提问。诱导性提问会导致两个不良后果：一是受访者不加思考就同意所诱导问题中暗示的结论；二是由于诱导性提问大多是引用权威或大多数人的态度，受访者就会产生心理上的顺向反应。例如，“学术会议声明指出‘发展核动力船只，有可能造成放射性污染’，您怎样看待这个问题？”“人们认为A品牌的饮料不错，您觉得怎么样？”，问题的提问应用使用中性词句或一般疑问句。如“您认为A品牌的饮料怎么样？”。

⑧避免敏感性问题直接提问。敏感性问题，是指与个人或单位的隐私或私人利益有关而不便向外界透露或不愿公开如实回答的问题。如“您是否在考试中作过弊？”“您一年的总收入是多少？”等等。

对于一些敏感性问题，或诱导性提问，受访者不能表达出他们的真实想法。甚至会得出与事实相反的结论，得不到可靠的样本数据。问题设计时应仔细推敲，尽量采用间接询问的方式提问。问卷中要尽量避免提问敏感性问题或容易引起人们反感的问题，对有些必须涉及敏感性问题的调查，应当在提问的方式上做些改变，或通过释疑法、假定法、转移法、具体数字模糊法等降低问题的敏感程度，也可采用一种科学可行的技术——随机化回答技术（randomized response technique，RRT）。它在调查中使用特定的随机化装置，使得受访者以预定的概率P来回答敏感性问题。这一技术的宗旨就是最大限度地为受访者保守秘密，从而取得受访者的信任。总的努力方向是尽量降低敏感性，用语也要特别婉转。

⑨避免否定形式的提问。

否定式的提问会影响到受访者的思维，或容易造成相反意愿的回答。例如，“您觉得这个广告的创意不好吗？”“您不认为听到国歌不立正是不对的吗？”等等，提问时最好采用一般疑问句的形式提问。

⑩避免提出对受访者的记忆力要求过高的问题。

如果问题需要的记忆要求过高，会得到不准确的答案。例如，“您去年一共取了多少次快递？”对于需要回忆的问题，回忆的时间也不应太长。需要客观计量的问题设计，必须使每一个受访者的理解都是一致的。

总之，问题设计尽可能地简单明确，最重要的是确保调研人员与受访者对询问问题的理解是一致的；应该用浅显易懂的词语，可结合当地话语，尽量少用专业术语；问句中的关键词应只有单一的含义，不要用程度不明确的副词；避免引导性的、偏激的词语等。

（4）问题顺序的设计。设计编制调查问卷时，为了提高调查问卷的回收率，应站在受访者的角度，顺应受访者的思维习惯，使排列问题容易回答。如果安排不当，可能引起受访者的反感和厌烦，或产生诱导，造成调查员提问错误或受访者回答错误，因此问题顺序设计时应注意以下问题。

①问题的安排应具有逻辑性；第一个问题要有趣且简单，要先一般，再细节。以口香糖为例，有如下的问题：

Q1 请问您最近买过什么牌子的口香糖？

Q2 您喜欢什么味道的口香糖？

Q3 您是否看过口香糖的广告？

询问的问题上下连贯，依次进行询问。使问卷形成一个相对完善的小系统，从而能获得较完满的回答。

②问题的安排应先易后难，先简单问题后复杂问题，先一般性问题后敏感性问题。按照先易后难的基本原则，把简单的、受人关注的、有趣的和容易回答的问题放在前面，由浅入深，复杂的、较难的问题放在后面。

③受访者感兴趣的问题应放在前面。尤其第一个问题的设计很重要。第一个问题应与调查目的直接相关，要适用于所有受访者。如果第一个问题不适用，受访者会觉得调查与自己没有关系。同时第一个问题得容易回答。对于敏感性问题，不能在开始时询问，问得太早，受访者会不愿意回答，如果将其置于一份很长的问卷的最后，由于受访者的疲劳也会影响答案的质量。

④先封闭式问题后开放式问题。开放式问题和敏感性问题应置于问卷的后面。开放式问题放在适当的地方能引起注意受访者，敏感性问题应该在受访者感到轻松以及与其他问题的联系最有意义的地方出现。

⑤受访者的背景资料一般放在后面。反映受访者本人或家庭背景资料，如调查“收入”“教育背景”等，其答案选项通常进行分组，以降低敏感性。排列问题时要将检查可靠性的成对问题分开排列，这样可以对搜集到的数据信息进行检查和比较。

综上所述，问卷主体部分问题通常按过滤性、热身性、容易性、困难性顺序进行排列。

需要注意的是，在拟定每个问题时，研究人员必须就这个询问进行思考：这个询问是否确实需要？是否能达到搜集数据信息的目的？受访者能不能准确回答这个询问？受访者愿不愿意如实回答这个询问？要保证问卷的每个询问都是有用的，同时也是有效的。

2. 答案选项的设计

询问（提问）问题设计后，需要进行答案选项的设计，它是针对询问的问题设计出相应的答案。由于问卷中的问题有不同的类型，对受访者的回答要求也是不同的，设计的答案选项也不同。

（1）答案选项的类型。答案选项的类型通常有两种：自由回答型和选择回答型。

①自由回答型。主要针对开放式问题。不向受访者提供答案选项，即对问题未提供任何具体的答案选项，由受访者根据自己的想法自由作出回答。

自由回答型的优点是比较灵活，可以使受访者充分表达自己的意见和想法；有利于受访者发挥自己的创造性，适合于搜集更深层次的数据信息，常用于某些意愿调查，和尚未弄清各种可能答案选项或潜在答案类型较多的问题。但对受访者来说要求更高，容易出现“跑题”情况，在面访中记录回答过程也比较困难，且资料整理也有一定难度，归纳编码中容易出错，从而产生误差，无法作深入的统计分析。由于自由回答是受访者根据自己的想法用自己的语言来回答问题，这对问卷的开发测试，制订问卷措辞和选项都很重要，同时也为封闭式的问题提供补充。

②选择回答型。主要针对封闭型问题。对询问的问题事先设计出了各种可能的答案选项，由受访者根据问题要求从中选择。

选择回答型的优点是答案选项是按设计者的意图制定，能集中反映问题的核心所在，答案选项设计相对比较简单，受访者能更快更容易地回答问题。容易进行编码、录入，也便于统计处理。但有时难以完全覆盖现实中的复杂情况。调查问卷大都由封闭型的问题组成，答案选项设计也有不同的方法。

（2）答案选项设计方法。开放性问题是自由回答型，答案选项不需要设计，在提出问题之后，留出足够的空间，以备受访者填写。下面主要介绍封闭型问题的答案选项设计常用的方法。

封闭型问题是选择回答型，其答案选项设计方法主要有：两项选择法、多项选择法、顺序选择法、评定尺度法、双向列联法等。

①两项选择法。两项选择法也称二分法，提出问题后设计的答案选项只有两种选择，“是”或“否”，“有”或“无”等。这两种答案选项是对立的、排斥的，受访者的回答非此即彼，不能有更多的选择。

两项选择法的优点是易于理解，可迅速得到答案，便于统计。但受访者没有进一步阐明细节和理由的机会，难以反映受访者意见与程度的差别，了解的情况不够深入。这种答案选项设计方法适用于相互排斥的两项择一的问题，以及询问较为简单的事实性问题。例如：

您是否购买了笔记本电脑？　1是　2否

②多项选择法。为了充分了解受访者的要求和意愿，有些问题需要采用多项选择，即对一个问题给出三个或三个以上的答案选项，受访者从中选择。这种答案选项设计方便了受访者回答，能得到较多的数据信息。多项选择法是各种调查问卷中采用最多的一种类型。多项选择是从多个备选答案中选择一个或几个选项，根据要求选择答案的数目不同，多项选择可分为以下三种选择类型。

一是单项选择型。要求受访者从所给出的答案选项中选择其中的一项。例如：

您购买该品牌电脑最重要的原因是？（选一项）

1 价格便宜　2 质量好　3 售后服务好　4 功能多　5 该品牌有名　6 其他

二是多项选择型。要求受访者从所给出的问题答案选项中，选出自己认为合适的答案，数量不受限制。例如：

您购买该品牌电脑的原因是？（可多选）

1 价格便宜　2 质量好　3 售后服务好　4 功能多　5 该品牌有名　6 其他

三是限制选择型。要求受访者从所给出的问题答案选项中，选出自己认为合适的答案，但数量受到一定的限制，通常为限选几项。例如：

您购买该品牌电脑的原因是？（限选三项）

1 价格便宜　2 质量好　3 售后服务好　4 功能多　5 该品牌有名　6 其他

③顺序选择法。顺序选择法是在提出问题后，列出答案选项，要求受访者按其要程度或记忆的先后顺序将答案选项进行排列。这种方法不仅可以反映所要调查的内容，而且可以反映出受访者对问题的进一步看法，从而增加数据信息量。顺序选择法一是可以对全部答案选项排序；二是只对选出的答案选项进行排序。对选择的答案选项数量可以进行限制，也可以不进行限制。例如：

您购买该品牌电脑的原因是？（请您按 1、2、3、4、5、6 依次排序：最重要 1，最不重要 6）

1 价格便宜　2 质量好　3 售后服务好　4 功能多　5 该品牌有名　6 其他

或者，可以设计成如下形式，例如：

您购买该品牌电脑的原因，在您认为最重要的原因上填“1”，其次填“2”，依此类推。

【 】价格便宜

【 】质量好

【 】售后服务好

【 】功能多

【 】该品牌有名

【 】其他

也可以设计为限选几项并排序。例如：

您购买该品牌电脑的原因，

排在第一位的是（　）

排在第二位的是（　）

排在第三位的是（　）

1 价格便宜　2 质量好　3 售后服务好　4 功能多　5 该品牌有名　6 其他

顺序选择法可能存在的问题是顺序的等级标准未知，深入处理也不太容易。

④评定尺度法。评定尺度法也称量表法，量表是一种工具，是将一些主观的、抽象的概念定量化。通常要求受访者对答案选项进行评级，或对某个询问问题发表意见，如对满意程度进行打分等。

问卷设计时，研究人员要考虑受访者对问题的回答是否便于进行量化处理和数据分析。如果使用问卷的调查结果是一大堆难以统计的定性资料，那么从中得到规律性的结论就十分困难。为解决这个问题，调查中常使用量表。量表是将态度量化的工具，量表的方式很多，常见的打分就是量表的一种表现形式。例如：

您对该品牌电脑售后服务是否满意？

1 非常满意　2 比较满意　3 一般　4 不太满意　5 非常不满意

又如：

请您为该品牌电脑整体使用情况打分（5 分最高）。

5　4　3　2　1

⑤双项列联法。这种方法是将两种不同的询问问题综合一起，通常用表格的形式来表现，表的横向是一类问题，纵向是另一类问题，这种设计结构可以反映纵横两方面因素的综合状况，可以提供单一类型问题无法提供的数据信息，还可以节省问卷的篇幅。

例如，某高校有关课程设置情况调查如表 5－1 所示。

表 5－1　　课程设置情况调查表

请您对以下各题予以客观评价，并在适当的□中打「√」	非常满意	比较满意	一般	不太满意	非常不满意
1. 您对所学专业的满意程度	□	□	□	□	□
2. 您对每学期课程安排的满意程度	□	□	□	□	□
3. 您对所学专业实践教学的满意程度	□	□	□	□	□
4. 您对本专业教师教学质量的满意程度	□	□	□	□	□
5. 您对本专业教师教学方法的满意程度	□	□	□	□	□
6. 您对本专业教师使用多媒体的满意程度	□	□	□	□	□
……	□	□	□	□	□

在双项列联表中，也可以增加不同的高校，对相同的项目进行打分，这样，可以进一步进行对比分析。

⑥配对比较法。配对比较法是将评价的项目设计成一组具有两个不同选项的问题，要求受访者从每个问题的一对选项中选择一项作为答案，在每一对之间进行比较。由于问题的选项是成对的，且每对选项彼此相异，分布平衡，可以消除单项设计所难免的偏向。使用配对比较法的结果与顺序尺度法相当，但它提供了较多的两两比较的详细内容。在市场调查中应用比较普遍。例如：

请比较下列每一对不同品牌的洗发水，哪一种您更喜欢使用？（每对中只选一个打钩）

1 海飞丝 ⟷ 潘婷

2 潘婷 ⟷ 飘柔

3 飘柔 ⟷ 威娜宝

4 威娜宝 ⟷ 花王

5 花王 ⟷ 海飞丝

或者设计成通过描述某洗发产品特点的成对形容词来选择。例如：

每对中哪个形容词所反映的特点您认为更为重要？（每对中只选一个打钩）

1 去头屑 ⟷ 洗得干净

2 洗得干净 ⟷ 顺滑

3 顺滑 ⟷ 效果持久

4 效果持久 ⟷ 物有所值

5 物有所值 ⟷ 去头屑

（3）答案选项设计的基本原则与要求。答案选项设计主要原则是穷尽与互斥。

一是答案选项要穷尽，即列出的备选答案选项中包括所有可能的回答，不能有遗漏。对有些问题，当答案不能穷尽时，可以加上“其他”一项，以保证所有的受访者都能有所选择，并且“其他”选项被选择的机会应当是可以预见到很少的选择，不会超过主要答案被选择的机会。

一是答案选项要互斥，即互不包含性，答案选项之间不能相互重叠、包含或交叉。例如：

您上月的支出中花费最多的是？

1 食品　2 服装　3 书籍　4 饮料　5 其他

其中，食品与饮料存在包含关系，不符合互斥基本原则。

答案选项设计基本要求如下。

①答案选项应易于计算，回忆时间不应太长。

②注意答案选项的排列方式。行式排列、列式排列或矩阵式排列，要考虑问题、选项多少、版面设计等多方面，综合考虑决定。

③分析方法不同，对问题及答案选项设计也有不同要求。如果是定性调查，一般不做统计推断，分析是主观性的、解释性的，所以量化的答案相对较少，答案选项可采用定性类别；如果定量调查，一般要做统计推断，分析是统计性的、汇总性的，所以量化的答案较多，可采用量表或填写具体的数值。

④在答案选项程度区分上，不要提供过多看上去差别不大的近似选项。例如，非常满意、满意、一般满意、部分满意、部分不满意、一般不满意、不满意、非常不满意等。过于细化和复杂的答案选项，可能对用户有潜在提示作用，原本用户没有觉得“部分满意”，但由于答案选项的提醒，觉得这个答案选项更符合普遍心态；也可能会消耗用户更多的时间，或者敷衍了事，导致调查的结果达不到预期目的。

⑤答案选项的事前编码要完成。

（四）背景部分的设计

背景部分主要是有关受访者的一些背景资料，通常放在问卷的最后，研究人员可根据背景资料对受访者进行分类比较及进一步分析。主要是一些社经变量，如性别、年龄、家庭、收入、职业、教育、婚姻状况、国籍、种族等；地理变量，如地域、乡村、都市、人口密度、气候等。如果对管理者调查，也会有关于性格的变量，等等，需根据调查目的和调查对象和调查单位具体确定。

在完成开头部分、甄别部分、主体部分、背景部分的设计后，还要注意版面格式的设计。问卷的版面格式也会影响调查的质量，版面格式美观、清晰会使受访者产生好感，从而引起填写问卷的兴趣。

设计问卷，整体结构安排要合理；问卷的主体部分要突出、醒目；不要编排过密，各问题之间要留出一定的空间；答题规则简单清楚；问卷外观及内容的印刷要美观。

三、问卷中常用的测量方法

问卷中的问题及答案选项的设计，直接影响调查的结果，也就是调查数据。而获得数据类型不同，分析方法也不同。因此，对问题及答案选项设计时必须明确测量方法及形成的结果。测量是指根据一定的法则，将某种物体或现象所具有的属性或特征用数字或符号表示出来的过程，主要作用是确定一个特定分析单位的特定属性的类别或水平。

（一）测量尺度

变量的解释和运用离不开测量，不同的变量需要相应的测量尺度。问卷中最基本、最常用测量方法是按不同计量尺度测量，分述如下。

（1）定类尺度。也称分类尺度，最粗略的测量，将客观事物按其质的特性进行分类，只是测度了事物之间的类别差。其结果表现为各个类别，用文字、符号、语言等进行描述，各类别之间是并列的平等关系，顺序可改变。定类尺度测量形成定类（分类）数据，是定性数据的一种。问卷设计中就是对问题的答案选项进行分类，可用编码表示，例如用 1 表示“男性”，用 0 表示“女性”，编码数字本身不能区分大小和运算。定类尺度是对变量的不同状态的度量，类别区分可以说明观测对象的某些本质特征。

（2）定序尺度。将客观事物按其质的特性分类并按等级或顺序进行排列，形成定序（顺序）数据，是定性数据的一种。如满意程度描述为很不满意、不满意、一般、满意、很满意；成绩描述为优秀、良好、中等、及格、不及格等。定序数据是对事物进行顺序上的定性描述，因此只能比较大小，一般不能进行数学运算，比定类尺度的数学特征高一个层次，得到的信息也更多。定序尺度不仅能把不同事物区分为不同类别，还能反映事物或现象在高低、大小、先后、强弱等序列上的差异。研究者常用定序尺度对文化程度、生活水平、工作能力等特征进行等级排列。

（3）定距尺度，又称间隔尺度，通常使用自然或度量衡单位作为计量尺度测量，如元、克、米、度等，一般用数字表示，结果表现为数值，形成定距数据，是定量数据的一种。用定距尺度测量，不仅能区分现象或事物不同的类别、不同的等级，还可以确定相互之间不同等级的间隔距离和数量差别，即可进行加减运算，不能进行乘除运算。例如，甲的智商为 100，乙的智商为 90，甲的智商比乙的智商高 10，但说甲的智商比乙的智商高 1.11 倍是没有意义的，即可以说明哪一类别的等级较高和高出多少单位。在实际研究中，研究者常常把某种特定的定序尺度的测量结果近似看作定距尺度的结果来运用，以便运用更多复杂的统计分析方法。例如，测量人们的态度变量时，常见的取值（打分）为“非常满意”“比较满意”“一般”“不太满意”“很不满意”，需注意的是，这种处理方法只有在测量尺度取值的划分基本等距时才能使用。

（4）定比尺度。又称比率尺度，是测量中的最高层次，一般用数字表示，结果表现为数值，形成定比数据，是定量数据的一种。定比尺度除具备前三个计量尺度的特性外，还可以测量事物间比例、倍数关系，即可以进行数学运算。定比尺度与定距尺度的唯一区别在于是否存在具有实际意义的零点（绝对零点），即零点是否是绝对的、固定的。定距尺度上没有绝对的零点，定距尺度的值可以为 0，但这个“0”不是绝对的“无”，如智力测验为 0 分不代表没有智力。

对现象进行测量时，尽可能选择较高层次尺度。高层次尺度能够获得更多、更精确的信息。高层次测量的结果很容易转化为低层次测量的结果。反之则不行。一个变量可能适合用各种尺度来测量，选择何种尺度取决于研究所要求的精确度、调查目的要求、研究条件，综合考虑进行选择。

综上所述，依四种计量尺度的测量结果形成了两类数据：定性数据和定量数据。

定性数据/品质数据：由定类尺度、定序尺度测量形成，说明事物或现象品质特征，结果表现为类别，可计算频数和频率；

定量数据：由定距和定比尺度测量形成，说明事物或现象数量特征，结果表现为数值，也称数值型数据。实际应用中定距数据和定比数据常常不做区分而作为一个类别即数值型数据来使用。定量数据可采用参数方法、非参数等多种分析方法，也可转化为定性数据。因此，调查中应尽量获取定量数据。

（二）量表

问卷设计时若按定类尺度、定序尺度、定距尺度、定比尺度测量，并将问题和答案选项设计成量表，则分别形成类别量表、顺序量表、等距量表和等比量表。量表是由反映某一抽象概念的所有测量指标/变量和备选答案构成的调查表。量表的种类比较多，如根据答案数量的多少，可以分为五级量表、七级量表、九级量表等不同的量表。例如：

您对这品牌电脑售后服务是否满意？

1 非常满意　2 比较满意　3 一般　4 不太满意　5 非常不满意

五级量表就是由五个等级的答案选项构成的量表，依此类推，可得到七级量表、九级量表、十一级量表等。

又如，语意差别量表，由一系列两极性形容词词对组成，并被划分为若干个等值的评定等级（7 个等级常用，也可以划分为 5 个或 9 个等级），评价的基本维度主要包括性质或价值评定、力量或能量对比、行动参与性等方面。如好的与坏的、美的与丑的、大的与小的、强的与弱的、重的与轻的、快的与慢的、积极的与消极的、主动的与被动的等。量表的编制是选取相对两极的形容词若干对，平行列于具有若干个（本例为 7 个）等级量表的两端，对某个主题测量，受访者按照自己对主题的意见、感受、理解，在量表的适当位置打上记号（或划钩），或设计为打分，最后综合观察受访者的想法及其差异情形。此量表可用来研究受访者对主题的内容评价，亦可用于差异比较等研究。例如，对某产品的评价：

如果您完全同意左面的词组请选 1，如果完全同意右面的请选 7，否则请选 1—7 之间的任意数字。具体如图 5－2 所示。

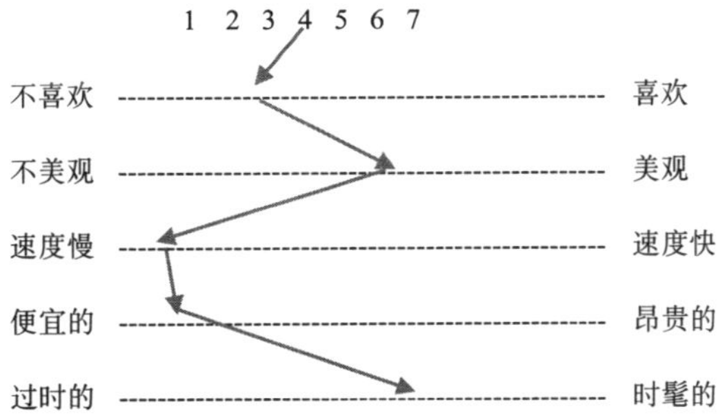

图 5－2　某产品的评价的语义差别量表

由于功能的多样性，语义差异量表被广泛地用于市场研究，用于比较不同品牌商品、厂商的形象，以及帮助制定广告策略、促销策略和新产品开发计划。在社会学、社会心理学和心理学研究中也有广泛应用。

量表也可按测量维度分类。设计量表时，需要考虑对受访者或者观察对象测量的维度。维度是指考虑问题时的某个方面、角度、特征或方式；也可以指对事物某个特定方向上的测度，如长、宽、高。数据仓库中的维度则是指对所涉及对象的属性进行划分的方式，与分类变量相似。按照测量维度区分，量表还可以分为一维量表和多维量表。一维量表用于测量调查对象的单一特征。它是多维量表的基础，多维量表是一维量表的集成。此外量表还可以分为平衡量表和不平衡量表、奇数层次量表和偶数层次量表，等等。

对态度作定量测量的态度量表，是常用的且较为客观的测量态度的工具，有广泛的研究与应用。态度作为一种潜在变量，无法直接被观察到，但可通过人的语言、行为以及对外界的反应等间接地进行测量。例如，简单的态度测量，如"同意和不同意"；分类度量，如"非常好、好、一般、不好、非常不好"；李克特量表，由一组反映态度的问题组成，每个态度按强弱程度分为若干等级，进行打分最后予以加总；哥特曼量表，由一套具有连续性的不同问题加以测量，并且所有问题按其反应强度顺序排序；瑟斯顿量表，等级划分是等距的，不仅可以反映受访者对该问题态度的顺序，还可以反映其态度的差异大小；在由一系列两极相反的形容词组成的评价体系组成的语义差别量表改进的基础上，形成的斯塔普尔量表，它使用一个形容词，并用数字来反映强度标准，等级一般分为十个；或采用配对比较量表，两两比较，把所有要评定的对象两两配对，请受访者比较，判断哪一个更好；图示量表，用几何图形来度量，比较直观；项目间比较量表，对两个或两个以上项目给出一个总分，要求受访者在项目之间根据重要性进行划分。实际中测量个体对某种类型的人、事物、情境、机构以及观念等喜欢或者厌恶程度时频繁使用。

使用量表需要进行评价。量表的评价标准主要包括测量的信度和效度。信度是指如果重复测量，量表产生一致性结果的程度。估计信度的方法主要有再测信度、复本信度、内在一致性信度。其中，再测信度指通过在尽可能相同的条件下使用相同的测量工具进行重复测量来估计的信度；复本信度用两个形式不同的等价量表，对同一组受访者在不同的时间（通常间隔两周到四周）进行测量，两次测量结果间的相关性可以用来评价量表的信度，就是复本信度或等值信度；内在一致性信度用来衡量测量内部一致性的程度，它要讨论的是构成测量的各测量题目的相互关系。当测量的各测量题目之间难度相当，相关性很高时，表明该测量的信度也很高。

效度指测量工具本身的有效性，是测量工具避免系统误差和随机误差的程度。研究人员可以用内容效度、准则效度和结构效度来评价测量工具。其中，内容效度指测量工具涵盖研究主题的程度。研究人员必须检查测量工具中的题目是否充分地覆盖测量对象的主要方面；准则效度又称实证效度或统计效度，指测量工具所得到的数据和其他被选择的变量（准则变量）相比较的一致性程度；结构效度指测量是否真正体现最初的理论结构以及体现的程度。进一步内容见本章第六节。

第四节 调查问卷编码设计

一、编码定义与作用

（一）编码的定义

编码（coding）就是按照某种规则，对一个问题的不同答案选项确定相应数字代码的过程，将问卷信息转换成计算机可以识别的代码，以便于对其进行数据整理与分析。

（二）编码的作用

编码的作用主要是将调查问卷所包含的信息转换成计算机可以识别的符号，便于计算机进行处理；可以减少数据录入和分析的工作量，节省费用和时间，提高工作效率，也能减少误差；或将定性数据通过编码转化为用数字表示的数据，进行定量分析。例如，对某旅游景点游客调查的部分数据，如表 5-2 所示。

表 5-2 某旅游景点游客调查的部分数据

问卷编号	性别	职业	文化程度
1	1	3	1
2	2	1	3
3	2	2	3
4	2	3	1
5	2	5	1
6	2	1	1
7	1	3	1
8	2	8	1
9	2	1	2
10	1	3	2

表 5-2 中，数字为代码。例如，性别变量中，1 代表男性，2 代表女性；职业变量，1 代表学生，2 代表公务员，3 代表企事业单位人员，4 代表个体经营人员，5 代表农民；6 代表无定职业者，7 代表退休人员，8 代表其他等。

（三）调查问卷编码的分类

问卷的设计时，根据编码进行的先与后，分为预编码和后（再）编码两类，也称事前编码和事后编码。通常，封闭式问题及答案选项在编制问卷过程中进行，即事前编码，开放式问题的答案需要事后编码，也就是在问卷回收后进行编码；还可根据问题类型，分为封闭题编码、半封闭题编码和开放题编码；或根据问卷是否为结构式，分为结构式问卷编码和非结构式问卷编码等等。不管如何分类，编码都须按照一定的规则和要求进行。

二、编码设计的一般方法

编码是对一个问题的不同答案选项给出一个电脑能够识别的数字代码的过程，其基本步骤是要确定每个变量所用符码的性质，如定性变量或定量变量，然后为每一变量规定其代码，确定每个变量所需编码的位数等，其具体内容一般包括：问卷的代码、变量的定义、取值的定义、变量所占字节、取值范围、取值对应含义及相关具体问题。表 5-3 展示的是常见的具体编码内容。

表 5－3　　常见的具体编码内容

变量序号	变量名	变量类型	变量所占字节	取值	取值对应含义	备注	对应题号	对应问题
1	性别	分类型	2	1—2 或 9	1 表示男性；2 表示女性；9 表示缺失	全为 9 表示无回答	1	被访者的性别？
2	职业	分类型	8	1—8 或 9			2	
3	年龄	数值型	8					
……	……	……	……	……	……	……	……	……

对于大型调查，需要将具体内容详细编制好，形成编码手册，便于查询。

通常我们都是用 Excel 存储数据，之后通过数据分析软件或编程进行分析，下面以 SPSS25 为例，简要说明对变量定义及编码的一些要求。SPSS 中，“变量视窗”界面如图 5－3 所示。

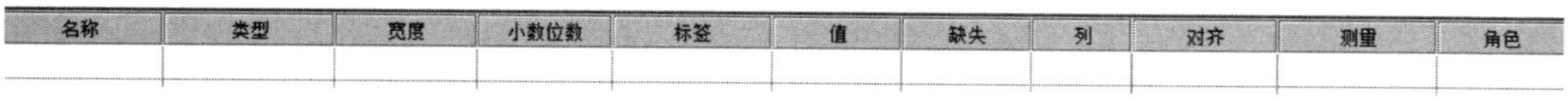

图 5－3　SPSS 中“变量视窗”界面

根据图 5－3“变量视窗”界面所示内容，可以看到 SPSS 中的变量共涉及 11 个属性，分别是变量的名称（name）、类型（type）、宽度（width）、小数位数（decimals）、标签（label）、值（value）、缺失（missing）、列（columns）、对齐（align）和测量（measure）及角色。

定义变量时，在 SPSS 数据编辑窗口中，单击“变量视窗”标签，进入“变量视窗”界面即可对变量的各个属性进行设置。其中，名称指的是要定义或分析的变量名称；类型指的是变量类型；宽度指的是所占字节；小数位数，数值型数据可选择几位小数；标签指的是对应问卷中的问题，即该变量的详细表述；值，即值标签，是要进行编码的具体内容，如 1 表示男性，0 表示女性；缺失，即缺失值，是对数据缺失值进行定义或规定，也可用编码表示，如用 9、0 或某个固定数值表示缺失值。测量指的是变量类型，即获得的这个变量值属于分类数据、顺序数据还是数值型数据；角色是指在分析中的角色，如自变量、因变量等。定义一个变量要首先定义它的两个基本属性，即变量名称和变量类型，之后定义值标签、缺失值、测量尺度等，其他属性可以暂时采用系统默认值，以后分析过程中如需要再对其进行设置。以下将结合编码的要求、方法采用 SPSS25 对编码的相关内容进行介绍。

（一）事前编码设计

如前所述，事前编码要求事先已知问题的答案类别，主要应用于结构式问卷中的封闭题和数字型填写题，也称前设计编码。

1. 单项选择题编码设计

对单项选择题，只需规定一个变量，取值为该题的选项号码。例如：

Q2 您觉得该景点的特色如何？（单选）

1 非常明显　2 比较明显　3 一般　4 不明显　5 非常不明显

该单选题设计编码时，变量名为“景点的特色”，只定义了这一个变量；属于非数值型变量（字符串），变量所占字节数为1（默认即可），变量取值范围为1—5，用9表示该题无回答，在缺失值中进行了定义。其中值标签定义很重要，必不可少，关系到后续数据分析的具体内容和结果。常用的值标签定义方法如图5－4所示。

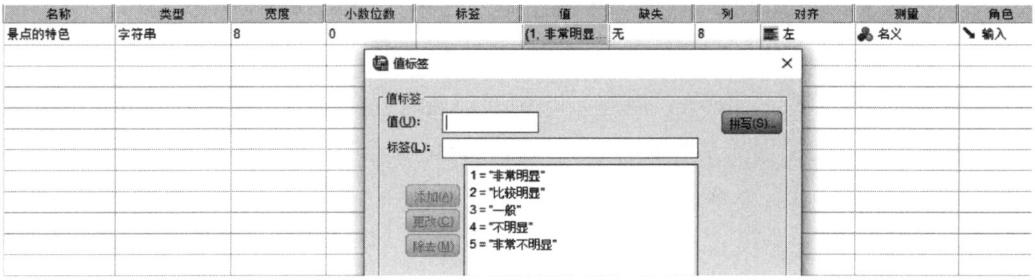

图5－4　单项选择题值标签的定义

如果不进行值标签的定义，则分析输出的结果不会显示如“非常明显、比较明显、一般、不明显、非常不明显”等类别内容，而只显示“1、2、3、4、5”等作为输出类别。

同时也要定义缺失值，如图5－5所示。

图5－5　缺失值定义图示

缺失值定义，可以定义单个的或离散缺失值，也可以定义一个范围，另加上一个离散型数值，需要根据调查数据的类型和本次调查的编码情况具体决定。如果不定义缺失值，数据分析时会出现比较混乱的结果，或者需要在每个问题分析前进行筛选再分析。

2. 多项选择题编码设计

多项选择题，可以从中选择一个或多于一个的答案选项；有时也可以设计成限选几项，如限选 3 项等。其基本的编码方法有以下几种。

（1）二分法。当多项选择题中不限定选择几个答案选项时，通常采用二分法进行编码。一般定义“1”选择，“0”未选。例如：

Q3 您在此游玩时的主要活动是什么？（可多选）

a. 逛特色商店　b. 品尝特色小吃　c. 酒吧或咖啡茶艺馆休闲
d. 胡同四合院观光　e. 观看文艺演出　f. 观看各类艺术展示（创意工作室）
g. 商务会务　h. 住宿　i. 其他

（为区分后续的编码，选项中用 a—i 表示。）

该问题共有 9 个答案选项，由于不限定选择几个，受访者可以任意选择编码时可定义 9 个变量（可用每个答案选项作为变量名，或重新命名。本例如 Q3 主要活动 a、Q3 主要活动 b，等等）；每一个变量均做如下定义：“0”未选，“1”选择。答案全为 0 表示该题无回答。

假如第一个受访者（个案），选择了“胡同四合院观光”和“观看各类艺术展示”2 个答案选项，则在变量（变量名分别为“胡同四合院观光”“观看各类艺术展示”）下面录入 1，没有选择的其他变量下面录入 0。即：

a 逛特色商店	b. 品尝特色小吃	c. 酒吧或咖啡茶艺馆休闲	d. 胡同四合院观光
0	0	0	1

e. 观看文艺演出	f. 观看各类艺术展示	g. 商务会务	h. 住宿	i. 其他
0	1	0	0	0

将所有受访者（个案）的选择结果都进行录入，就得到这个多项选择题的调查数据，部分结果如图 5－6 所示。

Q3主要活动a	Q3主要活动b	Q3主要活动c	Q3主要活动d	Q3主要活动e	Q3主要活动f	Q3主要活动g	Q3主要活动h	Q3主要活动i
0	0	0	1	0	1	0	0	0
0	0	1	0	0	0	0	0	0
0	0	1	0	0	0	0	0	0
0	0	0	1	0	0	0	0	0
0	1	0	0	0	1	0	0	0
0	1	0	1	0	1	0	0	0
0	0	0	1	0	0	0	0	0
1	1	0	1	0	1	0	0	0
0	0	1	0	0	0	0	0	0
0	1	0	0	0	0	0	0	0
0	1	0	1	0	0	0	0	0

图 5－6　二分法录入结果图示

（2）分类法。多项选择题中，常常限选几项，如限选 3 项。如果设定了限选几项，编码设计中就定义几个变量。如果不限定，则定义变量的个数应该与答案选项的个数一致，如 9 个答案选项就定义 9 个变量。以多选题中限选三项为例进行说明。例如：

Q3 您在此游玩时的主要活动是什么？（限选 3 项）

1. 逛特色商店	2. 品尝特色小吃	3. 酒吧或咖啡茶艺馆休闲
4. 胡同四合院观光	5. 观看文艺演出	6. 观看各类艺术展示（创意工作室）
7. 商务会务	8. 住宿	9. 其他

由于是限选三项，则定义三个变量，如变量 1、变量 2、变量 3。变量 1 是个抽象的名称，不知道这个变量的具体内容，因此定义变量的名称应根据具体的问题具体化，这样受访者更容易理解和贴近问卷中问题的内容。如本例将变量定义为“主要活动之一”“主要活动之二”“主要活动之三”三个变量。受访者选择了哪 3 项，数据录入中就填选这 3 项的选项号，另规定 0 或 99 为无回答，即全为 0 或 99 表示该题无回答。假如一个受访者（个案）选择了“逛特色商店”“酒吧或咖啡茶艺馆休闲”“观看文艺演出”，则在“主要活动之一”“主要活动之二”“主要活动之三”三个变量下面录入相应的答案选项号码，没有选择的答案选项，规定录入 99。如图 5 –7 所示。

主要活动之一	主要活动之二	主要活动之三	变量
1	3	5	
2	5	6	
1	2	3	
2	3	4	
2	4	5	
2	99	99	
2	1	1	
1	3	3	
2	3	2	

图 5 –7　分类法录入图示

录入所有受访者（个案）的结果，就得到这个多项选择题（限选 3 项）的调查数据。分析时也可通过“转换”—“重新编码为不同的变量”转成 0—1 编码。

3. 排序题编码设计

（1）对于排序题，一种是要求受访者对全部答案选项排序。

例如，前面一个例子的问题：

Q 您购买该品牌电脑的原因是？（请按重要程度填写答案选项号，最重要排在前面）<u>（）（）（）（）（）（）</u>。

1 价格便宜　2 质量好　3 售后服务好　4 功能多　5 该品牌有名　6 其他

由于是对全部答案选项排序，共有 6 个答案选项，可定义 6 个变量，即变量 1、变量

2、变量3、变量4、变量5、变量6（变量1至变量6按重要程度排列），实际中可根据具体问题将变量1—变量6命名，如第一重要原因、第二重要原因等。如果受访者没有填写，可以规定录入0或99。

如果第一个受访者填写了（2）（3）（1）（5）（4）（6），则6个变量的编码及结果为：

第一重要原因	第二重要原因	第三重要原因	第四重要原因
2	3	1	5
第五重要原因	第六重要原因		
4	6		

将所有受访者（个案）结果进行录入，得到这个全部排序题的调查数据，部分结果如图5-8所示。

第一重要原因	第二重要原因	第三重要原因	第四重要原因	第五重要原因	第六重要原因
2	3	1	5	4	6
1	2	3	4	5	6
3	2	1	4	5	99
5	4	3	2	1	6
4	3	1	2	5	6
1	4	2	3	5	99
2	1	5	4	3	99

图5-8 全部答案选项排序部分结果图示

分析时将1、2、3、4、5分别进行值标签定义，即转换成文字的形式。

同样问题和答案选项，如果设计成如下形式：

Q 您购买这品牌电脑的原因？（在您认为最重要的原因上填“1”，其次填“2”，依此类推）。

【 】价格便宜

【 】质量好

【 】售后服务好

【 】功能多

【 】该品牌有名

【 】其他

这个问题的答案选项实际上规定了“1”代表最重要，“6”代表最不重要，其编码的设计可以将变量具体表示为：价格便宜、质量好、售后服务好、功能多、该品牌有名、其他。

如果第一个受访者做了如下的选择：

【3】价格便宜

【1】质量好

【2】售后服务好

【5】功能多

【4】该品牌有名

【6】其他

录入时分别在“价格便宜、质量好、售后服务好、功能多、该品牌有名、其他”变量名称下面录入填写的结果，如果没有填写，可以规定录入0或99。将所有个案结果进行录入，得到这个问题的调查数据，部分结果如图5-9所示。

价格便宜	质量好	售后服务好	功能多	该品牌有名	其他
3	1	2	5	4	6
1	2	3	4	5	6
3	2	1	4	5	6
5	4	3	2	1	6
3	4	2	1	5	6
1	3	4	2	5	99
2	1	5	4	3	99

图5-9　全部选项排序部分结果图示

对比同一个问题和答案选项的不同设计要求，可以看到，其编码也不相同。

(2) 对于排序题，可要求受访者设计限选几项并排序。例如：

Q 您购买该品牌电脑的原因是？（限选三项并排序，填选项号即可）

最主要的原因（　），其次原因（　），再次原因（　）。

1 价格便宜 2 质量好 3 售后服务好 4 功能多 5 该品牌有名 6 其他

因为是限选三项，其编码的设计可以将变量设计为三个变量，具体可表示为：最主要的原因、第二原因，第三原因，当然也可以根据自己分析的要求给变量命名。

如果第一个受访者（个案）选择了最主要的原因“2”，其次原因“1”，再次原因“3”，则在编码设计的三个变量下面分别填写2、1、3，即：

最主要的原因	第二原因	第三原因
2	1	3

依此类推。如果受访者都没有填写选项号，可以规定录入0或99。将所有个案结果进行录入，得到这个限选三项并排序问题的调查数据，部分结果如图5-10所示。

最主要的原因	第二原因	第三原因	变量
2	1	3	
3	1	2	
1	4	5	
2	3	1	
5	1	2	
4	2	3	
2	5	4	

图 5－10　限选几项并排序图示

录入时全为 0 或 99，表示该题无回答。

对于答案选项全部选择并排序，则可以根据答案选项的个数，有几个答案选项就定义几个变量，并用变量名称区分排列顺序，如第一重要、第二重要等，在下面填答案选项号即可。

4. 数字问题编码设计

对直接回答数字的问题，变量取值即为该数字。例如：

Q 您的年龄是________周岁。

变量的名称即为年龄，取值范围，根据调查目的和对象确定。变量所占字节数，可以根据事先预计的数字最大值的位数确定。

需注意缺失值的规定。缺失值不能和调查结果中的某些数字重合。如年龄，对全部人口调查，如果规定 99 为缺失值就不合适，因为有的人确实是 99 周岁，因此需尤其注意。如果对调查对象规定了年龄区间如 20—60 岁，则需要先设计筛选问题，之后再定义缺失值，最后根据受访者填写的具体数值，录入即可。

对含有小数的变量值进行编码，原来将其分解成只含整数和只含小数的两个子变量，现在可直接在“小数位数”中进行选择。

数字问题的调查结果形成定量数据。

（二）事后编码设计

事后编码也称后设计编码、再编码，是在搜集完成后再进行编码设计。实践中事后编码主要是结构型问卷中的文字开放题和无结构问卷及数据预处理中的再编码。再编码为了方便数据处理，是对原编码的有效补充，或是对原编码的调整修改。

1. 结构型问卷中的文字开放题编码设计

文字开放题编码设计是最常见的一种后编码形式。编码主要思路是：将问题的答案转化为一个或几个变量，将所有可能的答案类别赋予相应代码。

如果只有提问的问题没有备选答案选项，称作完全开放式问题。完全开放式问题编码设计主要步骤如下。

（1）阅读问卷中填写的答案。阅读所有问卷中该问题的回答（答案），这种方法适用于样本量较小的情况；当样本量较大时，可抽取部分问卷，抽取方法可以随机选取，也可以分层系统选取，还可以主观选取。

（2）记录答案。仔细阅读每个受访者对该问题的回答，每遇到一个新的答案类别就记录下来，同时记录各答案类别出现的频率，依此类推。要注意的是受访者答案除表面含义以外，可能还有引申、隐含的含义，应注意区分。

虽然汉字版等相关软件都有按笔画和拼音排序的功能可以辅助，但需要结合主观判断，合并意思相近的答案，对明显相同的答案统计其出现的次数。

（3）答案归类。结合调查分析目的和对分类的要求，尝试用不同方法对录入的答案进行排序、归类，对各答案类别进行整理归纳，突出分析重点，尽量包含所有信息且互不交叉，将不能编码或个数较少、可不予考虑的答案归入“其他”项。注意留出位置以备修改，如果后期发现较多或较重要、有新意的类别，可以增加或细化类别。

（4）编码。对精简后的答案类别设置编码。

（5）录入编码。对含义相似的答案进行编码，录入，转换成类似封闭式答案选项的形式进行分析。如果答案内容较为丰富、不容易归类的，应对这类问题直接做定性分析。

虽然开放式问题编码比较麻烦，但从功能的角度看，开放式问题是对封闭式问题的有效补充。

2. 无结构问卷编码设计

如果需要对无结构问卷问题的答案编码，应先定义问卷中的变量，然后针对各变量，分别整理归纳答案类别和给定编码。

3. 数据处理中的编码设计

数据分析前，需要进行预处理，如变量重新定义、转换、合并类别等，这时也需要进行重新编码或“再编码”。例如，原来答案选项有 9 个类别，根据分析需要，转换为 3 个类别，此时需要重新编码。“再编码”往往伴随着重新归类分组。

（三）其他类型问题和答案的编码设计

1. 半开放半封闭问题和答案选项的编码设计

半开放半封闭问题的答案选项由两种形式构成：一种是提供了答案选项，另一种是开放式的。称作半开放式问题或隐含的开放式问题。例如：

Q 您购买该品牌电脑的原因是？（可多选）

1 价格便宜

2 质量好

3 售后服务好

4 功能多

5 该品牌有名

6 其他（请注明）________________。

这种隐含的开放式问题，封闭式部分按照封闭式问题和答案选项的编码方法处理，开放部分按照开放式问题编码方法处理。

2. 跳答题编码设计

对于跳答题，其所有的填答部分（答案）按照相应的编码方法进行，跳答不填的部分，录入时可不填写或者按照统一定义符号表示或填写规定的编码值。

三、编码设计原则

大量的问卷在编制及实地调查收回后，需要对每个问题和答案进行审核、整理、汇总等。为了充分利用问卷中的调查数据，提高问卷的录入效率及分析效果，需要对问卷中的问题和答案选项进行科学的编码。不论是调查实施前还是调查实施后，编码都有相同的原则，是否符合这些原则可以衡量编码做得好不好，也体现出问卷设计是否科学、合理。

编码基本原则包括准确性、便利性、完整性、唯一性、效率性、标准化、可维护性。具体表现为：

（1）编码应充分反映调查项目（指标/变量）之间的内在逻辑联系，设计合理，编码准确；

（2）答案选项和答题说明尽量详细，编码更加便利；

（3）针对模棱两可的问题，制定统一标准，尽量保证编码表的质量，避免由编码表引起的编码误差；

（4）不同编码值不能表示相同内容，不同种类的调查项目其编码值也应不同，否则就会引起混乱，导致误解；

（5）能用自然数，绝不用小数；能用正数绝不用负数；能用绝对值小的整数绝不用绝对值大的整数；

（6）在编码表中编入“其他”项，如果该答案选项比较重要或出现频率较多，可以通过增加、细分答案类别，修改编码表；

（7）许多市场调查问题的调查项目可借用现成编码，如在全国性调查中，各省市自治区的常见编码，如邮政编码、长途电话区码、国标地区编码等可供借用，以便节省精力与时间，体现了经济性。要做好编码人员的选择、培训、监督，减少误差。

四、编码设计应注意的问题

编码就是对一个问题的不同答案选项给出一个电脑能够识别的数字代码的过程，是问卷调查中不可缺少的流程，也成为数据整理汇总阶段重要的环节。根据编码的基本原则，实际编码中应注意以下问题。

（1）提倡使用统一编码表和对编码表进行测试。无论是开放式问题还是半开放式问题，对问题答案选项或答案内容相同、相近、类似等情况，对这些题目采用统一的编码表。这样一是易于控制编码，二是给后期的数据处理、分析带来很多方便。对于编制完成的编码表，在正式开展调查前应在小范围内对编码表进行测试，如测试 30—50 份问卷，以便对编码表进行修正，并使编码人员充分理解编码表。

（2）编码的合理性。如对同一地区的编码，对本省地市的编码值应该接近，数字的用法用自然数最好，越简单越好。

（3）编码的广泛性和概括性。具体表现为：每个答案选项都可以在最终的编码表上找到合适的对应，否则编码表是不完备的；最终的编码表应全面涵盖问题设计时所要搜集的各个方面的数据信息，有时出现频次少但观点特别的回答（答案）可能代表一个特定的重要群体，从研究的角度来说包含这类编码也是非常重要。确定最终编码表时，也可以通过经验判断编码表是否包含了各个角度的回答。

（4）不同编码值不能表示相同的内容或有重叠交叉，这也是编码的唯一性和排斥性。每个答案选项只能有唯一的编码值与之对应，不应出现同一个答案对应两个或以上编码值的情况，否则编码表就不满足唯一性。如果出现类同的，需要对编码表重新进行归纳。

（5）问卷设计中严格界定回答问题的角度。对于同一个问题，不同的人可能从不同的方面或角度考虑，每一个方面又会有多种有关的观点和事实。例如，对于“您现在的职业?”有的人可能从就业状态回答，如全职、兼职、失业、待业等；有的人从所属行业回答，如农业、制造业、商业、金融业、教育、艺术等；还有人从职业角度回答，如农民、工人、商人、会计师、律师、教师等。如果这些答案都出现在同一个问题中，会给编码工作造成麻烦。要避免这种情况，应在正式问卷确定之前根据调查目的调整提问的方式，在问卷设计和编制中进行调整。如果调查目的需要了解一个问题多个方面属性，可以将一个问题拆分为多个问题，每个问题要求从一个方面进行回答。

（6）后编码中对于答案归类，要根据研究目的和数据分析的要求确定取舍。在归纳确认最终编码表时，经常会遇到将一些答案归纳在一起还是将它们分开的情况。一般地，如果询问的是事实性的问题，如“您最近一个月使用什么牌子的洗发水?”，研究人员可能会按研究的要求保留出现频次最高的前若干个洗发水品牌，并将其余归纳为“其他品牌”；如果询问的是观点、意见类的问题，如“您为什么喜欢这个牌子的洗发水?”，对较分散的答案则不能简单地从频次确定取舍。对于研究目的来说，即便只有很少的回答者也可能是很重要的回答；而过于细致的分类又可能造成分析的不便。所以对答案归类，取决于编码设计人员对调查目的的理解程度。因此，要想对调查问卷的编码做到科学、合理、规范，设计人员必须对整个调查目的有详细的了解和认识，才能做好编码工作。

第五节　调查问卷设计应注意问题

调查问卷设计看似简单，但实际上是一项包含和体现科学性、系统性、可行性、复杂性的艰巨任务，因此，应按照科学的方法进行设计，调查问卷设计需要注意以下几个问题。

一、调查问卷内容不宜过多

从整体上看，一份问卷中的内容不宜过多，不必要的问题不要列入。多数初学调查或问卷设计的人，往往以为多一个问题，可多得一份资料，所以会询问一些不必要的问题，这不但浪费时间和资料处理的费用，有时也因问题过多，使受访者感到厌烦，影响整体调查的质量。

二、问卷的问题与答案选项设计要综合考虑

问卷的问题与答案选项设计综合考虑调查目的、调查对象、调查方法等。最重要的是满足调查目的的需要。调查目的决定调查对象、调查单位、调查方式方法。当然调查对象和调查单位必然会涉及提问的问题、答案选项的设计，如题型选择，受访者能否回答等。封闭式的选择题，答案范围明确，是问卷题型里使用最多的一种，后期整理数据时，便于对用户的意见或态度进行量化统计，但选择题的设计、编制，并不是一件容易的事情。而开放式问题，在后编码中要花费很多的时间和精力。目前，可以借助科技手段进行数据采集，如见数平台、问卷星、小程序等，大大提高了效率。

三、问卷的版面格式设计要体现专业化

问卷的版面格式也会影响调查的质量。版面格式美观会使受访者产生好感，从而引起填写问卷的兴趣。问卷的排版要体现方便答题和记录，尤其是受访者自己填写的问卷，更要充分考虑到各种可能。

整个问卷的结构安排要合理；问卷的主体部分要突出、醒目；如果内容较多，最好能把问卷分成若干部分，并分别标上编号，如“第一部分 甄别部分”“第二部分 主体部分”“第三部分 背景部分”，等等；各问题之间要留出一定的空间，方便提问、回答、编码等；重要的地方应该加重，以引起受访者的注意，如对访问员的提示、对受访者的提示，都要用特殊字体醒目地印出来。字体的大小、空间的多少、答案选项的排列等都要一一考虑周全；跳答题要借助箭头或图形标出；外表及内容的印刷要专业、美观。

四、问卷质量评估应高度重视

问卷质量至关重要，决定调查结果，因此必须进行质量的评估。按不同阶段，可以分为前测试问卷评估法、预调查和模拟试验等。

前测试问卷评估法主要从定性角度用于问卷设计初期的问题评审，如专家评审法，受访者焦点小组法等。例如，格雷瑟提出常用 12 个问题的问卷评估体系，主要从以下方面进行：（1）语法过于复杂；（2）对工作中的记忆要求过高；（3）模糊或模棱两可的名词或短语；（4）不熟悉的专业术语；（5）模糊或不精确的谓语或关系词；（6）有误导或不正确的假设前提；（7）不明确的问题分类；（8）一题多问；（9）问题和答案选项之间不匹配；（10）问卷要求的信息难以回忆；（11）受访者不太可能知道答案；（12）问题的目的不明确。

又如，受访者焦点小组法，可对认知标准进行测试。以明确受访者对调查主题和相关概念是否理解；了解受访者在该主题使用的相关术语，检查问题的用词和描述是否有歧义、模糊、不准确的情况，了解受访者回答问题的主观意愿和难度等；也可以进行个别访谈，探索性地了解受访者对问题的理解并试图了解他们组织答案的过程。

前测试问卷评估不仅从研究内容角度对问卷的问题是否符合研究目的，是否满足研究者的需求，而且从受访者角度对问题的措辞、结构、顺序以及回答的选项，是否有含糊不清的概念、引起歧义的词语以及回答困难的题目等进行评估，为问卷具体编制打下基础。

在问卷初步设计完成时，为了测试包括问卷整理在内的调查过程各个阶段，需要进行

预调查。预调查是正式开展调查之前进行的小规模调查“演习”，包括数据处理和分析，是问卷设计流程中的重要环节，其目的是对可行性及认知标准进行评估。预调查过程可搜集访问员和受访者反馈的关于调查实施和问卷中的相关信息，如有某个答案选项被多人提及，但问卷中没有涉及；某个开放问题的空间留得太小，不够记录；某个询问语句不通，读起来拗口；某个词语有歧义或令人费解；印刷错误、错误的跳答提示等。也可对访问员和受访者的行为进行汇总、归纳、编码，对预调查出现的问题进行评价，分析出现问题可能的原因；对量表进行信度分析及效度分析，之后对问卷进行必要修正。

模拟试验。模拟试验应按照正式调查的要求来进行。通过模拟调查，对问卷中发现的问题再进行修改和完善。从整体上检查问卷中问题的数量是否合适，受访者回答所需的时间，问卷长度是否过长，否则会引起受访者反感。检查问卷中的具体内容，如提问问题的措辞、答案选项、提问顺序等逐一进行检查。应在“问题是否必要？问卷是否太长？问卷能否满足研究要求？邮寄与自填问卷的外观是否吸引人？开放式问题是否留有足够的空间？问卷说明字体是否醒目？字号是否够大（尤其针对老年人调查）？问卷的着色编码风格是否合适？问卷的总体编排是否合理”等各个方面认真评估，如果评估没有问题，与项目委托单位代表或项目负责人做最后讨论；设计问卷的封面，问卷定稿，排版，选择印刷问卷的纸张规格、质量；问卷排版完成后，先打印几份，再仔细进行检查，若无问题，最后全部印刷。

问卷设计是一个反复的、逐渐完善的过程，要不断测试、修改，只有这样才能达到调查的目的。

第六节　拓展·实验或实践·探究

一、拓展

（一）敏感性问题处理方法

对敏感性问题处理，主要目标是降低敏感性。常用方法包括释疑法、假定法、转移法、具体数字模糊法（分组）、随机化回答方法等。

例如，用一个假言判断作为问题的前提，然后再询问受访者的看法。常用的句式为：假定……，您是否会……？如果……，您会……吗？再如，如果有以下几种工作，您将会选择哪一种？①月薪15000元，每天工作11小时；②月薪8000元，每天工作8小时；③月薪5500元，每天工作6小时。这种方法常用于意愿调查或行为倾向，但不宜多用，因为假设毕竟不是现实。现实的行为会受很多因素的影响，本身的意愿只是多种影响因素之一。

有时问句的回答要取决于问句本身之外的某些假设，即有没有隐含的假设，这些假设是否包括在问句中，会影响到受访者的回答。如为了减少环境污染，所有的洗衣粉都应该是无磷的，您是否同意？大多数人都会同意这个观点。但是，如果问句改成：为了减少环境污染，所有的洗衣粉都应该是无磷的，尽管那样会使洗衣粉零售价上升20%，您是否同意？可能同意这个观点的被访者就会少了。实际上前一问中没有说出隐含的假设，而后一问中不过是把假设明示出来了。可见，对于问题及答案的设计，问法不同，结果可能就不同。

不对受访者的个人信息作出回答要求，使受访者获得安全感，也是常用的方法。例如，转移法，不直接询问受访者的观点，而是把问题转移到他人身上，然后请受访者对他人的回答作出评价；释疑法是在问题前面写一段消除疑虑的功能性文字；模糊法是对某些敏感问题设计出一些比较模糊的答案，以便受访者作出真实的回答，如采用数据分组比填写具体数字的敏感性更低。

还有随机化回答方法。随机化回答技术的理论基础来源于两个模型：沃纳模型（Warner model）和西蒙斯模型（Simmons model）。

基于沃纳模型的随机化回答方法，具体做法是：设置一个特定的随机化装置，使得受访者以预定的概率回答敏感性问题。注意该方法必须事先知道被问及敏感问题的概率P。对调查的敏感性问题，列出正反（对立）两个问题。如调查考试作弊问题，就制作两种卡片：①我在考试中作了弊；②我在考试中没有作弊。然后由受访者随机抽取一张来回答“是”或“否”，由于调查员并不知道受访者在回答哪一个问题，因而消除受访者的顾虑，起到了保密的作用。而西蒙斯模型仍是基于沃纳的随机化回答思想，只是用无关的问题代替了沃纳模型中的敏感性对立问题，如用生日、性别等与敏感性问题无关且容易获得的样本特征。无关问题的选择一定要隐蔽性强，即调查人员无从猜测受访者对该问题回答的答案。

（二）信度和效度检验

量表是由反映某一抽象概念的所有测量指标和备选答案构成的调查表，如前所述，量表的评价主要通过测量精度和误差来进行。通常将观测值和实际值之间的差距称为误差，误差包括系统误差和随机误差。系统误差是一种偏差，代表了影响观测值的稳定性因素，每次调查都以相同的方式影响观测值。随机误差不稳定，代表了影响观测值的偶然性因素，每次都以不同的形式出现，如暂时性的人员因素或环境因素等。系统误差和随机误差之间的区别对量表的评价指标信度和效度的概念理解很重要。一个良好的测量工具（量表）应具有足够的信度和效度。为保证调查问卷具有较高的可靠性和有效性，在形成正式问卷之前，应当对问卷进行试测，并对试测结果进行信度和效度分析。基于信度与效度分析结果筛选问卷题项，调整问卷结构，最终得到信度和效度较高的调查问卷。调查问卷的信度和效度分析是调查与数据分析中必不可少的重要环节。

1. 信度及检验方法

信度（reliability）即可靠性，是指调查中根据问卷得到的测量结果的一致性或稳定性。反映在相同条件下，对同一客观事物测量若干次，测量结果的相互符合程度或一致程度，说明数据的可靠性。当使用同一测度工具重复测量某一客观事物时所得结果的一致程度越高，则该测量工具的信度就越高。

常见的信度检验方法主要有三种，包括重测信度（test - retest reliability）、复本信度（alternate - form reliability）、内部一致性信度（internal consistency reliability）。其中重测信度、复本信度均为从“外部”对问卷的稳定性进行考察，而内部一致性信度则侧重问卷内部的一致性。

（1）重测信度。重测信度是指用相同的测量工具，对同一组受访者间隔一定时间重复测试，考察两次测试结果的相关程度（或差异程度）。该相关程度可通过计算两次测试结果的相关系数来评价。若相关关系经过统计检验，有统计学意义，则认为测量工具的重测信度高，否则重测信度低。针对差异程度的测量，可对两次重复测试结果进行两相关样本差异的统计检验，若该差异有统计学意义，则认为测量工具的重测信度低，否则重测信度高。由于重测信度需要对同一样本测试两次，在实施中有一定的困难。

（2）复本信度。复本信度是指让同一组受访者同时填答两份表述方式不同，内容、格式、难度和对应题项相同的问卷，基于填答结果计算两次填答结果的相关系数。复本信度能够反映问卷内容造成的误差，但无法提取受访者本身所造成的误差。应用中，由于需要独立编制两份题目不同但内容相似的两份问卷，一般调查很难达到这种要求，因此采用复本信度方法者较少。

（3）内部一致性信度。内部一致性信度是指一份问卷内部多个题项之间的一致性程度。一种常见的测度方法为分半信度（也称折半信度），是指将调查的题项分成两半，计算这两半测量结果的相关系数。分半信度常用在不可能进行重复调查的情况。使用分半信度时需注意两点，一是问卷题项应为同一特质，二是若量表中有反意题项，应先将反意题项的得分进行逆向处理，保证各题项得分方向的一致性。分半信度一般不适用于事实性问卷（如年龄与性别无法相比），其常用于态度、意见式等问卷的信度分析。

另一种常用的内部一致性信度测度为克朗巴哈信度系数（Cronbach's α），该方法是分半信度的推广。该系数由 Cronbach 于 1951 年提出。Cronbach's α 取值在 0 到 1 之间，Cronbach's α 越高，信度越高，问卷的内部一致性越好。其计算公式为：

$$\text{Cronbach's } \alpha = \frac{K}{1-K}\left(1-\frac{\sum_{i=1}^{k}\sigma_i^2}{\sigma_T^2}\right)$$

其中，K 为量表中题项的总数，σ_i^2 为第 i 题得分的题内方差，σ_T^2 为全部题项总得分的方差。

一般地，可用表 5－4 所示范围划分信度的高低。

表 5－4　　　　克朗巴哈信度系数（Cronbach's α）值与信度评价

克朗巴哈信度系数值	信度评价
$\alpha \leqslant 0.35$	低信度
$0.35 < \alpha \leqslant 0.70$	中信度
$\alpha > 0.70$	高信度

2. 效度及检验方法

效度（validity）即有效性，是指测量工具能够反映所要测量特性的程度，具体包含两个方面的含义，一是测量的目的，二是测量工具对测量目标的测量精确度与真实性。问卷的效度越高表示该问卷测量的结果越能代表要测量的行为，也越能够达到问卷调查的目的。

一般而言，常见的效度可分为准则效度、内容效度、结构效度。其中，内容效度是基于概念的评价指标，其他是基于经验的评价指标。

（1）准则效度。准则效度是指以相对准确的测量手段或指标的测量结果作为“金标准”，考察待评价测量手段或指标测量结果与其是否一致。

（2）内容效度。内容效度是指问卷内容的贴切性和代表性，具体评价测量指标的含义是否能准确反映真实情况。内容效度是一个定性评价效度指标，它关心测量手段是否能够测量研究者所需要测量的抽象概念、领域和方面。

（3）结构效度。结构效度是指测量结果体现出来的某种结构与测量值之间的对应程度。结构效度分析常用的分析方法是因子分析。主要步骤是从量表全部题项中提取一些公因子，各公因子分别与某一群特定变量高度关联，这些公因子即代表了量表的基本结构。通过因子分析可以考察问卷是否能够测量出研究者设计问卷时假设的某种结构。

3. 信度与效度检验应用

某品牌产品为了解该品牌声誉在市场上的表现，开展针对性问卷调查。已知该调查主要涉及八个题项，均为5分李克特量表形式。题项包括产品制作、使用时间、售后问题、价格、替代品情况、优点、新颖性与特点等，如表5-5所示。

表5-5　　品牌声誉问卷题项设计

项目 \ 意见	非常不同意	不同意	一般	同意	非常同意
1. 产品制作精良					
2. 产品使用时间长					
3. 产品售后问题少					
4. 产品价格合理					
5. 没有其他替代产品可选择					
6. 比其他同类产品有更多优点					
7. 与其他同类产品相比能够脱颖而出					
8. 与其他同类产品相比有自身特点					

在预调查阶段搜集了579名该品牌洗发水消费者填写的问卷。根据此数据对该问卷的信度与效度进行评估。

在SPSS软件中执行信度分析，得到的结果如表5-6所示。

表5-6　　克朗巴哈信度系数

克朗巴哈信度系数	项数
0.846	8

为了实证数据的准确，采用检测Cronbach's α的方法检测其信度，信度检验结果也就是整体量表信度值为0.846>0.8，说明本次问卷中8个题目具有较高的内在一致性，即对于分析目的来说信度较好。

效度检验如表5-7所示。结果显示，KMO=0.764>0.5，说明样本量足够，球形度检验显著性，即P<0.001，满足球形度检验。这两项检验结果显示样本数据适合进行因子分析。

表5-7　　KMO和巴特利特检验

KMO取样适切性量数		0.764
巴特利特球形度检验	近似卡方	3170.442
	自由度	28
	显著性	<0.001

根据表 5 - 8 总方差解释结果，可以提取 2 个公因子。从表 5 - 9 旋转后的成分矩阵发现，8 道题目在结构上分为两类：第一类是产品制作精良、产品使用时间长、产品售后问题少、产品价格合理，即因子一，体现产品质量和购买意愿；第二类是没有其他替代产品可选择、比其他同类产品有更多优点、与其他同类产品相比能够脱颖而出、与其他同类产品相比有自身特点，即因子二，体现了产品特点。

表 5 - 8　　总方差解释

成分	初始特征值			提取载荷平方和			旋转载荷平方和		
	总计	方差百分比（%）	累积（%）	总计	方差百分比（%）	累积（%）	总计	方差百分比（%）	累积（%）
1	4.009	50.111	50.111	4.009	50.111	50.111	3.017	37.711	37.711
2	1.754	21.923	72.033	1.754	21.923	72.033	2.746	34.322	72.033
3	0.978	12.223	84.256						
4	0.422	5.279	89.535						
5	0.362	4.527	94.062						
6	0.241	3.011	97.073						
7	0.144	1.801	98.874						
8	0.090	1.126	100.000						

注：提取方法为主成分分析法。

表 5 - 9　　旋转后的成分矩阵[a]

	成分	
	1	2
产品制作精良	0.193	0.890
产品使用时间长	0.143	0.913
产品售后问题少	0.076	0.833
产品价格合理	0.793	0.213
没有其他替代产品可选择	0.831	-0.027
产品有提升空间	0.869	0.036
与其他同类产品相比能够脱颖而出	0.684	0.425
与其他同类产品相比有自身特点	0.642	0.447

注：提取方法为主成分分析法。旋转方法为凯撒正态化最大方差法。a. 旋转在 3 次迭代后已收敛。

可以结合研究目的和特点等给因子命名，进一步进行相关的数据分析。

提示注意：SPSS 软件输出小数的结果，如表 5－9 中的“.193”，具体的数据为 0.193，其他类同。

二、实验或实践

（一）SPSS 进行信度分析常用方法操作

1. 用 SPSS 进行评估重测信度的操作

当变量是数值型变量或顺序变量时，选择“分析”—“标度”—“可靠性分析”，如图 5－11 所示。

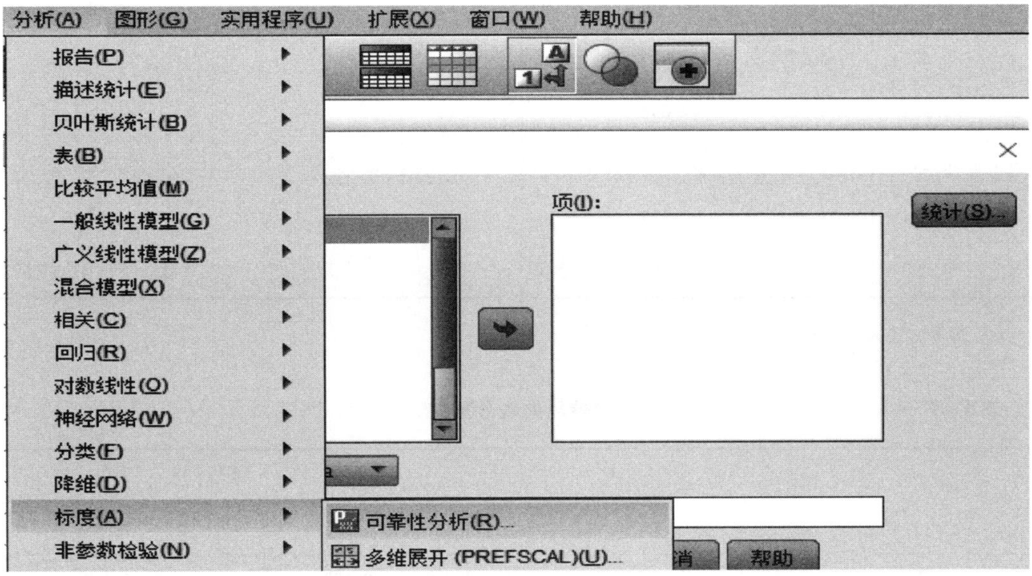

图 5－11　数值型变量或顺序变量信度分析操作界面

将变量选入“项（I）”框。点击“统计（S）”按钮，勾选“同类相关系数”，点击“继续”。最后点击“确定”按钮。

当变量是分类型变量时，选择“分析”—“描述统计”—“交叉表”，将两次的变量分别选入“行”框和“列”框，如图 5－12 所示。

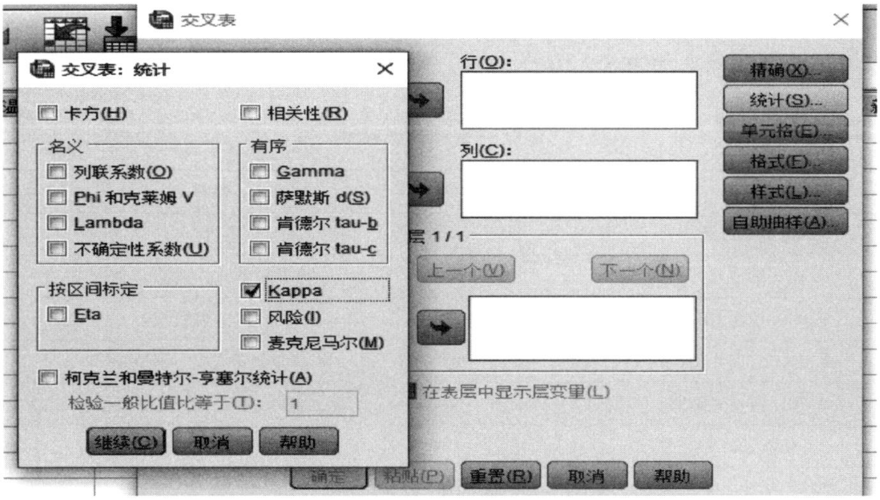

图 5－12　分类型变量信度分析操作界面

点击“统计（S）”按钮，勾选“Kappa”，点击“继续”，最后点击“确定”按钮。

2. 用 SPSS 进行折半法评估信度的操作

折半法，即将一份问卷中的问题随机分为两组（通常要求这两部分问题数目相等），然后考察这两部分的测量结果的相关系数。如果结果高度相关，问卷就是可信的，否则就是不可信的。将问卷分为两半的方法很多，常用的是将奇数题和偶数题分开。

选择“分析”—“标度”—“可靠性分析”，将变量选入“项（I）”框。在“模型（M）”下拉菜单中选择“折半”，如图 5－13 所示，最后点击“确定”按钮。

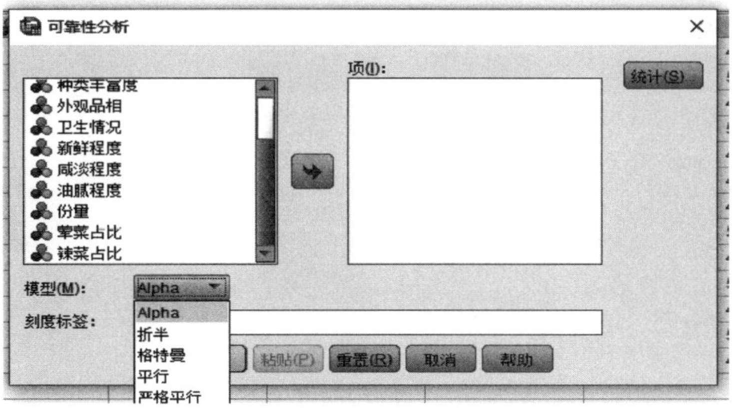

图 5－13　折半法评估信度的操作界面

3. 用 SPSS 评估内部一致性的操作

选择“分析”—“标度”—“可靠性分析”，将变量选入“项（I）”框。在“模型（M）”下拉菜单中选择“Alpha”，最后点击“确定”按钮，如图 5－13 所示。

4. 信度的参考判别标准

信度的参考判别标准如表 5－10 所示。

表 5－10　　信度的参考判别标准

信度	评判
信度≤0.30	不可信
0.30＜信度≤0.40	初步的研究，勉强可信
0.40＜信度≤0.50	稍微可信
0.50＜信度≤0.70	可信（最常见的信度范围）
0.70＜信度≤0.90	很可信（次常见的信度范围）
信度＞0.90	十分可信

5. 提高问卷信度的常用方法

提高问卷的信度，应适当增加问卷的长度，同时，问题的难度适中，且内容尽量同质，调查的程序要标准化。从问卷设计到实施，都要严格规范进行。

（二）SPSS 进行效度评估常用方法操作

实际评估时，效度的计算比较困难。研究者可以侧重从内容效度、标准/准则效度、结构/建构效度三个角度进行判断。

1. 用 SPSS 进行准则效度分析的操作方法

选择“分析”—“相关”—“双变量”，如图 5－14 所示。

图 5－14　SPSS 进行准则效度分析操作界面

将分析的变量选入“变量（V）”框。如果是连续型变量，则勾选“Pearson”相关系数；如果是分类型变量，则勾选“肯德尔 tau－b”或“斯皮尔曼（S）”等级相关系数。最后点击“确定”按钮。

2. 用 SPSS 进行结构效度分析的操作方法

选择“分析”—“降维”—“因子分析”，如图 5－15 所示。

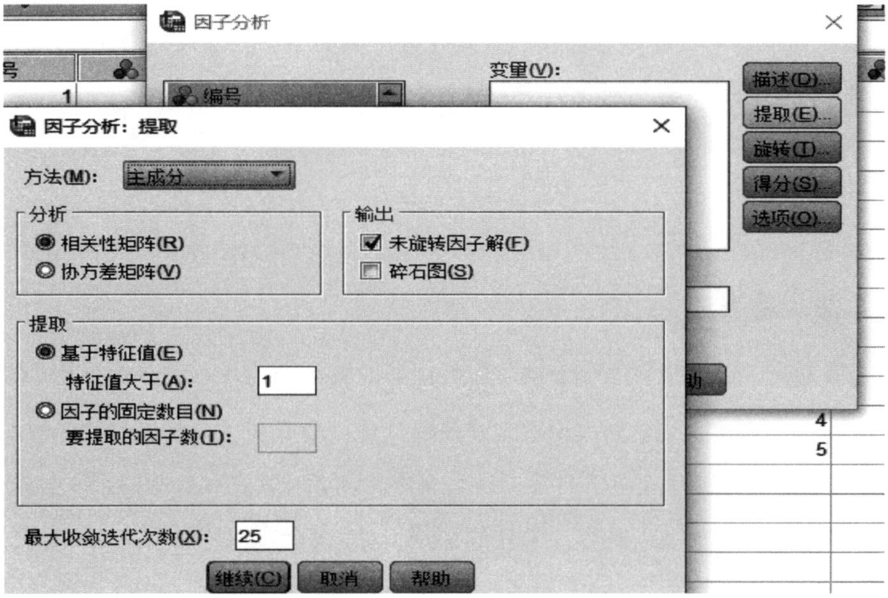

图 5－15　SPSS 进行结构效度分析的操作界面

点击分析变量将其通过箭头送入“变量（V）”框。点击“抽取”按钮，在“方法”下拉菜单中选择“主成分”，点击“继续”。点击“旋转”按钮，选择“最大方差法”，点击“继续”，最后点击“确定”按钮。

3. 内容效度

内容效度是一个定性评价效度指标，指问卷内容的贴切性和代表性，具体评价测量指标的含义是否能准确反映真实情况。测量手段是否能够测量研究者所需要测量的抽象概念、领域和方面。常采用逻辑分析（专家法）与统计分析相结合的方法进行评价。例如，专家判断法，请有关专家对题目与原定内容的符合性作出判断，通过专家评分来计算条目水平的内容效度指数、量表水平的内容效度指数等评价指标；统计分析法，如计算两个评分者之间评定的一致性（评分者信度），或计算由一组被试者在独立取自同样内容范围的两个测验复本上得分之相关程度（复本信度）；经验推测法，通过实践来检验效度。

4. 应注意的问题

现实中当回答值（观测值）与真值之间出现系统性偏差时，效度的衡量也会不准确。实际中使用目标人群个体单元的外部数据，使用不受调查测量误差影响的总体估计量等方法可以降低测量回答偏差。

量表题项设计需要有文献参考依据，结合相关研究文献和理论进行设计，或者直接借用相关文献题项设计，不能随意主观设计题项，以免导致后续信度，效度不达标。研究变量（或维度）对应的题目数量应合适；研究变量影响关系，如 X 对于 Y 的影响情况，需要有因变量 Y 的对应题项，同时也应注意量表中反向题正向处理等。

三、探究

（一）总加量表法

总加量表法由美国心理学家李克特提出，因此又称为李克特量表。测量每一种态度就用一个态度量表，态度量表针对某个态度对象而设计，它由若干个问题组成，根据被试者（受访者）对每个问题的反应给予分数，以代表该被试者对某个对象所持态度强弱。例如，请根据您对下面 20 个问题的看法，选择相应的答案，1—完全不同意，2—有点不同意，3—无意见，4—有点同意，5—完全同意。最后，可根据分数的加总，判断对某个对象所持态度的强弱。

（二）哥特曼量表

哥特曼量表是由哥特曼于 1950 年提出的，哥特曼量表是单维的，即量表自身结构中存在着某种由强变弱或由弱变强的逻辑。因此也不会像李克特量表那样形成分数相同而态度结构形态不同的现象，它的每一个量表总分，都只有一种特定的回答组合与之对应。

（三）瑟斯顿量表

瑟斯顿量表又称“等现间隔量”，这种量表可以用来将个体态度和意见在一个连续的轴（两端为极值）上划定一个位置。其设计过程比较复杂。早期的态度量表基本思路为：围绕某一个态度主题，选取能代表该方面的态度与或项目若干，由专家对这些项目进行等级排列，并把专家排列的结果进行项目分析，保留有效的项目以及根据专家的反应确定项目的等级。要了解某个受访者某方面的态度，只需看其对该量表的反应，最后运用对全部项目的反应结果（等级）求中位数，以中位数表示该受访者的态度情况。

（四）其他量表

其他量表有 Q 分类量表、贝利生育量表、鲍格达斯量表（社会距离量表），等等。

【本章总结】

本章主要介绍调查问卷设计一些基本内容。分别从调查问卷的基本问题、设计的程序、设计内容、编码设计、问卷设计应注意问题及拓展·实验或实践·探究等方面展开。学习中需要熟悉问卷的基本结构，熟练掌握开头部分的设计、甄别部分的设计、问题的设计、答案选项设计方法；掌握常用的测量方法，熟练掌握事前、事后编码设计方法，掌握编码设计原则、编码设计应注意的问题，调查问卷设计应注意问题，在此基础上，进行相关内容的拓展，实践操作及进一步探究。

【关键术语】

调查问卷　量表　双项列联法　配对比较法　语义差别量表　维度　信度　效度　编码　事前编码　事后编码

【思考与讨论】

1. 简述调查问卷的作用。
2. 简述调查问卷常见分类。
3. 简述调查问卷设计基本要求。
4. 简述问卷设计的基本程序。
5. 简述调查问卷的基本结构。
6. 撰写一份开头部分的说明信。
7. 问卷问题的设计把控好哪些方面？
8. 简述开放式问题和封闭式问题优缺点。
9. 问题的提问与措辞设计应注意哪些？
10. 简述答案选项设计方法。
11. 简述答案选项设计的基本原则与要求。
12. 简述按不同计量尺度测量及形成的数据类型。

13. 简述编码的作用。

14. 简述事前编码设计的方法。

15. 简述开放式问题编码的方法。

16. 编码设计原则有哪些？

17. 问卷设计应注意哪些问题？

18. 敏感性问题处理方法有哪些？

19. 常见的信度和效度检验方法有几种？

20. 结合第二章思考的社会实践选题，进行问卷设计，并对问卷进行评估，及进行相关的检验。

第六章　调查组织与实施

【学习目标和要求】

1. 熟悉调查实施前必要的准备及调查团队的组成及职责；

2. 掌握访员和督导手册的编写内容；

3. 熟悉掌握调查员培训内容与方式；

4. 熟练掌握访问、访谈的基本技巧；

5. 了解调查实施的基本过程及要求，熟悉户内抽样方法；

6. 熟练掌握调查实施中的现场质量控制与评估方法，进度、成本控制管理；

7. 了解《国家统计质量保证框架（2021）》。

2019 年 5 月，习近平总书记在“不忘初心、牢记使命”主题教育工作会议上指出：“调查研究要注重实效，使调研的过程成为加深对党的创新理论领悟的过程，成为保持同人民群众血肉联系的过程，成为推动事业发展的过程。要防止为调研而调研，防止搞‘出发一车子、开会一屋子、发言念稿子’式的调研，防止扎堆调研、‘作秀式’调研。”调查组织与实施要运用科学的方法，有计划、有步骤地搜集一手数据资料，为后续的数据分析打下坚实基础；要建立起相互联系、监督和管理的办法及相关规定，确保调查方案中组织实施计划顺利开展。

如何科学、高效地完成调查组织与实施？本章将围绕询问调查（包括访问调查、电话调查、电脑辅助、座谈会、个别深访等）的相关问题展开。

第一节 调查实施的准备

调查实施的准备，主要包括思想认识、团队的组成及职责、调查员选聘与培训及必要的调查文件和用品准备等。

一、提升调查实施重要性的思想认识

调查实施就是获取第一手资料（即原始数据）的过程，数据质量的高低与实施过程、采集方法等直接相关，如果想获得准确性高、数据质量好的一手数据，必须重视调查组织实施，调查参与者都要提升对调查组织实施重要性的思想认识。着重从以下方面入手：

一是加强宣传。如果是大型调查活动，应通过多种渠道进行宣传报道，例如，可通过网络媒体、电视媒体、电台、报纸等渠道发布公告，提供报道；可在公共场所张贴海报；可以给有关部门写信，以获得支持等。有条件的话，可与受访者建立联系，如通过致受访者的信，编写调查宣传手册和机构介绍手册等，开展一些必要的公关工作。

二是成立相应的组织机构或组成团队。大型调查活动设立严密的组织机构，一般性的调查活动也要组成团队。团队的组成主要包括：项目主管，实施主管，调查督导，调查员（访问员/访谈员），调查机构或团队中应设置联系人以便受访者询问和联系。

三是开展培训。在组织机构安排下，有计划地开展培训活动，包括基础培训、项目培训。使调查员/访问员充分认识到在实施过程中发挥的重要作用，他们是成功采集数据的关键因素。

四是加强质量控制。对所有的数据采集实施应进行质量控制程序，对所有的样本单元使用统一的数据搜集程序。努力在技术和操作层面上实施一套管理信息系统来对实施的质量进行控制、跟踪、评估，即实施中的每个环节都应实行质量控制和检查，如审核、复查和验收、抽查等，数据传送的安全也不容忽视。

二、调查团队的组成及职责

调查团队的组成不尽相同。但一般调查活动中，团队的主要组成如下：

（一）项目主管

负责整个项目管理，对整个项目负完全责任，制定和实施调查实施具体计划，负责项目日常运作管理，明确项目成员的岗位职责。确保全部调查实施在预算范围内按时优质地完成。项目主管要对整个调查项目实施进行有效的组织和控制，组织并推进项目团队工作，合理安排项目的人员、任务，时间及进度控制与管理等，并进行协调、督查、以保证调查项目的实施按方案计划保质保量顺利完成。

（二）实施主管

负责调查项目的具体实施。实施主管需要深入了解调查项目的性质、目的以及具体的实施要求，负责制定实施计划和培训计划；负责培训督导员和访问员；负责项目实施及实施过程中的管理，如文档的整理和质量控制；对督导员和访问员的工作质量进行评价。如需要，实施主管还需负责或协助希望合作的专业调查公司的联络等事宜，其目的是保证调查实施工作按计划的方案保质保量顺利执行。

（三）调查督导

督导负责调查项目的综合管理，特别是进度控制、质量控制、人员培训和协调管理等，组织、实施并监督现场数据的采集，对执行过程中的成本、质量、进度等进行管理和控制，对调查人员数据采集过程的检查、日常管理和调查结果审核，确保调查项目实施的进度和数据采集的质量。

（四）调查员

调查员即访问员，是调查项目直接执行者，具体进行调查访问的人员。调查员要按照调查的现场实施操作方案要求，采用面对面访问、电话访问、深入访谈等方式，搜集有关数据和信息。由于调查员是调查的直接实施者，是研究者与调查对象的中介，因此调查员的工作态度和工作质量直接关系到调查源头数据质量。优秀的调查员能够提高调查数据的可信程度。某种程度上可以说调查实施的成败取决于调查员水平。调查员必须具备相应的素质才能成功完成访问。

一名合格的调查员应具备的基本素质有：道德素质、品质要求、能力要求、文化素质要求、身体素质要求。

1. 调查员道德素质要求

调查员必须具有良好的职业道德水平，只有确保不弄虚作假，访问的结果才具有准确性。调查员的职业道德素质具体要求包括：（1）尊重受访者的权利，包括知情权、隐私权和拒绝权；（2）认识到调查工作的重要性和意义所在；（3）诚实负责，不弄虚作假。不因个人问题影响全局；（4）严格执行每项调查的技术规范，不得擅自更改；（5）文明礼貌，耐心细致，和气待人；（6）不得在调查中进行与调查不相干的活动，诚实守信是一种道德品质，也是每个人应有的道德责任。

2. 调查员品质要求

从事访问工作需要调查员有很强的责任心、时间观念、良好的应变能力和对调查业的热诚，这是品质方面的基本要求。具体为：一是诚信，调查员在实际的访问调查中一定要实事求是，如实地反映调查的内容，不允许提供虚假成分的材料，也不允许依照个人的主观判断提供材料，客观地总结和评价访问的结果。二是调查员要有强烈的责任心。工作态度积极，认真负责。调查数据采集是十分不容易的事情，对时间的要求比较高，有时为取得一个特定样本必须要走付出足够的努力，如果访问员没有艰苦踏实的工作态度和很强的责任心，很难保质保量完成调查的任务。三是要信心十足。良好的自信心是成功的保证。自信就是对自己的认同和鼓励，包括认识自身、自我管理、自我控制、敢于挑战困难。

3. 调查员能力和文化素质要求

提高访问质量最核心的依靠部分是访问员的访问能力，这是能力方面的要求，包括访问员要具有良好的理解能力、语言表达能力、观察能力、自我管理能力和交际能力、谦虚和善的态度等。同时也要求访问员必须熟练掌握市场调查理论、统计学、广告学、心理学、社会学等学科知识，具备相应的文化素质。

4. 调查员身体素质要求

访问工作要求访问员必须有良好的体魄才能胜任。同时调查工作时的着装、礼貌用语、精神面貌等都应展现良好的状态，这样能够促进访问的质量的提高。

调查团队的组成人员应当做到职责明确，目标清晰，只有这样，才能正确履行职责，也才能做到赏罚分明。

三、调查员选聘及培训

（一）调查员的选聘

挑选或招聘调查员/访问员时，应明确调查员的素质要求及选聘条件。例如，教育程度、交往能力、与陌生人良好沟通的能力、组织能力、语言交流能力和当地语言的流利程度等，都是需要考虑的重要因素。同时也要考虑其诚实与认真态度、责任心、自信心、规则意识、身体健康状况、时间状况和对调查是否有一定的了解等。选聘条件要明确并尽量细化，例如：认真参加调查员培训，熟悉调查目的、内容、方式等，理解调查问卷的内容，包括各项指标的含义及填答要求，掌握调查的各项工作技能。充分考虑工作内容及相关时间要求，选聘（或经培训）能熟练记录或独立使用电子工具操作、空余时间较多、熟悉调查环境的人员，文化程度达到多少、年龄不超过多少，身体是否健康，等等。同时也要明确选聘程序、工作职责、纪律要求、补贴标准等。可以从以往的调查员中选择或社会上招聘。有条件的单位或企业，应建立调查员及调查员辅助信息管理系统，实现对调查人员的动态管理。

（二）调查员的培训

调查员的培训是正确理解参与本次调查目的、意义、概念理解和统一行动的保证。同时能进一步增强调查员的责任心，培养调查员的技能。培训内容包括基础培训和专项培训。

1. 基础培训

主要进行素质教育和知识准备，如相关的政策法规、职业道德、行为规范和调查技巧等。在基础培训中，调查员应掌握好“怎么做”和“为什么要这样做”。应了解包括与调查员有关的国际商会（International Chamber of Commerce，ICC）和欧洲社情民意及市场研究协会（European Society for Opinion and Marketing Research，ESOMAR）的操作规则。

2. 专项培训

对本次调查做专项培训，主要包括行业背景、问卷内容、抽样方法及其他要求等方面。调查员在专项培训时必须掌握本次项目访问的相关背景知识、问卷结构、专业术语等，应由调查设计人员进行介绍，并仔细阅读调查问卷，对可能出现的对受访者造成困惑的专业术语进行详细解释说明等。

培训的方式主要有以下几种：

（1）书面培训，仅需要通过提供培训材料进行自学，适用调查员有实践经验的情况。

（2）现场授课培训，对调查的相关内容进行讲解和问题解答，是培训的一种主要方式。

（3）模拟访问，以角色扮演方式模拟访问过程，检查过程中出现的问题。

（4）试访，也就是试调查，问卷设计中是调查设计人员用来检验调查问卷的缺陷和漏洞，保证调查问卷质量的一种方法。在调查实施阶段，试调查既能帮助调查设计人员修正调查问卷的问题，又能帮助训练没有经验的访问员，使访问员对调查实施程序和步骤基本熟悉和掌握，增强自信。

（5）陪访，一般是指督导陪着访问员一起访问，目的是发现访问调查中的问题及缺陷，进行有效的指导。

作为调查员，应该具有诚实、负责、刻苦等品德，也要履行为受访者保密、为客户保密等职责，还要遵守 ESOMAR 准则中关于访问员的职业道德方面的要求。对于专项培训，要清楚知道什么人、什么单位主持这项调查；为什么要做这次调查；调查对象是什么，以及选择这些人的主要依据；抽样的基本程序，调查过程中哪些行为会损坏样本的随机性；掌握问卷调查的整个流程；明确管理的时间要求、质控标准、工作待遇、安全考虑等。此外，访问员还需掌握常用的访问技术和技巧。

（三）调查员应掌握访问的基本技巧

访问调查是调查员通过言语交流等方式向受访者了解市场或者社会实际情况的过程，包括面对面的访问调查、电话访问、计算机辅助电话调查（CATI）、街头拦截访问等，借助问卷通过口头交流方式获得数据信息。不管采用哪种访问调查方法，都应掌握访问的一些基本技巧。掌握访问技巧有助于提高访问调查的成功率，提高访问调查的质量，降低访问的误差。访问基本技巧的应用涵盖调查各个主要环节，具体包括确定访问时间和地点，开场白，提问，追问，记录，结束等方面。例如：

（1）选择适合的调查时间、调查地点。

（2）仪容仪表整洁、大方和得体。

（3）开场白话语简单，态度友善礼貌表明调查来意，激励对方参与。

（4）提问过程中要规范，按照规则去做。例如，保持谈话的节奏；保持中立态度；严格按照问题的措辞提问；按问题先后顺序提问；对于问卷中详细列出的问题要一一提问；不要解释问题中的词，除非问题说明中有关于该词的详细解释。

（5）引导是提问的补充，不应带有倾向性。

（6）追问是更深入的提问，需要更具体、准确、完整的引导。调查员通过重复问题、重复受访者的回答、有意识地暂停、表达调查员对此很感兴趣、中立地提问或评论等方式进行追问。

（7）注重沟通，鼓励对方。调查员可通过表情与动作，如表情、目光、形体语言等实现对访问过程的控制。

（8）结束是最后一个环节，表示感谢。

调查员掌握了访问基本技巧，往往会得到事半功倍的效果，节省时间，降低访问的成本，可获得可靠有效的数据资料。实施中应根据不同类型的访问方法，灵活、巧妙地加以运用，并有针对性地改进和完善，具体如面对面访问技巧、电话访问技巧及深度访谈技巧和焦点团体座谈会技巧，详细内容见本章第三节。

四、调查实施前必要的用品准备

除前期宣传和组建团队、调查员选聘及培训外，还应有一些其他必要的调查用品准备，包括：

（1）编写指导手册，如调查员手册、督导手册，对访问员在如何访问及运用技巧、问卷审核、问题解答、作业管理、质量检查、执行控制等方面进行规范和指导。

（2）调查时的相关文件准备，如调查问卷、被调查者地址、相关表格、介绍信、身份证明等；建立总体单元清单，对样本单元进行定位；更新抽样框中单元的基本识别信息，确认样本单元是否仍在调查范围内。准备调查员工作记录单、抽样地图、入户情况登记表（入户面访用）。

（3）必要的物品准备，如送给受访者的小礼物、测试用品、调查中所需要的工具等。

除以上用品准备外，调查员必须做好心理准备，要做到自信、中立、自然，当然还包括试调查积累的经验，具备应对各种突发状况的心理素质、心理承受力、判断能力和快速决定的能力、随机处理事务的能力。只有具备良好的心理素质才能在调查实施中产生良好的效果。

第二节　调查实施与控制管理

调查实施（主要指现场实施），是调查的组织管理者组织进行实际搜集数据的过程。控制管理是指在整个调查实施活动中检查、监督，确定组织活动的进展，对实际工作与计划安排工作所出现的偏差加以纠正，确保整个计划安排及组织目标的实现。从管理学上说，管理是指在特定的环境条件下，以人为中心，通过计划、组织、指挥、协调、控制及创新等手段，对组织所拥有的人力、物力、财力、信息等资源进行有效的决策、计划、组织、领导、控制，以期高效地达到既定组织目标的过程。简单地说，管理就是实行计划、组织、指挥、协调和控制。展开来说，计划就是制定活动计划；组织是为了达到某些特定目标经由分工与合作及不同层次的权力和责任制度而构成的人的集合；指挥就是使其人员发挥作用；协调就是连接、联合、调和所有的活动及力量；控制是指对组织内部的管理活动及其效果进行衡量和校正，以确保组织的目标以及为此而拟定的计划得以实现，也就是是否一切都按已制定的规章和下达的指令进行。控制的目的在于指出活动中的缺点和错误，以便纠正并避免再犯。管理是全方位的，控制是管理的一部分，是为了确保团队有计划并且确实执行，并及时地加以修正。全部调查实施过程的控制管理包括调查员选聘及培训、现场控制及评估等。本节内容主要介绍调查现场实施的控制与管理。通常，调查项目的控制和管理主要从成本、质量和进度三个方面进行。为了更好地对调查实施进行控制管理，需要了解调查实施的基本过程。

一、调查实施的基本过程及要求

调查实施，是采集每一个被抽中的单元/个体数据的过程。即按照设计的方案，对受访者进行访问，进行数据采集。调查实施的一般过程包括：准备工作，接触受访者，实施访问，结束访问等。由于选择的调查方法不同，具体过程略有差异，但基本过程大致相同。实施的基本过程及要求概述如下。

（一）明确调查员的任务与职责

要确保采集的数据信息是从正确的样本单元处获得的，确保样本涵盖的完整性，尽量减少记录和数据录入的错误，准确、完整地搜集数据信息，遵守安全程序、保证数据的安全性。

（二）尽量提前与受访者接触

实施调查要合理安排时间，每天要调查多少受访者应做到心中有数，过程的记载或必要的说明及预约的一些安排要记录清楚。与受访者联系时，要掌握好时间，避免过早或过晚。若遇到受访者没有时间的情况，访问员应与其协商，另外安排一个方便的时间，或留下联系方式另行约定调查时间。当受访者不在调查地点时，也不能简单放弃，一般至少进行三次尝试。

（三）强化与细化访问开始的要求

调查员携带问卷对指定的受访者进行调查时，首先进行自我介绍，包括访问员的姓名和调查组织机构名称、此次调查名称和目的、数据的用途、对数据安全性和保密性的保证等。例如，本次调查只用于汇总资料，并对个人的资料保密，消除受访者的顾虑，取得受访者理解与配合。

（四）规范、灵活地进行有效的访问

一是访问员必须相信自己的能力，认真投入调查访问中。二是大部分调查都属于标准化访问，规范性程度高，有制定和实施的标准、流程和规定，实施标准化访问的基本要求是：完全按每一个问题题目、顺序、措辞提问，特别关注问题的跳转模式；要用指导手册提供的定义去解释，语言表达清楚、准确；对受访者提供的数据信息持中立态度。三是在规范性框架内灵活使用一些技巧，例如，倾听技巧，访问员耐心听取受访者的表述，注意观察受访者的表现，积极鼓励受访者，让受访者放心，并防止无关的回答。又如，适当追问，既深入、客观，而又不至于诱导产生偏差，注意用中性的语言追问；再如，重复提问，适当利用停顿或沉默技巧鼓励受访者回答。四是正确处理现场可能出现的一些状况，如问卷内容未填写完整、错漏题目、拒绝回答某些问题、中途受到干扰等，依具体情况采用继续完成、再次约定访问或回访等办法。

（五）做好访问过程中的记录

对于开放式的问题记录时应注意：访问期间要随时记录，不要补记；应记录受访者的语言表述（即原话），不要对受访者的语言进行改动；记录与问题有关的全部内容，包括所有的追问语和对应的回答；应边记录边重复所记录的答案。对封闭式问题，按每个问题的规定记录。完整记录答案，保持立场中立。

（六）结束访问

所有的必需的数据信息都已搜集完整，并已清楚记录之后，结束访问。应礼貌地对受访者提供数据信息表示感谢，同时也应尽量回答受访者关于调查的某些疑问。

二、调查实施中的质量控制管理

现场调查实施中的质量控制管理是调查项目控制管理目标之一，为确保搜集数据的准确、及时、完整，调查实施中应进行质量控制，主要包括现场调查的质量控制管理和调查质量的评估。

（一）现场调查的质量控制管理

现场调查的质量控制就是对数据搜集质量的监控，如严格管理调查员、检查（或现场检查）已完成的问卷、严格的文档控制、对调查员的询问等。主要通过督导、自查与作业

管理、复核等进行。

1. 督导

现场督导主要工作是对完成的问卷进行检查，进行严格的文档管理，审核调查员的报告、再培训及财务和后勤管理等。督导的主要方式为进行现场指导、现场审核、复核、进行质量控制检查，有时也可以采用督导陪访、或进行远程核查、电话复核、还原现场访问情况，以及对访问员访问行为（标准化访问）的录音核查。通过督导陪访或其他监督检查方式，观察了解访问员的访问过程，如开场白的恰当性、提问的准确性、追问的能力与方式、处理敏感问题及突发情况的能力、访问期间表现出来的与人交往的能力、结束访问时的态度等，以此客观评价访问员访问的质量，也包括处理舞弊行为等。督导一方面及时解决访问员访问中遇到的各种突发问题，另一方面也更好地发挥了监督的作用。

2. 自查与作业管理

调查员在调查实施中也需要自查，如封面、调查对象、逻辑关系、记录与填写是否准确，确保每份调查问卷准确无误，同时进行作业管理。调查员应定期向督导报告调查进度，应在已调查的问卷上注明：全部完成（全部调查过程已结束）；部分完成（回答了关键问题，但不完整）；没有完成（应该列出具体的原因，如拒访、不在家、不在样本范围内等，便于后期进一步处理）。须按要求及时上报每天登记完成且通过审核的数据资料。

3. 复核

对调查员完成工作进行抽查，以保证调查的质量。复核包括对访问情况的核实、向受访者就调查内容进行确认、了解调查员的工作态度数据搜集结束时向调查员询问访问情况，可以从不同侧面发现问卷中可能存在的一些问题。

（二）调查质量的评估

调查质量的评估包括调查实施过程的质量评估和数据质量评估。

1. 实施过程的质量评估

实施过程的质量可以通过调查员的工作质量和管理工作质量得到反映。

调查员的工作质量主要包括访问过程的规范性、问卷填写质量、完整的工作记录、按时完成规定任务等方面。虽然在现场调查的质量控制中，采取了包括前期的培训、督导、陪访、访问员的自查与作业管理、复核等措施，但访问员工作完成后，还应对访问员的访问质量给予评价。评价访问员工作质量，可以选择访问费用和时间，如回答率、合作率、拒绝率和接触率等一些指标，结合回访、管理人员或平台记录等，实行量化打分。在可比的范围内，比较访问员完成一份问卷的总费用、工作的时间及其中的实际访问时间、路途时间和组织管理时间等。要准确评价访问员工作质量，应先做好质量管理工作，制定出质量目标、职责、规划及监督考核办法，并使其标准化。标准化是质量管理的重要前提，是实现管理规范化的需要。

对访问员工作质量的评价，不仅了解访问情况，更重要的是及时发现访问过程中问题，快速得到反馈解决。因此，科学、合理地评价调查员工作质量是管理精细化的需要，也是进一步提升数据质量的有效途径。

除了访问员的工作质量，管理工作质量也同样反映实施过程的质量。管理工作质量包括：严格的文档管理，培训材料和操作及质量控制文件，齐备、完整的检查性文件等。合理的任务分配也不容忽视。提高管理工作质量主要是要完善管理制度，对操作规程作出明确规定并严格实施，促进业务规范化，压实工作职责，完善工作机制，加强监督检查，确保调查全流程的规范统一。

实施过程的质量控制与评估不仅确保整个过程的有效规划、运行、控制所需的文件和所要求的记录，如质量目标、操作程序与规范、质量控制与评价标准、过程组织、评估检查等文件，而且推进了调查业务流程的规范化管理，也是完善质量管理体系的要求。

2. 数据质量评估

数据质量取决于受访者在调查中的配合程度和调查中的回答率。受访者的配合度越高，获得的数据信息越完整，数据质量相对越好。当然，受访者的配合度与对问卷的理解程度和对调查的接受程度有关，也与访问员的现场调查的工作质量直接相关。调查中，回答率是衡量调查质量的一个重要指标，有不同的计算公式，使用时需要对回答（应答）、无回答（无应答）进行区分或定义。与回答相对应的是无回答，通常包括单元无回答和项目无回答，如果一个指定受访者没有回答任何问题或绝大部分问题，称之为单元（调查单元）无回答；如果一个受访者在个别变量上没有作答，则属于项目无回答。一般无回答指的都是单元无回答，具体可以细分为完成访问、未完成访问、拒访和中断回答、其他情况等。此外，还可能有不符合访问条件，比如抽中的地址是家庭户但已无人居住，或者家庭户中没有符合条件的回答人员的情况；也可能出现不确定是否符合访问条件的情况，如无法进入某个抽中地址所在的区域，无法判断该地址属于什么情况等不同类别状况。因此，回答率的计算方法并不是唯一的，可以根据调查项目的需求来选择合适的回答率计算公式。一般地讲，回答率指的是完成访问单元（单位）数除以样本中合格的访问单位数。不同计算方法之间的主要区别在于分子中对实际“完成访问”的衡量，通常应该将不符合访问条件的抽样单元都排除在回答率计算范围之外。有时还可以计算其他一些指标进行评价，例如，合作率指的是接受访问的单位数占所接触的所有合格单位数的比例；拒绝率指的是拒绝接受访问或中断访问的单位数占所有潜在合格单位数的比例；接触率指的是找到的（达到的）受访单位数占全部待访单位数的比例。访问实施全部结束后，要计算项目的总回答率和有效率以及每个访问员的回答率和有效率，以对调查员进行评估。

回答率与采集数据方式有关，与调查内容和问卷难度有关，无回答的原因不同，对数据质量的影响也不同。对数据核查，可以选择采用回答率、电话收集率、录音采集率、问卷缺失、逻辑错误、逻辑检错率等方面的指标进行，这些都可以作为评估调查数据质量的参考。

综上所述，调查实施阶段质量控制管理，不仅要采用现场调查的质量控制管理方法，还要设法提高回答率，实施过程中需要按统一标准施行，对数据采集、录入、审核、保存等每一工作环节的技术标准和操作规程作出明确规定并严格实施，实现全业务流程的规范化管理。切实提高调查人员的执行力。及时反馈、总结、讨论、解决过程中出现的一些问题，调整改进实施的措施。实施中要尽量减少环境因素带来的影响，询问中尽量减少回答误差，做好实施现场和远程质量控制。

三、调查实施中的进度控制管理

调查实施中的进度控制管理是整个调查项目管理的目标之一，进度控制管理实际上就是时间的管理，进度无论是快与慢，都会对其后续的任务按时开始或结束造成影响，甚至影响整个调查项目完成的快慢。对调查进度控制，就是对各项步骤和活动进行合理的安排，从调查实施开始就应严格按实施计划进行监控，确保每个过程或步骤都能按计划进行。控制与管理就是通过对进度的影响因素是否变化及变化的因素进行全面分析、预测和控制，及时发现发生的各种问题并进行解决。如果发现实施情况与项目计划进度之间出现差距，就要及时找出变化的原因，采取措施加以纠正，以确保调查实施按进度计划开展，按时完成。

（一）调查实施中的进度控制

调查实施中的进度控制很重要，合理的进度安排决定着调查结果的质量。如果调查员进度过快、过慢，或者进度发生一些变化，调查的质量都会受到一定程度的影响。实施中的进度常分为慢、快、慢三个节奏段。

（1）第一阶段，慢节奏阶段。调查初期，访问员需要熟悉问卷，总结访谈技巧，交流经验，进度安排可以慢些。

（2）第二阶段，快节奏阶段。熟悉后，进入实施中的第二阶段，即快节奏阶段。此时调查员已经熟悉情况，访谈技巧已逐步提高，进度安排可以快些。

（3）第三阶段，慢节奏阶段。调查后期，调查接近尾声，可能会涉及调整配额、对有问题的问卷进行补访，进度安排可以慢些，即进入慢节奏阶段。管理人员应随时通过数据了解现场调查的工作进度，做到每天计算工作进度。对于大型调查，应设定不同维度的进度，如不同地区（省、市、县区或乡村）的进度、不同队伍的进度、不同队伍中每个访问员的进度等，通过计算不同的进度指标，如发放样本的进度、完成问卷的进度、回收电话的进度等，对进度详细控制，防止过快或过慢。

（二）调查实施中的进度管理

实施调查项目进度管理至关重要。其内容是规划调查项目按时完成所需的各个过程，对各阶段的进展程度和项目最终完成的期限所进行的管理，更侧重过程管理。简单来说就是到什么时间完成哪些工作，最后按照预期的计划完成整个项目过程。如估计工作量和时间，进度计划和整体进度控制及调整等。进度和质量控制密切相关。进度管理重点是项目进度计划的制定和项目进度计划的控制。即在项目实施之前，必须先制定出一个切实可行的、科学的进度计划，然后再按计划逐步实施。在实施过程中，由于外部环境和条件的变化，往往会造成实际进度与计划进度发生偏差，如不能及时发现这些偏差并加以纠正，进度管理目标的实现就会受到影响，因此必须实行进度计划控制，即以进度计划为依据，在实施过程中对实施情况不断进行跟踪检查，及时搜集有关实际进度的信息，比较和分析实际进度与计划进度的偏差，找出偏差产生的原因和解决办法，采取必要的补救措施或调整、修订原计划，直至项目完成。其目的是保证项目能在满足其时间约束条件的前提下实现目标，最终的目标都是为“按质按量按时完成工作”。进度直接决定了“是否按时”，同时也关系到“是否按质”和“是否按量”，很显然，进度管理是整个调查项目管理的关键组成部分，也是保证调查项目最优完成的重要措施之一。

四、调查实施中的成本控制管理

调查实施中的成本控制管理是整个调查项目管理的目标之一，成本是调查项目最重要的问题之一。通常情况下一项调查的经费往往是相对不足的。成本控制管理的目的是利用最少的花费获得最高质量的调查结果。

调查实施中的成本控制管理主要针对调查实施成本，即实地调查所产生的成本，它是总成本的主要构成部分，对调查工作的质量有着重要影响。调查实施成本通常指调查实施中产生的各种费用，如劳务费、礼品费、交通费、印刷费、通信费用、管理费用等。例如，劳务费，包括管理督导人员的劳务费和访问员劳务费，其中访问员劳务费常选择的支付方法主要是按完成的访问份数和工作实际小时数计算。实际中，一些调查公司对于访问员劳务费有专门的考核办法，目的是通过考核提高工作人员的积极性，提高效率。如按时完成问卷，及时返回，保证问卷的真实有效，避免废卷等。可以规定更细致和量化的办法，如出现作弊，或废卷超过5%，在总费用扣罚30%劳务费等，实施中可能出现的一些情况，如不按要求入户、随意改变被访者、访问时间过短、他人代答、诱导等，都和最终的劳务费考核挂钩，从费用角度进行了质量控制。尤其注意的是必要的费用也应该认真核算作出一个合理的估计，切不可随意多发乱发。

成本控制管理目标是实现成本最低化。从整个项目角度进行全面控制、动态控制和管理。要做到以下几点：

一是制定相关的管理办法，包括各个主要阶段和内容，加强成本意识教育。费用几乎关系到调查的每一个环节，例如，方案策划或设计费、调查方式、问卷设计及测试、抽样设计、调查时间、调查实施、数据统计分析、出版印刷、调研报告及鉴定费等，应实行全员全过程控制。

二是控制管理办法应尽量标准化、细化、具有可操作性。可通过制定控制的具体指标，将考核与奖惩相结合，达到控制的效果。

三是将调查费用分类并细化，如调查设计、数据分析等固定费用包括哪些；样本量大小、内容复杂性、访问员人数等非固定费用包括哪些等，以细微化、定量化和精细化的成本细分作为理念，从细节入手，精细管理。

四是快速识别超预算情形，通过控制手段随时或定期进行比较分析、发现问题，及时采取措施，应确保每日获取相关信息，项目负责人每日应掌握成本报告。通过分析报告内容和数据的波动及时提前考虑在过程或进度上可能出现的问题及应对措施。

五是及时将预算方案与客户沟通。

如果不重视成本管理，为了达到项目目标可能使成本严重超支。实际中进行调查与数据分析，要制定科学的成本管理目标，明确岗位的职责，强化预算管理，发挥预算管理在精细化成本控制中的导向作用。建立调查项目支出定额标准，依据样本数量、调查难易程度等多种因素科学核定调查项目成本费用，努力缓解调查任务与经费保障之间的矛盾，在费用、质量和进度之间进行权衡。应建立科学、健全的管理制度、考核制度和问责办法，规范调查管理人员的行为，通过管理流程的优化，提高管理效率；建立完善的监督机制，对成本管理加强审核和监督；严格财务规范化管理，严格遵守财经法律法规和各项管理制度。云计算时代，可使用项目管理系统，通过数据化、可视化、智能化实现费用管理自动化，实现全面、精细、高效完成控制管理。

第三节　实施中访谈的基本技巧

善于运用访问技巧是调查中确保研究目的的实现、获得准确有效数据资料的一个重要因素。

访问调查是访问员通过言语交流等方式向受访者了解市场或者社会实际情况的调查。一般来说，大多数访问调查都是访问员向受访者进行面对面的访问，通过口头交流方式获得数据信息。随着科技的发展和计算机的普及，电话访问、计算机辅助个人访问等调查方式也越来越多。

访问员（调查员，访谈员）是指按照调查现场实施操作的方案要求，采用面对面访问、电话访问、深入访谈等方式，搜集有关数据和信息的人员。访谈技巧是运用科学的访问方法，引导受访者，获得更加准确的可靠的数据资料，它不仅有助于提高访问员的工作效率，保证调查过程的质量，还有助于让访问更加深入、有价值。访问调查中使用访谈技巧，旨在有效提高访问调查的质量。从访问步骤及涉及内容角度，访谈技巧的运用涵盖各个阶段，包括：接触前的准备，如购买仪表、访问时间、地点确定，开场白或自我介绍，提问，追问，记录结束。实施中根据采用的具体访问方法，有不同的访问技巧，如面对面访问技巧（入户访问、街头拦截访问、计算机辅助个人访问）、电话访问技巧、个别深度访谈技巧等。

一、面对面访问实施技巧

面对面访问也称面访，主要指入户访问操作技巧，街头拦截访问和计算机辅助个人访问也可参照使用。面对面访问主要实施技巧体现在以下方面。

（一）做好面访前的准备

面访前的准备包括心理准备、物品文件准备、时间的确定等。例如，有自信心的人乐于和他人打交道，鼓舞人们去克服困难。自信是一种内在的精神力量，是向成功迈出的第一步，是人们完成活动的有力保证。再如，身份证明、访问的抽样图、调查用记录表、手册、问卷、礼品等准备。

（二）进入面访

首先，访问员进入调查地点。如遇到进入调查地点有难度，与督导或者调查公司联系，切不可与调查地点的管理人员发生争执，访问员也不能擅自更改调查区域。经验表明，大约一半的人在来访者第二次敲门的情况下开门；三次敲门可以使90%以上原本拒访的人开门。如果三次敲门仍不开门，则可暂时放弃对这户的访问而访问下一个样本单元。

其次，访问员自我介绍及对本次调查访问的介绍，表明来意，鼓励对方参与是非常重要的。自我介绍是为了取得受访者信任，表明来意是为了让受访者明白访问目的。想要获得受访者的合作，一是要使受访者对访问员产生认同感、信任感。二是受访者对访问员的反应和第一印象尤为重要，落落大方和彬彬有礼都是为了让受访者适应，接受访问。三是要让受访者感觉到这次调查是重要的，是有价值的，是值得参与完成的。

最后，控制环境的技巧。理想的访问应该在没有第三者的环境下进行，但访问员总会受到各种干扰，因此要掌握控制环境的技巧。访问员应该尽力使访问在脱离其他家庭成员的情况下进行。如果访问时由于其他家庭成员插话，访问员得不到受访者自己的回答，则应该中止访问。如果周围有很大的噪声，访问员把说话声逐渐降低，如果受访者就注意到了就会配合远离噪声。

（三）访谈过程中的技巧

（1）提问。要按面访规则进行提问。例如，要保持访谈的节奏、提问速度、中立的态度、按问题先后顺序提问、按照问题的措辞提问、不能漏题、不要解释问题中的用词，更不能诱导。如果访问员第一次读问卷的问题，受访者没有理解，不要解释，慢慢重复一遍。教会受访者使用答案中的各个选项，特别关注跳转模式问题。符合规则情况下，使用口语提问。需注意的是，访问员的惊奇表情、对某个回答的赞同态度，这些都会影响到受访者。即使对方提问，访问员也不能说出自己的观点。要向受访者解释，他们的观点才是真正有用的，鼓励受访者谈他们自己的见解和看法。

（2）记录。应该在访问过程中准确、完整、如实记录。封闭式问题可使用读录法。开放式问题，访问员需要逐字记录受访者的回答。可以运用常用的缩写，当写答案时，访问员要有意重复受访者所说的，让受访者明白访问员在记录，以便于受访者进行校正。如果受访者说得很快，可请求受访者说慢一些，记录时，要写受访者的原话，不要用访问员自己的语言等。并记录备注和观察的结果。靠记忆在访问完成后才补填问卷，这是不允许的。

（3）追问。追问要深入、客观而又不至于诱导产生偏差。追问的技巧主要有：重复问题，当需要解释时用手册提供的定义；重复受访者的回答，有意识地暂停或沉默；表达访问员对此很感兴趣，鼓励受访者使他们放心回答；中立地提问或评论，用中性的语言追问。追问时，不能引导，也不要用新的词汇追问，要使受访者的回答尽可能具体。访问员帮助受访者充分表达他们自己的意见。追问技巧不仅给调研提供充分的信息，而且使访问更加有趣。

不管是获取态度类问题的数据，还是事实类问题的数据，都应积极鼓励受访者，让受访者成为一个合格的数据提供者。

（四）结束访问

（1）从头至尾检查问卷。确保选择标记清楚整洁；所有非编码问题的答案清晰可辨，缩写符合标准；所有的数字填写正确；检查所有的计算，确保不出现计算错误；检查是否严格遵照跳答说明；有无遗漏问题；遵照访问员要求遵守的其他说明。

（2）诚挚的感谢。访问结束后，访问员应该对受访者表示衷心而诚挚的感谢，感谢接受访问；感谢配合调查；感谢受访者提出的意见和观点；向受访者赠送礼品。不要在受访者家中闲聊，访问结束后应致谢离开。

二、电话访问实施技巧

电话访问采用电话的方式获得调查的结果。考虑到所需时间和经费等限制，电话访问题目不能太多，题目必须简明，如有开放式问题，可使用录音设备进行记录。主要实施技巧体现在以下方面。

（一）前期准备

前期准备主要包括访问员挑选与培训和基本的设备、用品准备。

（1）访问员挑选与培训。需满足访问员基本要求，特别注意的是，电话访问员必须口齿清楚，能讲标准普通话；做好心理准备，克服自己对电话访问的恐惧或排斥心理；整理相关的调查所用资料；熟悉抽样规则。电话访问抽样主要有三种方法：电话簿法、随机拨号法及综合法。电话簿法主要是利用系统抽样，随机拨号法可以分简单随机拨号法及整群随机拨号法。综合法是将电话本抽样与随机抽样综合起来进行抽样的一种方法。如随机拨号有太多空号，可以统一采用“加一法”或“随机变数法”等进行处理；访问员拨通第一个电话之前，尽量全面了解必要的调查信息，例如，此次电话访问的背景、目的、调查时间、范围等。

(2) 基本的设备、用品准备。包括工作场地、电话、其他如录音设备、纸张、文具等。随着电脑辅助电话访问的推广，还应准备电脑设备，如计算机辅助电话访问（CATI）系统等。

(二) 实施访问

实施访问应主要注意以下问题：

(1) 确定好访问时间。在周几，什么时间打电话接通率会高些，实际中电话访问时应对所访问的问题、调查对象、所在行业等有初步的了解和认识，确定和调整电话访问时间。

(2) 确定好电话联系时具体规则。如遇电话打不通、响铃次数达到规定次数后仍无人接听的情况，应确定如何更换具体调查单元的规则，需注意的是，最好不要轻易更换，除非遇到打不通的情形，而不得不替换部分样本。替换的规则应统一确定，如采用“加一法”或其他方法。一般认为最少要联系三次，如果三次不成功的话，这个样本单位可以舍弃。

(3) 选择回答问题的受访者。拨通了样本户电话后，访问户中哪一位需要选择。可使用 KISH 表进行选择。KISH 表是美国专家 KISH 倡导使用的一种户内抽样工具。为更有效地进行访问，获得更多相关信息，不同的调查单元（家庭）应该访问不同特征的家庭成员。当然，也可根据具体情况，采用其他方法替代 KISH 表的方法，如生日信息等。

(4) 合适的问候语和亲切的沟通。电话访问开始时，问候尤为重要，能起到安定受访者的作用。访问员应有良好的心态、个人修养和沟通交流，彬彬有礼、诚恳的态度可以帮助对方减轻压力，拉近距离、增加亲和力，尽心而至诚，使受访者愉快接受访问。访问员在访问完一个受访者后，也应立即把对调查技巧、方法有所提升的事宜记录下来，以便后面改进参考。

(5) 调整和保持良好的愉快的心情和工作状态，避免访问时出现差错，提升工作效率，促使访问顺利进行，取得预期效果。

目前，普遍采用的计算机辅助电话访问（CATI）系统，是利用计算机辅助电话访问而开发的调查访问作业系统，典型的 CATI 系统一般包括：问卷设计系统、抽样系统、项目管理系统、电话访问系统、结果导出系统、审核系统、声音管理系统、配额管理系统、监看监听系统、结果导出和报告自动生成系统等。随着科技发展，结合移动技术、网络技术，扩展了 CATI 系统的内涵和外延，在民意调查和媒体调查研究中广泛使用，一些政府部门也用于绩效考核和专题调查。

计算机辅助电话访问系统工作基本形式是：访问员坐在计算机前，面对屏幕上的问卷，向电话对面的受访者读出问题，并将受访者的回答结果通过鼠标或键盘记录到计算机中去；督导在另一台计算机前对整个访问工作进行现场监控。通过该系统，访问员可以以更短的时间、更少的费用，得到更加优质的访问数据。所得数据可被各种统计软件直接使用。

（三）结束访问

访问应在诚挚的感谢后结束。

电话访问重点是提高访问的成功率。调研人员应正确认识调查目的与重要性，科学、合理编制问卷，问题表述通俗易懂，问题数量不宜多，访问时间适合，访问员要具备良好的素质和沟通能力、熟练的访问技巧、平和的态度和坚定的信心。只有对每个环节严格把控，才能达到理想的效果。

三、焦点小组座谈实施技巧

焦点小组座谈（焦点小组访谈、小组座谈）方法应用十分广泛，它是在主持人的引导下，围绕特定主题展开现场小组讨论，获得定性调查结果。市场调查中焦点小组座谈能深入了解消费者的态度、动机和购买习惯等内心真实想法及原因，是标准化问卷调查方法无法比拟的。主要实施技巧表现在以下方面。

（一）前期准备

前期准备主要包括焦点小组成员、主持人的选择及访谈提纲、会议场地的准备。

（1）焦点小组成员的选择。项目负责人可以通过招募方式，根据调查目的，甄别筛选出适合本次调查研究问题的合格的受访者；小组成员规模一般 8—12 人；受访者应具同质性；受访者应是处于平等地位的陌生人，一般要考虑性别、年龄、职业、住地等特征，经过预约时间，发邀请函，会前再次确认等方式最终确定。

（2）主持人的选择。主持人是整个讨论的核心主题的协调人，主持人的选择要考虑年龄、性别、性格、表达能力、亲和力、自信、背景知识、对局面的控制能力及主持技巧等方面。主持人应充分了解和熟悉与会受访者的背景，有助于对座谈会气氛、多元互动的把握，对会谈进行良好的控制。

（3）访谈提纲的准备。访谈提纲是访问座谈前拟定的涵盖了访问活动的目的、访问过程的操作以及可能发生的情况的任务大纲。调查项目研究人员和主持人可以一起讨论形成访谈提纲。提纲要有清晰明确的问题、不断询问问题的词汇和提问角度、提问顺序，有些要详细到问题控制的时间。提纲的形式大致可以分为主题式、问卷式、剧本式。主题式提纲简单明了，只列出座谈会中的核心要点，如开始的问题介绍性问题过渡性问题核心问题、结束问题等按排列的顺序进行。同时，与问卷设计要求类同，一般问题放在前面，特殊性问题放在后面。问卷式提纲相对具体些，应列出非常具体的对话式问题以及提问方式。剧本式提纲除了有具体的对话式问题以及提问方式外，应根据不同阶段的场合特点，对于提问的策略以及主持人的技巧进行更为细致的规定。

(4) 会议场地的准备。可选择标准的访谈室（单镜面会议室），如果没有，可以选择设施良好的小型会议室，会议室应有会议桌、录音/录像/投影设备、展示设备如白板、文具、水杯等用品。

(二) 座谈阶段

焦点小组座谈的时间通常为1—3小时，座谈阶段根据进程可分为座谈开始阶段和座谈进行阶段。

(1) 座谈开始阶段。座谈开始阶段主持人一般要问候参会的受访者；介绍调查项目背景及研究性质；介绍会议讨论原则；与会人员自我介绍、相互认识；用“热身”话题缓解紧张气氛；再提出承上启下问题。例如，主持人告知、提示参会的受访者的具体内容，示例如下：

第一，没有正确答案，只要说出自己的观点；第二，要倾听别人发言；第三，本次调查项目其他研究人员在后面观察（专门访谈室），对您的观点很感兴趣；第四，因主持人要全神贯注听发言，无法记录，自动录音；第五，请一个一个发言，否则可能会漏掉一些重要观点；第六，不要向主持人提问，主持人的想法并不重要，你们的想法才是最重要的；第七，如果您对我们谈论的话题了解不多，也不要觉得为难，并不是要求所有人都持有同样观点；第八，座谈时要讨论一系列话题，主持人会不时地将讨论推进到下一个话题，请不要把这当成冒犯；第九，还有问题吗？

(2) 座谈进行阶段。讨论过程应呈现多元互动性，讨论的方式是非结构化的。主持人根据核心讨论主题及提纲分清主次，在符合规定原则的基础上允许有一定的灵活性。把握的主要原则是座谈会期间要将讨论的所有核心问题都引导大家讨论清楚，确保对调查研究有意义的数据信息都搜集完成。对座谈过程中出现的一些新情况，可以根据具体情况，灵活适当地调整讨论问题的顺序。

主持人要善用提问、倾听、语言、肢体等技巧。鼓励沉默的与会受访者多发言；鼓励性地打断滔滔不绝的与会受访者的发言；拉回跑偏的话题；组织一些小活动，活跃会谈气氛，如展示一些图片、讲个小笑话等，并提示与会受访者会议的进程。主持人要全过程倾听，而且要做到“耳到、眼到、心到、脑到”四种综合效应的倾听。适当重复，核实数据信息；肯定与会受访者的谈话内容，适时表达自己的建议。这样促使与会受访者将更多更深层次的想法表达出来。积极鼓励与会受访者参加讨论。若个别与会受访者发言时间过长或偏离议题，应及时委婉转移。运用间接提问方式处理较为敏感问题，使用语汇联想法引出抽象概念通过联想有关词语推动讨论向前发展。主持人要有意加以引导，确保讨论集中到小组座谈的核心问题上，使与会受访者更加深入地表达自己的看法，把讨论引向深层探讨，根据需要进行追问，获得更深入的信息。使用目光、肢体、手势、表情、语音语调等技巧，可促进与会受访者积极参与讨论。

不同的座谈会根据研究的目的不同，对于记录的要求有所不同。主持人应记录与会受访者提及的要点，调查组织者可设置专门的记录人员，使用电脑即时录入全部访谈内容，或全程录音再整理。

（三）结束阶段

简要总结，感谢与会受访者。

座谈会结束后，项目负责人或主持人应该对记录员的记录细致地检查，确保会议中与会受访者提到的要点和一些细节方面全部都被记录。后期整理分析应结合录音录像等资料。

四、个别深度访谈实施技巧

个别深度访谈（深访）是一对一的访谈，属于定性研究，通过获取受访者的访谈资料揭示受访者的心理动机、态度、目的、感受等，以达到特定的调查研究目的。如了解一些复杂和抽象问题，这类问题不能用问卷中的一句话或一个词组来描述，只有通过自由交谈才能了解清楚，因此个别深度访谈适用于做探测性研究。个别深度访谈按实施的过程，可分为访谈前的准备、访谈阶段、结束阶段三个不同阶段，相应地也有对应三个阶段的实施技巧。

（一）访谈前的准备

（1）要有高素质、高水平、高能力的访问员。个别深度访谈访问员的综合素质要高，应具有良好的知识水平、语言表达能力、倾听能力、记忆能力、洞察能力、沟通能力、把握访谈控制的能力、对信息的处理能力及运用技巧的能力，等等。例如，访问员能够正确理解受访者在回答过程中所表现出来的语言和非语言行为的思维能力，访问员良好的记忆能力不仅记住受访者所表述的事情，还可以帮助访问员发现受访者谈话的前后矛盾之处，而要求受访者进一步补充解释。访问员应具有倾听能力，认真倾听受访者的发言，当受访者感受到被倾听时，会更认真地进行表达，也更容易减轻防御心理。同时访问员应具有清晰明白地表达出所要询问的问题的语言表达能力，擅长人际关系的沟通，与受访者建立起良好的信任和合作关系。

（2）设计访谈提纲。设计访谈提纲是十分关键的一步，决定着访问质量的高低以及访谈报告的撰写。提纲有先后顺序的结构化提纲，也有没有明确顺序的非结构化提纲，或者二者兼有。提纲可以是让受访者回答的问题，调查研究人员感兴趣的问题，开放式的问题，也包括追问的问题等，提纲中问题的主要内容一般涉及：受访者背景方面、行为方面、经验方面、意见方面、价值观方面及听到、看到等感受方面。

个别深度访谈提纲形式一般分为主题式、剧本式和倒推式。

主题式：围绕访谈的目的列出几个关键性的问题，访问时围绕着几个主题临场把握。

剧本式：比较仔细地设计好每一个问题，能减轻访谈结果的偏差。适用于经验不多且需要做大量的不同地区的访谈，同时做过一些访谈后要对提纲进行修改不断完善。

倒推式：这种提纲的设计是根据最终的深度访谈报告的逻辑模式来确定提纲的内容。

访谈提纲中问题的排列顺序依实际情况而定。有些提纲只是为了访谈的方便而把问题按一定的顺序排列，但都不使用问卷。例如，可以先问受访者现在的一些行为、活动或经验方面的问题，这类问题通常只需直接地描述，受访者回忆或解释得少，也容易回答。然后再问一些有关意见或感受方面的问题，及隐私或背景方面的问题，注意敏感性的问题要采用间接方式询问。访谈问题的排列顺序也可采用现在式、过去式、将来式的思路展开。

（3）预约受访者。受访者应根据调查研究的目的选择特定的受访者，也可以是进行概率抽样选择的结果或通过知情人推荐等，通常寻找到符合要求的一定量的受访者即可，并通过电话、邮件、微信等方法做好预约。

（4）时间、地点等安排。地点的选择应尊重受访者的意愿。时间上，要有足够的时间保证，以达到深入访谈的效果，通常为2小时左右，应与受访者沟通协商后最终决定。其他设备、物品的准备，如准备录音设备、电脑及身份证明、小礼品等。

（二）访谈阶段

访谈阶段重要的是沟通，沟通时要互相尊重。尊重是人际交往的前提。

（1）访谈开始时，应和受访者建立融洽的关系，尽可能用比较轻松缓和的语气和受访者交谈，不要刻意地去问问题，同时要注意：不要去读提纲上的问题，应该先将这些问题熟练地记在头脑中，这样访谈时可以做到游刃有余。应从受访者的基本信息开始，让受访者清楚地知道访谈的内容，寻找最新最相关的对话切入点，用鼓励的方式激发受访者，不可有任何的提示或暗示，保持轻松愉快的脸部表情。

（2）访谈过程中，要完成好两个方面任务：一方面，要灵活、巧妙地使用访谈技巧；另一方面，做好记录。

一方面，深度访谈提问的目的性很强，是经过设计的，必须严格按照深度访谈提纲中所列问题进行结构化的提问或者围绕几个需要探寻的问题进行深入沟通，这种提问或沟通是一种限定性谈话，注意：深度访谈不是聊天，不是审问，也不是一问一答。访谈过程中访问员应该敏锐地把握受访者的态度、提问的方法、最佳的切入点、关键性问题的位置、有效的追问以及进一步的探测等。例如，使用追问技巧时，应使用递进的方法不断探询；当受访者谈到但不够全面，需要追问，进行详细说明，谈论更多的内容，以获取更多的数据资料。有些模糊的没有完全理解的观点，应该使用澄清性询问，以获得明确的信息。再如，使用倾听的技巧时，一是要创造和保持良好的访谈环境。二是肯定和鼓励受访者不断讲述，捕捉要点。又如，可使用沉默的技巧，使受访者有时间组织自己的思考，或认为访问员希望他说下去，因此，受访者会继续发表意见或看法。有时可利用“重播”技术，重复受访者说出的最后几个字，促使受访者说下去。三是及时给受访者动作和表情的反馈。对一些敏感、隐私性的问题，主要使用探测技术的技巧，如投射技术，可以通过情景法、焦点转移法、填充语句法、联想法、对比法或绘图法、图片解释法、事件评论法等隐蔽的方式获知受访者的心理，让受访者讲出真实的意见、态度和动机。

另一方面，做好记录。深度访谈的记录所得到的数据资料是深度访谈分析的基础。深度访谈的记录主要有：访问员在访谈过程中所做的笔录；根据录音整理的材料。一份标准的深度访谈记录包括：

（1）访谈背景的介绍。记录纸上要有访谈的目的、访谈的主要问题、访谈的时间、地点以及受访者的职业、姓名、年龄和性别等基本资料，还包括访问员姓名。

（2）受访者的原话。要将受访者所说的原封不动地记下来，以便于获得最真实、最感性的深度访谈材料。

（3）受访者的表情和动作等。受访者在访谈过程中因某些问题表情变化和动作，是其内心的自然反应，这些非语言的信息对于深刻了解受访者的态度、意见等有重要的参考价值。

记录的方式：做笔录或速记。尽可能完整地记录。基本的要求要记录关键段落或者谈话的主要观点、关键词等，受访者对某个问题的语气、表情和身体语言等变化也有必要记录。身体语言往往是受访者内心想法的真实流露。访谈时要关注这些细节，包括受访者的外观、表情、眼神、手势、头部动作等方面的身体语言，有助于把握受访者的心理变化，有效地向受访者询问，获得真实可信的材料。而访谈后回忆并记录受访者谈话时的内容和表情，是迫不得已的一种做法。

（三）结束阶段

向受访者表示诚挚的感谢。访问员整理相关的资料，形成深度访谈记录，为撰写访谈报告提供基础。

需要注意的是，实际中的调查研究项目仅仅采用一种调查方法或访谈技术往往是不够的，应根据具体情况，恰当选择、综合使用多种调研方法才能更好完成，获得更多更深入的信息。实施过程中，访问员或主持人若发现有价值的信息或现象，研究者需要进一步深入下去，或选择另外的方法进行补充调查。

与面对面访问不同，邮寄调查是将事先设计好的调查问卷邮寄给调查对象（受访者），要求填写后寄回的一种调查方法，其实施基本过程与询问调查类似，采用的技巧应重点体现在如下几个方面：

首先，尽量提前与受访者接触，包括收集调查对象的名单、电话号码、通信地址及邮箱、微信号等。通过电话、邮件或说明信等与调查对象进行事先接触，请求他们参加填写问卷。

其次，增强受访者的信任感，强化与细化调查过程要求。如本次调查由受权威机构主办、随问卷附上回邮信封和邮票及小礼品等，或给予有关谢意的许诺，或给受访者提供一个中奖的机会或者礼品券，享受会员待遇等，许诺问卷寄回后兑现，鼓励受访者积极完成问卷，这将有助于提高问卷的回收率。

再次，进行高效和有效的访问，加强问卷设计和管理，在问卷发出后，跟踪催促，如发跟踪信、寄明信片、打电话或发个信息或邮件等。

最后，结束访问，要兑现谢意的许诺。

如果发现回收率没有达到预期要求，可以尝试扩大调查范围，增加样本量，或采取一定措施，通过调查对象群体特征，再抽取这一特征的小样本面访调查。

邮寄调查及随着互联网发展起来的电子邮件、微信、小程序等调查的详细要求及有关的技巧见本书第三章的内容。

第四节　拓展·实验或实践·探究

一、拓展

（一）访员和督导手册的编写内容

（1）访员手册的内容应包括以下内容：

①一般信息（如调查的目的等）；

②简介（如何与受访者接触等）；

③问卷说明；

④问卷的审核与整理；

⑤单个样本单元的管理；

⑥作业管理；

⑦问题与答案等。

（2）督导手册的内容应包括以下内容：

①招聘和培训调查人员；

②向调查人员分配任务；

③根据预定的质量目标、经费开支和时间进行监控；

④后勤服务；

⑤受访者的安全和隐私保护；

⑥特殊情况下代替调查人员进行数据收集等。

（二）现场抽样

实施中的现场抽样必须结合现场情况并由专门的抽样人员完成。抽样人员需要到指定的现场/地点考察样本点的情况，观察抽样地点是否已经拆迁，询问是否提供合作，搞清楼群入户分布与调查户数，核对样本框是否全面、是否进行补充等，获得的现场信息以标准格式反馈给督导，然后根据抽样原则选定样本户之后，再反馈给访问员。

街头拦截访问也需要现场抽样，需要观察人员流动情况、现场环境，确定是否可以为调查的最终现场。

实际调查中，县以下的各级抽样一般都是在现场完成的，事先需要有抽样的规划，对于无法进行调查的情况，规定相应的处理办法。

（三）现场访问及户内抽样

现场访问是由访问员携带问卷到指定的受访户进行调查的过程。实施过程包括访问员的路途、寻找受访户的过程、说服受访户接受调查的过程、进行问卷询问等。

对于入户访问及按户的电话访问，必须要完成的一个环节是户内抽样，即在指定的样本户中由哪位家庭成员来回答询问的问题，一般由访问员进行抽选。对于一般入户访问来讲，如果调查内容属于家庭的集体行为，如电冰箱、洗衣机使用等，选择家庭成员中对于调查内容最具有发言权的家庭成员，如使用者，购买者，或决策者等；如果调查内容属于个体行为，访问员根据调查方案中指定的户内抽样方法，从该户家庭所有满足调查条件的家庭成员中选择一个作为访问回答对象。具体选择方法通常有以下几种：

（1）由访问员主观选择。由于访问员根据调查的内容和自己的偏好选择，有可能出现选择样本上偏差。

（2）根据现场的某种客观标志选择，例如，坐在窗口的人，或者坐在某个方向上的人等。

（3）使用 KISH 表进行选择。KISH 表是美国专家 Leslie Kish 倡导使用的一种户内抽样工具。其简化表如表 6－1 所示。

表 6－1　　KISH 简化表

家庭成员数	受访户编号									
	1	2	3	4	5	6	7	8	9	0
1	1	1	1	1	1	1	1	1	1	1
2	1	2	1	2	1	2	1	2	1	2
3	1	2	3	1	2	3	1	2	3	2
4	1	2	3	4	1	2	3	4	1	3
5	1	2	3	4	5	1	2	3	4	5
……										

KISH 实际操作时，一是督导在向访问员发放样本名单时，会对每一户样本赋予一个编号；二是访问员入户后，先询问该户家庭中满足调查条件的家庭成员数有多少人，并将这些家庭成员按年龄大小进行排序；三是访问员在 KISH 表上找到与家庭成员数相对应的

行；四是根据受访户的编号尾数，找到对应的列；五是读出行列交叉点上的数字；六是访问受访户中该数字所对应的序号的家庭成员。例如，访问员访问的是第 26 号家庭；该家庭成员中共有 4 名成员满足调查条件（按年龄排序）；找到家庭成员数为 4 的第四行与 26 号的尾数 6 的交叉点上的数，为 2；则访问员应选择该家庭中年龄排在第 2 位的家庭成员作为访问回答的对象。这种方法优于现场的某种客观标志选择，避免了访问员作弊的可能。

（4）其他替代 KISH 表的方法，由于 KISH 表应用相对比较复杂，可会出现访问员理解错误等，可寻求其他替代方法，如生日信息。访问员入户后，询问所有满足条件的家庭成员的生日，然后选择生日最近的家庭成员作为访问回答的对象。

二、实验或实践

（一）调查现场规划中应注意问题

调查现场工作指具体实施调查活动的全过程，因调查方式不同而不同，如入户调查的现场在各个样本点，而电话调查的现场在工作间。不管现场在哪里，都需要进行规划。如访问员到指定的调查区域交通工具的选择、时间、费用、人员等。对访问调查来讲，首先，要充分掌握现场资料，如地理环境、气候情况、人文情况及是否可以联系居委会或当地某种组织等。其次，调查现场访问员的生活安排要周到仔细，要考虑到访问员的疲劳情况、安全问题。再次，应对现场每一项工作进行分解，测算每一个分解步骤所需用的时间，合理估算访问员的工作量，进行访问人员及其他督导、后勤辅助人员的安排，最好编制详细的任务分配表，并制定检查和监督计划。最后，通过实地考察和测试后，按照计划和安排实施。

（二）怎样处理拒访

面访过程中，访问员经常遇到不立即答应参加调查的受访者，访问员要理解他们的不情愿，想出解决办法，避免被拒。主要办法有：一是要自信，自信地说明本次调查研究的重要性和受访者参与的必要性。访问员的介绍要确保受访者能够理解，使他们放下心理负担。二是访问员应该了解各种各样的拒绝理由，尝试了解受访者的感受，说服他们参加调查。如果受访者以“没有时间”拒访，访问员要主动提出更方便的时间，如傍晚 6 点，而不是问受访者“什么时间合适”。如果受访者称自己“不合适”或者对访问内容“缺乏了解”，访问员应该告诉受访者：“我们不是访问专家，调研的目的是让每个人有阐明自己看法的机会，所以您的看法对我们很重要。”重要的是，找出受访者拒绝的原因，并有针对性地说服。三是被拒绝后，至少要尝试一次，注意观察受访者的反应，看看能否改变受访者的心意，不要与受访者产生冲突。

除了拒访，面访过程中，也有中断的可能性，如受访者停顿的时间越来越长、不确定的语调、不想听问题等，应仔细观察受访者的情况并及时作出反应，避免发生访问被迫中断的情形。如果拒绝一些特定的题目或者拒绝回答某些特别的问题，耐心向受访者解释回答全部问题的重要性，如果受访者仍然拒绝，则放弃该项问题。访问员应在该项问题上注明“拒绝”字样并转入下一个题目，绝不强制受访者回答问题，也不要因为一个问题拒绝就略过所有相关的问题。

（三）根据调查实施的相关要求与技巧，完成一次询问调查

可根据团队或自己的选题进行。

（四）研读《中华人民共和国统计法实施条例》

（2017 年 4 月 12 日国务院第 168 次常务会议通过　2017 年 5 月 28 日中华人民共和国国务院令第 681 号公布　自 2017 年 8 月 1 日起施行）

专栏 6－1　　第三章　统计调查的组织实施

第十六条　统计机构、统计人员组织实施统计调查，应当就统计调查对象的法定填报义务、主要指标含义和有关填报要求等，向统计调查对象作出说明。

第十七条　国家机关、企业事业单位或者其他组织等统计调查对象提供统计资料，应当由填报人员和单位负责人签字，并加盖公章。个人作为统计调查对象提供统计资料，应当由本人签字。统计调查制度规定不需要签字、加盖公章的除外。

统计调查对象使用网络提供统计资料的，按照国家有关规定执行。

第十八条　县级以上人民政府统计机构、有关部门推广使用网络报送统计资料，应当采取有效的网络安全保障措施。

第十九条　县级以上人民政府统计机构、有关部门和乡、镇统计人员，应当对统计调查对象提供的统计资料进行审核。统计资料不完整或者存在明显错误的，应当由统计调查对象依法予以补充或者改正。

第二十条　国家统计局应当建立健全统计数据质量监控和评估制度，加强对各省、自治区、直辖市重要统计数据的监控和评估。

三、探究

了解《国家统计质量保证框架（2021）》。

专栏 6－2　　国家统计质量保证框架（2021）

一、统计质量评价标准

本框架基于统计数据生产全过程，从真实性、准确性、完整性、及时性、适用性、经济性、可比性、协调性和可获得性九个方面对统计数据质量进行综合评价。

真实性要求统计源头数据必须符合统计调查对象的实际情况，确保统计数据有依据、可溯源，侧重对基础数据质量的评价。

准确性要求统计数据的误差必须控制在允许范围内，能够为形势判断、政策制定、宏观调控等提供可靠依据，侧重于对统计数据生产科学性的评价。

完整性要求统计数据应当全面完整，统计范围不重不漏，统计口径完备无缺，侧重于对统计数据全面系统反映客观实际程度的评价。

及时性要求统计数据生产应当在符合统计科学规律的前提下，尽可能缩短从调查到公布的时间间隔，侧重于对统计数据生产效率的评价。

适用性要求统计数据能够最大限度为用户所用，侧重于对统计用户满意度的评价。

经济性要求统计数据生产应当尽可能降低成本，统计调查、行政记录、大数据等数据资源得到充分利用，侧重于对统计数据成本效益的评价。

可比性要求使用规范统一的统计标准和统计原则，侧重于对统计工作标准化、规范化程度的评价等。

协调性要求统计数据结构严谨、逻辑合理，各总量数据、结构数据相互之间高度匹配，侧重于对统计数据间逻辑关系的评价。

可获得性要求多渠道、多方式公布统计数据，同时公布相应的统计制度方法，加强数据解读，满足社会需求，侧重于对统计服务质量的评价。

二、统计质量全过程控制

统计质量的全过程控制是指对统计业务流程的各环节进行质量管理和控制，确保各环节质量标准得到满足。包括对确定需求、调查设计、核准备案、任务部署、数据采集、数据处理、数据评估、数据公布与传播、统计分析、项目评估十个环节的质量控制。

（一）确定需求环节的质量控制

（1）准确把握用户需求。分析和权衡现有和潜在的各种统计需求，在资源约束条件下，评估用户需求的必要性和重要程度，确保优先满足最重要的统计需求，并及时向用户反馈评估结果。

（2）深入分析数据来源。根据统计需求，对现有统计调查数据和行政记录、商业记录、地理空间信息以及各类大数据等其他数据来源进行梳理和评估，分析现有数据来源能够满足用户需求的程度，针对数据缺口研究提出统计调查项目的初步设想以及经费预算需求等，并与相关部门沟通协商。

（3）科学制定项目计划。根据拟新增调查项目的调查目的、调查任务、进度要求、职责分工以及人财物和技术等保障条件，科学制定统计调查项目计划。邀请有关专家就统计调查项目的必要性、可行性、预期成果及可能产生的影响等方面进行论证，必要时邀请用户代表参加，保证项目计划符合用户需求，切实可行。

（4）定期开展计划评估。建立与统计用户的交流和沟通机制，及时反馈计划执行情况，广泛征求用户意见，根据新情况、新需求及时调整调查项目计划。

（二）调查设计环节的质量控制

（1）准确确定统计调查范围。根据统计目的合理划分统计调查范围，严格执行统计标准和统计原则，保证调查单位概念清晰、定义准确，基本单位名录库、抽样框全面完整。

（2）合理设计统计调查内容。根据统计需求设计统计调查指标表式，坚持简约、易取得、可核查的原则，保证指标名称规范统一，指标解释通俗易懂，指标计算方法科学合理；保证调查表式（问卷）结构合理、内容简洁、便于填报。

（3）综合利用多种调查方法。坚持科学性和可操作性相结合，合理安排调查频率、调查时间和调查方式，注重成本效益，减轻调查负担。现有统计调查数据和行政记录、商业记录、地理空间信息以及各类大数据等其他数据来源能够满足需求的，不开展新的调查。抽样调查、重点调查、典型调查等能够满足需求的，不开展全面调查。坚持必要性、可行性相结合的原则，科学设计抽样精度和调查网点，合理安排样本轮换工作，保证抽样调查的科学性、稳定性、连续性。

（4）统一搭建数据采集处理平台。积极运用现代信息技术，变革统计生产方式，改进统计生产流程，提高统计调查效率和数据质量。能采用联网直报方式直接获取调查对象基础数据的，不采用传统的逐级上报方式。数据采集处理平台设计应遵循科学的软件开发规范，符合国家信息安全标准，满足统计调查制度需求，保证性能稳定、功能完善、操作方便、界面友好。

(5) 科学制定数据评估办法。借鉴国际通行规则，立足统计工作实际，针对数据真实性、准确性、协调性等，制定数据评估办法。广泛征求有关专家意见，对数据评估办法进行研究论证，保证评估办法科学严谨、有理有据、系统配套，评估过程科学、公正、合理，评估结果可追溯、可核查。

(6) 统筹安排数据公布工作。秉持用户第一的理念，制定和公开数据发布日程表，明确发布内容、发布时间、发布地点和发布方式等。拓展统计数据传播渠道，注重新媒体的开发利用，积极采用可视化、智能化等方式展示统计数据，保证用户方便、及时获取统计数据。

(7) 明确统计调查相关要求。基于统计业务全流程各环节，明确工作任务、职责分工、质量要求和进度安排，保证统计调查工作顺利推进。加强对各环节统计元数据和相关资料的分类管理，保证储存安全。

(三) 核准备案环节的质量控制

(1) 依法申报统计调查项目。国家、地方、部门统计调查项目要依法依规办理核准备案手续。申报材料包括申请核准项目的公文、项目申请书、配套的统计调查制度、拟公开的统计调查制度主要内容等。

(2) 准确把握项目基本要求。制定统计调查项目要有充分的立项依据，符合本部门职责，与其他统计调查项目不重复矛盾，服务对象明确，资料用途合理，调查内容清晰，有必要的经费保障，并按会议制度集体讨论决定。重要统计调查项目应当进行试点。

(3) 规范开展核准备案工作。管理机构要严格按照统计法律法规审查统计调查项目，在规定时限内，对符合条件的统计调查项目作出予以批准的书面决定，对不符合条件的统计调查项目退回修改或作出不予批准的书面决定。特殊情况应当简化核准备案程序，缩短期限。

(4) 及时公布核准备案项目。统计调查项目管理机构应当将核准备案结果及时告知申请部门。通过本级统计机构官方网站和其他媒体及时公布经核准备案的统计调查项目及其统计调查制度的主要内容。涉及国家秘密的统计调查项目除外。

(5) 及时检查项目执行情况。统计调查项目管理机构应当定期开展统计调查项目核准备案和执行情况的监督检查。未办理核准备案手续或擅自变更统计调查制度内容的统计调查项目，一经发现责令停止，并依据统计法及其实施条例的有关规定处理。

（四）任务部署环节的质量控制

（1）印发统计调查工作文件。经核准备案的统计调查项目，项目申请单位必须按规定正式印发开展统计调查工作的通知及配套的调查制度，调查表（问卷）应标明文号、表号、有效期等法定标识。

（2）落实统计调查保障条件。调查开始前，财务部门应将相关工作经费拨付到位；设备采购部门完成设备购置并分发到位；信息技术部门将软硬件系统配置到位；相关业务部门将工作人员安排到位，明确职责分工，完成操作手册、调查表和调查问卷等相关资料的印发。向社会购买统计调查服务应按相关规定签订合同协议。

（3）确定统计调查对象。相关职能部门及时更新和维护基本单位名录库、行政区划代码库等统计调查基础信息库，并按要求提供给相关业务部门。业务部门严格按照调查制度规定的统计范围，划定调查区域，确定调查对象。

（4）开通数据采集处理平台。完成平台验收部署，分配数据管理权限，做好调查对象身份认证，及时加载历史数据，保证数据采集上报平台按时开通。

（5）做好人员培训。根据实际情况采用会议、网络、视频等方式开展业务培训，培训内容应全面系统、有针对性，保证基层业务人员能够准确理解调查制度，熟练操作软件和硬件设备，灵活运用各种调查技巧。

（五）数据采集环节的质量控制

（1）事前告知调查。数据采集部门在调查前向调查对象发送统计调查告知书，包括调查主要内容、相关注意事项和调查对象的权利义务等，可以通过电话、网络、微信、电子邮件、公告、会议等方式进行。

（2）规范数据采集。严格按照确定的调查对象发放调查表和调查问卷，指导调查对象独立正确填报调查数据、修改差错数据、补充不完整数据，及时解答调查对象的问题和咨询。如遇调查对象发生变更、消亡、不配合等情况，按相关规定处理，并将调查对象变化情况反馈给名录库管理等相关部门。

（3）审核原始数据。按照随报随审的原则，及时接收调查对象的原始数据，对数据完整性、逻辑性等进行审核，经核实确属调查对象填报错误的，应退回原调查对象修改后重新上报，保留修改记录和相关说明。

（4）开展数据质量核查。根据统计调查制度和调查领域、行业特点制定数据质量核查计划，采取有效方式和方法，选择一定数量、不同层次的地区和调查对象进行核查，及时处理核查中发现的问题。

（六）数据处理环节的质量控制

(1) 审核接收数据。采用统一的数据采集处理平台或规定的软件，在确保数据安全的工作环境下，对调查数据汇总结果进行计算机审核，保证逻辑性、完整性、准确性。同时进行人工审核，保证数据协调匹配、趋势合理。对其他来源数据进行验收、清洗、转换和整合。

(2) 反馈处理问题。在规定时间内查明数据的疑点和问题，如属下级机构数据差错，应按规定及时退回下级机构核实修正；如属调查对象填报错误，应及时退回调查对象核实修正。保留修改痕迹。

(3) 依规处理数据。当统计标准、统计口径发生变化时，依据相关制度进行调整，保证数据的可比性和协调性，并作出解释说明。

(4) 按时完成任务。配备充足的力量进行数据加工处理，制定切实可行的进度表，强化对数据加工处理每一个环节的时间管理，保证数据处理的时效性。

（七）数据评估环节的质量控制

(1) 明确评估职责。数据评估自上而下逐级开展。原则上国家统计局和国务院有关部门负责对全国和分省数据的评估，省级以下负责对下一级数据的评估，及时反馈评估结果。

(2) 开展数据评估。数据评估按照国际惯例进行，综合运用历史数据比较、横向数据比较、数据偏差分析、相关性分析等多种方法对各种综合数据进行评估，准确把握数据之间的相关性、匹配性和逻辑性。对于评估中发现的问题，依据相关规定处理。评估过程规范统一。

（八）数据公布与传播环节的质量控制

(1) 把握工作要求。依据统计法及其实施条例和其他相关规定公布统计数据。除依法应当保密的外，应当及时公开，供社会公众查询。部门统计调查所取得的有关数据资料及时提供统计调查项目管理机构。数据公布前，不得违反国家有关规定对外提供。国家统计数据以国家统计局公布的数据为准。

(2) 按时公布数据。严格按照统计数据发布日程表定期公布统计数据。因特殊情况变更日程的，应提前向社会公告，保证数据的时效性。

(3) 规范公布内容。严格执行数据公布的有关规定，在公布统计数据的同时，还应公布数据来源、统计方法、统计口径、统计标准、指标概念等，保证社会各界正确理解和使用统计数据。

(4) 做好数据解读。做好公布数据变动情况及原因等的分析和解释。统计数据按照有关规定需要进行修订的，应当及时公布修订结果，并对修订依据和情况作出说明，避免数据误读。

（5）拓宽公布渠道。重要统计数据要通过新闻发布会、官方网站和其他媒体同时公布，保证用户获取统计数据的公平性。要充分运用发布会、官方网站、统计出版物、微信客户端等多种渠道及时公布统计数据，保证用户获取统计数据的便捷性。要健全综合数据查询系统，及时更新、加载最新可公开的综合性数据，逐步完善微观数据开放平台，保证最大限度开放统计数据。

（6）加强舆情监测。通过网站、电话、信箱、微信客户端等多种渠道开展舆情监测，及时纠正对统计数据的错误解读和不当使用，及时妥善应对统计舆情突发事件。

（7）深化联系沟通。多渠道向调查对象和统计用户普及统计知识，宣传统计工作的价值和统计数据的用途，主动征求和搜集关于统计数据和统计工作的意见和建议，定期回应用户的统计咨询和数据需求。

（九）统计分析环节的质量控制

（1）选好分析题目。根据各级党政领导、有关部门、社会公众等统计用户的需求，紧紧围绕经济社会发展情况，以及重点、热点和难点问题，特别是一些趋势性和苗头性问题，确定统计分析题目和用于分析评价的主要指标，保证统计分析满足用户需求。

（2）深度挖掘数据。综合利用统计调查数据和其他来源数据进行深度分析，运用决策树、聚类分析等数据挖掘分析方法，寻找数据特征、相关关系和变化规律，进行数据汇总和统计推断，衡量经济社会现象的规模、水平、速度、比例关系，预测预判变化趋势，保证统计分析的科学性。

（3）写好分析报告。注重用数据分析问题，深入开展调查研究，提出解决问题的对策建议。报告要使用来源可靠的相关资料，分析方法科学合理、观点清晰、结论明确、文字流畅、形式灵活，保证统计分析报告的质量。

（十）项目评估环节的质量控制

（1）科学制定项目评估计划。按照统计调查项目执行情况评估的有关要求，结合工作实际，制定评估计划，确定评估内容、流程和职责分工，积极推进第三方评估，保证评估的科学性和可操作性。

（2）规范开展项目评估工作。针对统计调查全流程各环节，采用事中与事后评估、定性与定量评估相结合的方式，从统计人员、调查对象、统计用户等多个角度，对统计调查项目执行情况进行评估，保证评估过程科学严谨。

(3) 客观评价项目执行效果。按时完成项目评估报告，对统计调查项目质量作出客观评价，指出制度方法、管理规范、业务流程和技术支持等相关工作中存在的问题，提出改进、继续或停止调查的建议，重新进入确定需求环节，保证评估结果科学实用。

三、统计质量保障措施

健全完备的统计质量保障措施是贯彻落实统计质量保证框架的基础，必须加强统计法治建设、完善统计体制机制、规范统计制度方法、优化统计资源配置、夯实统计基层基础、强化信息技术支撑，弘扬质量为核心的统计文化，推进统计质量的科学治理、综合治理。

(一) 加强统计法治建设

完善的统计法治体系是统计质量的根本保障。要进一步健全和完善统计法律法规，坚持依法统计、依法治统，严格依法组织实施统计调查、公布统计资料。加强统计督察工作，对地方党委政府和部门贯彻落实党中央、国务院关于统计改革发展各项决策部署，履行统计法定职责，遵守执行统计法律法规，落实防范惩治统计造假、弄虚作假责任制情况进行监督检查。加大统计执法力度，严肃查处各类统计违纪违法行为。强化统计违纪违法责任追究。完善统计信用制度，严格落实严重统计失信企业公示和联合惩戒制度，加大对失信统计从业人员惩戒力度。加强统计普法宣传，严格执行统计违法举报制度。

(二) 完善统计体制机制

健全的统计体制机制是保证统计质量的核心前提。要进一步深化统计管理体制改革，确保统计机构和统计人员独立调查、独立报告和独立监督的职权不受侵犯。健全完善政绩考核机制，加强对领导干部统计工作的考核管理，全面落实地方各级政府及监察机关对统计法执行情况的监督职责，建立违规干预统计工作记录制度，强化统计监督问责，持续推进统计监督与其他监督的贯通协同。严格落实党政领导干部统计数据质量的领导责任、主体责任和监督责任，严格落实统计造假“一票否决制”。

(三) 规范统计制度方法

科学的统计制度方法是保证统计质量的关键因素。要全面推进统计现代化改革，加强统计制度方法的顶层设计和规范管理，努力构建现代化统计调查体系。加强统计标准建设，建立适应我国经济社会发展，符合国际通行准则，规范适用的统计标准体系。推进统计制度方法改革，夯实普查的基础地位，强化抽样调查的主体作用，加强全面调查、重点调查等方法的综合运用。推进大数据统计应用，拓展统计数据来源渠道。推动政府统计数据共享，扩大数据开放，建立科学高效的统计调查方法体系。围绕经济社会发展需要，加强基础调查指标研究，补齐短板、精简冗余，健全完善统一规范、方便简约的统计调查指标体系。

（四）优化统计资源配置

合理的统计资源配置是保证统计质量的重要基础。要充分利用现有统计资源，强化资源统一规划和统筹管理，改进和优化资源配置，提高统计调查效能。加强统计人才队伍建设，大力实施人才发展战略，建立约束和激励并重的统计人才管理机制。合理安排统计经费，加强预算管理，提高预算执行效率，增强经费保障能力，优先解决人才培养、技术更新、设备改造等事关统计工作长远发展的重点领域的资源需要。建立政府向社会购买统计服务的机制。

（五）夯实统计基层基础

坚实的统计基层基础是保证源头统计数据质量的根基。要进一步加强对统计基层基础工作的组织领导，夯实统计名录库、地域库、统计台账建设等基础工作。健全各级各部门的统计机构，配齐配强统计人员，明确基层统计职责任务，压实统计责任。推进县乡两级统计规范化建设，健全完善基层统计工作制度，加强基层统计人员教育培训，加强辅助调查员管理，确保基层统计有人员、有经费、有场所、有设备、有网络、有制度、有培训。

（六）强化信息技术支撑

先进的现代信息化手段是保证统计质量的重要技术支撑。加快推进统计信息化建设，推动智能移动终端在统计调查中的应用，促进区块链、人工智能、物联网等新一代信息技术与统计的深度融合，实现统计工作全流程电子化、网络化，推进统计数据生产方式变革，提升统计生产效能。完善网络安全防护技术措施和运营维护体系，保障数据安全。

（七）弘扬质量为核心的统计文化

以统计全过程质量为核心的统计文化是保证统计质量的内在因素。要树立统计全流程、全领域质量控制的管理理念，及时跟进国际统计质量管理新进展，制定完善统计质量管理规范。加强统计调查项目事前、事中和事后执行情况评估，建立意见收集和反馈机制，改进统计业务流程，完善统计产品，提升统计服务水平。加强统计质量管理培训，建立激励机制，增强全体统计参与者的质量意识，鼓励统计人员爱岗敬业、不断学习、积极创新，不断探寻提高统计质量的新途径。

【本章总结】

本章主要介绍调查组织与实施的一些基本内容。分别从调查实施的准备、调查实施与控制管理、实施中访谈的基本技巧及拓展·实验或实践·探究等方面展开。

学习中需要了解调查实施前必要的准备、调查团队的组成及职责、调查员培训内容与方式，掌握调查实施的基本过程及要求，掌握调查实施中的现场质量控制与评估方法。熟悉进度、成本控制管理方法，掌握实施中访谈的基本技巧，在此基础上，进行相关内容的拓展，实践操作及进一步探究。

【关键术语】

调查实施　控制管理　陪访　复核　单元无应答　回答率　合作率

【思考与讨论】

1. 调查实施的准备要从哪些方面进行？
2. 一般调查团队由哪些人员组成？
3. 简述合格的调查员应具备的基本素质。
4. 简述调查员的培训内容和培训的方式。
5. 简述调查实施的基本过程及要求。
6. 现场调查的质量控制的办法有哪些？
7. 简述实施过程的质量评估内容。
8. 调查实施中的进度如何控制、进度管理重点是什么？
9. 调查实施中的成本控制管理主要办法有哪些？
10. 简述面访的实施技巧。
11. 简述电话访问实施技巧。
12. 简述焦点小组座谈实施技巧。
13. 简述个别深度访谈实施技巧。
14. 谈谈你对《国家统计质量保证框架（2021）》的理解。
15. 结合第二章思考的社会实践选题，进行调查的组织与实地调查。

第七章　调查数据整理

【学习目标和要求】

1. 了解调查数据整理的概念、基本要求，数据审核及筛选内容；
2. 熟悉调查数据整理基本要求，掌握数据整理的步骤；
3. 熟悉问卷审核和结果的处理；
4. 掌握数据的编码、编码手册的内容；
5. 掌握数据的录入方式和技巧；
6. 熟练掌握数据的清洗中常用的识别与处理方法；
7. 熟练掌握数据的变换中各种处理方法；
8. 熟悉哑变量等其他处理方法；了解大数据处理方法。

有人曾说：“数据科学家们80%的精力消耗在查找、数据清理、数据组织上，只剩余20%时间用于数据分析等。”混乱的数据会导致性能下降甚至错误的结果，数据标准、干净、连续才能实施后续的数据分析和数据挖掘。没有高质量的数据，就没有高质量的数据分析，而数据整理及清洗是高质量数据的一道保障。

如何在繁杂的数据中做好数据预先处理，需要科学的方法。本章主要围绕调查数据整理的相关问题展开。

第一节 数据整理的步骤和问卷的审核

一、数据整理的概念和要求

在计算机发展的早期，人们对计算机比较信赖，认为其无所不能。因此，IBM 的一位程序员使用了“垃圾进，垃圾出”（Garbage in，Garbage out）的术语提醒人们，计算机只是处理提供给它的资料，并不能保证结果的正确性。“垃圾进，垃圾出”这一术语同样适用于数据分析工作。通过调查获得的原始数据往往是脏数据（dirty data），可能存在多种问题，如存在数据缺失、异常值、填报错误等，并不能直接用于数据分析。基于错误的数据，无论使用多么先进的统计分析软件、多么复杂、强大的模型，都不可能得出准确的结论。

（一）数据整理的基本概念

对调查得到的原始数据进行审核、编码、录入、清洗、转换等操作，使之符合数据分析工作需要的过程称为数据整理。数据整理是数据分析工作的基础。相对于数据分析方法，数据进行整理的方法一般比较简单和直接，较少涉及复杂的统计方法，但却非常耗时。许多人的经验表明，平均而言进行数据分析的全部时间中可能 80% 都在进行数据整理，真正用于分析数据的时间只有 20%。

（二）数据整理的基本要求

数据整理的基本要求是确保用于分析的数据真实、准确、完整、统一。真实性是最根本的原则。整理的数据资料必须是真实、客观，必须是确实发生过的客观事实，而不是弄虚作假，主观杜撰的情况；准确指的是事实要准确，特别是数据要准确。对准确性的要求应从实际出发，以能说明问题为原则，而不是越精确越好。完整指整理的数据资料必须尽可能全面，在时间、空间、调查项目等方面尽可能全面反映事实的全貌；统一是指对于各个调查指标/变量要有统一的解释，计算方法，计算单位也要统一。整理的数据也要尽可能简单、干净、有效，并使它系统化，条理化。为此进行整理时需要注意以下要求。

一是数据整理过程中要随时保持警惕，不能想当然。数据的填报、搜集和录入等工作都是由人来完成的，时常会出现不同的错误。数据整理过程的很大一部分工作都是在查找这些错误加以修正或者采取其他处理方式，以提高数据分析结果的准确性。在计算机软件之间传递数据也可能会出现意想不到的错误。例如在 SPSS 软件中打开 Excel 数据文件，字符型数据可能会被截断，也可能会多出一些空白个案；在一个软件中正常显示的数据，在另一个软件中可能会出现乱码，等等。

二是需要详细记录在数据整理的各个环节对数据进行的操作。例如判定无效问卷的标准以及哪些问卷被判定为无效并删除；判定异常值的标准及哪些异常值被删除或进行了统计处理；如果采用了插补的方式估计了缺失值，要详细记录插补的方法以及哪些数值为插补数据；根据已有的变量计算得到了新的变量，如根据年龄数值生成了一个年龄组的定性变量，要详细记录分组的标准，等等。如果没有这些记录，在半年、一年后，我们可能会完全忘记当时的具体操作，从而影响后续的数据分析工作。在一些情况下可能由一部分人进行数据整理，由另一部分人进行数据分析，这些记录也有助于数据分析人员了解数据整理的情况，更好地开展数据分析工作。

三是在数据整理过程中要注意做好数据备份。原始数据要保留备份，对数据文件的每一轮修订也要保留备份，这样在需要时我们才有可能回到前面的数据文件尝试不同的数据处理方法，避免重复性的劳动。

数据整理是提高调查数据质量的必要步骤，也是分析的重要基础，有助于对数据的长期保存和研究。

二、数据整理的步骤

调查的内容、规模不同，数据的搜集方式不同，使用的统计方法和软件不同，数据整理内容、步骤和方法也会存在差异。针对每一次具体的调查，相应的数据整理方案都是定制化的，不存在适用于所有场合的数据整理方案。本章主要介绍数据整理的一般步骤和基本方法，实践中需要结合具体的工作条件和实践经验灵活确定。

调查数据整理一般包括问卷审核、数据编码、数据录入、数据清洗和变量变换等步骤（见图 7 - 1）。在问卷回收的过程中和回收完成后，整理人员首先需要对问卷进行初步的审核，剔除无效的问卷，对问卷中的错误、缺失数据进行修正和补充；其次需要对问卷中的问题和答案进行编码和录入，以便使用计算机对数据进行分析；再次可以借助统计软件的帮助对数据进行初步分析与清洗，发现和纠正数据中存在的逻辑错误、录入错误、异常值等，有时候还需要对缺失值进行插补等处理；最后，根据分析的需要，可能需要对已有的变量进行变换，如根据已有的变量计算新的变量等。经过这些环节才能最终得到可以用于分析的数据。

图 7－1　数据整理的一般步骤

如果采用的是计算机辅助电话访问或者在线调查等调查方式，在调查的同时就要把数据录入计算机。在这种情况下，数据编码的大部分工作一般会在调查之前完成，计算机程序也可以实时对调查数据的内容进行同步审核，及时发现和纠正错误。下面分别介绍数据整理的一般步骤中的具体内容。

三、问卷审核

在问卷回收开始到回收结束的整个过程中，需要持续对问卷进行初步的审核。审核的目的是发现问卷中存在的问题和错误，并采取相应的补救措施。根据调查项目的重要性，问卷的审核可以进行多轮，包括问卷搜集过程中调查员、调查督导的现场审核，以及问卷全部回收后数据整理人员的集中审核等。

（一）问卷审核的内容

问卷回收后首先要进行有效性审核，剔除无效问卷。例如，对调查项目有明显误解的问卷、大面积空白的问卷、明显造假（随意填写或者回答缺少变化）的问卷、由不符合甄别条件的受访者填写的问卷，等等，都需要进行识别和剔除。

问卷审核的另一项内容是完整性审核。一是检查填写的内容是否完整，二是检查问卷的回收数量。由于多方面的原因，问卷中的少数答案缺失可能是难免的，但如果受访者漏填了几页问卷，就需要及时纠正。如果回答率过低，收回的问卷数量达不到调查方案的要求，则需要查明原因并采取措施，保证回收问卷的数量。

在这个阶段研究人员还需要初步审核问卷的准确性和一致性，发现和纠正调查数据资料中明显不合理或矛盾的内容，如字迹模糊不清、年龄填写为 180 岁、单项选择题选了多个答案等异常情况，问卷中有些不一致的情况也比较容易发现，如驾龄不到 1 年的司机有 50 万千米的驾驶里程，在对商场服务的满意度评价中各个分项都很不满意、但总体评价十分满意的情况，都存在明显的矛盾。

（二）审核结果的处理

在审核中存在问题的问卷，根据问题的严重程度和调查的条件可以有不同的处理方式。

一是重新向受访者调查，修正错误、补充信息。在样本量比较小、容易联系受访者时比较适合采用这种方式。

二是把存在错误、矛盾的项目记为缺失值。在不具备重新调查条件的情况下，如果一份问卷中存在错误的项目比较少或者不重要，可以采取这种处理方式。

三是把整份问卷作为无效问卷丢弃。大面积空白的问卷、造假的问卷等无效问卷需要丢弃，关键问题无回答的问卷可能也需要丢弃。对无效问卷的判定存在一定的主观性。如果无效问卷的受访者对问卷的回答与有效问卷的受访者对问卷的回答有系统性的差异，这种处理方式会导致调查结果的偏误。因此在数据分析报告中一般需要说明无效问卷的处理过程和相关数据。

第二节　数据编码和录入

数据编码和录入是数据整理中不可或缺的重要步骤。

一、数据编码

数据编码指的是给一个问题的选项或答案分配相应数字代码的过程。用计算机对数据进行分析时，相应的数字代码用来代表特定的回答或者组别。编码是将调查数据和统计软件联系起来的桥梁。

对于问卷中的封闭式问题，只要对每个选项指定一个数字代码可即完成编码。当前，这类编码工作（称为事前编码）通常在问卷设计阶段就会同步完成，方便在调查的同时进行数据的录入和审核。数值型的开放式题目并不需要额外的编码，直接录入数值即可，之后可以根据需要进行分组。文本型的开放式问题则不同，如果后期需要使用统计软件进行系统分析，则必须在回收问卷后进行事后编码，形成一个或几个变量，得到不同的类别和编码。这个过程往往需要人工概括和总结，是一个冗长、枯燥的过程。半封闭式问题中需另外注明的“其他”选项也可能需要进行事后编码。

（一）编码手册

编码的规则和要求一般会形成一个编码手册或编码表，便于数据录入人员和数据分析人员了解相关信息。

1. 编码手册要说明数据文件中的变量名、变量的标签、变量的类型、宽度等信息

不同的数据分析软件对变量名有不同的要求。比较严格的要求包括：以字母开头，不包含特殊字符，长度不超过 8 位等。如果你需要在不同软件之间传递数据，建议遵循这些原则。很多情况下变量名无法完整反映变量的含义，这时可以为变量定义标签，对变量的含义作出更完整的说明。变量的标签也是真正意义上的变量名。统计软件（如 SPSS）可以在输出的结果中用标签代替变量名，使结果更易于理解。

有些调查数据会以纯文本方式录入和存储，每一行表示一个个案，每个变量的取值对应着数据文件中的若干列。这时需要根据变量的宽度和顺序说明变量取值对应的位置，称为栏码。

问卷编号一般需要作为一个变量保存在数据文件中，以便在需要时能够查找对应的原始问卷。一些调查中还会同时保存调查员的编号以及其他调查相关信息（如在网络调查中保存受访者的 IP 地址）。

2. 编码手册要说明变量取值的代码及其含义

变量值的实际含义在一些软件中被称为变量值的标签。变量的不同类别需要用数字来表示，需要跳答的问题、问卷中的缺失值等也要指定相应的数字代码。注意不能用空白表示缺失值，以区分录入错误或其他原因导致的空白。

（二）表格题、多项选择题目的编码

问卷中的一些题目会以表格方式呈现，例如，一份问卷中的第 12 个题目如下：

Q12 请选择您对以下后勤服务项目的满意程度。

项目	非常不满意	不太满意	一般	比较满意	非常满意
冬季供暖	□	□	□	□	□
空调运行	□	□	□	□	□
浴室运行	□	□	□	□	□
绿化养护	□	□	□	□	□
校园环境	□	□	□	□	□

这种情况下，Q12 这个问题在编码时需要设置多个变量，如 Q12a 到 Q12e，分别对应着表中的 5 个项目，取值为 0 或 1。注意不能把 5 个项目的回答赋值给一个变量。

有多个选项，且每个选项都可以勾选的不定项选择题也需要用类似的方法处理。例如，下面这个调查题目。

Q 您拥有以下哪些电子设备?

□台式计算机　　□笔记本电脑　　□平板电脑

□手机　　□数码相机

这个题目相当于下面这个表格题，可作为多个二元选择问题进行编码。

Q 您是否拥有以下电子设备?

项目	有	没有
台式计算机	□	□
笔记本电脑	□	□
平板电脑	□	□
手机	□	□
数码相机	□	□

有些多项选择题对选择的项目数量有限制，例如：

Q15 您获得就业岗位信息的主要来源包括（最多选 3 项）：

□招聘会　　□招聘 App　　□互联网搜寻

□学校老师　　□家长亲友　　□实习实践

为了提高数据的录入效率，在这种情况下也可以在编码时设置 3 个变量 Q15a—Q15c，依次对应受访者的 3 个选项（取值为选项代码）。当然在数据分析时也要根据这种编码方式进行分析。

上面的题目也可能以排序题的方式提问，以获得更多的信息：

Q15 请您对以下 6 个就业信息来源的重要性排序（1—6 排序，1 表示最重要）。

□招聘会　　□招聘 App　　□互联网搜寻

□学校、老师　　□家长亲友　　□实习实践

这时，可以在编码时设置 6 个变量 Q15a—Q15e，取值为相应选项的排序序号。

（三）文本型开放式问题的编码

如果完全由人工完成编码，开放式问题的编码需要经过以下两个环节：在浏览一定比

例问卷的基础上由专家对问题的答案进行概括和分类，归纳形成类别数量适当的“编码表”；编码人员根据编码表对所有问卷中的答案进行编码。注意一个答案可能会同时符合多个编码的定义，需要参照多选题的编码方式设置变量和编码。

现在更常见的处理办法是，先将问题的答案以文本方式录入计算机，利用软件对文本进行初步的分析，并结合实际经验和主观判断形成编码表；再借助软件的辅助完成所有答案的编码工作。一些定性数据分析的软件可以大大提高编码的效率。随着人工智能的发展，已经有一些文本挖掘的技术可以完成开放式问题的自动编码工作了（编码的准确性可能低于人工编码）。

对于回答率较低的文本型开放式问题，不经过编码，由分析人员直接对答案的文本进行概括形成分析结论也是一种做法。

（四）编码表或手册示例

表 7－1 是一份对教师培训需求的调查问卷，如表 7－1 所示。

表 7－1　　教师培训需求调查问卷

教师培训需求调查问卷

Q1 您的工号：________

Q2 您的性别：□男　　□女

Q3 您的年龄：______周岁

Q4 您的岗位类别：

□教学型　　□教学科研型　　□科研型

Q5 您个人现阶段是否需要通过培训提高教学能力？

□需要（继续回答 Q6）　　□不需要（问卷结束）

Q6 请选择您需要通过培训提高的方面（多选）。

□课堂教学技巧

□学生管理技巧

□线上授课技术

□教学软件使用

□专业知识

□其他（请列出）____________________

经过对问卷的分析设计，制定的编码表见表 7－2。更多内容则形成编码手册，如表 7－2 所示。

表 7－2　　教师培训需求调查的编码表

变量序号	变量名	变量标签	变量取值和含义（标签）	不需填写或未填写
1	ID	问卷编号	1—500	
2	Q1	工号	6 位数字	99
3	Q2	性别	1＝男　2＝女	99
4	Q3	年龄	2 位数字	99
5	Q4	岗位类别	1＝教学型　2＝教学科研型　3＝科研型	99
6	Q5	培训需求	1＝需要　0＝不需要	99
7	Q6a	课堂教学技巧	1＝选中　0＝未选中	99
8	Q6b	学生管理技巧	1＝选中　0＝未选中	99
9	Q6c	线上授课技术	1＝选中　0＝未选中	99
10	Q6d	教学软件使用	1＝选中　0＝未选中	99
11	Q6e	专业知识	1＝选中　0＝未选中	99
12	Q6f	其他	1＝选中　0＝未选中	99
13	Q6g	培训项目	直接录入文本	99

二、数据录入

数据录入是指按照某种格式将经过编码的数据输入计算机的过程。如果使用的是纸质问卷，那么必须通过数据录入才能将问卷中的回答转化为分析阶段所用的数据文件。数据录入可以通过人工方式，也可以采用光电扫描的方式。如果采用光电扫描的方式，需要在问卷设计过程中进行针对性的设计，例如，指定答题时每个字符的填写位置、采用特定的颜色印刷和答题、采用特定材质的纸张等。如果使用的是计算机辅助调查或者在线调查，在调查完成时数据录入过程就自动完成了。

（一）录入格式及矩形数据表

在 Excel、SPSS 等统计软件中进行数据分析时最常用存储方式是矩形数据表，这也是在不同软件之间传递数据时最常用格式。在矩形数据表中通常每一行代表一个记录或个案，每列表示一个变量。

存储在 Excel 中的数据表需要使用第一行存储变量名，所以个案的序号不同于数据表中的行号。在图7-2的示例中我们特意增加了序号这一变量来说明二者的区别。使用Excel分析数据，或者在软件之间传递数据时尤其需要注意这个区别。如在SPSS软件中打开相应的Excel数据表，如图7-3所示，由于变量名不占用行号，数据文件的行号和个案序号就一致了。

	A	B	C	D	E	F	G
1	序号	ID	性别	年级	籍贯	满意度	意见和建议
2	1	2019000345	1	3	黑龙江	70	排队时间长
3	2	2021000123	2	5	河北	90	无
4	3	2021000012	2	2	陕西	75	增加种类
5	4	2020191111	2	3	湖南	60	种类少
6	5	2022111111	1	1	海南	85	很满意
7	6	2020001234	1	3	新疆	90	99
8							

图7-2　存储在Excel中的数据表

	序号	ID	性别	年级	籍贯	满意度	意见和建议
1	1	2019000345	1	3	黑龙江	70	排队时间长
2	2	2021000123	2	5	河北	90	无
3	3	2021000012	2	2	陕西	75	增加种类
4	4	2020191111	2	3	湖南	60	种类少
5	5	2022111111	1	1	海南	85	很满意
6	6	2020001234	1	3	新疆	90	99
7							

图7-3　存储在SPSS软件中的数据表

（二）数据录入方式选择及技巧

数据录入有多种方式可供选择，也并不一定采用矩形数据表的方式。如果调查的规模较小，可以在Excel或SPSS中直接人工录入数据，其优点就是简单易行。如果数据文件中每个变量值对应的列是固定的，也可以把数据直接录入成文本文件，一般一行代表一个个案，其优点是录入速度比较快。

规模较大的复杂项目可以创建关系数据库，通过数据库管理软件录入数据，在数据分析时再根据需要提取所需的数据。关系数据库由多个类似于电子表格的单独表格组成。在数据库中，一个个案的数据可能存储在多个单独的表中。例如在一个学生数据库中，可能有一个数据表存储了学生的入学信息、一个数据表存储了学生的成绩信息、一个数据表存储了学生的就业信息，等等，在分析时再从多个单独的表格把所需的信息提取起来，构成用于数据分析的矩形数据表。关系数据库的主要优点是效率高，已有的数据不需要多次调查和录入。

有一些专门的数据录入软件可以提高数据录入效率、减少录入错误，例如，EpiData协会开发的 EpiData 免费软件。这一软件可以创建单个的数据表或者关系数据表，可以方便地定义变量名、变量标签、变量值和变量值的标签，可以方便地合并多个分别录入的数据文件，数据文件也可以方便地导出为需要的格式。图 7－4 是使用 EpiData Client 录入数据的一个示例，录入完成的数据表如图 7－5 所示。

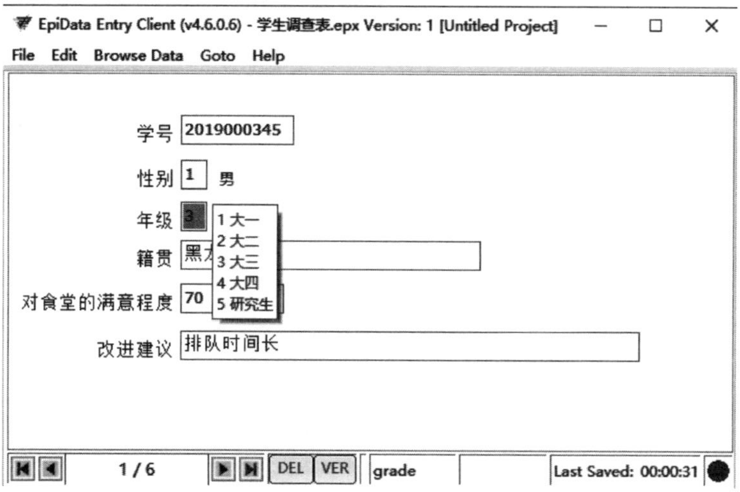

图 7－4　EpiData Client 录入数据的界面

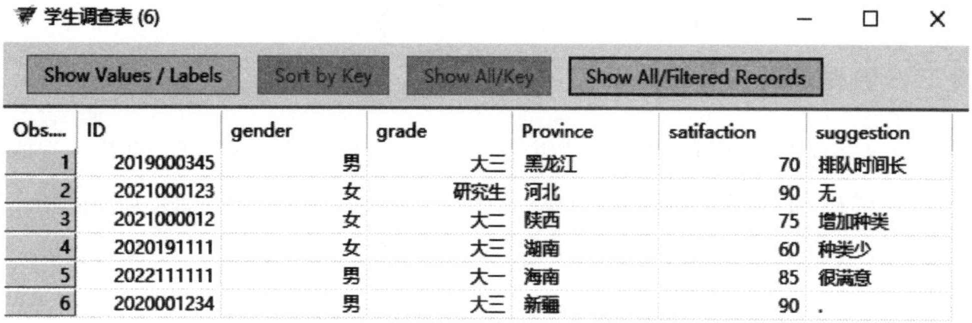

Obs....	ID	gender	grade	Province	satifaction	suggestion
1	2019000345	男	大三	黑龙江	70	排队时间长
2	2021000123	女	研究生	河北	90	无
3	2021000012	女	大二	陕西	75	增加种类
4	2020191111	女	大三	湖南	60	种类少
5	2022111111	男	大一	海南	85	很满意
6	2020001234	男	大三	新疆	90	.

图 7－5　EpiData Client 录入完成的数据表

很多软件（包括在线调查系统）可以在数据录入过程中进行数据有效性的检查，帮助我们减少录入错误。例如一份调查中的满意度变量只允许输入 1、2、3、4、5 或 99，在 Excel 中可以通过设置数据验证条件来实现，如图 7－6 所示。先选中需要设置条件的单元格，然后在数据菜单中选择数据验证，再在弹出的对话框中设置相应的条件。

图 7－6　在 Excel 中录入数据时进行数据验证的设置

对于非常重要的调查数据，还可以通过双机录入的方式发现和纠正错误。同一份问卷由两个录入员分别独立录入一次，将两次录入的结果进行对照，相同的部分被认为是没有错误的，不同的部分则需要进行检查和修正。

在数据录入时需要特别注意日期型数据的录入。要根据录入软件要求的日期格式录入日期性数值。例如，以文本格式和日期格式存储了 Excel 中的日期数据，在数据分析时会有完全不同的含义。在不同软件之间传递日期型数据也比较容易出错，需要特别注意。

数据录入时要尽可能通过编码避免直接录入封闭式问题中的文本选项。在录入文本时容易出现不一致的情况，如同一个选项内容在录入时字母的大小写不一致，空格、标点符号不一致，都会被认为是不同的答案，造成后续数据分析的困难。

第三节　数据清洗和变换

数据清洗和变换是数据整理中至关重要的步骤。

数据清洗是对数据进行重新审查和校验的过程，也是发现并纠正数据文件中可识别的错误的最后一道程序，包括检查数据一致性、处理无效值和缺失值、异常值及数据混乱情况等，这些错误的或有冲突的数据被称为“脏数据”，需要按照一定的规则把“脏数据”“洗掉”，这就是数据清洗。数据清洗要检查数据的完整性，单条数据是否存在空值，统计的字段是否完善；全面性，即列数据是否有问题，如数据定义、数据格式、单位标识、数值本身；合理性，数据的类型、内容、大小的合理性，变量值是否超过了合理范围；唯一性，数据是否存在重复记录，由于数据通常来自不同渠道，重复的情况是常见的。行数据、列数据都需要是唯一的。标识并修正数据集中不准确的记录，识别数据中不可靠或干扰部分，然后重建或移除这些数据。提供数据一致性，如关联数据之间的逻辑关系是否正确和完整、数据存储的一致性等。实际中有更多数据的维度，若样本量很大，整个数据分析的清理难度就非常大了，很难通过肉眼发现问题。因而数据清洗与问卷审核不同，录入后的数据清理一般是由计算机完成。

一、数据清洗

（一）异常值的识别和处理

异常值是指不属于某一特定群体的数据点。它是一个与其他数值大不相同的异常观测值，对异常值的识别与处理，就是决定要么移除它们、要么分析它们来了解它们最初存在的原因，不管在准备数据集，还是进行探索性数据分析，异常值识别和处理都是非常重要的，不同的数据分析要求鉴别异常值的标准不同。

1. 检测异常值常用方法

简单且常用的检测异常值的方法包括以下几种。

（1）数字超过某个标准值或规定值。主要是看数据中的最大值或最小值。如测量年龄，出现 160 这样的数据，显然不符合实际情况。或者，如问卷数据使用 1—5 级量表进行研究，出现了 11 级。

（2）标准差。如果一个数据分布近似正态分布，那么大约 68% 的数据值在平均值的前后一个标准差范围内，大约 95% 的数据值在平均值的前后两个标准差范围内，大约 99.7% 的数据值在平均值前后三个标准差的范围内。任何出现在三个标准差范围外的数据点，极有可能就是异常值。

（3）图示法。如常见的箱线图。通过分位数对数值型数据的图形化描述，是非常简单且有效的异常值可视化方法。其适用于鉴别异常值，具体的判断标准是以四分位数和四分位距为基础，数据点超过（上四分位数 + 1.5 × 四分位距）或（下四分位数 - 1.5 × 四分位距）的范围，说明该数据点可能是特别大或者特别小的异常值，图形中箱子整体被压缩，也凸显出这些异常。SPSS 中箱线图会自动标出此范围，异常值通常用圆圈标示。

又如，利用直方图检测异常值，直方图的分布形状是否为一个钟形的对称形状，如果接近或相似，则近似地认为对应连续数据符合正态分布。

再如，Q－Q 图与 P－P 图，Q－Q（quantile quantile plot）图与 P－P（percent percent plot）图非常相似，两个图的用途完全相同，只是检验方法存在差异。Q－Q 图比较的是真实数据和待检验分布的分位点数，P－P 图比较的是真实的数据和待检验分布的累计概率，用 Q－Q 图与 P－P 图鉴别样本数据是否近似于正态分布，只需看图上的点是否近似地在一条直线附近，若近似于正态分布，数据点应基本在图中对角线上。

通过展示两组数据关系的散点图，可以清晰直观地看出哪些值是离群值。异常值会改变数据间的关系，通常在研究数据关系，如进行回归分析前，都会先做散点图观察数据中是否存在异常值。

（4）描述分析。SPSS 中，通过点击“数据”—“描述分析”，在“选项”中，勾选最大值、最小值等，或者勾选“将标准化值另存为变量（Z）”，可以得到 Z 分数，Z 分数超过正负 3 的数据视为离群值。通过描述分析查看出数据中有无异常值，查找原因，根据具体情况可将异常值剔除。或者点击“数据”—“描述分析”—“探索”—“统计”中勾选“离群值”，都可以在筛查时使用。

（5）其他方法。如 SPSS 中通过点击“数据”选项后，在子选项中点击“标识异常个案”，打开的“标识异常个案”窗口，在左侧点击选择需要进行检视的变量，点击中间的箭头图标将其添加到右侧的方框中，然后点击“确定”。可以在 SPSS 会输出的分析结果的窗口查看。然后可回到“数据视图”界面，对异常个案进行相关的修改或处理等操作；或者，在“标识异常个案”窗口的“选项”中对异常个案的相关条件进行设定的操作。当然，检测异常值也可以 pandas unique 函数，基于密度的 DBSCAN 聚类算法，无监督学习的算法等。

2. 处理异常值的常用方法

异常值的处理，不能简单采用剔除的方法，应该先判断可能产生的原因。

处理它们的方法也将取决于它们发生的原因。异常值的原因可以分为两大类：人为错误产生的异常值和自然的异常值。常见的人为错误，如数据输入错误，家庭常住人口数出现 33 很可能是重复录入 3；测量误差，当使用的测量仪器出现故障时，或受访者理解错误等，会引起这种情况；数据处理错误，某些操作或提取错误可能会导致数据集中的异常值；抽样错误，调查本科生情况，错误地在样品中包括研究生的情况，这种包含可能会导致数据集中的异常值。而自然的异常值，异常值不是由人为错误造成，是自然的数值（异常值)，如大学生“身高”调查中可能会访问到“身高 2 米”的篮球特长生。

对异常值的处理，常用以下几种方法：

(1) 删除法，删除含有异常值的记录。直接将异常值删除，相当于没有该异常值。这种方法适用于抽样错误及异常值比较少的情况。

(2) 将异常值视为缺失值，即设置为 Null 值。此类处理方法最简单，而且绝大多数情况下均使用此类处理，按缺失值处理方法来处理。

(3) 用一些方法修正或填补。例如，用平均值来修正，采用对异常值不太敏感的稳健估计量，如中位数，比均值更为稳健；变换变量，如自然对数变换；降低异常值的权数，使得异常值的影响变小，或采用随机数、填补数字 0 进行填补等。

(4) 不处理。一些异常值也可能同时包含有用的信息，不进行处理。对异常值处理需要注意，一是对异常值的判定没有固定标准。是否需要剔除，应由分析人员自行判断。二是如果对异常值进行处理，一旦处理则无法恢复，建议先备份数据再操作。目前也可以通过 SPSSAU 的“数据处理”—“异常值”进行处理。

(二) 缺失值与处理方法

1. 缺失值及产生原因

缺失值也称缺失数据，指的是现有数据集中某个或某些属性的值是不完全的。在调查中，也常会因为某些原因导致只能观测到一部分数据，包括记录的缺失和记录中某个字段信息的缺失，一般都称为缺失数据，这些都会造成分析结果的不准确。

缺失值产生的原因多种多样，包括记录设备出现问题或数据误记，如数据存储的失败，存储器损坏，定时数据采集时机械故障导致某段时间数据未能收集；也包括由于人的主观失误、历史局限或有意隐瞒造成的数据缺失，例如，在调查中被访人拒绝透露相关问题，如敏感问题的答案、在填写问卷时未填全所有必填信息、用错了数据类型、回答的问题是无效的、受访者忘记回答问题、受访者错过约定时间或过早退出调查、数据录入人员失误漏录了数据及获取某些数据信息的代价太大，等等。

如果存在大量缺失数据，将丢失大量有用信息，数据分析或数据挖掘模型将不确定，数据规律把握不够准确，输出的结果将变得不可靠。因此数据分析前，应对缺失值进行处理。

2. 缺失值的筛查

(1) SPSS 可直接对缺失值进行定义。SPSS 中缺失值默认为圆点“.”，“变量视图”中设置了 3 种设置缺失值的方法，在“变量视图”下点击“缺失值”，打开对话框，如图 7 - 7 所示，依据需要进行适当的选择即可。

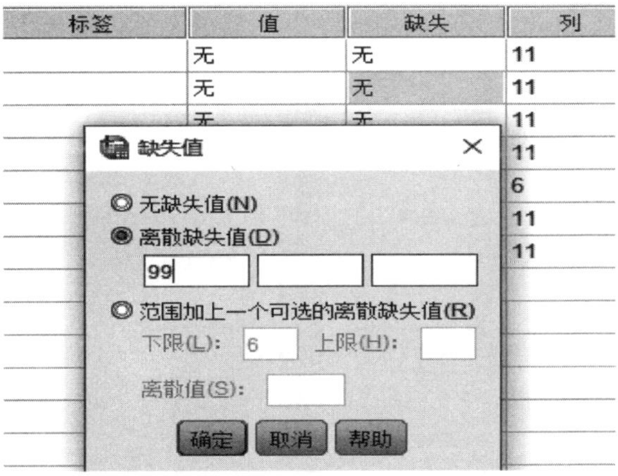

图 7-7 变量视图定义缺失值的操作界面

图 7-7 中若当前变量观测值、记录完全正确、无遗漏，则可用“无缺失值”；若是离散变量，可定义三个缺失值；若是连续变量，可以点击选择“范围加上一个可选的离散缺失值”即可选择一个下限和上限的范围，指定某一范围的值出现在当前定义的变量中，则被当作缺失值处理，同时可选择一个值，如“性别”变量的值编码为 1，2，则可在“下限”后面输入一个数，如“3”，“上限”后面输入一个数，如“10”。注意这个定义范围内不能有合法值。

（2）可通过点击“分析”—“描述统计”—“频率”来筛查，如图 7-8 所示。需注意的是，如果事先在“变量视图”—“缺失”中定义了 9，99 为缺失值，则频率统计显示为缺失值，如果未进行定义，则频率统计 9，99 为有效的类别。同时，可以看到“.”用数字或编码录入时，均显示为系统缺失值。

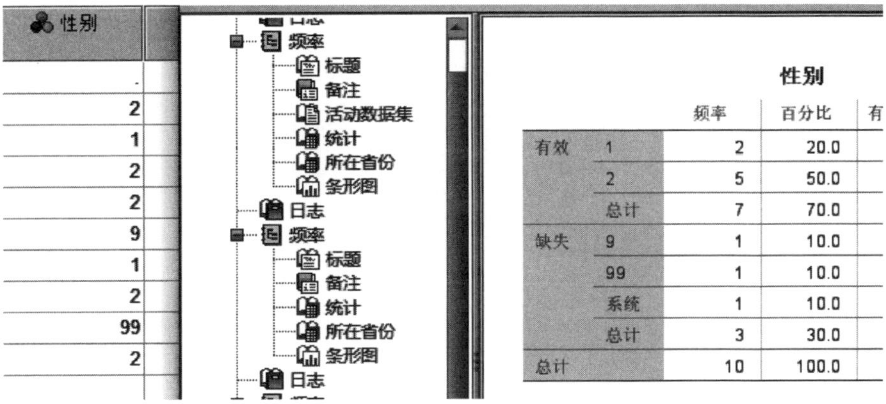

图 7-8 点击频率来筛查缺失值（数字型）界面

但如果用文字录入，则有所不同，如图7－9所示。

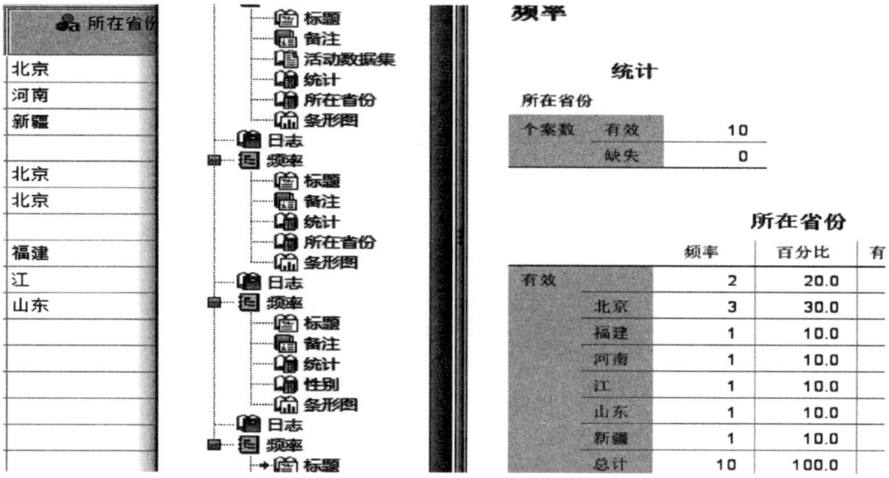

图7－9　点击频率来筛查缺失值（文字型）界面

从图7－9中可以看到，数据界面单元格中有2个个案未录入省份文字，呈现空白状态，均作为有效值进行了频数统计。因此在录入时应给予一个统一的编码值进行录入。

（3）可通过点击“数据”—“选择个案”—“如果”选项进行筛选，如图7－10所示。

图7－10　选择个案操作界面

①图7－10的操作界面的选项中，点击“如果”，得到如图7－11所示的操作界面。在图7－11右侧的“函数组（G）”中，选择“缺失值”，在下面的“函数和特殊变量

(F)”中，点击“Missing”，再点击中间小键盘右下角位置的箭头，将“Missing”送入到最上面的框格中，产生“MISSING（?）”，点击左侧要进行筛选的变量（本例为Q4支出金额），再点击中间的箭头，将“Q4支出金额”送入“MISSING（?）”的问号位置，如图7-11所示。

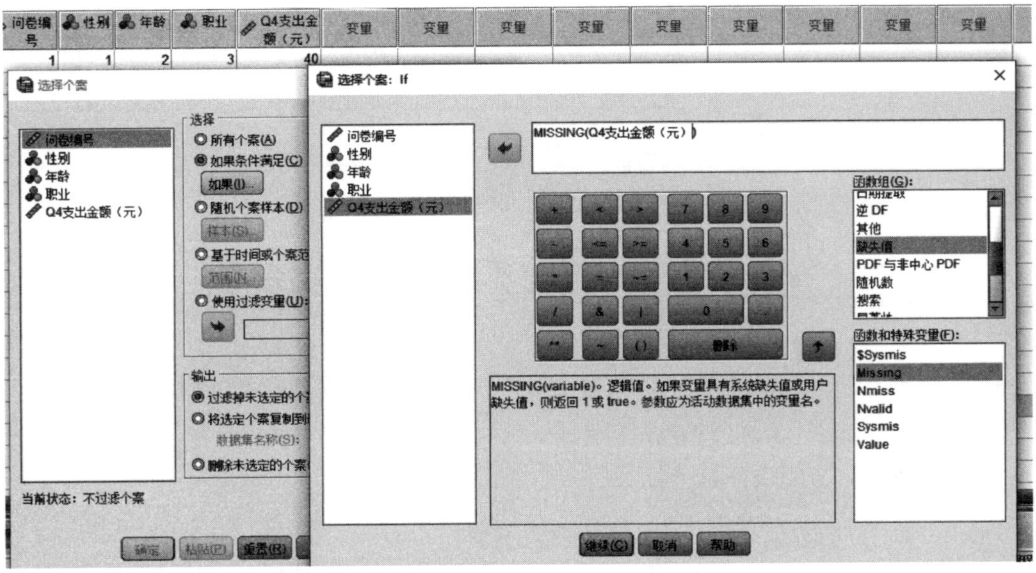

图7-11 Missing函数操作界面

点“继续”，点“确定”，SPSS运行得到的结果如图7-12所示。

	问卷编号	性别	年龄	职业	Q4支出金额（元）	filter_$	变量
1	1	1	2	3	40	Not Selected	
2	2	2	1	1	200	Not Selected	
3	3	2	1	1	1200	Not Selected	
4	4	2	4	3	70	Not Selected	
5	6	2	2	1	200	Not Selected	
6	7	1	2	3	0	Not Selected	
7	8	2	2	1	200	Not Selected	
8	9	2	1	1	.	Selected	
9	10	1	3	3	500	Not Selected	
10	11	1	2	1	200	Not Selected	

图7-12 Missing函数操作结果图示

注意：Missing函数筛选的结果是缺失值，就是把缺失值筛选出来，本例左侧序号8对应的Q4支出金额单元格内未填写数字，是缺失值，不是缺失值（正常数据）的其他个案则未被选择（斜杠线划掉），这一点需要特别注意。

如果后续恢复所有个案，即用原来的所有数据，需要点击“数据”—“选择个案”，点击“所有个案”，点击“确定”即可。

②在图 7－11 Missing 函数操作界面图中，在右侧的“函数组（G）”中，选择“缺失值”，在其下面的“函数和特殊变量（F）”中，点击“Nvalid”，再点击中间小键盘右下角位置的箭头，将“Nvalid”送到最上面的框格中，产生“NVALID（?）”，如图 7－13 所示。

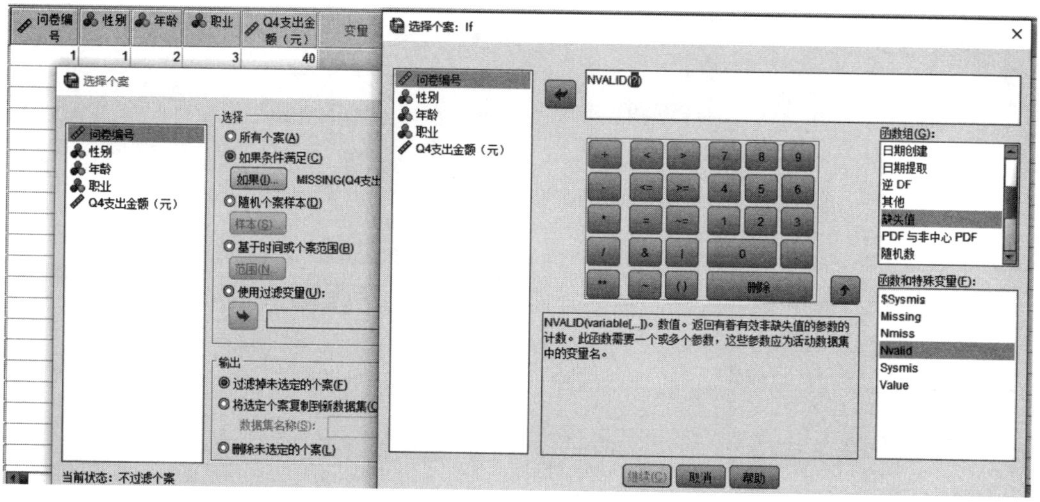

图 7－13　Nvalid 函数操作界面 1

再点击左侧要进行筛选的变量（本例为 Q4 支出金额），点击两者之间的箭头，将“Q4 支出金额”送入“NVALID（?）”的问号位置，如图 7－14 所示。

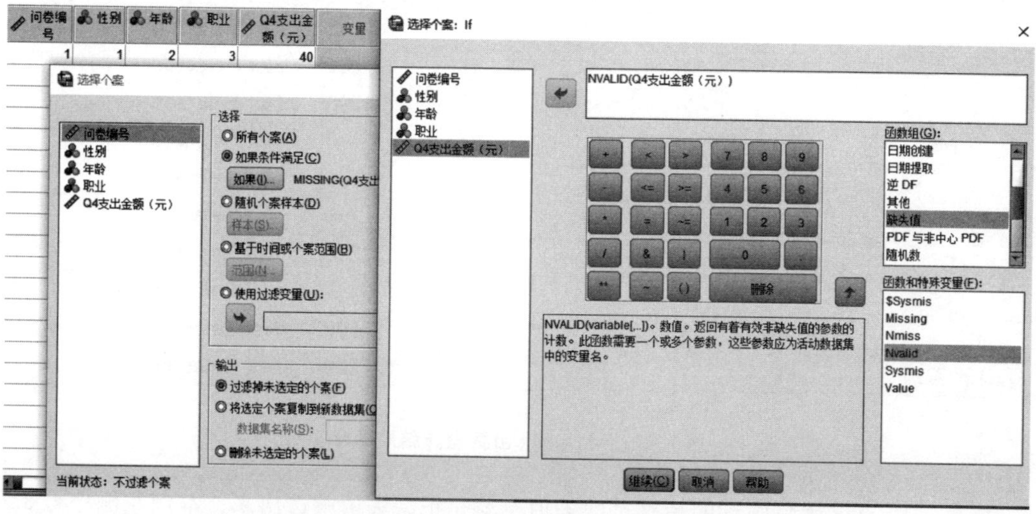

图 7－14　Nvalid 函数操作界面 2

点击“继续”，点“确定”，SPSS 运行得到的结果如图 7－15 所示。

9:

	问卷编号	性别	年龄	职业	Q4支出金额（元）	filter_$	变量
1	1	1	2	3	40	Selected	
2	2	2	1	1	200	Selected	
3	3	2	1	1	1200	Selected	
4	4	2	4	3	70	Selected	
5	6	2	2	1	200	Selected	
6	7	1	2	3	0	Selected	
7	8	2	2	1	200	Selected	
8	9	2	1	1	.	Not Selected	
9	10	1	3	3	500	Selected	
10	11	1	2	1	200	Selected	

图 7－15　Nvalid 函数操作界面结果图示

从图 7－15 可以看到，Nvalid 函数筛出的结果是有效值，将缺失值筛掉了，见图 7－15 左侧斜杠线（斜杠线表示划掉）。对比图 7－12 中 Missing 函数操作结果，两个函数的结果表现是不同的，这一点要注意。

③根据图 7－10 的选择个案操作界面，可以根据对数据要求，进行条件的设定，选择满足所需条件的结果。对于简单条件，设定小于，或者大于比较容易，如要筛“Q4 支出金额小于 200”的数据，点击所要研究的变量（本例为 Q4 支出金额），点击两者之间的箭头送入右侧的框格中，再通过中间的小键盘设定相关的条件，如图 7－16 所示。

图 7－16　设定简单条件筛选数据操作界面

之后点“继续”，点“确定”，SPSS 运行结果如图 7－17 所示，“Q4 支出金额小于 200”（不含缺失值）的数值有三个，即 40、70、0，如图 7－17 所示。

	问卷编号	性别	年龄	职业	Q4支出金额（元）	filter_$
1	1	1	2	3	40	Selected
~~2~~	2	2	1	1	200	Not Selected
~~3~~	3	2	1	1	1200	Not Selected
4	4	2	4	3	70	Selected
~~5~~	6	2	2	1	200	Not Selected
6	7	1	2	3	0	Selected
~~7~~	8	2	2	1	200	Not Selected
~~8~~	9	2	1	1	.	.
~~9~~	10	1	3	3	500	Not Selected
~~10~~	11	1	2	1	200	Not Selected
~~11~~	12	1	2	3	200	Not Selected
~~12~~	13	2	2	1	200	Not Selected
~~13~~	14	2	1	1	250	Not Selected

图 7－17　设定简单条件筛选数据的结果图示

同样也可筛选出支出金额大于 200 的数据。

如果想定义一个区间，例如，支出金额大于等于 200 小于 1000，即想要对“200≤支出金额＜1000”的数据进行分析，在“选择个案：if”界面，点击所要研究的变量（本例为 Q4 支出金额），通过箭头送入右侧的框格中，再通过中间的小键盘设定相关的条件，之后点“继续”，点“确定”，如图 7－18 所示的操作界面。图 7－18 中左侧被斜杠线划掉的个案不符合设定条件。

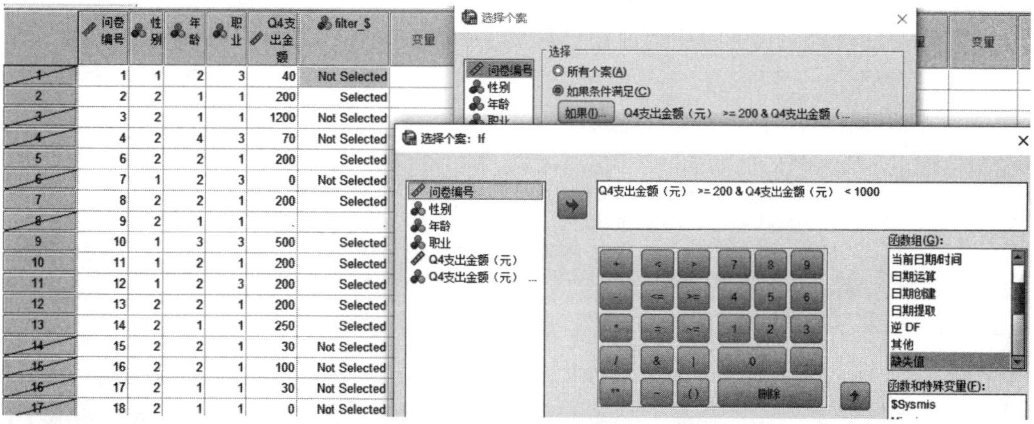

图 7－18　复合条件设定筛选数据的操作界面及结果图示 1

根据研究需要，还可以设定多个变量的相关条件，如本例中，筛选出支出金额大于等于 200 并且性别等于 1（男性），SPSS 操作界面如图 7－19 所示。

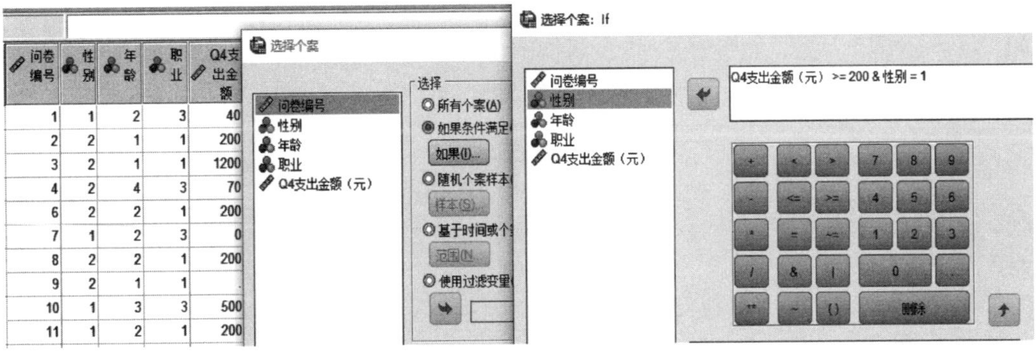

图 7－19 复合条件设定筛选数据的操作界面 2

又如，筛选出支出金额大于等于 200 并且性别 =2（女性）且年龄不低于 2（20—29 岁及以上）的个案，SPSS 操作界面、条件设定及结果如图 7－20 所示。

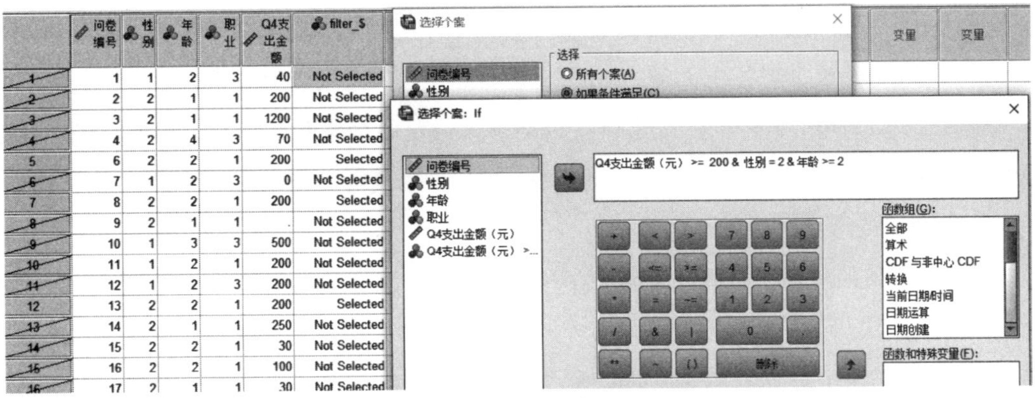

图 7－20 复合条件设定筛选数据的操作界面 3

图 7－20 中，右侧为操作过程部分，基本操作见图 7－16、图 7－18 的过程，图 7－20 左侧为结果部分，筛选出符合设定条件的个案，斜杠线划掉个案不符合设定条件。

依此类推，设定条件操作时注意以下几点：

一是如果是复合条件表达，需要知道运算规律：先乘方，再乘除，最后加减；同级运算从左到右，（）顺序改变。数据类型要一致。如：& 或 AND、| 或 OR（或者）、~ 或 NOT（非），它们的运算顺序是：~ 或 NOT（非）最先，其次是 & 或 AND，最后是 | 或 OR（或者），但（）可改变顺序。不大于和小于等于类同，结果一样。二是如果在值标签中定义了缺失值，筛选出的结果和定义的结果是一样的。三是在“选择个案”设定条件后，需要注意“输出”下面的选项，如图 7－21 所示。

图 7－21　选择个案中"输出"选项操作界面

图 7－21"选择个案"下面的"输出"选项中，如果永久删除不符合条件的数据，点击"删除未选定个案"，一般默认选择"过滤掉未选定的个案"，如果后续恢复所有个案，再点击"数据"—"选择个案"—"所有个案"，最后点击"确定"。

3. 缺失值处理方法

对于缺失值的处理，一般分为删除存在缺失值的个案和缺失值插补。

（1）删除法。许多实际问题的研究中，有一些数据无法获得即缺失。当缺失比例很小时，可直接对完全记录进行数据处理，舍弃缺失记录。它是对缺失值进行处理的最原始方法。一是将有缺失值的个案整个删除，通常用于样本量很大、有缺失数据的个案比例较小的情况，而且有缺失数据的个案与无缺失据的个案在分布上无显著差异时使用；二是将有缺失值的个案保留，仅在计算时删除相应变量的缺失值，一般适用于当样本量较大、缺失数据较少且变量间不是高度相关的情况下使用。

实际数据中，往往缺失数据占有相当的比重，尤其是多元数据。这时删除个案的处理将是低效率的，因为这样做丢失了大量信息，并且会产生偏倚，这样可以考虑采用插补法。

（2）插补法。以最可能的值来插补缺失，比全部删除不完全样本所产生的信息丢失要少。可采用的方法，如均值替代、回归估计、随机抽取、最近距离确定等方法。SPSS 中也给出了不同的方法，点击"转换"—"替换缺失值"，可根据需要选择其中的某种方法，如图 7－22 所示。

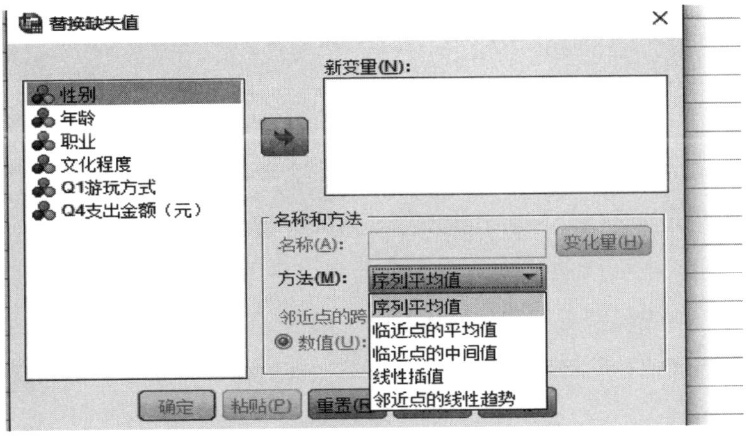

图 7－22　替换缺失值的不同的方法操作界面

或点击“分析”—“多重插补”—“插补缺失数据值”中根据相关的要求设定，进行插补，如图 7－23 所示。

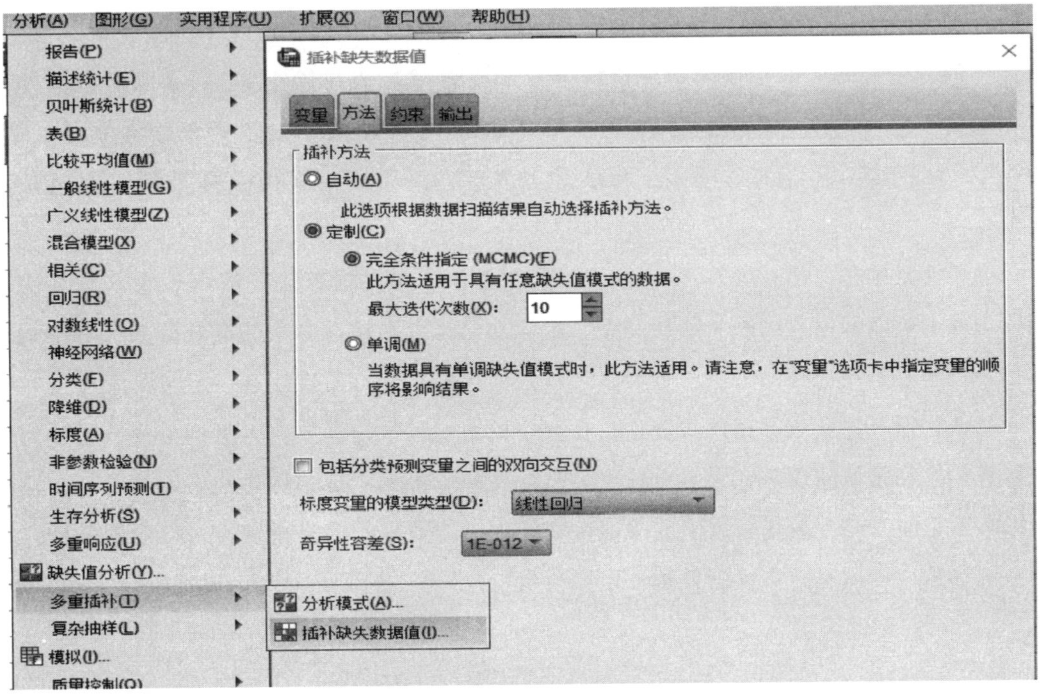

图 7－23　插补缺失数据值的操作界面

插补时，通常用一个样本统计量的值去代替缺失值。如均值插补，根据数据的属性，如果缺失值是定量型的，就以该属性存在值的平均值来插补缺失的值；如果缺失值是定性的，也可根据统计学中的众数原理，用该属性的众数来补齐缺失的值。单一值的插补并没有考虑缺失数据的不确定性。

也可用一个统计模型计算出来的值去代替缺失值。如回归插补法，通过建立含缺失值目标变量与数据完全的辅助变量之间的回归模型来实现缺失数据的插补；或进行随机回归插补，在回归插补值的基础上再加上残差项，以反映缺失数据的不确定性，残差项的分布可以包括正态分布，也可以是其他的非正态分布，但随机误差项分布的确定是比较困难的。如大样本时，假设模型对于完整的样本是正确的，那么通过观测数据的边际分布可以对未知参数进行极大似然估计。还可以进行多重插补方法，多重插补能给出衡量估计结果不确定性的大量信息。

（3）加权组调整法。通过对调查中的回答数据使用加权因子，从而对数据进行调整以减少缺失值的影响。

（4）补录。考虑是否可能进行手工再录入。

（5）对缺失值不做处理。这种情况一般针对合理缺失值。某些情况下，缺失值并不意味着就是数据错误。

对有些缺失值，可在具体分析操作时再处理。例如，“按分析顺序排除个案”，即当前计算的变量有缺失时，剔除缺失值的个案；或者“按表排除个案”，剔除所有的变量上有缺失个案，再进行分析；还有可以通过 SPSS 的“数据”—“标识异常个案”，在“标识异常个案”窗口的选项中，点击“缺失值”，选择在分析中是排除还是包含缺失值。

需要注意的是，插补处理不一定完全符合客观事实。对于缺失值由于它本身无法观测，也就不可能知道它的缺失所属类型，也无从估计一个插补方法的插补效果，对于主观数据，一般不采用插补的方法。针对客观数据的插补，其可靠性才有一定的保证。

目前，很多专业数据挖掘人员，为在数据挖掘过程中为不放弃大量的信息，通过对所在研究行业和领域的理解，手动对缺失值进行插补。但无论是哪种对缺失值的处理方法都会影响变量间的相互关系，或多或少地改变了原始的数据的信息系统，对以后的分析存在潜在的影响，因此对缺失值的处理一定要慎重。

（三）一致性检查和逻辑检查

1. 一致性检查和逻辑检查概述

一致性检查和逻辑检查最主要的目的就是检查变量的取值是否超出合理范围，有无逻辑错误。具体来说，一致性检查是根据每个变量的合理取值范围和相互关系，检查数据是否合乎要求，是否存在超出正常范围、逻辑上不合理或者相互矛盾的数据。例如，调查问卷设计的是1—5级量表测量满意度的情况，但变量回答的结果中出现8或其他值，这些值也不是定义的缺失值，如体重出现了负数、年龄为160岁，身高1800厘米等，都应视为超出正常值域范围或逻辑上根本不正确。逻辑上不一致性的答案可能以多种形式出现，如受访者回答非常喜欢某品牌的手机，但同时又给了很低的打分。

2. 检查的方法

SPSS、Excel等计算机软件都能够根据定义的取值范围，自动识别每个超出范围的变量值，进行一致性检查。如Excel排序就是一种方法，SPSS中可通过点击“分析”—“描述统计”进行检查等，也可以根据定义规则等进行逻辑检查。

例如，使用规则验证数据，点击“数据”—“验证”—“定义规则”—“验证数据”来进行验证，如图7-24所示。

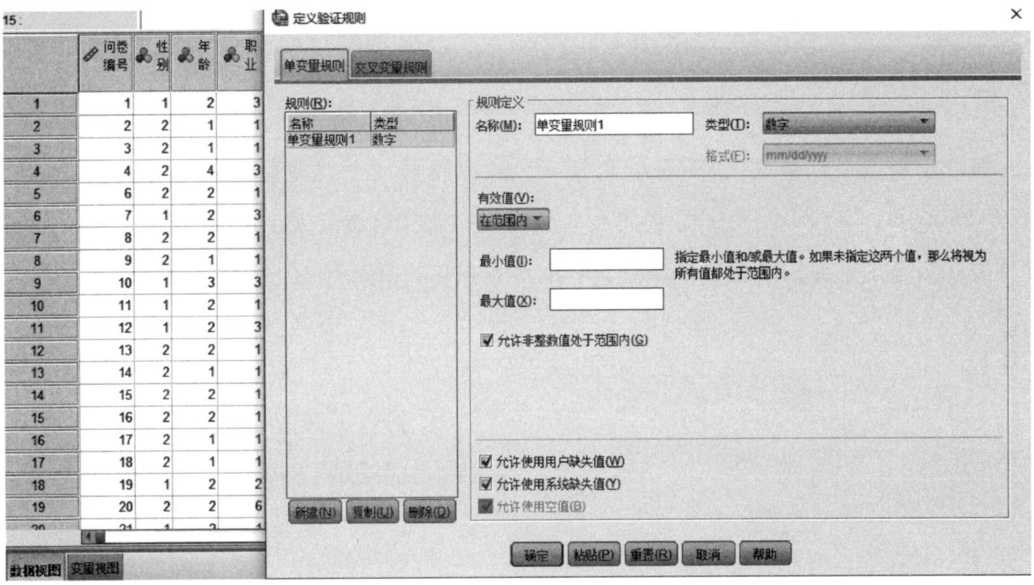

图7-24　使用规则验证数据的操作界面

使用规则验证数据的操作步骤包括：一是定义验证规则；二是应用规则。

第一步是定义验证规则，点击“数据”—“验证”—“定义规则”，在“定义验证规则”下面，可选择“单变量规则”或“交叉变量规则”，以单变量“满意度打分”为例，在“范围内”，根据变量取值情况（本例取值范围为1—5），在最小值中填入1，最大值填入5，点“确定”。此规则命名为“单变量规则”（single value 1），如图7-25所示。

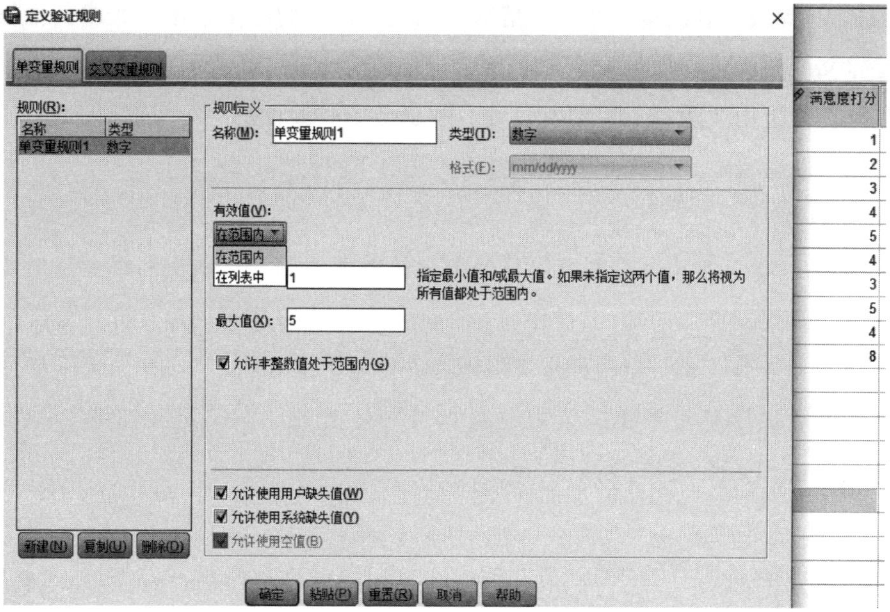

图 7－25　单变量定义验证规则操作界面

第二步为“验证数据”，即应用规则。点击“数据”—“验证”—“验证数据”，如图 7－26 所示。点选将要验证的变量，本例为“满意度打分”通过箭头送入“分析变量”中，可以选择个案标识变量，如性别、职业等，根据需要选择。

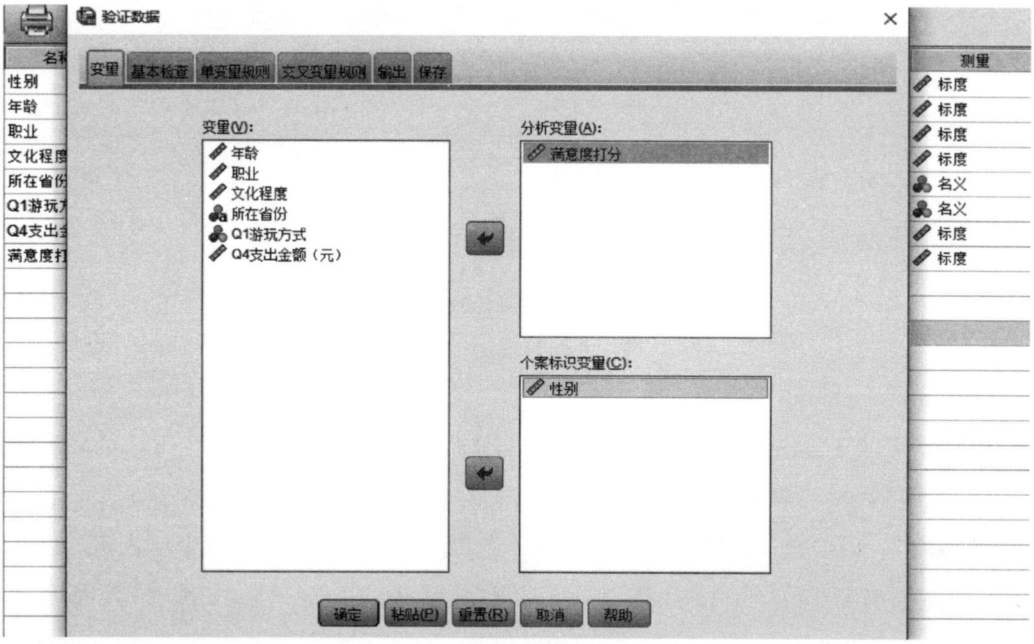

图 7－26　单变量验证数据操作界面 1

在图7－26的左上第一行的选项中，点击“单变量规则”，并在“规则”下勾选“应用”，点击“确定”，如图7－27所示。

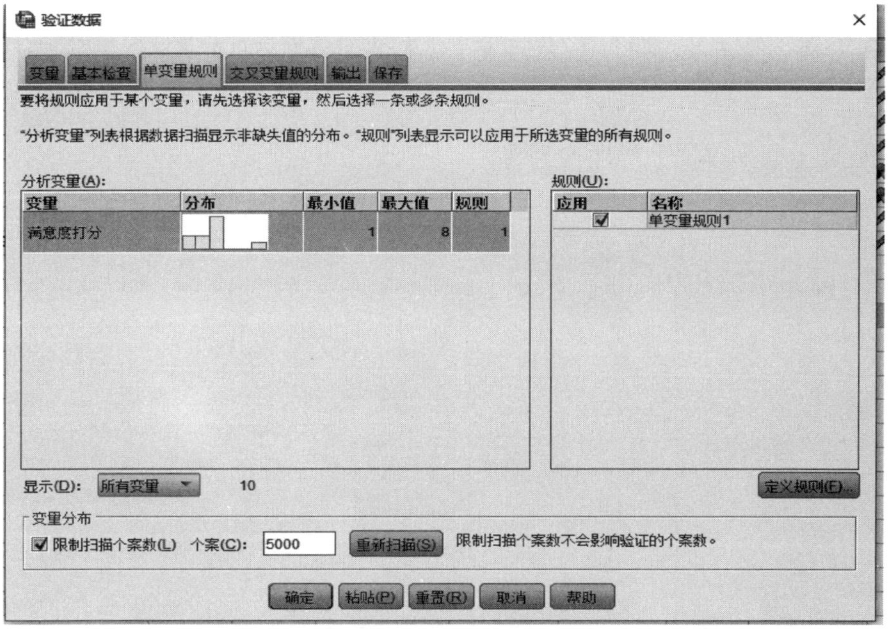

图7－27 单变量验证数据操作界面2

本例的部分结果如图7－28所示。“个案报告”显示第10个个案（“性别”编码为2）违反了满意度打分的规则。

变量摘要

	规则	违例数
满意度打分	单变量规则1	1
	总计	1

个案报告

	验证规则违例	标识
个案	单变量[a]	性别
10	单变量规则1（1）	2

a.在每条规则后面，提供了违反该规则的变量数。

图7－28 单变量验证数据部分结果图示

如果建立若干个规则，可通过图7－25中左下角的“新建”逐个增加单变量规则；或者通过图7－27中的右下的“定义规则”增加新的定义规则。

根据需要，可通过图 7－25“定义验证规则”，点选“交叉变量规则”进行“交叉变量规则”的制定，或者在“验证数据”的界面，如图 7－26 中点击“交叉变量规则”，点击左下角的“定义规则”，选择要进行验证的相关变量，通过“逻辑表达式”的设定完成“交叉变量规则”的定义，如图 7－29 所示，之后再对数据进行验证。

图 7－29　交叉变量定义规则操作界面

还可以通过点击“数据”—“选择个案”—“如果”，如图 7－18、图 7－19、图 7－20 的操作过程界面，根据需要，通过设定逻辑表达式完成数据的检查。

当检测发现出现错误或结果不一致时，要列出问卷序号、记录序号、变量名称、错误类别等，便于进一步对数据中的错误进行核对和纠正。

二、数据变换

（一）数据变换的含义和作用

数据变换是指将数据从一种表现形式变为另一种表现形式的过程。在利用数据资料进行具体分析之前，最好能对资料进行适当的变换处理，如在对数据进行分析时，要求数据必须满足一定的条件，或对数据进行规范化处理，通过标准化、离散化与分层化让数据变得更加一致，将数据转换或统一成更适合数据分析或机器训练的形式。

数据变换是对数据进行规范化处理，将数据转换成“适当的”形式，其目的是将数据转化为更方便分析的数据，适用于挖掘任务及算法的需求，便于后续的信息挖掘。例如，一些标准化的转换，方便置信区间分析或者可视化；从非线性转化为线性特征，获取了更容易解释的特征；有些则是降低数据的维度或者复杂度，或更方便使用简单的回归模型等。

一些简单数据变换常使用函数变换的方式进行，常见的函数变换包括开方、平方、对数等；调查数据分析中，常常会对变量重新定义、重新编码，将定性特征进行哑变量编码、变量转换，重新构造新变量、特征归一化、数据标准化变换等。

从一般步骤上看，进行数据变换，首先应根据分析的目的，对数据做探索性的分析，如对数据可视化和数据描述分析，判断是否进行数据变换或变量的变换；其次，应选择数据或变量的变换方法；最后，对变换后数据再进行可视化和数据描述分析，或进行假设验证等，以判断是否符合数据分析的需要或确认数据变换是否有效。

从变量的角度看，数据变换一般分为单变量变换和多变量变换。从变量转换含义上看，一是变量类型的转换，转换的原则是提高而不是降低数据适合处理的程度；二是数学意义上的变量代换，即使用原有数据变量做自变量，利用常规运算和统计分析软件中的函数库构造新的变量等。以下对调查数据分析中常用到的一些数据或变量变换方法进行简要介绍。

（二）变量变换常用的方法

1. 变量重新定义与编码

变量重新定义与重新编码可能改变变量属性。例如，改变数据的测量水平，把定距、定比变量转换为定序、定类变量；或者相反。如 60 以下、60—70、70—80、80—90、90 以上分别用编码表示，或者用不及格、及格、中、良、优等级来表示，都需要重新进行编码。有时也把数据多个类别合并为更少的几个大类，或者把几个变量重新组合或构造一个新变量，也需要重新进行定义或重新进行编码。

（1）变量的重新编码可以通过点击“转换”—“重新编码为不同的变量”操作完成，如图 7 – 30 所示。需要注意的是，如果选择“转换”—“重新编码为相同的变量”，则结果会覆盖原有的变量。点击将要重新编码的变量（本例为文化程度），通过中间的箭头，将“文化程度”送入“数字变量 – > 输出变量”框中。在右侧“输出变量”下面“名称（N）”下框格内输入你想要给重新编码后的新变量所起的名称，即给新变量命名（本例命名为：新文化程度）。

接着点击“输出变量”最下面的“变化量”，则在中间白色框中显示新的变量名（新文化程度），如图 7 – 31 所示。

图 7－30　重新编码为不同的变量操作界面 1

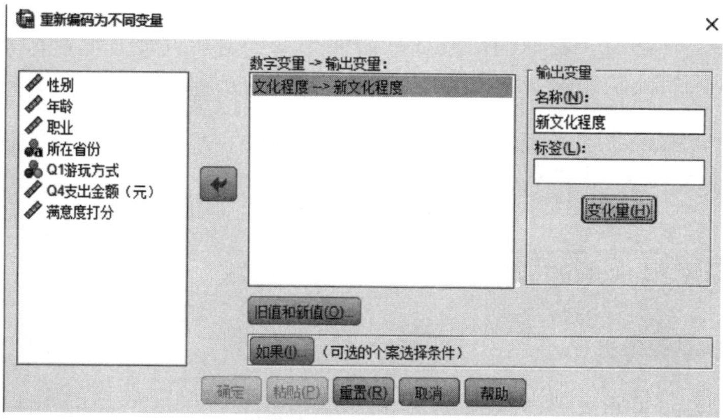

图 7－31　重新编码为不同的变量操作界面 2

之后，点击图 7－31 中间部分下面的“旧值和新值”，如图 7－32 所示。

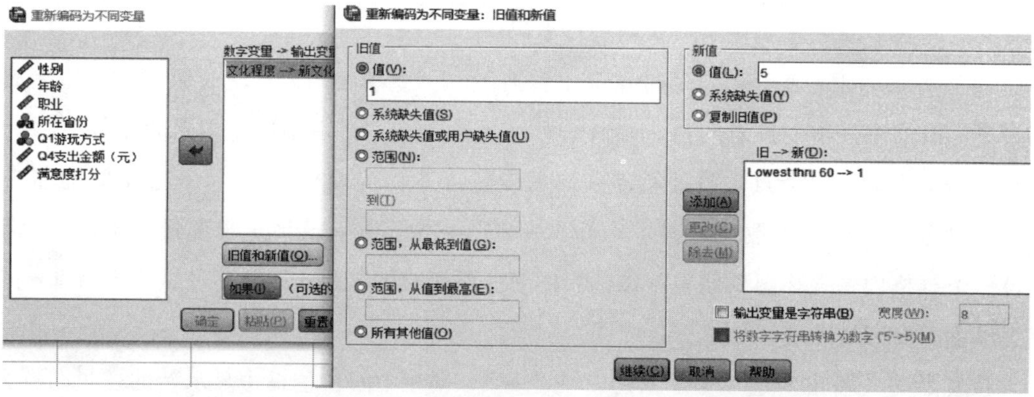

图 7－32　重新编码为不同的变量（旧值和新值的设定）操作界面

在图 7－32 中，对旧值和新值的设定有不同的方法。

例如，可以点击“旧值”下的“值”，这时在其下面空白框内输入一个值，如输入 1（假设 1 为原来的编码），再点击“新值”下的“值”，在其下面空白框内输入 5（假设 5 为新的编码），完成了从旧的编码 1 转为新的编码 5 的重新编码，其他依此类推；或者可以点击“旧值”下面的“范围”，按照设定的数值区间进行编码；还可以将“旧值”按照“范围，从最低到值”，或者“范围，从值到最高”，类似于“××以下”，或者“××以上”的情况进行编码。在从旧值到新值的赋值，尤其是数值范围的设置，需要明确一下数值范围端点的归属。一般是按规则（排列）先后顺序执行，通常第 1 条 > 第 2 条 > 第 3 条，如 50—60 编码为 1，60—70 编码 2，则 60 包含在第一组中。

（2）通过“转换”—“自动重新编码”功能则可以将字符串值和数值转换为连续整数。例如，将“满意度打分”进行“自动重新编码”，将“满意度打分”送入“变量→新名称（V）”中，需要在“新名称”空白框中输入所起的新变量的名称，本例为“新满意度打分”，点击“添加新名称”，点“确定”，如图 7－33 所示。

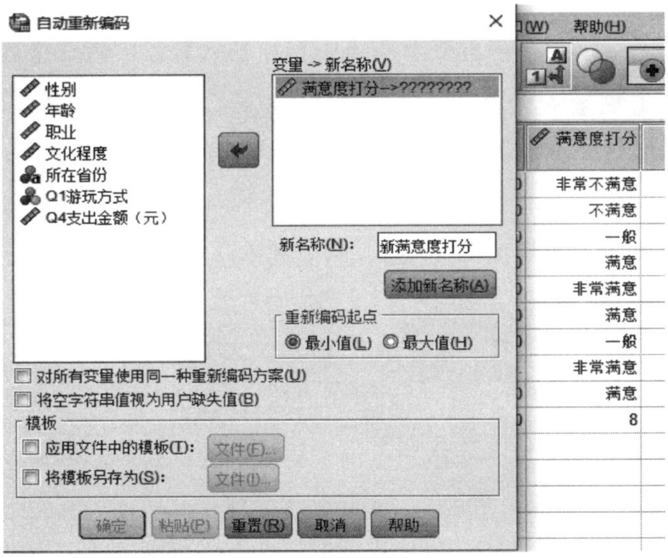

图 7－33　自动重新编码操作界面

再点击“继续”，就可以把“满意度打分”自动转换成新变量“新满意度打分”了，SPSS 运行后会在“数据视图”界面形成一列新的“新满意度打分”数据，可通过窗口的值标签“”工具，点击“1”或“A”查看数据或编码。

（3）通过“计算变量”，生成“新变量”。计算变量是 SPSS 根据已知变量采用算术表达式、函数计算出新变量的过程。点击“转换”—“计算变量”，打开“计算变量”对话框，如图 7－34 所示。

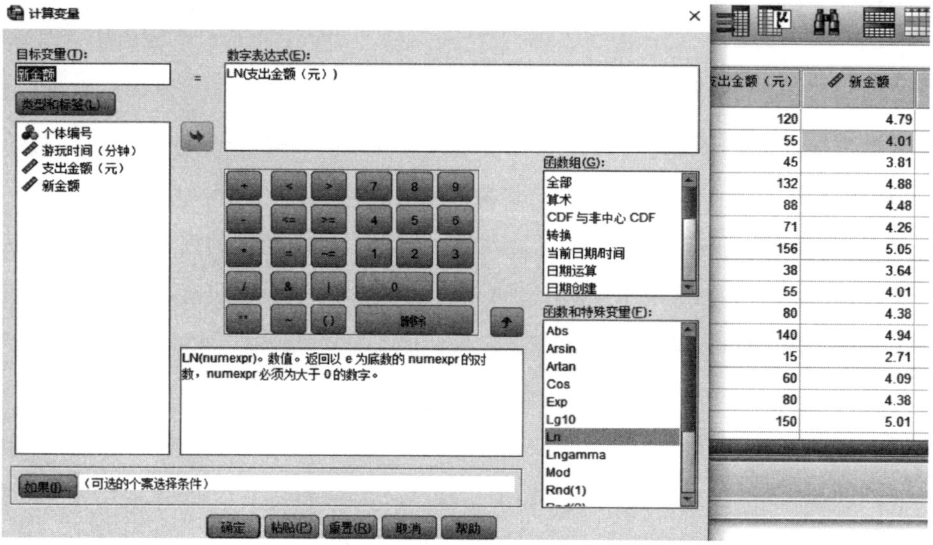

图 7－34　计算变量操作界面

在图 7－34 中左上角的“目标变量”下框格中输入所起的新变量名称（给新变量命名），本例为“新金额”。点击其下方的“类型和标签”，可以输入新变量的标签、定义新变量的类型。“目标变量”和其右侧的“＝”以及“数学表达式（E）”组成了一个计算新变量的算术表达式。

新变量的算术表达式可以通过中间部分的软键盘进行：软键盘第 1 列为运算符，包括加（＋）、减（－）、乘（＊）、除（/）、乘方（＊＊），算术运算满足一般的四则运算法则；第 2 列和第 3 列为条件表达，包括小于（＜）、大于（＞）、小于等于（≤）、大于等于（≥）、等于（＝）、不等于（～＝）。逻辑表达包括 &、|、～，分别表示且（AND）、或（OR）和非（NOT）。条件表达式和逻辑表达式需要在“计算变量”对话框左下角点击“如果”，打开“计算变量：if 个案”对话框中完成。

新变量的算术表达式也可以选择 SPSS 函数。点击“函数组（G）”中的函数，在下面的“函数和特殊变量（F）”中列出该组别所包含的函数，点击需要的函数，其左侧的空白区里会出现函数的含义。双击选中的函数，或者通过软键盘右下侧向上的箭头送入该函数，则其表达式会出现在上方的“数字表达式”中，可以根据函数的具体要求完成表达式。运算符可以手动输入，也可以从左侧变量列表、软键盘中选入。

SPSS 默认会计算被选入变量的所有数据，如果希望部分数据参与计算，需要应用条件表达式或逻辑表达式，也可以事先进行筛选。最后点击“确定”，在“数据视图”可以看到最后的一个变量就是生成的新变量和数据。

为了改进模型的拟合程度，常常需要对变量进行对数变换、平方根变换等，这种变量转换都可以通过计算变量操作完成。

若对新变量编码，可以通过“转换”—“重新编码为不同的变量”或通过“转换”—“自动重新编码”功能完成编码。

2. 分类变量转换为0—1变量

0—1变量也称哑变量或虚拟变量，是人为设定的用于将分类变量，特别是无序分类变量引入回归模型中的方法。当数据为分类数据时，此时数字代表类别，数字大小本身没有比较意义。因此，这类数据在做回归分析时，需要设置成虚拟变量才能纳入分析模型进行正确分析。例如，季度分为第一季度、第二季度、第三季度、第四季度；专业分为“财经类”“法学类”“理工类”，等等，如第一季度、第二季度、第三季度、第四季度分别编码为1、2、3、4，现如果把“季度”转换为0—1哑变量，则有如表7-3所示的编码形式。

表7-3　　　　分类变量转换为0—1变量举例

季度	原变量编码	0—1变量编码		
		X_1	X_2	X_3
第一季度	1	1	0	0
第二季度	2	0	1	0
第三季度	3	0	0	1
第四季度	4	0	0	0

通过SPSS选项功能可以设置虚拟变量。设置方法如下：

一是通过“转换”—“创建虚变量”，点击将所要创建的变量（本例为：季度）通过中间的箭头送入右侧的“针对下列变量创建虚变量”的空白框内，在“根名称”的框格内输入要创建的虚变量的变量名（本例为：季度哑变量），即给新创建的哑变量命名，点击“确定”即可，如图7-35所示。

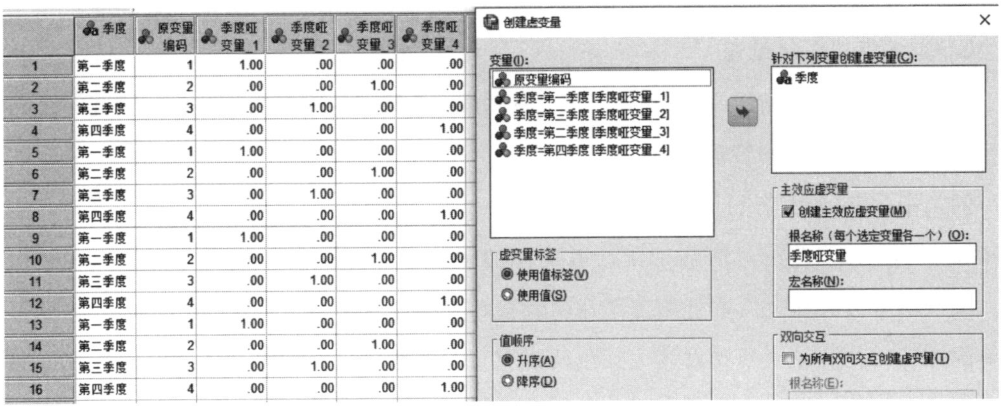

图7-35　创建虚变量操作界面

图 7－35 中，右侧为创建哑变量的操作过程，左侧为“数据视图”的展示，其中第一列和第二列为原始数据，后四列为新创建的哑变量。

创建虚拟变量步骤完成后，会有一个结果展示界面，可以看到生成了几个虚变量，创建虚变量结果如表 7－4 所示。

表 7－4　　虚拟变量创建

	标签
季度哑变量_1	季度＝第一季度
季度哑变量_2	季度＝第三季度
季度哑变量_3	季度＝第二季度
季度哑变量_4	季度＝第四季度

可以看到，用 SPSS 软件自带的创建哑变量的功能，原始变量有 K 个分类，就会产生 K 个哑变量，如性别分为两类，因而需要设置 2 个虚拟变量（2 列），分别表示男性和女性两个类别。当变量分类超过两类时，也是类似的处理方式。本例季度系统自动生成 4 个（4 列）哑变量/虚拟变量，代表 4 个类别，在模型分析时将生成的哑变量少放一项，作为参考项。即含 K 个类别的变量可以用 K－1 个 0—1 变量来表示。如在构建多重线性回归模型时，需要确定其中一个哑变量作为参照，然后把剩余 K－1 个哑变量带入到模型中。如果分为两类就放入一个虚拟变量，分三类就放入两个虚拟变量，以此类推。否则系统会提示存在多重共线性问题。一般在回归分析、逐步回归、分层回归、Logistic 回归，PLS 回归等这类影响关系研究的方法时，可能涉及虚拟变量设置问题。

二是可通过“转换”—“计算变量”，如图 7－33 所示操作界面，点击左下的“如果”，通过逻辑表达式的条件设定（参照图 7－20，图 7－34 所示的操作过程），需要明确：满足哪些条件下所设置的目标变量的值＝1，满足哪些条件下设置的目标变量的值＝0，从而完成虚拟变量设置。

或者还可以通过 SPSS 中“转换”—“重新编码为不同的变量”操作进行相关的设定。

3. 正反方向的编码转换

问卷中一些问题的设计，可能会分别从正、反两个方向去提问。因为受访者对问卷的反应通常是存在偏差的。通常，受访者更倾向于同意所有题目，或倾向于作出积极的评价，或倾向于按照社会所期许的方式作出反应，或根据某种习惯倾向作出回答。由于反应偏差的存在，尤其是当问卷设计比较单调或重复时，通过问卷搜集到的数据不能完全反映客观现实，因此，在问卷或量表设计中，学者们开始建议正反向问题混合使用的方法，这样可以让受访者更加投入，减少习惯反应。如果问卷或量表中有反向题设计，数据整理或分析时需要将反向题重新编码或计分，否则测量分数所表示的意义刚好相反，数据分析时尤其应注意统一方向，如转换成全部正向提问或全部反向提问的结果，这样便于数据比较。举例如下：

Q 请您给下面的问题打分（5 分最高，1 分最低）。

5 非常同意 4 同意 3 中立 2 不同意 1 非常不同意

1. ××课程学习让我感觉很累。（ ）

2. 课余时间几乎被复习占满。（ ）

3. 对我来说本学期学习确实压力很大。（ ）

4. 学习让我有很轻松的感觉。（反向题）（ ）

由于第 4 题为反向题，为了测量分数代表的意义相同，需要将第 4 题进行重新计分（编码），即反向题重新计分。方法是取值（计分）颠倒位置，原来填写的 5 现在变换为 1，原来填写的 4 现在变换为 2，3 不变，原来填写 2 现在变换为 3，原来填写 1 现在变换为 5。

在 SPSS 中打开数据文件，部分数据如图 7－36 所示。

	第一题（感觉累）	第二题（课余占满）	第三题（压力大）	第四题（轻松感）
1	4	5	5	1
2	5	5	4	1
3	4	3	3	1
4	3	4	5	1
5	4	4	4	2
6	4	4	3	1
7	5	4	4	1
8	5	5	4	1
9	5	4	4	1
10	4	5	2	3
11	4	5	1	1
12	4	5	4	1
13	5	4	5	1

图 7－36 反向题重新计分部分数据图示

单击“转换”—“重新编码为相同变量”，点击左侧框中的“第 4 题（轻松感）”，通过中间的箭头将其送入“数字变量”框格中，在“数字变量”框格下方点击“旧值和新值”，打开新旧值设置窗口，如图 7－37 所示。

图 7－37 中右侧，在“旧值”框格中点选“值”（点选“值”前面的圆圈）并在其下面的空白框格中输入 5，再在“新值”点选“值”并在其下面的空白框格中输入 1，点“新值”下面的“添加（A）”，完成了从 5 到 1 的转换，以此类推。将其余的几个编码按转换规则依次录入，如图 7－37 所示“添加（A）”框格中的转换结果，点击“继续”，点击“确定”。

图 7－37　重新编码为相同的变量操作界面

同样，如果还有相反的问题，再按照点击“转换”—“重新编码为相同变量”，将左侧框中的某一个反向题选入“数字变量”框，单击“旧值和新值”进行设置。完成反向题重新计分后，可进行后续相关的分析。

（三）定量数据的函数变换

进行数据分析时，对原始数据进行适当的转换，不管需要将连续变量转换为分类变量，或者将分类变量重新编码又或者要生成新变量，SPSS 都可以完成。

对定量数据，需要根据数据分析的需要进行相关的转换，如转换成指数、对数及平方等。有时为改进模型的拟合程度，要对变量进行对数变换、平方根变换等。

SPSS 进行转换的基本方法，通过点击“转换—计算变量”进行，如图 7－38 所示。

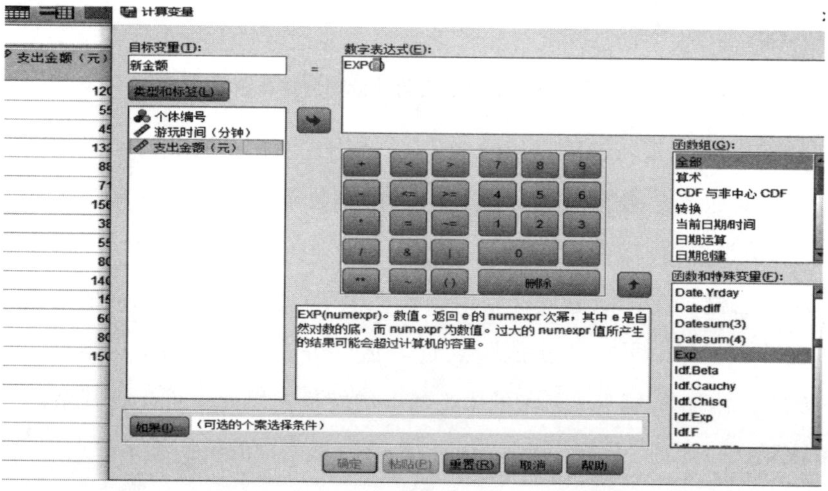

图 7－38　“转换—计算变量”操作界面

首先在“目标变量”下面输入您给新变量起的名称（命名），即转换后的变量名称，本例为“新金额”；还可以点击“类型和标签”定义转换后的变量的类型和标签。然后，点击“函数组”，可选择“全部”，则在下面“函数和特殊变量”框格里，出现很多函数可供选择，如本例选择“Exp”；点击“Exp”后，在软键盘的下方方框内，显示了对该函数的解释，包括函数表达式、性质、适用范围等。点选其他函数，也同样会出现相关的解释说明。

点击选中某个函数后，再点击软键盘右下侧的旁的向上箭头，将选中的函数送入上方的“数字表达式”的框格中，本例选择送入后为“Exp（?）”，点击函数 Exp 括号内（?），需要在左侧框格内的所有变量中，点击需要转换的变量，通过箭头送入表达式“Exp（?）”中，此时问号将转变为所选变量。本例点击“支出金额”这个变量，“数字表达式”下的框格中显示“EXP（支出金额）”，这样完成数字表达式，点击“确定”。

之后在 SPSS“数据视图”可以看到转换后的变量名称和转换后的数据，本例为“新金额”，可直接选择“新金额”这个变量进行分析。

函数组中有很多函数，根据分析需要进行选择。当然，如果需要也可以通过中间的软件盘采用逻辑表达进行变换。

提示：在“目标变量”和“数字表达式”中间有个“=”等号，代表的含义是：“目标变量（本例为新金额）”=EXP（支出金额）

另外，注意要根据分析的需要进行数据变换，还有考虑数据适合哪种变换及可能的结果，如指数转换可能会导致数值非常大。

（四）数据的标准化变换

大型项目数据分析中，数据来源不同，量纲及量纲单位不同，量纲较大的数据会在分析过程中占据优势地位，不能准确地反映出各组数据对结果真实影响。为了使不同单位或不同量表的变量在分析中具有可比性，需要对数据进行标准化，采用标准化方法消除由此带来的偏差。数据的标准化，是通过一定的数学变换方式，将原始数据按照一定的比例进行转换，使之落入到一个小的特定区间内，例如（0 至 1）或（-1 至 1）的区间内，消除不同变量之间性质、量纲、数量级等特征属性的差异，将其转化为一个无量纲的相对数值，也就是标准化数值。原始数据经过数据标准化处理后，各指标处于同一数量级，适合进行综合对比评价。如进行聚类分析、因子分析时，必须消除量纲的影响，在分析前先把变量标准化。

数据标准化变换处理主要包括指标（变量）一致化处理和无量纲化处理等。

指标一致化处理，主要解决的是数据之间不同性质的问题。例如在评价多个不同指标的作用，有正指标、逆指标之分，它们的作用方向不同，此时需要对逆指标进行一致化处理，改变逆指标的性质和作用方向，使所有指标作用方向一致化。指标一致化有不同的处理方法，如倒数一致化，即对原始数据取倒数；或者减法一致化，即利用该指标允许范围内的一个上界值，依次减去每一个原始数据，等等。

数据无量纲化处理，主要解决数据之间可比性的问题，如 min - max 标准化（归一化），z - score 标准化（规范化）等。最常用是标准化变换处理，简要介绍如下。

标准化变换，即 Z - score 标准化（0—1 标准化），该方法基本原理是：数值减去平均值，再除以其标准差，得到均值为 0，标准差为 1 的服从标准正态分布的数据。

SPSS 进行标准化变换的方法主要步骤是：点击“分析”—“描述统计”—“描述”，如图 7 - 39 所示。点击左侧要进行标准化的变量（本例为：支出金额），通过点击中间的箭头送入到“变量（v）”框格中，在“描述”界面左下角勾选“将标准化值另存为变量”，点击“确定”即可。

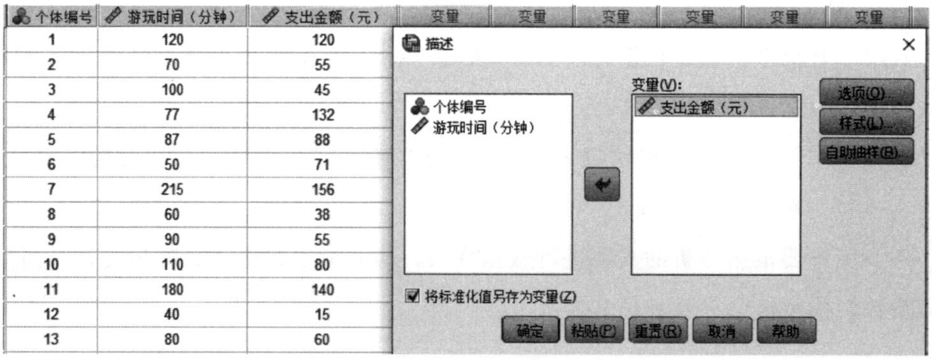

图 7 - 39　数据标准化变换操作界面

则在“数据视图”中增加一列以 z 开头的新变量，即标准化变量，如图 7 - 40 所示。可以根据标准化变量进行其他分析。

	个体编号	游玩时间（分钟）	支出金额（元）	Z支出金额（元）
1	1	120	120	.78026
2	2	70	55	-.69693
3	3	100	45	-.92419
4	4	77	132	1.05297
5	5	87	88	.05303
6	6	50	71	-.33331
7	7	215	156	1.59839
8	8	60	38	-1.08327
9	9	90	55	-.69693
10	10	110	80	-.12878
11	11	180	140	1.23477
12	12	40	15	-1.60596
13	13	80	60	-.58330

图 7 - 40　数据标准化变换结果图示

另外一些分析方法，如时间序列分析、聚类分析等，可以在其方法操作过程中通过数据变换的选项来完成，如聚类分析中的标准化的选项，如图 7－41 所示。在“系统聚类方法：方法”操作界面下方的“转换值”，就是数据标准化选项，可根据要求选择不同的标准化方法。

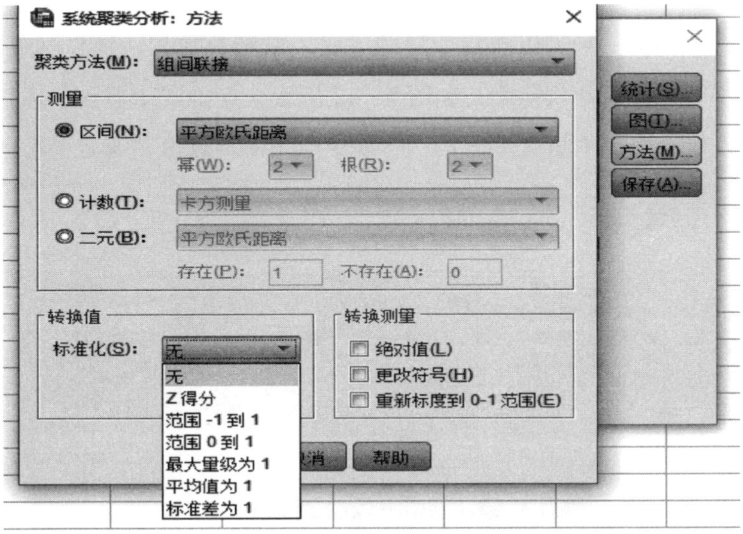

图 7－41　聚类分析中的标准化的选项操作界面

此外，还有极差标准化变换，log 函数标准化法等不同的变换方法。

（五）数据的加权处理

在抽样设计中已经涉及了加权问题，一般加权是在数据搜集结束后采取的数据“纠偏”行为，例如，样本结构与总体数据存在差距，需要进行权重/权数调整，可根据总体和样本关键属性的分布差异，给予不同样本适当的权重，使得样本数据能够充分代表总体。也就是说，加权就是给每个受访者（个案）赋予一个权重，该权重可以反映该受访者（个案）相对于其他受访者（个案）的重要性。权重越大，相应的受访者（个案）越重要。权重为 1 相当于没有加权。合理的加权使调查数据在特征的分布上更接近实际情况。

加权通过对总体中的各个样本设置不同的数值系数（即加权因子/权重/权数），使样本呈现希望的相对重要性程度。对于权数，根据调查的问题不同、阶段不同、具体情况不同，可以有不同的权数、权数设计或进行不同的权数调整。例如，设计权数，它是样本单元入样概率的倒数；对权数的结构调整，可能是因为抽取的样本与总体结构不符、调查现场出现与抽样设计不同情况等，为了保证抽样设计方案的落实而进行的某些权数调整；权数的无回答调整与修正，是把无回答单元的设计权数在回答单元之间进行重新分配；而最终权数则等于设计权数、结构调整系数、无回答调整系数的乘积。当然，也要考虑不等概率抽样时的权数调整以及事后分层时的调整等。数据处理中，有些可以采用因子加权，对满足特定变量或指标的所有样本赋予一个权重，通常用于提高样本中具有某种特性的受访者的重要性；或采用目标加权，对某一特定样本组赋权，以达到人们预期的特定目标；多因素加权，对调查样本相互关系不明确的多个属性加权，或者面对多个需要赋权的属性时采用。SPSS 中最常用的一种，以加权个案的方式，对频数加权，操作过程为：点击“数据”—“个案加权”完成加权操作，如图 7－42 所示。点击“个案加权系数”，将加权的变量（本例为人数）通过中间箭头送入“频率变量”中，点击“确定”。

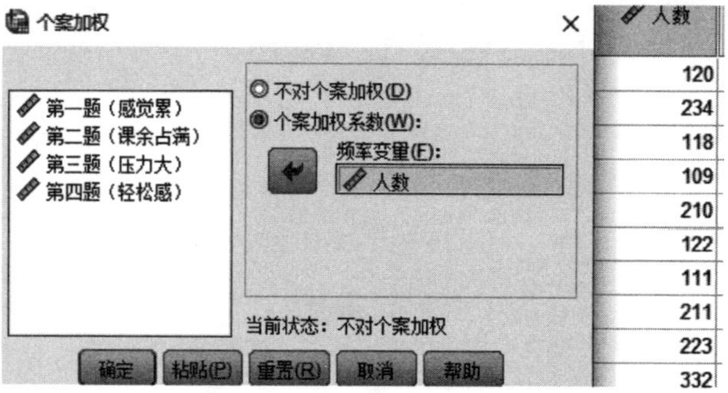

图 7－42　个案加权操作界面

加权后在“数据编辑器”界面的右下角可以看到显示的“权重开启”，表明已经加权成功。个案加权后，可以进行描述性分析、交叉分析、卡方检验等分析。

数据使用加权预处理时，一定要慎重对待，并在报告中提供加权处理的方法以及处理的结果。

第四节　拓展·实验或实践·探究

一、拓展

（一）数据审核

前面介绍了问卷回收后首先要进行有效性的审核和完整性审核与处理办法。实际上，不管是问卷，还是从不同渠道取得的数据，都应该进行审核。

数据审核的内容主要包括：准确性审核，从数据的真实性与精确性角度检查数据资料，其审核的重点是检查调查过程中所发生的误差；适用性审核，数据与调查主题、与目标总体的界定、与调查项目的解释等是否匹配等；及时性审核，检查数据是否符合时间的相关要求；一致性审核，主要检查数据是否具有可比性。但不同渠道得到的数据，在审核的内容和方法上有所不同。

对于直接调查得到的原始数据，应主要从完整性和准确性两个方面审核。完整性审核主要是检查应调查的单位或个体是否有遗漏，所有的调查项目或指标是否填写齐全。准确性审核主要包括两个方面：一是检查数据资料是否真实地反映了客观实际情况，内容是否符合实际；二是检查数据是否有错误，计算是否正确等。审核数据准确性的方法主要有逻辑检查和计算检查。逻辑检查主要是审核数据是否符合逻辑，内容是否合理，各项目或数字之间有无相互矛盾的现象，此方法主要适合对定性（品质）数据的审核。计算检查是检查调查表或问卷中的各项数据在计算结果和计算方法上有无错误，主要用于对定量（数值型）数据的审核。

对于通过其他渠道取得的二手资料，除了对其完整性和准确性进行审核外，还应该着重审核数据的适用性和时效性。二手资料可以来自多种渠道，有些数据可能是为特定目的通过专门调查而获得的，或者是已经按照特定目的需要做了加工处理。对于使用者来说，首先应该弄清楚数据的来源、指标/变量的名称、时间范围、空间范围、指标的口径、计算方法、计量单位及相关背景资料，以便确定这些资料是否符合分析研究的需要，是否需要重新加工整理等。此外，数据的时效性不能忽略，也要进行审核，应尽可能使用最新的数据。经审核后，确认符合实际需要，才有必要做进一步的加工整理。

对审核过程中发现的错误应尽可能予以纠正。只有得到符合要求准确的数据，才能保证数据分析结果的真实性与准确性。

（二）数据筛选

数据筛选也是预处理的一种方法。它在数据分析及在数学建模中都占有很重要的地位。

调查结束后，当数据发现的错误不能予以纠正，或者有些数据不符合调查的要求而又无法弥补，或数据量巨大等，就需要对数据进行筛选。数据筛选，一是将某些不符合要求的数据或有明显错误的数据予以剔除；二是将符合某种特定条件的数据筛选出来，对不符合特定条件的数据予以剔除，保证筛选后的数据具有代表性，更加准确与真实。数据筛选可采用不同的方法进行。如 Excel 中最常用的“数据”—“筛选”功能，或者插入“筛选器”的切片器进行筛选等。如果需要设定条件进行复杂筛选，也可使用 SPSS 中“数据”—“选择个案”—“如果条件满足”进行相关条件的设定，对筛选后的数据进行分析，最好附带筛选说明，便于阅读者明确知道进行了哪些筛选。

（三）数据排序

数据排序是按照一定顺序将数据排列，以便于研究者通过浏览数据发现一些明显的特征或趋势，找到解决问题的线索。而且，排序还有助于对数据检查纠错，为重新归类或分组等提供依据。在某些场合，排序本身就是分析的目的之一。排序可借助计算机很容易地完成。如 Excel 中的排序功能，也可以通过 SPSS 中“数据”—“个案排序（秩）”进行，如图 7－43 所示。点击要排序的变量，通过中间的箭头将其送入“排序依据”中，选择“排列顺序”，点击“确定”。对于大型的数据集，可以勾选“保持包含排序后的数据的文件”。

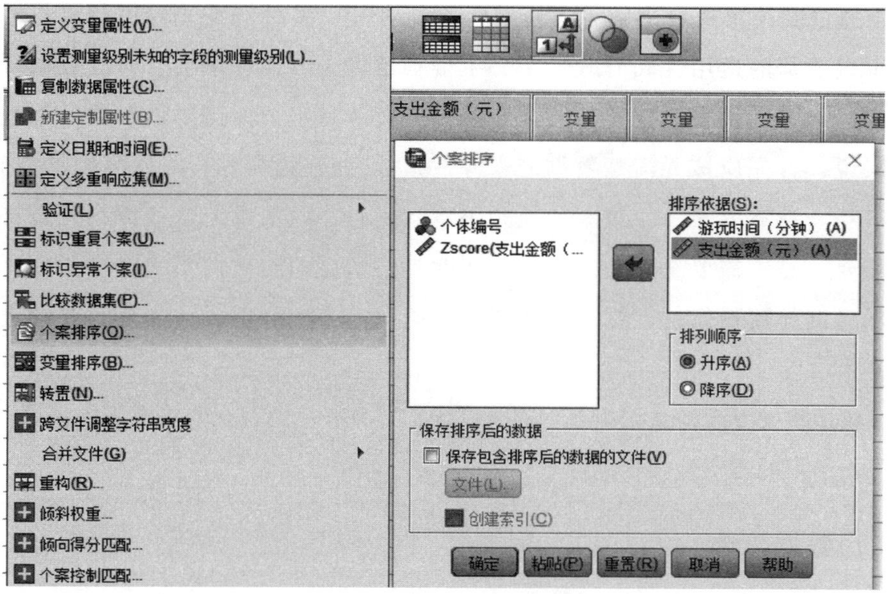

图 7－43　个案排序操作界面

SPSS 中也可选择“数据”—“变量排序”，即按照“属性”进行排序，如图 7－44 所示。

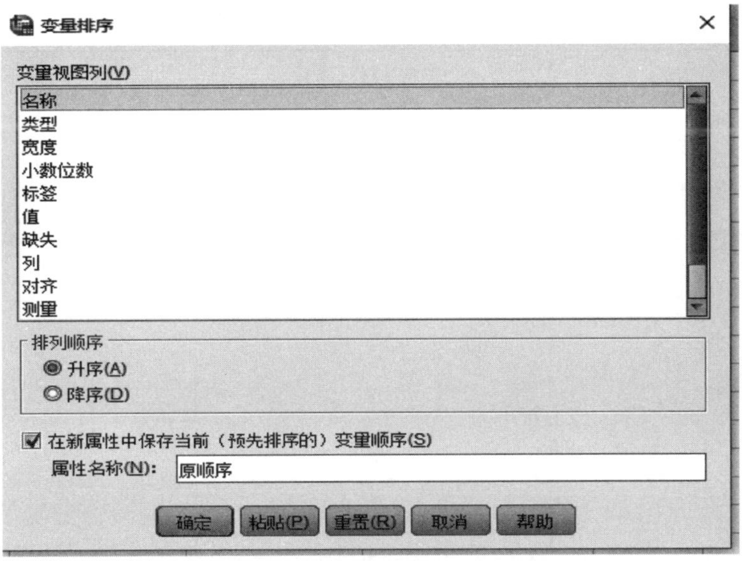

图 7－44　变量排序操作界面

在图 7－44 中，可选择按照“名称”排序，也可以选择按照其他属性排序；可以选择“升序”“降序”，勾选“在新属性中保持当前（预先排序的）变量顺序”并命名，该属性保持的是每个变量的原始顺序，方便数据还原。当变量数较多时，对变量进行排序还是很有意义的。

SPSS 还提供了一些其他预先处理的方法，如图 7－43 中的左侧，如“标识重复个案”“标识异常个案”“转置”“合并文件”“重构”“定义日期和时间”“定义多重响应集”等，可根据需要进行选择。

二、实验或实践

(一) 哑变量的其他设定方法

前面已经介绍了“转换”—“创建虚变量”的方法，下面介绍另外两种常用的操作方法。

1. 通过“转换”—“重新编码为不同的变量”进行相关的设定

例如，调查研究毕业生月工资收入与工作年限、专业类别的关系，访问了部分毕业生，得到的相关数据（部分）如表 7－5 所示。

表 7-5　　毕业生月工资收入、工作年限及专业分类数据表

月工资收入（元）	工作年限（年）	专业分类
4578	2	2
7369	6	3
8384	8	6
5079	3	2
5455	2	5
7232	7	1
10764	9	6
10201	8	5
6083	4	4

毕业生专业分为土建类、医学类、外语类、财经类、机械类和工学类6个类别，本例中以“财经类”作为参照，此时需要设定5个哑变量 X_1—X_5，具体设定如下。

$X_1=1$，土建类；$X_1=0$，非土建类；

$X_2=1$，医学类；$X_2=0$，非医学类；

$X_3=1$，外语类；$X_3=0$，非外语类；

$X_4=1$，机械类；$X_4=0$，非机械类；

$X_5=1$，工学类；$X_5=0$，非工学类；

对于每一种专业分类，对其赋值就可以转化为哑变量的形式，如表7-6所示。

表 7-6　　专业类别5个哑变量的设置

	X_1	X_2	X_3	X_4	X_5
土建类	1	0	0	0	0
医学类	0	1	0	0	0
外语类	0	0	1	0	0
机械类	0	0	0	1	0
工学类	0	0	0	0	1
财经类	0	0	0	0	0

SPSS中通过点击“转换”—“重新编码为不同的变量”的操作进行设定，如图7-45所示。

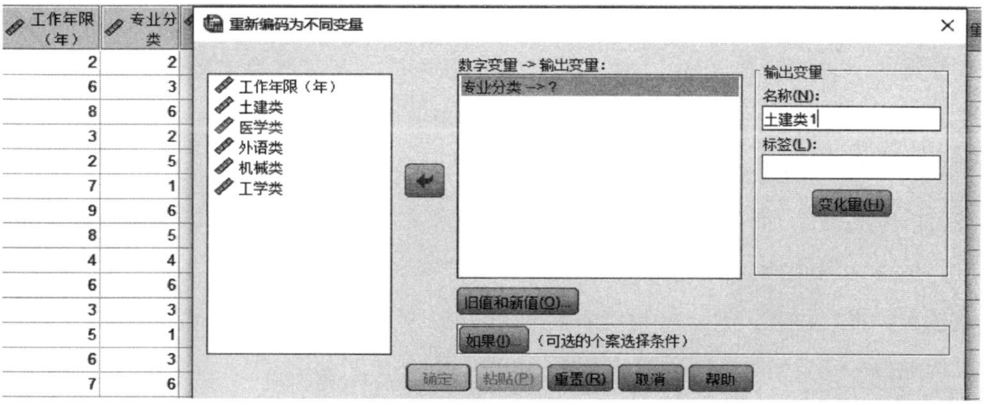

图 7－45 5 个专业类别重新编码为不同的变量（哑变量）操作界面

在图 7－45 中，点击需要转换为哑变量的变量“专业分类”，通过箭头将其送入“数字变量－>输出变量”中，在右侧“输出变量”下的“名称（N）”框中输入所起的第一个哑变量名字，本例为“土建类 1”（区别于原有的变量名“土建类”），点击“变化量”，在“数字变量－>输出变量”框格中“专业分类”后面的问号，改变为新命名的哑变量名字，完成第一个哑变量的命名；接着，对命名的该哑变量（“土建类 1”）赋值，点击“旧值和新值”，进入“旧值和新值”的操作界面，如图 7－46 所示。

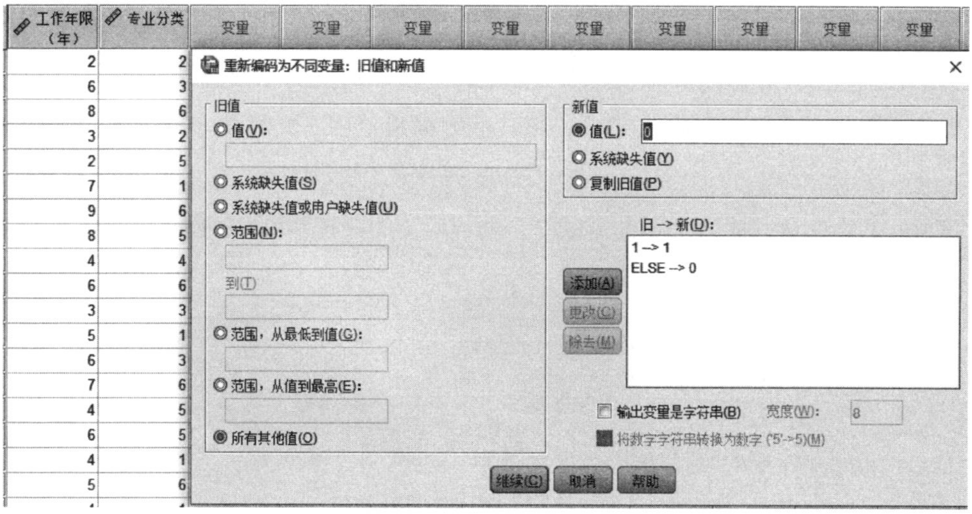

图 7－46 哑变量赋值“旧值和新值”的操作界面

“土建类”的原来编码为 1，首先点击图 7－46 中“旧值”下方的“值”，并在框格中输入“1”，再点击“新值”下方的“值”并在框格中输入“1”；接着再点击左侧“旧值”最下面的“所有其他值”，之后再点击选择“新值”下方的“值”并在框格中输入“0”，点击“继续”，点击“确定”，完成一个哑变量的命名与赋值。

按照同样的方法，生成剩余的5个哑变量。如对“医学类”，可直接点击图7－45中“输出变量”下的“名称（N）”框格中的“土建类1”，将其改为“医学类1”，点击“变化量”，在“数字变量－＞输出变量”框格中“专业分类”后面的问号，改变为“医学类1”，完成第二个哑变量的命名；接着点击选择“旧值”下方的“值”并在框中输入“2”（医学类的原编码），点击“新值”下方的“值”并在框中输入“1”；再点击选择左侧“旧值”最下面的“所有其他值”，之后再点击选择“新值”下方的“值”并在框中输入“0”，依次类推，注意，对于外语类、机械类、工学类，其原编码分别为3、4、5，即它们的“旧值”下方的“值”分别输入3、4、5，“新值”输入“1”“所有其他值”则为0。形成的哑变量的结果如图7－47所示。

专业分类	土建类1	医学类1	外语类1	机械类1	工学类1
2	.00	1.00	.00	.00	.00
3	.00	.00	1.00	.00	.00
6	.00	.00	.00	.00	.00
2	.00	1.00	.00	.00	.00
5	.00	.00	.00	.00	1.00
1	1.00	.00	.00	.00	.00
6	.00	.00	.00	.00	.00
5	.00	.00	.00	.00	1.00
4	.00	.00	.00	1.00	.00
6	.00	.00	.00	.00	.00

图7－47　哑变量设定的结果图示

需要注意的是，原编码可能代表某些分组，可在“旧值”下面选择范围，如设定第一组的数值范围，在“新值”输入“1”，则其他数据组范围，在“新值”输入“0”，依此类推。

将所有的哑变量一同纳入到自变量中，进行后续的分析和检验，如图7－48所示。

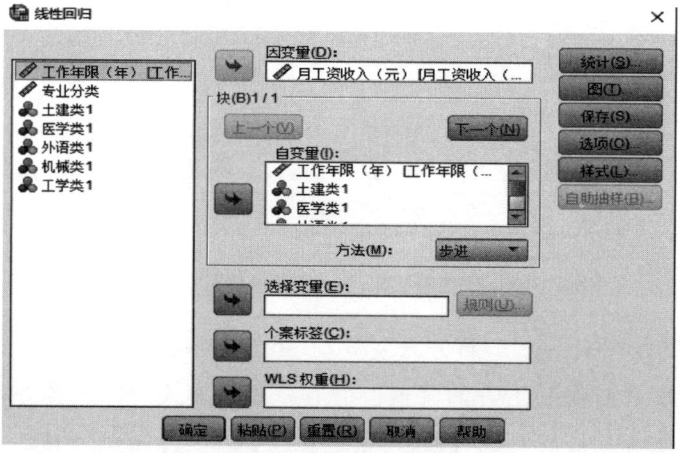

图7－48　多元线性回归操作界面

通常引入哑变量进入模型时，须选择“输入”强制进入法，以保证所有哑变量都能保留在最后的模型中。本例根据数据所得的结果，回归系数检验P值均大于0.05，说明各专业类别与“财经类”相比，月工资收入不存在统计学上的显著差异，如表7－7所示。

表7－7　　含有哑变量的多元回归系数表

系数[a]						
模型		未标准化系数		标准化系数	t	显著性
		B	标准错误	Beta		
1	（常量）	4397.377	3241.100		1.357	.188
	工作年限（年）	1197.280	466.318	.486	2.568	.017
	土建类1	1003.815	1857.123	.100	.541	.594
	医学类1	－2562.078	3373.921	－.150	－.759	.455
	外语类1	－3215.779	2489.535	－.227	－1.292	.209
	机械类1	－1415.206	2450.407	－.100	－.578	.569
	工学类1	－1774.291	2053.087	－.156	－.864	.396

注：a. 因变量：月工资收入（元）。

分析结果中如果自变量X为连续性变量，回归系数β可以解释为：在其他自变量不变的条件下，X每改变一个单位，所引起的因变量Y的平均变化量。如果自变量X为二分类变量，则回归系数β可以解释为：其他自变量不变的条件下，$X=1$与$X=0$相比，所引起的因变量Y的平均变化量。多类别时，所有类别哑变量的回归系数，均表示该哑变量与某一参照（赋值全部为0）相比之后对因变量的影响。

对于连续性变量，也可以根据需要适当的转换，如分组，进行离散化，并编码赋值，再进行相关的分析。

2. 通过“转换”—“计算变量”设定哑变量（见图7－49）

第一步，设置哑变量及取值为0。“目标变量”下，输入将要设置的哑变量名称，本例为“土建类2”，在“数字表达式”框格中填入0，再点击图7－49“目标变量”下方的“如果”，出现了图7—49右侧的“计算变量：if个案”操作界面，右侧有2个选项，分别为“包括所有个案”和“在个案满足条件时包括”，注意：当设置哑变量值为0时，为“如果”选项默认为“包括所有个案”，因此，点击选择（默认）“包括所有个案”，点“确定”，则在“数据视图”界面将出现一列新的变量“土建类2”其值都为0；

第二步，设置哑变量取值为1。在“目标变量”下“土建类2”对应的“数字表达式”框格中填入1（符合何种条件哑变量的值为1），如图7－50所示。

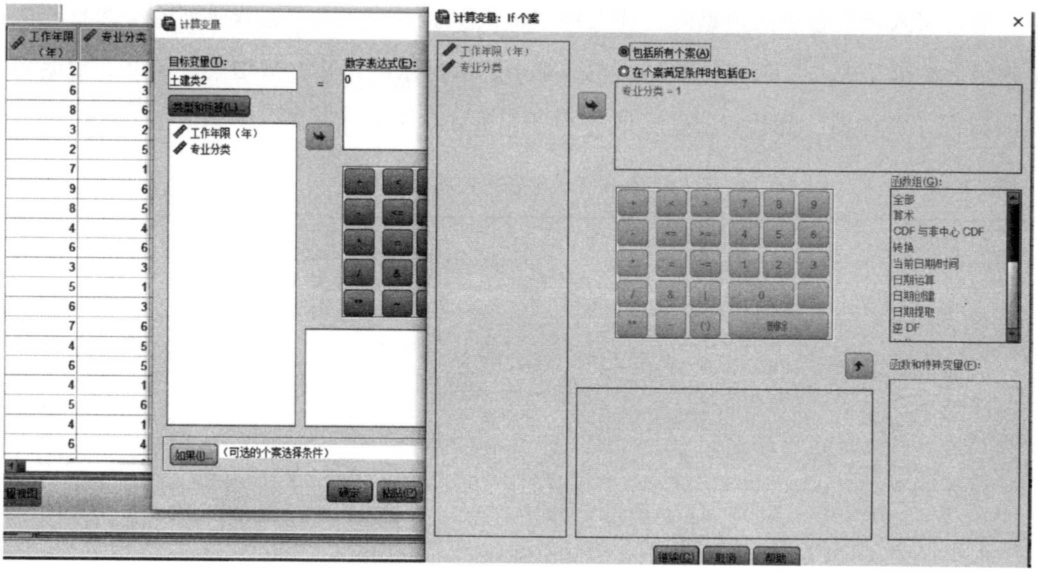

图 7－49　“计算变量”设定哑变量操作界面 1

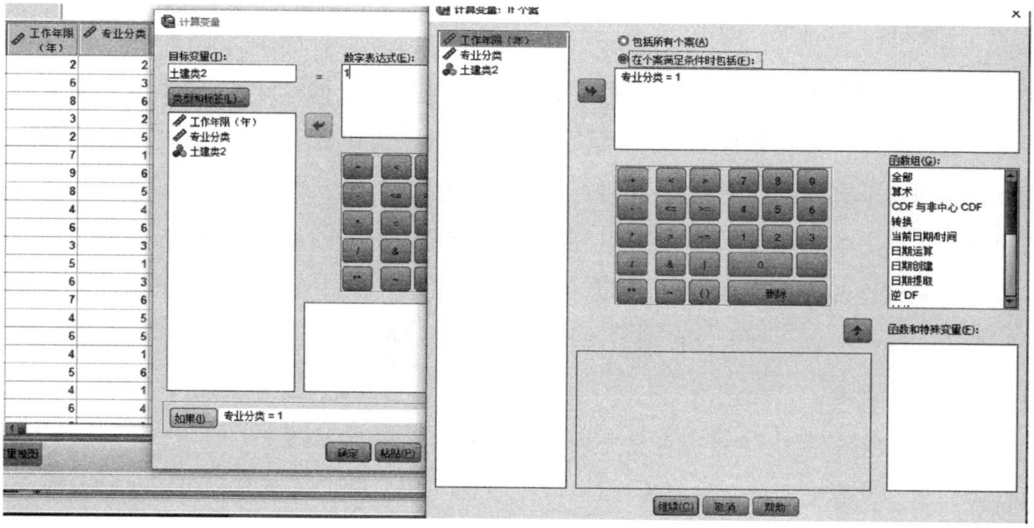

图 7－50　“计算变量”设定哑变量操作界面 2

图 7－50 中点击“目标变量”下方的“如果”，在其右侧的“计算变量：if 个案”界面右侧的 2 个选项“包括所有个案”和“在个案满足条件时包括”，这里，根据需要设定条件，即在什么条件下哑变量值为 1。因此，需要点击“在个案满足条件时包括”，将变量“专业分类”通过箭头送入右侧“在个案满足条件时包括”下面的框格中，通过中间的软键盘，设定条件（本例为：专业分类 =1），点“继续”，此时会出现对话框：“要更改现有变量吗?”，如图 7－51 所示。

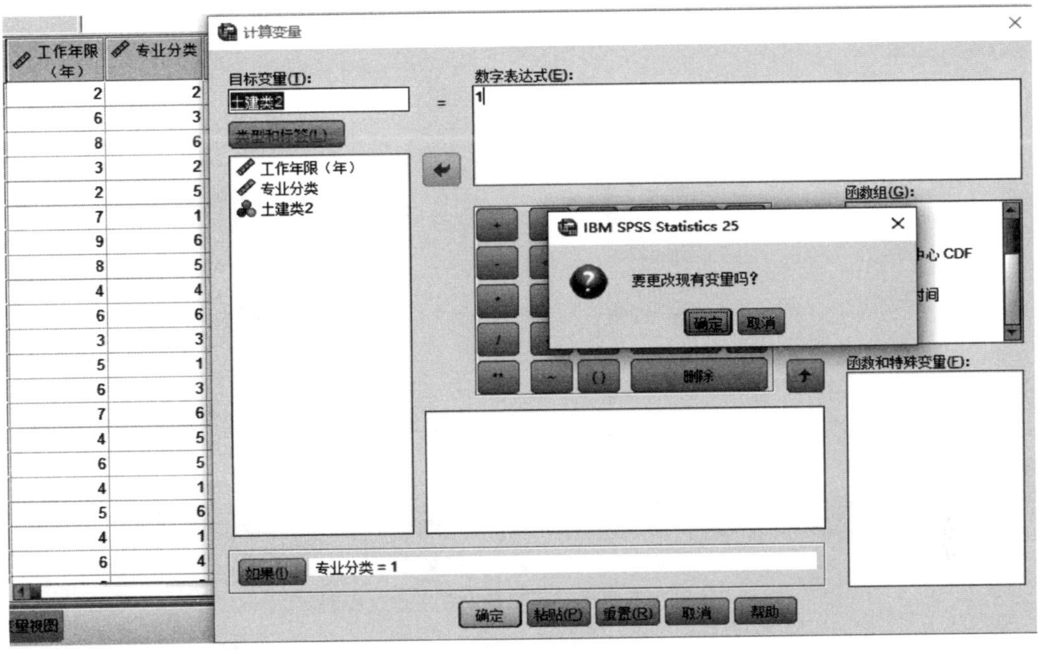

7－51　"计算变量"设定哑变量操作界面3

点"确定"，完成第一个哑变量的设置，结果如图7－52所示。

	工作年限（年）	专业分类	土建类2	变量
1	2	2	.00	
2	6	3	.00	
3	8	6	.00	
4	3	2	.00	
5	2	5	.00	
6	7	1	1.00	
7	9	6	.00	
8	8	5	.00	
9	4	4	.00	
10	6	6	.00	
11	3	3	.00	
12	5	1	1.00	

图7－52　哑变量设置结果图示

第三步，重复第一步和第二步，但"目标变量"需要重新命名，如"医学类2"，在"数字表达式"中填入0，点击"如果"，点击（默认）"包括所有个案"，点"确定"；在"医学类2"对应的"数字表达式"框格中填入1，再点"如果"，点击选择"在个案满足条件时包括"，将变量"专业分类"通过箭头送入右侧"在个案满足条件时包括"下面的框格中，通过中间的软键盘，设定条件即"专业类别 =？"时赋值为1（本例为：专业分类 =2），点"继续"，如图7－53所示。

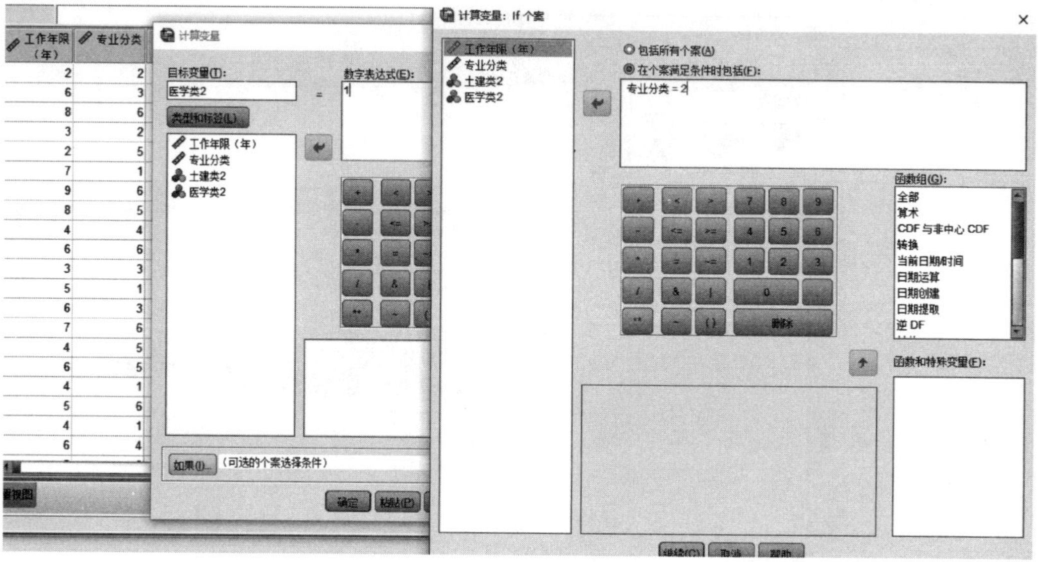

图 7－53　不同类别哑变量设置操作过程图示

其他依此类推，本例类别哑变量分别命名为“外语类 2”“机械类 2”“工学类 2”，注意，其他类别哑变量，在点击“如果”，选择“在个案满足条件时包括”，在其下面的框格中，设定条件即“专业类别 = ?”时赋值为 1，根据类别的变化分别为“专业类别 = 3”“专业类别 = 4”“专业类别 = 5”，操作完成后得到设定的哑变量，如图 7－54 所示。

	工作年限（年）	专业分类	土建类2	医学类2	外语类2	机械类2	工学类2
1	2	2	.00	1.00	.00	.00	.00
2	6	3	.00	.00	1.00	.00	.00
3	8	6	.00	.00	.00	.00	.00
4	3	2	.00	1.00	.00	.00	.00
5	2	5	.00	.00	.00	.00	1.00
6	7	1	1.00	.00	.00	.00	.00
7	9	6	.00	.00	.00	.00	.00
8	8	5	.00	.00	.00	.00	1.00
9	4	4	.00	.00	.00	1.00	.00
10	6	6	.00	.00	.00	.00	.00
11	3	3	.00	.00	1.00	.00	.00
12	5	1	1.00	.00	.00	.00	.00
13	6	3	.00	.00	1.00	.00	.00

图 7－54　哑变量设置结果图示

设定好之后，按照分析的要求进行后续分析。

3. 设置哑变量时应注意问题

（1）对于无序多分类变量，引入模型时需要转化为哑变量；对于有序多分类变量，引入模型时需要酌情考虑。对于连续性变量，也可以根据需要，先离散化后进行设置。如不等距分组，或无法确定自变量和因变量之间的变化关系，可将连续性自变量离散化，再进行哑变量转换。

（2）设定哑变量时，选择哪一类作为参照，一般情况下，可选择有特定意义的，或者按一定顺序排列的类别，选择最低、最高的水平作为参照，也可以选择中等的水平、正常水平，特别需要与之对比的水平，这些都有利于回归系数更容易解释。

在 Logistic 回归时，可以通过过程中选项进行选择。如点击“分析”—“回归”—“二元 Logistic”，分别输入因变量和自变量，如图 7－55 所示。

图 7－55　Logistic 回归分类变量操作界面 1

在图 7－55 中，点击右侧的“分类”，进入“定义分类变量”操作界面，如图 7－56 所示。

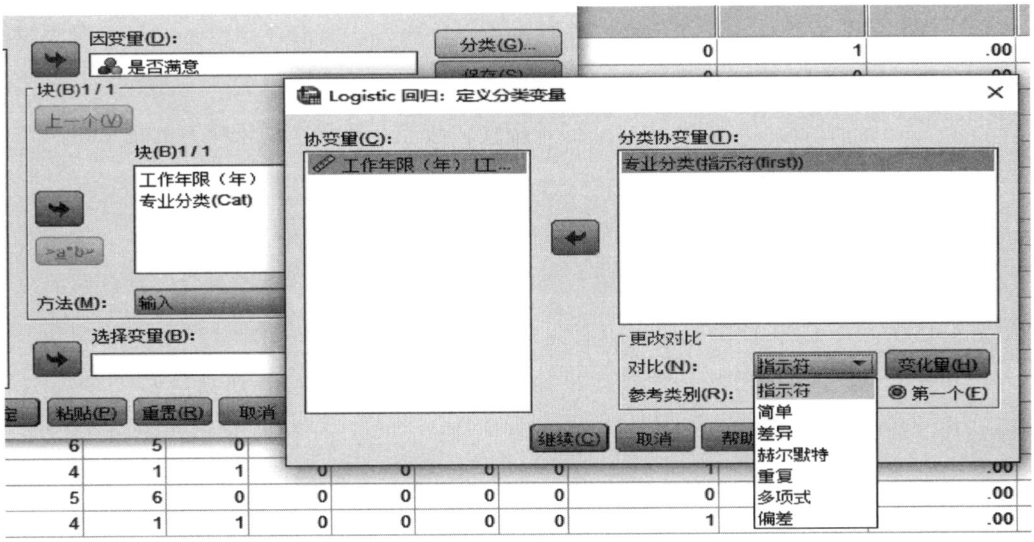

图 7－56　Logistic 回归分类变量操作界面 2

在图7－56中，将需要转换的“协变量”（类别变量）通过箭头送入“分类协变量”框格中，在“更改对比”的“对比”下拉菜单中，共有7种哑变量编码方式供选择，分别如下。

①指示符：默认也是最常用的设置参照类的方法。用于指定某一分类为参照，指定的参照取决于“参考类别（R）”的选项，该选项只有2个：最后一个，第一个。即只能以该变量的第一个分类或者最后一个分类作为参照。如点选“第一个”，选定第一个分类为参照，点“变化量”，此时“分类协变量”框格中的变量后面括号内会显示选择的方法。

②简单：均为各分类分别与参照进行相比，但参数编码与指示符不同。

③差异：该分类变量的某个分类，与前面所有分类的平均值进行比较，此选项常用于有序分类变量。

④赫尔默特：该分类变量的某个分类，与其后面所有分类的平均值进行比较，同样也适用于有序分类变量。

⑤重复：即该分类变量的各个分类，均与前面相邻的一个分类进行比较，均以前一分类为参照。

⑥多项式：它假设各个分类间隔是等距的，只能用于数值型的变量。而其他方法是允许原始变量是字符型。

⑦偏差：除参照外的每一个分类都与总体水平相比，此时每个分类的回归系数都是相对于总体水平而言的改变量。

选择某种方式后，点击“继续”，再点击“确定”，完成操作。

还应注意的是，被选为参照的那一类别组，应该具有一定的样本量。如果参照类别组样本量太少，则可能会降低精度。

（3）为了保证所有哑变量代表含义的正确性，应当在模型中纳入所有的哑变量。

（二）中心化处理

数据的中心化是指原数据减去该组数据的平均值，经过中心化处理后，原数据的坐标平移至中心点（0，0），该组数据的均值变为0，也被称为零均值化。

在SPSS中点击“分析”—“描述统计”—“描述”，将选择所要分析的变量（本例为：月工资收入、工作年限），通过中间箭头送入“变量（V）”中，如图7－57所示，再点击“选项”，在“描述：选项”界面中勾选“平均值”，点击“继续”，点“确定”。

输出得到每个变量的平均值，本例结果如表7－8所示。

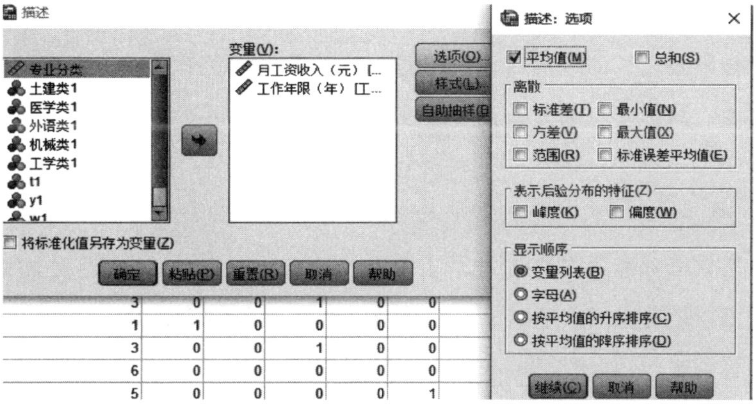

图 7-57　描述统计“选项”操作界面

表 7-8　　月工资收入、工作年限描述统计结果

	N	均值
月工资收入（元）	30	10326.93
工作年限（年）	30	5.53
有效个案数（成列）	30	

接着，在 SPSS 中点击“转换”—“计算变量”，“目标变量”下给第一个中心化后的变量命名（本例命名为：ZXH），然后，把要进行中心化的变量（本例为：月工资收入）通过中间箭头送入“数字表达式”中，并“-”（减）去其均值，可以在表 7-8 中复制这个变量的平均值，点“确定”，如图 7-58 所示。

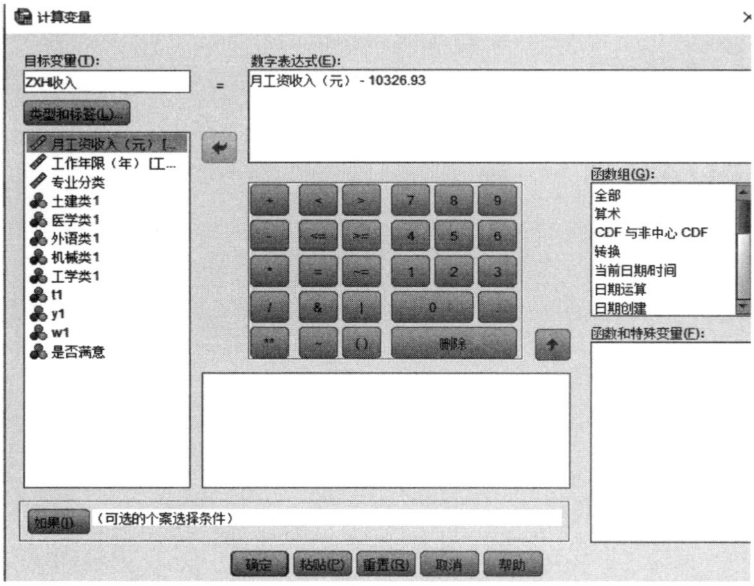

图 7-58　中心化计算变量操作界面

依此类推，完成需要进行中心化的各个变量。

原始数据与中心化后的数据对比，中心化后的数据的均值为0，它们的最大值和最小值都发生了改变，其标准差和方差都没有发生变化，说明形态和分布情况没有发生改变。

（三）归一化处理

归一化也是数据标准化方法之一，主要是为了数据处理方便，把数据映射到0—1范围之内处理，可以把有量纲表达式，经过变换，化为无量纲表达式。

常见的计算公式为：（变量值 - 最小值） ÷ （最大值 - 最小值），得到新数据范围在［0，1］之间。

SPSS的操作过程，点击“分析”—“描述统计”—“描述”，点击选择所要分析的变量，通过中间的箭头将其送入“变量（V）”中（见图7-57描述统计“选项”操作界面），点击“选项”，在选项界面中勾选“最大值”“最小值”，点“继续”，点“确定”。SPSS运行结果输出“最大值”和“最小值”。本例的月工资收入（元）最小值为4578元，最大值为21006元，工作年限（年）最小值为2年，最大值9年。

接着，在SPSS中点击“转换”—“计算变量”，在“目标变量”下给第一个归一化后的变量命名（本例命名为：GYH收入），然后，在“数字表达式”下方的框格中通过软键盘，输入归一化的具体计算表达式，也可在输出窗口复制最大值和最小值，如图7-59所示，最后点“确定”。

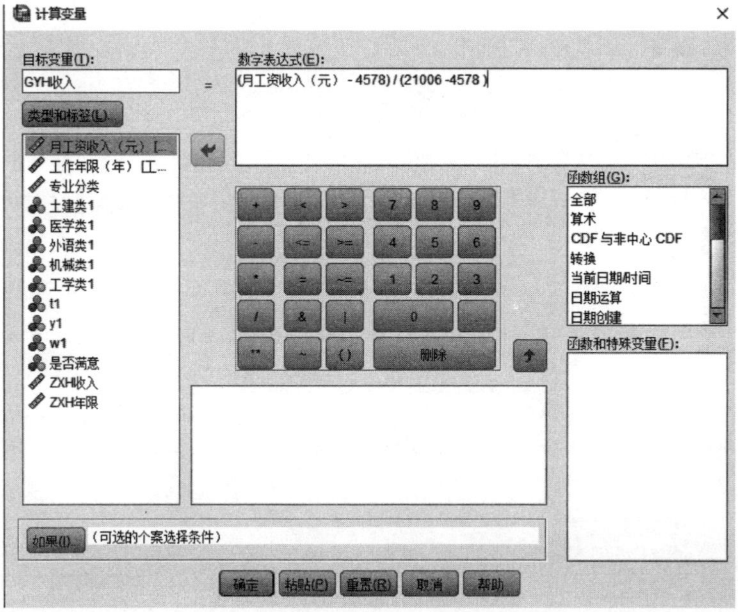

图7-59　归一化数字表达式的操作的界面

归一化后，在“数据视图”界面，产生一列新的变量数据，本例为“GYH 收入”，对该列数据进行描述分析，数据的最小值、最大值在［0，1］之间。

三、探究

（一）大数据预处理

大数据环境下数据量快速的积累，数据类型和组织模式多样化，关联关系繁杂，质量良莠不齐等，现实世界中的大规模数据往往是杂乱的，不完整、不一致的“脏数据”。具体表现为不完整性，如数据属性值遗漏、缺少属性值或不确定；不一致性，如数据记录的规范性和逻辑性不合规或与其他数据集合不一致，系统间数据内涵不一致；数据中包含错误或存在偏离期望的离群值，含噪声，数据的冗余性，记录或属性的重复等。采集完成的数据其实是无法直接被用来进行存储、管理、分析、处理、挖掘等后续操作。但大数据蕴含着巨大的价值，需要挖掘。在进行数据分析之前，完成对已接收数据的辨析、抽取、清洗、填补、平滑、合并、规格化及检查一致性等操作，将杂乱无章的数据转化为相对单一且便于处理的构型，以达到快速分析处理的目的，这就是大数据预处理。它是数据分析、挖掘前非常重要的数据准备工作，满足数据有准确性、完整性、时效性等高质量数据的相关要求，不仅是对数据格式和内容的调整，使数据更符合挖掘的需要，同时保证挖掘数据的正确性和有效性，提高数据挖掘的质量。

大数据预处理包括对所搜集数据进行分类或分组前所做的审核、筛选、排序等必要的处理，也包括数据清理，数据集成，数据变换，数据归约等。数据筛选在整个数据处理流程和市场调查、经济分析、管理决策中十分重要，其目的是提高之前搜集存储的相关数据的可用性，更利于后期数据分析，为数据挖掘做准备。大数据环境下的数据筛选与传统数据筛选最大区别在于巨大的数据量及复杂的数据结构。例如，复杂数据中存在大量特征，并非所有特征对模型任务都是有用的，特征选择就是筛选出给定的数据集中与当前机器学习任务有关的特征，降低过拟合风险，提高模型性能。可根据不同的算法和不同的观察变量和特征评分规则对特征进行筛选。

大数据预处理中，常用数据清洗、数据集成、数据变换以及数据规约，主要目的如下：

（1）数据清洗，就是对数据过滤、去噪，从而提取出有效的数据。如处理遗漏值、处理噪声数据，丢弃重复数据，识别或删除离群点并解决不一致性来“清理”数据。纠正错误，使格式标准化。如噪声的存在会对模型产生误导，而实际数据中无法避免，像聚类、降维、回归等方法可实现数据降噪，得到标准的、干净的、连续的数据。

（2）数据集成，是把多个数据源中的数据整合并存储到一个一致的数据库中，建立数据仓库的过程。这些源可能包括多个数据库或数据文件。数据集成过程中需要解决模式匹配，如多个数据集合的数据在命名上存在差异，进行实体识别、数据冗余、数据值冲突等相关问题。

（3）数据变换，是把数据从一种形式转变为另一种形式的数据，其主要过程有平滑、聚集、规范化等方式，对数据进行类型转换、语义转换、粒度转换、离散化、数据压缩等，将数据转换成适用于数据挖掘的形式。如标准化处理、数据泛化处理等。

（4）数据规约，实现数据集的规约使得数据集变小的同时仍然近于保持原数据的完整性。包括数据压缩、数值规约、维规约和概念分层等，在规约后的数据集上进行挖掘，依然能够得到与使用原数据集近乎相同的分析结果。从原始大型数据集获取精简数据集，并保持原始数据集的完整性的数据缩减主要战略是：数据聚合，如构建数据立方；减少维度，主要用于检测和移除无关、弱相关或冗余的属性或维度；区块缩减，使用更简单的数据表示形式，例如用参数模型、非参数模型来替代原始数据等。

机器学习模型同样需要数据预处理，如处理 Null 值、处理离群值、归一化或数据缩放、编码分类特征、离散化等。

通过各种预处理方法，清除冗余数据，纠正错误数据，完善残缺数据，甄选出必需的数据进行集成，使得数据信息精练化，数据格式一致化和数据存储集中化。在最精确、最可靠的最小数据集合上进行数据挖掘，提高数据分析和挖掘的质量。

目前，很多一站式数据分析平台或大数据服务平台，可连接多种类型的数据源，内置了数仓实施工具，实现了数据抽取、清洗、转换、装载及调度等，完成数据融合，提供报表分析、可视化、自助式分析、报告应用、预测与挖掘等多元化分析方法，提升数据质量和数据分析能力。

（二）大数据智能化

数据是数字经济的关键生产要素，大数据技术也是数字经济治理的新手段。大数据智能化是指大数据通过人工智能实现大数据的智能化应用，即大数据在智能产业、智能制造、智能应用等工业应用。

智能化是指事物在网络、大数据、物联网和人工智能等技术支持下，具有能动地满足人各种需求的属性，具备自适应、自校正、自协调等能力。大数据为人工智能发展提供了基础资源，人工智能技术的核心就在于通过计算找寻大数据中的规律，利用大数据分析出结果，对具体场景问题进行预测和判断等。

智能化手段通常包括物联网传感器、移动互联网、大数据分析、云计算等技术。智能化手段在数据处理方面的应用主要包括以下内容：

在数据搜集方面，能够挖掘多维多源数据，确保数据量“充足”；

在数据分析方面，能够深度学习和挖掘数据的内在特征，挖出数据隐含的价值；

在数据呈现方面，可以使数据更可视化、可理解和可操作，赋予数据鲜活的“生命力”；

在数据跟踪方面，通过智能化手段实时获取行业企业运行数据，加强对行业企业的动态管理。

加强对数据的智能化处理，就是将“机器思维”与“人类思维”相融合，在数据搜集、分析、呈现、跟踪等方面能让机器实现人的监管意愿，从而实现“精准治理”。当前，数据已经成为数字经济领域最为重要的资产和资源，数字经济运行主体在运营过程中会产生海量数据，对这类主体的治理某种程度上就是对其运营过程中产生的海量数据的治理，充分利用数据采集、清洗、分析、展现等大数据技术，才能更好地实现对数字经济企业的监管和数字经济行业运行的分析。

利用大数据技术加强数字经济治理既是大数据技术的优势所在，也是加强数字经济治理的必然趋势。对于治理而言，最重要的是后端的数据处理，因为其处理结果直接影响决策结果。

人工智能与大数据密不可分，可以将很多大数据的应用归结为人工智能，人工智能是很多技术的总称，包括机器人、语言识别、图像识别、自然语言处理和专家系统等，随着人工智能的快速应用及普及，大数据不断累积，深度学习及强化学习等算法不断优化，大数据技术将与人工智能技术更紧密地结合，具备对数据的理解、分析、发现和决策能力，从而能从数据中获取更准确、更深层次的知识，挖掘数据背后的价值，也催生出新业态、新模式。通过物联网产生、搜集海量的数据存储于云平台，再通过大数据分析，形成更高形式的人工智能，为人类的生产、生活提供更好的服务。数据转化为信息和知识，才产生了价值。信息是现代企业的重要资源，是企业运用科学管理、决策分析的基础。只有通过各种技术手段，并把数据转换为信息、知识，才能提高企业核心竞争力。

【本章总结】

本章主要介绍调查数据整理的一些基本内容。分别从数据整理的步骤和问卷的审核、数据编码和录入、数据清洗和变换及拓展·实验或实践·探究等方面展开。学习中需要概括把握数据整理的要求与步骤、熟悉问卷审核和结果的处理、掌握编码手册内容、问卷录入方式；掌握检测异常值及处理方法、缺失值筛查及处理方法、一致性检查、变量变换等常用的方法，在此基础上，进行相关内容的拓展、实践操作及进一步探究。

【关键术语】

数据整理　数据编码　数据录入　数据清洗　缺失值　数据变换　哑变量　数据审核　数据筛选　数据排序　中心化处理

【思考与讨论】

1. 简述数据整理的基本要求和注意问题。
2. 数据整理的一般步骤是什么？
3. 简述问卷审核的内容及审核结果的处理。
4. 简述数据录入方式选择及技巧。
5. 简述异常值检测与处理常用方法。
6. 简述缺失值的筛查与处理方法。
7. 简述一致性检查和逻辑检查的主要目的和方法。
8. 简述变量变换常用的方法。
9. 简述数据的标准化及主要目的。
10. 谈谈你所了解的大数据预处理技术。
11. 结合第二章思考的社会实践选题，在实地调查基础上进行数据整理。

第八章　调查数据分析

【学习目标和要求】

1. 熟悉调查数据的类型，调查数据分析考虑的内容；
2. 熟悉定性调查数据、定量调查数据的分析方法；
3. 熟练掌握单变量的分析方法及注意的问题；
4. 熟练掌握常用的双变量分析方法及注意的问题；
5. 掌握常用的多变量分析方法及注意的问题；
6. 熟练掌握常用图形、列表法；
7. 熟悉数据分析的一般准则。

2020年10月，习近平总书记在中央党校（国家行政学院）中青年干部培训班开班式上发表重要讲话，指出："对调研得来的大量材料和情况，要认真研究分析，由此及彼、由表及里。对经过充分研究、比较成熟的调研成果，要及时上升为决策部署，转化为具体措施；对尚未研究透彻的调研成果，要更深入地听取意见，完善后再付诸实施；对已经形成举措、落实落地的，要及时跟踪评估，视情况调整优化。"毛泽东同志在《党委会的工作方法》一文中指出："胸中有数，这是说，对情况和问题一定要注意到他们的数量方面，要有基本的数量的分析。任何质量都表现为一定的数量，没有数量也就没有质量。"并告诫道："我们有许多同志至今不懂得注意事物的数量方面"，"一切都是胸中无'数'，结果就不能不犯错误"。

如何科学分析和解读数据，从数据中提炼信息，做到胸中有"数"？本章主要运用调查数据围绕这些问题而展开。

第一节 调查数据分析方法概述

数据分析是为了提取有用信息和形成结论而对数据加以详细研究和概括总结的过程。它是用适当的统计分析方法对搜集来的大量数据进行分析，将它们加以汇总和概括并消化，以求最大化地开发数据的功能，发挥数据的作用。具体来说，数据分析能更集中、更系统、更全面反映客观实际情况，使组织者准确掌握研究对象的状态和发展变化情况，作出正确的判断、决策，同时有利于管理部门的监督。发挥数据分析促进管理、参与决策的作用，对数据进行深度开发和利用，能带来更多的商业价值。数据分析目的是把隐藏在杂乱无章的数据中的信息集中和提炼出来，从而找出所研究对象的内在规律，帮助组织者将其数据知识应用于新信息，以产生更好的见解、提供更强有力的决策，以便采取适当的行动。由于数据是调查、观察、实验等的结果，类型多样，来源不同，为科学进行数据分析，需要先明确数据类型，针对不同类型数据，选择不同的分析方法。

一、调查数据基本类型

对调查数据整理与清洗后，进入调查数据分析阶段。数据分析以量化的方式进行，由于不同的数据类型适用不同的分析方法，因此，区分数据类型是做好数据分析的基础。调查数据有多种分类方法，如定性数据、定量数据；单变量、多变量的数据；离散变量、连续变量的数据；截面数据、时序数据、面板数据等。而数据的分析方法种类更多，常见的有对比分析、分组分析、描述分析、推断分析、多元统计分析、模型分析、预测与决策分析，等等。本节就常见的主要类型与分析方法进行介绍。

一位睿智的统计学家说过："世上有两种数据，好数据和坏数据。"不管是好数据还是坏数据，从数据本身看，最初都是来源于直接的调查、观察或实验。广义上的调查数据一般指的是通过调查、观察或实验方法获得的数据。下面从不同角度进行梳理。

（一）一手数据和二手数据

在第三章内容中已经了解到，从使用者的角度进行划分，调查数据可分为一手数据和二手数据。数据主要来源于两种渠道：一是直接调查或观察和科学实验；二是别人的调查、观察或实验。

通过直接调查或观察和科学实验形成的数据是一手数据。调查是取得社会经济数据的重要手段，其中有政府部门进行的各种调查，或调查机构为特定的目的而进行的调查，如市场调查、民意调查等；实验是取得自然科学数据的主要手段。

利用已经有的、由别人直接调查或观察、实验等得到的数据，称为二手数据。二手数据主要是公开出版或公开报道的数据，有些是尚未公开出版的数据。数据分析中也可以选择使用二手数据，但应以一手数据为主。使用二手数据之前，应先对二手数据进行评价，弄清楚这些数据的含义、计算口径和计算方法、数据的时间性、所载信息的来源和可靠程度，引用应注明数据的出处，以尊重他人的劳动成果。

（二）定性数据和定量数据

从计量尺度的角度进行划分，调查数据可分为定性数据和定量数据，在第五章问卷测量方法中也已提及。

（1）定性数据是指用文字、符号、语言等描述的信息，又可具体分为定类（分类）数据和定序（顺序）数据。

定类（分类）数据是指对事物或现象按照某种特征（属性或变量）进行分类的结果。从问卷设计看，询问的问题（也就是分析时的某种特征/变量），其答案需要用文字、符号、语言等回答。例如：

Q1 受访者的性别是：男 女？

Q2 您来自________省或直辖市？

北京 上海 河北 其他

定序（顺序）数据是指在对事物或现象进行顺序上的定性描述，与定类数据相比，其结果表现为分类的同时且排序。例如：

Q3 您对该品牌手机外观是否满意？

非常满意 满意 一般 不满意 非常不满意

（2）定量数据是指对事物或现象按照某种特征（属性或变量）进行具体的数量描述。从问卷设计看，询问的问题（也就是分析时的某种特征/变量），其答案需要用数值回答，也称数值型数据。例如：

Q4 今年“十一”期间您所在地白天的最低温度是________℃？

Q5 今年“十一”期间您游玩的总花费是____________元（人民币）？

定量数据可具体分为定距数据和定比数据，其中定距数据的特点是两个数值之间可以计算差值，但它们的比值没有实际意义。定距数据中的“0”只是坐标上的一个点，并不表示该现象没有或不存在，如今天温度0°C。定比数据则有绝对零点，并且两个数字间的比值具有实际意义，如身高为 0，说明该人不存在。在实际应用中定距和定比数据常常不做区分而作为一个类别（定量数据）来使用。

（三）观测数据和实验数据

从观测或研究对象是否进行人为因素控制角度进行划分，调查数据可分为观测数据、实验数据。

观测数据是指没有对观测对象进行任何人为因素控制条件下得到的客观数据，如观察的交通流量，调查的收入、年龄、性别、学历、天体测量等。

实验数据是在对影响实验对象的相关因素进行人为控制条件下得到的数据，通常指为了检验某种科学理论或假设而进行某种操作或从事某种活动。如临床医学实验观测的人体体征、不同地质状况的农作物产量、产品市场销售实验等，科学研究中常用来检验某种新的或者验证某种已经存在的假说、假设、原理、理论而进行的明确、具体、可操作、有数据、有算法，有责任的技术操作行为（提示：实验包含了试验）。

（四）截面数据、时序数据和面板数据

从数据与时间的关系角度进行划分，调查数据可分为截面数据、时序数据、面板数据。

截面数据是对多个事物或对象在同一时期或时点上进行测量得到的数据，反映事物或对象在相同时间或时点上的表现，如人口普查、某企业当年顾客满意度调查、某年全国各高等院校在校学生数、考研人数等。

时序数据是对某个事物或对象在不同时期或时点上进行测量得到的数据，反映该事物或对象随时间变化的情况，如观测一天中不同时间段的汽车流量、顾客流量、2015 年以来历年的大学生在校学生数等。

面板数据是对多个事物或现象在不同时期或时点上进行测量得到的数据，反映多个事物随时间变化的情况，如所有大型企业连续 5 年顾客满意度调查结果；2015—2022 年各高等院校毕业生人数等。对于面板数据，如果只考虑某一时期或时点的情况，就是截面数据；如果只考虑某一事物随时间变化的情况，就是时序数据。

应注意：数据类型不同，数据分析方法也不同。

二、调查数据常用分析方法

数据分析方法很多，应用领域极为广泛，可以说只要对数据分析，就要用数据分析方法。面对获得的大量调查数据，有些人感到很迷茫，不知要分析什么，也不知用哪些数据

或者什么方法，无所适从。那么如何开展数据分析？选择哪些数据分析方法呢？总体上说做数据分析要厘清思路，根据研究目的综合考虑，编制数据分析的具体计划，如每个调查问题进行怎样分析，画什么图，哪种表，对哪些问题（变量）的关系要进行研究，使用什么方法或模型等，然后再进行分析，进行数据分析应重点做好以下方面。

（一）做数据分析应重点把控的环节

一是明确调查与数据分析的目的。目的是根本，是核心，是方向。想解决什么样的问题，谁是数据的最终使用者，他们需要什么样的分析结果？清晰明确地了解想要获得的结果，才能清楚具体做哪些分析。

二是要弄清所面对的数据类型、变量及变量的多少。因为不同类型的数据所采取的处理与分析方式和方法是不同的。要全面了解和认识数据，分清是样本数据还是总体数据，以及样本的选择方式；了解常用的一些术语，如总体、个体/单位/单元、指标、变量、变量值/观测值，以及是单变量还是双变量等。

三是掌握一些必要的数据分析方法及方法的适用条件。一方面，要清楚常用的数据分析方法主要研究内容，例如，通过图表形式对所搜集的数据进行加工处理和显示，进而通过综合概括与分析得出反映客观现象的规律，应选择描述统计方法；用随机样本的数量特征来推断总体的数量特征选择推断统计方法；研究变量间关系，要考虑卡方检验、方差分析、相关与回归方法或是其他关联分析；研究多个变量，可从主成分分析、因子分析、聚类分析、多变量方差分析、典型相关、多维量表分析、线性结构模型、逻辑斯蒂回归分析等多种方法中选择，同时应明确每一种方法的适用条件有哪些。另一方面，应弄清楚所分析的变量或数据的类型，是否满足所选方法的条件要求，如样本量是否满足，数据是否需要变换，最终的结果是什么，分析结果能否达到研究者预期的分析目的，也就是将分析目的、分析方法，分析变量与数据类型有效连接，才能作出正确的选择。同时掌握一些分析软件操作或编程等数据分析的技术也很重要。

四是进行探索分析，初步观察数据规律。调查获得的数据，可能杂乱无章，看不出规律，在整理和预处理的基础上，通过排序、筛选、作图、制表、分组、计算某些特征量、用各种形式的方程拟合等不同方法，探寻数据分布基本特征。如数据中有多少属性，定性还是定量的数据，离散型还是连续型的数据，数据的分布结构大致是什么样的，是否有离群点等；使用的指标含义、计算口径，计算方法、时间范围、空间范围、计量单位、结构组成、异常处理等是否符合要求，有无可比性。探索分析可以了解数据概貌，探索数据规律的可能形式，及用何种分析方法去寻找和揭示隐含在数据中的规律性、判断有无价值，是否可以实现等，明确数据分析的方向。

五是做一些基本的描述性分析。定性数据主要通过对各变量的次数分配及百分比分析，了解调查样本的分布情况和数据的基本特征。例如，哪个类别出现得多，哪个类别出现得少，有什么特点，有无异常等。通过选择适合的图表，如频数分布表、条形图、饼图、帕雷托图等更清楚展现数据的基本特征；定量数据是以平均数和标准差来描述现象的一般水平及变动，如平均水平及变动情况，数据分布呈现什么形态，常用指标如平均数、中位数、众数、标准差、偏态与峰度系数等，也可进行数据分组，寻找数据的规律及变动趋势。定量数据可选择茎叶图、直方图、折线图（频数多边形图）、箱线图、线图、散点图、雷达图等图形观察数据分布与特征，了解数据，形成对数据的直观认识。只有从不同的角度对数据进行基本的描述，才能全面了解和认识数据，才能进一步研究数据间的关联或影响或趋势，才能有正确的结论和合理的建议。

六是探讨和研究数据/变量之间的关系。在探索性、描述分析的基础上，结合内容选择适合的方法进行分析。根据初步的分析和研判，提出一类或几类关系及可能的模型，也包括多元统计分析模型，然后通过进一步的综合分析，如条件的要求、假定限制、数据类型及样本量等，从中挑选出适合的模型来表现数据之间的具体关系。随机抽样方式下，通常使用数理统计方法对所选的模型进行估计，或以一定的可靠程度和精确度作出推断、检验或预测。例如，不同性别之间的消费支出有没有差异，不同性别间的满意程度有没有差异，年龄和消费支出有没有影响关系等。变量之间影响关系的研究常用方法有列联表分析、卡方检验、相关与回归分析，多元回归分析、Logistic 回归、对应分析等。在选择数据分析方法时应充分考虑数据的类型、变量多少、变量之间关系类型、相关的假设与条件等。

七是合理解读数据分析的结果，并寻找数据背后的原因，进一步挖掘调查数据更多的信息。解读时一般结论优先，先宏观整体，再分层次结构；要多个指标结合，综合看问题；不要就数论数，应结合数据的现实含义或业务解释；要解读出数据变化背后的原因，对数据的合理性进行推敲。例如，数据正常波动还是突发性变动，变量之间是否有直接的因果关系，平均值、中位数、众数哪个指标更适合说明研究现象的一般水平，是宏观层面的数据还是微观层面的数据，是否是典型数据，究竟是什么原因引起的变化，等等，要知其所以然。数据量不大时以文本形式输出结果或者直接在电脑终端上显示结果，根据实际情况可附上指标解释、注释等；解读大数据分析结果，可引入现代的可视化技术。更为重要的是，数据处理和数据素养至关重要，应扩展数据知识，理解数据分析方法与过程和必要的背景分析，只有这样才能更好解读分析结果。如果分析的结果正确，但是没有合理的解释，则所得到的结果很可能让人难以理解，甚至有可能会引起误解。

（二）掌握调查数据常用分析方法

调查数据分析方法很多，也可以从不同角度分类。下面主要从定性数据、定量数据及其关联角度概括叙述常用的数据分析方法。

1. 定性调查数据的分析方法

（1）一个定性变量形成的定性调查数据。由一个定性变量的观测结果形成的定性调查数据，可细分为分类数据和顺序数据。定性调查数据基础分析可采用结构分析法，它是在统计分组或分类的基础上，整理出频数分布表，计算各组成部分所占比重，进而分析某一总体或样本现象的内部结构特征、性质、内部结构依时间推移而表现出的变化规律性的分析方法。

对一定时间内总体或样本中各组成部分及其对比关系变动规律的分析，通常是一种静态分析，如果对不同时期内结构变动进行分析，则属动态分析。

结构分析法的基本表现形式，就是计算出结构指标，如比重、比例、百分比等，可通过圆形结构图直观反映，当有两个总体或样本对比时，可使用环形图。通过结构分析，一是可以认识总体或样本构成的特征，揭示总体或样本中各个组成部分的变动趋势；二是研究总体或样本结构变化过程，寻找现象由量变逐渐转化为质变的规律性；三是发掘现象之间的依存关系。进一步，可进行对比分析，通过指标的对比来反映事物或现象数量上的变化，不同事物或现象在固定时间上的对比为横向对比，同一事物或现象在时间维度上的变化为纵向对比。

互联网行业中也常采用漏斗分析法，主要目的是专注于某个事件在重要环节上的转化率，以便采用相应的对策。

从推断统计角度，可以进行单一定性变量的检验，一个分类变量的拟合优度检验，如消费者购买某品牌商品的偏好等。

（2）两个定性变量形成的定性调查数据。对两个定性变量形成的定性调查数据，可以进行列联表分析。列联表是由两个或两个以上分类变量交叉分类的频数分布表。列联表分析常用来判断同一个调查对象/现象的两个特性/变量之间是否存在明显相关性。更进一步，对两个分类/定性变量的相关性做测量，如计算 φ 系数和 Cramer's V 系数、列联系数，还可采用卡方独立性检验、Logit 模型等。

（3）多个定性变量形成的定性调查数据。可通过由定性变量构成的交互汇总表来揭示多个定性变量间的联系。分析时不仅要揭示同一变量的各个类别之间的差异，而且还要挖掘不同变量各个类别之间的对应关系。其中对应分析就是一种视觉化的数据分析方法，通过视觉上可以接受的定位图展现出来，也可以采用多类别 Logit 模型、对数线性模型、机器学习等方法深入分析变量间的联系。

2. 定量调查数据的分析方法

（1）一个定量变量形成的定量调查数据。一个定量变量形成的定量调查数据，最基本的分析主要从以下方面进行：

一是了解数据的基本构成，可采用分组分析法。根据数据的性质、特征，按照一定的指标/变量，将调查数据划分为不同的部分或组别，分析其数据内部结构和相互关系，寻找事物的发展规律。根据指标/变量的性质，分组分析法分为品质特征分组和数量特征分组。分组的结果形成频数分布表。

二是进行描述性分析，运用概括性指标描述调查数据的集中趋势、离散趋势、偏度、峰度等，可进一步进行分类别的描述分析，可选择直方图、茎叶图、箱线图等直观描述。

三是在随机抽样条件下，可以进行推断统计分析，即在搜集、整理观测样本数据的基础上对有关总体特征作出推断，其基本方法就是参数估计和假设检验。参数估计就是用样本统计量去估计总体的参数，可分为一个总体参数、两个总体参数估计。假设检验，可分为参数检验和非参数检验。参数检验需要假设总体服从某种分布（一般为正态分布），且通常只能用于定量数据的分析；当参数检验中的假设条件不满足，考虑使用非参数检验。非参数检验不需要严格假设条件，比参数检验适用范围广，几乎可以处理包括定类数据和定序数据在内的所有类型的数据，或对各种资料的初步分析。参数检验是先对总体的参数（或分布形式）提出某种假设，然后利用样本信息判断假设是否成立的检验方法。单个总体的参数检验是最基础的检验，它是在已知总体分布的条件下（一般要求总体服从正态分布）对一些主要的参数（如均值、百分数、方差、相关系数等）进行的检验。如单样本 Z 或 t 检验，推断该样本来自的总体均值 μ 与已知的某一总体平均数 μ_0（常为理论值或标准值）有无差别等，并在此基础上逐步扩展两个或以上总体参数。非参数检验，有总体分布类型的检验、单样本的 K－S 检验（Kolmogorov－Smirnov 检验）等，用来检验抽取的样本所依赖的总体是否服从某一理论分布，也有中位数的符号检验、Wilcoxon 符号秩检验等，还可以逐步扩展。

尤其需要注意的是，很多统计方法都要求数据服从或近似服从正态分布，在分析之前需要进行正态性检验。常使用偏态系数、直方图、P－P 图、Q－Q 图、非参数检验等方法。

（2）两个定量变量形成的定量调查数据。两个定量变量，可以研究、展示两个变量之间的关系。

一般先进行图形分析。常见的图示分析方法就是散点图了。有二维、三维、矩阵等形式。如果想比较几个变量之间的关系，也可以把它们的散点图绘制在同一张图里，即绘制成重叠散点图（注意：绘制重叠散点图时，变量值之间的数值差异不能过大，否则不便于比较）。

进一步地，分析两个定量变量之间的关系，相关与回归分析是最常用的分析方法。分析中要求自变量、因变量的结果必须是定量调查数据，当然，自变量也可以是分类变量，但需要转换成人为设定的哑变量或虚拟变量，将分类变量引入回归模型中，实际上是量化了的自变量，哑变量通常取值为0或1。如在逐步回归、分层回归、Logistic回归等对有分类变量的影响关系研究时，可能涉及虚拟变量的设置，引入哑变量虽使线性回归模型变得复杂，但对有关问题描述更简明，而且接近现实，提高模型的精度。

（3）多个定量变量形成的定量调查数据。多个定量变量的分析，图形上可用于垂线图展示多个变量或多个样本取值的分布状况；如果比较多个样本在多个变量上的相似程度或变量间的相互关系，可用雷达图或蜘蛛图（当多个变量的取值相差较大或量纲不同时，可进行变换处理后再作图），或者采用平行坐标图（轮廓图）研究多个样本在多个变量上的相似程度或变量间的相互关系，也可采用多元回归模型、决策树等机器学习方法进一步分析。

3. 定性变量与定量变量的关系数据分析方法

多数情况下进行的数据分析，除基本的单个变量分析外，常常都是研究变量之间的关系，例如，因变量为定性调查数据，自变量为定性调查数据，或因变量为定量调查数据，而自变量为定性调查数据或定量调查数据等。

（1）因变量为定性调查数据。因变量为定性调查数据，最常见的是二分变量，而自变量可以是分类变量或定量变量形成的数据。常用Logit模型/probit模型，随机森林模型等方法分析。如果因变量类别较多，可采用多类别Logit模型，对数线性模型、机器学习等方法；如果因变量为定序变量/定序调查数据，可采用次序的Logit模型/probit模型进一步分析研究。

（2）因变量为定量调查数据。定量变量所选的方法很多，根据研究目的，除常用的基本分析外，可以根据数据的情况和模型的相关要求，选择适合的分析模型。常用的模型包括多元回归、主成分分析、因子分析、聚类分析等。

可见，不同尺度测量得到调查结果，所含信息量不同，调查数据类型不同，选择和使用的数据展示、描述和分析方法不同。下面主要介绍常用的分析方法的具体应用。

第二节　调查数据分析Ⅰ——单变量

单变量就是一个变量，既可以是定性变量，也可以是定量变量。对单变量的调查数据分析，就是按照调查问卷每个问题获得的调查结果，即对每一个变量分别做分析。主要是利用图、表来展示调查数据及结果；通过数值或计算相关的指标做描述分析，之后进一步研究变量间的关系，寻找变动的规律。下面分别介绍单一定性变量、单一定量变量的数据分析常用方法、单变量分析时应注意的问题。

一、一个定性变量

一个定性变量（单变量）调查、观测或实验的结果获得定性调查数据，可以由问卷中常见的单选题、多选题、排序题、开放式问题及其他题型采集得到。

（一）单选题

例如，对某景点游客的调查，其中的一个问题是：

Q 您此次到该景点游玩的方式是什么？（单选题）

①跟随旅游团 ②自己游玩 ③与家人一起 ④与朋友一起 ⑤其他

问题中的“游玩的方式”就是一个定性变量，采集后形成定性调查数据。需要注意的是，在问卷设计或分析前，需要对数据进行编码或再编码，值标签定义，定义缺失值，之后可通过 SPSS 软件（或其他技术），选择点击“分析”—“描述统计”—“频率”进行分析，如图 8－1 所示。

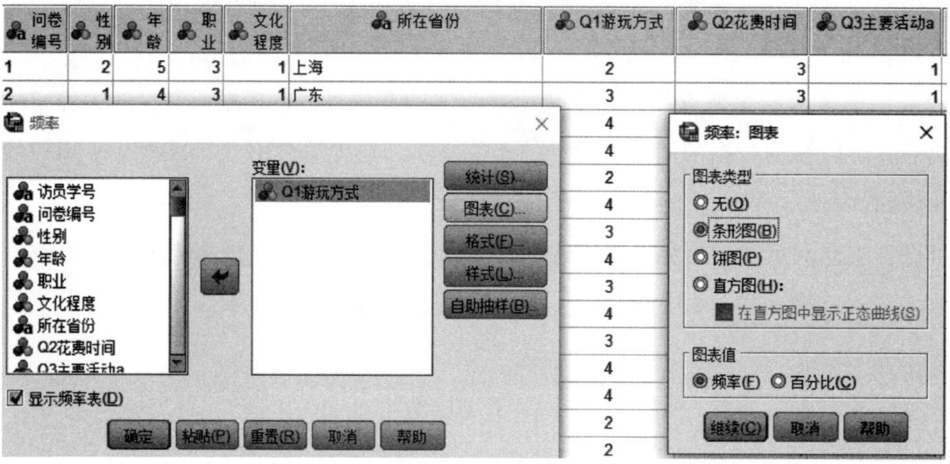

图 8－1 SPSS“描述统计—频率”分析的操作界面

图 8－1 中点击选择所要分析的变量（本例为：游玩方式），通过中间箭头送入“变量（V）”框格内，点击左侧“频率”最下方的“显示频率表”，点击“图表”，在“图表类型”下面点击选择需要的图型，点“继续”，点“确定”，SPSS 运行得到频数分布表如表 8－1 所示。

表 8-1　　　　游玩方式频数分布表

Q1 游玩方式					
		频率	百分比（%）	有效百分比（%）	累积百分比（%）
有效	跟随旅游团	22	6.6	6.6	6.6
	自己游玩	66	19.8	19.8	26.4
	与家人一起	83	24.9	24.9	51.4
	与朋友一起	155	46.4	46.5	97.9
	其他	7	2.1	2.1	100
	总计	333	99.7	100	
缺失	99	1	.3		
总计		334	100		

从表 8-1 频数分布表可以看到，在 334 个调查个体中，选择“与朋友一起”游玩的占比最高，其次是“与家人一起”及“自己游玩”，该景点的确也比较适合“与朋友一起”游玩。在表 8-1 中，频率也就是频数，即各个类别出现的次数；百分比即比重，各类别次数除以总次数乘以 100%；有效百分比，剔除缺失值后，各类别次数的次数占总有效样本数（总样本数-缺失）的比重（%）；累积（计）百分比，累计次数除以总次数。累计次数按照指示从上至下或从下至上逐级累加，在顺序数据时有意义。

需要注意的是，SPSS 输出数据结果中，有小数时，如本例“缺失”与“百分比”对应的单元格的数为“.3”，实际的数值是 0.3，即该数值为 0.3%（以下类同）。

一个定性变量形成的定性调查数据，可以通过条形图、饼图（圆形结构图）等直观反映，操作过程如图 8-1 所示。图 8-2 为条形图操作结果及调整界面图，图 8-3 为饼图操作结果及调整界面图。

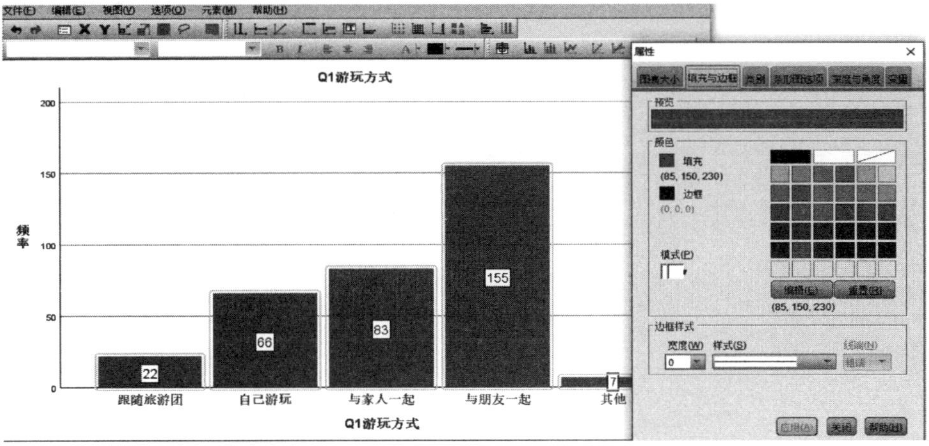

图 8-2　条形图操作结果及调整界面

注意：要在分析前，对数据进行编码并进行“值标签”定义，和定义缺失值。由图 8－1 可以看到，选择条形图时，其“图表值”应点击选择“频率”；而选择饼图时，“图表值”应点击选择“百分比”。

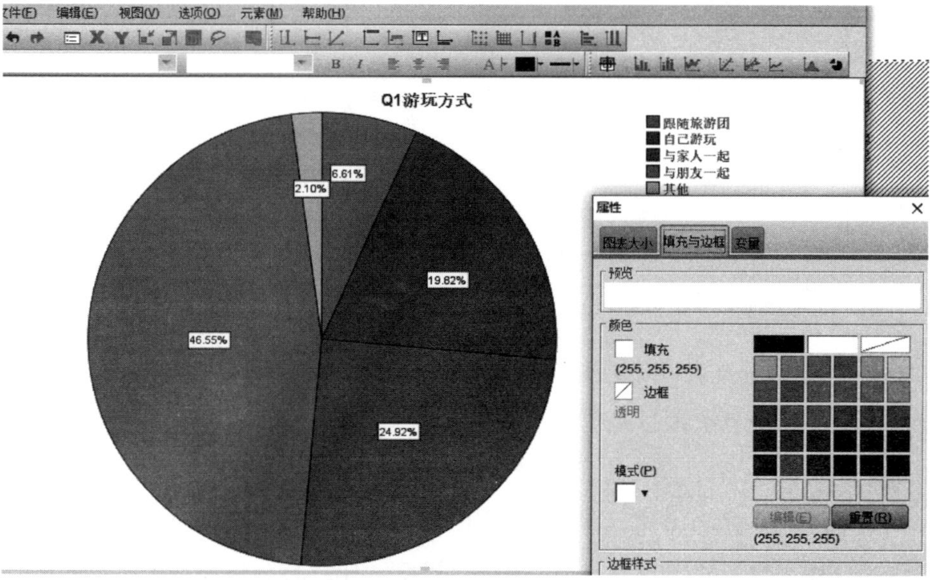

图 8－3　饼图操作结果及调整界面

为使图形规范和美观，双击图表编辑器，可进行数字、字体大小或颜色的调整。图形的制作也可以通过点击“图形—旧对话框”单独制作，如图 8－4 所示。

图 8－4　图形的制作操作界面

对一些类别（分类）调查数据，如果选择帕累托图进行分析，需要对调查数据从大到小进行排序，然后再点击“分析”—“质量控制”，选择帕累托图。

假如样本随机选择并满足相关的要求，可以进一步研究，人们“游玩的方式”是否有明显偏好？这时可以进行卡方检验，通过点击选择“分析”—“非参数检验”—“旧对话框”—“卡方”进行设置，如图 8－5 所示。

图 8－5 一个定性变量卡方检验操作界面（过程选择）

点击“卡方”后，进入“卡方检验”操作界面，如图 8－6 所示。点击将要检验的变量，从左侧变量框中通过箭头送入“检验变量列表（I）”框格中（本例为：游玩方式），之后，在“期望值”下，点击选择“所有类别相等”，点“确定”。

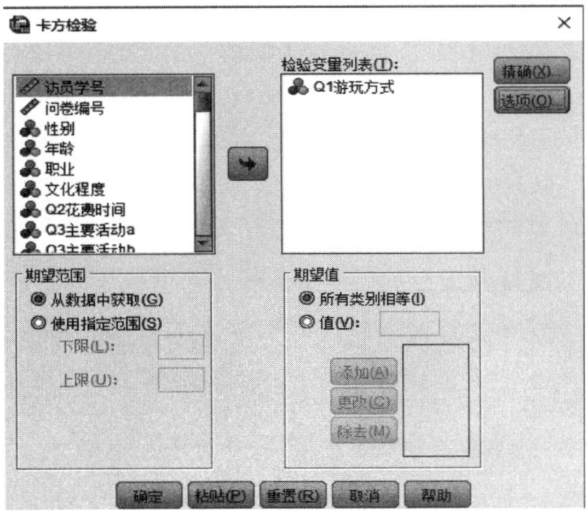

图 8－6 一个定性变量卡方检验操作界面（期望值选择）

SPSS 运行后获得的结果分别为：卡方检验过程描述表，如表 8－2 所示；卡方检验结果表，如表 8－3 所示。

表 8－2　　　　“游玩方式”卡方检验过程描述表

Q1 游玩方式			
	实测个案数	期望个案数	残差
跟随旅游团	22	66.6	-44.6
自己游玩	66	66.6	-.6
与家人一起	83	66.6	16.4
与朋友一起	155	66.6	88.4
其他	7	66.6	-59.6
总计	333		

表 8－3　　　　“游玩方式”卡方检验结果表

检验统计	
	Q1 游玩方式
卡方	204.583[a]
自由度	4
渐近显著性	.000

注：a. 0 个单元格（0.0%）的期望频率低于 5。期望的最低单元格频率为 66.6。

根据检验的结果，卡方（指 Pearson Chi－Square、Pearson－χ^2）统计量的值为 204.583，其渐近显著性（p 值）为 0.000 小于 0.05，拒绝“游玩方式”没有明显的偏好的原假设，认为人们“游玩方式”是有明显的偏好。

（二）多选题

多选题也是调查数据分析中常见的一种题型。例如：

Q 您在此游玩时的主要活动是什么？（可多选）

①逛特色商店　　②品尝特色小吃　③酒吧或咖啡茶艺馆休闲

④胡同四合院观光　⑤观看文艺演出

⑥观看各类艺术展示（创意工作室）　⑦商务会务　⑧住宿　⑨其他

此问题的调查数据编码为 0—1 编码，部分结果如图 8－7 所示。本例中的变量将 9 个选项用“主要活动 a”至“主要活动 i”表示，也可直接用选项名称。

Q3主要活动a	Q3主要活动b	Q3主要活动c	Q3主要活动d	Q3主要活动e	Q3主要活动f	Q3主要活动g	Q3主要活动h	Q3主要活动i
0	1	0	1	0	1	0	0	0
0	1	0	0	0	0	0	0	0
1	1	1	0	0	0	0	0	0
1	1	0	0	0	0	0	1	0
0	1	0	1	0	0	0	0	0
0	0	0	1	0	0	0	0	0
0	0	1	1	0	0	0	0	0
0	1	0	0	0	0	0	0	0
1	1	0	1	0	0	0	0	0
0	0	0	1	0	0	0	0	1
0	0	0	1	0	1	0	0	0
1	1	0	0	0	0	0	1	0
0	1	0	1	0	0	0	0	0
1	1	0	1	0	1	0	0	0

图 8－7　游玩时主要活动部分数据表图示

对于多选题的调查数据，需要整理出各个答案选择出现的频数或比例。其处理的方法主要是构建集合响应集/多重响应集，SPSS 构建集合响应集的过程操作，如图 8－8、图 8－9、图 8－10 所示。

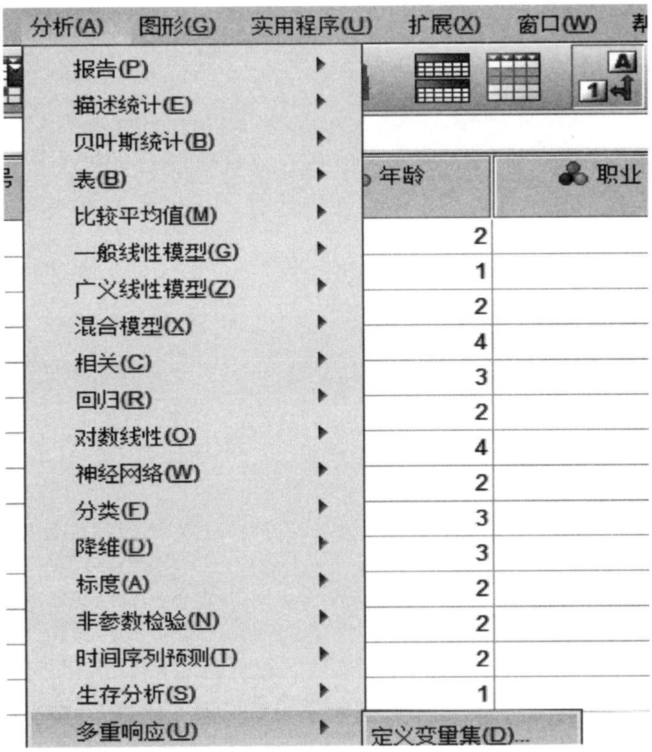

图 8－8　定义多重响应集的过程操作界面 1

在图 8－8 中，点击选择“多重响应”—“定义变量集”，进入“定义多重响应集”操作界面，如图 8－9 所示。

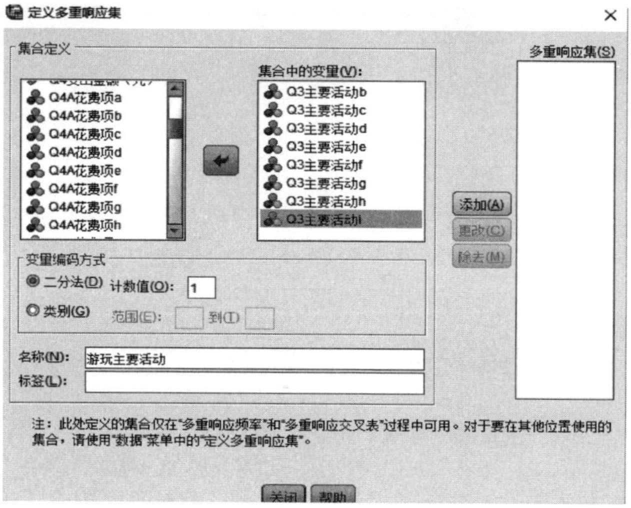

图 8-9　定义多重响应集的过程操作界面 2

在图 8-9 中，需要将本次集合的所有变量（多选题的答案）从“集合定义”下面的框格中通过中间的箭头都送入“集合中的变量”框格中（本例为 9 个答案选项，为区分明显用 a—i 表示）。由于数据是采用“二分法”进行的编码，需要在“变量编码方式”点击选择“二分法”，并在其后面的“计数值”框格中填入 1，意思是将选择 1 的个案集合在一起，再在“名称”中给即将产生的集合命名（本例命名为：游玩主要活动），最后点击“添加”，点击“添加”后进入到图 8-10 的操作界面，完成了该问题集合（ $ 游玩主要活动）的设置。

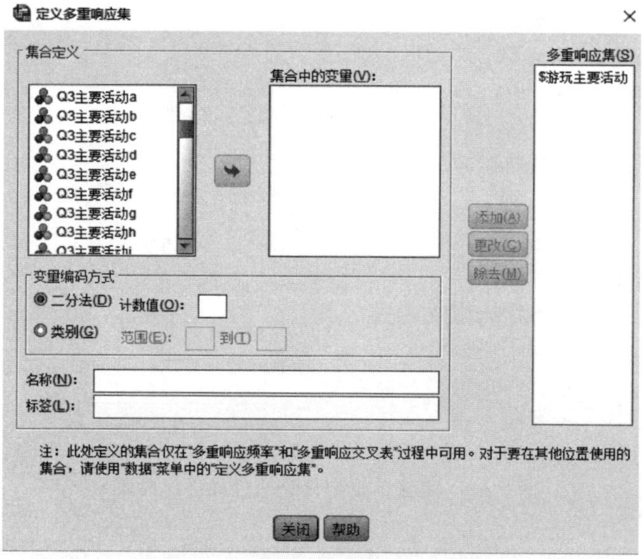

图 8-10　定义多重响应集的过程操作界面 3

如果还要构建其他变量的集合，重复图 8－8 至图 8－10 中的步骤即可。命名时需要根据集合的变量，自主命名。

本例 SPSS 运行主要有两个表：个案摘要、活动频率，分别如表 8－4、表 8－5 所示。

表 8－4 为个案摘要表，主要给出了个案的概况，包括有效、缺失和总计的次数及百分比。

表 8－4　　游玩主要活动个案摘要

	个案					
	有效		缺失		总计	
	个案数	百分比（%）	个案数	百分比（%）	个案数	百分比（%）
$ 游玩主要活动[a]	333	99.7	1	0.3	334	100

注：a. 使用了值 1 对二分组进行制表。

表 8－5 为游玩主要活动集合中各选项的个案数、频率表。

表 8－5　　$ 游玩主要活动频率

		响应		个案百分比（%）
		个案数	百分比（%）	
$ 游玩主要活动[a]	Q3 主要活动逛特色商店	174	24.5	52.3
	Q3 主要活动品尝特色小吃	239	33.7	71.8
	Q3 主要活动酒吧或咖啡茶艺馆休闲	46	6.5	13.8
	Q3 主要活动胡同四合院观光	129	18.2	38.7
	Q3 主要活动观看文艺演出	20	2.8	6.0
	Q3 主要活动观看各类艺术展示	59	8.3	17.7
	Q3 主要活动商务会务	10	1.4	3.0
	Q3 主要活动住宿	5	0.7	1.5
	Q3 主要活动其他	28	3.9	8.4
总计		710	100	213.2

注：a. 使用了值 1 对二分组进行制表。

表 8－5 中集合响应的数据结果说明，在 710 次的回答响应中，“品尝特色小吃”是大家选择最多的，为 239 次，占所有回答响应（710）的 33.7%；占个案（333）的 71.8%，依次类推。集合响应集能够展现和比较多项选择题中每个类别的选择人数及比例。在此基础上，也可以再选择图形进行分析，或进行交叉分析等。

（三）排序题

对于排序题，可以规定从答案选项中选择几个再按重要程度排序，也可以按重要程度全部排序，其处理方法大致相同，以选择几个排序为例说明描述分析方法。例如：

Q 在该景点游玩给您印象最深的是什么？（限选 4 个再排序，填选项号码）

印象最深的是______；其次是______；再次是______；最后是______。

①胡同四合院等旅游景点　②文化旅游演出或体验项目

③酒吧咖啡茶艺馆或书店等休闲场所　④各类零售店

⑤民族服装服饰等特色商品　⑥各类艺术品的展示

⑦古玩鉴赏与交易　⑧文艺演出　⑨其他

将调查的结果编码录入，整理后得到的调查数据（部分）如图 8－11 所示。

胡同四合院等旅游景点	文化旅游演出或体验	酒吧咖啡茶艺馆	各类零售店	民族服装服饰等	各类艺术品的展示	古玩鉴赏与交易	文艺演出	其他
1	2	3	4	0	0	0	0	0
1	3	2	0	4	0	0	0	0
1	0	4	3	0	0	2	0	0
2	0	1	3	4	0	0	0	0
2	0	3	0	0	1	4	0	0
1	2	4	0	0	0	0	3	0
2	0	1	3	0	0	0	0	4
1	2	3	4	0	0	0	0	0
1	0	4	3	0	0	0	2	0
1	2	3	4	0	0	0	0	0
1	3	2	0	4	0	0	0	0
1	0	4	3	0	0	2	0	0
2	0	1	3	4	0	0	0	0

图 8－11　“该景点游玩印象最深”部分调查数据图示

对排序题的调查数据进行分析一般需要如下步骤：

（1）需要给予每个答案选项（也就是要分析的变量）定义“值标签”，即命名（起名字）。起什么名字，自己定，因为起的名字实际上就是要分析的变量，因此起的名字最好与答案选项相近，分析时比较容易理解问卷内容。如本例分别命名为：印象最深、第二印象深、第三印象深、第四印象深。通过 SPSS［数据集］“IBM SPSS Statistics 数据编辑器”左下角的“变量视图”，点击选择“名称”下的某个答案（或变量名），再点击“值”进入“值标签”界面，如图 8－12 所示。

进入“值标签”操作界面后，要将限选的几个答案选项（本例为限选 4 个）分别进行定义和赋值。例如，图 8－12 操作界面中，在“值”空格中输入编码值（本例为 1），在“标签”空格中输入所起的变量名称（本例为“印象最深”）；再在“值”空格中输入 2，在“标签”空格中输入“第二印象深”，以此类推，点“确定”，得到结果如图 8－13 所示。

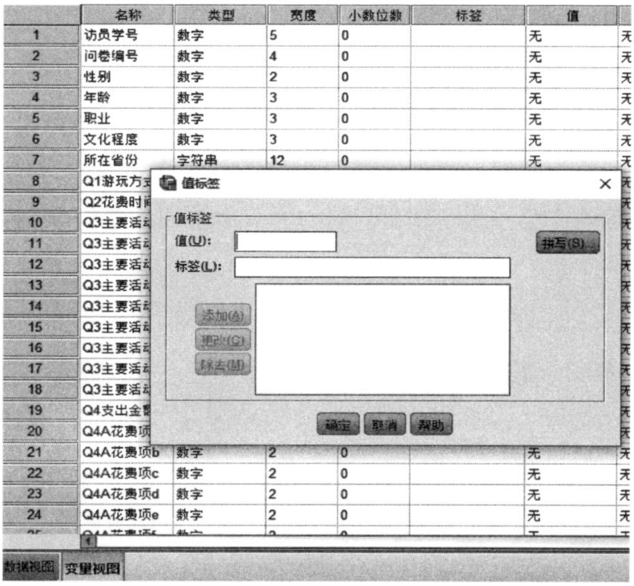

图 8－12 定义“值标签”操作界面

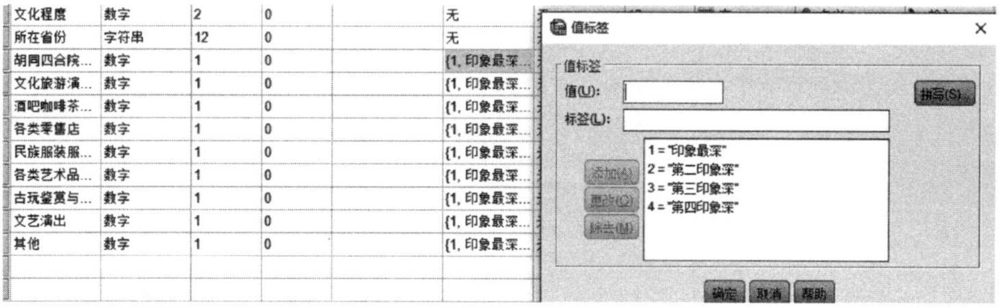

图 8－13 “值标签”定义结果操作界面

（2）点击“数据编辑器”左下角的“数据视图”，返回数据界面，形成的数据结果如图 8－14 所示。

胡同四合院等旅游景点	文化旅游演出或体验	酒吧咖啡茶艺馆	各类零售店	民族服装服饰等	各类艺术品的展示	古玩鉴赏与交易	文艺演出	其他
印象最深	第二印象深	第三印象深	第四印象深	0	0	0	0	0
印象最深	第三印象深	第二印象深	0	第四印象深	0	0	0	0
印象最深	0	第四印象深	第三印象深	0	0	第二印象深	0	0
第二印象深	0	印象最深	第三印象深	第四印象深	0	0	0	0
第二印象深	0	第三印象深	0	0	印象最深	第四印象深	0	0
印象最深	第二印象深	第四印象深	0	0	0	0	第三印象深	0
第二印象深	0	印象最深	第三印象深	0	0	0	0	第四印象深
印象最深	第二印象深	第三印象深	第四印象深	0	0	0	0	0
印象最深	0	第四印象深	第三印象深	0	0	0	第二印象深	0
印象最深	第二印象深	第三印象深	第四印象深	0	0	0	0	0
印象最深	第三印象深	第二印象深	0	第四印象深	0	0	0	0
印象最深	0	第四印象深	第三印象深	0	0	第二印象深	0	0
第二印象深	0	印象最深	第三印象深	第四印象深	0	0	0	0
第二印象深	0	第三印象深	0	0	印象最深	第四印象深	0	0
印象最深	0	第四印象深	第三印象深	0	0	第二印象深	0	0
第二印象深	0	印象最深	第三印象深	第四印象深	0	0	0	0
第二印象深	0	第三印象深	0	0	印象最深	第四印象深	0	0

图 8－14 “值标签”定义后的数据结果

（3）对排序题的数据结果做基本描述分析。获得受访者选择哪些答案选项以及各答案选项的选择比例情况的结果。

①定义多重响应集。为获得受访者选择哪些答案选项以及各答案选项的选择比例情况，需要分别定义多重响应集，限选几项，就定义几个多重响应集。例如，本例限选4项，就定义4个多重响应集，为了明显区分，4个多重响应集分别命名为：印象最深响应集、第二印象深响应集、第三印象深响应集、第四印象深响应集，定义过程与方法同上面的图8－8、图8－9、图8－10的过程操作图，但需要注意的是，选项“编码变量方式”下面的“计数值”框格中应分别填入1、2、3、4，即定义“印象最深响应集”时“计数值”框格中填入1，定义“第二印象深响应集”时“计数值”框格中填入2，依此类推。例如，定义“印象最深响应集”，如图8－15所示，在“名称”的框格中输入所起的名字（本例为：印象最深响应集），在“变量编码方式”下的“计数值”框格中填入1。

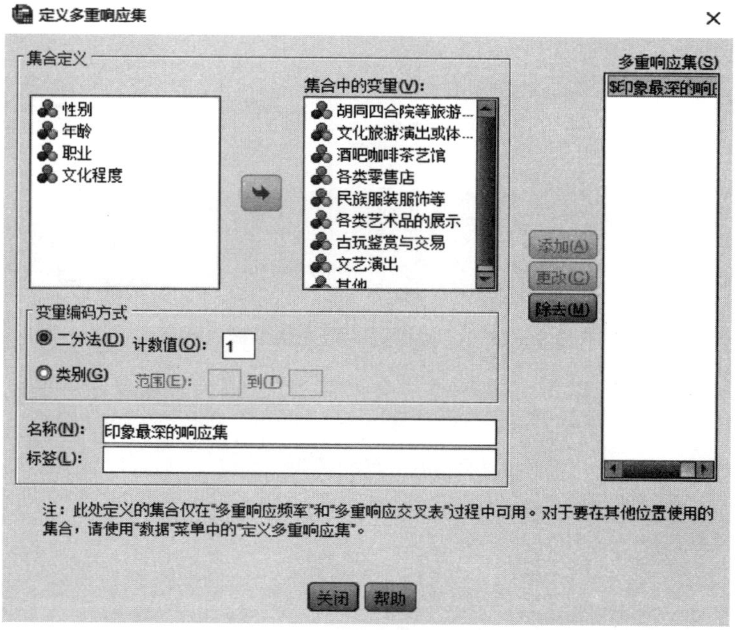

图8－15 “印象最深响应集”操作界面

接着定义下一个多重响应集，需要重新给予命名（本例定义为：第二印象深响应集），注意，需要在“计数值”框格中填入2，如图8－16所示。

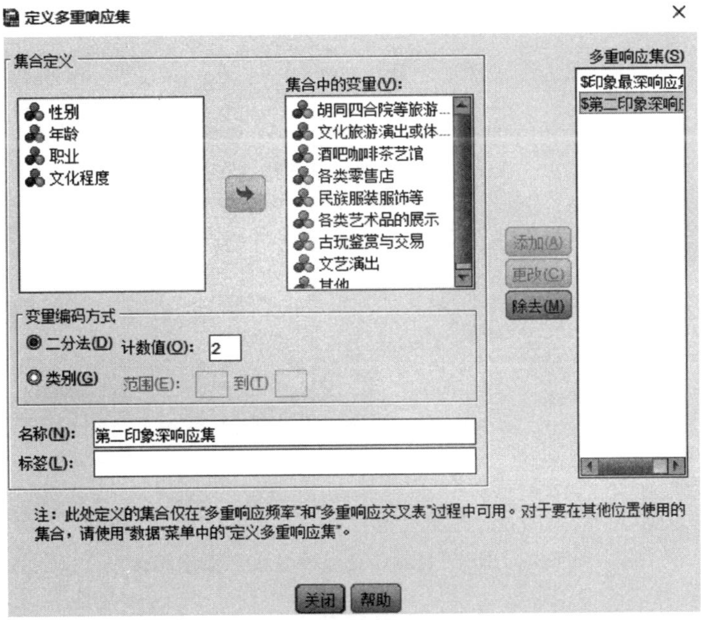

图 8－16　“第二印象深响应集”操作界面

同理，继续定义下一个多重响应集，本例命名为“第三印象深响应集”，在“计数值”框格中填入 3，得到“第三印象深响应集”，如图 8－17 所示。

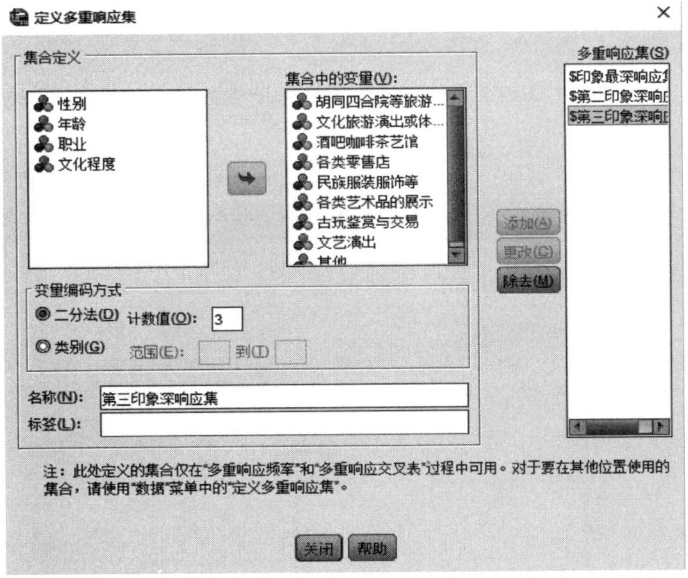

图 8－17　“第三印象深响应集”操作界面

继续定义下一个多重响应集，本例命名为“第四印象深响应集”，在“计数值”框格中填入 4，得到“第四印象深响应集”，如图 8－18 所示。

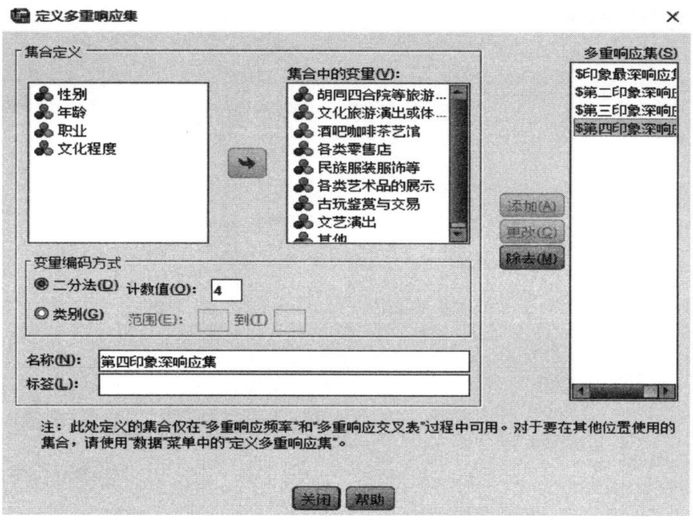

图 8-18 “第四印象深响应集”操作界面

定义响应集操作时，因为 4 个响应集是同样的变量（答案选项），因此可用的操作技巧是用鼠标点击右侧已经定义好的某个响应集，在中间“集合中的变量”框格中就会出现所有的答案，这样只需改动“计数值”框格内的数字，和在“名称”的框格中重新输入新的名称，就可以快速完成四个响应集的定义与设置。

②对定义的多重响应集进行分析。定义多重响应集后，点击选择“分析”—“多重响应”—“频率”，在“多重响应频率”操作界面，同时将定义完成的各个响应集（本例为：印象最深响应集、第二印象深响应集、第三印象深响应集、第四印象深响应集）通过中间箭头送入到“表（I）”中，如图 8-19 所示。

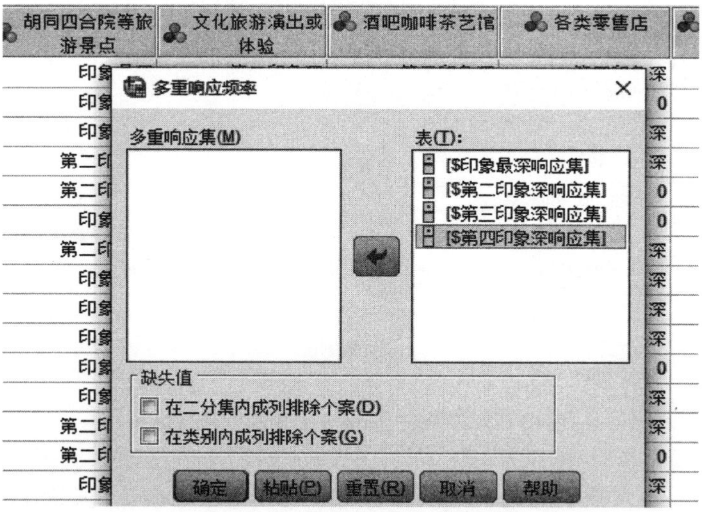

图 8-19 分析多重响应的操作界面

点击“确定”后，SPSS 运行后得到数据分析的结果。多重响应的分析结果包括个案摘要表和定义的各个多重响应集的频率表。例如，本例的结果分别为个案摘要表、印象最深响应集频率表、第二印象深响应集频率表、第三印象深响应集频率表、第四印象深响应集频率表，分别如表 8－6、表 8－7、表 8－8、表 8－9、表 8－10 所示。

表 8－6 为分析该景点游玩印象而定义的四个响应集个案摘要表。

表 8－6　　响应集个案摘要表

	个案					
	有效		缺失		总计	
	个案数	百分比（%）	个案数	百分比（%）	个案数	百分比（%）
$ 印象最深响应集[a]	334	100	0	0	334	100
$ 第二印象深响应集[b]	334	100	0	0	334	100
$ 第三印象深响应集[c]	334	100	0	0	334	100
$ 第四印象深响应集[d]	334	100	0	0	334	100

注：a. 使用了值 1 对二分组进行制表。

b. 使用了值 2 对二分组进行制表。

c. 使用了值 3 对二分组进行制表。

d. 使用了值 4 对二分组进行制表。

表 8－7 为印象最深响应集频率表。

表 8－7　　$ 印象最深响应集频率表

		响应		个案百分比（%）
		个案数	百分比（%）	
$ 印象最深响应集[a]	胡同四合院等旅游景点	199	59.6	59.6
	酒吧咖啡茶艺馆	65	19.5	19.5
	各类零售店	8	2.4	2.4
	民族服装服饰等	8	2.4	2.4
	各类艺术品的展示	54	16.2	16.2
总计		334	100	100

注：a. 使用了值 1 对二分组进行制表。

表 8－8 为第二印象深响应集频率表。

表 8－8　　　　$第二印象深响应集频率表

		响应		个案百分比（%）
		个案数	百分比（%）	
$第二印象深响应集[a]	胡同四合院等旅游景点	127	38.0	38.0
	文化旅游演出或体验	76	22.8	22.8
	酒吧咖啡茶艺馆	41	12.3	12.3
	各类艺术品的展示	8	2.4	2.4
	古玩鉴赏与交易	49	14.7	14.7
	文艺演出	33	9.9	9.9
总计		334	100	100

注：a. 使用了值 2 对二分组进行制表。

表 8－9 为第三印象深响应集频率表。

表 8－9　　　　$第三印象深响应集频率表

		响应		个案百分比（%）
		个案数	百分比（%）	
$第三印象深响应集[a]	文化旅游演出或体验	41	12.3	12.3
	酒吧咖啡茶艺馆	109	32.6	32.6
	各类零售店	147	44.0	44.0
	民族服装服饰等	8	2.4	2.4
	古玩鉴赏与交易	8	2.4	2.4
	文艺演出	21	6.3	6.3
总计		334	100	100

注：a. 使用了值 3 对二分组进行制表。

表 8－10 为第四印象深响应集频率表。

表 8－10　　　　$第四印象深响应集频率表

		响应		个案百分比（%）
		个案数	百分比（%）	
$第四印象深响应集[a]	胡同四合院等旅游景点	8	2.4	2.4
	酒吧咖啡茶艺馆	103	30.8	30.8
	各类零售店	55	16.5	16.5
	民族服装服饰等	84	25.1	25.1
	古玩鉴赏与交易	54	16.2	16.2
	文艺演出	8	2.4	2.4
	其他	22	6.6	6.6
总计		334	100	100

注：a. 使用了值 4 对二分组进行制表。

（4）对数据的结果进行说明和解读。

表 8－6 为个案摘要，概括了解定义的响应集的个案数及有效和缺失情况。表 8－7 至表 8－10 显示的是各个响应集的响应个案数及占响应总数百分比和占个案数百分比。例如，表 8－7“印象最深响应集”中结果显示，共有 334 次响应，认为“胡同四合院等旅游景点”印象最深的选择人数最多，达到为 199 次，占比 59.6%，说明该景点特色突出，游客比较认可；认为“酒吧咖啡茶艺馆”印象最深的选择人数为 65 次，占比 19.5%，也体现了该景点的另一个典型特征。认为“各类艺术品的展示”也是该景点印象最深的人数也不少，可见游客对景点的印象和景点本身特征还是比较吻合的。其他三个响应集结果的分析类推。分析中也可以对同一个选项结果进行比较，如比较受访者对“胡同四合院等旅游景点”在印象最深、第二印象深、第三印象深、第四印象深选择结果的差异程度。这样对调查问卷中受访者（本例为游客）的答案选择和排序，通过设置多重响应集，可以从频数和比率角度进行分析和比较。

（5）可根据重要性进一步进行加权分析，根据排序结果给出重要性排名。

①确定排序重要性的权重。对定义的多重响应集进行的频数分析，虽然得到各答案选项的响应（选择）频数及百分比，但还无法确定各因素的重要性及排名，因此还需要进一步分析，获得排序问题更多的信息，其中主要方法是对重要性排名，即进行加权或给予权重赋值，因为选择答案顺序不同，代表其重要程度不同，所以排序题在分析时，需要给每个变量的重要性赋值一个权数（权重，用数值表示），而且排序第一位（第一重要）的权重 > 第二位（第二重要）权重 > 第三位（第三重要）权重 > 第四位（第四重要）权重。实际中最常用的赋值方法是对数据进行反向计分，例如，本例中要求选择四个答案选项并排名，分别将变量的重要性命名为：第一重要、第二重要、第三重要、第三重要则设定排在第一位计 4 分，排在第二位计 3 分，排在第三位计 2 分，排在第四位计 1 分，同理，如果有 5 项选择，可按照变量的重要性从高到低设定权重为 5、4、3、2、1。

②将确定（设定）的权重，赋值给变量。要完成赋值给变量，需经过二个环节：第一个环节是定义新变量。为区别原有的变量，需定义一个新的变量。这个过程通过点击“转换”—“重新编码为不同的变量”完成，对原有的每一个变量都对应地定义（命名）一个新的名称（本例将原来的名称前面加个“新”字），例如，在“重新编码为不同的变量”操作界面中，如图 8－20 所示，点击选择需要命名的变量（即选项答案），通过中间箭头将其送入到“数字变量－>输出变量”框格中（本例为：胡同四合院等旅游景点），接着在右侧的“输出变量”的“名称”框格中输入新的变量名称，如本例为“新胡同四合院等旅游景点”，再点击“输出变量”下面的“变化量”，完成了对原有的变量新的命名。

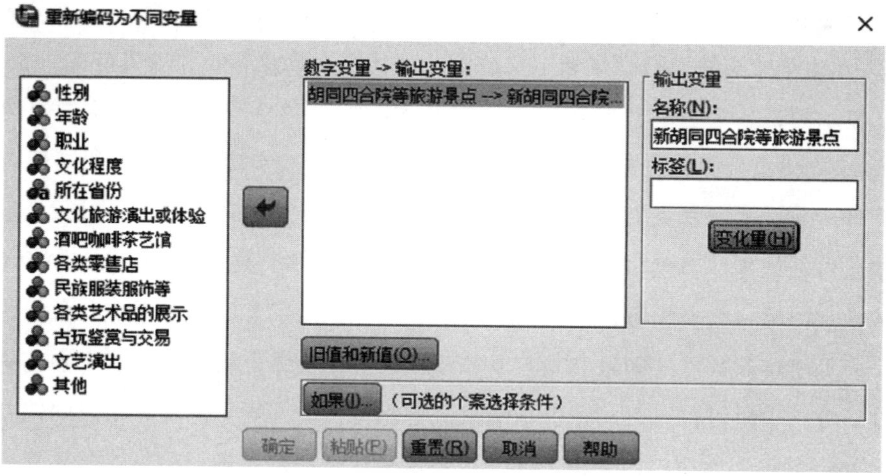

图 8－20　定义的新变量操作界面

第二个环节是赋值。完成第一个变量的命名后需要给定义的新变量赋值。图 8－20 中点击"数字变量－＞输出变量"框格下面的"旧值和新值"，选择第一重要的（排序为 1 的）1 的给 4 分；选择第二重要的，给 3 分；依此类推。例如，在"旧值"下面点击"值"，并在框格中输入 1，在"新值"下面点击"值"并在框格中输入 4，依此类推，如图 8－21 所示。点击"继续"，点击"确定"，完成了对定义的新变量重要性赋值。

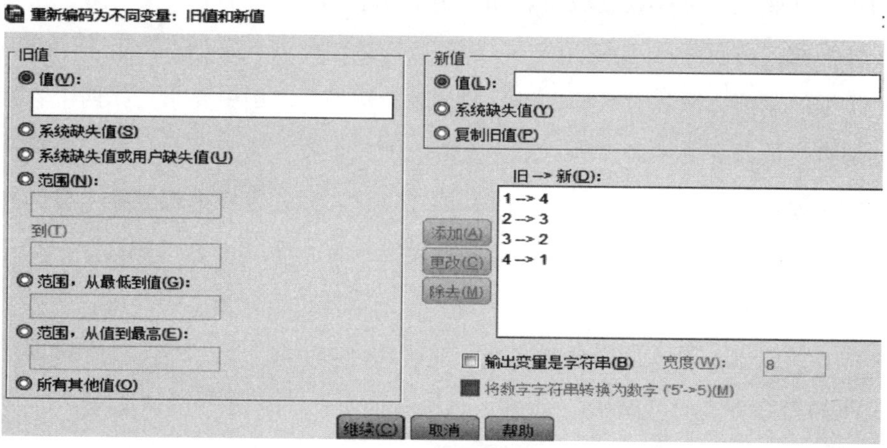

图 8－21　定义的新变量重要性赋值操作界面

将每个答案选项（每个变量）都按照确定排序重要性的权重，将确定（设定）的权重，赋值给变量，依次进行定义的新变量与赋值，如图 8－22 所示。

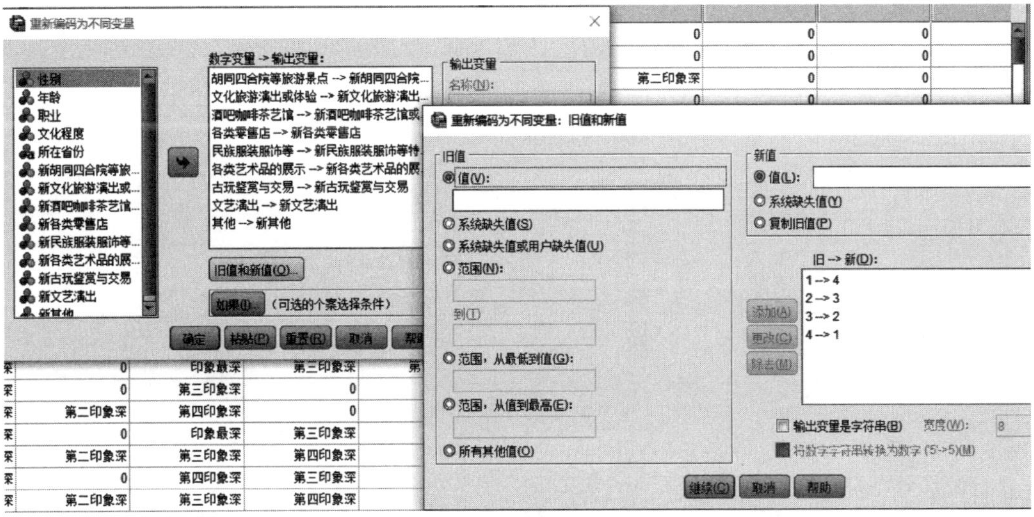

图 8－22　答案选项（变量）定义与赋值操作界面

③检查新的定义变量与赋值后的数据。经过前面 2 个步骤得到新的定义变量与赋值后的数据。在“数据编辑器”界面点击左下角的“数据界面”，可以看到“数据界面”中增加了新的变量，出现了新命名的各个变量及给出的权数赋值（给出的重要性分值），如图 8－23 所示。

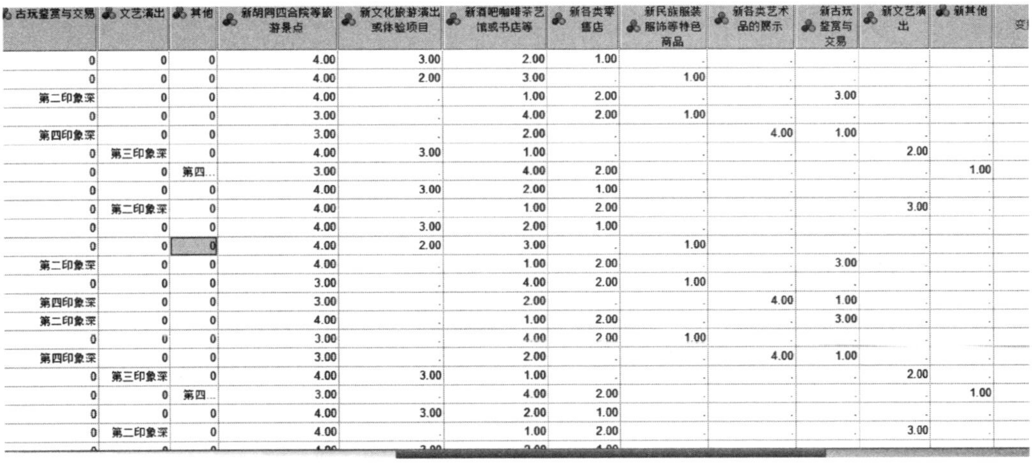

古玩鉴赏与交易	文艺演出	其他	新胡同四合院等旅游景点	新文化旅游演出或体验项目	新酒吧咖啡茶艺馆或书店等	新各类零售店	新民族服装服饰等特色商品	新各类艺术品的展示	新古玩鉴赏与交易	新文艺演出	新其他
0	0	0	4.00	3.00	2.00	1.00	.	.	.	.	.
0	0	0	4.00	2.00	3.00	.	1.00	.	.	.	.
第二印象深	0	0	4.00	.	1.00	2.00	.	.	3.00	.	.
0	0	0	3.00	.	4.00	2.00	1.00	.	.	.	.
第四印象深	0	0	3.00	.	2.00	.	.	4.00	1.00	.	.
0	第三印象深	0	4.00	3.00	1.00	.	.	.	.	2.00	.
0	0	第四...	3.00	.	4.00	2.00	.	.	.	.	1.00
0	0	0	4.00	3.00	2.00	1.00	.	.	.	.	.
0	第二印象深	0	4.00	.	1.00	2.00	.	.	.	3.00	.
0	0	0	4.00	3.00	2.00	1.00	.	.	.	.	.
0	0	0	4.00	2.00	3.00	.	1.00	.	.	.	.
第二印象深	0	0	4.00	.	1.00	2.00	.	.	3.00	.	.
0	0	0	3.00	.	4.00	2.00	1.00	.	.	.	.
第四印象深	0	0	3.00	.	2.00	.	.	4.00	1.00	.	.
第二印象深	0	0	4.00	.	1.00	2.00	.	.	3.00	.	.
0	0	0	3.00	.	4.00	2.00	1.00	.	.	.	.
第四印象深	0	0	3.00	.	2.00	.	.	4.00	1.00	.	.
0	第三印象深	0	4.00	3.00	1.00	.	.	.	.	2.00	.
0	0	第四...	3.00	.	4.00	2.00	.	.	.	.	1.00
0	0	0	4.00	3.00	2.00	1.00	.	.	.	.	.
0	第二印象深	0	4.00	.	1.00	2.00	.	.	.	3.00	.

图 8－23　新的定义变量与赋值后的数据界面 1

通过上面的操作步骤，将受访者选择的重要性或排序转换为可进行分析的数据了，图 8－23 中间空白的是受访者没有选择的，视为缺失值。在图 8－23 还有些数据用文字表示的，如左侧的“第二印象深”等，将其转化为用编码或数据表现，如图 8－24 所示。

新胡同四合院等旅游景点	新文化旅游演出或体验项目	新酒吧咖啡茶艺馆或书店等	新各类零售店	新民族服装服饰等特色商品	新各类艺术品的展示	新古玩鉴赏与交易	新文艺演出	新其他	变
4.00	3.00	2.00	1.00	.	.	.	.	.	
4.00	2.00	3.00	.	1.00	.	.	.	.	
4.00	.	1.00	2.00	.	.	3.00	.	.	
3.00	.	4.00	2.00	1.00	.	.	.	.	
3.00	.	2.00	.	.	4.00	1.00	.	.	
4.00	3.00	1.00	.	.	.	.	2.00	.	
3.00	.	4.00	2.00	.	.	.	.	1.00	
4.00	3.00	2.00	1.00	.	.	.	.	.	
4.00	.	1.00	2.00	.	.	.	3.00	.	
4.00	3.00	2.00	1.00	.	.	.	.	.	
4.00	2.00	3.00	.	1.00	.	.	.	.	
4.00	.	1.00	2.00	.	.	3.00		.	
3.00	.	4.00	2.00	1.00	.	.	.	.	
3.00	.	2.00	.	.	4.00	1.00	.	.	
4.00	.	1.00	2.00	.	.	3.00	.	.	
3.00	.	4.00	2.00	1.00	.	.	.	.	
3.00	.	2.00	.	.	4.00	1.00	.	.	
4.00	3.00	1.00	.	.	.	.	2.00	.	
3.00	.	4.00	2.00	.	.	.	.	1.00	
4.00	3.00	2.00	1.00	.	.	.	.	.	
4.00	.	1.00	2.00	.	.	.	3.00	.	

图 8－24　新的定义变量与赋值后的数据界面 2

④对新定义的变量及重要性赋值后的数据进行分析。由于已进行了加权（重要性赋值），因此可点击“分析”—“比较均值”，选择相应的一些指标，如均值、中位数等进行分析，如图 8－25 所示。

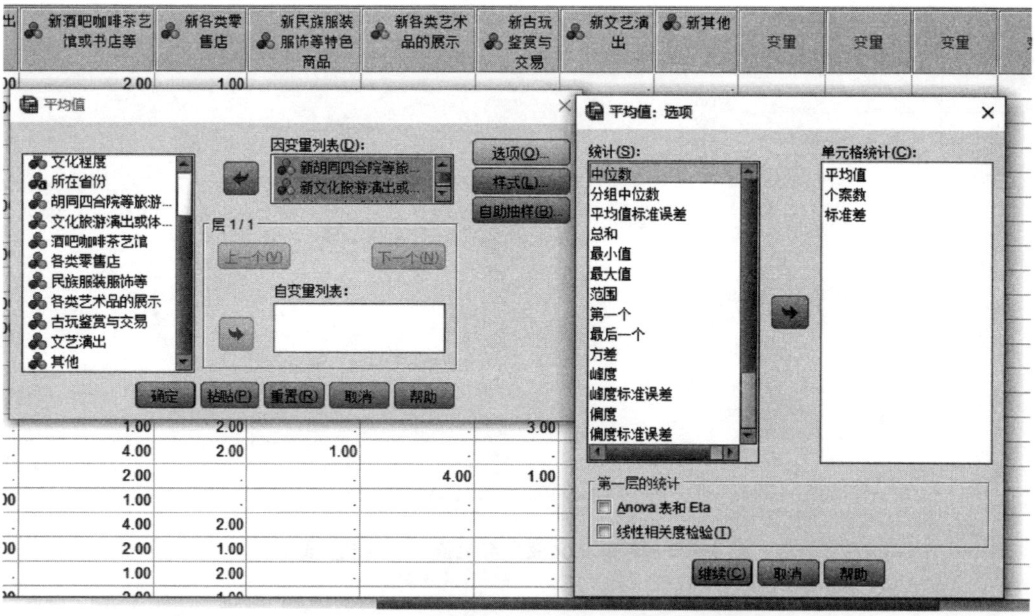

图 8－25　新的定义变量及重要性赋值后的数据比较均值操作界面

本例 SPSS 运行结果通过个案处理摘要、简要报告展现，如表 8－11、表 8－12 所示。

表 8－11 为新定义的变量个案处理摘要。

表 8－11 新定义的变量个案处理摘要

	个案					
	包括		排除		总计	
	个案数	百分比（%）	个案数	百分比（%）	个案数	百分比（%）
新胡同四合院等旅游景点	334	100	0	0	334	100
新文化旅游演出或体验项目	117	35.0	217	65.0	334	100
新酒吧咖啡茶艺馆或书店等	318	95.2	16	4.8	334	100
新各类零售店	210	62.9	124	37.1	334	100
新民族服装服饰等特色商品	100	29.9	234	70.1	334	100
新各类艺术品的展示	62	18.6	272	81.4	334	100
新古玩鉴赏与交易	111	33.2	223	66.8	334	100
新文艺演出	62	18.6	272	81.4	334	100
新其他	22	6.6	312	93.4	334	100

表 8－12 为新定义的变量分析选择的均值比较表。

表 8－12 新定义的变量均值比较表

	新胡同四合院等旅游景点	新文化旅游演出或体验项目	新酒吧咖啡茶艺馆或书店等	新各类零售店	新民族服装服饰等特色商品	新各类艺术品的展示	新古玩鉴赏与交易	新文艺演出	新其他
平均值	3.5479	2.6496	2.2138	1.8143	1.3200	3.8710	1.9550	2.4032	1.0000
个案数	334	117	318	210	100	62	111	62	22
标准偏差	.6266	.4792	1.1084	.6178	.8394	.3380	.9666	.7120	.0000

问卷设计的选择并排序问题，经过对其重要性加权（赋值），进行相关分析后得到了更多的信息。本例中从表 8－12 均值对比结果显示，“新各类艺术品的展示”“新胡同四合院等旅游景点”平均得分最高，是大众游客比较喜欢的旅游项目或活动。可见对新的定义变量和重要性赋值加权后的各个变量的均值比较，比未赋值的结果更为合理和客观，根据需要可根据排序赋值后的数据进行多角度的分析和解读。

（四）开放性问题

对于开放性的文字问题，受访者需要用文字来叙述自己的回答，问卷回收后这些答案不能马上录入电脑，需要后期的人员对其进行“再编码”。

“再编码”往往伴随着重新归类分组。其基本步骤包括：

（1）录入所有回答者的答案；

（2）尝试用不同方法对录入的答案进行排序、归类；并结合主观判断，合并意思相近的答案，对明显相同的答案统计其出现的次数；

（3）编码人员及研究者根据调查的目的对整理的答案进一步归纳，形成类别数量适当的“编码表”；

（4）编码人员及研究者根据“编码表”中的编码对所有开放题的答案进行逐一归类，全部完成后，问卷上的文字答案经过归纳变成了数字，方便录入人员的录入及后续的统计分析。

需要提示的是，编码表应是完备的，每个答案都可以在最终的编码表上找到合适的对应，最终的编码表应当全面地涵盖问题设计时所要搜集的各个方面的信息，是否包含了各个角度的回答，有时出现频次少但观点特别的回答也可能代表一个特定的重要群体，从研究的角度来说包含这类编码也是非常重要。可能的话可以按照含义相似的答案进行编码，转换成为类似封闭式答案选项的形式进行分析。如果答案内容较为丰富、不容易归类的，应对这类问题直接做定性分析。

例如，对某旅游景点的调查，经过整理后，得到了受访游客对景点提出的有关建议，其中，受访的游客认为景点应增加特色方面意见初步整理和分析结果，如表 8－13 所示。

表 8－13　　受访的游客对景点应增加特色方面意见

项目		响应		个案百分比（%）
		N	百分比（%）	
$应增加特色[a]	四合院会所	134	15.3	34.4
	酒吧咖啡茶艺馆	52	5.9	13.4
	文化书店	101	11.5	26.0
	餐饮店	70	8.0	18.0
	旅游纪念品	73	8.3	18.8
	文化旅游演出	60	6.8	15.4
	文化旅游体验	76	8.7	19.5
	家庭艺术馆	53	6.1	13.6
	古玩艺术品鉴赏与交易	30	3.4	7.7
	工艺美术展示	59	6.7	15.2
	生活艺术品装饰	49	5.6	12.6
	民族品牌服装服饰	47	5.4	12.1
	动漫网络游戏商品	20	2.3	5.1
	百货零售店	35	4.0	9.0
	其他	17	1.9	4.4
总计		876	100	225.2

注：a 值为 1 时制表的二分组。

从表 8 - 13 中可以分析结果看出，数据中占比超过 10% 的只有“四合院会所”和“文化书店”，其他答案占比相对较高的有“文化旅游体验”“旅游纪念品”和“餐饮店”。游客选择的分散似乎能够从侧面反映出该景点的特色还不够鲜明。根据分析结果的比较，结合该景点的一些背景信息，“四合院会所”的特色性尤其需要加强，同时其他各方面也需进行改变与突破。

对开放型的数值题和量表题，这类题目要求受访者自己填入数值，或者打分，根据获得的定量数据结果，可以按照定量数据的分析方法进行基础分析和进一步分析。对填空题的录入，如果作为字符串的形式录入，获得定性数据，可按照单选题题型调查结果进行频次及比率分析；如果作为数值录入，获得定量数据，就按照定量数据分析方法进行相关的数据分析。

（五）其他类型问题

问卷中其他类型问题，如跳答问题，首先是对该问题进行编码，编码和一般题型编码类同，但跳答不回答的题目一般就空着（或采用特别的码值录入），当受访者跳答到要回答的问题时，直接录入回答题目的答案；其次根据获得的答案，区分数据的类型；最后选择适合的方法进行数据分析。

又如，反向题的编码问题。当问卷有反向题时，需要对反向题进行重新编码，也就是要进行反向处理，即把原编码转变为新的编码，例如，1 变成 5，2 变成 4，3 变为 3，4 变成 2，5 变成 1 等。反向处理的操作通过点击“转换”—“重新编码为不同的变量”进行，如图 8 - 26 所示。首先需要将进行反向处理的变量（本例为：其他）通过中间的箭头送入“数字变量 - >输出变量”中，接着在“输出变量”下方“名称”下的框格中输入转变后的新名称（命名），如本例为：新其他；点击“变化量”；之后点击“旧值和新值”，在“旧值”下方点击“值”，并在其框格中输入原来的编码值，本例为 1；“新值”输入 5，点击“确定”。依此类推，完成所有反向问题答案的数值转变。

最后，将新命名的变量数据另存，这样既能保留原始数据，又能分析新的数据。经过重新编码的题目的数据就可以和其他题目一样，选择分析方法，进行相关的数据分析了，如果不进行转换，分析的结果可能是不准确的。

根据目的和数据分析的需要，可选择一部分个案（样本单位、样本单元、个体）再进行分析。选择个案的方法是：点击“数据”—“选择个案”，进入“选择个案”操作界面，如图 8 - 27 所示。

图 8－26　反向题重新编码操作界面

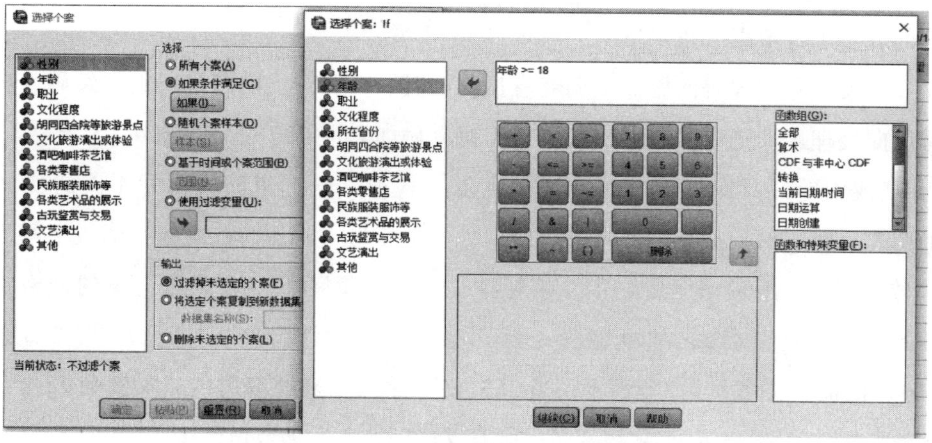

图 8－27　数据—选择个案的操作界面

在图 8－27 中，“选择个案”右侧的“选择”下方，有 5 个选项，根据分析需要，点击某项前面的圆圈进行选择。5 个选项中，默认的是全部选中，即所有个案”，是对所有个案进行分析。可以设定条件，对满足设定条件的样本分析，例如，点击“如果条件满足”，再点“如果”，进入到图 8－27 中右侧“选择个案 if”操作界面，可通过设定相关条件，如年龄≥18 岁，点击“继续”，点“确定”，则接下来分析的数据就是年龄≥18 岁构成的样本。如果想用全部样本，需要通过重新点击“数据”—“选择个案”，点击“所有个案”，点击“继续”，点击“确定”。当然，也可以用其他方法选出一部分个案，如“随机个案样本”“基于时间或个案范围”“使用过滤变量”等，用全部样本还是选择其中一部分，使用何种方法选择个案，根据需要及考虑整个抽样情况进行决定。

二、一个定量变量

一个定量变量（单变量）调查、观测或实验的结果获得定量调查数据。通常由问卷中常见的数值填写或打分，也可对现象测量、实验等采集得到。例如：

Q4 游玩该景点时，您个人的总支出大约是________元人民币。

受访者（游客）填写后，获得数值型的调查数据。表 8－14 展示了该调查问题的部分调查数据。

表 8－14　　　　游玩该景点支出金额的部分数据

问卷编号	性别	年龄	Q1 游玩方式	Q4 支出金额（元）	Q2 花费时间（分钟）	Q3 主要活动 a	Q3 主要活动 b
225	2	3	3	350	5	0	0
226	2	5	3	80	2	1	1
227	2	2	3	500	3	1	1
228	1	4	2	800	2	1	0
229	2	5	2	1000	3	1	1
230	1	4	3	200	3	1	0
231	2	2	4	260	4	1	1
232	2	2	4	100	3	1	1
233	1	2	2	200	2	1	1
234	2	2	4	100	4	1	0
235	1	4	3	300	3	0	1
236	1	2	4	100	2	0	0

对一个定量变量（单变量）调查获得的定量调查数据进行分析，可以从不同角度进行。常见的有分组分析、描述分析、推断统计分析等，下面概括性地予以介绍。

（一）分组分析

数值型的调查数据可以对其进行分组，即按照研究目的将调查数据分成若干类型或组。数据分组的结果形成频数分布，通过频数分布或分布数列可以观察调查数据分布的特征。进行数据分组，当变量值/观测值较少，可以将一个变量值作为一组，主要适合于离散变量且变量值较少的情况。当变量值/观测值较多时，一般将变量值/观测值的一个区间作为一组，主要适合于连续变量。

数据分组必须遵循“不重不漏”的原则，既不能将个案重复归组进行计数，也不能遗漏任何一个个案。可对调查数据进行等距分组或不等距分组。等距分组即各组组距都相等。一般情况下，都进行等距分组，可以合理地进行比较。当然，根据研究的需要和数据的情况，也可以进行不等距分组，采用不等距分组，分析时需要采用次数密度进行分析，以消除各组距离不等所造成的影响。

数据分组基本步骤如下：

（1）找出全部数据值的变动范围，也就是全距，即全距 = 数据最大值 - 数据最小值；

（2）确定组数和组距。一般来说，定量数据分组的组数在 5 至 20 组之间。可参考 Sturges 提出的确定组数的经验公式：分组的组数 k 应满足：$2^k > n$，即：

$$k = 1 + \frac{\lg(n)}{\lg(2)}$$

式中，n 为数据的个数。

组数确定后，确定组距。组距≈（数据最大值 - 数据最小值）÷组数。实际中组距一般取 5 或 10 的整倍数。例如，计算出的组距值为 9.38，那么可以近似取整为 10，这样以 10 作为组距在整理、图形展现频数分布及后续计算组中值等指标时更方便。需要注意的是，一般情况下数据分组都按照各组组距相等进行，编制等距分组数列。

（3）确定组限，也就是每个组的界限，包括每个组的上限值、下限值，根据上限值和下限值，可以计算出每个组的组中值，即组中值 = （上限值 + 下限值）÷2。组限的确定有三种情况：

①上下组限间断，互不重叠。例如，50—60，61—71，第一组上限值是 60，接下来的第二组的下限值 61，上下组限间断，依次类推。上下组限间断的分组适用于离散变量的情况。

②上下组限重叠，例如，50—60，60—70，等等，第一组上限值是 60，接下来的第二组的下限值 60，上下组限重叠，依次类推。上下组限重叠适用于连续变量的情况，或者说，数据有小数，如 60.5、70.5 等。大多数数据分组，不管离散变量还是连续变量，一般都采用上下组限重叠的分组方法，这时各组计数时需要特别注意，要按照“上组限不在内”计数原则统计出各组的次数（频数）。例如，“60”这个数，既在 50—60 这一组（上限值），同时也在 60—70 这一组（下限值），根据计数原则，“60”这个数在次数统计时要归入 60—70 这一组，其他各组的计数都按照这个原则进行。

③第一组和最后一组可使用开口组。分组时根据数据是否有极小值或极大值等具体情况，可以把第一组或最后一组设为开口组，即“××以下”或“××以上”。

（4）汇总及计算调查数据归入各组的频数和频率，整理成频数分布表。

进一步，顺序数据及数值型数据在频数分布的基础上，还可以计算累积（计）频数分布及频率，得到截止到某一组（或类别）为止一共发生多少次或累积的百分比。

数据分组的过程，可通过 SPSS 中的“转换”—“重新编码为不同的变量”或“转换”—“可视分箱”完成，分组完成后在 SPSS 的“数据界面”直接产生了一个新的变量，也就是分组后的变量及分组结果。其中“转换”—“重新编码为不同的变量”已有介绍，下面以“支出金额”为例，介绍“转换”—“可视分箱”的操作。

在“数据编辑器”界面点击“转换”—“可视分箱”，如图 8－28 所示，点击将要进行分组的变量“支出金额”，通过中间的箭头送入到“要分箱的变量（B）”中，点“继续”，进入到图 8－29 的界面。

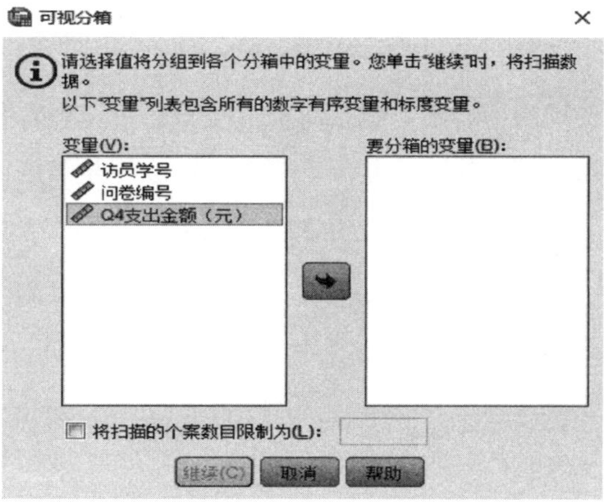

图 8－28　“转换—可视分箱”操作界面

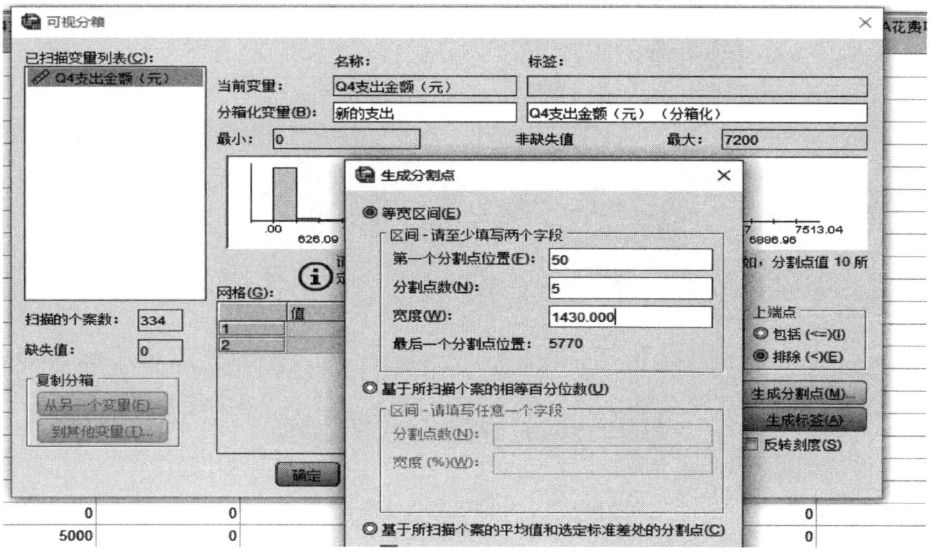

图 8－29　“转换—可视分箱”分组的操作界面

在图 8 – 29 中，①需要在“分箱化变量”空格中输入将要产生的新的变量的名称，给分组产生的变量命名（本例为“新的支出”）；②可根据显示的数据的最大值、最小值，及左下的数据个案数，参考分组的经验公式，考虑分组的组数；③考虑选择图 8 – 29 右侧“上端点”的选项，点击选择“包括”或“排除”，即选择各组的上限处理办法：是包括在本组内还是不包括（排除）；④点击“生成分割点”，在“生成分割点”的界面，有不同的组距处理方法，一般选择“等宽区间”进行等距分组，即点击“等宽区间”；同时，在“第一个分割点位置”的框格中输入一个数值，即第一组的界限（通常为上限）从哪个值开始，该数值可根据前面的经验公式确定的组数和组距来尝试确定；⑤确定“分割点数”，如果分 6 组，需要 5 个分割点，输入 5，依此类推；⑥点击“宽度”后直接得到分组的宽度，宽度相当于组距，一般整数为好。如果觉得不合适，可以不断调整，然后点“应用”；⑦当确定好后，会在“可视分箱”界面中间部分显示分组的图形，如图 8 – 30 所示，图中中间白框内的出现的图形，包括组的界限等，可以观察和移动鼠标调整（本例数据严重右偏，目前分组并不理想，只是展示过程）；⑧点击“生成标签”（如果分组数据从大到小排列，点击“反转刻度”），产生的新的分组，变量名称为“新的支出”（前面①中命名的变量）。

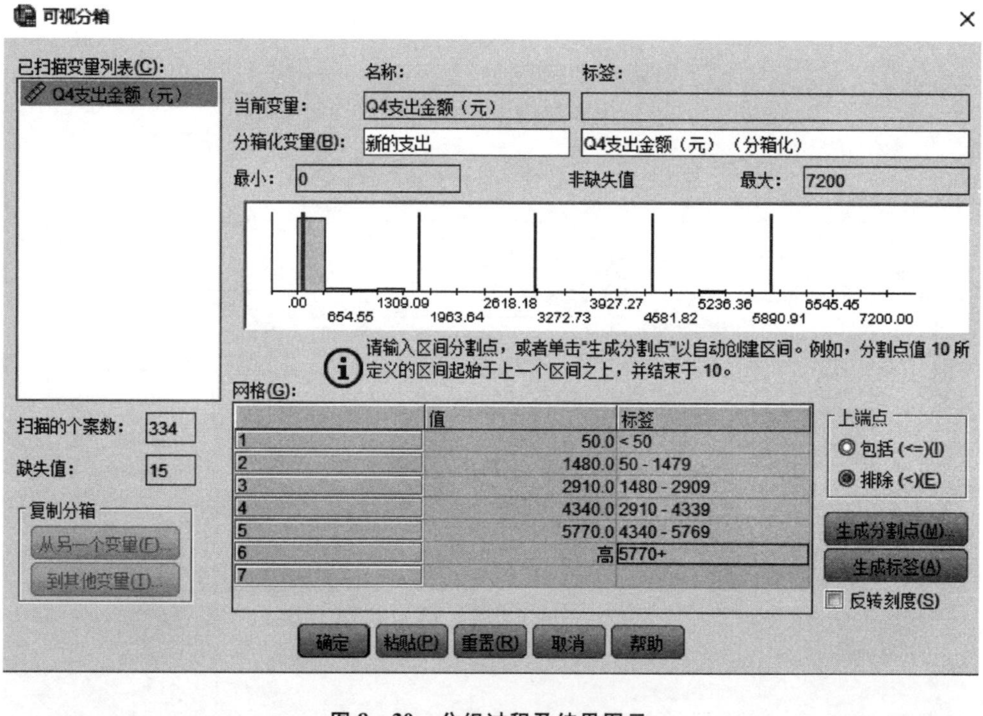

图 8 – 30　分组过程及结果图示

当点击图 8 – 30 中的“确定”后，出现一个询问的对话框，如图 8 – 31 所示。

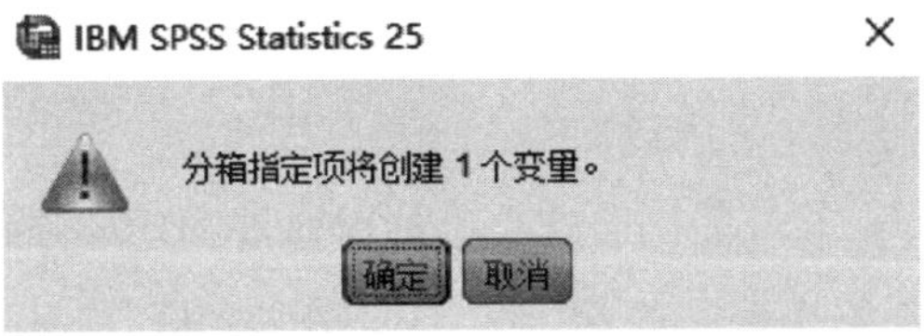

图 8－31　分组完成创建变量过程图示

点击图 8－31 中的“确定”，得到最后的分组结果，并在“数据视图”最后一列形成新的变量（本例为：新的支出）及分组结果，如图 8－32 所示。

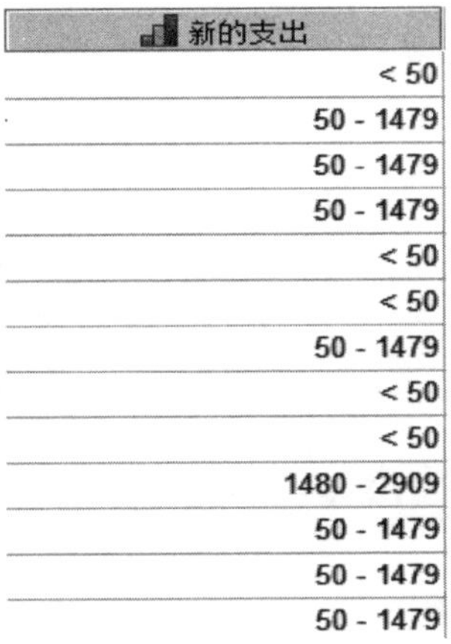

图 8－32　支出金额可视分箱分组结果的界面

根据数据分组后的结果，可以分析频数分布的情况，本例支出金额分组后的结果及各组的比率等，如表 8－15 所示。

表 8－15　　Q4 支出金额（分箱化）频数表

	支出金额（元）	频率	百分比（%）	有效百分比（%）	累积百分比（%）
有效	<50	63	18.9	18.9	18.9
	50—1479	267	79.9	79.9	98.8
	1480—2909	1	.3	.3	99.1
	4340—5769	2	.6	.6	99.7
	5770 +	1	.3	.3	100
	总计	334	100	100	

表 8－15 分组结果显示，在 334 位受访者中，本次游玩花费在 50—1479 元的人数最多，这个和实际情况也比较符合。（注：该分组还应细化，本例只是为展示说明步骤）。数据分组能反映出内部的构成，但具体消费多少，达到什么水平，可以通过描述统计的指标来反映。

（二）描述分析

描述是数值型调查数据的最基本的分析，可以通过 SPSS 不同的选项功能实现。

（1）可以通过“数据编辑器”界面，点击选择“分析”—“描述统计”—“描述”，如图 8－33 所示。点击要分析的变量（本例为：支出金额），通过中间的箭头送入“变量”框格中。

图 8－33 描述统计操作界面

点击右侧的“选项”，在“描述：选项”界面，勾选需要输出的一些指标，如均值、标准差等，点击“继续”，点击“确定”。本例支出金额选择需要计算指标及获得的结果如表 8－16 所示。

表 8－16 支出金额描述统计

	N	最小值	最大值	均值	标准偏差	偏度		峰度	
	统计	统计	统计	统计	统计	统计	标准错误	统计	标准错误
Q4 支出金额（元）	334	0	7200	208.55	569.845	9.272	.133	97.008	.266
有效个案数（成列）	334								

在图 8－33 中“描述”界面最下方，勾选“将标准化另存为变量（z）”选项，则在给出描述统计的结果后，在“数据界面”最后一列将增加一个新的变量（Z 分数），如果分析时需要对数据进行标准化，可以勾选该选项。本例支出金额标准化结果如图 8－34 所示。

新的支出	ZQ4支出金额（元）
< 50	-.3552
50 - 1479	-.2696
50 - 1479	-.2182
50 - 1479	-.1840
< 50	-.3552
< 50	-.3296
50 - 1479	-.1840
< 50	-.3552
< 50	-.3381
1480 - 2909	2.2139
50 - 1479	1.3575
50 - 1479	.3299
50 - 1479	-.1840

图 8－34　支出金额标准化结果图示

Z 分数也称标准化值，等于变量值与其平均数的离差除以标准差，用 Z 表示。Z 值的均值等于 0，标准差等于 1。它是对某一个值在一组数据中相对位置的度量。若 Z >0 说明观测值大于均值；若 Z <0 说明观测值小于均值。注意输出的结果：表中第一个数为负数（－0. 3552），代表的实际数值为 Z = －0. 3552，说明该观测值比均值小 0. 3552 倍的标准差，也说明该观测值的数值比较小。Z =2. 2 说明观测值比均值大 2. 2 倍的标准差，也说明该观测值的数值比较大。

（2）可以通过点击“分析”—“比较均值”进行。点击“分析”—“比较均值”—“平均值”，进入“平均值”界面；点击要分析的变量（本例为“支出金额”），通过中间箭头送入“因变量列表（D）”框格中；再点击“选项”，在“平均值：选项”界面的“统计（S）”选项中的框格中，点击选择想要获得的相关结果的指标（本例选择了平均值、个案数和标准差），从“统计（S）”中通过中间箭头送入“单元格统计（C）”中，如图 8－35 所示。点击“继续”，点击“确定”。

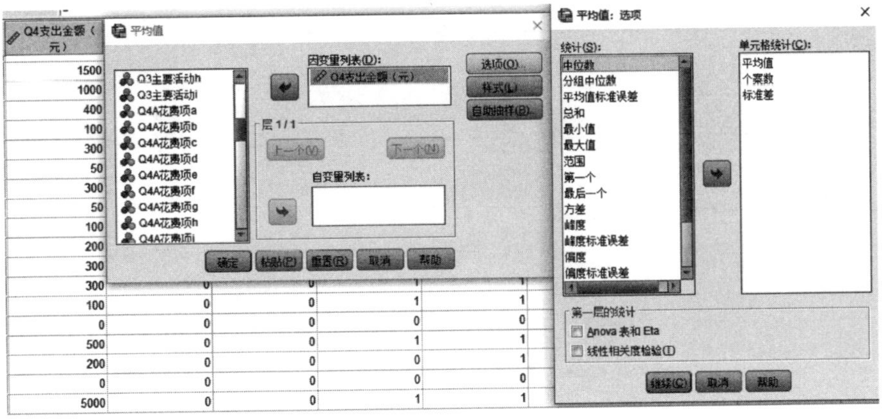

图 8－35　“分析—比较均值”的操作界面

（3）可以通过点击"分析"—"描述统计"—"探索"对数据进行描述分析。需要说明的是，"分析"—"描述统计"—"探索"与"分析"—"描述统计"—"描述"，两种方法中主要指标是相同的，如均值、标准差等，但"探索"中还可以进一步进行分类别的统计，例如，按照"性别"或"游玩方式"等进行分类再进行描述分析、符合随机原则的抽样下进行统计推断、计数百分位数等。如本例按"性别"对"支出金额"分类描述分析。

点击"分析"—"描述统计"—"探索"，进入"探索"界面，如图 8-36 所示。

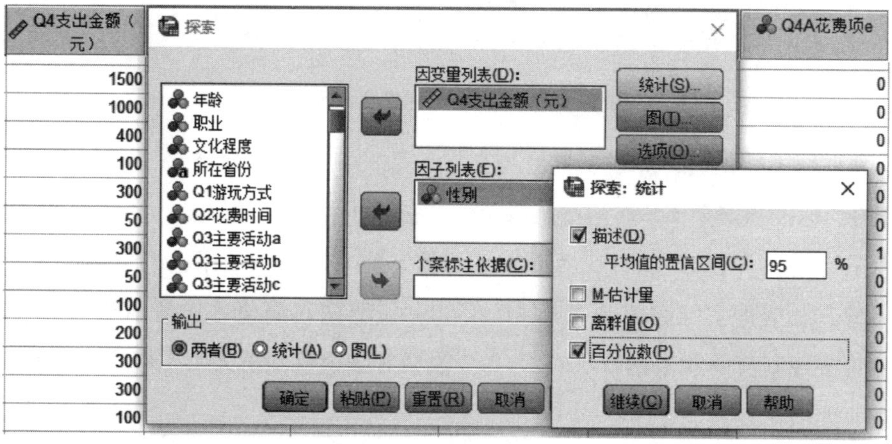

图 8-36 "分析—描述统计—探索"操作界面

在图 8-36 中，点击要分析的变量（本例为"支出金额"），通过中间箭头，送入"因变量列表（D）"；选择分组变量，即按照什么变量进行分组，点击选择的分组变量（本例为"性别"），通过中间箭头送入"因子列表（F）"中；点击右侧"统计"选项，在"探索：统计"界面，勾选需要得到的指标，如置信区间、百分位数、离群值等，点击"继续"；选择图形，点击右侧"图"选项，进行描述分析所需图形的选择，如图 8-37 所示。

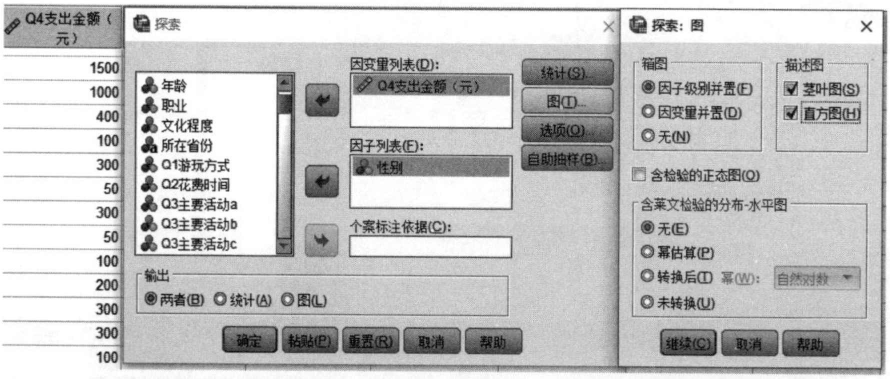

图 8-37 "分析—描述统计—探索"图形选择操作界面

在图 8－37 中，可点击选择常用的如直方图、茎叶图、箱线图及箱线图的排列方式等，其中的“按因子级别并置”，也就是在一张图中按照类别（并列）给出箱线图，也可以选择含检验的正态图等其他图形，点“继续”；在左下方“输出”中点击“两者(B)”，再点“确定”，完成了指标和图形选择及设置。

“分析”—“描述统计”—“探索”输出的结果既有指标，同时也有图形，需要对输出的结果进行分析解读。本例游客“支出金额”及按“性别”选择后得到的分析结果如表 8－17、表 8－18、表 8－19 所示。

表 8－17 为分析指标的个案处理摘要，包括有效个案数及百分比、缺失个案数及百分比、总计个案数及百分比。

表 8－17　　支出金额“探索”分析个案处理摘要

	性别	个案					
		有效		缺失		总计	
		个案数	百分比（%）	个案数	百分比（%）	个案数	百分比（%）
Q4 支出金额（元）	男性	165	100	0	0	165	100
	女性	169	100	0	0	169	100

表 8－18 列出了描述统计的基本指标，包括反映数据一般水平或代表性的一些指标，如均值、平均值的 95% 置信区间（均值的推断假定符合相关的推断条件和要求）、中位数、5% 剪除后平均值（切尾均值）；反映数据变动情况的一些指标，如方差、标准偏差（标准差）、最小值、最大值、全距（最大值－最小值）、四分位距（第三个四分位数－第一个四分位数）；反映数据形态的一些指标，如偏度系数、峰度系数等。本例“支出金额”从描述统计的代表值来看，无论男性还是女性，其平均花费为 200 元且差别不大。从男性看，在随机抽样条件下，以 95% 概率保证程度推断男性的平均支出在（124.71，297.74）元；5% 剪除后平均值，即数据去掉 5% 极值（特别大或特别小的值，一般可按超出（均值 ±3 × 标准差）判定，去掉 5% 极值后男性平均支出 128.13 元；男性平均支出平均相差 562.842 元，最高支出 5000 元，最低没有消费；第三个四分位数与第一个四分位数距离是 150 元，说明中间 50% 数据的离散情况，也说明中位数的代表性；男性支出金额数据呈现右偏、尖峰分布，且偏斜及尖峰程度较大，说明男性支出金额偏低的人数多且集中，而男性支出金额偏高的人数少而分散，女性的支出金额分析可根据具体结果进行，并且可对男性、女性支出金额进行比较。

表 8-18　　Q4 支出金额描述分析指标

性别			统计	标准错误
男性	平均值		211.22	43.817
	平均值的 95% 置信区间	下限	124.71	
		上限	297.74	
	5% 剪除后平均值		128.13	
	中位数		100.00	
	方差		316791.004	
	标准偏差		562.842	
	最小值		0	
	最大值		5000	
	全距		5000	
	四分位距		150	
	偏度		7.681	.189
	峰度		63.363	.376
女性	平均值		205.95	44.482
	平均值的 95% 置信区间	下限	118.13	
		上限	293.76	
	5% 剪除后平均值		135.63	
	中位数		100.00	
	方差		334386.896	
	标准偏差		578.262	
	最小值		0	
	最大值		7200	
	全距		7200	
	四分位距		150	
	偏度		10.780	.187
	峰度		129.200	.371

基本的描述指标，能对所研究的变量及其内部有了概括性的数值了解，对现象的认识更加明确。但如果想要更加清晰地掌握数据的分布，判断某一数据相对于总体处于什么位置，可采用百分位数。在图 8-36 操作界面中，点击“统计”，勾选“百分位数”，点击“继续”，点击“确定”，本例支出金额得到的具体结果如表 8-19 所示。

表 8－19　　支出金额百分位数

算法	指标	性别	百分位数						
			5	10	25	50	75	90	95
加权平均（定义 1）	Q4 支出金额（元）	男性	.00	.00	50.00	100.00	200.00	300.00	700.00
		女性	.00	.00	50.00	100.00	200.00	300.00	690.00
图基枢纽	Q4 支出金额（元）	男性			50.00	100.00	200.00		
		女性			50.00	100.00	200.00		

表 8－19 的百分位数能较好展现数据的百分位参照点。SPSS 提供两种计算方法的结果：加权平均、图基枢纽。图基（Tukey）的结果是把原始数据中极端值删除后得到的。当数据量较大，且基本无重复值时，两法的结果相同；反之，加权平均法应当比图基（Tukey）法更加准确。如其中 25 分位点、50 分位点、75 分位点对应的值就是所说的四分位数，即第一四分位数、第二四分位数（中位数）、第三四分位数。以加权平均算法的男性支出金额为例，25 分位点、50 分位点、75 分位点对应的值分别是 50 元、100 元、200 元，说明了有 1/4（25%）的受访者支出金额低于 50 元；有一半（50%）的受访者支出金额低于 100 元，有一半（50%）的受访者支出金额高于 100 元；3/4（75%）的受访者支出金额低于 200 元，只有 1/4（25%）的受访者支出金额高于 200 元，其他及详细的百分位点分析类推。

输出的结果可以通过图形展现。在图 8－37 操作界面中对图形选择后，本例的“支出金额”及按“性别”分类获得的图形部分结果如图 8－38、图 8－39、图 8－40 所示。

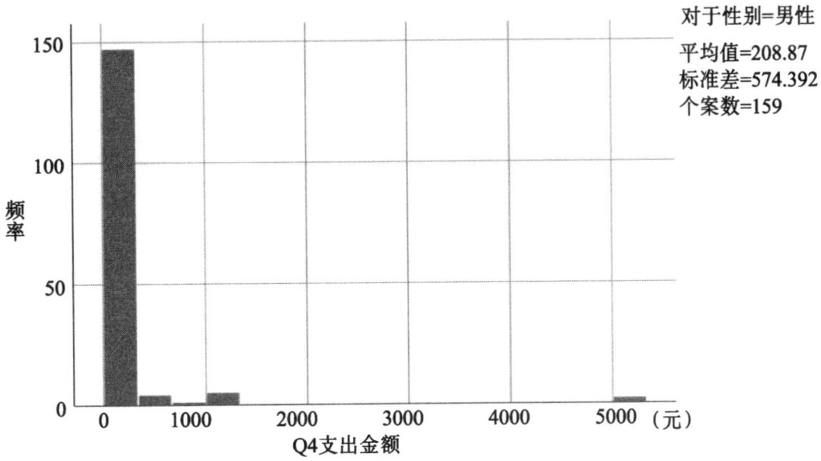

图 8－38　男性支出金额直方图

图 8 - 38 是直方图（本例为男性支出金额直方图）。在统计分组的基础上，用横轴表示数据分组，纵轴表示频数或频率，各组与相应的频数就形成了一个矩形，即直方图，主要用来反映数量变量的分布状况。SPSS 中默认是自动设置各组界限的，这可能和研究者预期的要求不一定相同。可以进行相应的修改，双击直方图进入编辑状态，再双击直方图的条形区域，会弹出相应的属性对话框。在属性对话框中对横轴进行设置，即可得到需要的结果。

从图 8 - 38 中可以明显看到，男性支出金额明显右偏，偏斜程度很大，说明男性绝大部分支出金额都比较少。

图 8 - 39 是茎叶图（本例为女性支出金额茎叶图）。茎叶图又称“枝叶图”，主要用于显示未分组的原始数据的分布。图形由数字组成，通常以数据的高位数值（十位、百位等）作树茎，低位数字（个位）作树叶，树叶上只保留一位数字，树叶的竖列要对齐，以计算各组的次数或频率。如“30”这个数字，十位数“3”作树茎（stem），个位数“0”作树叶，同理，依次列出所有的数据。当有极值时，可用“ > = ”等进行归类；如果是小数，可以适当进位，保留一位小数。

```
Q4支出金额（元） 茎叶图：
  性别= 女性
  频率        Stem &   叶
  30.00         0 .   000000000000001122233333333344
  31.00         0 .   5555555555555555566667777788889
  40.00         1 .   0000000000000000000000000000000000000000
  15.00         1 .   555555555555588
  21.00         2 .   000000000000000000000
   4.00         2 .   5555
  14.00         3 .   00000000000000
    .00         3 .
   2.00         4 .   00
  12.00 极值    (>=500)
主干宽度：      100
  每个叶：      1 个案
```

图 8 - 39　女性支出金额茎叶图

为清楚起见，SPSS 软件运行的结果中的树叶部分，通常被分成了两行，树叶中的个位数字是 0、1、2、3、4 归为一行，个位数字是 5、6、7、8、9 归为第二行，重复的数字在树叶部分都要一一列出。左侧的频率（即频数 frequency，译法不同）表示该数据段出现的次数。

读取茎叶图中的数据，要结合计量单位即主干宽度（stem width）进行。如图 8 - 39

中第六行读出的第一个数字为2.5，具体数据则要用树茎乘主干宽度，图中主干宽度是100，则实际的数据是250。如果主干宽度标注为0.1，则实际数据为0.25。同理可以看到，第一行中，女性有14人支出金额为0，之后支出金额为101、101、102，等等，第八行树茎Stem部分是3，后面没有树叶（数字），说明没有女性支出金额在350—390元，其对应的频率为0。茎叶图是探索性数据分析的常用方法。通过茎叶图可以清楚地看出观测值的分布，同时茎叶图还保留了原始数据，并呈现出直方图的形式，且可以随时记录，方便动态修改。由于每一个观测值都会在茎叶图中占据一个空间，因此，当变量的观测值很多时，茎叶图的效果就不够好，这时最好直接采用直方图或其他适合的图形。

图8－40是箱线图（本例为按性别分类的支出金额箱线图）。箱线图也是用于描述数据分布特征的一种图形。最简单的箱线图可以根据数据的最大值、最小值和三个四分位数进行绘制。

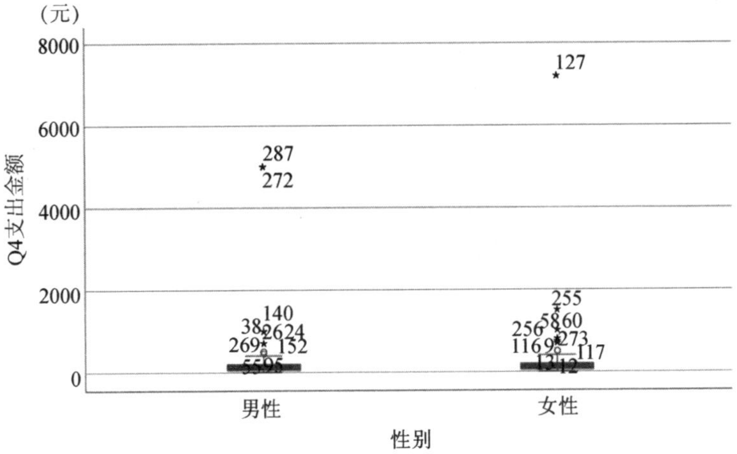

图8－40　按性别分类的支出金额箱线图

SPSS中，标准的箱线图一般是这样绘制的：先根据三个四分位数Q_1、Q_2、Q_3画出中间的盒子；由Q_3至$Q_3+1.5\times IQR$（$IQR=Q_3-Q_1$）区间内的最大值向盒子的顶端连线，由Q_1至$Q_1-1.5\times IQR$区间内的最小值向盒子的底部连线；处于$Q_3+1.5\times IQR$至$Q_3+3\times IQR$或者$Q_1-1.5\times IQR$至$Q_1-3\times IQR$范围内的数据用圆圈标出；大于$Q_3+3\times IQR$或者小于$Q_1-3\times IQR$的用星号标出，圆圈或星号旁边的数字代表的是个案号码，可在SPSS“数据界面”找到该个案。

对分类别的图形的分析，可以从两者的对比看，如男性和女性的支出金额都比较少，基本上低于2000元，支出金额较低的人非常多，中位数相差不大，都呈现右偏分布，且都有支出金额较高的离群点或极值等；也可从每个类别看，如男性支出金额、女性支出金额的具体情况，并结合描述指标进行解读。

（三）推断统计分析

推断统计分析是通过样本统计量推断/估计总体参数的统计分析方法。主要包括参数估计和假设检验及对总体进行预测等。

参数估计是在样本统计量概率分布的基础上，利用样本的信息推断所关心的总体参数的过程。如果数据满足随机抽样及推断/估计相关的条件和假定，根据样本统计量，可以推断/估计出总体的未知参数，如对总体均值、总体比例、总体方差进行推断。本例中，假如满足参数估计的条件（参数估计时一般要求总体近似服从正态分布），表 8－18 中以 95% 的概率估计女性平均支出金额的 95% 置信区间在 118.13—293.76 元，也可以计算推断，例如，所有游客支出金额在 500 元以上的人数（或分类别）所占比例区间。一个总体的均值、比例的推断可通过 SPSS 的“描述统计”得到，有些复杂的指标推断则需要通过计算编程完成。

假设检验是事先作出关于总体参数、分布形式、相互关系等的命题（假设），然后通过样本信息来判断该命题是否成立（检验）。对于单个总体（或单变量），常见对总体的均值、比例或方差进行检验。假如本例满足相关的条件（参数检验时一般要求总体近似服从正态分布，严格说本例并不满足该条件，只是用同一个数据来说明方法与过程），对所有游客（总体）平均支出金额提出假设。原假设：所有游客平均支出金额＝100；备择假设：所有游客平均支出金额≠100。SPSS 中点击“分析”—“比较平均值”—“单样本的 T 检验”，进入“单样本的 T 检验”的操作界面，如图 8－41 所示。

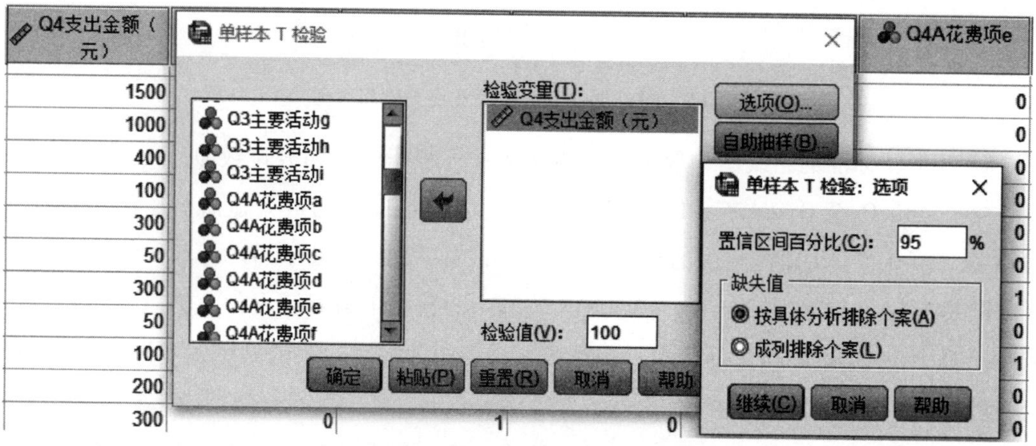

图 8－41　单样本均值假设检验操作界面

在图 8－41 操作界面中，点击要检验的变量（本例为“支出金额”），通过中间箭头送入“检验的变量（T）”中，在“检验值（V）”框格中输入“100”，再点击右侧“选项”，设置置信度，常用或默认为95%，其余使用系统默认值。基本设置完成后，点击“继续”，最后点“确定”，输出的结果如表8－20、表8－21所示。

表8－20为支出金额单样本统计表。

表8－20　　支出金额单样本统计表

	个案数	平均值	标准偏差	标准误差平均值
Q4 支出金额（元）	334	208.55	569.845	31.181

表8－20给出了支出金额单样本检验的基本描述、个案数及平均值和标准差等。具体检验的结果如表8－21所示。

表8－21　　支出金额单样本检验（检验值＝100）

	检验值＝100					
	t	自由度	Sig.（双尾）	平均值差值	差值95%置信区间	
					下限	上限
Q4 支出金额（元）	3.481	333	.001	108.554	47.22	169.89

表8－21给出了检验的变量“支出金额”，检验值100，根据假设检验相关的条件如抽样分布、样本量等构造t统计量，并计算出t统计量的值t＝3.481，显著性水平（一般默认$\alpha=0.05$），并给出了检验的双尾（双侧）的Sig.，即*P*值（*P* value，全称Probability Value），本例*P*＝0.001。根据提出的假设，特别是备择假设，选择应采用双侧检验或单侧检验。本例中，备择假设：平均支出金额≠100，为双侧检验，由于检验结果给出的Sig.（双尾）就是双侧检验时的*P*值，因此有Sig.（双尾），即$P=0.001<0.05$，拒绝原假设，接受备择假设，说明总体的平均支出金额不是100元。

提示：如果输出的结果为Sig.（双尾）的*P*值，而备择假设为单侧检验，则需要用双尾的（*P*值/2）来求出单侧检验的*P*值，再与α进行比较，得出拒绝或不能拒绝原假设的结论。

对同样问题，若改变检验值，如原假设：平均支出金额＝200；备择假设：平均支出金额≠200，同样的检验过程，输出的结果如表8－22所示。

表8－22　　单样本检验（检验值＝200）

	检验值 ＝ 200					
	t	自由度	Sig.（双尾）	平均值差值	差值95%置信区间	
					下限	上限
Q4 支出金额（元）	.274	333	.784	8.554	－52.78	69.89

由于 Sig.（双尾），即 $P=0.784>0.05$，结论是不能拒绝总体平均支出金额等于 200 的原假设。这个结论可以结合表 8－21、表 8－22 中的“平均值差值”的比较进一步理解。另外，决策时也可采用差值 95% 置信区间，若区间中包含了“0”，结论就是不能拒绝原假设，若区间中没有包含“0”，结论就是拒绝原假设，接受备择假设。

单样本或单变量假设检验要求是大样本或者总体服从正态分布，如果不满足条件则需要使用非参数检验方法。由于应用中一般需要根据样本方差估计总体方差，因此实际中基本上都是根据 t 统计量进行检验。

三、单变量分析时应注意的问题

（1）单变量分析，不管是定性变量，还是定量变量，使用频数分布表和绘制分析图形只是对调查数据进行处理的基础阶段，需要熟练掌握相关方法。

（2）不同的分析图形一般都有其特定的适用范围，实际应用时，应根据数据性质及所研究问题的需要，选择适合的分析图形；并对图形进行调整。SPSS 中“双击”图形进行调整界面进行相关调整。

（3）对数据进行频数分布特征及结构或比例分析，如果是定性变量，按照类别进行分类整理；复杂的分类，按照标准化分类进行；如果是定量数据的分组，需要注意组数、组距及组限的确定，应根据一般原则进行分组和整理。

（4）对定量数据可从不同角度进行基本描述。从集中趋势角度，应结合数据的实际分布状况，选用恰当的度量指标，以克服不同形式的测度指标在使用范围上的局限性；从离中趋势角度，常用标准差或方差反映数据的变动，说明均值的代表性，在比较不同类别数据的离散程度时，应使用变异系数，而不宜使用标准差、方差等指标直接比较；从数据分布形态角度，主要使用偏度、峰度指标说明数据的分布形态特征。

（5）参数估计时，应根据所研究对象的变异程度及分析的要求，确定一个合理的误差范围；估计误差不能超过一定的限度，但也不是越小越好，同时应根据所研究问题的性质、目的和工作需要，确定一个可以接受的置信度，注意方法适用的条件。

（6）应用假设检验方法时，应根据研究目的和数据的性质选用恰当的检验方法。包括参数检验和非参数检验。数据资料性质不同，样本大小不同，所适用的检验统计量及假设检验方法也会有所不同。结论不能绝对化。是否拒绝原假设，要根据 p 值与显著性水平的关系来判断。推断分析或假设检验时，如果不满足相关的条件和假定，则可选择非参数检验的一些方法。需提示的是，对于一个定性变量，例如，手机品牌分为 A、B、C、D 四种，调查得到受访者购买手机的人数依次分别为 150、120、90、100，那么检验受访者对手机品牌的偏好是否有显著差异，也需要进行假设检验，可采用拟合优度检验。对于该问题，将在列联表中予以介绍。

第三节　调查数据分析Ⅱ——双变量

双变量分析，主要是探讨和研究两个变量之间的关系，本节主要介绍调查与数据分析中常用的双变量的分析方法。分别从两个定性变量、两个定量变量、一个定性变量与一个定量变量关系角度概括性介绍。

一、两个定性变量

两个定性变量的调查、观测或实验的结果形成两个定性数据。对两个定性变量关系分析，常常采用交叉表分析、卡方独立性检验等。

（一）交叉表分析

交叉表（列联表）分析一种数据分析技术，是指同时将两个（或两个以上）有一定联系的定性变量及变量值（频数）按照一定的顺序交叉排列在一张表内，用来探讨和研究两个（或两个以上）定性变量之间的关系。当两个变量为分类变量时，每个分类变量分为若干个类别，如研究“性别”与“游玩方式”是否有关，“性别”分为两类，“游玩方式”分为五类，通过列联表，可将各类别的频数、百分比详细计算出来，并通过图形、变量间相关程度指标、检验结果等进一步研究它们之间的关系，更深入分析。使用交叉表分析一般步骤如下。

一是建立交叉表，进行频数和百分比分析。SPSS 建立交叉表过程如图 8－42 所示。点击选择“分析”—“描述统计”—“交叉表”，进入“交叉表”界面，点击要进行关系研究的两个定性变量，一个变量放在行（row）的位置，称为行变量（其类别数用 r 表示），一个变量放在列（column）的位置，称为列变量（其类别数用 c 表示），一个由 r 行和 c 列组成的列联表也称为 r×c 列联表。本例中“游玩方式”作为行变量，“性别”作为列变量（是 5×2 列联表），通过中间箭头分别送入到“行（o）”和“列（c）”框格中。

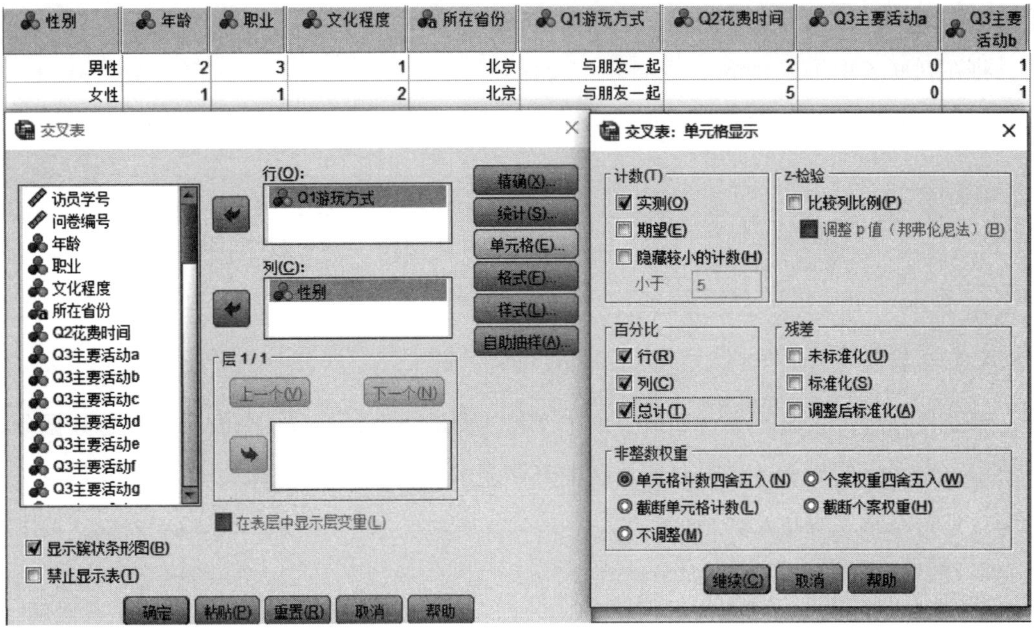

图 8-42　交叉表操作界面图

点击“交叉表”界面右侧的“单元格”，选择“计数”下的“实测”（即计数，结果将显示实际的观测数），勾选“百分比”，根据需要进行选择，最后单击“确定”，即可得到相应的列联表结果，如表 8-23 和表 8-24 所示。

表 8-23　　游玩方式和性别个案处理摘要

	个案					
	有效		缺失		总计	
	N	百分比（%）	N	百分比（%）	N	百分比（%）
Q1 游玩方式 * 性别	333	99.7	1	0.3	334	100

表 8-23 简要显示了交叉表数据的基本情况，包括个案数、有效的个案数及缺失值及百分比等。详细的变量关系结果如表 8-24 所示。

表 8-24　　Q1 游玩方式 * 性别交叉表

			性别		总计
			男性	女性	
Q1 游玩方式	跟随旅游团	计数	9	13	22
		占 Q1 游玩方式的百分比（%）	40.9	59.1	100
		占性别的百分比（%）	5.5	7.7	6.6
		占总计的百分比（%）	2.7	3.9	6.6

续表

			性别		总计
			男性	女性	
Q1 游玩方式	自己游玩	计数	32	34	66
		占 Q1 游玩方式的百分比（%）	48.5	51.5	100
		占性别的百分比（%）	19.4	20.2	19.8
		占总计的百分比（%）	9.6	10.2	19.8
	与家人一起	计数	42	41	83
		占 Q1 游玩方式的百分比（%）	50.6	49.4	100
		占性别的百分比（%）	25.5	24.4	24.9
		占总计的百分比（%）	12.6	12.3	24.9
	与朋友一起	计数	82	73	155
		占 Q1 游玩方式的百分比（%）	52.9	47.1	100
		占性别的百分比（%）	49.7	43.5	46.5
		占总计的百分比（%）	24.6	21.9	46.5
	其他	计数	0	7	7
		占 Q1 游玩方式的百分比（%）	0	100	100
		占性别的百分比（%）	0	4.2	2.1
		占总计的百分比（%）	0	2.1	2.1
总计		计数	165	168	333
		占 Q1 游玩方式的百分比（%）	49.5	50.5	100
		占性别的百分比（%）	100	100	100
		占总计的百分比（%）	49.5	50.5	100

表 8－24 交叉表中，列变量是“性别”，行变量是“游玩方式”，每一个单元格都是行变量和列变量交叉的结果。交叉表中显示了三个百分比，分别是行百分比、列百分比、总百分比。如“跟随旅游团”的“男性”是 9 人，40.9% 是行百分比，是单元格的次数 9 除以该行总计的结果；5.5% 是列百分比，是单元格的次数 9 除以该列总计的结果；2.7% 是总百分比，是单元格的次数 9 除以样本量总计 333 的结果，依此类推。通过单元格的百分比的情况，可以大致观察变量之间的关系。

二是结合图形进一步观察分析。交叉表常用对比条形图。在图 8－42 的交叉表操作界面图中，勾选左下角的“显示簇状条形图”，即可得到对比条形图，如图 8－43 所示。

通过对比条形图，可以进行“游玩方式”各类别比较，直观反映哪个类别出现更多，有什么规律或趋势，同时在每个具体类别中，如“与朋友一起”这个类别，还可以进一步比较不同“性别”的状况。即从两个变量的角度分别做解读。

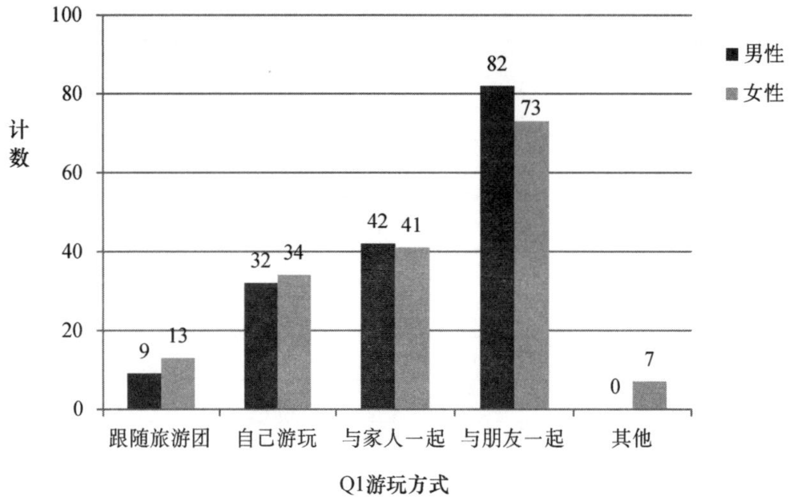

图 8－43　游玩方式与性别交叉分析中的对比条形图

三是可以进一步对定性变量（数据）之间相关程度进行测度和研究。列联表相关测量的统计量主要有 Phi 或 φ 相关系数、列联相关系数、V 相关系数、lambda 等，根据需要进行选择。在图 8－42 交叉表操作界面图中，点击“统计”，进入如图 8－44 所示界面。勾选“名义”或“有序”变量（注意分清变量的类型）下面的系数指标，即得到相应的相关程度测度结果。

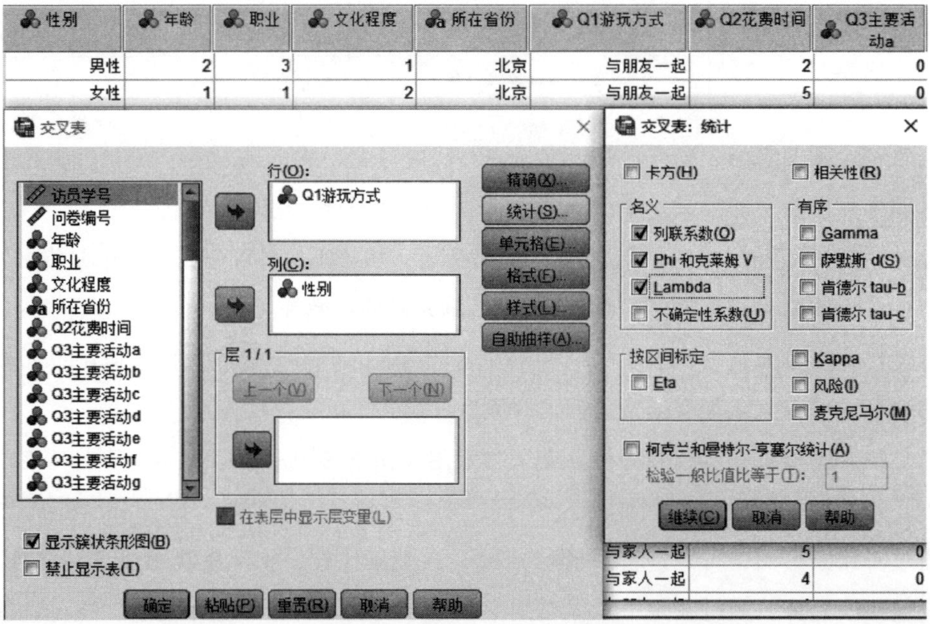

图 8－44　定性交叉变量相关程度系数操作过程界面

解读结果时需要注意：要根据行列的分类情况及相关的一些条件进行。需要提示的是，即使同一个列联表，φ、Lambda、列联相关系数的结果可能会不同。因此在对不同列联表变量之间的相关程度进行比较时，不同列联表中的行与行、列与列的个数要相同，并且采用同一种系数。

更进一步地，确认两个定性（主要指分类变量）变量之间的关系，需要进行卡方独立性检验。

（二）卡方独立性检验

首先，应明确卡方独立性检验的应用场合。与前述第二节中（见图 8－6）的一个变量卡方拟合优度检验不同，当变量为一个定性变量时，如消费者选择商品是否有偏好，采用的是拟合优度的卡方检验，即利用 Pearson－χ^2统计量来判断某个分类变量各类别的观察频数分布与某一理论分布或期望分布是否一致的检验方法，也可用于判断各类别的观察频数分布是否符合泊松分布或正态分布等。如手机品牌有 A、B、C、D 四种，调查得到受访消费者购买手机的人数依次分别为 150、120、90、100，检验消费者对手机品牌的偏好是否有显著差异。这里的定性变量只有一个“手机品牌”，分为四个类别，而交叉表（列联表）中对两个定性（分类）变量之间的关系研究，如“性别”与“游玩方式”，主要是判断两个变量是否独立（独立即无关；不独立意味着有关系），其主要方法就是卡方独立性检验。

其次，计算卡方值进行检验。对于拟合优度的卡方检验，主要通过点击“分析”—“非参数检验”—“交叉表”—“旧对话框”—“卡方”进行，而卡方独立性检验则是点击选择“分析”—“描述统计”—“交叉表”，进入“交叉表”操作界面，如图 8－45 所示。点击选择其中一个变量，通过箭头送入“行”的框格内，点击选择另一个变量，通过箭头送入“列”的框格内，再点击“统计”，进入“交叉表：统计”界面，勾选“卡方”，点击“继续”，点击“确定”。

最后，卡方独立性检验结果及解读。卡方独立性检验的假设为：

原假设：两个变量独立（无关）；备择假设：两个变量不独立（有关）。

如果原假设被拒绝，则表明两个变量（分类变量）不独立，或者说两个变量相关。本例 SPSS 运行后得到的结果，如表 8－25 所示。

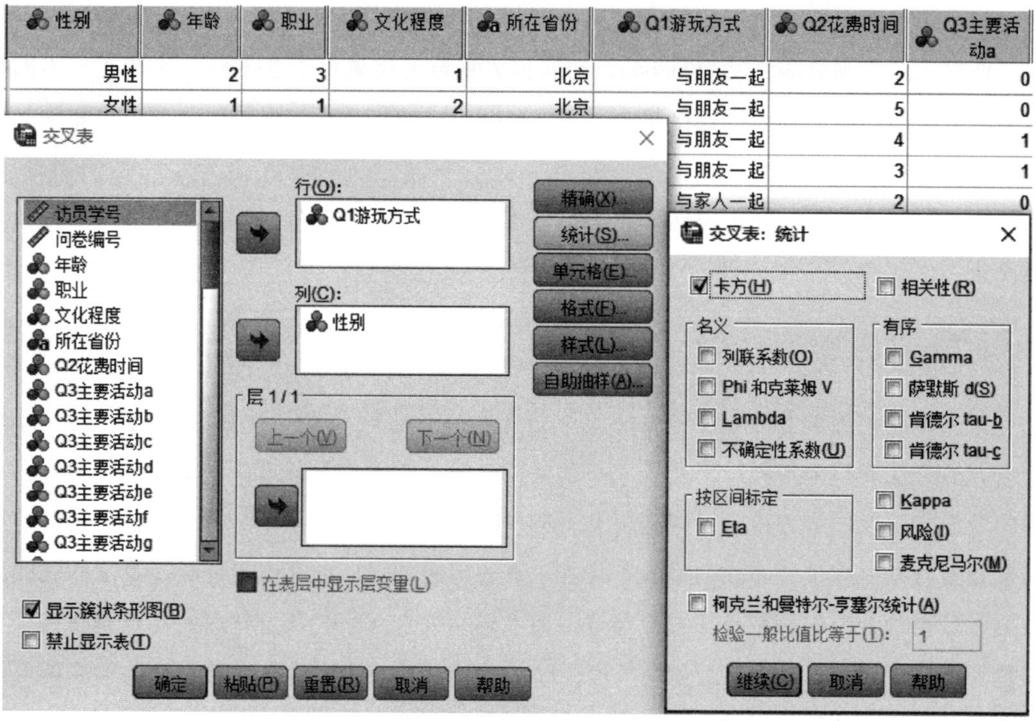

图 8-45　卡方独立性检验的操作过程界面

表 8-25　　独立性卡方检验

	值	自由度	渐进显著性（双侧）
皮尔逊卡方	8.296[a]	4	.081
似然比	11.004	4	.027
线性关联	.093	1	.760
有效个案数	333		

注：a. 2 个单元格（20.0%）的期望计数小于 5。最小期望计数为 3.47。

表 8-25 中给出了不同算法的卡方值及渐进显著性的值。皮尔逊卡方的值 = 8.296，其渐进显著性（近似的显著性 Asymp. Sig. 即 P 值，由于 $P = 0.081 > 0.05$，不拒绝原假设，可以认为性别与游玩方式独立，性别与游玩方式没有影响关系。

当然，还可以进一步对两个分类变量的相关性度量，采用列联系数、φ 系数和 Cramer's V 系数、lambda 或有序数据的 Gamma、肯德尔系数等，根据数据类型和研究需要选择，如图 8-44、图 8-45 的操作界面。

需要注意的是，数据的形式，是原始数据还是整理后的数据，操作过程也不同。本例中给出的数据是原始的每一个个案数据，如果数据不是原始数据而是整理后的数据，需要进行加权后进行，如图 8-46 所示。

图 8－46　原始数据与分组整理数据的对比图示

图 8－46 左侧“性别”和“Q1 游玩方式”是原始数据的形式；右侧是对原始数据进行整理得到的，产生不同类别的次数（权数）。如果数据是整理后的结果，进行卡方独立性检验时需要两个步骤：第一步进行加权，点击选择“数据”—“加权个案”，在“个案加权”界面，点击“个案加权系数”，将“人数”通过中间箭头送入“频率变量”框格内，点击“确定”。第二步计算卡方值，点击选择“分析”—“描述统计”—“交叉表”，继续图 8－45 的步骤即可完成。而对于单变量进行拟合优度检验，加权后计算卡方值时仍需通过点击“分析”—“非参数检验”—“交叉表”—“旧对话框”—“卡方”进行，如图 8－47 所示。点击“卡方”框格中的“人数”通过中间箭头送入“检验变量列表”框格中，然后点击“期望值”，点击选择“所有类别相等”或“值”（若点击“值”，代表各类别期望不等），需要输入一个类别期望值，点击“添加”，再输入下一个类别的期望值，点击“添加”，依此类推。再点击“精确”，进入到“精确检验”界面，有不同的算法，可以根据需求选择，默认“仅渐进法”，最后点击“继续”，点击“确定”。

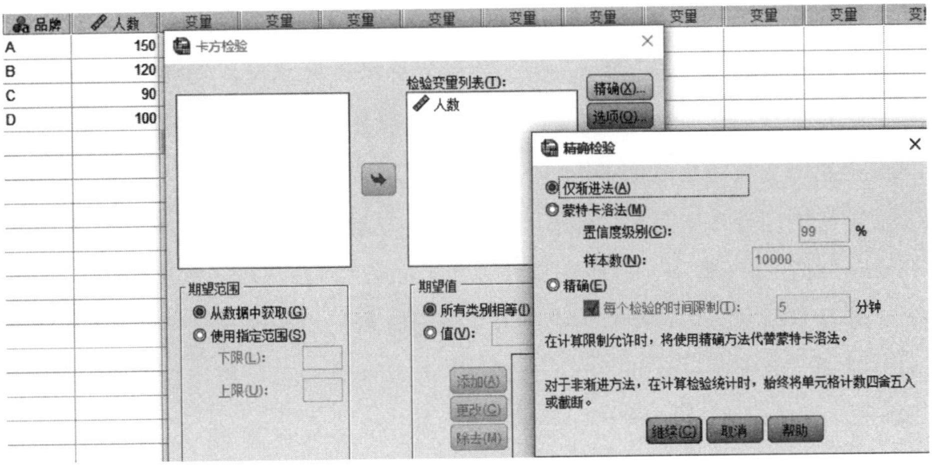

图 8－47　一个定性变量拟合优度检验操作界面

区别于独立性检验的原假设和备择假设，一个定性变量拟合优度检验的假设为，原假设：观察频数与期望频数无显著差异（无明显偏好）；备择假设：观察频数与期望频数有显著差异（有明显偏好）。

（三）两个定性变量分析时应注意的问题

（1）两个定性变量（双变量），在列联表编制时，如果两个变量之间不存在因果关系，行变量和列变量可以随意指定。但需考虑交叉表的大小，在 word 展示列联表数据时是否齐全、是否美观等，若为因果关系，通常把原因变量置于列的位置。列联表只是检验变量之间是否有关系，而并非检验变量之间是否具有因果关系。进行列联分析的变量必须是取值个数有限的离散变量。在对三个及以上变量进行列联分析时，一般来说，每个单元格至少要有 5 个观测值才具有说服力。

（2）应用卡方进行独立性检验时，一般要求样本量必须足够大（$n>50$），每个单元格中的期望频次也不能过少。若每个单元格的期望频数过小，卡方检验可能会得出错误的结论。如果样本量小，一般不宜采用卡方检验，而应选用 Fisher 的精确检验等方法。

应用卡方检验对单元格的期望频数有以下要求：一是如果仅有两个单元格，单元格的最小期望频数不应小于 5。否则不能进行卡方检验；二是单元格在两个以上时，期望频数小于 5 的单元格不能超过总格子数的 20%，否则不能进行卡方检验。卡方检验结果表中（见表 8－25）的最底部有此说明，如果出现期望频数小于 5 的单元格超过 20%，可以采取合并类别的办法来解决这一问题。

（3）一个由 r 行和 c 列组成的列联表，即（$r\times c$）列联表的数据分析方法也取决于表中两定性变量的性质、条件和分析目的，如两个变量都是分类变量或顺序变量，或一个分类变量一个顺序变量等不同的变量组合形式。其分析方法如卡方检验、Fisher 的精确检验、秩和检验、有序变量的 Logistic 回归分析、秩相关分析或典型相关分析，一致性（Kappa）检验等，要根据变量的性质选择适合的方法。对高维表的分析方法，要考虑表中定性变量是否能区分是原因变量还是结果变量，若分不出原因和结果变量，一般考虑选用对数线性模型分析法。若能区分出原因和结果变量，可根据变量的具体特点，考虑选择多元 Logistic 回归分析、对数线性模型、有序变量的多元 Logistic 回归分析、扩展的多元 Logistic 回归分析等。要注意列联表资料搜集方式，或实验设计所对应的设计类型，如是重复观测还是独立重复试验、数据所具备的前提条件、结果变量的性质和分析目的，综合考虑选择适合的正确的方法，同时注意不同类型变量结果的解读含义。

二、两个定量变量

两个定量变量观察、观测或实验的结果形成定量数据。对两个定量变量关系分析，相关与回归分析、两个总体均值的比较是最常用的方法。

（一）相关与回归分析

相关与回归分析是研究现象之间相互关系的两种基本方法。相关分析研究变量之间相关的方向和相关的程度，但是不能指出变量间相互关系的具体形式，也无法从一个变量的变化来推测另一个变量的变化情况。回归分析则是研究变量之间相互关系的具体形式，它对具有相关关系的变量之间的数量联系进行测定，确定一个回归方程，根据这个回归方程可以从已知量来推测未知量，为估算和预测提供了一个重要的方法。例如，游玩所花时间与支出金额之间是否有关系？如果有，是一种什么关系？关系的密切程度如何？如何表现变量之间的变动规律？分析实际问题时，往往涉及多个变量。在这些变量中，有一个变量是研究中特别关注的或感兴趣的变量，一般称为因变量，又称被解释变量或响应变量，通常用 Y（Y 代表总体时大写，代表样本时小写）表示；而其他变量则看成是影响这一变量的因素，称为自变量，也称为解释变量或协变量，用 X 表示（X 代表总体时大写，代表样本时小写，X 也可能是由若干变量组成的向量）。假定因变量与自变量之间有某种关系，可以根据目前所拥有的信息（数据）来建立研究者所关心的变量与其他有关变量的关系，这种关系一般称为模型（model），即把这种关系用适当的数学模型表达出来，建立这种关系的过程就叫作回归。假如某次游客调查采集的 15 名游客游玩时间和支出金额的数据如表 8－26 所示。

表 8－26　　游客游玩时间和支出金额

个体编号	游玩时间（分钟）	支出金额（元）
1	120	120
2	70	55
3	100	45
4	77	132
5	87	88
6	50	71
7	215	156

续表

个体编号	游玩时间（分钟）	支出金额（元）
8	60	38
9	90	55
10	110	80
11	180	140
12	40	15
13	80	60
14	110	80
15	150	150

表 8－26 是两个定量变量观察得到的结果，据此进行相关与回归分析。

两变量之间是否具有相关关系，如果有，是一种什么样的关系。如本例中，正常情况下游玩时间越长花费越多，二者之间应该有一定的关系。因此要解决的问题：明确确定游玩所花时间与支出金额之间是否有关系？如果有，是一种什么关系？关系的密切程度如何？采用的方法：在理论及经验分析基础上，采用散点图和相关系数进行。

首先，采用散点图描述之间的关系。散点图可以通过点击“图形”—“旧对话框”—“散点图/点图”，如图 8－48 所示。

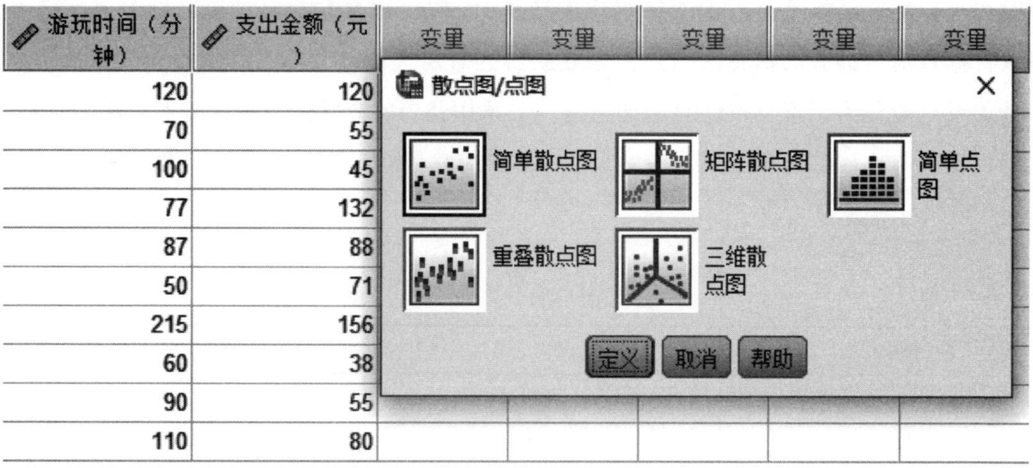

图 8－48　散点图操作界面

图 8－48 中，点击“简单散点图”，点击“定义”，进入“简单散点图”对话框界面，点击作为 X、Y 的变量，将其分别通过中间的箭头选入“X 轴”和“Y 轴”框格中，点击“确定”即完成，见图 8－49。

图 8－49　简单散点图操作界面

本例中根据图 8－48 和图 8－49 操作完成后，得到游玩时间和支出金额散点图，如图 8－50 所示。

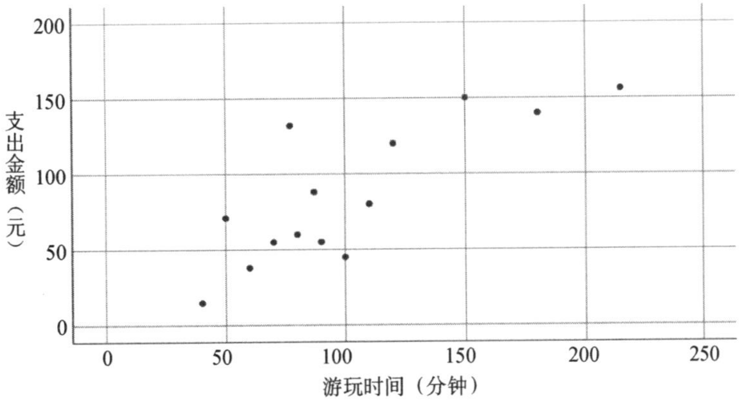

图 8－50　游玩时间和支出金额散点图

从图 8－50 可以看到，游玩时间和支出金额之间具有相关关系，从方向和表现形式看，且近似呈现正线性相关。

其次，测量相关关系的密切程度，主要采用相关系数及检验。操作过程如下。点击“分析”—“相关”—“双变量”，如图 8－51 所示。

图 8－51　相关系数测度操作界面

在图 8－51 中，点击研究的两个变量，通过中间的箭头，将其都送入“变量 V”中，在“双变量相关性”下方“相关系数”选项中，勾选“皮尔逊相关系数”，在“显著性检验”选项下，点击“双尾”，相关系数显著性检验的原假设：总体相关系数 $\rho=0$；备择假设：总体相关系数 $\rho\neq0$，其他则根据具体要求选择或默认，点击“确定”。SPSS 运行后输出结果如表 8－27 所示。

表 8－27　　游玩时间与支出金额相关性

		游玩时间（分钟）	支出金额（元）
游玩时间（分钟）	皮尔逊相关性	1	.801**
	Sig.（双尾）		.000
	个案数	15	15
支出金额（元）	皮尔逊相关性	.801**	1
	Sig.（双尾）	.000	
	个案数	15	15

注：**. 在 0.01 级别（双尾），相关性显著。

皮尔逊相关系数为 0.801，游玩时间和支出金额两个变量相关性显著，高度相关。而且 Sig.（双尾）p 值 $=0.000<0.05$，相关系数通过检验。

再次，在两个变量相关性显著或高度相关基础上，如何表现变量之间的变动规律？方法是将因变量与自变量之间的关系用一个具体的线性方程来表示，即建立回归方程，进行回归分析，其主要过程如下：

（1）首先区分自变量和因变量，明确建立模型和模型需要满足的相关条件与假定。本例中因变量为支出金额，自变量为游玩时间，只有一个自变量且散点图大致呈线性，可建立一元线性回归。线性模型的一般表达为$Y_i = \beta_0 + \beta_1 X_i + u_i$。假设其他假定条件也满足，在此基础上，通过 SPSS 操作完成方程求解。

（2）SPSS 相关设置与操作。点击“分析”—“回归”—“线性”，进入“线性回归”操作界面，如图 8-52 所示。在图 8-52 中，点击已确定的因变量、自变量，将其通过箭头分别送入“因变量（D）”和“自变量（I）”中，并在下方“方法”中选择“输入”，多变量时，可选择“步进”“除去”“后退”“前进”等变量筛选的方法。

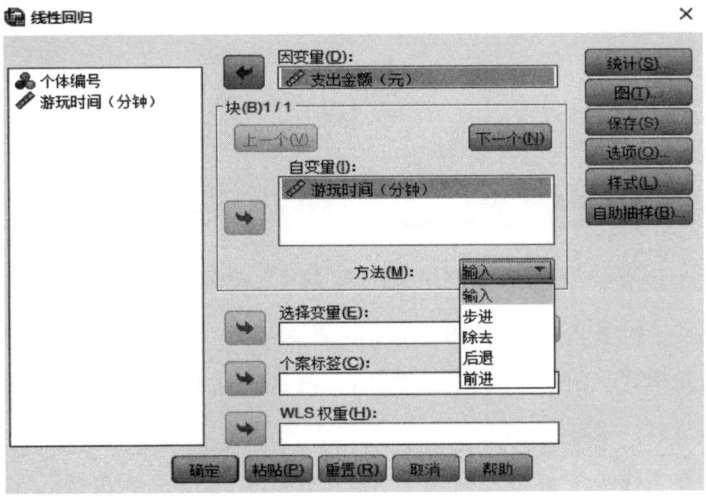

图 8-52　线性回归分析操作界面

接着点击图 8-52 中右侧的“选项”，选择建立及使用模型的一些条件，如图 8-53 所示。选择“步进法的条件”，点击“使用 F 的概率”，其他使用默认或根据需要选择；勾选“在方程中包括常量”，输出的方程会有截距项，点“继续”。

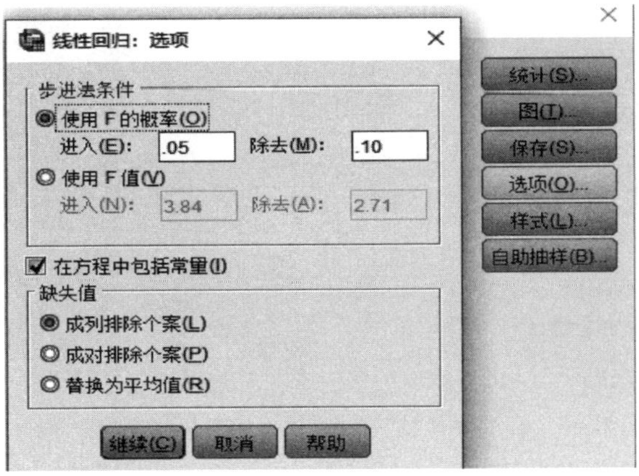

图 8-53　“线性回归：选项”的操作界面

再点击图 8-52 中右侧的“统计”，进入“线性回归：统计”界面，如图 8-54，对“回归系数”“模型拟合”“残差”等根据需要进行设置，点“继续”。

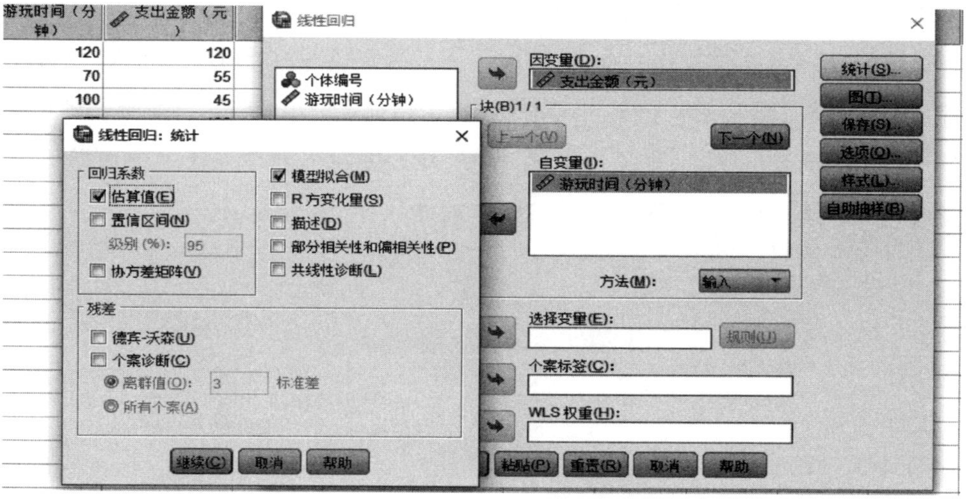

图 8-54 “线性回归：统计”的操作界面

之后点击图 8-52 中右侧的“图（T）”，进入“线性回归：图”界面，见图 8-55。可选择由不同的指标建立的图形，如“ZPRED”（标准化预测值）“ZRESID”（标准化残差）等，还可以选择“标准化残差图”中的直方图及正态概率图。根据分析需要进行选择。选择哪两个变量作为横轴 x 和纵轴 y，就将哪个变量通过箭头送入 x 和 y 的框格中，点“继续”。

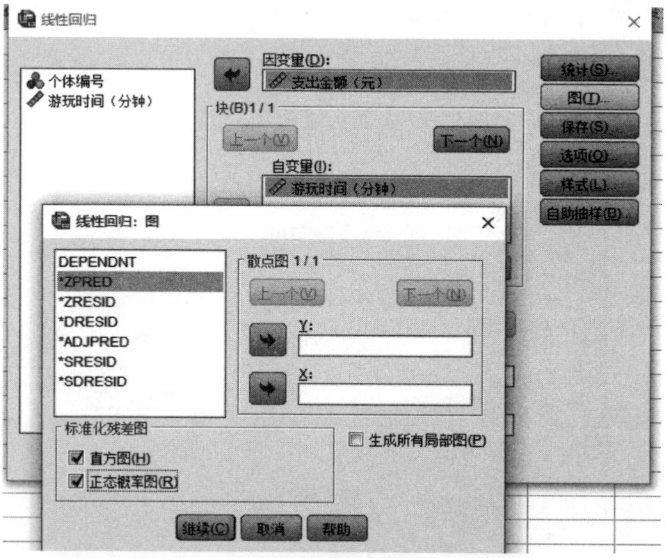

图 8-55 “线性回归：图”的操作界面

需要预测时，点击“保存”，进入“线性回归：保存”界面，如图 8－56 所示。在“预测值”下方可选择“未标准化”及“预测区间”等；在“残差”“距离”“影响统计”“包括协方差矩阵”等分析选项中，可根据需要选择，点“继续”。

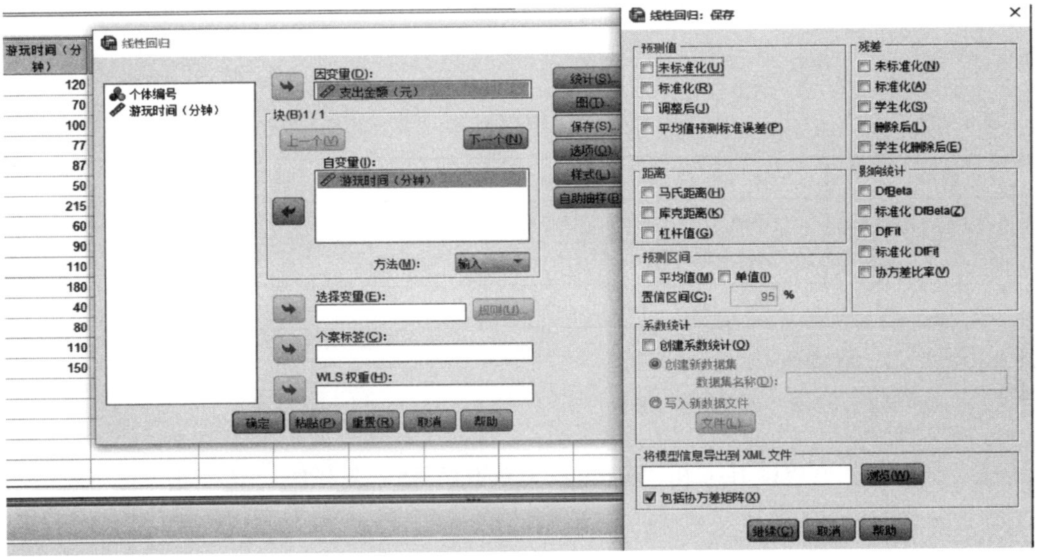

图 8－56　“线性回归：保存”的操作界面

最后点击“确定”。

（3）输出结果的解读与检验。按照图 8－52 至图 8－56 的操作过程，本例进行相关选择，运行后得到的主要结果分别如表 8－28、表 8－29、表 8－30 和图 8－57、图 8－58 所示。

表 8－28　游玩时间与支出金额模型摘要[b]

模型	R	R 方	调整后 R 方	标准估算的错误
1	.801[a]	.642	.614	27.331

注：a. 预测变量：（常量），游玩时间（分钟）

b. 因变量：支出金额（元）

表 8－28 为模型摘要表，提供了相关系数 R（或 r）及模型建立后进行拟合优度检验的指标：可决系数 R 方［（R squared）、R^2］、回归的估计标准误（标准估算的错误）、调整后 R 方（Adjusted R Square、Adjusted R^2）。其中 R^2 越接近于 1，回归直线的拟合程度就越好；估计标准误越小说明回归线代表性好。相关系数 R 与表 8－27 结果是相同，说明游玩时间和支出金额相关程度为高度正相关，在支出金额的变动中，有 64.2% 可以由游玩时

间和支出金额之间的线性关系解释（多元回归时使用调整后 R 方），估计的标准误差 27.33，回归方程拟合的一般。

表 8－29 是方差分析表，回归的方差分析表提供了回归模型显著性检验的指标，也就是检验自变量与因变量之间的线性关系是否显著。由于检验统计量采用的是 F 统计量，也称 F 检验。

表 8－29　　ANOVA[a]

模型		平方和	自由度	均方	F	显著性
1	回归	17396.273	1	17396.273	23.288	.000[b]
	残差	9711.060	13	747.005		
	总计	27107.333	14			

注：a. 因变量：支出金额（元）。

b. 预测变量：（常量），游玩时间（分钟）。

对一元回归，原假设 H_0：$\beta_1=0$（线性关系不显著）；备择假设 H_1：$\beta_1\neq0$（线性关系显著）。根据表 8－29 中的显著性即 p 值，$p=0.000<0.05$，拒绝原假设，回归模型检验通过，说明模型是显著的，两个变量间具有影响关系。

表 8－30 主要提供回归方程的系数及系数的检验的结果，利用表 8－30，主要完成两个方面分析：一是写出具体的回归方程；二是对回归方程的回归系数进行检验。对回归系数的检验，主要采用的统计量是 t 统计量，所以也称 t 检验。

表 8－30　　系数[a]

模型		未标准化系数		标准化系数	t	显著性
		B	标准错误	Beta		
1	（常量）	10.512	17.098		.615	.549
	游玩时间（分钟）	.733	.152	.801	4.826	.000

注：a. 因变量：支出金额（元）。

一元线性回归估计方程基本表达为：$\hat{y}=\hat{\beta}_0+\hat{\beta}_1x$，根据表 8－30，在“未标准化系数”下的“B”这一列，得到回归方程的截距项和回归系数。通常，选择的是“未标准化系数”，主要比较符合方程的一般表现形式，如带有截距项等。“未标准化系数”和“常量”对应的值 10.512 就是截距项 $\hat{\beta}_0$，“未标准化系数”和“游玩时间”（x）对应的值 0.733，就是估计方程 x 前面的系数 $\hat{\beta}_1$。根据表中数据，本例得到估计的一元线性回归方程为：$\hat{y}=10.512+0.733x$（注意，严格意义上要用 $\hat{y}$）。

模型建立后，需要对模型检验。包括理论上的检验和统计检验。理论检验，如系数符号是否符合一般的经济理论、是否符合现实等，需要结合实际进行；统计检验可分为一级和二级检验。一级检验包括拟合优度 R 方、t 检验、F 检验及相关系数检验等；二级检验主要对假定条件进行检验，如正态性、异方差性、序列相关性、多重共线性检验等。统计检验在多元回归中都需要进行，而一元回归分析中，重点是对回归方程和自变量的系数进行显著性检验，其中方程显著性检验（F 检验）主要通过方差分析表完成，方程系数的显著性检验有 2 个，一个是截距项，一个自变量 x 前面的系数。截距项检验是否通过影响并不大，重点检验自变量 x 前面的系数。一元回归系数检验的假设为：

$H_0:\beta_1=0\quad H_1:\beta_1\neq 0$，由于回归系数检验的统计量是 t 统计量，所以对回归系数检验称为 t 检验。根据表 8－30，依据 t 统计量计算出的 P 值，即“游玩时间”（x）那一行与“显著性”那一列对应的结果，显著性（也就是 P 值）$P=0.000<0.05$，拒绝原假设，回归系数通过检验。检验通过后，说明回归系数的具体含义是；当游玩时间每增加 1 分钟，支出金额平均增加 0.733 元。

可以借助一些图形进行检验。主要用残差图检验模型的假定。残差的图形有关于 x 的残差图，也有关于 y 的残差图，标准化残差图选择时需要注意。残差图可以检验模型是否合适、方程是否满足方差齐性要求、是否存在有影响的观测值等。将残差除以它的标准差得到标准化残差，通过标准化残差图，可以直观地判断误差项服从正态分布这一假定是否成立。因为在标准化残差图中，大约有 95% 的标准化残差在 －2 到 ＋2 之间。标准化残差图也可以通过标准化残差的直方图和正态概率图来表现。本例采用了常用的回归标准化残差图、标准化残差的正态 $P-P$ 图，如图 8－57、图 8－58 所示。

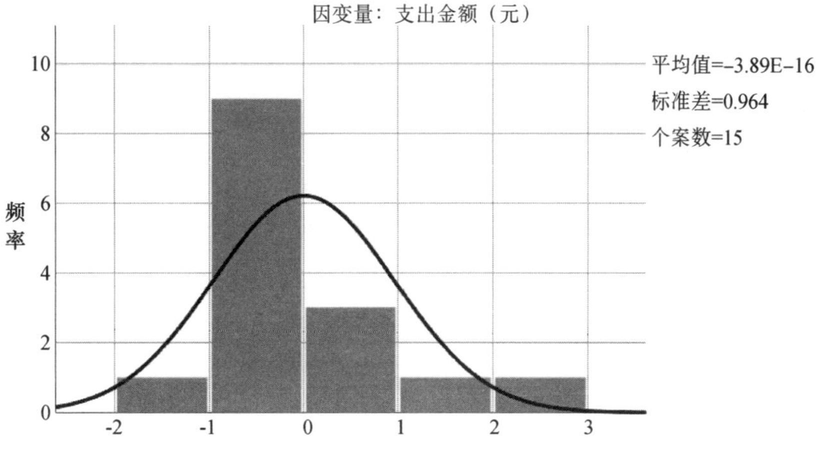

图 8－57　回归标准化残差直方图

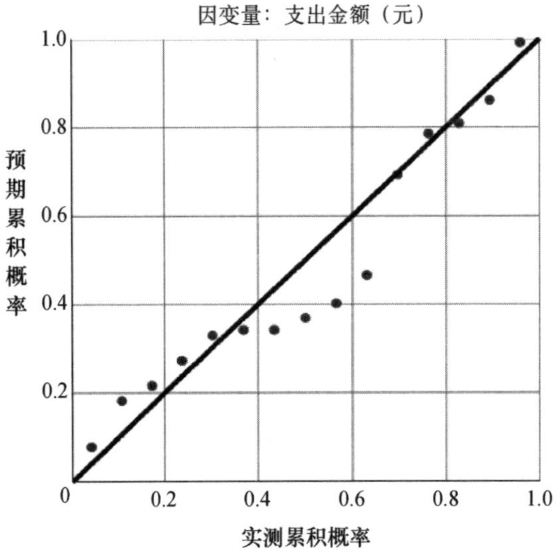

图 8－58　回归标准化残差的正态 P－P 图

从图 8－57、图 8－58 中可以看到，标准化残差图大致呈现正态、标准化残差的 P－P 图基本围绕对角直线波动，基本符合检验的一般要求，模型拟合基本反映了二者之间的变动关系。

（4）通过检验后，可以利用回归方程进行预测。

最后，要注意相关与回归分析的几个问题。相关分析的目的是测定变量之间相关关系的方向和程度，回归分析的目的是利用回归模型进行预测和控制。进行相关分析时，不能仅凭相关系数的大小来解释变量之间的相关程度，否则有可能会得出不切实际的结论。

要根据变量不同特征选择不同的相关性的度量方式。问卷分析中的常见的变量属于分类变量或定序变量，则要采用定性的或斯皮尔曼相关系数对相关程度度量。

相关关系不等于因果关系。因果关系的基本含义是：只要改变 X 的值，就可以使 Y 的值改变。实际上，变量之间的相关关系，可以有不同的来源：如直接关系，变量之间存在直接的因果关系，即 X 导致 Y，或 Y 导致 X；如共同反应，X 和 Y 都会随另一个变量 Z 的改变而改变，这种共同反应会制造出一种相关关系，即使 X 和 Y 之间根本不存在直接的因果关系；也可能存在交叉关系。解释变量 X 和潜在变量 Z 可能同时影响因变量 Y，变量 X 和 Z 有关系，而把 X 对 Y 的影响和 Z 对 Y 的影响分离，界定 X 对 Y 的直接影响有多大是有一定困难的。

在实际操作中，建立回归模型的过程非常复杂，并非所有的社会经济现象都可以用线性关系来解释。应用时必须结合具体问题进行探讨和分析。

通过检验后，才能利用回归方程进行预测和进一步研究。

（二）两个总体参数（以均值为例）的比较

两个总体参数的比较（检验），包括两个总体均值之差的检验、两个总体比例之差的检验、两个总体方差比的检验。由于最终都涉及两个定量变量比较，因此，将其放在了两个定量变量分析内容中。应用时两个总体检验参数不同，假定条件也不完全相同，例如，两个总体是否正态分布、样本是大样本还是小样本、样本量相等还是不相等、是独立样本还是匹配样本、两个总体方差是已知还是未知、相等还是不等，需要根据不同参数和假定条件，构造不同的检验统计量。最基本的是两个总体均值（总体服从正态分布，独立、随机、大样本）的比较，它实际上是检验两个总体平均数（均值）之间是否存在显著差异，下面以两个总体均值的比较为例，说明其检验分析基本过程与方法。

（1）检验假定条件。常规的假定条件分别是总体的正态性、总体方差是否相等、样本是否独立随机抽选。其中，需要根据样本数据对总体的正态性进行检验，方法有很多，包括对样本数据作直方图、茎叶图、箱线图、正态概率图做描述性判断，也可以进行非参数检验等；总体方差一般是未知的，因而统计软件中普遍使用 t 检验。两个总体方差相等和不相等时，t 统计量的计算公式不同。因此在检验两个总体的均值是否相等时，需要先检验两个总体的方差是否相等，检验方法可以采用经验方法，也可以精确的 Levene 检验方法。独立随机抽选样本需要在实际操作中控制。假如本例大样本满足独立随机抽选，检验男性和女性的平均支出额有无显著差异？在 SPSS Statistics 中点击选择“分析”—“比较均值”—“独立样本 t 检验”，进入“独立样本 t 检验”界面，如图 8－59 所示。

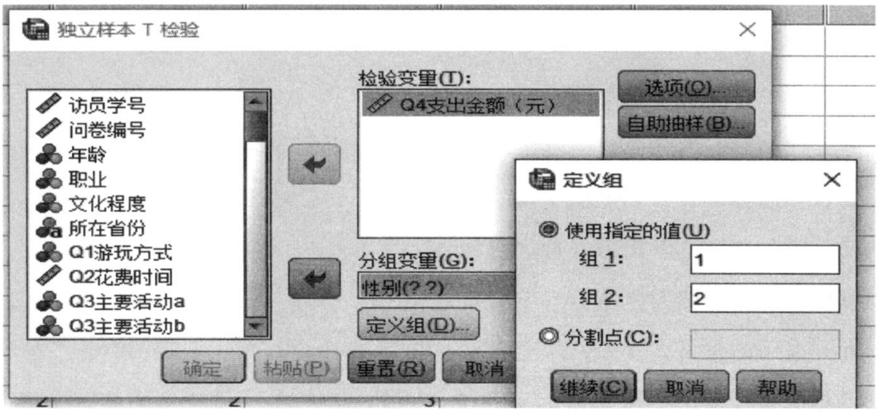

图 8－59 独立样本 t 检验操作界面

在图 8－59 中，点击要检验的变量（本例为支出金额）通过中间箭头送入“检验的变量（T）”中，之后将依据的分组变量（本例为性别），通过箭头送入“分组变量（G）”框格内，此时后面出现“?”号，点击“定义组”，点击“使用指定的值”，在组 1 和组 2

的框格内分别输入编码（分组的编码也就是该变量的编码，事先在“变量视图”—“值”中进行定义和设定），如本例为 1 和 2，点击“继续”，再点击“选项”，“置信区间百分比”，一般默认为 95%，最后点“确定”。

（2）分析结果的解读。SPSS 运行后输出分析结果如表 8－31、表 8－32 所示。

表 8－31　　　　组统计

	性别	个案数	平均值	标准偏差	标准误差平均值
Q4 支出金额（元）	男性	159	208.87	574.392	45.552
	女性	160	205.97	594.918	47.032

表 8－31 概括了两个组别的基本数据及描述结果，如个案数、平均值等。检验的结果主要通过表 8－32 反映。

表 8－32　　　　独立样本检验

		莱文方差等同性检验		平均值等同性 t 检验						
		F	显著性	t	自由度	Sig.（双尾）	平均值差值	标准误差差值	差值 95% 置信区间	
									下限	上限
Q4 支出金额（元）	假定等方差	0.022	0.881	0.044	317	0.965	2.899	65.483	－125.937	131.735
	不假定等方差			0.044	316.737	0.965	2.899	65.476	－125.923	131.721

表 8－32 中需要 2 次检验，才能完成两个总体均值是否相等的检验。

①先检验两个总体的方差是否相等。如前所述，两个总体方差相等和不相等时，t 统计量的计算公式不同。因此，检验两个总体的均值是否相等时，需要先第一步检验两个总体的方差是否相等。

原假设：两个总体方差相等（假定总体等方差）。

备择假设：两个总体方差不等（不假定总体等方差）。

主要方法采用的是莱文检验，即“莱文方差等同性检验”。表 8－32 中，左侧为“支出金额”变量方差检验的两种情况，分别是“假定等方差”和“不假定等方差”，对应“莱文方差等同性检验”下面的 2 列，形成了相应的结果（“不假定等方差”结果为空白），其中 F 是检验统计量，根据检验统计量的值计算出显著性（*P* 值），判断时主要根据 *P* 值进行检验。本例中“不假定等方差”没有结果，为空白，“假定等方差”对应的显著性（*P* 值）$=0.881>0.05$，不能拒绝方差相等的原假设，也就是“假定等方差”，因此完成了检验两个总体的方差是否相等，之后进入下一步的检验。

②再检验两个总体的均值是否相等。这一步检验要与第一步方差是否相等这个假定条件的检验结合起来进行，在“平均值等同性 t 检验”下面依然有 2 行数据，要选择看哪一行的结果，取决于第一步方差是否相等检验的结果。如果不能拒绝原假设（假定总体等方差），这一步 t 检验就看第一行的结果；如果拒绝原假设（假定总体方差不等），t 检验就看第二行的结果。本例中第一步的结果是“假定总体等方差”，因此这一步的检验应选择与“假定总体等方差”对应的那一行，即 t 检验要看第一行的结果。检验两个总体的均值是否相等的假设为：

原假设：两个总体的均值相等（两总体均值之间不存在差异）。

备择假设：两个总体的均值不等（两总体均值之间存在差异）。

在“平均值等同性 t 检验”结果下面，给出了假定总体等方差和假定总体方差不等两种情况下的不同 t 统计量、自由度、Sig.（双尾），以及平均值差值、标准误差差值、差值 95% 置信区间等。根据第一步方差是否相等检验的结论，两个总体的均值 t 检验选择第一行的结果，又因为本行中的 Sig.（双尾）即 P 值 $=0.965>0.05$，不能拒绝两总体均值相等的原假设，说明男性和女性平均支出额不存在显著差异（如果在第一步方差是否相等检验中拒绝原假设，则这一步两个总体的均值 t 检验需要用第二行的 P 值判断）。

（3）两个总体均值检验需要注意问题。两个总体均值是否相等的检验中，根据满足相关的条件，选择相应的检验方法。选择参数检验，它是在已知总体分布的条件下（一般要求总体服从正态分布）对一些主要的参数，如均值、比例、方差、相关系数等进行的检验，如果总体条件未知，可以选择非参数检验的方法，如与正态分布时独立样本的 t 检验相对应，用于两个独立样本的 Wlicoxon 秩和检验，用来检验两个独立样本的中位数的差异 Wlicoxon 秩和检验，对两个总体分布的比较，则可采用卡方检验。小样本时，按照渐进方法的计算结果误差会比较大，这时应该使用精确检验的方法计算 P 值。

要注意：不同的条件，构造统计量不同，结果也就不相同。另外 SPSS 中进行检验时，也应注意数据的格式。需要把两个样本的观测值作为一个变量（一列）输入（本例为“支出金额”），另一个变量（一列）用于标记每个观测值所属的样本（本例为“性别”，1 表示男性，2 表示女性）。

三、一个定性变量与一个定量变量

一个定性（分类）变量与一个定量变量调查、观测或实验的结果分别形成了定性数据和定量数据。虽然定性、定量各自分类较多，但对一个定性数据和一个定量数据的关系研究最常用方法就是方差分析（Analysis of variance，ANOVA），它主要用于研究一个定量因变量与一个或多个定性（分类）自变量的关系，而这种变量间的关系研究，是通过检验多个总体均值之间差异的显著性即对多个总体的均值进行推断来进行。

方差分析的数据一般是经过专门设计而搜集的实验数据，通过科学的设计可以保证数据符合方差分析的要求，并且提高数据的利用效率，根据较少的数据得出检验结论。因此，方差分析与“实验设计”这一领域有非常密切的联系，但这并不是说方差分析不能用于调查或观测数据，只要满足方差分析所需要的假设条件即可。由于与实验设计有关，方差分析中也使用了一些与实验有关的概念。通常把实际测量的、作为结果的变量称为因变量，作为原因的、将观测或实验结果分成几个组以进行比较的变量称为自变量［也称为因素（factor）、因子］。因素的不同表现，即每个自变量的不同取值称为因素的水平或处理。若因素的所有水平都是由实验者审慎安排而不是随机选择的，其分析模型称为固定效应模型。而随机效应模型，是指因素的水平是从多个可能的水平中随机选择的。固定效应和随机效应模型在假设的设置和参数估计上有所差异，本部分研究的都是固定效应模型。

根据有一个、两个或以上分类自变量，有单因素方差分析和多因素方差分析两种形式。单因素方差分析，只有一个自变量的方差分析；多因素方差分析则是研究多个因素对因变量的影响，其中最简单的情况是双因素方差分析。例如，“游玩的方式”对“支出的金额”有没有显著影响，学校中“不同学历”就读学生对食堂就餐情况的“满意度”（打分）是否有显著影响等，归纳起来这些都是研究分类型（定性）自变量（因素、因子）对数值型变量（因变量）的影响，分析方法是通过分析数据中不同来源的变异对总变异的贡献大小，来确定可控因素对研究结果影响力的大小，即对均值差异性的检验是通过对方差的分解进行的，这就是方差分析基本思想，分析的基本步骤如下。

（一）检验数据是否符合方差分析的假设条件

方差分析是对多个总体均值的比较来研究变量间的关系，一般要满足三个基本假定：

（1）正态性，即各个总体中因变量都服从正态分布，对于因素的每一个水平，其观测值是来自正态分布总体的简单随机样本。正态性假设一般情况下可以通过观察各组数据的直方图、茎叶图、箱线图、P－P 图或 Q－Q 图等来判断，严格的要求需要用统计检验指标，如偏度与峰度、K－S 检验、J－B 检验等。需要注意的是，正态性检验不是对数据整体分布的检验，而是对按因素水平分组后各组数据的检验。此外，在很多实验中实际得到的数据数量非常少，如每组中只有两三个数据，在这种情况下没有检验正态性的很好方法，这时这一假设是否成立需要根据所研究的现象本身的性质加以判断，大多数情况下，近似满足正态性即可。

（2）方差齐性，对各总体方差是否相等进行检验，称为方差齐性检验，也就是各个总体中因变量的方差都相等。检验各组之间的方差是否相等的一个经验方法是，计算各类别组数据的标准差，如果最大值与最小值的比例小于 2:1，则可以大致认为是数据同方差（等方差）的。如果用各组的方差进行比较，则要求最大值与最小值的比例小于 4:1。Levene 检验是一种更为正式的检验方法。

需进一步说明的是，方差分析对前两个假设条件是稳健的。一般来说，方差分析中可以允许数据的分布对正态分布一定程度的偏离。如果样本容量很大，方差分析也可以应用于非正态的情况，因为这时中心极限定理可以保证样本均值的抽样分布为正态分布。在各个组别中的样本量比较接近的情况下，也可以粗略地认为数据是等方差的。

如果数据确实严重偏离了前两个假设条件，则使用方差分析时需要先对数据进行数学变换，如对数变换、平方根变换、倒数变换等不同的方法，也可以使用非参数的方法，如 Kruskal – Wallis 检验来比较各组的均值。

（3）独立性，是指每个样本数据是来自因素各水平的独立样本，即各个观测值之间是相互独立的。在方差分析中很少对这一假设进行直接的统计检验，一般可以通过对数据搜集过程的控制来保证，若不满足该假定，对结果影响也较大。例如，对某高校不同校区食堂满意度调查，其中获得了一个校区食堂菜品种类总体满意度打分数据，进一步希望获得不同学历就读的学生，包括本科生、硕士研究生、博士研究生对食堂的菜品种类总体满意度是否有明显不同，根据数据类型及研究问题，进行方差分析。

首先，检验调查的数据是否满足正态性。本例主要采用直方图、Q – Q 图。

直方图如图 8 – 60、图 8 – 61、图 8 – 62 所示。

图 8 – 60 是本科生对菜品种类满意度打分的直方图。

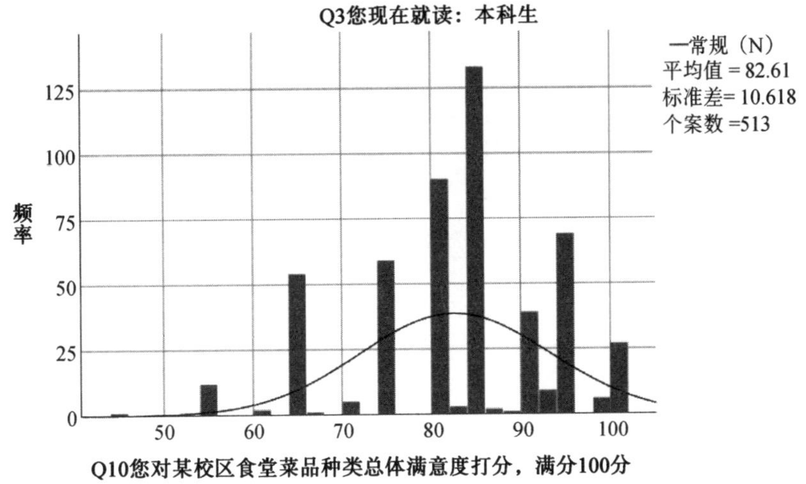

图 8 – 60　本科生对菜品种类满意度打分的直方图

图 8－61 是硕士研究生对菜品种类满意度打分的直方图。

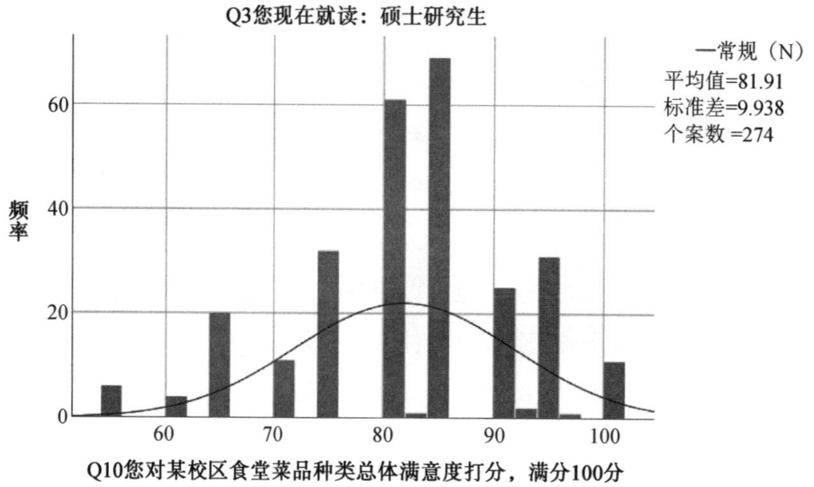

图 8－61　硕士研究生对菜品种类打分的满意度直方图

图 8－62 是博士研究生对菜品种类满意度打分的直方图。

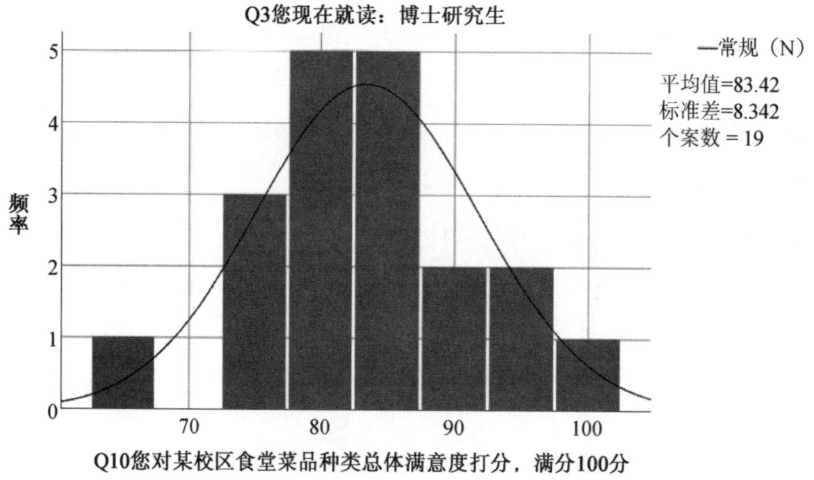

图 8－62　博士研究生对菜品种类满意度打分的直方图

从图 8－60、图 8－61、图 8－62 显示的结果看，虽然严格意义上图 8－60、图 8－61 略有偏斜，但大致上数据服从正态分布。

或者也可以采用正态 Q－Q 图检验正态性，如图 8－63、图 8－64、图 8－65 所示。

图 8－63 为本科生对菜品种类满意度打分的正态 Q－Q 图。

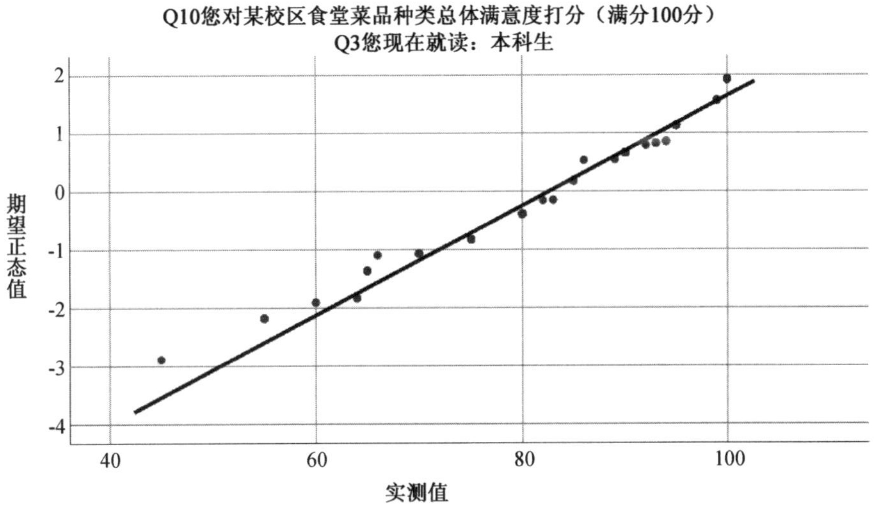

图 8－63 本科生对菜品种类满意度打分的正态 Q－Q 图

图 8－64 为硕士研究生对菜品种类满意度打分的正态 Q－Q 图。

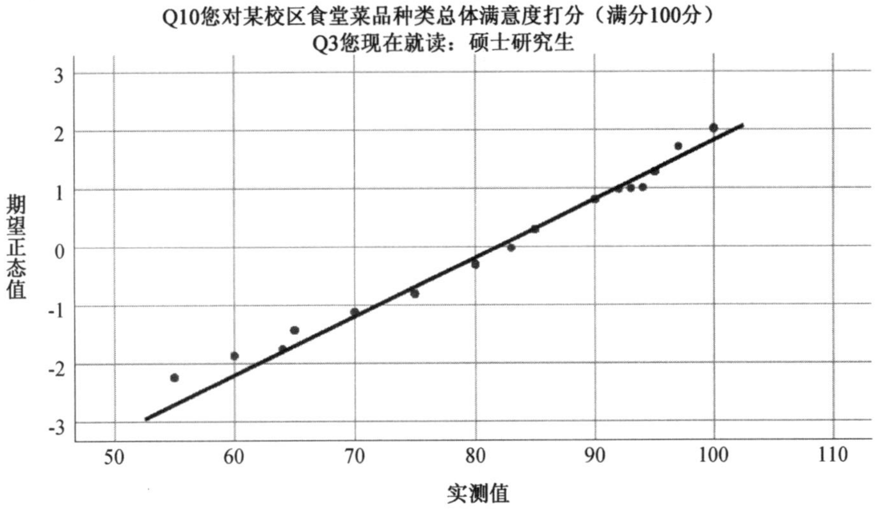

图 8－64 硕士研究生对菜品种类满意度打分的正态 Q－Q 图

图 8－65 为博士研究生对菜品种类满意度打分的正态 Q－Q 图。

从图 8－63、图 8－64、图 8－65 中可以看到，数据大致围绕期望值波动，数据大致服从正态分布。此外，还可以采用箱线图、茎叶图、去趋势正态 Q－Q 图及非参数检验等方法。

其次，进行方差齐性检验。这里先采用经验的检验方法。经计算三个组别，即本科生、硕士研究生、博士研究生打分的标准差分别是 10.618、9.938、8.342，最大值与最小值的比例小于 2∶1，可以认为是数据同方差的。

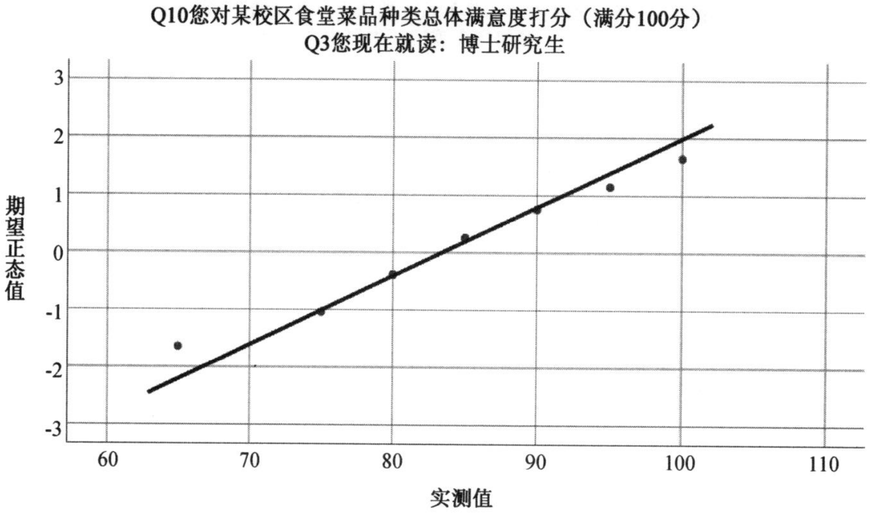

图 8-65　博士研究生对菜品种类满意度打分的正态 Q-Q 图

Levene 检验是一种更为正式的检验方法，检验的 p 值 =0.244，大于 α=0.05，不能拒绝原假设（原假设：各个总体的方差相等），具体见后面的表 8-33。

最后，独立性检验。通过对数据搜集过程的控制来保证各个观测值之间是相互独立的。

（二）提出原假设和备择假设

方差分析中的原假设和备择假设，一般表述为：

原假设：各总体的均值之间没有显著差异。

备择假设：至少有两个总体均值不相等。

或者表述为：原假设：自变量对因变量没有显著影响。

备择假设：自变量对因变量有显著影响。

或者表述为：$H_0:\mu_1 = \mu_2 = \cdots\cdots = \mu_3$

$H_1:\mu_1,\mu_2,\cdots\cdots,\mu_3$ 不全相等

（三）计算相关的检验指标，得到方差分析表

SPSS 设置与操作过程如下。单击“分析”—“比较均值”—“单因素 ANOVA 检验”，如图 8-66 所示。在“单因素 ANOVA 检验”界面，点击因变量“对食堂菜品种类打分”通过中间箭头送入“因变量列表（E）”框格内，点击自变量“不同学历就读学生”通过中间箭头送入“因子（F）”框格内。注意，使用 SPSS 方差分析，直接的字符串（本例 Q3 您现在就读）不能之间在检验中使用，需要重新编码转换，方法是：点击“转

换”—“自动重新编码”，点击需要重新编码的变量（本例为 Q3 您现在就读）通过中间的箭头送入“变量 - >新名称”框格中，在“新名称”框格内输入新的名称（本例为不同学历就读学生），点击“添加新名称”，点击“确定”。

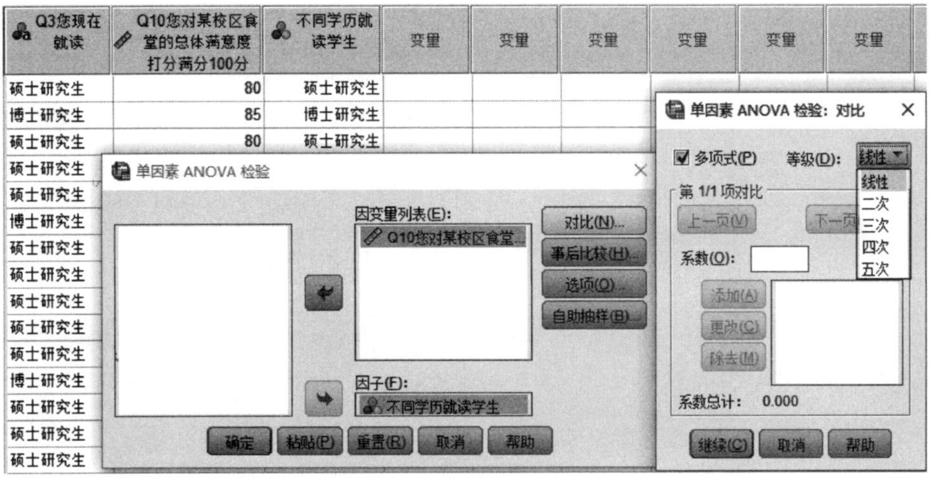

图 8-66 单因素 ANOVA 检验操作界面

在图 8-66 中，点击右侧的“对比”，在“单因素 ANOVA 检验：对比”界面，如果勾选“多项式（P）”，可在“等级（D）”中选择线性、二次、三次等不同的模型表达结果；如果不勾选“多项式（P）”（本例未勾选），则得到基本也是常用的方差分析表的结果。

在图 8-66 中，点击右侧的“选项”按钮，在弹出的界面对话框中根据所需，选择“描述统计”“方差同质性检验”、平均值图等，如图 8-67 所示。

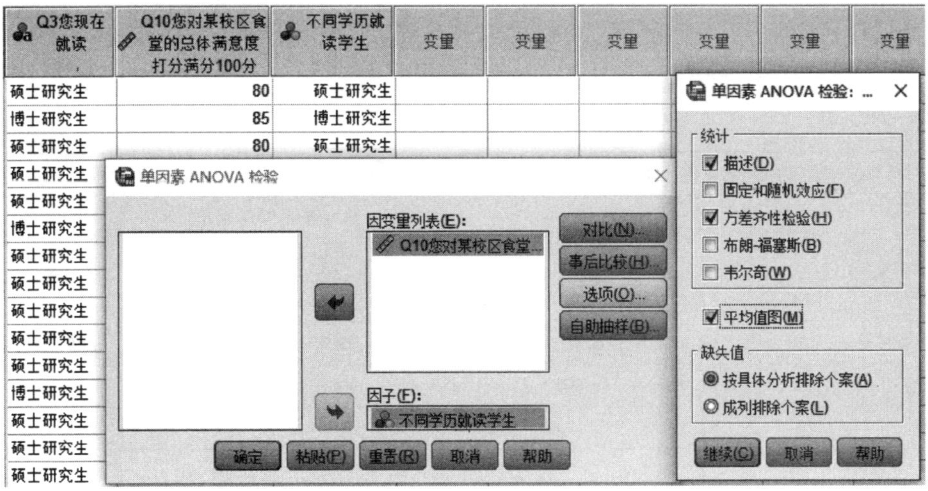

图 8-67 单因素 ANOVA 检验“选项”操作界面

在图 8－66 中，点击右侧的“事后比较”，进入“单因素 ANOVA 检验事后多重比较”界面。如图 8－68 所示。SPSS 提供了假定方差相等、不假定等方程情况下多种选中事后比较的方法，可根据所需进行选择。本例选择“假定方差相等”下的“LSD”，显著性水平默认 0.05。

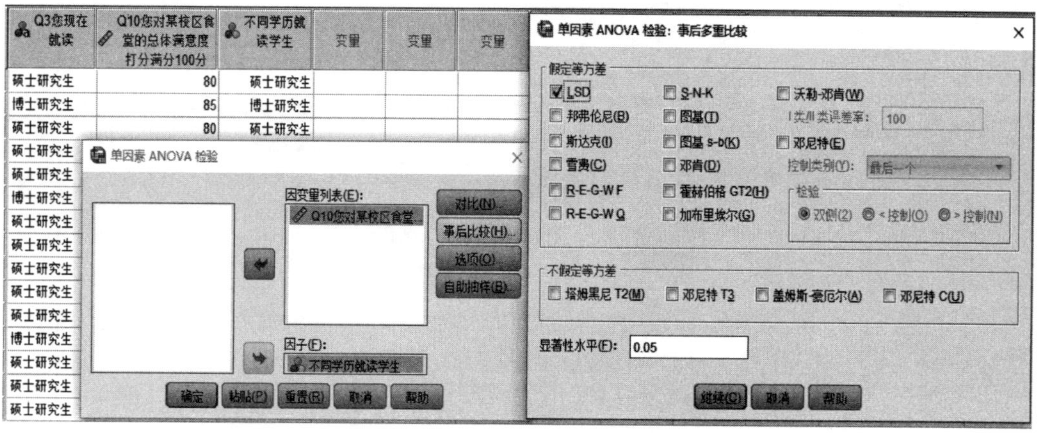

图 8－68　单因素 ANOVA 检验“事后比较”操作界面

最后，点击“继续”，点击“确定”，就得到相应的分析结果了。分别如表 8－33、表 8－34、表 8－35、表 8－36 和图 8－69 所示。

（四）方差分析结果分析解读

表 8－33 为“描述”表，对打分数据进行了基本的描述分析。从个案数、平均值、标准差、平均值的 95% 置信区间及最小值、最大值等概括对三组数据进行描述，通过描述对数据有基本的了解。

表 8－33　　描述（菜品种类打分）

Q10 您对某校区食堂菜品种类总体满意度打分（满分 100 分）

	个案数	平均值	标准偏差	标准错误	平均值的 95% 置信区间		最小值	最大值
					下限	上限		
本科生	513	82.61	10.618	.469	81.69	83.53	45	100
博士研究生	19	83.42	8.342	1.914	79.40	87.44	65	100
硕士研究生	274	81.91	9.938	.600	80.73	83.09	55	100
总计	806	82.39	10.339	.364	81.67	83.10	45	100

表 8－34 为“方差齐性检验”表，提供了方差齐性检验的不同算法的计算结果。主要是对各个总体的方差相等进行检验。从基于平均值来看，显著性（P 值）$=0.244>0.05$，

不能拒绝方差相等的原假设，该检验同前面的经验方法结论相同，二者都是方差分析假定条件的检验方法。

表 8-34　　方差齐性检验（菜品种类打分）

		莱文统计	自由度 1	自由度 2	显著性
Q10 您对某校区食堂菜品种类总体满意度打分（满分100分）	基于平均值	1.414	2	803	.244
	基于中位数	.691	2	803	.502
	基于中位数并具有调整后自由度	.691	2	798.540	.502
	基于剪除后平均值	1.289	2	803	.276

表 8-35 为“方差分析（ANOVA）”表，是用来判断定性（分类）变量是否是影响因变量的主要数据表，也是最为基本和典型的输出结果形式。方差分析表从误差来源角度，通过对数据误差来源的分析，判断不同总体的均值是否相等。也就是检验差异主要是由于什么原因所引起的。如果这种差异主要是系统误差（组间误差），说明自变量对因变量有显著影响。对误差来源分析及相关处理后的结果形成了方差分析表（ANOVA）。本例的数据结果，由于显著性（P 值）$=0.604>0.05$，不能拒绝原假设，说明各总体的均值之间没有显著差异（各组均值相等）或（自变量对因变量没有显著影响）。

表 8-35　　ANOVA（菜品种类打分）

Q10 您对某校区食堂菜品种类总体满意度打分（满分 100 分）					
	平方和	自由度	均方	F	显著性
组间	108.076	2	54.038	.505	.604
组内	85941.596	803	107.026		
总计	86049.672	805			

进一步地，方差分析中，当原假设（零假设）被拒绝时，可以确定至少有两个总体的均值有显著差异，即说明至少有一个总体的均值与其他总体均值不等。那么多个总体中哪个总体的均值与其他总体的均值不等，即哪些总体均值不相同，需要进一步检验。检验哪些均值之间有显著差异，这在方差分析中称为事后检验，采用多重比较的方法进行。多重比较是对各个总体均值进行的两两比较。其具体计算方法很多，如 Fisher 最小显著差异法（Least Significant Difference，LSD）、Tukey 的诚实显著差异法（HSD）或 Bonferroni 的方法等，根据需要选择。常用的是最小显著差异法（LSD）。

“多重比较”表中，通过两两对比进行检验。原假设：第 i 个总体的均值等于第 j 个总体的均值。备择假设：第 i 个总体的均值不等于第 j 个总体的均值。主要根据显著性（P 值）判断。当显著性（P 值）$<\alpha=0.05$ 时，拒绝原假设，接受备择假设。

表 8 - 36 为多重比较分析表。表中所有的 P 值均大于 0.05，即两两比较的结果都不能拒绝原假设，说明两两比较的总体均值都是没有差异的（本例方差分析未拒绝原假设，继续多重比较主要展示全部分析过程），这也从另一个角度说明了表 8 - 35 方差分析的检验结论。除了采用 P 值外，也可以采用置信区间进行检验，如“本科生与硕士研究生”对应的 95% 置信区间为（ -0.82，2.22），置信区间包括了 0，检验的两个总体均值差异不显著。若置信区间不包括 0，检验的两个总体均值差异显著。

表 8 - 36　　多重比较（菜品种类打分）

因变量：　Q10 您对某校区食堂菜品种类总体满意度打分（满分 100 分）

LSD

(I) 不同学历就读学生	(J) 不同学历就读学生	平均值差值 (I - J)	标准错误	显著性	95% 置信区间	
					下限	上限
本科生	博士研究生	-.813	2.417	.737	-5.56	3.93
	硕士研究生	.699	.774	.367	-.82	2.22
博士研究生	本科生	.813	2.417	.737	-3.93	5.56
	硕士研究生	1.512	2.454	.538	-3.31	6.33
硕士研究生	本科生	-.699	.774	.367	-2.22	.82
	博士研究生	-1.512	2.454	.538	-6.33	3.31

图 8 - 69 为平均值图，也可以结合平均值的对比图观察和分析，了解数据大致的变动情况。但图形不能提供充分的证据证明不同类别间是否有显著差异。因为这种差异也可能是由于抽样的随机性所造成的。所以更准确的方法根据方差分析表中的数据进行检验。

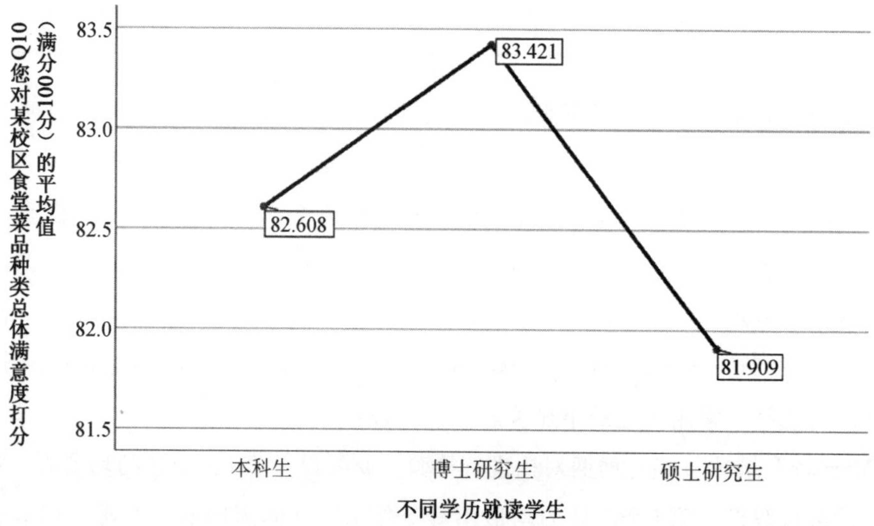

图 8 - 69　不同学历就读学生打分的均值对比

（五）需要注意的问题

（1）使用方差分析方法要注意它的适用条件，及是否适用于你所要分析的数据。严格说，本例并不完全满足正态性（为了说明方法和比较），只是大致满足正态性。如果用更精确的检验指标，可以选择柯尔莫戈洛夫－斯米诺夫检验（Kolmogorov－Smirnov，简称K－S检验）、夏皮洛－威尔克（Shapiro－Wilk检验，简称W检验）检验正态性。在SPSS中点击“分析”—“探索”，在“探索”操作界面，点击要检验的因变量，通过中间箭头送入“因变量列表”框格中，点击分组变量，通过中间箭头送入“因子列表”框格中，再点击“图”，勾选“含检验的正态图”，点击“继续”，点击“确定”，如表8－37所示。

表8－37　　正态性检验（菜品种类打分）

	Q3 您现在就读	柯尔莫戈洛夫－斯米诺夫[a]			夏皮洛－威尔克		
		统计	自由度	显著性	统计	自由度	显著性
Q10 您对某校区食堂菜品种类总体满意度打分（满分100分）	本科	.147	513	.000	.943	513	.000
	博士研究生	.162	19	.200*	.961	19	.593
	硕士研究生	.157	274	.000	.950	274	.000

注：*. 这是真显著性的下限。

a. 里利氏显著性修正

表8－37中两种检验方法都属于非参数统计的内容。统计量的计算方法可以参考有关书籍。根据软件给出的P值对数据是否服从正态分布进行检验。由于表8－37中的显著性（*P*值）两个为0.000，都小于0.05，拒绝原假设，说明本科生和硕士研究生组的数据不完全符合正态分布，而博士研究生显著性（*P*值）为0.200，大于0.05，因而不能拒绝零假设，也就是说没有证据表明博士研究生组的数据不服从正态分布（检验中的零假设是数据服从正态分布）。

（2）方差分析SPSS操作还可选择“分析”—“一般线性模型（G）”进行，一般线性模型包含不同的方差分析：单变量（u）、多变量（M）、重复测量（R）、方差成分（v）。单变量即单因素方差分析适合于多种实验设计模型，例如，研究主效应的实验设计方案，如完全随机设计、随机区组设计、交叉设计、拉丁方设计等。此外，实验设计还有考虑交互作用的实验设计方案，如析因设计、正交设计及误差项变动的特殊实验设计方案，嵌套设计、重复测量设计等及协方差分析等。

例如，点击选择“分析”—“一般线性模型（G）”—“单变量（u）”之后，进入“单变量”操作界面，根据分析问题，点击要研究的变量并通过箭头送入到相应的变量框内，其中有 5 个变量选择：因变量（D）：只限选入 1 个变量，且为定量变量；固定因子（F）：适于固定效应模型，该因素为分类（组）变量，可选入 1 个或多个，单因素方差分析时将因子送入该变量框内；随机因子（A）：当应用随机效应模型或混合效应模型时，将随机变量选入；协变量（C）：与因变量有关的定量变量，协方差分析时选用；WLS 权重：变量加权，用于加权最小二乘分析时；点击“模型”，系统默认全因子模型，或点击选择“构建项”，自定义模型；点击“对比”，对因素内的水平间差值比较；点击“图”，如可选择“水平轴”（横轴代表的因素）的“折线图”；点击“事后比较”，进行两两比较。提示，多重比较一般在方差分析拒绝原假设的情况下应用；点击“EM 平均值”，估算边际平均值，如选入模型的主效应与交互效应项，估计所选这些因素的均数；点击“保存”，可将预测值、残差、诊断（库克距离、杠杆值）等存为数据文件中的新变量，多用于回归分析；点击“选项”，选择输出结果，如描述统计、齐性检验、分布 - 水平图、残差图、异方差性检验、参数估算值（回归系数及其标准误、t 检验）等；点击“自助抽样”，对观测数据集进行有放回的随机抽样，适用于那些难以用常规方法导出参数的区间估计和假设检验等问题。点击“继续”，点击“确定”。设置过程中需要注意，每个选择项中可能都包含了若干个不同方法或算法，需要根据具体问题进行选择。相比较“分析”—“比较均值”—“单因素 ANOVA 检验”方法，通过“分析”—“一般线性模型（G）”得到更多的输出结果，不仅提供了具体模型，还提供了整个方差分析模型、模型的截距项、模型中因素检验结果和详细的分析，解读时尤其要注意分清。

（3）对于双因素（如因素 A 和因素 B）方差分析，基本假设是各个子总体都服从正态分布，有相同的方差，并且各个观测值之间相互独立（与单因素时相同）。双因素方差分析的步骤与单因素分析类似，也要分析所研究数据能否满足方差分析要求的假设条件和进行必要的检验。如果假设条件不满足需要先对数据进行变换。

双因素方差分析中，其中因素 A 和因素 B 对结果的影响相互独立时称为无交互作用的双因素方差分析。如果除了因素 A 和因素 B 对结果的单独影响外还存在交互作用，这时的双因素方差分析称为有交互作用的双因素方差分析。实际应用两因子方差分析方法时，影响因素之间是否存在交互作用，除了可以依据有关专业理论及实践经验作出初步判断外，最终还应在对实验数据进行方差分析后才能得到可靠的结论。由于观测次数有限，影响因素可能只有有限的几个状态水平，这时就只能考察影响因素有限集中各状态的不同搭配对所观测变量的影响。

（4）如果因变量为分类变量，可以选择采用 Logit 模型或 Probit 模型及对数线性模型。

总之，根据一个或以上定性（主要是分类）变量对一个定量变量的数据进行方差分析，目的是通过方差的来源分解分析检验多个均值之间差异的显著性，即自变量对数量因变量有没有显著影响，调查数据中也常常分析这类问题。

第四节　调查数据分析Ⅲ——多变量

对问卷分析，在单变量、双变量分析基础上，还可以运用更多变量对问卷数据进行更深入更广泛分析，这就涉及多变量分析相关问题，多变量分析采用的是多元统计分析方法，多元统计分析方法很多，本节重点介绍常见几种应用。

一、因子分析

（一）基本原理

1. 基本含义

因子分析（factor analysis）是一种数据简化的技术。它通过研究众多变量之间的内部依赖关系，探求观测数据中的基本结构，并用少数几个假想变量来表示其基本的数据结构。这几个假想变量能够反映原来众多变量的主要信息。原始的变量是可观测的显变量，而假想变量是不可观测的潜变量，称为因子。例如，在品牌形象的研究中，消费者可以通过一个包含 24 个指标（变量）构成的评价体系来评价某手机品牌。但消费者主要关心的是三个综合方面，即手机的质量、售后服务、功能。因子分析方法可以通过 24 个变量找出反映手机质量、售后服务、功能的三个潜在因子，从而对该手机品牌进行综合评价。这三个潜在因子和 24 个变量的关系可以表示为：$x_i = \mu_i + \alpha_{i1} F_1 + \alpha_{i2} F_2 + \alpha_{i3} F_3 + \varepsilon_i$ ，$i = 1, \cdots, 24$ 。称 F_1、F_2、F_3 为不可观测的潜在因子或者公因子。24 个变量共享这三个因子，但是每个变量又有自己的个性，不被包含的部分 ε_i 称为特殊因子。

2. 因子分析的数学模型

$X_1, X_2, \cdots\cdots, X_p$ 为经过标准化后的原始数据的 p 个变量，假设原始变量都受到 q 个公因子和一个特殊因子的影响。因子分析数学模型的一般形式如下：

$$X_i = \mu_i + \alpha_{i1} F_1 + \alpha_{i2} F_2 + \cdots\cdots + \alpha_{iq} F_q + \varepsilon_i \text{ , } i = 1, 2, \cdots\cdots, p$$

$F_1, F_2, \cdots\cdots, F_q$ 是彼此独立的公因子，ε_i 是各个变量的特殊因子，代表公因子以外的因素影响。a_{ij} 是各个变量的因子载荷。因子载荷 a_{ij} 是第 i 个变量与第 j 个公因子的相关系数，反映了第 j 个公因子对第 i 个变量的影响程度。

模型需要满足以下的条件：

(1) $q \leqslant p$ 。

(2) $\mathrm{cov}(F,\varepsilon) = 0$ ，即 F 和 ε_i 是不相关的。

(3) $\mathrm{var}(X_i) = a_{i1}^2 + \cdots\cdots + a_{iq}^2 + \mathrm{var}(\varepsilon_i) = 1$ ，$i = 1,2,\cdots\cdots,p$ 。

(4) ε_i 之间不相关，且方差不同。

因子分析中公因子的个数要少于原始变量的个数，这样才能达到简化模型的目的，特殊因子 ε_i 可以理解为原始变量提取公因子后所剩的信息，所以特殊因子和公因子间是不相关的，所有公因子的方差加上特殊因子的方差就解释了原始变量的所有方差，因此有 $\mathrm{var}(X_i) = a_{i1}^2 + \cdots\cdots + a_{iq}^2 + \mathrm{var}(\varepsilon_i) = 1$ 。

定义 $h_i^2 = \sum_{j=1}^{m} a_{ij}^2$ 为变量 X_i 的共同度。一个变量的共同度越接近 1，说明该变量被公因子解释的程度越高，因子分析的效果越好。

因子载荷矩阵中各列元素的平方和 $S_j = \sum_{i=1}^{p} a_{ij}^2$ 称为公因子 F_j 对原始变量 X 的方差贡献，可以衡量因子 F_j 的相对重要性。

（二）主要步骤

因子分析过程一般包含四个步骤：探讨相关性、确定因子个数、因子载荷求解和旋转、计算因子得分。

1. 探讨相关性

根据研究问题选取原始变量后，首先要探讨变量间的相关性，原始变量越相关，因子分析的效果越好。常用的检验方法包括：计算各变量之间的相关系数，通过相关矩阵判断，若大部分相关系数小于 0.3，则不适合作因子分析；利用 KMO 检验和 Bartlett 球形度检验法，若 KMO 检验值大于 0.5 或 Bartlett 球形度检验 p 值小于 0.05 即通过检验，可以进行因子分析。

2. 确定因子个数

提取公共因子的一般原则是：特征根 λ（lanmba）> =1，或者累计贡献率一般达到 80% 以上（需根据研究具体内容确定，比例越高，因子对所有变量的代表性越好），同时也可以使用碎石图作为辅助判断。为了能够更清晰、合理地解释因子含义并给因子命名，往往还需要结合因子载荷矩阵（特别是旋转后的因子载荷矩阵）进行分析和判断。

3. 因子载荷求解和旋转

因子载荷矩阵的估计方法（因子提取方法）有多种，如主成分法、主轴因子法、极大似然法等。其中，主成分法，是 SPSS 的默认选项，多数情况下可以使用该方法。通过主成分分析的思想提取公因子，它假设变量是因子的线性组合。由于得到的因子载荷矩阵是不唯一的，可能有些变量在多个公共因子上都有较大的载荷，有些公共因子也可能同时对多个变量具有较大的载荷。为得到含义清晰的公共因子，需要通过因子旋转的方法，使每个变量仅在一个公因子上有较大的载荷（通常大于 0.5），而在其余的公因子上的载荷比较小。通过旋转，因子可以有更加明确的含义。SPSS 提供 5 种旋转方法，常用的一种方法是方差最大化正交旋转。

4. 计算因子得分

如果要使用这些因子做其他的研究，如把得到的因子作为自变量来做回归分析，对样本进行分类或评价，就需要计算每个个体在每个因子上的得分。

要计算因子得分，需要因子得分表达式：$F_j = b_{j0} + b_{j1}X_1 + \cdots + b_{jp}X_p$。即因子得分是各变量的线性组合。如果对变量都进行了标准化，则模型中没有常数项。因子得分有多种计算方法，常用的一种是回归法。

（三）应用实例

食堂菜品满意度的因子分析。为了研究大学生对食堂菜品的满意度情况，调查了大学生对食堂菜品在保温情况、价格、种类丰富度、外观品相、卫生情况、新鲜程度、咸淡程度、油腻程度、分量、荤菜占比、辣菜占比 11 个方面的评价，1—5 分表示从“非常不满意”到“非常满意”。分析方法与过程如下。

1. 进行相关性检验

对上述变量调查的数据，进行 KMO 和 Bartlett 球形检验，结果如表 8－38 所示。KMO 检验系数为 0.854，大于一般情况下的 0.5，Bartlett 球形检验的 p 值 <0.001，拒绝变量间相关系数为零的原假设，认为该数据适合进行因子分析。

表 8－38　　KMO 与 Bartlett 检验结果

	检验结果	
KMO 取样适切性量数	检验系数	0.854
Bartlett 的球形度检验	近似卡方	1141.023
	df	55
	Sig.	0.000

2. 进行因子分析

将数据导入 SPSS 中，选择“分析”—“降维”—“因子分析”，如图 8－70 所示。

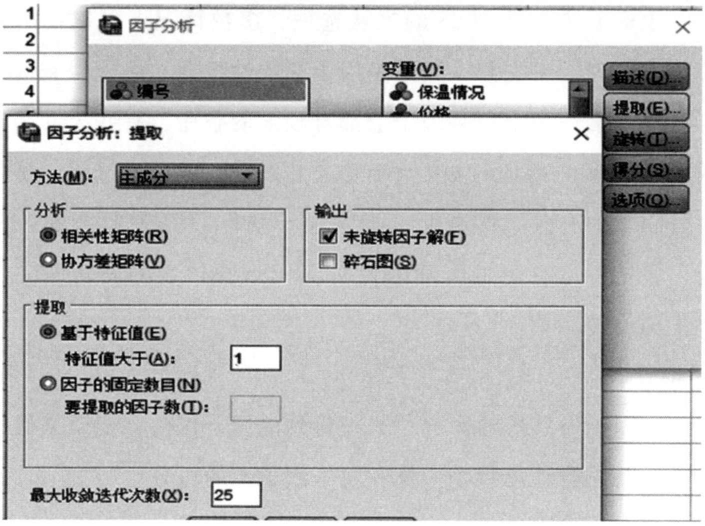

图 8－70　因子分析操作界面

在图 8－70 中，点击右侧的“描述”“提取”“旋转”“得分”，根据需要选择相应的选项。因子分析操作方法见第五节的实验或实践的相关内容。

3. 因子分析结果解读

根据前面相关选择，本例得到结果如表 8－39 所示。

表 8－39　　食堂菜品满意度的因子分析结果

原始变量	因子				
	性价比因子	卫生因子	口味因子	分量因子	辣度因子
保温情况	0.622				
价格	0.728				
种类丰富度	0.784				
外观品相	0.722				
卫生情况		0.895			
新鲜程度		0.767			
咸淡程度			0.782		
油腻程度			0.823		
分量				0.760	
荤菜占比				0.712	
辣菜占比					0.961
累计方差贡献率（%）	22.640	38.163	52.645	64.844	74.253

在表 8－39 中，提取的 5 个公因子的累计方差贡献率为 74.253%，说明公因子可以较为充分地解释原始变量的大部分信息。第一个公因子与保温情况、价格、种类丰富度和外

观品相相关性较大，说明第一个公因子充分反映了这些变量的信息，因此将其命名为性价比因子。第二个公因子与卫生情况和新鲜程度相关性较大，命名为卫生因子。第三个公因子与咸淡程度和油腻程度相关性较大，命名为口味因子。第四个公因子与分量和荤菜占比相关性较大，命名为分量因子。第五个公因子与辣菜占比相关性较大，命名为辣度因子。因子分析将问卷关于菜品的 11 个变量转化为 5 个不相关的因子，说明问卷的结构效度较高。

4. 后续进一步分析

得到的 5 个因子将用于后续的分析。如计算因子得分、排序、综合评价等。

（四）注意的问题

（1）由于小样本相关系数的可靠性较差，因子分析要求观测数至少应是变量数的 5 倍，最好是 10 倍以上。

（2）参与因子分析的变量必须是数值型变量，即要求数据是由定距或者定比测量尺度得到的。只有当原始数据中的变量之间具有较强的相关关系时，降维的效果才会明显，否则不适合进行因子分析。

（3）因子的提取主要用特征根或公因子方差贡献率提取，但也要结合具体问题而定，及研究者自身的知识和经验。

（4）因子分析得到的因子的含义是模糊的，需要重新命名，因子命名需要研究者自身的专业素质和对实际问题背景的了解程度，需要更多的实践经验，以便对研究的问题作出合理解释。

（5）在运用高度抽象的因子对实际问题进行评价、排序等分析时，要保持谨慎，它们的含义都不如原始变量清晰。

二、聚类分析

（一）基本原理

1. 基本含义

聚类分析（cluster analysis）是根据某种准则对个体或对象进行类群划分，使得同一类中对象之间的相似性比与其他类中对象之间的相似性更强。聚类分析能够在没有先验知识的情况下，将一批样本数据（或变量）按照它们所在性质上的亲疏程度自动进行类群划分。也就是说，聚类分析事先并不知道存在什么类别，这些类不是事先给定的，完全按照反映对象特征的数据把对象进行分类。好的聚类分析结果是：类内对象尽可能相似、类间对象尽可能不相似。

聚类分析通常可以分为两种：Q 型聚类和 R 型聚类。Q 型聚类是对观测个体的聚类，R 型聚类是对变量的聚类。如按照多项经济指标（变量）对不同的地区（样本）进行分类，就是 Q 型聚类，而按照不同地区的样本数据对多个经济变量进行分类就是 R 型聚类。聚类分析就是按照对象之间的“相似”程度把对象进行分类。用来描述物品或变量的相似或亲疏程度通常有两个途径：一是把每个样品或变量看成是多维空间中的一个点，在多维坐标中，定义点与点、类与类之间的距离，用距离来描述样品或变量之间的亲疏程度；二是计算样品或变量的相似系数，用相似系数来描述样品或变量之间的亲疏程度。二者在数学上是对称的，没有本质区别。一般根据样本的观测数据测度变量之间的相似性常使用相似系数，根据变量来测度样本之间的相似程度则使用距离。实际中人们更感兴趣的通常是根据变量对样本进行分类（Q 型聚类），下面重点介绍 Q 型聚类应用。

2. 相似性的测度

聚类分析实质上是寻找一种能够客观反映研究对象之间亲疏关系的统计量，相似性测度的三种主要方法：相关测度、距离测度、关联测度。它们从不同角度测度了研究对象的相似性，其中相关测度和距离测度适用于定距或定比变量，关联测度适用于定类或定序变量。

（1）点间距离。两个样品（或样本）间相似程度就可用 p 维空间中的两点距离（点间距离）公式来度量。两点距离公式可以从不同角度进行定义，常用如绝对距离、平方欧氏距离、切比雪夫距离、明考夫斯基距离（明氏距离）、马氏距离等，各个点之间距离的远近就是分类的依据。在对变量进行分类时，度量变量之间的相似性常用相似系数，测度方法有夹角余弦、Pearson 相关系数等。一般说来，同一批数据采用不同的距离公式，会得到不同的分类结果。因此，选择距离公式应注意遵循以下的基本原则：

一是要考虑所选择的距离公式在实际应用中有明确的意义。如欧氏距离就有非常明确的空间距离概念，马氏距离有消除量纲影响的作用。

二是要综合考虑对样本观测数据的预处理和将要采用的聚类分析方法。如在进行聚类分析之前已经对变量做了标准化处理，则通常就可采用欧氏距离。

三是在聚类分析前不妨试探性地选择几个距离公式分别进行聚类，然后对聚类分析的结果进行对比分析，以确定最合适的距离测度方法。

（2）类间距离。例如，系统聚类是事先不确定要分多少类，而是先把每一个对象作为一类，然后一层一层进行合并，当类别多于 1 个时，就涉及如何定义两个类别之间的距离问题。例如，将每一个样品（样本）作为一类，如果是 n 个样品就分成 n 类，选择某种方法度量样品（样本）之间的距离（点间距离），并将距离最近的两个样品合并为一个类别，从而形成了 n - 1 个类别；再计算出新产生的类别与其他各类别之间的距离。定义类与类之间的距离聚类时也要注意：不同的类间距离定义产生了不同的系统聚类法。常用的类间距离定义有 8 种，与之相应的系统聚类法也有 8 种，分别为最短距离法、最长距离法、中间距离法、重心法、类平均法、可变类平均法、可变法和离差平方和法。它们的归类步骤基本上是一致的，主要差异是类间距离的计算方法不同。

（二）聚类常用方法

聚类方法有很多种，不同的方法适合解决不同类型的问题。实际应用中常用的聚类方法有系统聚类法（hierarchical clustering）和 K 均值聚类法（K – means clustering）。

1. 系统聚类法

系统聚类法也称层次聚类，主要思路及步骤如下：

（1）对数据进行变换处理。

（2）计算各样品之间的距离。假设总共有 n 个样品（或变量），第一步将每个样品（或变量）独自聚成一类，共有 n 类；第二步根据所选择使用的样品（或变量）距离（点间距离）公式，把“距离”较近的两个样品（或变量）聚合为一类，其他的样品（或变量）仍各自聚为一类，共聚成 n – 1 类。

（3）选择并计算类与类之间的距离（类间距离），将“距离”最近的两个类聚成一类，共聚成 n – 2 类；以上步骤一直进行下去，最后将所有的样品（或变量）全聚成一类。

（4）绘制系统聚类谱系图，根据具体情况确定最后需要的类别，得到不同分类结果。

根据运算的方向不同，层次聚类法又分为合并法和分解法，两种方法的运算原理一样，只是方向相反。

2. K 均值聚类法

K 均值聚类法也称为快速聚类，是一种简单易行、时间复杂度低的最著名的聚类算法，特别是针对大规模的数据集。基本思想是将每一个样品分配给最近中心（均值）的类中，具体的算法至少包括的步骤如下：

（1）将所有的样品分成 k 个初始类。类别数目 k 需要研究者自己确定，可根据实际问题反复尝试比较。

（2）确定 k 个类别的初始聚类中心，依次计算剩下的点到 k 个类中心的距离，将这些点分别划归到距离最近的类。原始聚类中心的确定需要研究者根据实际问题和经验综合考虑。使用 SPSS 进行聚类时，也可以由系统自动指定初始聚类中心。“距离”的计算方法要选择，如欧氏距离等。

（3）根据聚类结果，重新计算 k 个类的中心，计算方法是取类中所有点各维度的算术平均数，即计算出各类别中每个变量的均值，并以均值点作为新的 k 个类别中心。根据新的中心，重新计算每个样本到新的中心的距离。

（4）将样本数据集合中全部样品按照新的中心重新聚类。

（5）重复步骤（3）和（4），直到所有的样品都不能再分配时为止。

（6）输出结果。

K 均值聚类法和系统聚类法一样，都是以距离的远近亲疏为标准进行聚类的，但是两者的不同之处在于：系统聚类对不同的类数产生一系列的聚类结果，而 K 均值法只能产生指定类数的聚类结果。具体类数的确定，离不开实践经验的积累。有时也可以借助系统聚类法以一部分样品为对象进行聚类，其结果作为 K 均值法确定类数的参考。

（三）应用实例

居民消费支出是住户调查的核心内容之一。消费支出具体是指住户用于满足家庭日常生活消费需要的全部支出，包括用于消费品的支出和用于服务性消费的支出。根据用途不同，消费支出可划分为食品烟酒、衣着、居住、生活用品及服务、交通通信、教育文化娱乐、医疗保健、其他用品及服务八大类。这八大类消费支出体现了城乡居民的消费结构。根据《中国统计年鉴 2021》我国分地区（不含港澳台）城镇居民的人均消费支出原始数据，如表 8－40 所示，对不同地区城镇居民消费结构进行聚类分析，了解城镇居民消费特征。

表 8－40　　2020 年分地区城镇居民人均消费支出构成　　单位：元

省（自治区、直辖市）	食品烟酒	衣着	居住	生活用品及服务	交通通信	教育文化娱乐	医疗保健	其他用品及服务
北　京	8751.4	1924.0	17163.1	2306.7	3925.2	3020.7	3755.0	880.0
天　津	9122.2	1860.4	7770.0	1804.1	4045.7	2530.6	2811.0	950.7
河　北	6234.6	1667.4	5996.0	1540.6	2798.3	2412.2	1988.8	529.6
山　西	5304.4	1671.0	4452.3	1149.4	2687.2	2150.2	2421.2	496.3
内蒙古	6690.6	2123.5	5149.3	1472.9	3724.4	2099.5	2039.8	587.7
辽　宁	7334.0	1717.8	5503.6	1372.7	3016.5	2371.4	2595.2	937.9
吉　林	6040.8	1749.7	4597.2	1236.5	2770.2	2187.7	2396.4	644.7
黑龙江	6029.5	1615.0	4449.4	1142.1	2436.1	1891.1	2350.7	483.6
上　海	11515.1	1763.5	16465.1	2177.5	4677.1	3962.6	3188.7	1089.9
江　苏	8291.7	1768.0	9388.4	1809.0	3994.6	2728.2	2173.7	728.6
浙　江	9913.7	2035.5	10664.7	2073.1	4987.6	3449.7	2162.1	910.5
安　徽	7400.8	1548.9	5348.9	1358.6	2674.1	2283.1	1637.6	430.6
福　建	9673.0	1443.5	9355.8	1519.3	3755.2	2300.9	1773.8	665.0
江　西	6949.1	1354.5	5315.6	1233.9	2856.8	2262.3	1724.3	437.9
山　东	7318.6	2012.5	5972.9	2148.7	3688.4	3204.5	2298.1	647.4

续表

省（自治区、直辖市）	食品烟酒	衣着	居住	生活用品及服务	交通通信	教育文化娱乐	医疗保健	其他用品及服务
河　南	5584.3	1620.0	4992.8	1413.8	2391.8	2141.9	1899.3	600.9
湖　北	7112.4	1472.3	5774.3	1316.0	2852.5	2040.8	1922.3	394.8
湖　南	7807.1	1778.4	5465.5	1708.7	3722.5	3360.8	2350.5	602.8
广　东	10794.7	1282.1	9457.9	1895.3	4626.3	2958.7	1748.6	747.7
广　西	7091.9	874.1	4645.1	1232.9	2601.8	2181.1	1903.4	376.2
海　南	8896.1	896.8	5463.9	1140.0	2677.5	2383.2	1668.3	434.1
重　庆	8618.8	1918.0	4970.8	1897.3	3290.8	2648.3	2445.3	675.1
四　川	8741.1	1674.5	4951.4	1599.6	3052.2	2253.0	2193.4	668.1
贵　州	6568.4	1436.0	3929.1	1319.7	3168.4	2001.3	1706.6	457.5
云　南	6851.9	1434.4	5310.2	1486.7	4092.4	2531.1	2317.7	544.9
西　藏	8637.7	2303.1	5855.3	1827.7	3621.1	1015.1	1098.9	568.4
陕　西	6295.8	1649.8	4887.6	1622.3	2855.2	2387.2	2608.4	560.2
甘　肃	7068.2	1859.4	5786.6	1662.0	3081.4	2426.7	2090.5	639.8
青　海	6754.1	1770.5	5053.7	1509.6	4076.4	2043.1	2524.6	583.1
宁　夏	6068.3	1776.3	4319.2	1383.5	3680.3	2250.3	2267.3	634.0
新　疆	7194.3	1616.8	4483.1	1500.8	3413.5	1778.2	2349.1	615.9

1. 对城镇居民人均消费支出进行系统聚类

在 SPSS 中点击“分析”—“分类”—“系统聚类”，选择相应的选项。系统聚类操作过程见第五节实验或实践相关内容。本例根据需求选择后，输出结果如表 8－41、表 8－42、图 8－71 所示。

表 8－41 为分组描述统计的结果。分别给出了三类的个案数、最小值、最大值、平均值、标准差。

表 8－41　　城镇居民人均消费分组描述统计

Ward Method		N	最小值	最大值	平均值	标准差
1	食品烟酒	2	8751.4	11515.1	10133.250	1954.2310
	衣着	2	1763.5	1924.0	1843.750	113.4906
	居住	2	16465.1	17163.1	16814.100	493.5605
	生活用品及服务	2	2177.5	2306.7	2242.100	91.3582
	交通通信	2	3925.2	4677.1	4301.150	531.6736
	教育文化娱乐	2	3020.7	3962.6	3491.650	666.0239
	医疗保健	2	3188.7	3755.0	3471.850	400.4346
	其他用品及服务	2	880.0	1089.9	984.950	148.4217
	Ward Method	2	1	1	1.00	.000
	有效个案数（成列）	2				

续表

Ward Method		N	最小值	最大值	平均值	标准差
2	食品烟酒	5	8291.7	10794.7	9559.060	930.4040
	衣着	5	1282.1	2035.5	1677.900	308.5867
	居住	5	7770.0	10664.7	9327.360	1029.0073
	生活用品及服务	5	1519.3	2073.1	1820.160	200.3272
	交通通信	5	3755.2	4987.6	4281.880	508.0277
	教育文化娱乐	5	2300.9	3449.7	2793.620	439.8649
	医疗保健	5	1748.6	2811.0	2133.840	429.8173
	其他用品及服务	5	665.0	950.7	800.500	123.4684
	Ward Method	5	2	2	2.00	.000
	有效个案数（成列）	5				
3	食品烟酒	24	5304.4	8896.1	7024.700	979.3776
	衣着	24	874.1	2303.1	1647.529	319.9504
	居住	24	3929.1	5996.0	5111.408	567.3532
	生活用品及服务	24	1140.0	2148.7	1469.833	253.4371
	交通通信	24	2391.8	4092.4	3134.575	506.1069
	教育文化娱乐	24	1015.1	3360.8	2262.671	445.5859
	医疗保健	24	1098.9	2608.4	2116.571	368.5180
	其他用品及服务	24	376.2	937.9	564.646	120.1470
	Ward Method	24	3	4	3.46	.509
	有效个案数（成列）	24				

表 8－42 为具体分类结果，分为三类及每个类别包括的样品。

表 8－42　　　　城镇居民人均消费分类结果

类别	省（自治区、直辖市）
第一类：超级城市	北京、上海
第二类：一线地区	浙江、广东、江苏、福建、天津
第三类：其他地区	重庆、四川、海南、西藏、山东、湖南、安徽、江西、湖北、广西、辽宁、甘肃、河北、吉林、黑龙江、山西、河南、陕西、云南、青海、内蒙古、贵州、宁夏、新疆

图 8－71 为谱系图，从图中可以直观，还可以用定量的方法观察各样品之间的相似程度，评估所形成的聚类的凝聚性，并且可以提供关于要保留的适当聚类数目的信息。

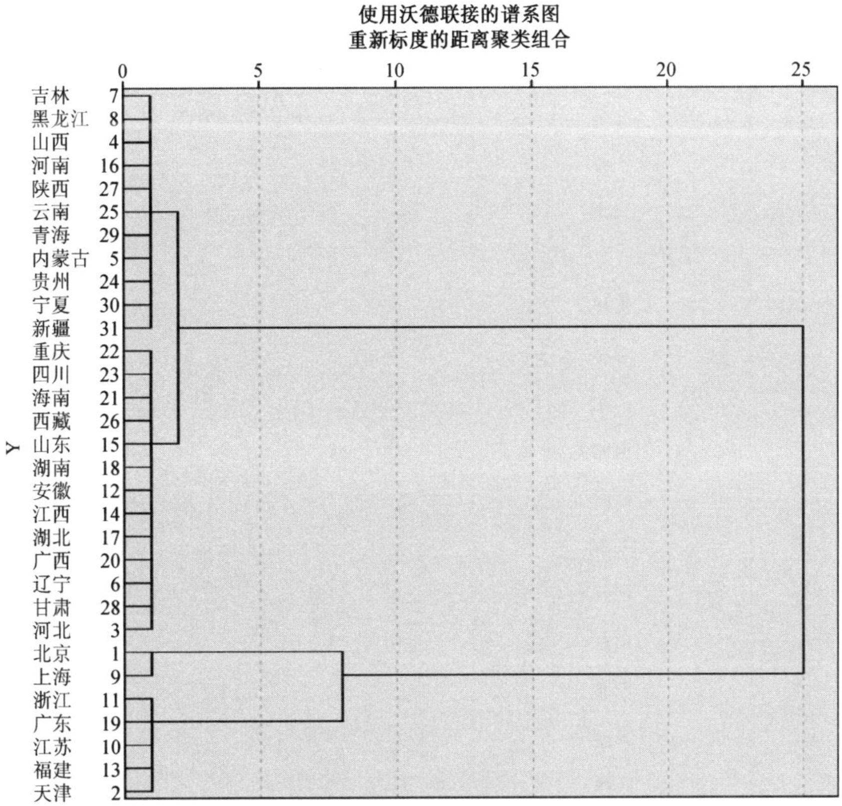

图 8－71　系统聚类谱系图

对结果分析解读。以最终聚类结果为 3 类为例，第一类可以定义为超级城市，包括北京、上海；第二类可定义为一线地区，包括浙江、广东、江苏、福建和天津；第三类地区没有明显特征，归类为其他地区。三类中地区个数分别是 2、5、24。从分组描述统计结果表 8－42 可以看出，三类地区在居住类别中的消费差异最大，超级城市的居住消费高于其他两类地区，一线地区较其他地区的居住消费也有较多支出，与这一特点类似的还有食品烟酒类别。对于医疗保健支出，超市城市的医疗保健消费支出最高，然而一线城市和其他城市的医疗消费基本相当。也可以进一步计算各类别所属地区的描述统计量及其他相关的分析。

2. 对城镇居民人均消费支出进行 K 均值聚类

在 SPSS 中点击“分析”—“分类”—“K 均值聚类”，选择相应的选项，K 均值聚类操作见第五节实验或实践相关内容。本例选择后得到相应结果如表 8－43 所示。

K 均值聚类表 8－43 聚类成员结果，给出了各观测值所属的类及与其所属类中心的距离。分为三类的结果与系统聚类结果一致，第一类为超级城市，包括北京和上海；第二类包括天津、江苏、浙江、福建和广东 5 个地区；其他地区归类为第三类。

表 8－43　　聚类成员

个案号	省（自治区、直辖市）	聚类	距离
1	北京	1	1579.951
2	上海	1	1579.951
3	天津	2	1804.397
4	江苏	2	1308.334
5	浙江	2	1745.705
6	福建	2	909.618
7	广东	2	1415.353
8	河北	3	1251.062
9	辽宁	3	811.186
10	安徽	3	824.494
11	江西	3	660.333
12	山东	3	1629.777
13	湖北	3	834.786
14	湖南	3	1555.454
15	广西	3	1117.026
16	甘肃	3	758.719
17	山西	3	1951.243
18	内蒙古	3	848.858
19	吉林	3	1233.068
20	黑龙江	3	1491.463
21	河南	3	1645.460
22	贵州	3	1386.493
23	云南	3	1070.239
24	陕西	3	969.593
25	青海	3	1093.312
26	宁夏	3	1375.438
27	新疆	3	891.430
28	海南	3	2177.202
29	重庆	3	1763.572
30	四川	3	1735.708
31	西藏	3	2557.693

（四）聚类分析注意的问题

（1）如果聚类变量的计量单位不同，或各变量的取值有数量上的过大差异，应事先对其标准化后再进行聚类分析，否则可能会得出错误的结论。

（2）选择不同的变量组合、聚类方法、测度方法及标准化方法，所得出的聚类过程及结果可能会有所不同。其中，变量组合的差异对聚类过程及结果的影响通常是最大的。

（3）对大样本进行聚类分析，当要聚成的类数确定时，可适用 K 均值聚类，其特点是处理速度快。但 K 均值聚类只适用于定量变量，如果聚类变量中含有定性变量，则可以考虑使用 K－prototype 等聚类方法。因此聚类时要观察数据的类型、对变量还是对样品进行聚类。

（4）各变量间不应有较强的相关关系。否则测度距离时，就加大了它们的贡献，而其他变量则相对被削弱。

（5）无论哪种聚类方法，最终分成多少类别，并不是完全由方法本身来决定，研究者应结合具体问题而定。

三、对应分析

（一）基本原理

对应分析（correspondence analysis）也称关联分析，是一种描述性、探索性的数据分析方法，用来描述两个或多个分类变量各水平间相关性的一种多元统计分析方法。当研究的分类变量类别较多或分类变量个数较多时，很难通过列联表直观揭示出变量之间或变量各类别的联系，这时就利用降维的思想来简化列联表的结构，通过分析由定性变量构成的交互汇总表，揭示变量间、样本间以及变量与样本间关系。与因子分析类似，对应分析也是一种数据降维技术。因子分析中可以对变量进行降维，根据因子分析的结果分析各个变量之间的接近程度，也可以对样品进行降维，根据因子分析的结果分析样品之间的接近程度。而对应分析则可以按照相同的刻度同时对列联表中的行变量和列变量进行降维（实质是 R 型和 Q 型因子分析的结合），用较少的维度（一般选用二维或三维）来代表数据表中的行变量和列变量，从而在同一个空间中用图形方法显示行变量和列变量类别之间的关系，即用低维度图形，一般在一张二维图上同时表示出两类（行与列）属性变量的各种状态，直观地描述原始数据结构。

对应分析方法不用进行因子选择和因子轴旋转等复杂的数学运算和中间过程，而是从因子载荷图上对样品进行直观分类，并能够标示出分类的主要参数以及分类的依据，因此在品牌形象研究、市场细分和市场定位研究等领域都有着非常广泛的应用。

（二）对应分析一般步骤

（1）选择分析的分类（或顺序）变量（通常为二维变量），分别作为列联表的行列变量，并搜集样本集和变量集数据。

（2）对原始数据进行相关的处理，如规格化得到变换矩阵，变量间的度量单位不同或数量级相差很大时，通常进行标准化处理等。

（3）对行变量和列变量的分类进行降维处理。即进行 R 型（变量间）因子分析，和 Q 型（样品间）因子分析。

（4）绘制行列变量分类的对应分布图。

（5）根据对应分析的原理、方法，结合实际问题，进行合理的解读与推断。

对应分析可以提供如下的信息：变量之间的信息；样本之间的信息；变量与样本之间的信息，这些信息都可以通过对应分布图反映出来。

对两个分类变量进行的对应分析称为简单对应分析；两个以上分类变量进行的对应分析称为多重对应分析。

（三）应用举例

根据美国的一般社会调查（general social survey）某年的婚姻状况和幸福状况的调查结果，采用对应分析探究婚姻状况和幸福状况两个变量之间的关系。

在 SPSS 中点击“分析”—“降维”—“对应分析”，点击要分析的变量通过箭头分别送入“行变量”和“列变量”内，并点击“定义范围”按钮，输入最小值、最大值，然后点击按钮“更新”；点击“模型”，在“解的维数”系统默认是 2，其他默认即可；点击“统计”，根据需要勾选相关的统计量或默认；点击“图”，在“散点图”下选择“双标图”，其他根据需要选择。对应分析操作方法见第五节实验或实践的相关内容。本例为简单对应分析，根据要求输出了 2 个常用结果，如表 8－44 和图 8－72 所示。

表 8－44 是对应分析的摘要表。表中“惯量”类似于因子分析中特征值对应的方差；“惯量比例”一栏中，“解释”的惯量比例类似于因子分析中的方差贡献率；“累积”的惯量比例类似于因子分析中的累积方差贡献率，这几个指标反映了每个维度的因子重要性和解释能力。表中的“卡方”是关于列联表行列独立性检验的 χ^2 统计量的值，其后面的 Sig. 为在行列独立的零假设下的 p 值，注释表明统计量对应的自由度为 $(5-1)\times(3-1)=8$。P 值很小，拒绝原假设，说明列联表的行与列之间有较强的相关性。

表 8－44　　婚姻状况和幸福状况对应分析的摘要表

维数	奇异值	惯量	卡方	Sig.	惯量比例		置信奇异值	
					解释	累积	标准差	相关 2
1	.272	.074			.944	.944	.017	.064
2	.066	.004			.056	1.000	.021	
总计		.078	225.274	.000[a]	1.000	1.000		

注：a. 8 自由度。

图 8－72 是对应分析图。从图中可以很直观地看出“婚姻状况”和“幸福状况”取值之间的对应关系：“已婚”和“非常幸福”最接近；“离异”“未婚”和“比较幸福”比较接近，而“丧偶”“分居”和“不太幸福”比较接近。两个变量取值之间的这种对应关系单独用 χ^2 检验是无法看出的。

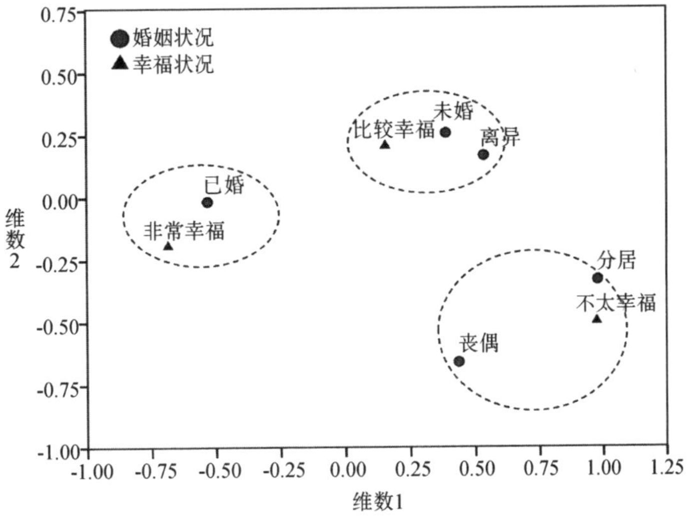

图 8－72　关于婚姻状况和幸福状况关系的对应分析图

当然，由于对应分析是一种探索性的描述统计方法，并不能保证所有的对应分析结果中两个变量的取值之间都有如此明确的对应关系。

(四) 对应分析注意的问题

(1) 对应分析只是一种描述性的统计分析方法，它虽然可以揭示变量间的对应关系，但不能用于相关关系的假设检验。

(2) 对应分析是一种降维方法，在分析过程中，最终用几维进行分析需要由研究者自行决定。

（3）对应分析对极端值比较敏感，极端值的存在会对分析结果造成较大影响。因此，进行对应分析时，需要事先对数据进行整理，如剔除异常值、插补缺失值等，在解释图形变量类别间的关系时，也要注意所选择的数据标准化方式。

四、Logistic 回归

（一）Logistic 回归基本原理

在调查数据的分析过程中，常常会遇到因变量是分类变量的情况。例如，要了解客户使用互联网投资理财产品的影响因素（“使用互联网投资理财产品”这个变量为分类变量），此时可以考虑采用 Logistic 回归。当 Logistic 回归涉及的因变量为二分变量时，称为二分 Logistic 回归；当所涉及的因变量为两个以上类别时，称为多分类 Logistic 回归。限于篇幅，只介绍二分 Logistic 回归。

设 y 为因变量，且 y 服从于二项分布，其取值为 0 和 1。记 $p = P(y = 1)$ ，$q = P(y = 0)$ ，$q = 1 - p$ ，则 $p = P(y = 1)$ 即是我们所要研究的对象。实际应用中，如果有很多因素影响 y 的取值，那么将这些因素作为自变量，自变量既可以是连续变量也可以是分类变量。值得注意的是，Logistic 回归与一般的线性回归不同，它解释了自变量和因变量概率取值 $p = P(y = 1)$ 之间的关系，一般用 Logistic 曲线表示 $p = P(y = 1)$ 与自变量的关系：

$$p = P(y = 1) = \frac{\exp(\beta_0 + \beta_1 x_1 + \beta_2 x_2 + \cdots + \beta_k x_k)}{1 + \exp(\beta_0 + \beta_1 x_1 + \beta_2 x_2 + \cdots + \beta_k x_k)}$$

对上式作 Logit 变换，则可得到 Logistic 回归模型的形式：

$$\text{Logit}(y) = \ln\left(\frac{p}{1 - p}\right) = \beta_0 + \beta_1 x_1 + \beta_2 x_2 + \cdots + \beta_k x_k$$

其中，$\beta_0, \beta_1, \beta_2, \cdots, \beta_k$ 为待估参数，$\frac{p}{1 - p}$ 称为优势比率（odds ratio，简称 OR），即事件发生与不发生的概率比，优势比率的自然对数 $\ln\left(\frac{p}{1 - p}\right)$ 称为 y 的 Logit，记为 Logit（y）。

Logistic 回归模型的参数估计一般使用极大似然估计法。模型拟合好坏可以通过似然值来测度（通常统计软件中将似然值取自然对数并乘 -2，记作 -2LL），当似然值为 1 时，此时 -2LL = 0，达到最小取值，模型完全拟合。对于系数的显著性检验，Logistic 回归模型常用的统计量为 Wald 统计量，Wald 检验的原假设：待检验的系数为零。单个解释变量的 Wald 统计量服从自由度为 1 的 χ^2 分布。Wald 统计量计算公式如下：$W = \left(\frac{\hat{\beta}_j}{SE(\hat{\beta}_j)}\right)^2$

（二）应用举例

为了分析居民垃圾分类意愿的影响因素，采用 Logistic 回归模型开展居民垃圾分类意愿研究。因变量为“是否愿意进行垃圾分类”，1 表示愿意，0 表示不愿意。自变量包括个人基本情况的年龄、受教育程度、家庭年收入和居住区域，以及是否支持北京市对垃圾分类管理立法和对北京市垃圾分类了解程度等 11 个变量。模型估计结果如表 8－45 所示①。

表 8－45　　居民垃圾分类意愿 Logistic 回归模型的估计结果

变量名称	B	S. E	Wald	Sig.	Exp（B）
性别（女）	0.172	0.166	1.075	0.3	1.188
年龄（40 岁以上）	0.283	0.064	19.737	0.08	1.327
受教育程度（高）	0.273	0.075	13.327	0.07	1.314
居住区域（首都功能核心区）	－0.039	0.018	5.028	0.025	0.961
垃圾分类宣传（偶尔）	0.532	0.078	46.191	0	1.702
常量	0.166	0.067	6.123	0.013	1.181

表 8－45 结果显示，年龄、文化程度、居住区域以及宣传教育对提高居民垃圾分类意愿具有较强的影响，而性别对于提高居民垃圾分类意愿差异不明显。其中：

（1）年龄越大对垃圾分类意愿更强，可能的解释是教育权利的大众化使更多人走进校园，而垃圾分类知识和环保观念通过教育影响到新一代青年的价值观。

（2）文化程度与居民分类意愿呈正向相关性，表明随着居民受教育水平的提高，更深入认识到垃圾分类对于环境的重要性，更加容易接受垃圾分类的制度的实施；另外，掌握垃圾分类知识需要花费的时间和精力更少，在一定程度上不会降低他们垃圾分类的意愿。

（3）居住地对垃圾分类意愿高低在 5% 的显著性水平上有显著影响，这是符合预期的。

（4）宣传教育与居民分类意愿高低在 5% 的显著性水平上存在显著的正向相关关系。政府偶尔进行相关宣传教育地区的居民分类意愿高的概率是从不进行宣传教育的 1.702 倍，表明政府经常开展垃圾分类处理的教育宣传活动，会潜移默化地影响居民的行为习惯，且垃圾分类基本知识的宣传普及可以有效提高居民的参与度和认可度，居民“自愿”而不是被政府“强制”。

① 由于参与建模的自变量个数较多，本例运用了逐步向前回归法。

（三）Logistic 回归要注意的问题

（1）当变量之间的关系呈非线性时，可以对因变量或自变量进行转换，虽然此时因变量与自变量的实质关系仍为非线性的，但在表现形式上为线性，即参数间的关系是线性的。在数学中，概率的 Logit 能有效地修正二分因变量与自变量之间的非线性关系。

（2）进行线性回归分析，关注的是所有自变量对因变量的解释程度以及是否能更好地预测因变量。对于 Logistic 回归模型而言，由于因变量为分类变量（且通常是二分变量），更多关注的是正确预测的频率以及模型能否有效减少误差，而不是预测值接近观测值（0 或 1）的程度。

第五节　拓展·实验或实践·探究

一、拓展

（一）关于表、图及数据可视化方法

1. 列表法

列表法也是数据分析必不可少的一种方法，是记录和处理数据最常用的方法。数据搜集后按照一定的要求进行整理、归类，并按照一定的顺序把数据排列起来、制成表格。如频数分布表、统计表等。

常用的统计表是由纵横交叉线条所绘制的表格来表现统计数据的一种形式，用来说明研究对象之间的相互关系，并把研究对象之间的变化规律及之间的差别显著地表示出来，便于人们分析和研究问题。统计表的内容一般包括表头、行标题、列标题、数字资料及计量单位、制表日期、附加等。表头是表的名称，简单扼要地反映出表的主要内容，表的名称前要有表号；行标题是指每一横行内数据的含义；列标题是指每一纵栏内数据的含义；数字资料是指各空格内按要求填写的数字；计量单位是指表格里数据的计量单位，在数据单位相同时，一般把单位放在表的右上角。如果各项目的数据单位不同，可放在表格里注明；制表日期一般放在表的右上角，表明制表的时间；统计表为“开口式”，左右两端不

封口；表的上下两条横线一般用粗线，其他线用细线，线条要少；很多统计表都有“备注”或“附注”，以便对表格的内容进行补充说明。

2. 图形及数据可视化方法

图形及数据可视化是数据分析必不可少的方法。借助于图形化手段，清晰有效地传达与沟通信息。

数据可视化起源于1960年计算机图形学，那时人们使用计算机创建图形图表，可视化提取出来的数据，可以将数据的各种属性和变量呈现出来。随着计算机硬件的发展，人们创建更复杂规模更大的数字模型，于是发展了数据采集设备和数据保存设备，而此时也需要更高级的计算机图形学技术及方法来创建这些规模庞大的数据集。随着数据可视化平台的拓展，应用领域的增加，表现形式的不断变化，以及增加了诸如实时动态效果、用户交互使用等，数据可视化边界不断扩大。

（1）常用的图形。选择图形时应分清是对定性变量、定量变量、变量之间的关系还是对高维数据进行分析。

定性变量常用图形，如柱状图、点图（哑铃图）、饼图（环形图）、帕累托图、风玫瑰图、树状图、马赛克图、气球图、热图、词云图，等等，使用时注意区分数据的类型及图形的适用。例如，饼图是反映总体或样本的内部构成的图形，主要用于展示总体内部的结构，各组成部分所占比例等，图中的数据需要用百分比表示；而柱状图适用面广泛。帕累托图又叫排列图、主次图，是按照发生频率（频数）大小顺序绘制，表示有多少结果是由已确认类型或范畴的原因所造成，通常在对质量问题和质量改进分析时应用。哑铃图，比较不同样本或不同分组的某个指标的变化，或者展示不同样本和不同类别之间的关系。环形图主要用于展示两个或多个分类变量的构成比。风玫瑰图是气象科学专业统计图表，用来统计某个地区一段时期内风向、风速发生频率，又分为“风向玫瑰图”和“风速玫瑰图”，因图形似玫瑰花朵而得名。将各类别的层次结构画成树状图的形式，称为树状图或分层树状图。马赛克图是高维列联表的可视化图形之一，图中嵌套矩形的面积与列联表相应单元格的频数成比例。气球图，即用气球大小表示数据的图形，它画出的是一个图形矩阵，其中每个单元格包含一个点（气球），其大小与相应数据的大小成比例，气球图可用于展示由两个类别变量生成的二维列联表，也可以用于展示具有行和列名称的其他数据。热图是用颜色的饱和度（深浅）表示数值大小图形，可以绘制成矩形的形式，用每个矩形的颜色饱和度表示二维表中每个单元格对应的数值大小，也可以将矩形转换成极坐标，绘制出圆形的热图。词云是一种可视化描绘单词或词语出现在文本数据中频率的方式，词云图主要是由随机分布在词云图的单词或词语构成，出现频率较高的单词或词语则会以较大的形式呈现出来，而频率越低的单词或词语则会以较小的形式呈现，其多适用词频数据，通过过滤掉大量的文本信息，使读者只要一眼扫过文本就可以领略文本的主旨。

定量变量数据常见的图形，如直方图、密度图、峰峦图、箱线图、茎叶图，小提琴图、分布概要图，等等。直方图在统计分组的基础上，用来反映定量变量的分布状况。密度曲线图为数值数据的分布提供了一种平滑的描述，从中可以看出分布的大致形状。峰峦图，整个图形中像山脉一般的折线层峦叠嶂，适合用于多组数值型数据的可视化展示，很方便地发现各组数据中的变化趋势，及组与组之间的数据对比。箱线图由一组数据的 5 个特征值绘制，一个箱子和两条线段组成，主要用于显示未分组原始数据的分布，它不仅可以反映一组数据分布的特征，如分布是否对称，是否存在离群点等，还能够进行多组数据分布特征的比较。茎叶图可以同时展示数据的分布形状和原始数据，茎叶图主要用于显示未分组的原始数据的分布。由“茎”和“叶”两部分构成，其图形是由数字组成的，可以计算各组的次数。小提琴图是一种用来对多组数据的分布进行比较的方法，主要为数值数据的分布提供了一种平滑的描述，可以看出分布的大致形状，主要用于多主体的比较。如果想用一幅图对数据的分布特征有一个概括性的描述，可以使用分布概要图。当数据集中既包含类别变量，又包含数值变量时，可以根据变量类型分别绘制不同的图形以及按类别变量分类的数值变量的图形，为展示复杂数据集和类别变量之间的对应关系，可选择广义配对图。

对于变量之间的关系的研究，可选择散点图、密度图、气泡图、折线图、广义配对图等。例如，散点图主要用点在坐标系上的位置展示两个数值变量的分布，也可以添加各种类型的回归趋势线，探索它们间的相关关系。二维变量的密度图，地理学中地图上地势高度相同的点连成的曲线被称为等高线，将地势高度转化为二元随机变量联合密度函数的取值，则等高线图就能借以绘制一个二维随机变量的核密度估计图，主要展示二维随机变量的密度分布情况。三个定量变量之间的关系可用气泡图，气泡图与散点图的适用场景类似，图中额外加入一个表示大小的变量，组成三个数值进行对比，从而在图中获取更多的信息。也可以将图形分面，在一个页面依据一个或几个分类变量，自动摆放多幅图形的方法，即将数据依据分类变量划分为子集，然后将每个子集数据分别绘制到页面的不同面板中。

对高维数据的展示，通常是采用某种技术手段将 n 维空间中的点降至三维以下，从而能够绘制于平面设备上。如散点图矩阵、相关系数矩阵、聚类热图、平行坐标图（轮廓图）、雷达图、脸谱图等。散点图矩阵在坐标系上的位置展示多个数值变量的两两分布，适用多个定量数据，主要探索多个变量间两两的相关关系，或用相关系数矩阵展示。聚类热图在聚类分析技术中，通常用热图来大致区分出类的数量以及哪些观测点同属一类。热图的绘制方式与相关系数矩阵图类似，都是通过将某个数值映射到矩阵中的连续变化的颜色上。不同的是，热图使用的数值是某两个观测点间的欧式距离，而相关系数图使用的是两个变量的相关系数。平行坐标图（轮廓图），将每个观测值在不同变量上的取值连接成线，曲线走势相似的观测点倾向于为同一类，适用多个定量变量，可用于研究多个样本在多个变量上的相似程度或变量间的相互关系。雷达图，主要对多个样本、多个变量之间进行比较研究。脸谱图，用人脸部位的形状或大小来表征，通过对脸谱的分析，可根据多个变量对样本进行归类或比较研究。复杂的图形及可视化可借助 Excel 及其插件、Echart、R、Python、Tableau 等一些工具绘制。

（2）使用图形需要注意的问题。图形法就是一种以点、线条、面积等方法描述和显示数据的形式，具有直观、醒目、易于理解等特点，一般由坐标系、图形和图例三部分组成。绘制与使用需要注意以下几点。

第一，通过选择恰当的图形类型、刻度、长宽比例等，使图形能够准确反映数据中包含的信息。若时间序列数据，时间一般绘在横轴，指标数据绘在纵轴，长宽比例要适当，其长宽比例大致为 10:7；一般情况下，纵轴数据下端应从“0”开始；数据与“0”之间的间距过大时，可以采取折断的符号将纵轴折断。

第二，图形要尽量简明。图形应该突出所要传达的信息，不必要的标签、背景、网格线等会分散读者的注意力。

第三，图形应该有清楚的标题和必要的说明，明确图形的含义、计量单位、坐标轴代表的变量、资料来源等。图的下面要有图的标号和名称。

第四，反复加工和修改是获得优秀图形的重要步骤。统计软件给出的图形没有多少可以不加修改而直接应用。

爱德华·R·塔夫特（Edward R. Tufte）在其著作中用“图优性”（graphical excellency）来描述一张好图，一张好的图表应包括以下基本特征：显示数据，让读者把注意力集中在图表的内容上，而不是制作图表的程序上，避免歪曲，强调数据之间的比较，服务于一个明确的目的，有对图表的统计描述和文字说明，这也就是鉴别图表优劣的准则。

（二）数据分析的一般准则

（1）数据分析时，可参考以前相同问题的研究成果，但不能简单复制粘贴，充分考虑现有的研究主题、数据类型及条件。

（2）采用问题导向而不是数据导向，认真厘清问题、明确研究的目的。

（3）做因果关系结论时必须小心谨慎，分清是否为虚假因果关系还是真正具有因果关系，或者具有共变关系等。

（4）应小心对待中长期趋势的讨论及结论，尤其是时间序列外推预测，模型考虑的因素较多，需要满足一定的假定。

（5）对抽样数据分析，要考虑抽样设计，实施中是否按照设计的要求完成。

（6）对来自其他来源数据的分析，要注意数据质量，并进行审核。

二、实验或实践

（一）利用 SPSS 做因子分析

SPSS 中主成分和因子分析是在一个模块中完成的。采用主成分方法提取因子、不进行因子旋转，就可以得到主成分分析需要的结果。下面以某公司根据拟定的 15 项考察内容和应聘者回答的情况进行的评分结果，即应聘者的得分数据（0 分为最低评价，10 分为最高评价）为例，说明因子分析的应用过程。

（1）在 SPSS 中读取数据后，点击“分析”—“降维”—“因子分析”，进入“因子分析”操作界面，如图 8－73 所示。

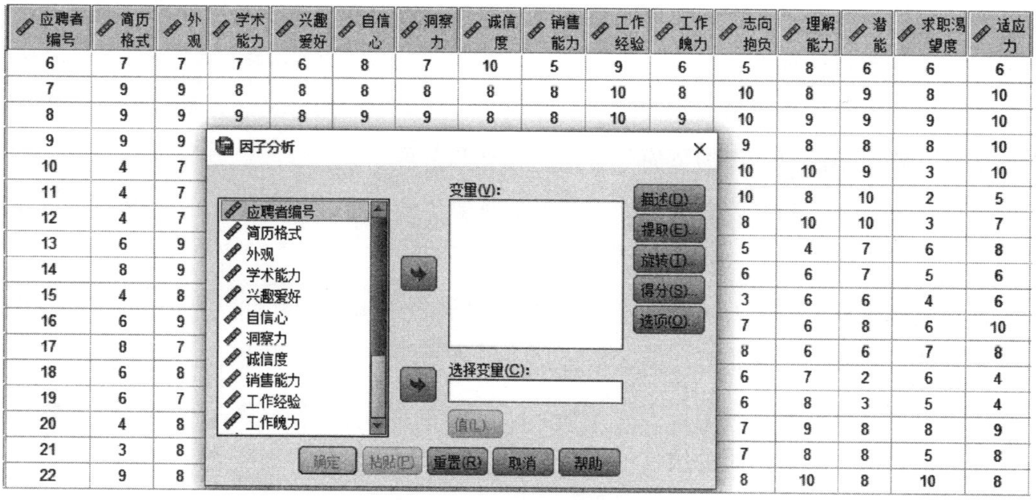

图 8－73　因子分析主对话框操作界面

在图 8－73 中，点击要进行分析的变量，通过中间箭头送入右边的“变量”框格中。同时可以看到在“因子分析”主对话框右侧有“描述”“抽取”“旋转”“得分”和“选项”五个选项，如图 8－74 所示。

（2）点击图 8－74 中“因子分析”主对话框的“描述”选项，进入“因子分析：描述”操作界面，见图 8－74 展示，选项中提供了“统计”和“相关性矩阵”，如在“统计”可选择“单变量描述”或“初始解”。若选中“单变量描述”，分析结果会输出参与

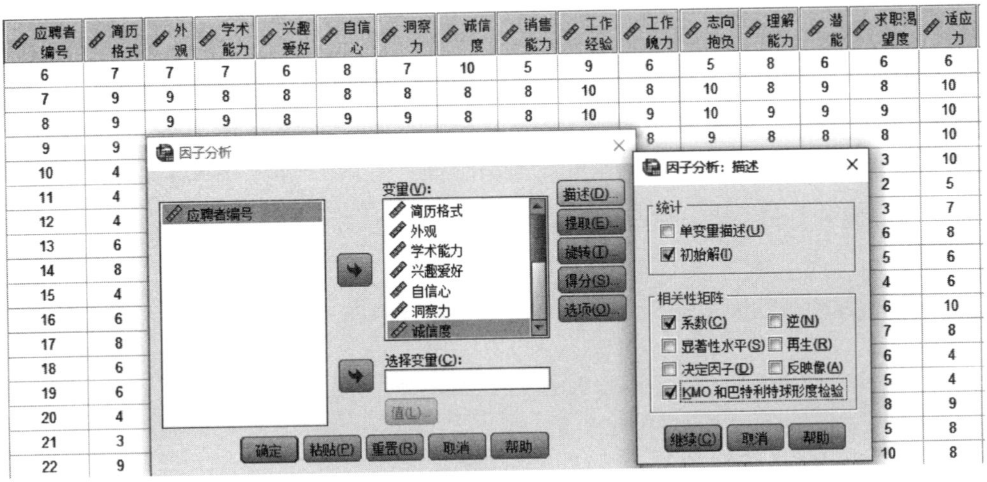

图 8－74　“因子分析：描述”操作界面

分析的每个变量的均值、标准差等单变量的描述统计量。“初始解”则给出因子提取时，分析变量的公因子方差。在“相关性矩阵”中，“系数”给出原始分析变量间的相关系数矩阵，“显著性水平”给出每个相关系数相对于 0 的单尾假设检验的显著性水平，可选择“KMO 和巴特利特球形度检验”，其他选项根据需要选择，点“继续”。

（3）点击图 8－74 中“因子分析”主对话框的“提取”，进入图 8－75“因子分析：提取”操作界面，选择因子的提取方法。在“方法（M）”倒三角标志（▼）下拉选择中是一组指定的提取方法的选项，可以从主成分法、未加权的最小平方法、最大似然法等多种方法中选择，默认的是主成分法。

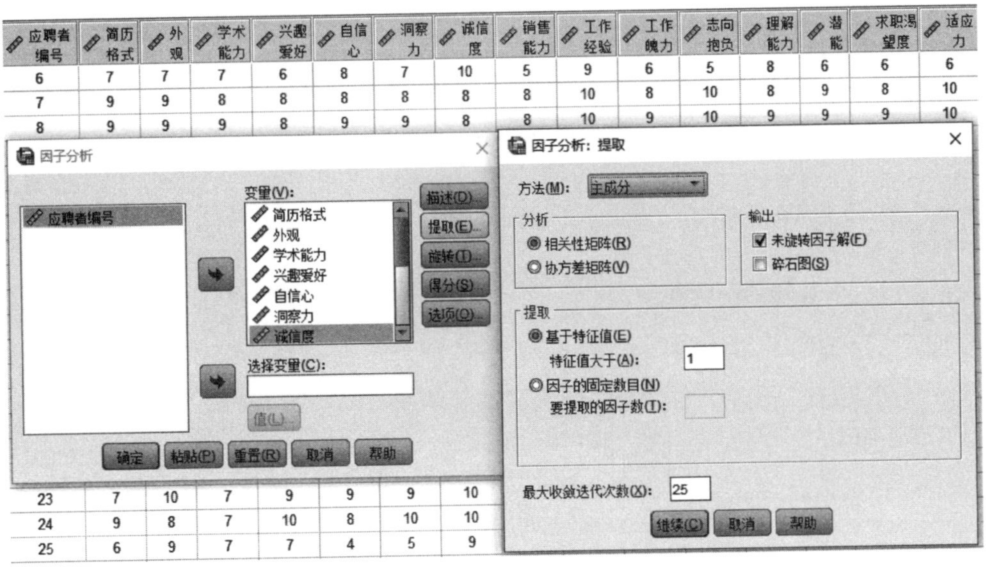

图 8－75　“因子分析：提取”操作界面

在图 8－75“输出”中勾选与因子提取相关的输出，包括“未经旋转的因子提取”结果和“碎石图”。在“提取”框内中选择提取方法，如点击选择“基于特征值”，输入选择因子的最小特征根，默认是按照特征值大于 1 提取，也可以设定固定的因子个数。

（4）点击图 8－74 中“因子分析”主对话框的“旋转”进入“因子分析：旋转”操作界面，选择因子旋转方法，如图 8－76 所示。

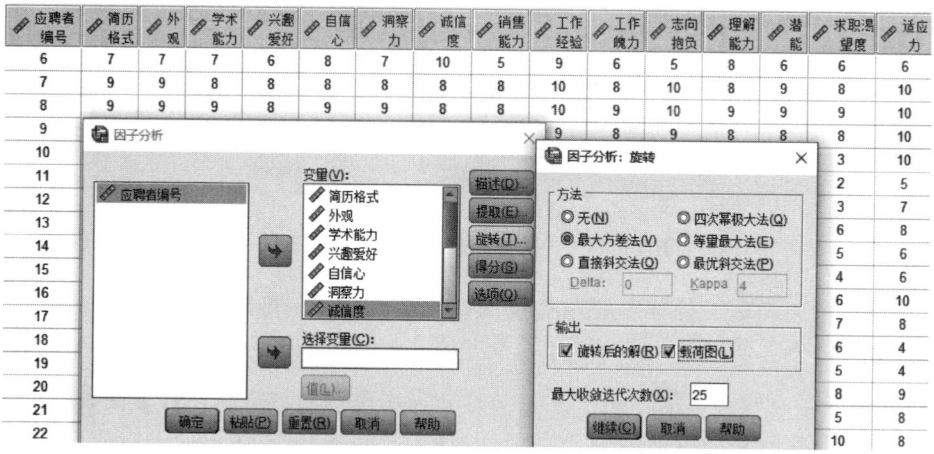

图 8－76　“因子分析：旋转”操作界面

在图 8－76“方法”中选择“无”“最大方差法”等不同方法，其中的最大方差法，是一种正交旋转，是常使用的旋转方法。在“输出”中勾选有关的输出结果，如可选择“载荷图”等。

（5）点击图 8－74 中“因子分析”主对话框的“得分”，进入“因子分析：因子得分”操作界面，如图 8－77 所示。

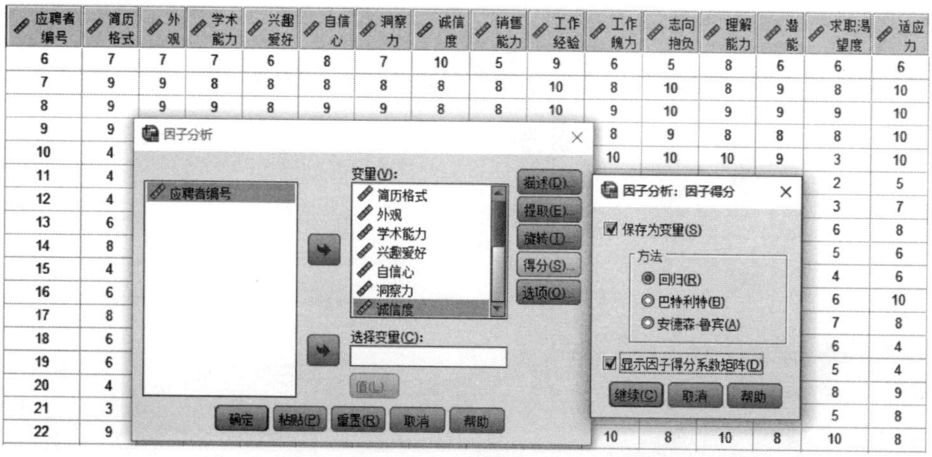

图 8－77　“因子分析：因子得分”操作界面

在图 8－77 中，勾选“保存为变量”将因子得分作为新变量保存在数据文件中。其“方法”中最常用的是回归法。根据需要可选择“显示因子得分系数矩阵”。

（6）点击图 8－74 中“因子分析”主对话框的“选项”，进入“因子分析：选项”操作界面，点击选择“缺失值”的处理方法，如图 8－78 所示。

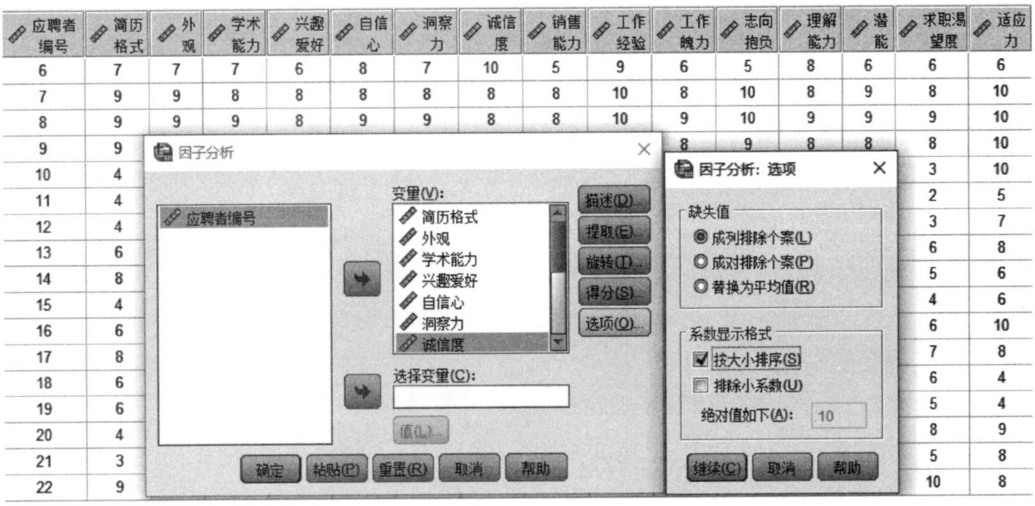

图 8－78　“因子分析：选项”操作界面

（7）最后，点击“继续”，点击“确定”。对软件输出表进一步调整或图形美化，进行分析。

（二）利用 SPSS 做聚类分析

聚类分析的依据是样品间的相似性，或者说样品间的距离。在相似性度量的选择中，常常包含许多主观上的考虑，但最重要的考虑是数据的测量尺度。定量数据和定性数据所适用的相似性度量方法是不同的，因此就有了对样品聚类（Q 型聚类）和对指标/变量的聚类（R 型聚类）。下面具体说明聚类分析的应用过程。

1. 系统聚类

系统聚类由多到少逐步进行合并，即开始时将每个样品单独作为一类，以后每一步将距离最近的样品聚为一类，直至最后所有的样品都聚为一类。

第一步，整理聚类的数据，即个案和其相关的定量数据，如调查得到的关于不同品牌 16 种饮料的热量、咖啡因、钠及价格的相关数据，部分数据如表 8－46 所示。

表 8 - 46　　不同品牌饮料成分及价格的部分相关数据表

品牌编号	热量	咖啡因	钠	价格
品牌 1	207.2	3.3	15.5	2.8
品牌 2	36.8	5.9	12.9	3.3
品牌 3	72.2	7.3	8.2	2.4
品牌 4	36.7	0.4	10.5	4.0
品牌 5	121.7	4.1	9.2	3.5
品牌 6	89.1	4.0	10.2	3.3
品牌 7	146.7	4.3	9.7	1.8
品牌 8	57.6	2.2	13.6	2.1
品牌 9	95.9	0.0	8.5	1.3
品牌 10	199.0	0.0	10.6	3.5
品牌 11	49.8	8.0	6.3	3.7
品牌 12	16.6	4.7	6.3	1.5
品牌 13	38.5	3.7	7.7	2.0
品牌 14	0.0	4.2	13.1	2.2
品牌 15	118.8	4.7	7.2	4.1
品牌 16	107.0	0.0	8.3	4.2

第二步，导入数据，点击“分析”—“分类”—“系统聚类分析”，进入“系统聚类分析”操作界面，如图 8 - 79 所示。

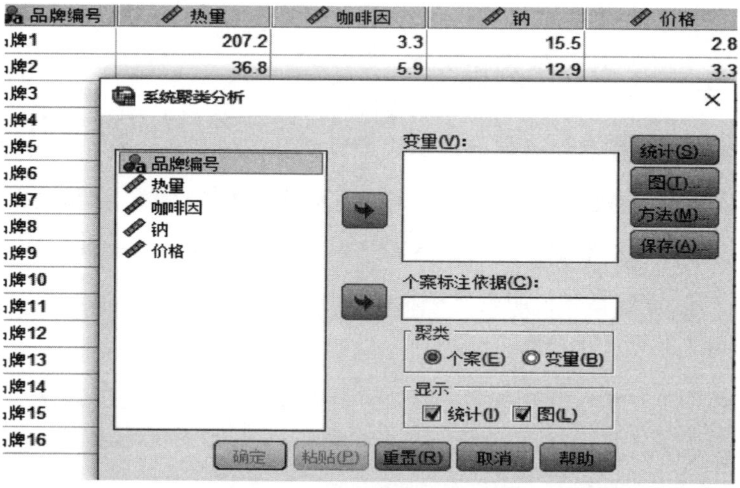

图 8 - 79　聚类分析操作界面

第三步，图 8 - 79 中，点击将要聚类的所有变量（数值型），通过中间箭头送入“变量”框格中，点击区分样本的标签（分类变量，本例为品牌编号）通过中间箭头送入

“个案标注依据”框格中，如图 8－80 所示。

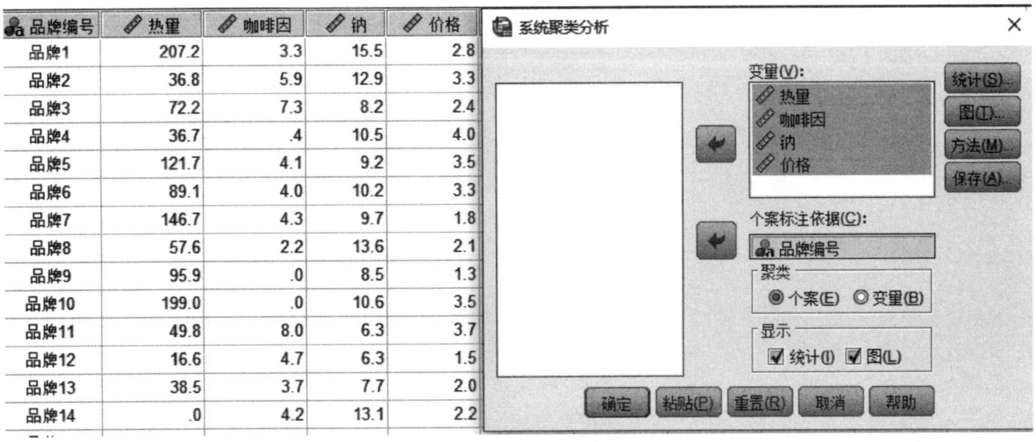

图 8－80　聚类分析中变量选择操作界面

在图 8－80 操作界面中，在“聚类”下面点击选择“个案”（若对变量进行聚类，选择“变量”），在“显示”下面勾选“统计”和“图”。

第四步，点击图 8－80 的右侧的“统计”，进入“系统聚类分析：统计”操作界面，“统计”，可选“集中计划”，SPSS 会输出聚类进度表，聚类进度表的每一行表示一次聚类，并给出聚类对象的名称，第一列对应的格中给出这次聚在一起的两类间的距离，比较详细显示在每个阶段合并的个案或聚类、所合并的个案或聚类之间的距离以及个案（或变量）与聚类相联结时所在的最后一个聚类级别，也就是每一步骤中哪些对象会参与合并，其意义和聚类图相同，只是通过表的方式展示。“近似值矩阵”给出各项之间的距离或相似性。“聚类成员”则显示在合并聚类的一个或多个阶段中，每个个案被分配所属的类别。可选“单个解”，表示指定要分成类时各样本所属的类；“解的范围”表示指定要分成最少类、最多类时各样本所属的类，根据需求选择。如点击选择“解的范围”，在“最小聚类数”和“最小聚类数”框格中分别输入聚类数的值，如 2、5，如图 8－81 所示。

第五步，点击图 8－80 的右侧的“方法”，进入“系统聚类分析：方法”操作界面，可以选择距离的测度方法，如图 8－82 所示。

首先，在“聚类方法（M）”中选择类间距离的定义方法。由于聚类分析就是使得类内样品尽可能相似，类间样品的差异尽可能大。由此产生了两类距离：一是样品与样品（即点和点）之间的距离，二是类与类之间的距离。前者称为点间距离，后者称为类间距离。类间距离的定义方法包括组间连接、组内连接、最近邻元素、最远邻元素、质心聚类法、中位数聚类法和瓦尔德法，系统默认“组间连接”。

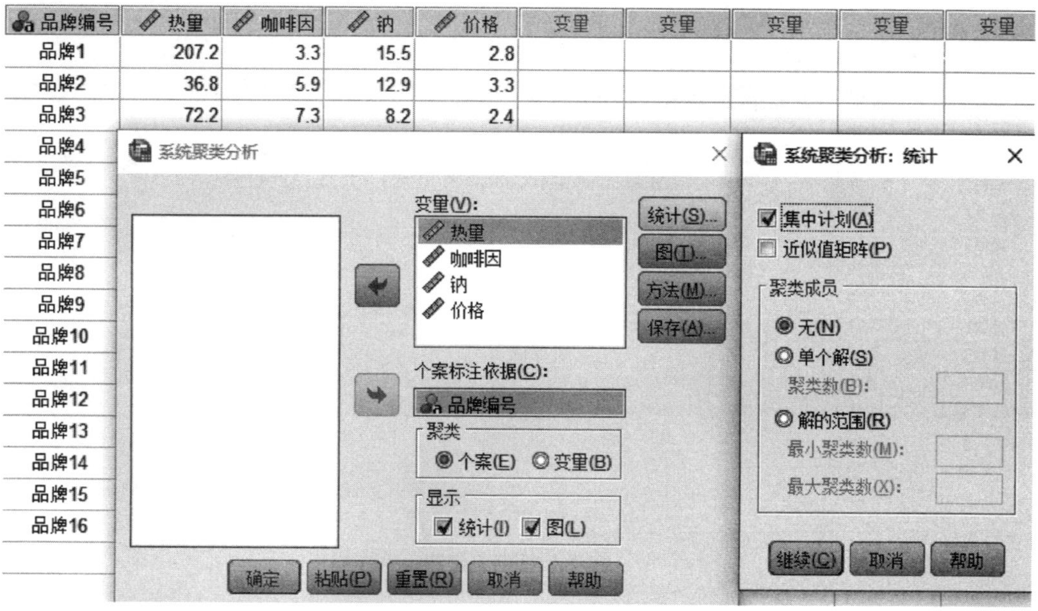

图 8－81　“系统聚类分析：统计”操作界面

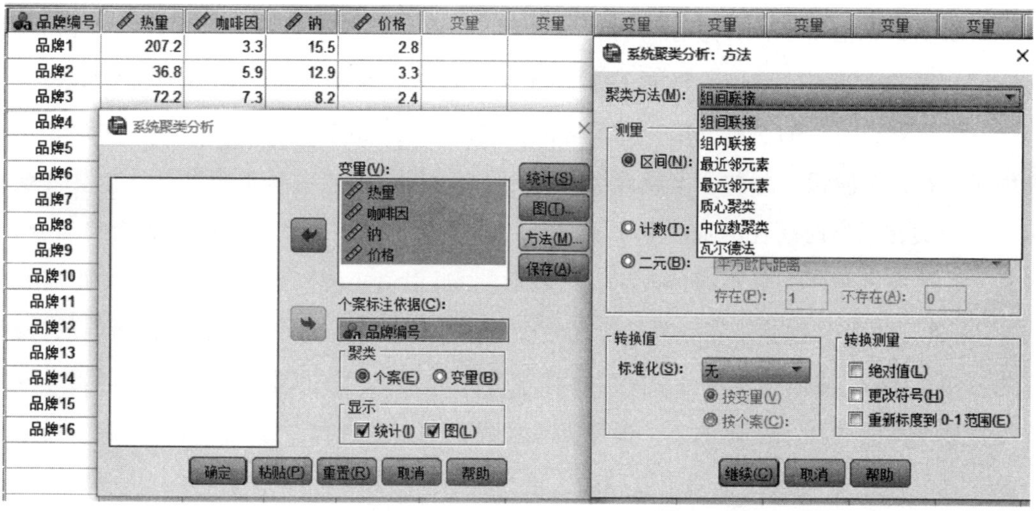

图 8－82　“系统聚类分析：方法”中“聚类方法”的操作界面

其次，在“测量”选项下选择聚类中使用的距离或相似性测量，需根据数据类型选择合适的距离或相似性测量。有三种选择：第一种点击选择“区间”，对于点间距离，如果基于定量变量的距离测度，常使用欧式距离等；基于定性变量的距离测度，常使用匹配比例的方法。适用于定性变量的测度也一定适用于定量变量，但适用于定量变量的测度通常不能用于定性变量。个案聚类时选择点间距离的定义方法，系统默认“平方欧氏距离”。第二种，点击选择“计数”，可选的选项有卡方测量和 phi 平方测量。第三种，点击选择

"二元"，可选的选项有平方欧氏距离、方差、离散等，如图 8－83 所示。

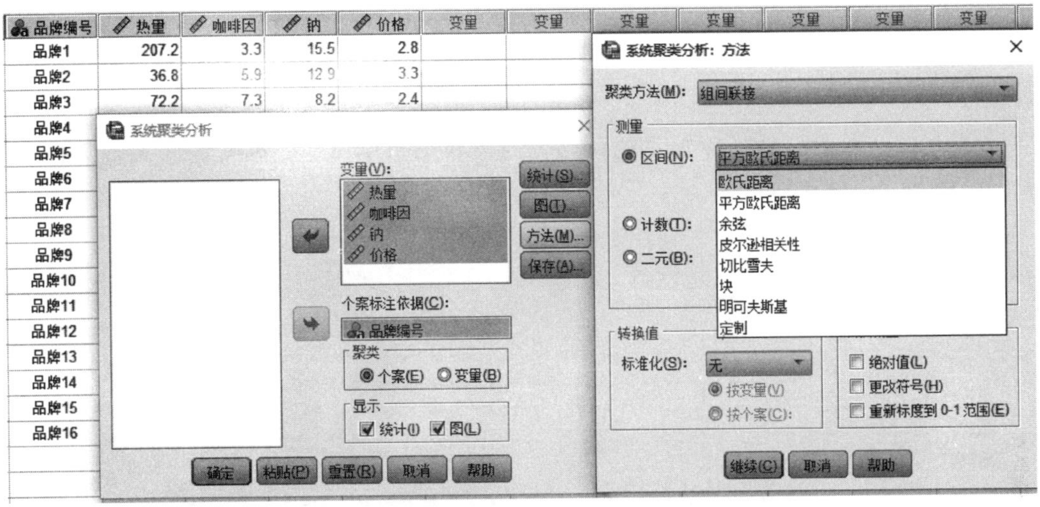

图 8－83 "系统聚类分析：方法"中"测量"的操作界面

最后，在"转换值"选项下，选择是否需要为个案或值进行数据值标准化（对二分类数据不可用）。对于定量变量，大部分距离测度方法受聚类变量的测量单位和数量级差异的影响，在计算距离之前，通常要对变量进行标准化处理。可用的标准化方法有 z 得分、范围－1 至 1、范围 0 至 1、最大量级为 1、平均值为 1 和标准差为 1 等。"转换测量"，允许转换距离测量所生成的值。在计算了距离测量之后应用这些转换，可用的选项有绝对值、更改符号和重新调整到 0—1 范围，如图 8－84 所示，然后点击"继续"。

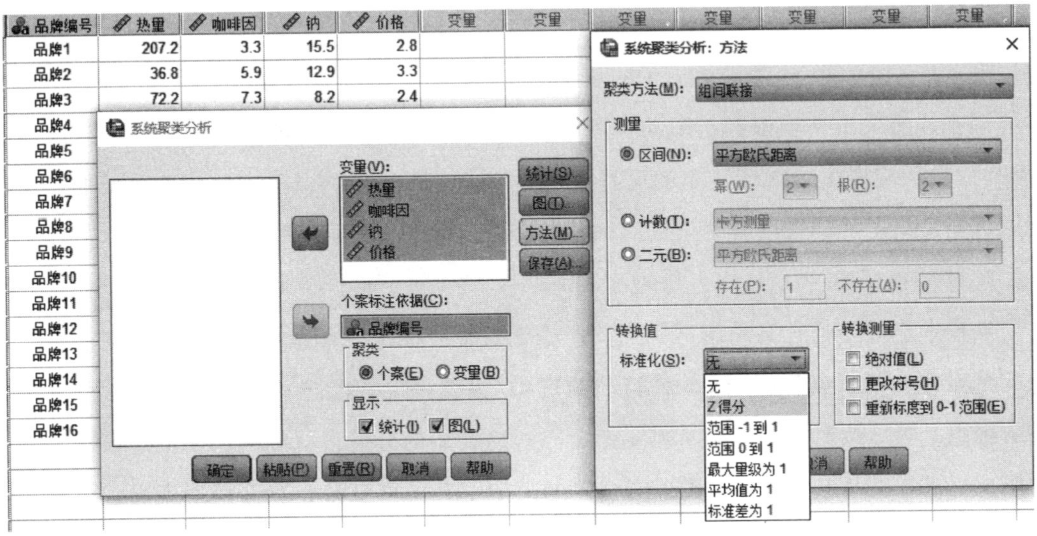

图 8－84 "系统聚类分析：方法"中"转换值"选择操作界面

第六步，点击图 8－80 的右侧的“图”，进入“系统聚类分析：图”操作界面，勾选选中“谱系图”（也称“树状图”），SPSS 会输出树状聚类图，树状聚类图可以清楚地展示聚类的过程，直观地给出各种分类。也可以点击选择“冰柱图”输出冰柱图；点击选择图的“方向”，如“垂直”或“水平”。垂直冰柱图与树状聚类图类似，也是一种聚类结果的展示形式，两者只是坐标轴不同而已。与树状图相反，垂直冰柱图的横轴为各个样品，纵轴为距离，如图 8－85 所示，点击“继续”。

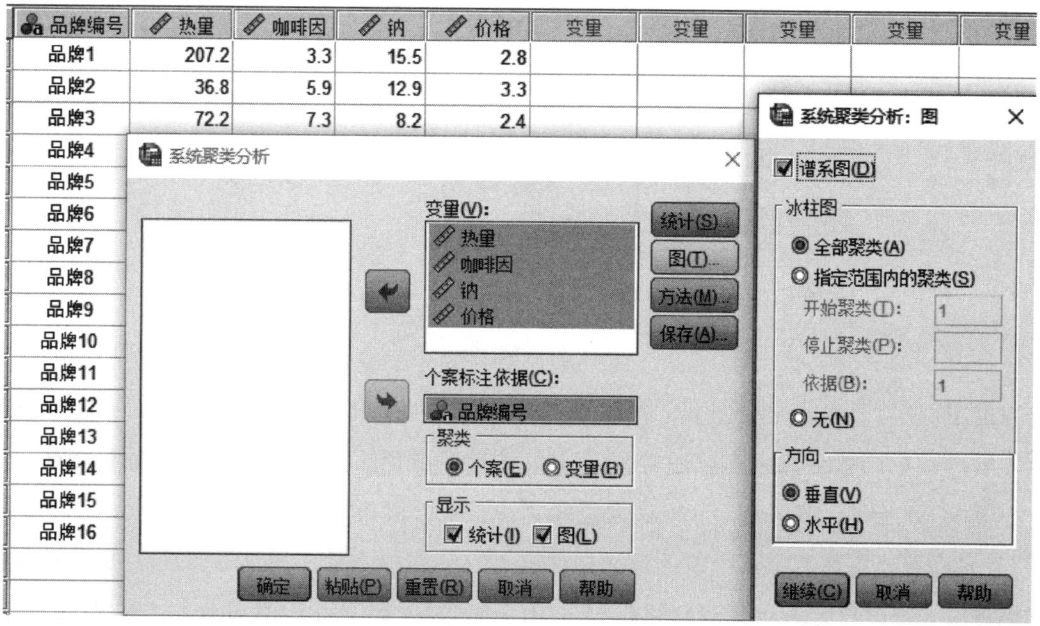

图 8－85　“系统聚类分析：方法”中“图”选择操作界面

第七步，点击图 8－80 的右侧的“保存”，进入“系统聚类分析：保存”操作界面，在“聚类成员”的选项中，与图 8－81 中“聚类成员”显示相同，因此“保存”选项的“聚类成员”应匹配“统计”里的选择或填写的值。SPSS 会将分类的结果以变量形式保存到原数据窗口中。最后点击“继续”，点击“确定”，SPSS 输出所选的结果。

2. K 均值聚类

当样本点很多时适用 K 均值聚类。开始先粗略地将样品分为规定数目的类别，即先确定 k 个点为“凝聚点”（SPSS 软件自动确定），也就是说，把这 k 个点作为 k 类中每一类的凝聚点。然后按照某种最优原则（如距离）对初始的分类进行修改，如根据和这 k 个点的距离远近，把所有点分成 k 类。再把这 k 类的中心（均值）作为新的凝聚点，再重新按照距离分类。如此迭代下去，直到达到停止迭代的要求（如各类不再变化，达到一个较为合理的分类结果），可见 K 均值聚类或快速聚类法本质上是一个优化问题，即在事先规定的分类数的约束下，使得类内距离极小化，类间距离极大化。下面仍然以表 8－46 不同品牌饮料成分及价格相关数据为例说明应用过程。

第一步，导入数据，注意：通过一些描述指标进行观察和评估，若原始变量取值差异较大，应先将原始数据进行标准化。标准化的方法：点击“分析”—“描述统计”—“描述”，勾选“将标准化值另存为变量”，然后导入标准化后的数据。在 SPSS 中点击“分析”—“分类”—“K 均值聚类分析”，进入“K 均值聚类分析”操作界面，如图 8－86 所示。

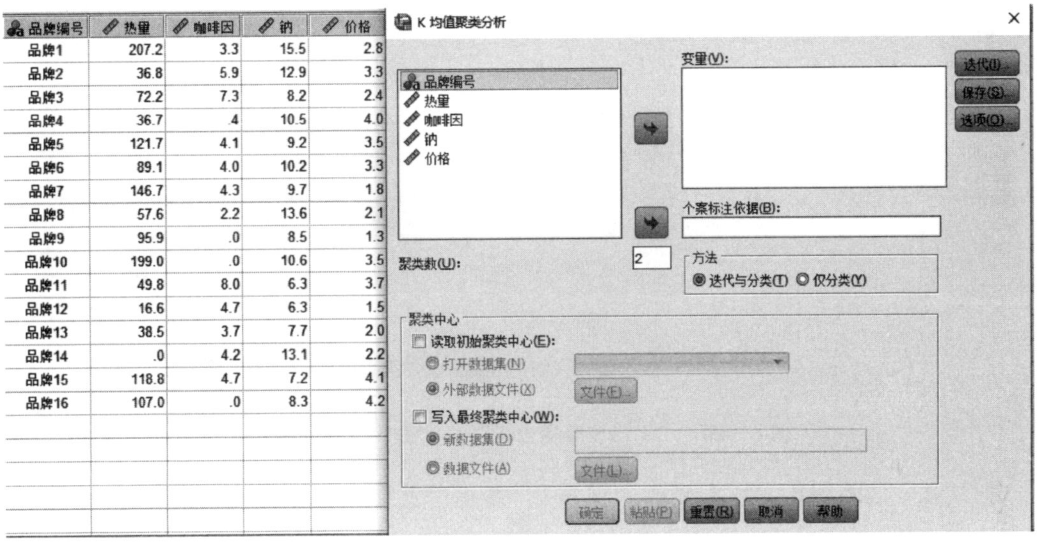

图 8－86　“K 均值聚类分析”操作界面

在图 8－86 操作界面中，点击要聚类的变量通过中间箭头送入“变量”框格中，点击区分样本的标签变量（本例为品牌编号）通过中间箭头送入“个案标记依据”框格中。在“聚类数”框格中填入想要分类的数目（即 k，本例为 3），实际应用中主要根据研究的目的，从实用的角度出发，选择合适的分类数。在“方法”选项提供了两种聚类方法：“迭代与分类”“仅分类”。其中“迭代与分类”指在迭代过程中不断改变凝聚点，即使用 K 均值算法不断计算新的类中心，替换旧的类中心；“仅分类”指在聚类过程中并不改变其凝聚点，而是使用初始凝聚点进行聚类。一般选择系统默认的“迭代与分类”方法。在“聚类中心”选项下，“读取初始聚类中心”用来指定数据文件来源，即所分析的作为凝聚点的观测来自于哪一个文件，点击后面的“文件”弹出选择文件对话框，可按照一定的路径来选择所需的文件。“写入最终聚类中心”用来把聚类过程凝聚点的最终结果保存到指定的数据文件里，也可不选择使用这个功能。

第二步，点击图 8－86 右侧的“迭代”，进入“迭代”操作界面，如图 8－87 所示。

填写“最大迭代次数”和“收敛准则”，即设置迭代的终止条件，到达设定的最大值后将停止迭代分析，输出聚类分析结果。“收敛准则”设置的是凝聚点改变的最大距离小于初始凝聚点的比例，小于设定值时，也会停止迭代，输出结果。“使用运行平均值”表示每次观测后都重新计算凝聚点。这些设置保持默认即可。

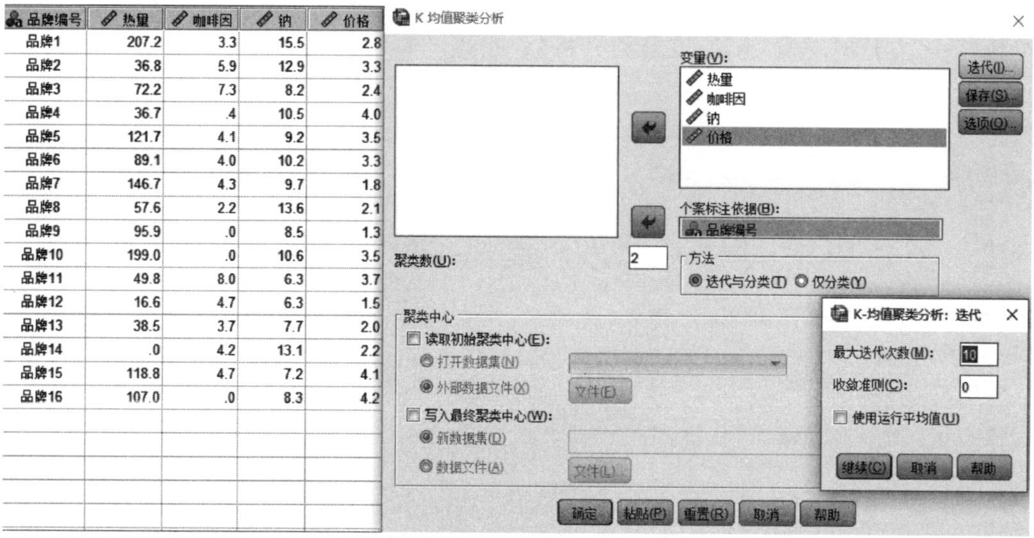

图 8-87 “K 均值聚类分析”中“迭代”操作界面

第三步，点击图 8-86 右侧的“保存”，进入“保存”操作界面，如图 8-88 所示，设置保存形式。

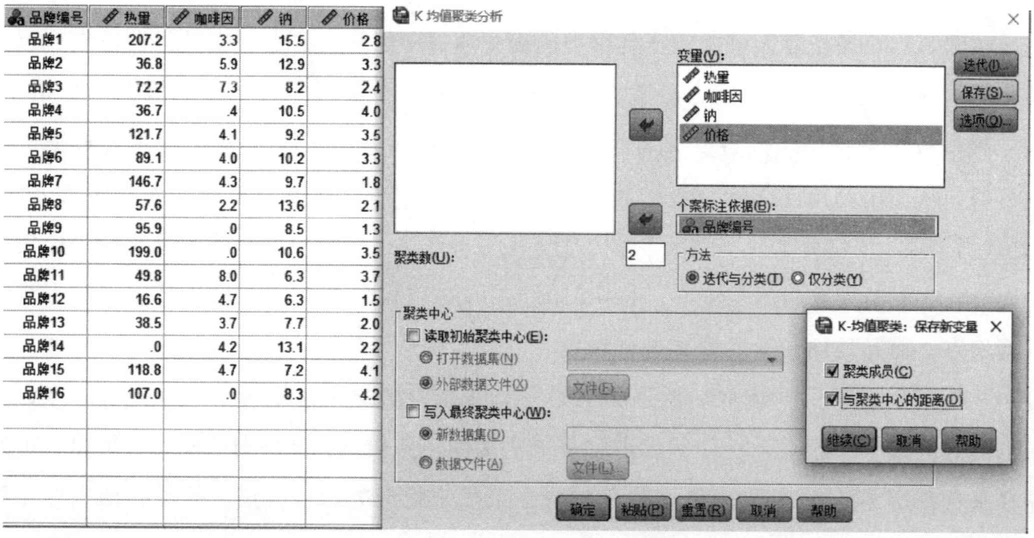

图 8-88 “K 均值聚类分析”中“保存”操作界面

在图 8－88 中，勾选“聚类成员”将保存 SPSS 的分类结果的变量（QCL_1 表示）；勾选“与聚类中心的距离”将保存各观测量与其所属类中心的欧式距离（QCL_2 表示）。根据需要选择，点击“继续”。

第四步，点击图 8－86 右侧的“选项”，进入“选项”操作界面，如图 8－89 所示。

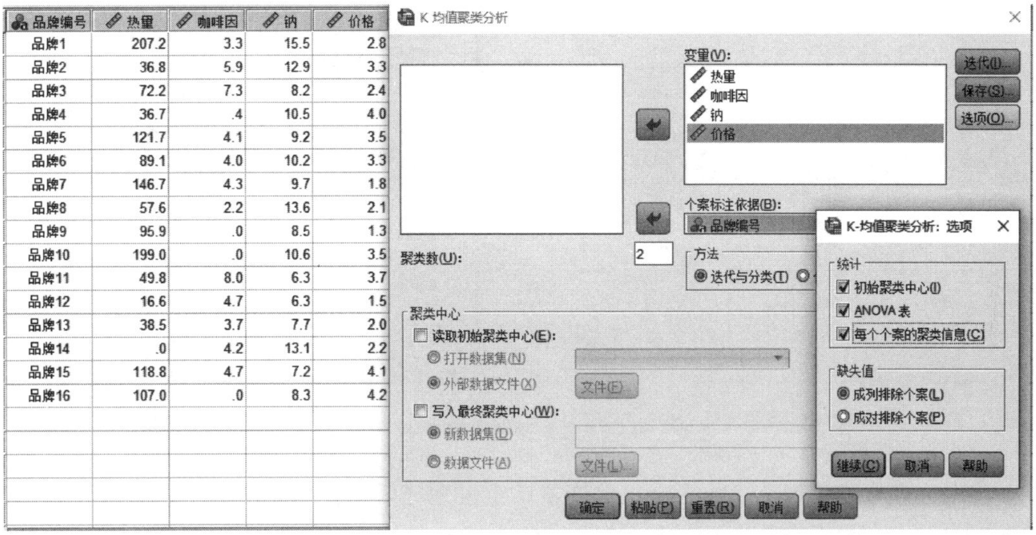

图 8－89　“K 均值聚类分析”中“选项”操作界面

在“统计”下选择要计算的统计量，可选择“初始聚类中心”（输出“聚类的初始类中心”）、“每个个案的聚类信息”（每个观测值的分类信息，分配到哪一类及观测值到所属类中心的距离）、ANOVA 表，点击选择个案“缺失值”处理方法。点击“继续”，点击“确定”。运行后 SPSS 输出结果，进行分析。

3. 二阶聚类

二阶聚类，也称两步聚类法，适用于数据集量较大，而且聚类变量既有定量变量，又有定性变量的情形。

二阶聚类法的步骤：第一步进行预聚类，即对案例进行初步归类，也允许最大类别数由使用者决定。预分类完成之后，每个预分类中的样品将作为一个整体，即预分类的结果将替代原始数据，作为下一步聚类的输入。第二步进行正式聚类，在第一步的基础上再进行聚类，即对预分类的结果进行再次聚类，将小类合并为大类，并会根据一定的统计标准确定聚类的类别数量。由于在这个阶段需要处理的类别已经大大减少，因此可以采用传统的聚类方法（如系统聚类法）。在每个步骤中软件系统都会计算 AIC 或 BIC 值，通过判定 AIC 和 BIC 的大小以及类别之间最小距离的变化情况，可以自动确定最优类别数。

二阶聚类分析的 SPSS 应用过程。以收集到上一年一些地区不同行业平均工资部分数据为例，说明二阶聚类的具体过程。点击“分析”—“分类”—“二阶聚类分析”，进入“二阶聚类分析”操作界面，如图 8－90 所示。

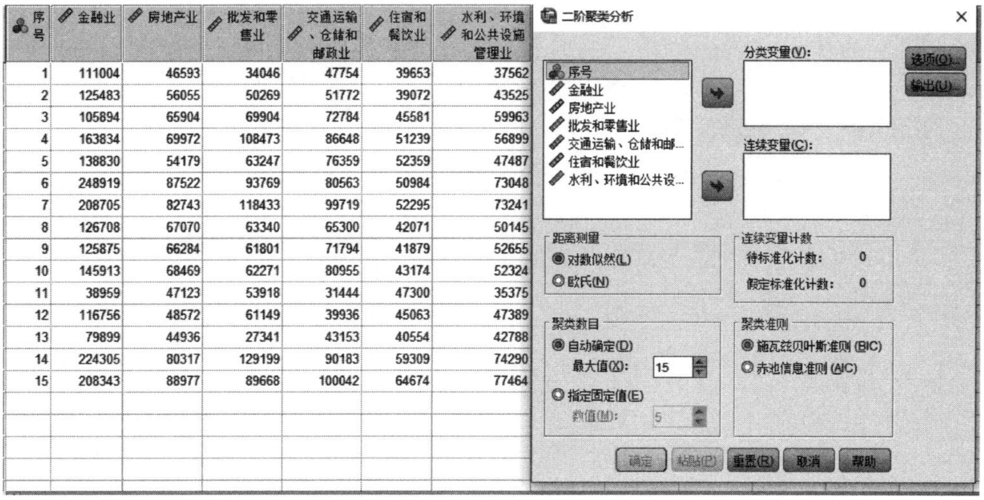

序号	金融业	房地产业	批发和零售业	交通运输、仓储和邮政业	住宿和餐饮业	水利、环境和公共设施管理业
1	111004	46593	34046	47754	39653	37562
2	125483	56055	50269	51772	39072	43525
3	105894	65904	69904	72784	45581	59963
4	163834	69972	108473	86648	51239	56899
5	138830	54179	63247	76359	52359	47487
6	248919	87522	93769	80563	50984	73048
7	208705	82743	118433	99719	52295	73241
8	126708	67070	63340	65300	42071	50145
9	125875	66284	61801	71794	41879	52655
10	145913	68469	62271	80955	43174	52324
11	38959	47123	53918	31444	47300	35375
12	116756	48572	61149	39936	45063	47389
13	79899	44936	27341	43153	40554	42788
14	224305	80317	129199	90183	59309	74290
15	208343	88977	89668	100042	64674	77464

图 8－90 “二阶聚类分析”操作界面

首先，进行变量区分。如果是定性变量，点击选择后应将其通过中间箭头送入“分类变量”；如果是定量变量，点击选择后应将其通过中间箭头送入“连续变量”中，要注意区分聚类变量或数据的类别。如果只有少数分类变量可使用，最好是使用连续变量进行聚类，避免结果受到几个分类变量的影响。

其次，图 8－90 操作界面中，选择“距离测量”，“距离测量”有 2 个选择：一是“对数似然”函数值，二是“欧氏”距离。如果所有变量都是定量变量，可以选择欧氏距离（Eucliden）；如果既有定性变量，又有定量变量，则应选择对数似然函数值。选择“聚类数目”，其中“自动确定”将会使用“聚类准则”中指定的准则（AIC 或 BIC），自动确定最优聚类数目，也可以指定一个固定值。选择“聚类准则”，按默认或根据需要选择。其他按默认即可。

最后，点击图 8－90 中右侧的“选项”，进入“二阶聚类分析：选项”操作界面，如图 8－91 所示。系统自动将连续变量选入进行标准化，同时可以选择“去除异常噪声点”，其他按默认即可。点击“继续”。点击“输出”，可选择输出结果方式，或按默认处理。点击“继续”，点击“确定”，即可输出“二阶聚类分析”结果，进行解读和分析。

二阶聚类分析结果解读的几点提示：

第一，二阶聚类的结果是以模型方式显示，在外部只能看到所有案例被聚为几类，但是不能得到更进一步的类别特征信息。外部结果主要为“模型概要”和“聚类质量”，如图 8－92 所示。

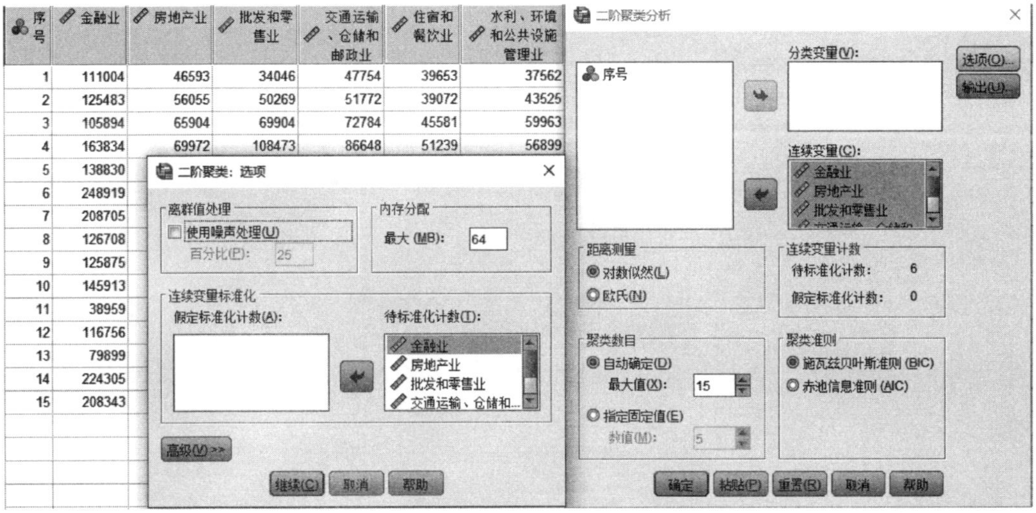

图 8－91 “二阶聚类分析：选项”操作界面

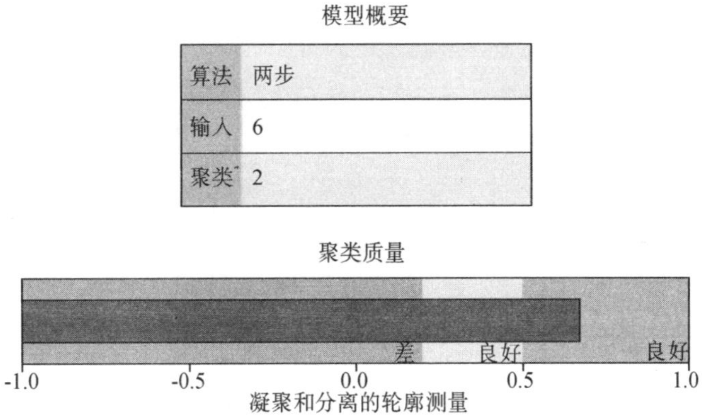

图 8－92 二阶聚类输出“模型概要”和“聚类质量”图示

图 8－92 中“模型概要”部分显示聚类模型的基本情况，本例输入变量一共有 6 个，最终可聚为两类。“聚类质量”部分输出的是“轮廓”测量，轮廓测量如果为 1，表示所有样品直接位于其聚类中心，聚类质量最好；如果为 0，表示样品到其自身聚类中心的距离与其到最近其他聚类中心的距离相等，聚类质量差；如果为 －1，表示所有样品位于其他某些类的聚类中心，聚类质量最差。可以看到，本例的聚类质量大于 0.5 为良好以上。

第二，二阶聚类分析的详细结果需要“双击”“模型查看器”窗口中的模型输出（即“双击”图 8－92），才能看到模型浏览器窗口中详细的分析结果，如图 8－93 所示。

从图 8－93 中可以看到，浏览器中分为两个部分，左侧为主视图，右侧为辅助或链接视图。由辅助视图可知本例中被聚为两类，第一类公司有 5 个，占样本公司的 33.3%；第二类公司有 10 个，占 66.7%。

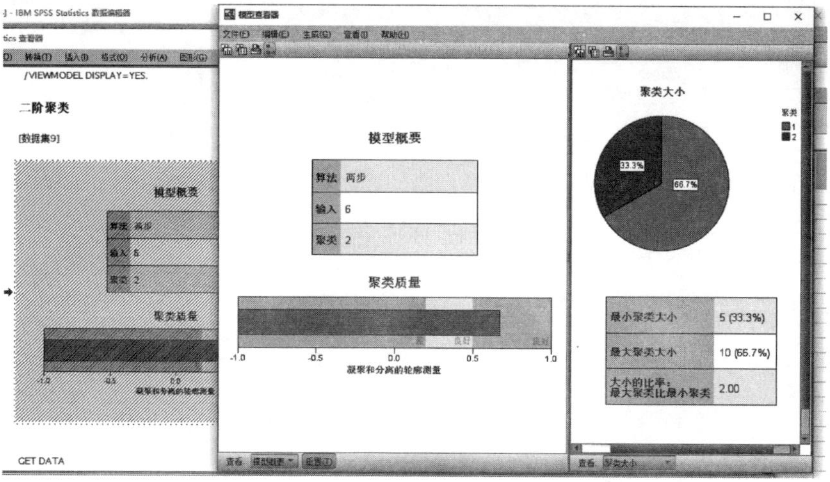

图 8-93　二阶聚类主视图和辅助视图图示

第三，将图 8-93 中最下方的第二项“模型概要”下拉框中选为“聚类”，可以看出这些变量的分布特征以及这些变量在聚类分析中的重要性，如图 8-94 所示。

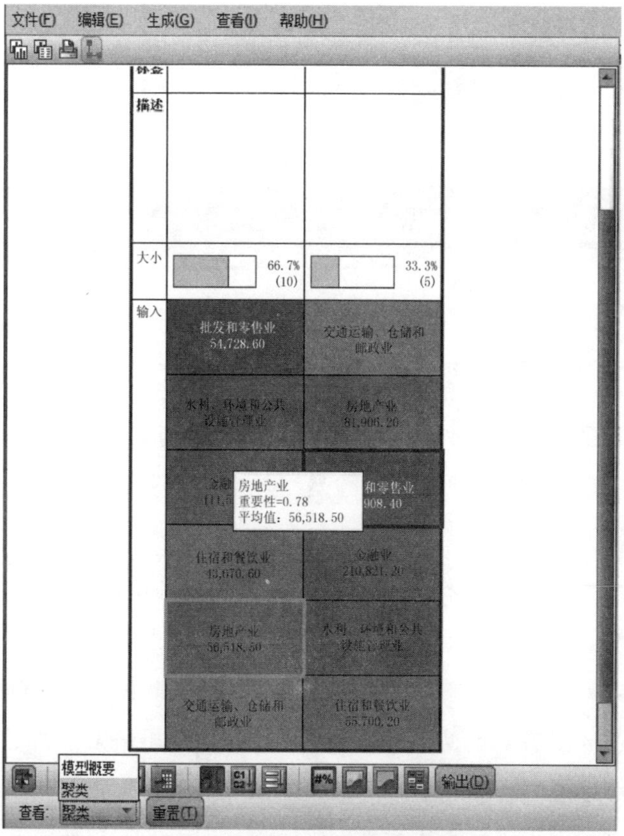

图 8-94　主视图的“聚类”结果图示

图 8－94 中表格给出各类别中各变量的主要分布特征，即变量在聚类分析中的重要性。输出结果按变量的重要性（按颜色深浅）排序，如果重要性非常低，也可考虑剔除。当然用鼠标选中表格中的任一变量，也可以在主视图中显示重要性的结果，同时浏览器右侧会显示该变量在当前类别中的分布及该变量在总体中的分布。

图 8－94 中主视图倒数第二行，给出了输出结果的若干选项，如“按总体重要性对输入排序”“按聚类内重要性对输入排序”“按名称对聚类排序”“按大小对聚类排序”等，可根据需要选择，如图 8－95 所示。

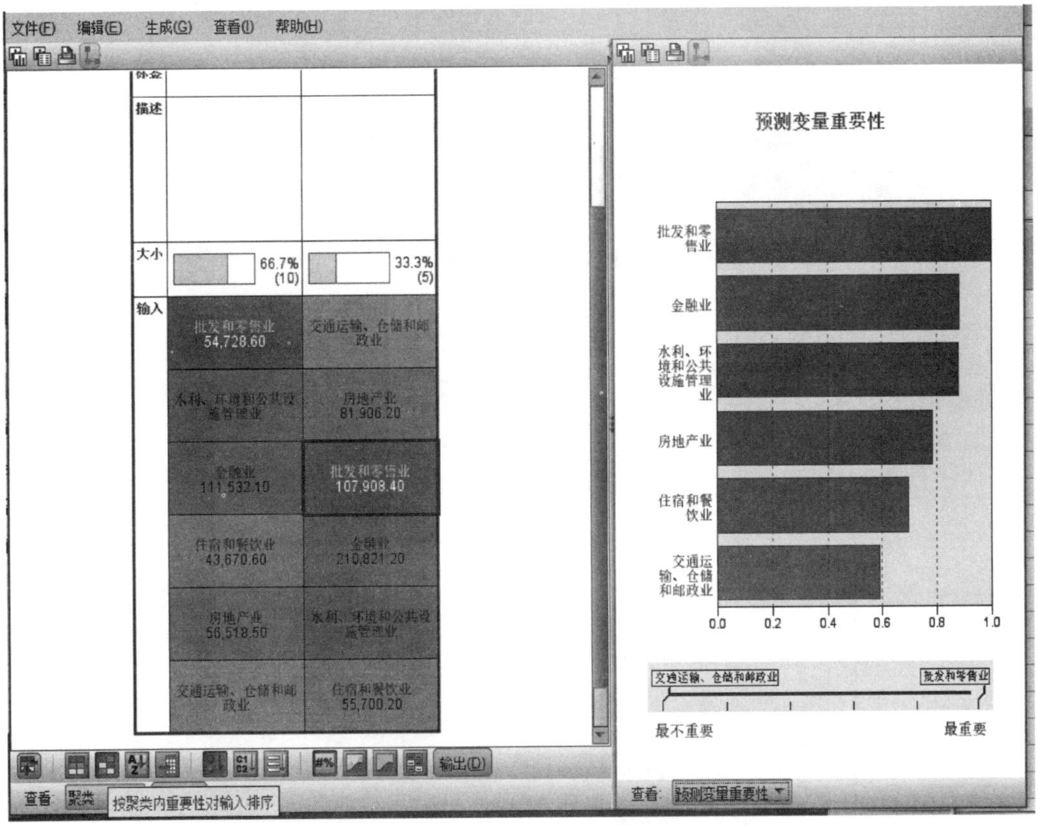

图 8－95　主视图的输出结果选项图示

图 8－95 中显示的是本例选择“按聚类内重要性对输入排序”的结果。

点击图 8－93 中右侧辅助视图最下面“查看”旁的下拉框中，将“聚类大小”选择为“预测变量的重要性”，可显示聚类的几个变量的重要程度，如图 8－96 所示。

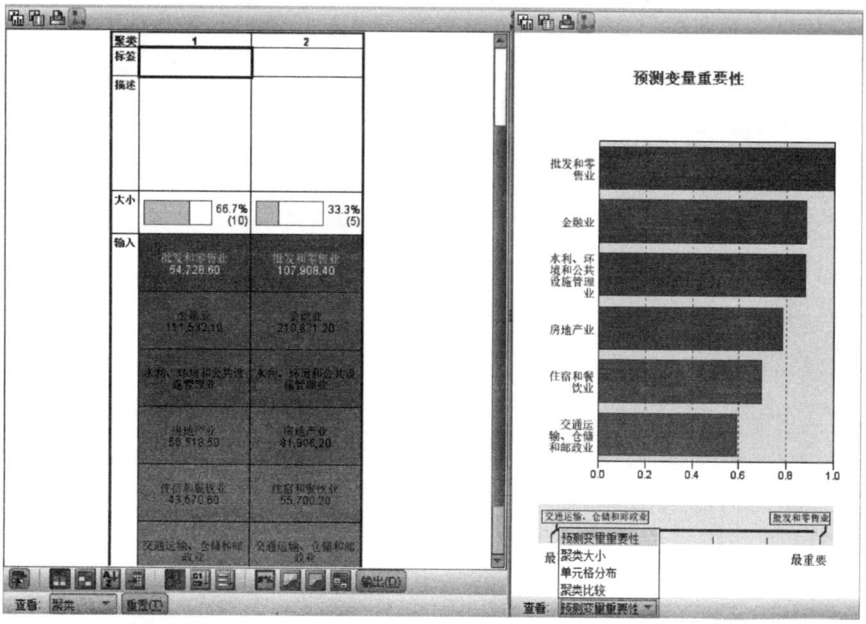

图 8－96　辅助视图结果选项图示

本例中给出了 6 个聚类变量中，对于聚类分析的重要性由大到小排序。如果在辅助视图中选择“单元格分布”，则显示的结果如图 8－97 所示。

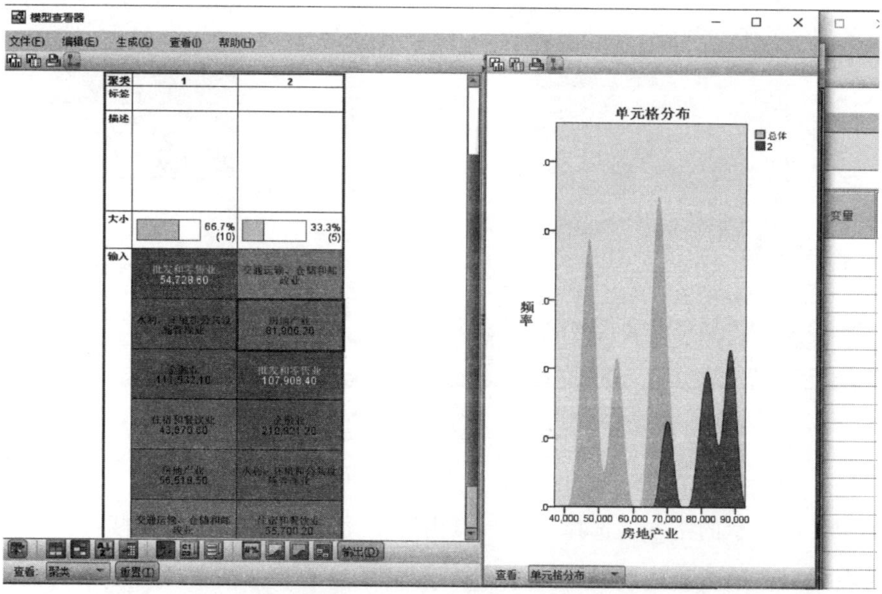

图 8－97　辅助视图“单元格分布”选项结果图示

图 8－97 中可以观察 6 个变量在两类总体中分布存在的差异。根据需要更改右侧输出结果窗口的选项，可以得到相应的结果。

聚类分析需要注意的问题。从聚类方法看，常用的有系统聚类法、快速聚类法、二阶聚类法等。聚类结果依赖于很多因素，包括聚类变量、数据的随机性、异常值、变量的方差、距离的测量方式以及聚类方法等。如果对个案进行聚类，则各种方法都可以；如果对变量聚类，一般选择层次聚类法；从变量类型看，如果都为连续性变量，则几种方法都可以考虑；如果同时包含连续变量和较多分类变量，则采用二阶聚类法，或者先进行哑变量变换再进行聚类；K 均值聚类要求使用者给出聚类类别数；层次聚类法可以产生一定类别范围的聚类类别数；二阶聚类法往往会按照一定的标准自动建议最佳类别数量。聚类分析之前，一定要对聚类变量进行深入的论证和选择，包括变量是否进行标准化，异常值处理及点间距离和类间距离的选择等。

（三）利用 SPSS 做对应分析

如前所述，对应分析一种描述性、探索性的数据分析方法，能够直观地揭示变量之间的联系以及变量类别之间的关系。它是一种可以将变量与样品放在一起分类和解释，用图形的方法观察行变量和列变量取值之间的对应关系。下面以某景点调查获得的“游玩的方式”（分为跟随旅游团、自己游玩、与家人一起、与朋友一起、其他）和“年龄”（分为 20 岁以下、20—29 岁、30—39 岁、40—49 岁、50 岁及以上）的原始数据为例，探讨“游玩的方式”和“年龄”是否有关，说明其具体应用过程。

（1）在 SPSS 软件中打开数据文件（如果数据是以整理后频数格式给出的，需要进行“个案加权”），点击“分析”—“降维”—“对应分析”，进入到“对应分析”操作界面，如图 8－98 所示。

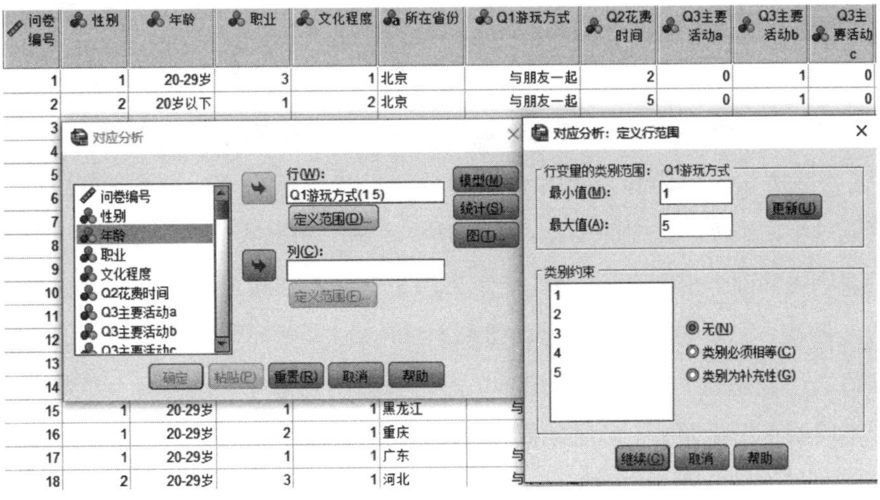

图 8－98　“对应分析：定义行范围”操作界面

在图 8－98 中，把其中一个变量设为行变量，点击该变量，通过箭头送入“行”中（本例为游玩方式）；此时在“游玩方式”后面出现“（??）”对话框，点击“定义范围”，也就是类别的编码值范围，在“最小值”框格内输入 1，“最大值”框格内输入 5（本例中的最大编码值），点击“更新”，并点击“继续”；然后把另一个变量设为列变量（本例为年龄），点击该变量，通过箭头送入“列”中；再通过点击“定义范围”，定义其取值范围，在“最小值”框格内和“最大值”框格内分别输入“最小值”和“最大值”（本例为 1 和 5），如图 8－99 所示。点击“更新”。在“类别约束”中常用“无”，系统默认对分类没有特殊要求，有特殊要求定义分类。行列变量的处理方法是一样的。点击“继续”。

图 8－99　“对应分析：定义列范围”操作界面

（2）点击图 8－99 中“模型”，模型选项包含“解中的维数”“距离测量”“标准化方法”“正态化方法”等内容，如图 8－100 所示。由于对应分析是将高维数据做低维处理，尽可能以小的维度解释多的变异，因此其中“解中的维数”通常采用系统默认 2，如两个变量在原先基础上维度降了 1 个；“距离测量”中，有卡方距离和欧式距离，本例选择“卡方”距离，列联表的卡方距离，即卡方统计量。“标准化方法”中本例选择“除去行和列均值”。“正态化方法”，按系统默认的“对称”正态化，可分析变量间的差异性和相似性。不同的正态化方法，对应分析产生不同的结果。

（3）点击图 8－99 中的“统计”，进入“对应分析：统计”操作界面，如图 8－101 所示。

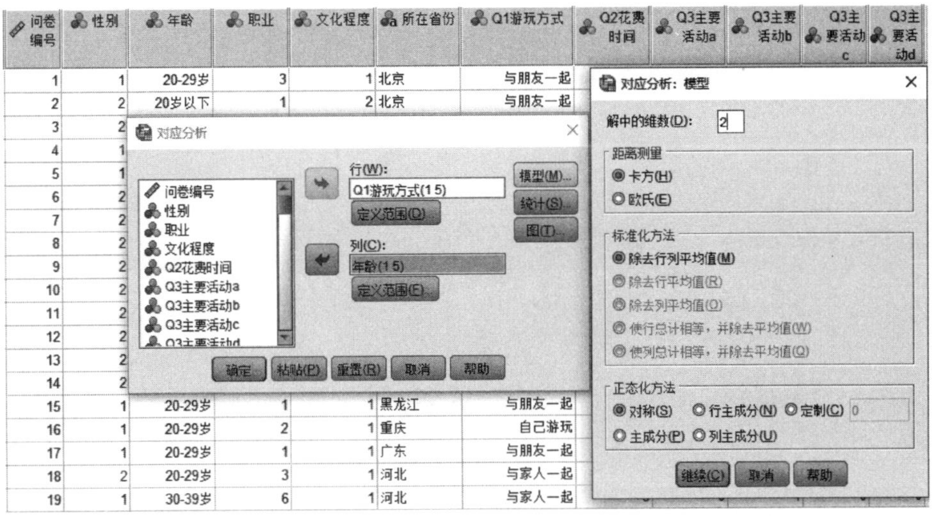

图 8－100　“对应分析：模型”操作界面

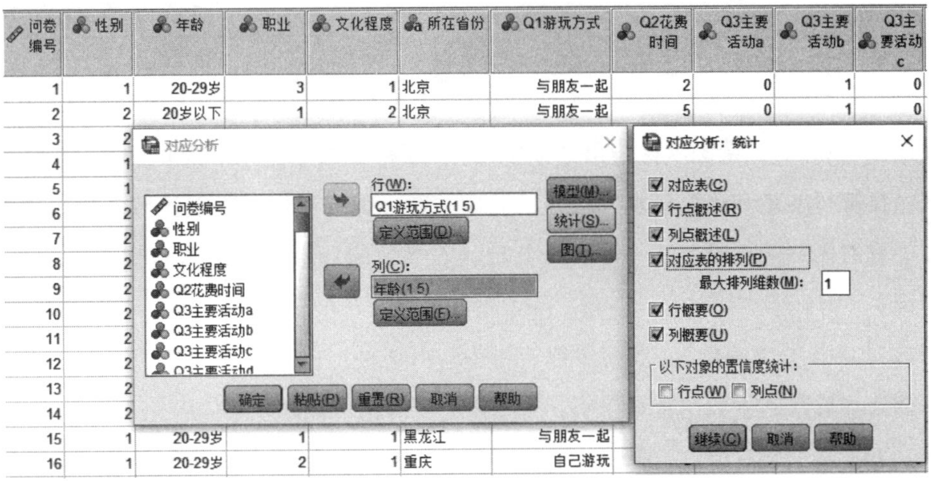

图 8－101　“对应分析：统计”操作界面

在图 8－101 中，系统默认输出三个统计量：“对应表”“行点概述”和“列点概述”。其中，“对应表”，输出原始对应表，即原始二维列联表；“行点概述”，输出行变量的因子载荷和贡献；“列点概述”，输出列变量的因子载荷和贡献。

可点击选择“对应表的排序”，输出最优对应表。“最大排列的维数”，系统默认 1。“行概要”，是基于行合计计算的各百分比；“列概要”，是基于列合计计算的各百分比；在“以下对象的置信度统计”选项中，“行点”，是行变量各点在各因子上的标准离差及相关系数；“列点”，是列变量各点在各因子上的标准离差及相关系数。选择输出相关的统计量，对检验对应分析的效果提供更多参考信息。点击“继续”。

（4）点击图 8－99 中的“图”，进入“对应分析：图”操作界面，如图 8－102 所示。

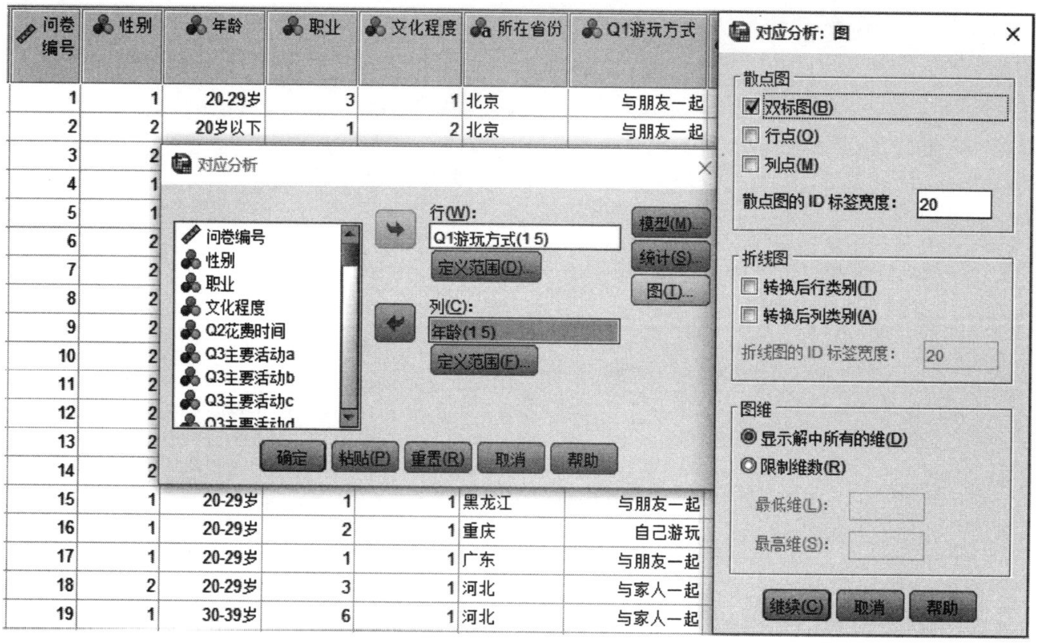

图 8－102 “对应分析：图”操作界面

在图 8－102 中，系统默认输出“双标图”。即在因子坐标中，行变量和列变量的散点对应图，反映行变量和列变量在因子上的对应关系。为了考察列联表各行（列）之间的相关程度，有时需要输出仅包括一个变量各种状态参数的二维图，选择“行点”和“列点”可以得到。

（5）最后点击“确定”，就可以得到相关输出结果，进行分析。

本例选择后得到主要结果如下：

表 8－47 为原始对应表，即原始的二维频数分布表。“活动边际”相当于“行合计”或者“列合计”。

表 8－47　　原始对应表

Q1 游玩方式	年龄					
	20 岁以下	20—29 岁	30—39 岁	40—49 岁	50 岁及以上	活动边际
跟随旅游团	2	7	0	0	0	9
自己游玩	0	7	1	0	2	10
与家人一起	0	3	8	2	4	17
与朋友一起	8	19	4	1	2	34
其他	0	0	0	0	0	0
活动边际	10	36	13	3	8	70

表 8－48 行概要表中，单元格中的数值是由表 8－47 对应表中对应的单元格中数据分别除以它所对应的行总计得到。例如，0.222＝2/9，数量 0.143＝10/70。

表 8－48 行概要表

Q1 游玩方式	年龄					
	20 岁以下	20—29 岁	30—39 岁	40—49 岁	50 岁及以上	活动边际
跟随旅游团	.222	.778	.000	.000	.000	1.000
自己游玩	.000	.700	.100	.000	.200	1.000
与家人一起	.000	.176	.471	.118	.235	1.000
与朋友一起	.235	.559	.118	.029	.059	1.000
其他	.000	.000	.000	.000	.000	.000
数量	.143	.514	.186	.043	.114	

表 8－49 列概要表中，单元格中的数值是由表 8－47 对应表中对应的单元格中数据分别除以它所对应的列总计得到。

表 8－49 列概要表

Q1 游玩方式	年龄					
	20 岁以下	20—29 岁	30—39 岁	40—49 岁	50 岁及以上	数量
跟随旅游团	.200	.194	.000	.000	.000	.129
自己游玩	.000	.194	.077	.000	.250	.143
与家人一起	.000	.083	.615	.667	.500	.243
与朋友一起	.800	.528	.308	.333	.250	.486
其他	.000	.000	.000	.000	.000	.000
活动边际	1.000	1.000	1.000	1.000	1.000	

表 8－50 摘要表中，降维至 3 维（因子），降维是行和列两个变量中分类数最小的类数减 1 的结果。本例游玩方式分类虽为 5 类，但从对应表可以看到，最后类别次数为 0，相当于 4 类。“奇异值”，可以理解为特征值，解释行与列因子的相关性。“惯量”，等于各因子特征值的平方，例如，0.369＝0.607×0.607，0.063＝0.251×0.251。“卡方”，原始列联表的卡方检验值。“显著性”即 p 值。“惯量比例”“惯性比例累积”，惯量比例表明各维度对信息解释的百分比，即每个因子的贡献率，和累积贡献率。如提取的前 2 个维数累积解释了 99.5% 的信息。“置信度奇异值”可以理解为“置信特征值”，因为选择的是 2 维解，所以只给出两个因子的结果，标准差越小，说明点估计值越准确，因子的相关系数越小，则说明因子分解越稳定。

表 8 – 50　　摘要表

维	奇异值	惯量	卡方	显著性	惯量比例		置信度奇异值	
					占	累积	标准差	相关性
								2
1	.607	.369			.850	.850	.089	–0.044
2	.251	.063			.145	.995	.076	
3	.047	.002			.005	1.000		
总计		.434	30.362	.016[a]	1.000	1.000		

注：a. 16 自由度。

在表 8 – 51 行点总览表中，“数量”这一列表示各种类别的构成比。例如，0.129 表示跟随旅游团占总数的比例（9/70），相当于行总计/总数。“维得分”列表示各类别在相关维数上的评分。“惯量”列给出了总惯量（0.434）在行变量中的分解情况，数值越大表示该类别对惯量的贡献越大。“点对维的惯量”表示在各个维数上，信息量在各类别间的分解情况，如跟随旅游团、与家人一起、与朋友一起这三个类别在第一维数上的区分比较好，而自己游玩、与朋友一起在第二维度上区分比较好。“维对点的惯量”表示各类别的信息在各维数上分布比例，跟随旅游团、与家人一起、与朋友一起主要分布在第一维度上，自己游玩主要分布在第一维度上。“总计”表示各维数的信息比例之和。如跟随旅游团这一类别在 2 个维数的提取了 97.7% 的信息。

表 8 – 51　　行点总览[a]表

Q1 游玩方式	数量	维得分		惯量	贡献				
					点对维的惯量		维对点的惯量		
		1	2		1	2	1	2	总计
跟随旅游团	.129	–.916	–.071	.067	.178	.003	.975	.002	.977
自己游玩	.143	–.073	–1.185	.051	.001	.800	.009	.989	.998
与家人一起	.243	1.319	.120	.258	.696	.014	.996	.003	1.000
与朋友一起	.486	–.396	.308	.058	.125	.183	.794	.198	.992
其他	.000	.	.	.	.	.	.	.	.
活动总计	1.000			.434	1.000	1.000			

注：a. 对称正态化。

表 8 – 52 为列点总览表，表中含义参考表 8 – 51 的解释。

表 8－52 列点总览[a]表

年龄	数量	维得分		惯量	贡献				
					点对维的惯量		维对点的惯量		
		1	2		1	2	1	2	总计
20 岁以下	.143	－.823	.924	.090	.159	.486	.654	.341	.995
20—29 岁	.514	－.480	－.287	.083	.195	.169	.868	.129	.997
30—39 岁	.186	1.127	.308	.148	.389	.070	.969	.030	.999
40—49 岁	.043	1.231	.727	.045	.107	.090	.869	.125	.994
50 岁及以上	.114	.893	－.636	.068	.150	.184	.813	.170	.984
活动总计	1.000			.434	1.000	1.000			

注：a. 对称正态化。

图 8－103 对应分析双标图是展现对应分析最主要的一个结果。从图中直观看出哪些变量属于第一因子，哪些偏向于第二因子。可以分别从横轴和纵轴看，如果距离（亲疏程度）较近，说明在该维数上这些类别间差别不大；若横轴和纵轴以（0，0）为原点，划分为四个象限，位于相同象限不同变量的分类点之间的关联较强；比如“20 岁以下”和与“朋友在一起”更靠近，“20—29 岁”和“跟随旅游团”“朋友在一起”关系较强，“30—39 岁”和“40—49 岁”及“50 岁及以上”更愿意“与家人一起”，呈现出较强的关系，而“自己游玩”则是表现出与众不同的状态。

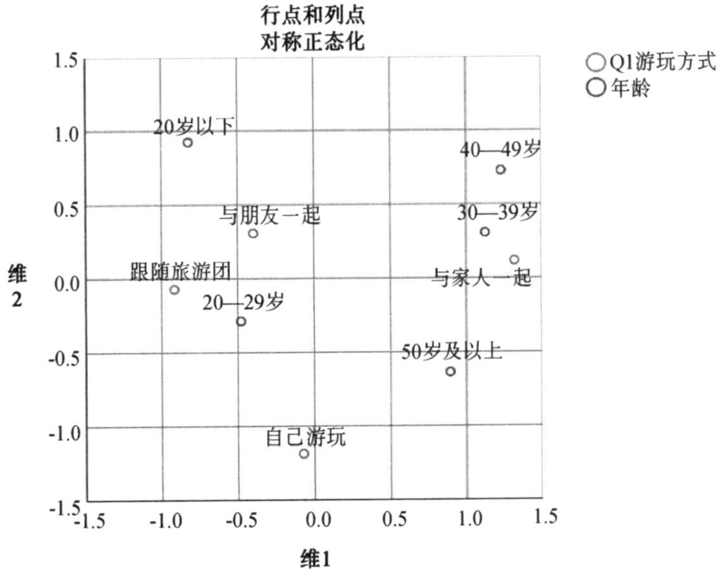

图 8－103 对应分析双标图

表 8－53 是基于第一因子的最优对应表，同因子负荷图一样，可以反映行列变量间的相关性。与原始的对应表对比可知，行列变量的顺序有所变动。

表 8－53　　按维 1 排序的对应表

Q1 游玩方式	年龄					
	20 岁以下	20—29 岁	50 岁及以上	30—39 岁	40—49 岁	活动边际
跟随旅游团	2	7	0	0	0	9
与朋友一起	8	19	2	4	1	34
自己游玩	0	7	2	1	0	10
与家人一起	0	3	4	8	2	17
其他	0	0	0	0	0	0
活动边际	10	36	8	13	3	70

（四）利用 SPSS 做 Logistic 回归分析

当因变量是连续性变量时，常使用线性回归分析若干自变量与因变量的影响关系；而当因变量是分类（二分类、无序多分类和有序多分类）变量时，考虑使用 Logistic 回归（Logistic regression）进行分析。由于因变量的不同，Logistic 回归可分为二分类 Logistic 回归、无序多分类 Logistic 回归、有序多分类 Logistic 回归；根据是否采用匹配设计，又可将二分类 Logistic 回归分为非条件 Logistic 回归和条件 Logistic 回归。Logistic 回归属于概率型非线性回归，除了用于影响因素分析，预测和判别也是 Logistic 回归模型的一个重要应用。

Logistic 回归是统计学习中的经典方法，属于对数线性模型。对数线性模型的主要目的是发现构成列联表的各变量之间的关系，列联表分析仅仅利用卡方检验来回答行列变量之间是否相关的问题，原假设是在列联表中行列变量不相关，主要采用 Pearson 卡方统计量；而对数线性模型则把各个变量的影响通过模型具体化，不仅可以分析变量之间的相关关系，还可以检验各个变量以及它们的交互效应对频数大小的影响。采用似然比卡方统计量，检验模型的拟合优度，原假设为：拟合模型与实际频数数据没有差异。可见对数线性模型是一种更深入地研究列联表数据的方法。如果变量是定量变量，需要先转化为定性变量才可以建立对数线性模型。将线性回归函数和 Logistic 函数复合起来，称为逻辑回归函数，二项 Logistic 回归模型是一种分类模型。当被解释变量是非度量变量时，判别分析是合适的。当被解释变量只有两组时，Logistic 回归应用更广泛。由于对数线性模型种类较多，且各种有不同的条件，下面主要介绍非条件二分类 Logistic 回归的 SPSS 具体应用过程。

（1）整理数据。例如，对某高校 943 名学生和对食堂满意度调查，60 分以下为不满意，部分数据如图 8－104 所示。

频数	就读年级	是否满意
557	本科生	满意
241	硕士研究生	满意
18	博士研究生	满意
81	本科生	不满意
45	硕士研究生	不满意
1	博士研究生	不满意

图 8－104 食堂满意度调查部分数据表图示

（2）点击“数据”—“个案加权”，将“频数”送入“个案加权系数”中，点击“确定”如图 8－105 所示。如果是原始数据，则可省略此步骤。

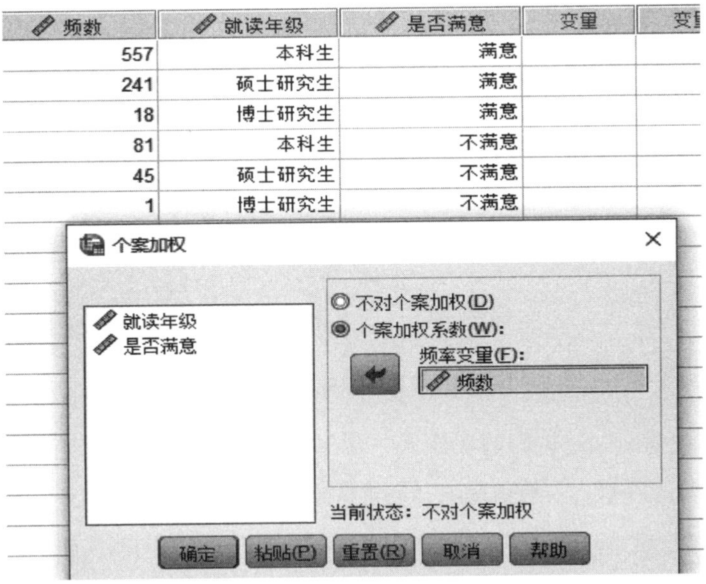

图 8－105 “个案加权”操作界面

（3）点击“分析”—“对数线性模型”，如图 8－106 所示。

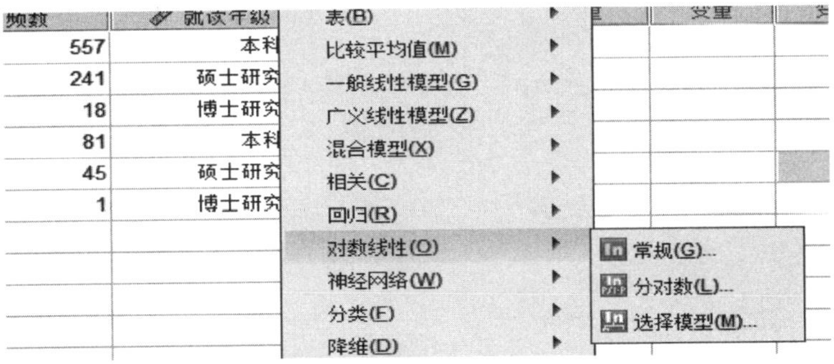

图 8－106 “对数线性模型”操作界面

SPSS 中一共提供了三种对数线性模型：“常规”“分对数”（Logit 模型）、“选择模型”。“常规”是最简单的一种对数线性模型，其主要特点是只能拟合全饱和模型，即分类变量的各自效应以及其相互间效应均包含在对数线性模型中，而且不用区分自变量和因变量。只考虑因素之间是否相关，不考虑和区分原因和结果。

第一种，可选择“常规对数线性分析”的应用分析。图 8－106 中点击选择“常规”，进入到“常规”操作界面。见图 8－107 所示。

图 8－107　“常规对数线性模型”操作界面

点击要分析变量，通过中间箭头送入“因子”中，“单元格协变量”选择主要用于需要控制引入的连续性变量。一般情况下，通常假定每个单元的观察频数服从多项分布，因此“单元格计数分布”可选“多项”。点击图 8－107 中右侧的“模型”，如图 8－108 所示。

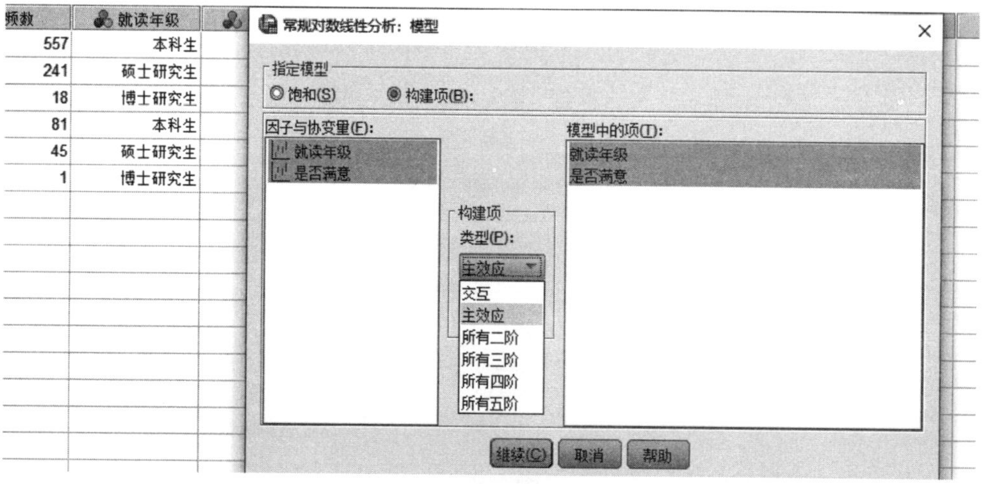

图 8－108　“常规对数线性分析：模型”操作界面

在图 8－108 中的“指定模型”选项下，默认为“饱和”模型。如果需要“设定”模型，则需点击“构建项”，在“构建项”下拉菜单中点击选择“主效应”，即模型中只考虑主效应，然后在“因子与协变量”框格中点击选择要研究的变量，通过中间的箭头送入右边的“模型中的项”框格中。如果考虑其他的效应，需要在中间部分的“构建项”下拉菜单中继续点击选择其他效应，如交互效应等进入“模型中的项”。

图 8－107 中，点击右侧的“选项”，进入“常规对数线性分析：选项”操作界面，如图 8－109 所示。

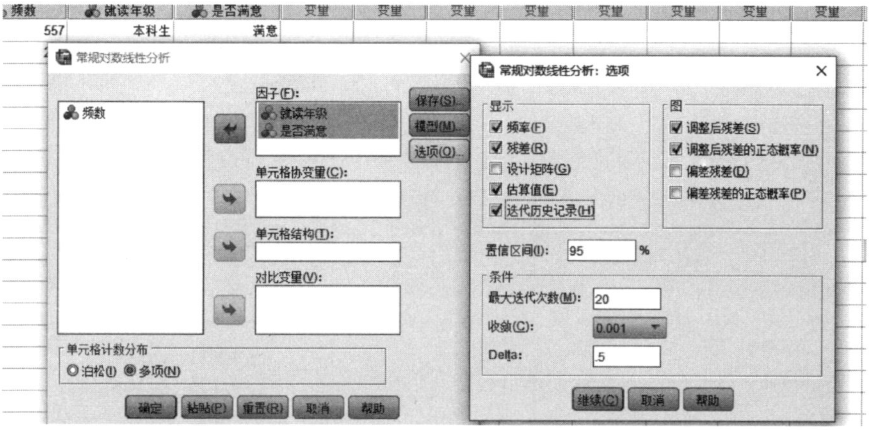

图 8－109　“常规对数线性分析：选项”操作界面

图 8－109 中根据需要勾选常用的“显示”结果，如“频率”“残差”“估算值”等。并在“图”选项下可以点击选择相关的残差图等，其他可按默认处理。点击“继续”。

图 8－107 中，点击右侧的“保存”，进入“常规对数线性分析：保持”操作界面，可选项保存的相关统计量，如图 8－110 所示。

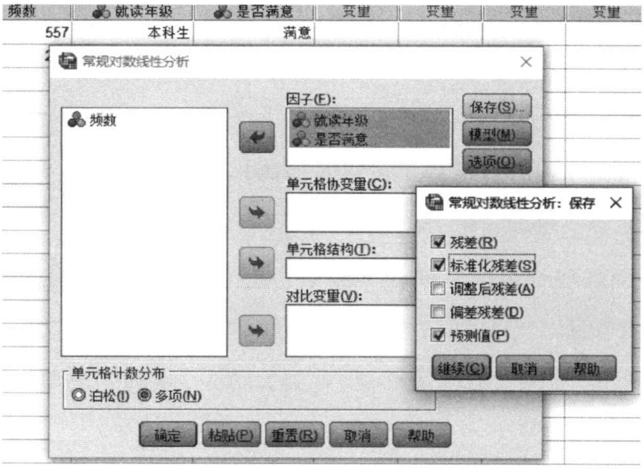

图 8－110　“常规对数线性分析：保存”操作界面

最后点击“继续”，点击“确定”。

第二种，可选择进行“分对数的对数线性分析”的应用。“分对数”模型，也称 Logit 模型、逻辑回归等，通常适用于已经明确区分出自变量和因变量，因变量为二分类变量的情况，目的是分析自变量和因变量的关系。相同的数据分析结果和 Logistic 回归等价的。在图 8－106“对数线性模型”操作界面中，点击选择“分对数”，进入“分对数的对数线性分析”操作界面，如图 8－111 所示。

图 8－111　“分对数的对数线性分析”操作界面

图 8－111 中需要区分自变量（因子）和因变量，并分别点击自变量（因子）和因变量，通过中间箭头将其送入相应的变量框格中。其他的操作过程分别见图 8－108、图 8－109、图 8－110，基本类同。

第三种，可选择进行“模型选择对数线性分析”的应用。“模型选择”，拟合的是分层对数线性模型，适用于探索性分析，既没有明确区分出自变量和因变量，也没有对模型效应感兴趣，探索某些变量间可能存在联系。

在图 8－106“对数线性模型”操作界面中，点击选择“选择模型”，进入“模型选择对数线性分析”操作界面，点击要分析的变量通过中间箭头将其送入“因子”中，并在其下面点击“定义范围”，对“最小值”和“最大值”，也就是各个变量的编码范围进行输入，如图 8－112 所示。

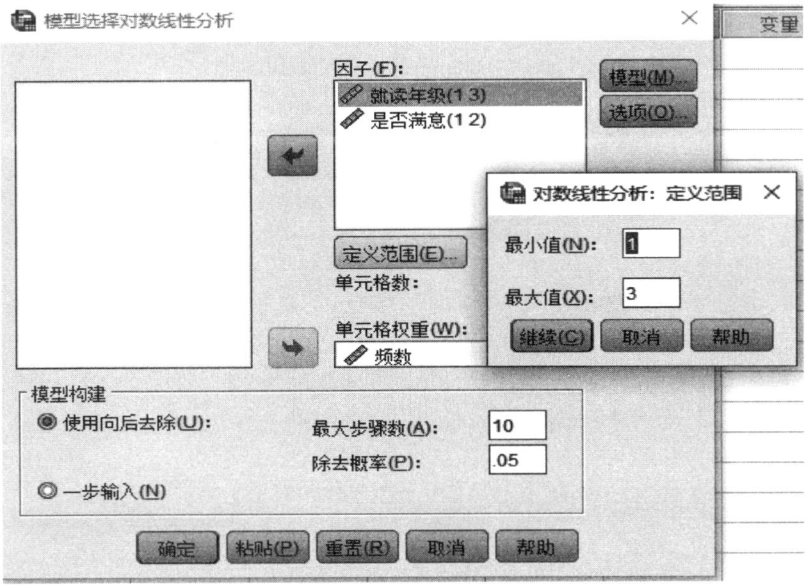

图 8－112　“模型选择对数线性分析”中因子及定义范围操作界面

定义即输入每个变量的范围后，将“频数”通过中间箭头送入“单元格权重”中。实际应用中，模型的准确性和简约程度必须要考虑，而“模型选择”能帮助人们得到最佳的简约模型，在图 8－112 中“模型构建”下选择模型构建的方法，如默认的“使用向后去除”，类似回归中的向后排除法。点击右侧的“模型”，可默认或选择“构建项”，选择主效应或交互效应等，点击“继续”，如图 8－113 所示。

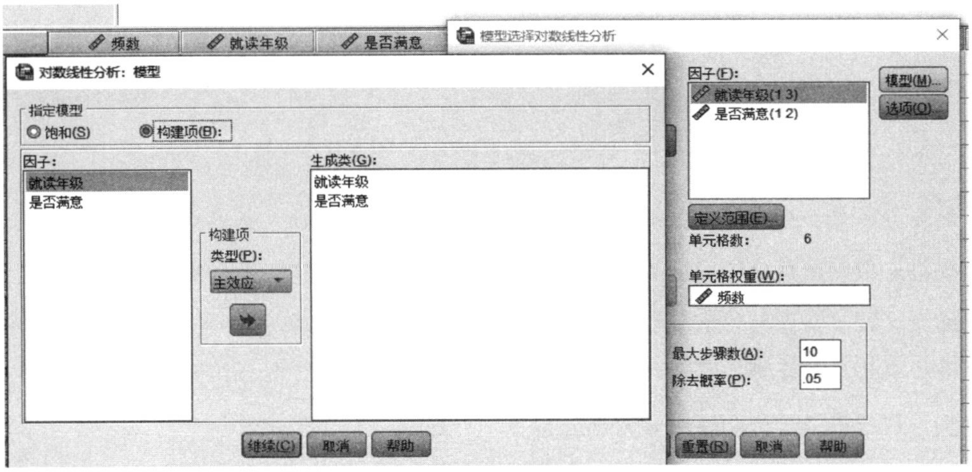

图 8－113　“对数线性分析：模型”操作界面

在图 8－113 中点击“选项”，可默认或选择相应的显示结果，如图 8－114 所示。点击“继续”，点击“确定”。

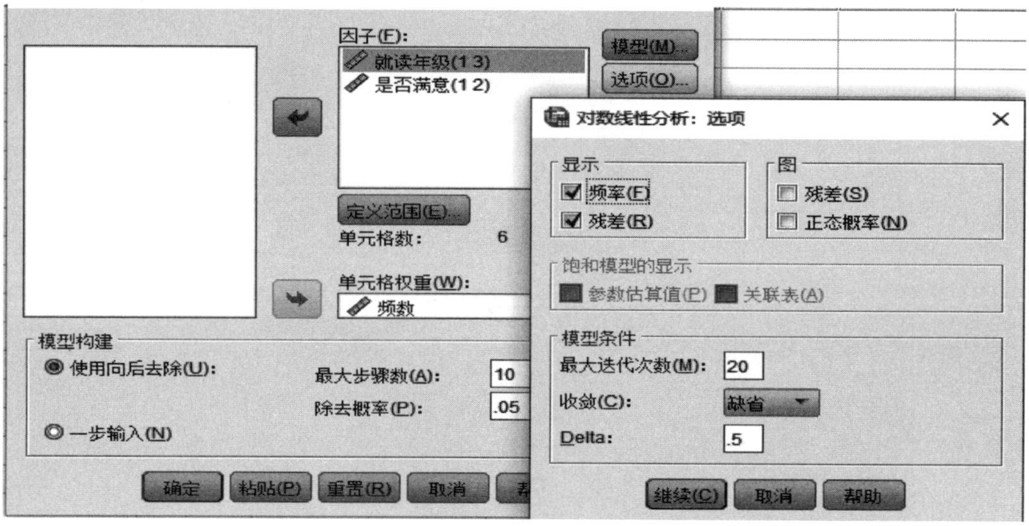

图 8-114 “对数线性分析：选项”的操作界面

SPSS 运行后，获得相关的结果，进行分析。

（4）应用时需要注意，在建立对数线性模型时，需要考虑实际问题的背景，各种模型的条件，选择更为合适的模型。根据模型输出结果进行拟合优度和参数估计值的检验及模型的残差检验。Logistic 回归分析大部分用于建构二元因变量与一组解释变量之间的关系，在因变量多于两水平时，Logistic 回归仍可使用，称为多元 Logistic 回归。

三、探究

（一）数据分析的重要性与评估

数据分析是质量管理体系的基础，是提供决策信息的基础，其有效性要进行评估。例如，提供决策的信息是否充分、可信，是否存在因信息不足、失准、滞后而将导致决策失误的问题；搜集数据的目的是否明确，搜集的数据是否真实和充分，信息渠道是否畅通；数据分析方法是否合理，是否将风险控制在可接受的范围；数据分析所需资源是否得到保障，实现过程中是否有效运用了数据分析等。

（二）更多的分析方法

数据分析方法很多，适用不同研究目的、不同类型数据、不同的限制条件。调查数据中，除上面介绍的方法外，还有以下的方法也常使用。

1. 判别分析

判别分析是一种常用的分类分析方法，其通过已知的分类情况，根据数据的特征对其他研究对象进行预测归类。即根据已掌握的每个类别的若干样本的数据信息，建立判别公式和判别准则。当遇到新的样本点时，根据总结出来的判别公式和判别准则，判别该样本点所属的类别。包括距离判别法、Fisher 判别法、Bayes 判别法和逐步判别法等。识别一个个体类别归属有着广泛的应用，如根据已有的客户特征数据，营销人员预测当前的消费者属于哪种类型的顾客，银行可判断申请人是否具有信用风险等，有针对性地采取有效的措施。也可用于确定哪些预测变量与因变量相关研究。判别分析中，因变量为类别数据，有多少类别就有多少类别处理组，自变量通常为定量数据。需要注意的是，该方法的使用条件，如各个判别变量应服从正态分布，且各个判别变量的联合分布是多元正态分布，各判别变量不能存在高度的多重共线性等。SPSS 操作中，通过“分析”—“分类”—“判别式”进入判别分析主对话框，按相关要求进行选择设置。

2. 结构方程模型分析

结构方程模型是一种建立、估计和检验因果关系模型的方法。它能够把样本数据间复杂的因果联系用相应的模型方程表现出来并加以测量、进行分析的计量技术。结构方程模型结合了因素分析（factor analysis）和路径分析（path analysis），并纳入计量经济学的联立方程式，可同时处理多个因变量，而且能同时处理潜变量及其指标，即模型中既包含有可观测的显变量，也可能包含无法直接观测的潜变量及误差变量。结构方程模型还结合了多种统计分析方法，可同时检验因子、分析项、误差项间的关系。

结构方程模型分为测量模型和结构模型，其中测量模型是分析显变量与潜变量之间的关系，而结构模型是利用路径分析方法建立潜变量之间的关系，并对潜变量之间的关系加以分析。结构方程模型包括测量关系和影响关系，既可以测量各因素内部结构及相关之间的关系情况，也可以测量多个自变量与多个因变量之间的影响关系。与传统的回归分析不同，结构方程模型分析能同时处理多个因变量，并可比较及评价不同的理论模型。

从整体分析角度看，基本分析步骤包括：模型构建、探索性因子分析/验证性因子分析、设置模型、评估模型、模型调整/修正。对于模型构建，应结合专业知识和文献参考，充分研究各种变量间的各种关系，确定潜变量和观测变量及潜变量之间的关系，建立初步的模型；之后通过探索性因子分析和验证性因子分析进行模型识别，确保测量关系具有良好的质量，判断引入数据后的结构方程模型能否运行及拟合成功；再之后进行模型拟合，将搜集到的数据进行参数估计，进行测量模型的估计与检验，再通过路径分析，进行结构模型的估计与检验。结构方程模型建立后要判断输出结果的指标值是否符合模型预设的适配度标准，进行模型评价，包括检验模型的内在质量和评估模型的整体适配度。若模型拟合不好，需要进行模型调整/修正，进行增删变量或调整路径与参数等操作时需有一定的理论支撑。同时理论的结果还要与实际的意义相结合，反复调整最终得到理论和实际均适合的模型。如常见的顾客满意度研究可以通过构建顾客满意度模型进行各种分析。

3. 典型相关分析

相关分析一般分析两个变量之间的关系，而典型相关分析是分析两组变量即多个变量与多个变量（即两组变量）之间的相关性。典型相关分析是研究两组变量间相关关系的一种多元分析方法，用于揭示两组变量之间的内在关系，即研究一组 X 与另一组 Y 数据之间的相关关系情况。典型相关分析借助主成分分析思想，结合变量间的相关关系情况，寻找出一个或少数几个综合变量（即典型变量）来替代原变量，从而对两组变量关系集中到少数几对典型变量间的关系上。与主成分分析（PCA）相似，一组变量的典型变量和其主成分都是经过线性变换，通过计算矩阵的特征值与特征向量得出的；不同的是主成分分析中只涉及一组变量的相互依赖关系，而典型相关则扩展到了两组变量之间相互依赖的关系中，度量这两组变量之间联系的强度。典型相关分析的用途广泛，实际问题中，当面临两组多变量数据，并希望研究两组变量之间的关系时，就要用到典型相关分析。例如，研究投资性变量（如劳动者人数、货物周转量、生产建设投资等）与国民收入变量（如工农业国内收入、运输业国内收入、建筑业国内收入等）这两组数据之间的相关关系；财政政策变量（如财政支出总额的增长率、财政赤字增长率、国债发行额的增长率等）与经济发展变量（如国内生产总值增长率、就业增长率等）两组变量之间的相关程度等。

典型相关分析基本步骤包括：首先提取出典型相关变量。典型变量是对数据信息的浓缩提取，且成对出现，通常为 2 至 5 个。其次完成典型变量提取之后，需要分别分析典型变量与 *X*（组）或者 *Y*（组）之间的数学表达式关系，以及典型变量分别与 *X* 或者 *Y* 之间的相关关系（载荷系数）情况；并且可结合具体情况对于典型变量进行命名。最后进行典型冗余分析。在对样本典型相关分析时，分析每组变量提取出的典型变量所能解释的该组样本总方差的比例，称为冗余分析，即研究典型变量对于 *X* 组的信息提取量，或者典型变量对于 *Y* 组的信息提取量情况，测度典型变量所包含的原始信息量的大小。在 SPSS 中，选择“分析”—“相关”—“典型相关性”，在选项中勾选成对相关性，根据需求选择即可完成。

4. ROC 分析

ROC（receiver operating characteristic，受试者工作特征）曲线分析，主要用于研究 X（检验变量）对于 Y（状态变量）的预测准确率情况以及确定界值点。在医学领域广泛使用于评价诊断准确性以及确定界值点，如预测核酸检测结果（阳性 & 阴性）的准确率。当采用某种诊断方法对一个二分类的结果进行预测时，常常使用混淆矩阵，如表 8－54 所示。

表 8-54　　混淆矩阵表

	实际阳性 actual positive	实际阴性 actual negative
预测阳性 predicted positive	真阳性 T P (true positive)	假阳性 F P (false positive)
预测阴性 predicted negative	假阴性 F N (false negative)	真阴性 T N (true negative)

依据混淆矩阵，以真阳性率（灵敏度或特异性）为纵坐标，假阳性率（1-特异度，或误报率）为横坐标绘制的曲线。纵坐标的灵敏度，该指标越高代表诊断的准确率越高；横坐标的（1-特异度），该指标越低就代表误判率越低。总体上越是靠近 ROC 空间的左上角的点，其诊断效果越好。借助 ROC 曲线选择出某一诊断方法最佳的诊断界限值，用于比较两种或两种以上不同诊断方法对疾病的识别能力大小；ROC 曲线将灵敏度和特异度以图示的方法结合在一起，可准确地反映某分析方法灵敏度和特异度的关系；ROC 曲线的 Y（状态变量）为只有两个类别的结果（例如阳性 & 阴性、是 & 否、患病 & 未患病等），X（检验变量）可以有很多个，X 与 Y 可以为任意数据类型（定类和定量数据均可）。

ROC 曲线不仅在医学领域，在心理测评、算法效度研究中都有着广泛应用。在机器学习中，ROC 曲线可以用来比较不同分类器的性能，并选择最佳截止点，可以帮助确定分类器的最佳参数设置，并在模型训练和测试过程中进行模型选择。SPSS 中，可以通过点击“分析”—“ROC 曲线（v）”，进行相关的设置完成操作，进行分析。

5. 不断发展的分析方法与技术

由于分析研究目的不同，数据类型不同，分析方法不同，常用的分析方法还包括时间序列分析、指数分析法、平衡分析法、综合评价分析、景气分析、预测分析、决策树分析与随机森林、神经网络、系统方程、蒙特卡洛模拟等。大数据、数字经济和智能时代，数据来源及类型呈现多样化，例如，眼球追踪数据、社会化媒体数据、生物识别或生理测量，非结构化数据、半结构化数据等，再如，互联网上任何内容，文字、图片和视频都是数据；医院里包括医学影像在内的所有档案也是数据；公司和工厂里的各种设计图纸也是数据；出土文物上的文字、图示，甚至它们的尺寸、材料也都是数据；甚至宇宙在形成过程中也留下了许多数据，等等，当然也会发展更多适合不同数据的分析方法与技术。大数据研究专家舍恩伯格指出，大数据时代，人们对待数据的思维方式会发生三个变化：一是人们处理的数据从单一样本数据变成全量数据（全样本数据）；二是由于是海量数据和全样本数据，人们不得不接受数据的混杂性，而放弃对精确性的追求；三是人类通过对大数据的处理，放弃对因果关系的渴求，转而关注相关性关系（即数据的关联性关系）。数据思维最关键的转变在于从自然思维转向智能思维，使得大数据像具有生命力一样，获得类似于“人脑”的智能，甚至智慧。在有大数据之前，计算机并不擅长于解决需要人类智能的问题，但是由于思维的转变，全世界开始了新的一轮技术革命——智能革命，将智能问题看作是数据问题，互联网和大数据技术的快速发展，大量的语音、图像、视频、语料数据积累，很多数据都得以共享和组织起来，这就是数据驱动的方法。思维方式决定成就的获得，思维可以转变，技能可以学习。

【本章总结】

本章主要介绍调查数据分析一些基本内容。分别从调查数据分析方法概述、单变量数据分析、双变量数据分析、多变量数据分析及拓展·实验或实践·探究等方面展开。学习中需要概括把握数据基本类型、常用分析方法；熟练掌握一个定性变量、一个定量变量分析方法；两个定性变量、两个定量变量、一个定性和定量变量的分析方法；掌握常用的因子分析、聚类分析、对应分析、Logistic 回归等多变量分析方法，熟悉图表和数据可视化方法。在此基础上，进行相关内容的拓展，实践操作及进一步探究。

【关键术语】

定性数据　定量数据　截面数据　时序数据　有效百分比　z 分数　因子分析　聚类分析　对应分析　判别分析

【思考与讨论】

1. 做数据分析应重点把控哪些环节？
2. 简述定性调查和定量调查数据常用的分析方法。
3. 问卷中哪些询问问题的结果形成定性数据？分别选择哪些分析方法？
4. 简述开放型问题“再编码”基本步骤。
5. 简述数据分组基本步骤。
6. 单变量分析时应注意哪些问题？
7. 两个定性变量分析常用分析方法有哪些？分析中应注意什么问题？
8. 简述两个定量变量分析常用哪些分析方法及应注意的问题。

9. 简述一个定性变量与一个定量变量常用的分析方法及应注意的问题。

10. 简述因子分析主要步骤及应注意的问题。

11. 简述系统聚类法与 K－均值聚类法基本步骤。

12. 简述对应分析一般步骤及应注意的问题。

13. Logistic 回归对自变量和因变量有什么要求？分析时要注意哪些问题。

14. 简述绘制与使用图形要注意哪些问题。

15. 数据分析的一般准则有哪些？

16. 二阶聚类适用什么类型数据？

17. 根据你所掌握的知识，谈谈不断发展的数据分析方法与技术。

18. 结合第二章思考的社会实践选题，在数据整理基础上进行数据分析。

第九章　调查分析报告

【学习目标和要求】

1. 了解学术研究报告与普通调查报告主要区别；

2. 熟悉调查分析报告的作用及调查分析报告的分类；

3. 掌握调查分析报告的特点、写作原则、写作要求；

4. 熟练掌握撰写书面调查分析报告基本步骤、基本结构与典型内容；

5. 掌握撰写书面调查分析报告的技巧及提示；

6. 熟悉调查分析报告的审定与评价内容；

7. 熟练掌握口头报告的准备及注意的问题。

2023 年 3 月，中共中央办公厅印发的《关于在全党大兴调查研究的工作方案》指出："必须坚持实事求是，坚守党性原则，一切从实际出发，理论联系实际，听真话、察实情，坚持真理、修正错误，有一是一、有二是二，既报喜又报忧，不唯书、不唯上、只唯实。必须坚持问题导向，增强问题意识，敢于正视问题、善于发现问题，以解决问题为根本目的，真正把情况摸清、把问题找准、把对策提实，不断提出真正解决问题的新思路新办法。必须坚持攻坚克难，发扬斗争精神，增强斗争本领，勇于涉险滩、破难题，知难而进、迎难而上，把调查研究成果转化为推进工作、战胜困难的实际成效。"

经过前期的调查实践、处理与数据分析，了解全部数据材料和情况后，进行去粗取精、去伪存真、由此及彼、由表及里的分析研究，不断探索事实背后的真相，掌握实情，搞清楚问题是什么、症结在哪里，拿出破解难题的实招、硬招，并以书面形式陈述出来，形成调查报告。本章主要围绕调查报告有关内容展开。

第一节　调查分析报告作用与种类

一、调查分析报告及其作用

（一）调查分析报告

调查分析报告也称调查报告、调研报告，是整个调查与数据分析工作，包括选题、方案设计、调查实施、数据整理、数据分析等一系列过程与成果的总结，经过深入调查、分析、综合，从而揭示出其本质或客观规律的一种书面报告形式。它是调查与数据分析最终结果的集中表现，是实现调查目的的重要环节，也是客户需要的最重要的书面结果之一。调查分析报告以文字、图表等形式将调查研究的过程、方法和结果表现出来，其目的是告诉读者，对研究的问题是如何进行调查与分析的，取得了哪些结果，有什么结论、建议，及理论和实际意义等，能否撰写出一份高质量的调查分析报告，是衡量调查与数据分析工作成功与否的重要方式。

（二）调查分析报告作用

调查分析报告是调查研究成果的一种表现形式。一份好的调查分析报告，结构清晰，图文并茂，恰当运用各种分析方法，有最终的调查结果及分析结论，易读易懂，并提出一些针对性的建议。不仅展现了调查与数据分析最终结果，同时使人们对所研究的现象或问题有一个全面系统的了解和认识，能够更好地为科学决策服务。

调查分析报告作用主要表现在以下几个方面：

（1）展示调查分析和研究结果。调查报告对调研得来的大量材料和情况，认真研究分析，是全部调查研究活动的综合体现，是调查成果的集中体现，有利于阅读者全面掌握情况，做到心中有数。调查分析报告以人们接受的方式表达出来，方便阅读、查找，也丰富了对客观现象的认识和研究。

（2）调查分析报告使用图、表和对数据分析结果的解读，更加直观清晰展示数据和信息、发展趋势、变化及关系，更好地理解数据分析结果的含义、结论，有助于进一步地去探索发现数据和信息中的隐藏信息，提高决策的准确性，同时方便对数据及分析结果的积累和保存。

（3）提供调查与数据分析整个工作的质量证明。由于调查分析报告是调查研究成果的一种重要表现形式，因此报告质量的高低也是对整个调查与数据分析工作质量的证明。

（4）为科学决策提供参考依据。调查分析报告围绕特定目的，通过对调查背景、内容、方法、过程、控制、数据分析及结论等各部分的描述、分析和阐述，在发现问题的基础上提出解决问题的建设性意见，帮助管理者及时地了解市场经济和科技动态的信息，为管理部门提供决策依据。调查分析报告所作的理论分析有一定的深度，通过调查与数据分析，透过数据现象分析数据之间隐含的关系，对事物的认识能从感性认识上升到理性认识，可以更好地为调查分析报告的使用者开拓思路，了解真实情况，为决策提供咨询。一方面，管理者对工作的决策和指导，必须以高质量的信息为参考，以确凿的事实为依据，否则难以保证决策的科学性和指导的正确性。管理者以求实、务实的精神，了解和掌握真实的情况，找到症结，找到解决问题的办法，有针对性地研究解决。另一方面翔实的高质量的调查分析报告一定能发挥决策参考作用。正确的决策离不开调查研究，正确的贯彻落实同样也离不开调查研究。调查研究反映了某种实际情况，把握了事物的本质和规律，也只有这样才能有助于管理者制定针对性的政策、措施，把对策提实，找到解决问题的新思路、新办法，避免拍脑袋决策。高质量的调查分析报告提升了研究结果的应用价值。

目前，公开发表的各种调查报告很多，涉及范围广泛。公开发表的调查分析报告，能为社会所用，帮助人们了解市场或工作中相关问题，或对社会实践起到指导作用，为消费者决策服务，为各企业，各级决策机构，各类研究人员进行分析提供佐证，丰富学术研究。尤其是书面调查分析报告，可作为信息资料文件，也为以后相似的调查与数据分析提供了重要的二手资料来源。

二、调查分析报告的种类

调查分析报告从不同的角度，可以分为不同的种类。

（一）根据调查分析报告内容

根据调查分析报告内容，可以分为综合分析报告、专题报告、研究性报告、技术报告等。

综合分析报告是提供给客户的最基本报告。其目的是反映整个调查与数据活动全貌，详尽说明调查分析结果及发现；专题报告是针对某个问题或侧面而撰写分析报告；研究性报告是学术性较强的报告，可看成某种专题分析报告；技术报告是对调查与数据分析中的某些技术问题所作的报告。

（二）根据分析研究的不同标准

根据分析研究的不同标准，可以分为描述性调查分析报告与分析性调查报告；普通调查报告与学术研究报告。

描述性调查分析报告与分析性调查报告两者目的不同。描述性调查分析报告是对问题的客观描述，其目的主要是公布调查所得的各项数据，以简单列示为主，对数据的取得过程及调查范围可以做一些说明。分析性调查报告是以数据的分析及研究为主，运用图表、数据分析结果等形式展示调查的过程结果，并得出数据分析结论。

普通调查报告与学术研究报告其目的也不同。普通调查报告一般是经过调查后对现实状况所作的针对性分析，更注重时效，特别是在市场研究中，对市场的现状、问题、发展趋势作出分析，并提供一些参考建议等，其结论一般用于生产和经营决策提供依据。学术研究报告是对研究现象及规律所作的探索性分析，主要为政策制定及宏观调控建立相关的决策支持。

（三）根据报告的呈递形式

根据报告的呈递形式，可以分为书面报告和口头报告。

书面报告是完整的报告，涵盖了调查所有的信息和结论及事实根据等通常用图、表、数据解读等书面陈述来表达分析结果。内容丰富，信息量大。大多数调查报告采用书面报告。

口头报告/汇报一般是调查人员将调查报告的结果向管理层或委托者作口头陈述，以帮助相关人员能迅速了解调查报告的内容及接纳书面报告，并当场就一些问题及时作出解答，方便沟通。口头报告力求简短，表达生动，富有感染力。

（四）根据调查分析报告内容范围

根据报告内容范围，分为微观报告和宏观报告。微观的研究对象是单个经济单位（单个生产者、单个消费者、单个市场经济活动）。而宏观的研究对象以社会总体为研究对象，研究总体经济行为及其后果。由于研究对象不同，研究方法也不同。微观的主要是个量分析，要解决的主要是市场占有率、资源配置等问题；而宏观的则是总量分析，研究社会范围内的资源利用等相关问题。

（五）根据所使用的研究与描述方法

根据调查及调查数据资料分析所使用的研究与描述方法，可以将调查分析报告分为定量调查分析报告和定性调查分析报告。如果对所获得的调查数据资料分析和描述调查分析结果时主要采用定量研究方法，则此类型的调查分析报告称为定量调查分析报告；如果对所获得的调查数据资料分析和描述调查分析结果时主要采用定性研究方法，则此类型的调查分析报告称为定性调查分析报告。从典型意义上说，定性调查分析报告主要是用文字来描述现象，而不侧重用数字和量度。更为常见的是，综合运用定性分析与定量分析两种研究方法，而以其中一种方法为主，两者相互支持。

（六）其他分类

例如，按调查范围分，可分为全国性市场调查分析报告、区域性市场调查分析报告、国际性市场调查分析报告；按调查对象分，可分为商品市场调查分析报告、房地产市场调查分析报告、金融市场调查分析报告、投资市场调查分析报告；按调查频率分，可分为经常性市场调查分析报告、定期性市场调查分析报告、临时性市场调查分析报告；根据营销情况，可以有市场商品供给、需求、市场与潜在需求、销售渠道、价格、市场竞争、经营效益的等分析报告；按服务对象分，可分为市场需求者调查分析报告（消费者调查分析报告）、市场供应者调查分析报告（生产者调查分析报告），以及销售渠道及价格变化与策略的调查分析报告、市场竞争与企业环境的调查分析报告、经营效益的调查分析报告，等等。

在实际中的报告还有：情况调查报告，比较系统地反映本地区、本单位基本情况的一种调查分析报告，供决策者使用；通过分析典型事例，总结工作中出现的新经验，从而指导和推动某方面工作的一种典型经验调查分析报告；针对某一方面的问题，进行专项调查，澄清事实真相，判明问题的原因和性质，并提出解决问题的途径和建议，为问题的最后处理提供依据，也为其他有关方面提供参考和借鉴的一种问题调查分析报告等。

可见调查分析报告的运用广泛，形式灵活。

第二节 调查分析报告的写作

一、调查分析报告特点

调查分析报告应具有时效性、针对性、准确性、原创性及创新性等特点。

(1) 时效性就是快速准确，在规定时间内完成，是调查分析报告的基本要求。时效性影响着决策的生效时间，决定了决策在特定时间内是否有效。

(2) 针对性就是指调查分析报告有特定的选题及特定的阅读对象，根据目的要求，对所需信息进行收集、整理和数据分析，弄清什么是所需要的信息。明确了调查与数据分析目的，才可以有的放矢地筛选出与决策工作密切相关的信息。不同目的和任务不同，决策的范围不同，所需要的信息也不同。实际工作中通常是围绕一个时期的中心，从实际需要出发，发现和查找工作中的差距不足，有针对性地调查某一问题或事件，掌握实情，分析其规律，总结其经验教训，解决群众所关心的问题。

(3) 准确性也称准确度，指调查分析报告是对市场问题做深入调查分析研究，进行实地考察论证，掌握了大量的第一手资料后，得出的结论真实可靠。观测值与其真值的接近程度越接近，准确性越高。准确性就是要求以真实的材料为依据来分析客观存在的本质，实事求是地反映客观对象，绝不弄虚作假，不凭推测想象来编撰与处理信息。

(4) 原创性及创新性，调查分析报告是在调查的基础上深化研究的成果，形成解决问题、促进工作的思路办法和政策举措，有些甚至是新发现、新观点，具有创新性。总体上说，用事实说话，所用材料翔实，注重实效，有实际效用。

二、调查分析报告写作原则

调查报告不同于一般的学术论文，它的特点是以调查的数据资料为基础，通过对数据资料分析研究，得出客观的结论。调查分析报告写作的主要原则是：实事求是、目的明确、突出重点。

（一）实事求是

实事求是原则是调查与数据分析活动及决策应遵循的最基本的原则。“实事”，就是客观存在着的一切事物；“是”，就是客观事物内在的必然的联系，即规律性；“求”，就是去研究和探讨；一切从客观的真实情况出发，研究和认识客观事物发展的规律性，用事实说话，要客观地、全面地、本质地看待问题、分析问题、解决问题。同时要熟悉调查与数据分析所涉及的研究领域的业务和有关方针政策，相关的规定、制度，用联系和发展的观点，找出规律、发现问题，提出务实管用的建议，分析时做到观点和数据结合运用。

（二）目的明确

调查与数据分析工作，其搜集数据信息的主要目的是解决什么问题，获得什么信息，调查分析报告中应给出分析研究的结果。如企业是希望了解用户的需求反馈，还是了解产品的不足，或者了解市场的需求情况如何，研究中发现了什么问题，如何去解决，具体有什么建议等。例如，有的分析报告着重于整体行业或从宏观角度去撰写，包括趋势或预测等；也有的应用于学术领域的模型类报告，用模型去验证数据假设，结合模型及结论，将其进行推广，此类分析报告最为严谨，且模型多种多样，一个模型可能就是整份分析报告的核心，而且需要对模型进行深入说明和阐述。

（三）突出重点

即调查分析报告的主题明确，在调查及数据整理分析的基础上，深入细致和多角度分析与挖掘，主要分析的结论和观点的表达准确，内容突出。

三、书面调查分析报告写作要求与步骤

（一）书面调查分析报告的写作要求

书面调查分析报告的写作要求做到主题突出、结构合理、选材得当、文字流畅。

主题突出，即时刻把握调查分析报告的主旨，使阅读者清楚地知道分析报告的内容。行文的过程中，问题越集中，目的越具体明确，主旨就越鲜明突出，常用办法是在段尾，也可以在段首概括所叙述段落的内容。

结构合理，是指调查分析报告的层次清晰、逻辑严密，联系密切，详略得当突出调查分析报告的重点，层次分明。

选材得当，即选择充分表现调查分析主题的数据资料，数据具有真实性，对调查数据进行全面准确分析，选择分析方法适当，解读分析结果准确，才能反映调查数据分析的真实结果。

文字流畅，指调查分析报告中的语句表达通顺，这也是写作的基本要求。

（二）撰写书面调查分析报告基本步骤

撰写书面调查分析报告一般要经过以下几个步骤：

1. 确定调查分析的主题

主题是调查分析报告的灵魂，是研究者基本思想和观点的体现，是写好调查分析报告的关键。只有主题明确，才能围绕主题组织材料，安排结构。主题要正确、集中、深刻、鲜明、新颖，同时要有时代性。可以通过召开小型座谈会等方式，共同商讨确定。

2. 准备工作

整理有关调查与数据资料等。由于采用的调查方法不同，获得的调查数据资料也不相同，或同一次调查中采用了多种方法，调查获得的数据资料较多，可能包括问卷、座谈或访谈资料、录音录像，等等，需要按照调查目的和分析的要求，进行相关的整理、准备。

3. 构思

对客观事物从感性认识到理性认识的过程。构思提纲，谋划布局，要整体思考调查分析报告的主题结构，主要内容，创造出抽象思维的分析成果。同时规划分析报告的汇报方式，确定报告类型和读者。

4. 分析调查数据

对调查数据要运用得法，用图、表、模型等不同数据分析方法，对获得的调查数据进行全面分析，并用数据分析结果说明观点，做到观点与数据资料的统一。要注意不是所有数据资料都可以用于调查分析报告，必须通过归类及数据的分析进行取舍，主题就是取舍的依据。调查分析报告要有一个总观点，总观点要包容分观点，分观点要说明总观点。总观点要有普遍性，典型性和针对性，反映客观事物的本质。

5. 拟定提纲、撰写初稿、修改与定稿

拟定分析报告的写作提纲，提纲越详细越好，可按一定的逻辑性展开。如分为几个方面，对每一个方面的调查对象数据资料要进行哪些分析、展示、解读和概括，对其中发现问题原因要进行剖析、归纳结论、提出建议等；拟好提纲后，撰写调查分析报告，在撰写调查分析报告初稿的基础上征求意见，反复修改，最后定稿。

四、书面调查分析报告的基本结构

一份完整的调查分析报告，一般由标题、目录、摘要、正文、附件五个基本部分组成。展开来说，调查分析报告的基本结构包括：（1）标题；（2）目录；（3）调查研究目标；（4）调查研究方法扼要陈述；（5）主要调查研究结果；（6）结论和建议；（7）详细背景介绍；（8）详细的分析和调查研究结果；（9）详细结论；（10）详细的调查研究方法；（11）局限性；（12）附录。

书面调查分析报告的五个基本部分具体内容说明如下：

（一）标题

标题是调查分析报告所要说明的主题，一般为某种现象、某个问题的主体，要求简单确切，明白清晰，高度概括，引起读者兴趣。选择一个好的标题是成功写作调查报告的第一步。

（1）调查分析报告标题的常见的表现形式包括：

直叙式标题——主要表明时间、地点与事项；

表明观点式标题——直接表明作者的观点、结论和态度；

提出问题式标题——通过设问、反问等形式，能引起人们去思考、寻求答案；

有时报告的标题还会加上一个副标题，以补充说明调查分析的有关内容。

（2）调查分析报告的标题位置。标题置于报告封面，此外，报告封面还要写明调查研究的机构或调查公司名称，项目负责人、项目委托人、日期等。

（二）目录

目录是调查分析报告中各项内容完整的一览表，标明调查分析报告各个部分的要点及所在页码。通过浏览目录，对报告内容和结构有了大致的了解，提供了阅读指导和检索。

（三）摘要

摘要是调查分析报告内容的摘录，全面、简要地提供了调查分析报告的关键信息和要点。用简短的语言，对调查与数据分析的主要成果作概括性说明，是全文的浓缩。概括调查目的、调查对象、调查方法、主要过程、分析结果与结论等。

摘要内容撰写非常重要。其内容一般要说明：调查分析研究的目的与目标，即为什么调查；调查对象，抽样与调查样本情况；调查分析研究方法的扼要陈述；说明调查与分析研究工作如何进行；主要调查与数据分析研究的结果，有什么重要发现；主要结论和建议，研究结果的深层意义，管理上的措施等。摘要其核心部分是调查与数据分析研究结果总结、结论和建议。在写作的顺序上摘要一般往往是最后完成的。

（四）正文

正文是调查分析报告的中心内容。决定了整个调查分析报告的高度与作用。正文包括详细介绍调查与数据分析的整个过程，说明使用的研究方法、分析结果、相关的推论、结论。要用翔实的数据资料与信息，进行充分的数据分析与论证。

首先，说明调查与数据分析整体概况，对调查与数据分析过程做基本描述，包括调查目的，调查范围，调查内容，解释调查主体、调查时间、调查对象、样本选择、主要分析方法等。如按照背景、目标、方法等内容分别进行描述。

其次，阐述数据分析研究和总结调查结果。这是调查报告中最为重要的部分，将调查得到的数据资料及情况进行分析研究后报告出来，对研究事物现象作出描述，探寻其发展变化的规律，总结出研究对象的特点，变动的趋势，并进行关联分析，进一步认识研究现象或变量之间的因果关系，同时对其未来的发展态势作出基本判断。要有说明，叙述，议论或推论，归纳论证等，使阅读者对所研究的现象问题有全面、系统的了解和认识。

最后，结论与建议，进行多方面说明、叙述、议论或推论，归纳论证后，根据数据分析的结果，对事实作出基本判断得到相应的结论，并提出适当的具有可操作性的建议，为决策者决定行动的取舍与行动实施提供参考依据。结论应根据研究的目的和问题决定，也不一定很多，可能只有几句话，甚至是一句话，要高度概括，具有较强的吸引力，但必须实事求是，建议要具有可操作性，务实管用。

（五）附件

附件是正文未包括而又需要再补充说明的部分，是正文报告的补充，或是更为详细的说明。如问卷、技术分析细节、一些原始资料、相关背景数据、统计分析过程，以及中间数据及结果数据等。便于读者更好地了解分析数据来源，明确了解各种结论的事实依据。附件虽可长可短，但不能太长，应保持一个合理的长度。

五、撰写书面调查分析报告的技巧与提示

（一）书面调查分析报告的写作技巧

撰写书面调查分析报告，常用的一些技巧主要包括：表达技巧、图表化表达技巧、叙

述的技巧、说明的技巧、议论的技巧、语言运用的技巧等。

1. 表达技巧

表达技巧是作者表达报告内容所运用的写作原则、规律和方法。既包括叙述、描写、说明、议论等表达方式，也包括各种描写的表现手法，选材剪材、行文的结构、修辞方法的运用等，通过相应的方法恰当地反映揭示主旨。

2. 图表化表达技巧

图表化表达技巧指尽量使用图、表等形式，精准地展现调查数据的特征信息，准确、清晰地呈现数据分析结果。选择适合的图表，并尽量做到图表美观与实用统一。优化布局，使报告内容看起来错落有致，给予视觉上的美感和结构上的层次感，使阅读者能很好理解调查分析报告的数据和结果。巧用数据可视化工具可以达到事半功倍的效果。

3. 叙述的技巧

调查分析报告的叙述主要用于开头部分，以交代事情的来龙去脉，表明调查分析的目的和根据、过程和结果。此外，在主体部分也要叙述调查与数据分析的情况。

叙述的技巧主要分为概括叙述、顺序叙述、省略主体叙述等。其中，概括叙述是叙述技巧之一，即对所描述的事物或对象作简括的述说、交代，一般需要与具体叙述配合使用。例如，总体上基本状况，叙述结果和表现及结论；顺序叙述，按照事情发生、发展和结局的时间顺序来写，顺序的段落层次与事情或现象发展的过程基本一致。有类似如首先，其次，再次，最后等的表述；省略主体叙述，叙述主体一般在前面出现后，后面的各部分即可省略而不至于产生误解。

4. 说明的技巧

调查分析报告的内容说明时要做到真实、准确、严谨。常用到如××年到××年，某种指标的总量、增长速度、平均增长及环比或同比等；可以进行分类别说明或与××空间、××时间对比说明，突出的举例说明等。

5. 议论的技巧

议论是一种主要的行文方式。“议论”是指作者对某个议论对象发表见解，以表明自己的观点、态度和看法。它的作用在于使文本内容鲜明、深刻，具有较强的哲理性和理论深度。议论是一种评析、论理的表述法。其特点是以理服人，用说理的办法，以概念、判断、推理等逻辑形式，直接对客观事物或对象进行分析、评论、证明。通常由论点、论据和论证三要素组成。论点是解决“需要证明什么”，论据是解决“用什么来证明”，论证是解决“怎样证明”，要求论点明确、论据充分、论证周密。

论证是运用论据来证明论点的过程和方法，是论点和论据之间的逻辑关系纽带。论证主要解决“如何进行论证”的问题。论证方法是阐述自己的观点后，对其观点加以证明，使自己的观点有了一个证实。需要一一列出论据，用事实和逻辑来支撑判断，让阅读者觉得该观点是由证据自动推导而出的。论证有不同的方法，如事实论证、道理论证、对比论证、比喻论证及因果论证、引用论证和理论论证等。

事实论证也称归纳论证，它是用列举具体事例来论证一般结论的方法。是一种从材料到观点，由个别到一般的论证方法。通过许多个别的事例或分论点，然后归纳出它们所共有的特性，从而得出一般性的结论。归纳论证要得到可靠的结论，必须根据精确的观察和实验，必须根据已有的科学知识对现象作出正确的分析，也必须与演绎结合。可从某个角度进行局部论证；还可以列举确凿、充分，有代表性的事例证明论点举例论证；或列举正反两方面的论点或论据作对比进行对比论证，在对比中证明论点。

6. 语言运用的技巧

不同于非常典型的文学报告，调查分析报告多用陈述句表述，用词方面多用规范的专业术语。

（二）撰写书面调查分析报告的一些提示

撰写书面调查分析报告，以下 15 个方面要注意：

（1）要明确报告的读者身份，规划调查分析报告的汇报方式。根据具体对象考虑选择调查分析报告的风格，内容、长度、用词等，对专业术语的运用也应得当。

（2）调查分析报告是供人们阅读的，应易读易懂，简明通俗。

（3）撰写书面调查分析报告时，封面是读者看到报告的第一印象，要简洁大方，具有品质感。

（4）标题必须准确揭示调查报告的主题思想，要简单明了，高度概括。标题有单标题和双标题，总标题应简洁醒目，避免缩写。此外还注意章、节、目标题，表格目录，图形目录，附录等。

（5）调查分析报告的结构安排章节层次分明，重点突出。可采用层层深入的形式，层层剖析；或采用先后顺序的形式，按事物发展的先后顺序安排层次，各层内容之间有密切关系；再者综合展开形式，先说明总的情况，然后分段展开或先分段展开，然后综合说明；还可以采用并列形式，各层之间是并列的关系。

（6）正文是调查分析报告的核心部分，应使用客观中性的语言阐述调查的事实，分析说明研究对象发生发展和变化的过程，调查分析的结果以及存在的问题，提出具体的意见和可行的建议。

正文中，根据需要应提供与本次调查与数据分析的有关概念与重要指标的定义，对调查数据、信息、背景、调查与数据分析使用方法进行说明；论述调查分析结果时，选择适当的图、表，数据分析方法或模型，语言要尽可能简洁明了、准确；通常，用于陈述结果的章节都应先概述调查分析研究主要内容或成果，之后再叙述或论证更详细的内容。可按照各种论点的重要程度，合理地安排逻辑顺序，做到层次分明，重点突出。如可以按照主报告，分报告逐一展开，也可以按照重要性排序的调查分析结果一起展开。要做好谋篇布局，常用的框架，如“基本情况→主要成果→突出问题→总结”；又如“基本情况→存在问题→原因分析→对策建议”；再如“情况介绍→研究意义→对策建议”等，根据调查目的和内容选择决定。

（7）除注重调查分析报告的内容及结构外，应留意每一个细节，精心布局。层次分明，段落安排得当。段落组织具有逻辑性，各部分间保持衔接，相互呼应，转折平稳，使用简短、清楚的句子直接表达，文笔流畅。

（8）整理和选定分析数据及材料要求准确、完整、具有时效性。内容力求客观，用事实说话。

（9）内容应集中且与主题密切相关。数据翔实，使用得当，注意样本容量的大小。分组要适当，科学；数据分析方法选择适合，模型匹配，符合相关的假设，避免数据分析单一化，挖掘关联数据的信息，解读准确。

（10）广泛灵活使用图、表来说明结论。图、表符合基本规范，应该尽量简单，显示主要信息。通常一个表格只说明一个要点。使用两张简单的表格比使用一张复杂的表要清楚；统计表上下封闭两端开口；表格不宜过长或过短，图示力求简练，客观描述事实，图形也不能过小或过大，所有计量单位都必须标示清楚。尽量使用图或表及数据可视化手段，通过适合的可视化图形生动形象展示，让读者更容易理解所要表达的信息。引用别人的统计数据或资料时，应在表的下方加注释，说明数据或资料的来源。

（11）结论部分一般是调查分析报告的结尾，好的结尾可使读者明确主题，加深对问题的认识，并能进一步激发思考。结论是由调查与数据分析结果总结得出的，而不是由其他方面引申过来的，结论合理，结论不能过多。

（12）结尾写法一般表现为：一是概括全文，综合说明调查分析报告的主要观点，深化调查分析报告的主题；二是对搜集到的调查数据进行深入科学分析基础上形成结论；三是提出看法和建议及可行性方案；四是通过调查与数据分析，展望未来，说明意义。结论与建议在调查分析报告中虽篇幅不大，但却占据重要地位。要与研究目的相一致，与数据分析部分有逻辑关联，具有新意和可操作性，应结合实际情况、给出清晰并且有针对性的建议。

（13）附录是指调查分析报告的主题没有包含或没有提及，但与主题有关，必须附加说明的部分，可使调查分析报告的主题更突出，避免了正文过于冗长。如抽样设计详细方案、搜集数据的方法说明、调查与数据分析中各种数据表、数据质量控制的实施办法、调查问卷、相关的数学公式、术语索引等。

（14）整体的格式、标题位置、字体、字号、间距、纸张、排版、打印、装订等布局合理，规范，重点部分突出醒目。

（15）反复修改。字斟句酌，精雕细刻。初稿完成后，不断修改，使调查分析报告达到分析求透，内容求实，文字求简。书面调查分析报告虽然进行详细的描述，但要求文字要简练，篇幅不能过长。调查分析报告应该是精练的，具有专业水准，增强可信度。必要时，请相关人士提出意见，进行修改。如果调查分析报告标题不醒目，结构安排不合理，章节标题无法体现观点，建议和数据观点不匹配，格式不规范，很难达到对调查与数据分析结果的客观表述。

六、调查分析报告的审定与评价

调查分析报告在写作过程中和基本完稿后，都需进行审定，作出评判，不断进行改进和完善。

审定与评价调查分析报告，着重以下三个方面：

一是审定调查分析报告的内容，包括标题、摘要、正文、附录；同时审定结构，观察各部分的内容能否满足目的需要，是否符合分析基本要求，观点结论是否存在明显错误，各要素是否完整等。

二是调查分析报告中论据使用是否符合研究需要，事例、数据是否真实可信。实事求是，合理地运用数据及分析方法才能得出正确的结论。

三是调查分析报告的长度是否合适，语言是否精练，表达准确，有无重复等。

撰写调查与数据分析报告，可能存在一些问题。例如，数据使用不多，报告无法体现“用数据说话”；图表少，单调，有的只有条形图和饼图；图表使用不够规范；只对表或图中数据的简单描述，缺少更深入分析、多角度分析等，实际中调查分析报告可结合典型调查、座谈、访谈等材料对分析数据进行补充或加强论证，定性分析和定量分析相结合，还应结合背景、文献资料、专家调查、探索性分析等方法，充分利用数据，挖掘更多的信息，将数据分析得出的信息转化为有效的预测和决策。

七、口头报告及注意问题

（一）口头报告的准备

口头报告是相对于书面报告而言的，是调查人员将调查分析报告的结果向管理层或委托者及特定听众作口头说明陈述，也叫口述汇报。

口头报告能用较短的时间说明调查分析研究的情况，优势在于突出要点，可长可短，节省时间。其目的是简明扼要地梳理讲解书面分析报告，帮助听众理解书面分析报告并接纳书面分析报告；或介绍一些书面分析报告之外的专业知识及未言明的考虑；针对用户事先提出的问题进行现场说明和即时回答，实现与客户的方便沟通；搜集各种不同意见，为完善书面分析报告提供线索。

口头报告力求简短，表达生动，富有感染力。容易给对方留下深刻印象，能与听者直接交流，便于增强双方的沟通。但会受到时间、地点和当事人情绪等限制，因此，需要事先做好准备。

做好口头报告，必要的准备主要有：

（1）汇报提要，即汇报议程和主要结论提要；

（2）辅助工具，如投影和 PPT 等；

（3）报告摘要；

（4）最终书面报告的复印件。

（二）口头报告需要注意的问题

（1）要注意报告的时间、地点；

（2）准备好详细的汇报或演讲提纲；

（3）简明扼要，说明调查与数据分析的基本情况、目的、基本过程、结论及建议或解决办法，不要过多纠结于分析研究的细节；

（4）采用通俗易懂的语言，不要采用念长句子的方式；

（5）清晰的图形表达，图例标示清楚，可读性强，善用动画效果；

（6）报告时要充满自信，汇报前需要进行演练；

（7）把握回答问题的选择与时机；

（8）把握好口头报告时间，如每张幻灯片需要大概一分钟的时间，最好在相同的位置写上本页的要点或总结。

调查与数据分析的完整过程，反映了理论的掌握和实践的运用；也体现了研究者观察问题和解决问题能力、业务能力、科研能力、创新能力、数据分析能力、团队合作能力、语言表达能力、写作能力等，做到了理论和实践，过程和成果的完整统一。

第三节 拓展·实验或实践·探究

一、拓展

（一）学术研究报告与普通调查报告的区别

1. 目的不同

学术研究报告在于展示作者的研究成果，围绕论点来展开，研究成果一般会公开发表；相当多的普通调查报告则属商业机密，在一定时限内只在某个范围内传阅。

2. 结构不同

学术研究报告一般是结论优先，结论总是摆在首要位置，除了包括标题、摘要、正文，还有参考文献。

3. 数据引用范围不同

学术研究报告数据引用更广泛。

4. 规范化程度不同

学术研究报告规范化程度更高。

（二）学术研究报告的写作步骤

1. 选题

选择进行研究的方向及问题，选题要具有科学价值及现实意义，力图去解决实际问题，同时应考虑是研究者熟悉的领域。

2. 搜集资料，检索文献

如统计公报、统计年鉴、图书期刊、网上搜索或调查实验等。

3. 撰写初稿、修改、最终定稿

写作中除了深入实际，开展调查研究，掌握大量的第一手资料，还要阅读大量的参考文献，检索相关资料，虚心向专家学者、市场资深人士请教；作者所提出的观点与结论，必须清楚明了，观点鲜明，不能模棱两可；要突出重点，一份报告中列出的论点不宜过多，各论点应区分主次，结构清晰。

（三）调查分析报告的典型内容

调查分析报告是调查组织者通过对某问题进行调查，并对调查数据分析研究而形成的一种报告形式，其常见基本结构包括：封面、目录、摘要、正文、局限、附录等，调查分析报告结构及典型内容概括如图 9－1 所示。

封面	• 标题；委托方；调查研究机构；日期等
目录	•章节标题和副标题及页码 •表格目录：标题及页码 •图形目录：标题及页码 •附录：标题及页码
摘要	•简要陈述调查与数据分析目的 •简要陈述调查与研究方法 •简要陈述主要调研结果 •主要结论和建议 •其他有关信息的说明（如局限性、特殊技术、特别说明等）
正文	•基础信息：调查分析背景、项目基本信息等 •调查目的的详细陈述及解决的主要问题 •分析与结果：研究目的、解决的主要问题；研究对象、调查总体定义；抽样总体；样本设计与技术要求和规则：样本单位的界定；抽样方式方法；样本量确定与分配；调查方法陈述：数据搜集的具体过程与方法；调查问题或调查表问题分析；表格与图形；主要分析及解释等 •结论与建议 •重要问题的说明
局限	•报告中可能存在的，如样本量的局限；样本选择的局限；操作过程的局限，误差等
附录	•调查问卷；样本单位的清单；技术性附录如抽样设计、重要的分析的介绍等；其他必要的附录

图 9－1　调查分析报告结构及典型内容概括图

需要强调的是，调查与数据分析中，数据质量评估都是一个重要的步骤，应该记录在主报告中，或撰写一份单独的数据质量报告。如抽样调查，应介绍抽样设计及是否进行加权处理等，这可以帮助数据用户对调查分析结果进行解释和使用。质量控制贯穿整个调查与数据分析过程，发现问题应予记录，对最终数据应加以验证或评估。

数据分析和数据发布在很大程度上影响着人们对调查所有前期过程的评价。数据发布是指通过各种媒介将调查与数据分析及结果向用户公开，有多种形式。调查与数据分析的成果还体现在各种数据产品产出中，如统计图、统计表以及根据数据进行的专题性分析报告等。

二、实验或实践

（一）调查分析报告的评价

一份高质量调查分析报告，是经过科学的方案设计、实施调查、数据分析研究而形成的，因此，对报告通常从以下几个方面进行评价：

1. 选题

选题要新颖、结合社会实际的热点或亟须解决的问题，运用所学的知识解决现实问题，服务社会。题目不宜过小或过大，在团队能力的范围内实施完成，也体现了观察问题和解决问题的能力。实际工作中要真正把群众面临的问题发现出来，精准选题、直击要害，结合实际确定调研内容。

2. 文献研究

调查是一手资料的搜集，但也不能忽视二手资料，收集，整理吸收前人研究的经验和成果。应做好理论综述、前期的国内、国外的文案研究，以及与本次研究的关系或作用。只有在文献研究的基础上，才能更科学更准确开展调查。

3. 方案设计

方案设计是调查理论、基本过程和实施等综合运用的全盘计划和安排，是理论和实践的有效结合。方案设计包括了调查方案设计、问卷设计、访谈提纲设计、调查方法设计、抽样设计、样本量及代表性、数据分析方法选择及其他设计等，要保证设计内容的完整性、科学性、合理性，可操作性，这也体现了组织者的组织能力、综合素质能力，更为重要的是方案设计应坚持从实际出发进行谋划。

4. 调查实施

实施中团队是否独立完成，调查组织合理性、调查过程完整性、调查过程的质量控制方法、效果，确保调查数据真实、可靠，不能搞“作秀式”调研。

5. 分析与结论

分析与结论包括数据处理是否规范，处理方法是否正确、必要的信息是否齐全，如信度效度信息；数据分析方法选择是否适合，数据运用是否充分、分析结论是否正确，数据分析是否支持结论等。除基本分析外，是否采用了适合的模型进行了深入分析，模型选择是否适合，数据类型与模型及条件要求是否匹配及结论、解读是否准确等。所有的分析结论都应有调查数据的支撑，也包括二手数据，但应以第一手数据为主。

6. 报告文本

报告文本即调查分析的成果，主要指调查分析报告的完整性、逻辑性、阐述的充分性，具有可读性，也反映了研究者的叙述能力、归纳概括能力、文字表达能力和写作能力。同时，应注意观点结论表述清晰，格式规范，如图表及公式正确。

总的来讲，调查与数据分析的整个过程，应秉承实事求是、求真务实的态度，用科学、可行的方式方法去完成每个过程的具体工作。

（二）全国大学生市场调查大赛相关评价参考标准

目前，全国大学生市场调查大赛分为校赛、命题赛、省赛和国赛，分为本科组和研究生组等不同组别。以本科为例，其中国赛阶段竞赛规则包括报告评审和现场答辩，最终成绩由报告60%和展示答辩40%加权平均构成。其中本科组的报告（占总成绩的60%）参考评分标准如表9－1所示。

表9－1　　本科组的报告参考评分标准

序号	分项	小项	总分100	
			分项满分	分项比重（%）
1	研究选题	选题新颖（5分） 结合实际（5分）	10	10
2	文献研究	理论综述（2分） 文案研究（5分）	7	7
3	方案设计	调查方案设计（10分） 样本代表性（10分） 问卷或其他技术设计（8分）	28	28
4	调查实施	调查组织科学合理（5分） 调查过程执行完整（3分） 数据处理严谨（5分） 调查质量控制严格（7分）	20	20
5	分析与结论	选择方法正确（7分） 数据运用充分（5分） 分析支持结论（5分） 结论实用性/适用性（3分）	20	20
6	报告文本	完整性和阐述充分性（7分） 格式规范性（3分） 观点表述清晰（5分）	15	15
报告分合计			100	100

本科组的展示答辩（占总成绩的40%）参考评分标准如表9-2所示。

表9-2 本科组的展示答辩参考评分标准

序号	分项	小项	总分100	
			小项满分	分项比重（%）
1	展示	展示文件水平	15	15
2	陈述	逻辑性强	15	45
		语言简练	15	
		口齿清楚	15	
3	答辩	回答正确	15	40
		思路清晰	15	
		仪态大方	10	
答辩分合计			100	100

而研究生组，在评分标准上略有不同，尤其在文献研究、分析结论和报告文本及答辩要求上变化较大，其中，研究生组的报告（占总成绩的70%），研究生组的展示答辩（占总成绩的30%），参考标准分别如表9-3、表9-4所示。

表9-3 研究生组的报告参考评分标准

序号	分项	小项	总分100	
			分项满分	分项比重（%）
1	研究选题	选题新颖（4分） 结合实际（4分）	8	8
2	文献研究	文献研究（4分） 研究思路与方法（3分）	7	7
3	方案设计	调查方案设计（10分） 样本代表性（9分） 问卷或其他技术设计（9分）	28	28
4	调查实施	调查组织科学合理（5分） 调查过程执行完整（3分） 数据处理严谨（5分） 调查质量控制严格（7分）	20	20
5	分析与结论	选择方法正确（10分） 数据运用充分（5分） 分析支持结论（5分） 结论实用性/适用性（5分）	25	25

续表

序号	分项	小项	总分 100	
			分项满分	分项比重（%）
6	报告文本	完整性和阐述充分性（5 分） 观点表述清晰（4 分） 格式规范性（3 分）	12	12
		报告分合计	100	100

表 9－4　　研究生组的展示答辩参考评分标准

序号	分项	小项	总分 100	
			小项满分	分项比重（%）
1	展示	展示文件水平	15	15
2	陈述	逻辑性强 语言简练 口齿清楚	15 15 15	45
3	答辩	回答正确 思路清晰 仪态大方	15 15 10	40
		答辩分合计	100	100

当然，评分的标准也不是一成不变的，需要及时关注。如研究生组在选题、分析与结论、报告文本等方面与本科相比分值可能会有些变化，答辩包括了展示、陈述及回答正确、思路清晰、仪态方面的要求，是综合考察的过程。

三、探究

（一）调查分析报告中对营销方面的建议

对营销方面需要根据具体问题来进行，传统的企业在市场营销中，通过对数据分析，并结合“SWOT”分析法、4P 分析法等进行剖析。

“SWOT”分析法，分析企业的优势与弱点，以使市场机会与威胁达到平衡。包含优势（strengths）、弱点（weaknesses）、机会（opportunities）、威胁（threats）。

4P 分析法，包括如何改进产品（product）、价格（price）、地点（place）、促销（promotion）以提高竞争力。

（二）大数据时代数据分析与营销决策

在大数据特别是数字经济时代，数据分析尤其是大数据分析，在市场营销中发挥了至关重要的作用。通常大数据分析平台能提供强大的海量数据的处理功能，如数据采集、数据存储、数据处理、数据挖掘、数据分析、数据专业算法等，使得决策科学性提升、营销成本降低并挖掘客户潜在消费需求。

1. 决策科学性提升

营销需要对市场信息进行科学的分析，从而制定出符合市场发展的营销策略。在这个过程中，需要处理和分析大量的信息。利用大数据技术可以快速筛选和分析大量信息，为营销决策提供更准确的数据参考。通过大数据，企业可以更好了地了解市场，从而更好地为消费者提供优质的服务。

（1）大数据分析让差别定价、优化定价变得可能，可以利用大数据分析更好地做定价决策。

（2）运用数据分析和数据挖掘，进行客户分析，获取更多的深层客户信息，从而策划更多的关系驱动的市场策略，增加潜在客户、减少客户流失、增加每个客户的投入以及改进现有产品。

（3）通过大数据分析，完善客户关系，定义和指导客户发展，可以提高客户忠诚度，使得营销方案更成功；基于大数据的客户价值分析，维护优质客户。

（4）基于客户终端信息、位置信息、通话行为、手机上网行为、网络社交行以及客户资料等数据，轨迹等丰富的数据，为每个客户打上标签。借助数据挖掘技术如分类、聚类、RFM 等进行客户分群和画像，深入了解客户行为偏好和需求特征，更准确地定位目标用户群体，开展进一步定位销售活动。在搜索引擎优化及营销、邮件市场营销和手机营销等方面，大数据分析能优化渠道营销。

2. 营销成本降低

由于大数据技术在营销中的应用，企业可以根据大数据技术提供的准确数据更准确地锁定产品的消费者，可以针对潜在消费者进行准确的营销活动，大大提高营销的效果，减少运营成本，提升企业效益，增加收益，实现商业价值。

3. 挖掘潜在消费需求

利用大数据更好地了解客户个性化需求，制定科学、高效率的营销方案，准确地为客户提供他们需要的商品，提高营销的准确性和营销效率。

大数据时代的到来改变了企业传统的营销方式，能够更好地了解用户对于产品的需求与偏好，建立科学的营销体系，实现精准营销。

【本章总结】

本章主要介绍调查分析报告基本内容。分别从调查分析报告作用与种类、调查分析报告的写作及拓展·实验或实践·探究等方面展开。学习中需要概括把握调查分析报告特点、写作原则，掌握书面调查分析报告写作要求、步骤和基本结构，熟悉书面调查分析报告的写作技巧、注意问题、审定与评价内容，掌握口头报告准备内容及注意的问题。在此基础上，进行相关内容的拓展，实践操作及进一步探究。

【关键术语】

调查分析报告　综合分析报告　书面报告　口头报告

【思考与讨论】

1. 说明调查分析报告作用。
2. 简述调查分析报告的分类。
3. 调查分析报告具有哪些特点？
4. 调查分析报告写作的主要原则有哪些？
5. 简述书面调查分析报告的写作要求。
6. 简述撰写书面调查分析报告基本步骤。
7. 简述书面调查分析报告的基本结构。
8. 常用书面调查分析报告的写作技巧有哪些？
9. 撰写书面调查分析报告要注意哪些问题？
10. 从哪些方面审定与评价调查分析报告？
11. 口头报告应做哪些必要的准备？需要注意哪些问题？
12. 调查分析报告的典型内容一般包括哪些？
13. 结合第二章思考的社会实践选题，在数据分析基础上撰写报告，并进行口头汇报。

参考文献

[1] 蒋萍．市场调查（第二版）[M]．上海：格致出版社，2013.

[2] 杜子芳．市场调查实务 [M]．北京：中国财政经济出版社，2004.

[3] 柯惠新等．调查研究中的统计分析方法 [M]．北京：北京广播学院出版社，2003.

[4] 柯惠新等．调查研究中的统计分析方法（第2版）[M]．北京：中国传媒大学出版社，2005.

[5] 冯士雍等．抽样调查理论与方法（第二版）[M]．北京：中国统计出版社，2012.

[6] 金勇进等．抽样技术（第四版）[M]．北京：中国人民大学出版社，2015.

[7] 杜子芳．抽样技术 [M]．北京：中国统计出版社，2004.

[8] 小卡尔·迈克丹尼尔等．当代市场调研 [M]．北京：机械工业出版社，2002.

[9] 倪加勋．调查概论 [M]．北京：中国财政经济出版社，2004.

[10] 胡健颖等．抽样调查的理论与方法 [M]．北京：北京大学出版社，2000.

[11] 张海波．调查数据分析 [M]．北京：中国财政经济出版社，2004.

[12] 简明等．市场调查方法与技术 [M]．北京：中国人民大学出版社，2012.

[13] 简明等．市场调查方法与技术（第4版）[M]．北京：中国人民大学出版社，2018.

[14] 徐映梅．市场调查理论与方法 [M]．北京：高等教育出版社，2018.

[15] 刘扬等．统计学 [M]．北京：中国统计出版社，2010.

[16] 贾俊平．统计学（第4版）[M]．北京：中国人民大学出版社，2011.

[17] [美] 托马斯·C. 金尼尔，詹姆斯·R. 泰勒．市场调研一种应用方法 [M]．上海：上海人民出版社，2005.

[18] 杜子芳等．社会经济调查方法与实务 [M]．北京：中国财政经济出版社，2005.

[19] 陈启杰．市场调研与预测（第二版）[M]．上海：上海财经大学出版社，2004.

[20] 范伟达．市场调查教程 [M]．上海：复旦大学出版社，2002.

[21] 龚江辉．调查方案设计 [M]．北京：中国财政经济出版社，2007.

[22] 龚江辉．商业调查实务 [M]．北京：经济科学出版社，2000.

[23] 丁岚．问卷设计 [M]．北京：中国财政经济出版社，2007.

[24] 朱胜．市场调查方法与应用 [M]．北京：中国统计出版社，2004.

[25] 田秀华．一体化企业调查方法与实施 [M]．北京：中国统计出版社，2011.

[26] 柯惠新等．市场调查与分析 [M]．北京：中国统计出版社，2000.

[27] 徐映梅．市场分析方法 [M]．北京：中国财政经济出版社，2006.

[28] 龚曙明．市场调查与预测 [M]．北京：清华大学出版社，北京交通大学出版社，2005.

[29] 延静等．调查技能与分析 [M]．北京：清华大学出版社，2006.

[30] 风笑天．现代社会调查方法（第二版） [M]．武汉：华中科技大学出版社，2001.

[31] 景奉杰．市场营销调研 [M]．北京：高等教育出版社，2001.

[32] 翟振武等．社会调查问卷设计与应用 [M]．北京：中国人民大学出版社，2019.

[33] 市场营销总监职业培训教材委员会．市场调研 [M]．北京：朝华出版社，2004.

[34] [美] 威廉·G. 齐克芒德．商务调研方法 [M]．北京：机械工业出版社，2006.

[35] 谢家发．调查数据分析 [M]．河南：郑州大学出版社，2011.

[36] 薛薇．基于 SPSS 的数据分析 [M]．北京：中国人民大学出版社，2011.

[37] 薛薇．基于 SPSS 的数据分析（第三版）[M]．北京：中国人民大学出版社，2014

[38] 薛薇．SPSS 统计分析方法及应用 [M]．北京：电子工业出版社出版，2009.

[39] 张海波．调查数据分析 [M]．北京：中国财政经济出版社，2004.

[40] 吴明隆等．SPSS 与统计应用分析 [M]．大连：东北财经大学出版社，2012.

[41] 王苏斌等．SPSS 统计分析 [M]．北京：机械工业出版社，2003.

[42] 余建英等．数据统计分析与 SPSS 应用 [M]．北京：人民邮电出版社，2007.

[43] 杨维忠等．SPSS 统计分析与行业应用案例详解 [M]．北京：清华大学出版社，2011.

[44] 何晓群．多元统计分析（第三版）[M]．北京：中国人民大学出版社，2012.

[45] 何晓群．应用多元统计分析 [M]．北京：中国统计出版社，2014.

[46] 何晓群．多元统计分析（第五版）[M]．北京：中国人民大学出版社，2019.

[47] 简明．市场研究定量分析 [M]．北京：中国人民大学出版社，2015.

[48] [美] 小约瑟夫·F. 海尔（Joseph F. Hair. Jr）等．市场营销调研精要（第四

版）[M]. 大连：东北财经大学出版社，2011.

[49] [美] 安德森. 商务与经济统计（第11版）[M]. 北京：机械工业出版社，2012.

[50] 阮敬等. 数据准备：从获取到整理 [M]. 北京：中国人民大学出版社，2022.

[51] 叶向等. 统计数据分析基础教程 [M]. 北京：中国人民大学出版社，2015.

[52] 宋文光. 市场调查与分析 [M]. 北京：高等教育出版社，2015.

[53] 谢启南. 调查报告写作 [M]. 北京：中国财政经济出版社，2005.

[54] Arlene G. Fink. How to Conduct Surveys：A Step by Step Guide [M]. Sixth Edition. Los Angeles：SAGE Publications，Inc. 2017：157－165.

[55] Sarah Boslaugh. Statistics in a Nutshell [M]. Second Edition. Sebastopol：O'Reilly Media，Inc. 2013：411－424.

[56] Naresh K Malhotra. Basic Marketing Research：integration of social media [M]. Fourth Edition. Boston：Pearson Education. Inc. 2012：403－435.

[57] Ger Snijkers，Gustav Haraldsen，Jacqui Jones，and Diane K. Willimack. Designing and Conducting Business Surveys [M]. Hoboken：John Wiley & Sons，Inc. 2013：459－504.

[58] Macqueen J. Some Methods for Classification and Analysis of Multivariate Observations [C]. Proceeding of Berkeley Symposium on Mathematical Statistics and Probability. 1967：281－297.

[59] www. stats. gov. cn.

[60] www. CnStats. org.

[61] https：//baike. baidu. com.